Android Studio를 활용한

9판

# 안드로이드 프로그래밍

Android 14.0(U) 지원, Android Studio Hedgehog 사용

한빛아카데미
Hanbit Academy, Inc.

지은이 **우재남** 5288893@hanafos.com

서강대학교에서 정보시스템 전공으로 석사 과정을 마친 후 다양한 IT 관련 분야에서 실전 업무를 수행했고, 대학에서 모바일 프로그래밍, 데이터베이스, 운영체제 등의 과목을 강의해왔다. 현재는 디티솔루션의 공간데이터베이스 연구소장으로 재직하고 있으며, 공간 정보와 IT의 융합 학문인 유시티 IT 분야의 공학박사 학위도 취득했다. 또한 한양사이버대학교 컴퓨터공학과와 삼성, LG, 현대, CJ, KT, SK, 대한상공회의소 등에서 인공지능 및 IT 전문 분야를 강의하고 있다. 자신이 체험한 다양한 IT 실무 경험과 지식을 최대한 쉽고 빠르게 수강생과 독자에게 전달하는 것을 강의와 집필의 모토로 삼고 있다. 한빛미디어와 한빛아카데미에서 『뇌를 자극하는 Redhat Fedora: 리눅스 서버 & 네트워크』(2005)를 시작으로 『IT CookBook, 난생처음 자바 프로그래밍』(2023) 등 50권 이상의 책을 집필 및 번역했다.

지은이 **박길식** himdrura@dongguk.edu

동국대학교 컴퓨터공학과에서 인공지능 분야의 공학박사 학위를 취득했다. 삼성전자, 서울시청, LG 등에서 안드로이드 앱 개발 및 알고리즘, 인공지능 등의 IT 전문 과정을 강의해왔으며, 광운대학교 전자공학과에서 연구교수를 역임했다. 깊은 지식과 쉬운 전달로 수강생에게 우수한 강의 평가를 받고 있다.

**Android Studio를 활용한 안드로이드 프로그래밍 9판**

**초판발행** 2024년 1월 19일
**2쇄발행** 2024년 10월 10일

**지은이** 우재남, 박길식 / **펴낸이** 전태호
**펴낸곳** 한빛아카데미(주) / **주소** 서울시 서대문구 연희로2길 62 한빛아카데미(주) 2층
**전화** 02-336-7112 / **팩스** 02-336-7199
**등록** 2013년 1월 14일 제2017-000063호 / **ISBN** 979-11-5664-021-9 93000

**총괄** 박현진 / **책임편집** 김성무 / **기획** 김예원 / **편집** 김성무 / **교정** 박민정 / **진행** 김성무
**디자인** 박정우 / **전산편집** 이소연 / **제작** 박성우, 김정우
**영업** 김태진, 김성삼, 이정훈, 임현기, 이성훈, 김주성 / **마케팅** 길진철, 김호철, 심지연

이 책에 대한 의견이나 오탈자 및 잘못된 내용에 대한 수정 정보는 아래 이메일로 알려주십시오.
잘못된 책은 구입하신 서점에서 교환해 드립니다. 책값은 뒤표지에 표시되어 있습니다.

**홈페이지 www.hanbit.co.kr / 이메일 question@hanbit.co.kr**

Published by HANBIT Academy, Inc. Printed in Korea

Android Studio를 활용한

9판

# 안드로이드 프로그래밍

Android 14.0(U) 지원, Android Studio Hedgehog 사용

우재남, 박길식 지음

한빛아카데미
Hanbit Academy, Inc.

# 프로그래밍 초보자도 할 수 있는 안드로이드 프로그래밍

모바일 환경이 보편화되면서 안드로이드에 대한 관심이 커지고 응용 프로그램에 대한 요구도 늘어가고 있습니다. 더불어 다수의 안드로이드 관련 책이 출간되었으며, 지금 이 순간에도 숨은 실력자들이 책을 준비하고 있을 것입니다. 그럼에도 불구하고 필자는 다음과 같은 이유로 이 책을 집필하게 되었습니다.

첫째, 원서나 번역서 또는 국내 저서에 이르기까지 안드로이드 프로그래밍을 다루는 책이 시중에 많이 나와 있지만 초보자가 접근하기에 적절한 책을 찾기가 어려웠습니다.

둘째, 어떤 책은 내용이 너무 방대하고, 또 어떤 책은 설명이 부족하여 대학 강의에 적합하지 않았습니다.

셋째, 대부분의 책이 Java에 능숙한 독자를 대상으로 집필되어 Java를 모르면 내용을 이해하기 어려웠습니다.

넷째, 안드로이드 개발 환경의 빠른 업그레이드로 인해 책이 출간된 지 몇 개월만 지나도 설치 환경이 달라지거나 코드가 잘 동작하지 않았습니다.

이러한 아쉬움을 바탕으로 강의에 적합한 책을 펴내기 위해 다음과 같은 관점에서 집필했습니다.

### ❶ 초보자가 최대한 쉽게 접근할 수 있는 프로그래밍

안드로이드 프로그래밍을 하려면 일정 수준의 Java 프로그래밍 실력이 있어야 합니다. 하지만 이 책은 기본적인 프로그래밍 학습 경험만 있어도 안드로이드 프로그래밍에 접근할 수 있습니다. Java를 접해본 적이 없는 독자는 3장에서 Java 기본 문법을 습득하기 바랍니다.

### ❷ Android Studio를 활용한 실습

구글에서 직접 개발하여 제공하는 Android Studio를 사용하여 전체 실습을 진행합니다.

- 안드로이드 개발에 최적화된 Android Studio 툴 사용
- 실제 스마트폰과 비슷한 환경을 에뮬레이터에서 지원
- 최신 CPU의 하드웨어 가속화 기능을 지원하여 에뮬레이터 속도가 향상됨

### ❸ 프로그램을 단계별로 완성해감으로써 코드의 이해도 향상

안드로이드 프로그래밍이 어려운 이유 중 하나는 짧게는 몇십 줄에서 길게는 몇백 줄에 달하는 코드가 한 번에 나온다는 것입니다. 이 책은 [실습]별로 완전한 코드를 제공하지만, 지면에서는 코드를 단계적으로 노출하여 학습자가 차근차근 배워나갈 수 있도록 구성했습니다. 이 책을 따라간다면 단계별로 완성된 앱을 확인할 수 있을 것입니다.

### ❹ 응용력을 길러주는 [직접 풀어보기]와 [연습문제]

[실습]을 응용한 [직접 풀어보기]를 제공하여 독자가 충분히 복습할 수 있도록 했습니다. 또한 난이도가 높은 응용 프로그램 문제는 [연습문제]에 담았습니다. [연습문제]는 다른 장에서 학습한 내용도 연관되도록 구성했으니 가능하면 책과 인터넷 검색 등을 통해 끝까지 스스로 문제를 해결해보기 바랍니다.

안드로이드에 관한 모든 내용을 담고 싶은 욕심을 버리고 초보자에게 필요한 핵심 내용만 16주 강의로 구성하려다 보니 일부 내용은 생략할 수밖에 없었습니다. 그럼에도 안드로이드 프로그래밍 입문에 필요한 내용을 대부분 포함했으므로 끝까지 학습한다면 혼자서도 완성도 높은 안드로이드 앱을 충분히 만들 수 있을 것입니다. 부디 이 책이 안드로이드 프로그래밍에 도전하는 모든 독자에게 도움이 되었으면 하는 바람입니다.

끝으로 책을 출간하기까지 여러 면에서 지원해주신 한빛아카데미(주) 임직원 여러분께 감사의 말씀을 전합니다.

지은이 **우재남, 박길식**

# 이 책의 사용 설명서

## 누구를 위한 책인가

대학이나 IT 전문 학원의 안드로이드 프로그래밍 과목 수강생을 대상으로 합니다. 기본적인 프로그래밍을 접해본 독자라면 안드로이드에 꼭 필요한 Java의 기초부터 안드로이드 앱 개발까지 학습 가능하도록 구성되어 있습니다. 안드로이드 프로그래밍을 하면서 부딪힐 수 있는 다양한 오류나 실수도 친절하게 안내하여 시행착오 없이 안드로이드를 빠르게 정복할 수 있습니다.

## 선수 연계 과목

약간의 프로그래밍 학습 경험이 필요합니다. C, C++, C# 등의 과목을 수강한 적이 있으면 무리 없이 학습할 수 있고, Java를 학습한 적이 있다면 더할 나위 없이 좋습니다.

## 이 책의 뼈대만 빨리 보기

안드로이드 설치부터 시작하여 실무에 적용할 수 있는 앱을 만들기 위해 알아야 할 내용을 단계별로 학습합니다. 크게 워밍업→기본→고급→활용 순으로 구성되어 있습니다.

### ❶ 안드로이드 프로그래밍 워밍업(1~3장)

안드로이드 프로그래밍을 위한 안드로이드의 개요를 살펴보고 개발 환경을 구축합니다. 완전한 안드로이드 응용 프로그램을 맛보기로 작성하고, 필수적으로 알아야 하는 Java 문법을 배웁니다. Java에 자신 있는 독자라면 3장은 생략해도 무방합니다.

### ❷ 안드로이드 프로그래밍 기본(4~6장)

안드로이드 프로그래밍에서 필수로 사용하는 위젯과 레이아웃을 학습합니다. 또한 위젯과 레이아웃을 활용하여 완전한 응용 프로그램을 작성해봅니다. 추후 고급 응용 프로그램을 작성하기 위한 기본적인 프로그래밍 실력을 기를 수 있습니다.

### ❸ 안드로이드 프로그래밍 고급(7~11장)

실전 앱을 작성할 때 사용하는 메뉴, 파일 처리, 그래픽, 어댑터뷰 등을 학습합니다. 이전에 배운 여러 위젯을 조합하여 완성도 높은 앱을 작성합니다.

### ❹ 안드로이드 프로그래밍 활용(12~15장)

안드로이드에서 사용하는 SQLite 데이터베이스, MP3 플레이어, 구글 지도 등을 활용하여 앱을 작성합니다. 또한 브로드캐스트 리시버, 스레드, 서비스 등의 내용을 살펴봄으로써 실무 앱 작성을 위한 기반을 다집니다. 마지막으로 구글 플레이에 앱을 등록하는 과정까지 살펴봅니다.

## 이 책의 실습 환경

- Java 17(Android Studio에 포함되어 있음)
- Android Studio Hedgehog(2023.1.1)
- Android SDK Tools 34
- Android Platform: 14.0(API 34): U

[모든 앱은 API 24(Android 7.0 누가) 이후면 작동됨]

## 소스 및 설치 파일 다운로드

- 소스 파일과 각종 설치 파일은 다음 주소에서 내려받을 수 있습니다.
  http://www.hanbit.co.kr/src/40021
- 저자 우재남의 카페에서도 소스 파일 등을 내려받을 수 있습니다.
  https://cafe.naver.com/itCookBook

## 실습 환경 구축 방법

### ❶ 단계별 실습으로 직접 구축하기

[실습 1-1]~[실습 1-6]을 통해 안드로이드 개발 환경을 직접 구축할 수 있습니다. 설치 파일은 다음 사이트에서 내려받을 수 있습니다.

- **Android Studio:** https://developer.android.com

### ❷ 통합 설치 파일을 이용하여 원클릭으로 구축하기

책과 완전히 동일하게 설치가 완료된 폴더를 통째로 압축한 파일[파일명: CookAndroid(U_14.0).part1.exe]로 실습 환경을 구축할 수 있습니다. 이 파일을 사용하면 원클릭으로 모든 개발 환경이 책과 동일하게 설치됩니다. 이 파일은 64bit Windows 8/10/11에서 작동합니다. [부록 B]에 간단한 원클릭 설치법을 수록했습니다.

## 연습문제 해답 안내

이 책은 대학 강의용 교재로 개발되었으므로 연습문제 해답을 제공하지 않습니다.

# 숲과 나무 이야기

## 안드로이드 프로그래머를 위한 성장 맵

**Q 안드로이드 프로그래밍은 왜 공부하나요?**

**A** 모바일 기기(스마트폰, 태블릿 등)는 이제 생활 필수품이 되었고, 많은 사람이 모바일 기기로 인터넷에 접속하고 있습니다. 특히 안드로이드는 가장 높은 점유율을 차지하므로 앞으로도 응용 프로그램에 대한 수요가 많을 것입니다. 프로그래머에게 안드로이드는 이제 선택이 아닌 필수입니다.

**Q 이 책을 공부해서 무엇을 할 수 있나요?**

**A** 이 책은 안드로이드 프로그래밍에 입문하는 독자를 대상으로 합니다. 중간 정도까지 공부하면 기본적인 안드로이드 프로그래밍을 할 수 있으며, 끝까지 공부하면 중급 이상의 안드로이드 앱을 만들 수 있습니다. 향후 인터넷이나 고급 수준의 책을 통해 더 깊이 공부한다면 실력 있는 안드로이드 프로그래머로 성장할 수 있을 것입니다.

**이 책은 여기까지**

**1단계: 안드로이드와 만나기**

안드로이드 프로그래밍을 위해 다음 내용을 처음으로 접한다.

- 안드로이드의 개념과 역사
- 안드로이드 개발 환경 구축
- Java 기본 문법

목표: 안드로이드 개발 환경 구축
수준: 안드로이드 초보 수준 앱 작성

**2단계: 안드로이드와 친해지기**

안드로이드 프로그래밍을 본격적으로 익힌다.

- 기본 위젯과 고급 위젯 다루기
- 레이아웃 이해하기
- 메뉴 및 파일 처리하기
- 안드로이드 그래픽과 이미지 처리하기

목표: 앱 개발 능력 배양
수준: 기본적인 앱 작성

**3단계: 안드로이드 길들이기**

중급 안드로이드 앱을 개발한다.

- 액티비티 인텐트, 어댑터뷰
- SQLite
- 멀티미디어, 스레드, 구글 지도
- 서비스, 브로드캐스트 리시버

목표: 실무에서 응용이 가능한 앱 작성
수준: 실무 바로 전 단계의 앱 작성

**4단계: 안드로이드 전문가 되기**

고급 안드로이드 프로그래밍 기법을 실무에 적용한다.

- 애니메이션
- 콘텐트 프로바이더, 네트워크
- 제스처, 하드웨어, 전화
- 구글 플레이

목표: 고급 기법을 구사하여 실무에 적용할 수 있는 앱 개발
수준: 상용 안드로이드 프로그래머

# 학습 로드맵

**전문 지식 쌓기**

- 애니메이션
- 네트워크, 콘텐트 프로바이더
- 하드웨어, 제스처
- 구글 플레이

**고급 지식 쌓기**

- 메뉴와 대화상자
- 메뉴, 파일 처리
- 그래픽, 이미지
- SQLite
- 멀티미디어, 구글 지도
- 브로드캐스트 리시버, 서비스, 스레드

**기본 지식 쌓기**

- 안드로이드의 개념
- 기초 앱 작성
- Java 문법
- 위젯, 레이아웃

**프로그래밍의 기초(C, C++, C#)**

## 목차

## APPENDIX 부록 533

CHAPTER 01

# 안드로이드의 개요와 개발 환경 설치

학습목표

- 안드로이드의 개념과 특징을 이해한다.
- 안드로이드 개발 환경을 설치한다.

# 01 안드로이드의 개요

안드로이드 프로그래밍을 배우기 전에 안드로이드의 개요와 역사를 훑어보고 안드로이드 프로그래밍에서 사용하는 기본적인 용어를 알아본다.

## 1 스마트폰의 개요

디지털 사회가 도래하고 가장 각광받은 기기는 바로 휴대전화이다. 휴대전화는 통화 기능은 물론이고 컴퓨터가 하던 역할까지 하게 되었고, 휴대 기기라는 장점과 특징을 살려 컴퓨터로는 할 수 없던 다양한 기능을 내장하게 되었다. MP3, 카메라, DMB, 화상 통화, GPS 등의 기본적인 기능뿐 아니라 다양한 애플리케이션을 통해 일정 관리, 게임, 내비게이션, 뉴스, 신문, 전자책, 건강 관리, 은행 업무 등 일상생활에서 활용 가능한 기능까지 포함하게 된 것이다. 그러면서 휴대전화, 핸드폰이 아니라 스마트폰(smartphone)이라 불리고 있다. 최근에는 스마트폰과 연동되는 스마트워치(smart watch)와 같은 웨어러블(wearable) 기기와 스마트 TV 등도 대중화되었다.

### 스마트폰의 역사

일반적으로 스마트폰의 시초는 1992년 IBM이 제작한 사이먼(Simon)으로 본다. 사이먼은 달력, 주소록, 계산기, 이메일 기능 등을 보유하여 그 당시 파격적이라는 평가를 받았다. 이후 1996년에는 노키아가 노키아 9000을 출시했고, 2002년에는 마이크로소프트가 포켓 PC 운영체제에서 작동하는 PDA폰을 출시하여 널리 사용되었다.

이어서 2007년에 iOS를 기반으로 한 아이폰(iPhone), 2008년에 안드로이드 운영체제를 탑재한 HTC의 상용 안드로이드폰(Android Phone), 2010년에 마이크로소프트 윈도폰7(Windows Phone 7)이 차례로 출시되면서 스마트폰의 대중화가 본격적으로 시작되었다.

### 스마트폰의 운영체제

스마트폰의 운영체제는 세 가지가 주를 이룬다. 조사 기관마다 조금씩 다르지만 2021년 2분기 발표 자료에 따르면 전 세계에서 안드로이드 운영체제를 탑재한 스마트폰이 약 72%, 아이폰이 약 26%, 윈도폰이 약 0.01%를 차지하고 있다(마이크로소프트는 2017년 말부터 윈도폰 지원을 중단하여 사실상 시장에서 사라졌다). 세 가지 운영체제는 각각 장단점이 있으며, 사용자 및 개발자의

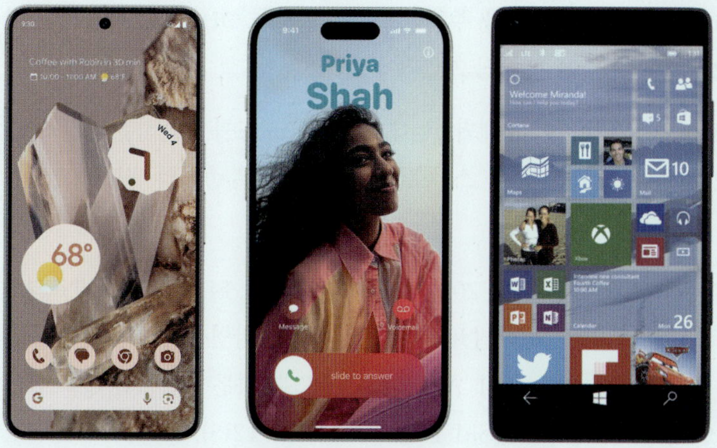

그림 1-1 스마트폰(픽셀8, 아이폰15, 윈도폰10)

취향에 따라서 선택되는 경향이 강하다. [표 1-1]에서 스마트폰의 운영체제를 비교했다.

이 외에도 파이어폭스OS, 우분투 터치(Ubuntu Touch), 팜OS(Palm OS), 심비안(Symbian), 블랙베리(BlackBerry), 바다(Bada), 타이젠(Tizen), 미고(MeeGo), 리모(LiMo) 등의 운영체제가 있으나 점유율이 미미하거나 사실상 시장에서 사라졌다.

표 1-1 스마트폰 개발 환경 비교

| 구분 | 안드로이드 | 아이폰 | 윈도폰(단종) |
|---|---|---|---|
| 개발 언어 | Java, Kotlin, C++ | Objective C | C#, VB.Net |
| 개발 운영체제 | Windows, Linux, Mac OS | Mac OS | Windows 8/8.1/10 |
| 개발 툴 | Eclipse, Android Studio | Xcode | Visual Studio 2013 이상 |
| 지원 장치 | 안드로이드폰, 안드로이드 태블릿, 안드로이드 스마트워치, 안드로이드 TV | 아이폰, 아이팟(iPod), 아이패드(iPad), 애플워치 | 윈도폰 |
| 대표 제품 | 삼성 갤럭시 S/폴드/노트 시리즈, 구글 픽셀/넥서스 시리즈 | 아이폰 시리즈, 아이패드 시리즈 | 노키아 루미아 시리즈 |
| 최신 개발 버전 | Android 14.0(U) | iOS 17 | 윈도폰10 |
| 앱스토어 | 구글 플레이, 삼성 Apps, T스토어, 네이버 스토어 등 | 애플 앱스토어 | Windows 스토어 |

## 2 안드로이드

### 안드로이드의 짧은 역사

안드로이드(Android)는 세계적인 인터넷 기업인 구글(Google)이 2007년 안드로이드사를 인수하면서 시작되었다. 2007년에는 구글이 모바일 장치용 운영체제를 무료로 공개하기 위해

OHA(Open Handset Alliance)라는 컨소시엄을 주체적으로 구성했다. OHA에는 애플의 아이폰에 대응하기 위해 세계적인 기업이 100여 개 이상 가입되어 있다.

2008년 9월에 최초의 안드로이드 1.0 버전이 공개되었는데 모든 소스코드를 공개하는 오픈 소스(open source)로 선언되었다. 현재 안드로이드는 스마트폰뿐 아니라 많은 종류의 태블릿 단말기에도 탑재되어 출시된다.

안드로이드는 2008년 이후 계속 업그레이드되어 2023년 말을 기준으로 14 버전까지 발표되었다. 안드로이드의 버전은 코드명으로 구분되어 발표되는데, 영어의 알파벳순으로 음식 이름을 붙이다가 10.0 버전부터는 별도의 음식 이름 없이 'Android 10' 또는 영문자 순서인 Q를 붙여서 'Android Q'라고 불렀으며, 이후로는 Android 11(R), Android 12(S), Android 13(T), Android 14(U) 등으로 부른다. [표 1-2]를 보면 API 레벨이 계속 증가하는 것을 확인할 수 있다(현재 지원하지 않는 API 레벨은 제외했다).

TIP 음식 이름은 비공식적으로 계속 유지되고 있다. 10(Q)에는 Quince Tart, 11(R)에는 Red Velvet Cake, 12(S)에는 Snow Corn, 13(T)에는 Tiramisu, 14(U)에는 Upside Down Cake라는 음식 이름이 붙었다.

발표 일자를 통해 알 수 있듯이 초반에는 업그레이드가 아주 빨랐으나 현재는 비교적 느린 주기로 업그레이드되고 있다. 진저브레드(2.3)까지는 주로 스마트폰 탑재용이었고, 허니콤(3.0)은 태블릿 전용으로 출시되었다. 이후 아이스크림 샌드위치(4.0)부터 태블릿과 스마트폰이 동일한 버전을 사용하게 되었다. 킷캣(4.4w)부터 웨어러블 기기를 지원하기 시작했으며, 롤리팝(5.0)은 스마트폰, 태블릿, 스마트워치, 안드로이드 TV, 안드로이드 AUTO까지 모두 통합해서 지원했다. 마시멜로(6.0)는 보안이 강화되었고, 누가(7.0)는 가상현실 및 3D 게임이 강화되었다. 오레오(8.0)는 설정 화면, PIP 등이, 파이(9.0)는 실내 위치 추적, 인공지능 등이 추가 및 개선되었으며, Android 10.0(Q)은 라이브 캡션, 스마트 재생 등이 추가 및 개선되었다. 또한 Android 11.0(R)은 알림과 대화, 미디어 제어 등이 추가 및 개선되었고, Android 12.0(S)은 새로운 사용자 인터페이스, 빠른 설정 등이 추가 및 개선되었으며, Android 13.0(T)은 앱별 언어 환경 설정, 테마 앱 아이콘 등이 추가되었다. Android 14.0(U)는 사진 선택기, 알림 플래시, 카메라 및 배터리 수명 등이 추가 및 개선되었으며, 이 책은 Android 14.0(U)을 기준으로 응용 프로그램을 작성한다.

TIP '앱(app)'이라는 용어는 초반에는 아이폰용 응용 프로그램(application)을 줄여서 나타내는 말이었다. 요즘은 아이폰뿐 아니라 안드로이드폰이나 윈도폰용 애플리케이션도 '앱'이라고 통칭한다.

TIP 이 책의 코드는 대부분 API 24(7.0, 누가) 이후라면 잘 작동한다. 특정 버전 이상에서만 작동하는 코드의 경우에는 버전을 별도로 표기했다.

**표 1-2 안드로이드 버전의 변천사**

출처: android.com

| 이미지 | 코드명 | 버전 | API 레벨 | 발표 일자 | 비고 |
|---|---|---|---|---|---|
|  | 알파(Alpha) | 1.0 | 1 | 2008년 9월 | 2008년 9월 최초 발표 |
| | 베타(Beta) | 1.1 | 2 | 2009년 2월 | 기존 문제 수정, API 변경, 통화 기능 수정 |
|  | 컵케이크(Cupcake) | 1.5 | 3 | 2009년 4월 | 동영상 녹화, 소프트 키보드 지원, 블루투스 지원, 애니메이션 효과 |
|  | 도넛(Donut) | 1.6 | 4 | 2009년 9월 | 안드로이드 마켓 개선, WVGA 해상도 지원, 갤러리 인터페이스, 다중 선택/삭제 지원 |
|  | 이클레어(Eclair) | 2.1 | 7 | 2010년 1월 | 하드웨어 최적화, 많은 해상도 지원, 구글 맵 향상, 가상 키보드 개선, 블루투스 2.1 지원 |
|  | 프로요(Froyo) | 2.2 | 8 | 2010년 5월 | 전반적인 성능 개선, USB 테더링 지원, 업데이트 기능 지원, 플래시 10.1 지원 |
|  | 진저브레드(Gingerbread) | 2.3 | 10 | 2010년 12월 | UI 성능 개선, 향상된 응용 프로그램 관리, 인터넷 전화, 다양한 센서 지원 |
|  | 허니콤(Honeycomb) | 3.0<br>3.1<br>3.2 | 11<br>12<br>13 | 2011년 2월<br>2011년 5월<br>2011년 7월 | 태블릿 PC에 최적화 |
|  | 아이스크림 샌드위치(Ice Cream Sandwich) | 4.0<br>4.0.3 | 14<br>15 | 2011년 10월<br>2011년 11월 | 진저브레드와 허니콤을 통합, 스마트폰과 태블릿을 함께 지원 |
|  | 젤리빈(Jelly Bean) | 4.1<br>4.2<br>4.3 | 16<br>17<br>18 | 2012년 7월<br>2012년 12월<br>2013년 6월 | 아이스크림 샌드위치 기반 위에서 더 빠르고 부드러워진 화면, 다양한 액세서리 지원 |
|  | 킷캣(KitKat) | 4.4<br>4.4w | 19<br>20 | 2013년 10월<br>2014년 6월 | 메모리 관리 강화, GPU 가속화, UI 변경, 4.4w는 웨어러블 확장 지원 |
|  | 롤리팝(Lollipop) | 5.0<br>5.1 | 21<br>22 | 2014년 11월<br>2015년 3월 | 64bit 지원, 매터리얼(material) 디자인, 잠금 중에 알림 영역 표시 등 |
|  | 마시멜로(Marshmallow) | 6.0 | 23 | 2015년 10월 | 앱 권한 설정, 지문 인식 등 |
|  | 누가(Nougat) | 7.0<br>7.1 | 24<br>25 | 2016년 8월<br>2016년 10월 | 가상현실 지원, 3D 게임 최적화, 멀티태스킹 강화, 화면 해상도 조절 등 |
|  | 오레오(Oreo) | 8.0<br>8.1 | 26<br>27 | 2017년 8월<br>2017년 10월 | PIP, 알림 기능, Java 8 지원, 자동 완성, 어댑티브 아이콘, 배터리 등 |
|  | 파이(Pie) | 9.0 | 28 | 2018년 8월 | 실내 위치 추적, 향상된 알림, 채널 설정, 멀티카메라, 고정 모드, 인공지능 확장 등 |
|  | Android Q | 10.0 | 29 | 2019년 9월 | 라이브 캡션, 스마트 재생, 청각 보조, 동작 내비게이션, 어두운 테마, 개인 정보 제어 등 |

| 이미지 | 코드명 | 버전 | API 레벨 | 발표 일자 | 비고 |
|---|---|---|---|---|---|
| | Android R | 11.0 | 30 | 2020년 9월 | 알림과 대화, 미디어 제어, 일회성 권한, 음성 액세스, 전원 메뉴, 스크롤 스트립 등 |
| | Android S | 12.0<br>12L | 31<br>32 | 2021년 10월<br>2022년 3월 | 새로운 UI, 빠른 설정 개선, 성능 및 전력 효율 향상, 개인 정보 강화, 구글 어시스턴트 기능 개선 등(12L은 태블릿 및 폴더블폰 전용) |
| | Android T | 13.0 | 33 | 2022년 8월 | 앱별 언어 환경 설정, 테마 앱 아이콘, 빠른 설정, 텍스트 변환 API 등 |
| | Android U | 14.0 | 34 | 2023년 10월 | 사진 선택기, 알림 플래시, 카메라 및 배터리 수명 개선, 잠금 화면 사용자 지정, 매직 컴포즈, 앱 페어 등 |

## 안드로이드의 주요 기능

안드로이드는 모바일 기기를 위한 운영체제이다. 안드로이드 SDK(Software Development Kit)는 Java를 기반으로 안드로이드 애플리케이션을 개발할 수 있는 API를 제공한다. 안드로이드가 제공하는 주요 기능은 다음과 같다.

- 애플리케이션 프레임워크를 통해 제공되는 API를 사용함으로써 코드를 재사용하여 효율적이고 빠른 애플리케이션 개발이 가능하다.
- 모바일 기기에 최적화된 달빅(Dalvik) 또는 아트(Android RunTime, ART) 런타임을 제공한다.

  TIP 킷캣(4.4)까지는 달빅 가상 머신을 제공했으며, 롤리팝(5.0)부터는 빠른 실행을 보이는 아트 런타임을 제공한다.
- 2D와 3D 그래픽을 최적화하여 표현할 수 있으며 각종 오디오, 비디오 및 이미지 형식을 지원한다.
- 모바일용 데이터베이스인 SQLite를 제공한다.
- 모바일 기기에 내장된 각종 하드웨어(블루투스, 카메라, 나침반, 와이파이 등)를 잘 지원한다.
- Eclipse IDE 또는 Android Studio를 통해 강력하고 빠른 개발 환경을 제공한다.
- 롤리팝(5.0)부터는 다양한 안드로이드 기기를 통합 지원한다.
- 마시멜로(6.0)부터는 앱 권한 설정, 지문 인식 등을 지원한다.
- 누가(7.0)부터는 가상현실 및 3D 게임, 알림 기능 향상, 다중 창 열기 등을 지원한다.
- 오레오(8.0)부터는 PIP, 알림, 자동 채우기, 배터리 강화 등을 지원한다.
- 파이(9.0)부터는 실내 위치 추적, 알림 기능 개선, 멀티카메라, 인공지능 확장 등을 지원한다.
- Android 10.0(Q)부터는 라이브 캡션, 스마트 재생, 청각 보조, 동작 내비게이션, 어두운 테마 등을 지원한다.
- Android 11.0(Q)부터는 알림과 대화, 미디어 제어, 일회성 권한, 음성 액세스, 전원 메뉴 등을 지원한다.
- Android 12.0(S)부터는 사용자의 UI 커스터마이즈 기능 강화, 머신러닝을 카메라 앱에 적용, 제한 없는 4K 영상 촬영 등을 지원한다.
- Android 13.0(T)부터는 앱별 언어 환경 설정, 테마 앱 아이콘, 빠른 설정, 텍스트 변환 API, 새 복사하여 붙여넣기 UI, 예측 뒤로 동작, 더 빠른 하이픈 연결, 블루투스 LE 오디오, MIDI 2.0 등을 지원한다.
- Android 14.0(U)부터는 사진 선택기, 알림 플래시, 카메라 및 배터리 수명 개선, 잠금 화면 사용자 지정, 매직 컴포즈, 앱 페어 등을 지원한다.

**그림 1-2** 다양한 안드로이드 기기(스마트워치, 스마트폰, 태블릿, 안드로이드 AUTO, 안드로이드 TV) 출처: google.com

## 안드로이드의 특징

안드로이드는 앞에서 언급한 OHA에 포함된 여러 기업이 함께 개발하는 형식을 띠고 있지만 대부분은 구글이 주도적으로 개발하는 것으로 알려져 있다. 안드로이드의 특징을 개략적으로 알아보자.

❶ 안드로이드의 핵심 커널(kernel)은 리눅스(Linux)로 구성되어 있다. 리눅스는 오픈 소스로 상당히 정교한 운영체제의 핵심 기능을 무료로 사용할 수 있다. 안드로이드 커널은 이 리눅스 커널에서 모바일용으로 적합한 내용을 추출하여 필요한 기능을 추가한 것이라고 보면 된다.

TIP 안드로이드는 리눅스를 기반으로 작성되었지만 리눅스 사용법을 전혀 몰라도 안드로이드 애플리케이션을 작성할 수 있다. 대부분 Windows 환경에서 애플리케이션을 개발하며 리눅스 명령어도 전혀 사용하지 않기 때문이다. 참고로 컵케이크(1.5)부터 허니콤(3.2)까지는 리눅스 커널 2.6으로 제작되었고, 아이스크림 샌드위치(4.0)부터 마시멜로(6.0)까지는 리눅스 커널 3.x로 제작되었으며, 누가(7.0)부터는 리눅스 커널 4.x로 제작되고 있다.

❷ 안드로이드 애플리케이션 개발 언어로 Java를 사용한다. 그리고 Java에 최적화된 통합 개발 도구인 Eclipse 및 Android Studio를 사용함으로써 고효율의 생산성을 무료로 제공한다. 나아가 높은 수준의 애플리케이션을 제작하기 위한 NDK(Native Development Kit)도 제공함으로써 C, C++ 기반으로 개발하여 빠른 성능과 세밀한 조작까지 가능하게 되었다.

TIP Android Studio 3.0부터는 Java 대신 Kotlin 언어를 사용해도 앱 개발이 가능하다. 구글에서는 Java보다는 Kotlin으로 개발하는 것을 적극 권장하고 있다.

❸ 안드로이드 SDK에 많은 라이브러리를 포함하고 있어 쉽게 개발할 수 있다. 특히 SQLite, OpenGL 등도 지원함으로써 별도의 외부 라이브러리를 사용할 필요가 없다.

❹ 오픈 소스를 지향하기 때문에 운영체제부터 관련 문서, 개발 도구 등 거의 모든 것을 무료로 사용할 수 있다. 초반에는 관련 문서가 좀 부실한 측면이 있었으나 최근에는 문서가 잘 갖춰져 있어 큰 문제

없이 참조가 가능하다. 또한 Windows뿐 아니라 Linux, Mac 환경에서도 안드로이드 애플리케이션 개발이 가능하다.

❺ 지속적인 업그레이드를 제공한다. [표 1-2]에서 보듯이 빠른 업그레이드를 제공함으로써 최신 기술을 빠르게 적용할 수 있다.

TIP 빠른 업그레이드는 새로운 것을 빨리 사용할 수 있다는 장점이 있지만 종종 버그를 포함하고 있어 단점이 되기도 한다.

## 안드로이드의 구조

안드로이드 운영체제의 주요한 구조는 [그림 1-3]과 같다. 조금 복잡해 보이지만 간략하게 큰 틀만 살펴보자.

❶ **응용 프로그램(Applications)**: 안드로이드 스마트폰에서 사용할 수 있는 일반적인 응용 프로그램이다. 웹브라우저, 달력, 구글 맵, 연락처, 게임 등 사용자 입장에서 가장 많이 사용하는 앱이다. 모두 Java로 작성하며, 이 책에서 제작할 애플리케이션도 모두 여기에 해당된다.

❷ **응용 프로그램 프레임워크(Application Framework)**: 안드로이드 API가 존재하는 곳이다. 애플리케이션은 API를 통해 안드로이드의 커널에 접근할 수 있으므로, 안드로이드폰 하드웨어에 접

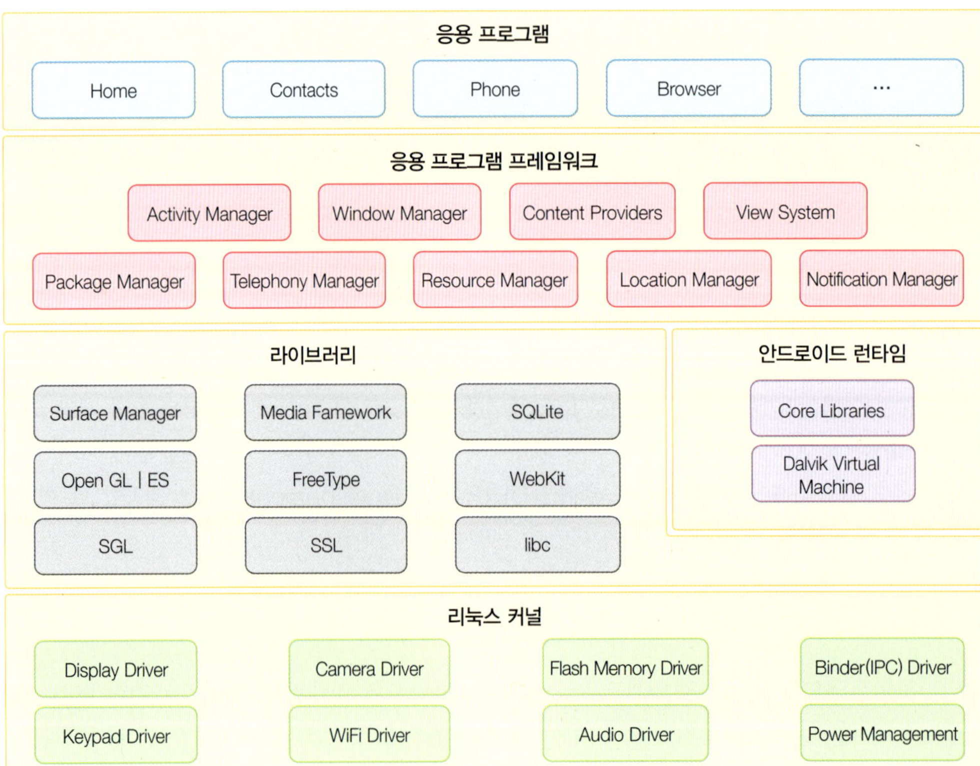


그림 1-3 안드로이드의 구조 출처: developer.android.com

근할 때는 Java에서 직접 접근하는 것이 아니라 API를 통해서만 가능하다. 이 책에서 주로 배울 내용도 안드로이드 API를 사용하고 활용하는 방법이다.

❸ **안드로이드 런타임(Android Runtime)**: Java 코어 라이브러리와 달빅 가상 머신(Dalvik Virtual Machine) 또는 아트 런타임(ART Runtime)으로 구성된다. 안드로이드는 Java 문법으로 프로그래밍하지만 Java 가상 머신을 사용하지 않고 이곳의 달빅 가상 머신이나 아트 런타임을 사용한다. 달빅 가상 머신과 아트 런타임은 모바일 환경에 최적화되어 있어 여러 개를 동시에 구동할 수 있다.

❹ **라이브러리(Libraries)**: 안드로이드에서 사용되는 여러 시스템 라이브러리는 시스템 접근 때문에 Java가 아닌 C로 작성되어 있다. 따라서 성능이 뛰어나며 세밀한 조작이 가능하다.

❺ **리눅스 커널(Linux Kernel)**: 하드웨어의 운영과 관련된 저수준의 관리 기능이 들어 있다. 주로 메모리 관리, 디바이스 드라이버, 보안 등이다. 안드로이드 커널로 리눅스를 채택한 이유는 오픈 소스라는 장점과 함께 카메라, 터치스크린, GPS, 자이로스코프 등 많은 스마트폰 장치를 지원하기 때문이기도 하다.

지금까지 안드로이드에 대한 개괄적인 내용을 살펴보았다. 이어서 안드로이드 개발 환경을 직접 구축하여 안드로이드 애플리케이션을 작성하기 위한 준비를 해보자.

# 02 안드로이드 개발 환경

그전에는 주로 Eclipse 환경에서 안드로이드 프로그래밍을 했는데, 이는 몇 가지 개발 툴을 상호 연동하여 설치해야 해서 개발 환경 구축이 다소 까다로웠다. 하지만 Android Studio를 사용하면 간편하게 개발 환경을 구축할 수 있다.

## 1 안드로이드 개발을 위한 운영체제

원칙적으로 안드로이드 애플리케이션을 개발하기 위해서는 안드로이드가 설치된 기기(스마트폰, 태블릿 등)가 필요하다. 하지만 이 책에서는 기본적으로 독자에게 안드로이드 장비가 없다는 전제하에 개발 환경을 구축하고 진행한다. 다행히도 안드로이드 개발 환경을 구축하면 가상의 안드로이드 장치인 AVD(Android Virtual Device)가 제공되므로, 안드로이드 장비가 없어도 안드로이드 장비가 있는 것처럼 작업이 가능하다.

안드로이드 개발 환경을 설치하기 위한 운영체제로는 Windows, Linux, Mac이 있다. 운영체제별로 장단점이 있지만 이 책의 경우 가장 보편적인 Windows 환경에서 개발 환경을 구축한다. 이 책에서 사용하는 Android Studio Hedgehog(2023.1.1) 버전은 Windows 운영체제의 64bit에만 설치할 수 있으며 32bit Windows는 지원하지 않는다.

TIP 이 책을 학습하려면 최소 8GB(12GB 이상 권장) RAM, 20GB 이상의 디스크 여유 공간과 64bit Windows 8/10/11이 필요하다. Windows 7은 더 이상 지원하지 않는다.

## 2 안드로이드 개발 환경의 구성

안드로이드 응용 프로그램을 개발하기 위해서는 [그림 1-4]와 같은 절차를 거쳐야 한다. [그림 1-4]는 안드로이드 응용 프로그램을 개발하는 데 필요한 프로그램의 관계를 잘 보여준다.

❶ 먼저 안드로이드 개발에 기본이 되는 Java 언어를 사용하기 위해 JDK(Java Development Kit)가 필요하다. 참고로 Android Studio 2.2부터는 Open JDK가 내장되어 왔으며, Android Studio Hedgehog(2023.1.1)부터는 JDK의 확장인 JBR(JetBrains Runtime)이 새로이 제공되므로 JDK를 별도로 설치하지 않아도 된다.

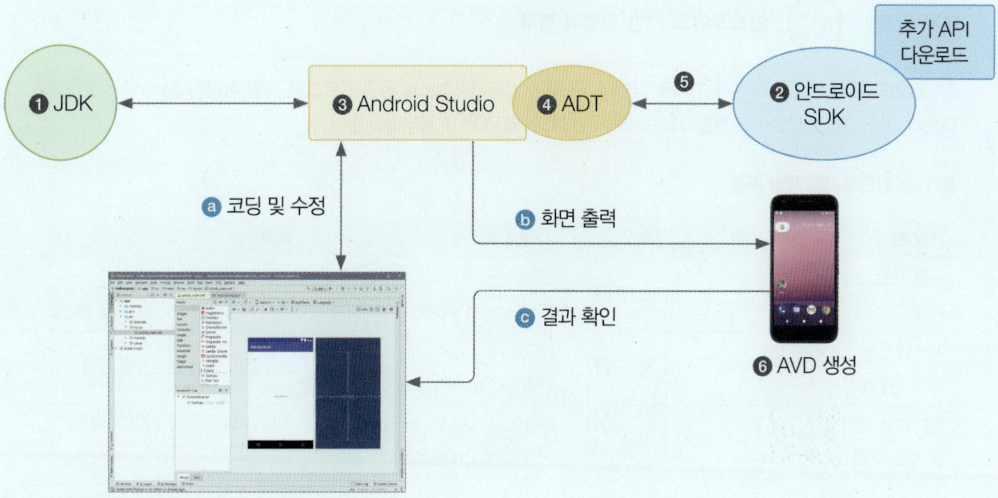


**그림 1-4 안드로이드 개발 환경의 구성**

❷ 안드로이드 SDK가 별도의 폴더에 존재해야 한다. 안드로이드 SDK에 모든 안드로이드 버전의 개발 API(Application Programming Interface)가 들어 있지는 않기 때문에 인터넷에서 개발에 필요한 버전의 API를 추가로 다운로드하는 과정도 필요하다.

❸ 실제로 개발자가 코딩하기 위한 통합 개발 환경 Android Studio가 핵심에 존재한다.

❹ Android Studio와 안드로이드 SDK를 연결하기 위한 플러그인 ADT(Android Development Tools)가 내부적으로 필요하다.

❺ 이때 안드로이드 SDK가 설정된 경로가 지정되어 있어야 한다. 이러한 구성이 완료되면 안드로이드 앱을 개발하기 위한 준비가 다 된 것이다.

❻ 마지막으로 코딩한 결과를 화면에 테스트로 출력하기 위한 가상 안드로이드 장치인 AVD를 별도로 만들어야 한다.

TIP Android Studio를 사용하지 않고 Eclipse 환경으로 설치하려면 ❶~❻ 과정을 모두 별도로 진행해야 하므로 설치가 조금 복잡하다. 하지만 Android Studio의 경우 ❶~❻ 과정이 대부분 자동으로 설치 및 설정되기 때문에 개발 환경을 구성하기가 한결 수월하다.

안드로이드 개발 환경의 구성이 완료되면 Android Studio를 실행하여 코딩과 수정(ⓐ)을 통해 앱을 개발할 수 있다. 코딩된 결과는 ❻에서 생성한 AVD에 출력하고(ⓑ), 개발자는 그 결과를 확인한다(ⓒ).

여기서 잠깐 안드로이드 개발 환경의 종류

안드로이드 개발 환경은 크게 세 가지로 나뉜다. 이 책은 입문자용이므로 응용 프로그램 개발 환경인 Java와 SDK만을 다룬다. 이후 고급 안드로이드 개발자로 도약하려면 NDK와 PDK도 공부해야 한다.

**표 1-3 안드로이드 개발 환경**

| 개발 환경 | 사용 언어 | 수준 | 개발 툴킷 | 비고 |
|---|---|---|---|---|
| 응용 프로그램 개발 | Java | 초·중급 | SDK (Software Development Kit) | 일반 응용 프로그램 개발 |
| 시스템 응용 프로그램 개발 | C, C++ | 중·고급 | NDK (Native Development Kit) | 고수준의 응용 프로그램 개발 |
| 하드웨어 제어 및 커널 관련 | C, C++ | 고급 | PDK (Platform Development Kit) | 하드웨어 수준의 강력한 프로그램 개발 |

여기서 잠깐 Android Studio의 역사

Android Studio는 안드로이드 프로그래밍을 위한 통합개발환경(IDE)이며 구글에서 무료로 배포한다. Android Studio 이전에는 주로 Eclipse가 사용되었으나 2014년 12월에 Android Studio 1.0이 출시되면서 점점 많은 개발자들이 Android Studio를 사용하기 시작하여 현재는 안드로이드 개발환경의 대부분을 차지하고 있다. Android Studio는 버전별로 Canary → Beta → RC(Release Candidate, 출시 후보) → Stable(정식)의 차례로 출시되고 있다. 정식 버전 이후에 업데이트되면 뒤에 Patch라고 명명해서 배포된다. 2024년 1월 초 기준으로 Android Studio Hedgehog(2023.1.1) Stable, Android Studio Iguana(2023.2.1) Beta가, Android Studio Jellyfish(2023.3.1) Canary가 출시되었다.

Android Studio 4.2 이후부터는 표기 방식을 'Android Studio 연도.주버전.부버전'으로 변경했으며, '연도.주버전'은 JetBrains에서 만든 IntelliJ IDEA의 버전을 따르고 있다. 또한 Android Studio 2020.3.1부터는 버전 이름에 알파벳 A부터 동물 이름을 순서대로 붙이고 있다.

**표 1-4 Android Studio 주요 버전별 출시일**

| Android Studio 정식 버전 | 출시일 | 기타 |
|---|---|---|
| 1.0~4.0 | 2014~2020년 | 버전으로 표기 |
| Arctic Fox(2020.3.1) | 2021년 7월 | 의미: 북극 여우 |
| Bumblebee(2021.1.1) | 2022년 1월 | 의미: 호박벌 |
| Chipmunk(2021.2.1) | 2022년 5월 | 의미: 다람쥐 |
| Dolphin(2021.3.1) | 2022년 9월 | 의미: 돌고래 |
| Electric Eel(2022.1.1) | 2023년 1월 | 의미: 전기 뱀장어 |
| Flamingo(2022.2.1) | 2023년 4월 | 의미: 플라밍고 |
| Giraffe(2022.3.1) | 2023년 7월 | 의미: 기린 |
| Hedgehog(2023.1.1) | 2023년 11월 | 의미: 고슴도치 |
| Iguana(2023.2.1) | 2024년 상반기 예상 | 의미: 이구아나 |
| Jellyfish(2023.1.1) | 2024년 중반기 예상 | 의미: 해파리 |

# 03 안드로이드 개발 환경 설치

## 1 안드로이드 개발 환경 설치 순서

[그림 1-4]에 나타낸 안드로이드 개발 환경을 구축해보자. [그림 1-5]와 같은 순서로 진행한다.

TIP 이 책에서 사용하는 모든 파일은 책의 자료실(http://hanbit.co.kr/src/40021/)에 있다. 사이트 주소가 바뀌어 다운로드가 어렵다면 책의 자료실에서 다운로드한다.

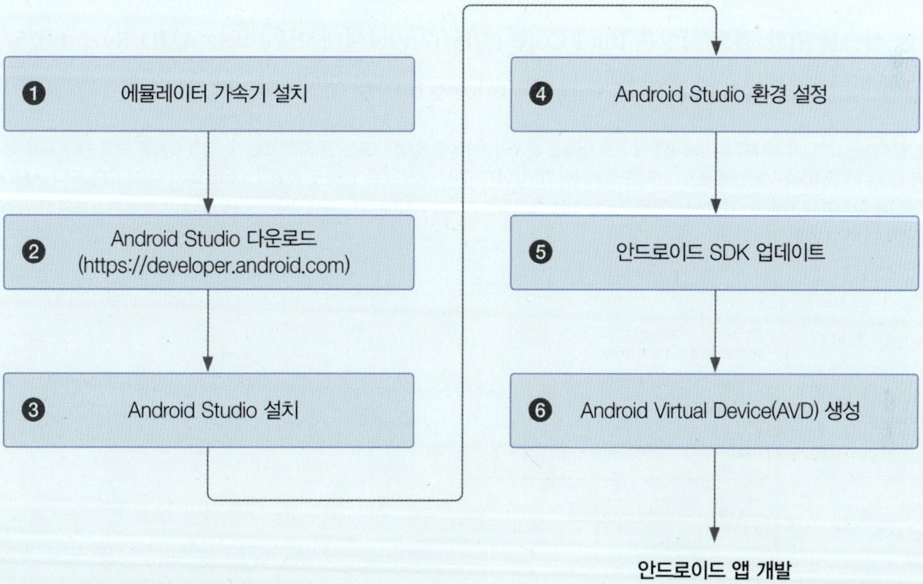


그림 1-5 안드로이드 개발 환경 설치 순서

**여기서 잠깐** **실습 환경 원클릭으로 설치(★중요)**

이 책에서 사용하는 환경은 Android Studio Hedgehog(2023.1.1)에 Android 14.0(U)이다. 그런데 시간이 지나면 버전이 향상될 것이고, 높은 버전을 설치하면 책의 실습과 달라질 수밖에 없을 것이다. 안드로이드를 조금 다룰 줄 안다면 달라진 부분을 스스로 수정해서 실습해도 되지만, 처음 안드로이드를 학습하는 독자라면 약간 달라지는 부분 때문에 실습의 진행이 어려운 경우도 발생할 수 있다.

이러한 문제를 해결하고자 [부록 B]에 'Android Studio 개발 환경을 원클릭으로 설치하기'를 제공한다. [부록 B]대로 진행하면 [그림 1-5]의 모든 단계가 원클릭으로 완료되며 2장부터 학습을 진행하면 된다. 이렇게 하면 모든 실습이 책과 동일하게 진행될 것이다. 이 환경은 학교나 학원 수업에서 일괄적으로 실습 환경을 설정할 때도 유용하다.

## 2 에뮬레이터(AVD) 가속기 설치

### 실습 1-1 에뮬레이터(AVD) 가속기 설치하기

이 책에서 사용하는 에뮬레이터(AVD)는 가상의 스마트폰을 추가로 부팅하는 방식이라 매우 느리며, 부팅 후에 반응 속도도 사용하기 힘들 정도로 느리다. 이를 보완하기 위해 인텔 또는 AMD의 비교적 최신 CPU를 사용하면 하드웨어 가속 기능을 추가로 설치해서 에뮬레이터의 속도가 상당히 빠르게 처리된다.

1 [제어판]의 [시스템 및 보안]-[시스템]을 실행하거나, ⊞+Pause/Break 키를 눌러 [컴퓨터에 대한 기본 정보 보기] 창을 연다. [장치 사양] 부분에서 프로세서, 설치된 RAM, 시스템 종류를 확인하자.

원활한 실습을 위한 권장 사항은 Intel Core i3/i5/i7/i9(4세대 이후) 또는 AMD Ryzen 3/5/7/9(2세대 이후), RAM 8GB 이상, 64bit Windows 8 이후 운영체제이다.

TIP Intel Core CPU의 세대를 알아보려면 뒤의 숫자(또는 문자와 혼용) 중 앞에 나오는 한 자리 또는 두 자리 숫자를 보면 된다. 예를 들어 Core i5-6100은 첫 번째 숫자가 6이므로 6세대 CPU이고, i7-1185G7은 앞의 두 자리가 11이므로 11세대 CPU이다. AMD CPU는 마지막 네 자리 숫자가 데스크톱은 2000 이상, 노트북은 3000 이상이어야 2세대 이후의 CPU이다. 예를 들어 노트북 Ryzen 7 4700U는 3세대 CPU이다.

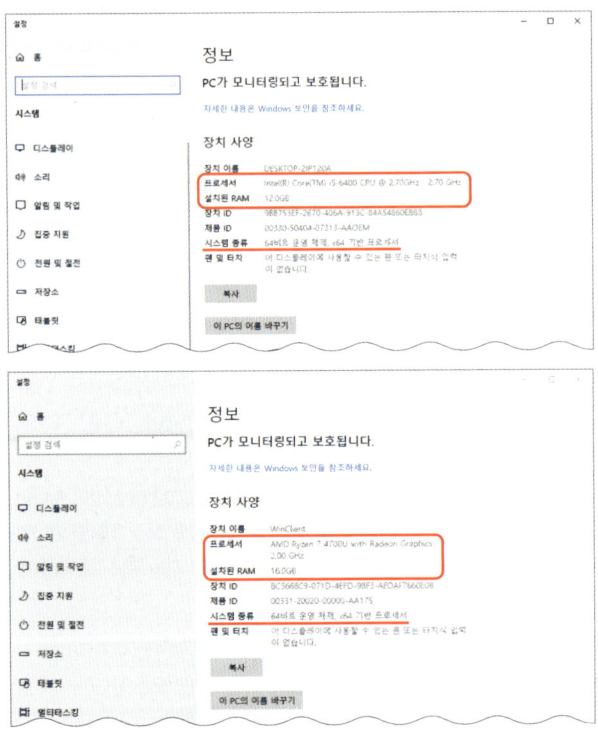


그림 1-6 컴퓨터 정보 확인(인텔 CPU와 AMD CPU)

### 인텔 CPU인 경우

1 웹 브라우저에서 이 책의 자료실인 https://cafe.naver.com/itCookBook/96에 접속하여 인텔 CPU용 가속기인 haxm-7.7.1-setup.exe 파일을 다운로드한다(다른 버전의 파일은 문제가 있을 수도 있으니 가능하면 이 버전을 사용한다).

2 다운로드한 haxm-7.7.1-setup.exe 파일의 압축을 풀고 haxm-7.7.1-setup.exe 파일을 실행하여 설치를 진행한다. 초기화면에서 〈Next〉와 〈Install〉을 클릭한다.

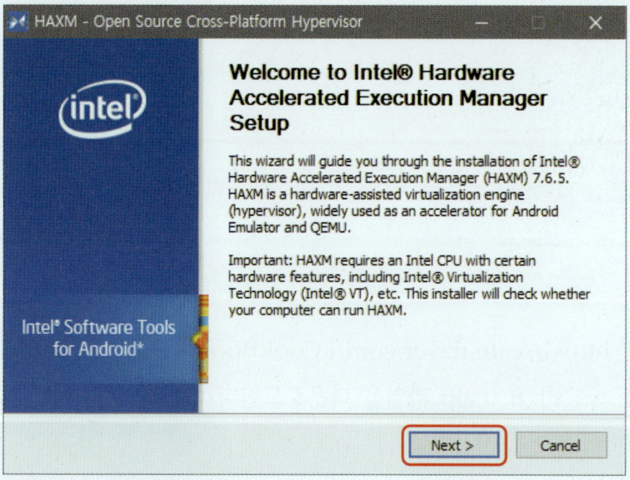


그림 1-7 **인텔 HAXM 설치**

TIP 만약 'This computer does not support Intel Virtualization Technology (VT-X)…'라는 메시지가 나오고 설치가 안 된다면 다음과 같이 조치한다.

**방법 1** CPU가 Intel Core i 시리즈 4세대 이후라면 CMOS의 가상화(Virtualization) 기능이 꺼져 있기 때문일 수 있다. 컴퓨터를 재부팅하여 CMOS BIOS로 진입한 후 해당 기능을 켜고 다시 설치한다.

**방법 2** 인텔 HAXM을 지원하지 않는 CPU라면 [실습 1-1]을 넘어가고 [실습 1-2]부터 진행한다.

3 잠시 설치가 진행된 후 완료되면 〈Finish〉를 클릭하여 설치를 마친다.

### AMD CPU인 경우

1 먼저 ⊞+S를 누른 후 'Windows 기능'을 입력해서 [Windows 기능 켜기/끄기]를 실행한다. 또는 [제어판]-[프로그램]-[Windows 기능 켜기/끄기]를 선택해도 된다.

2 [Windows 기능 켜기/끄기] 창에서 'Hyper-V', 'Windows 샌드박스', 'Windows 하이퍼바이저 플랫폼' 기능이 모두 꺼져 있어야 한다. 만약 켜져 있다면 끄고 〈확인〉을 클릭한다.

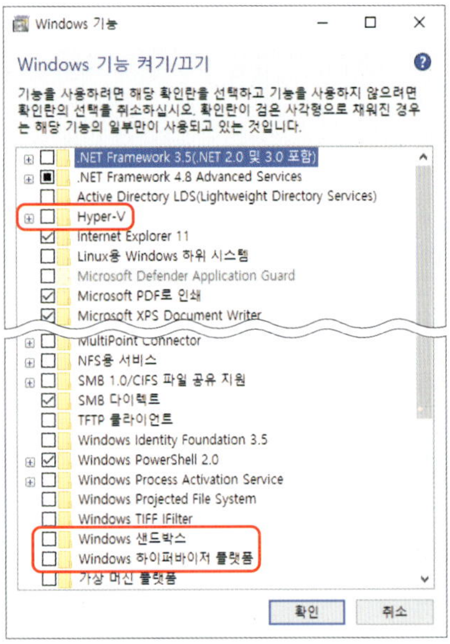

그림 1-8 Windows 기능 켜기/끄기

3 웹 브라우저에서 책의 자료실인 https://cafe.naver.com/itCookBook/96에 접속하여 AMD CPU용 가속기인 gvm-windows_v1_8_0.zip 파일을 다운로드한다(다른 버전의 파일은 문제가 있을 수도 있으니 가능하면 이 버전을 사용한다).

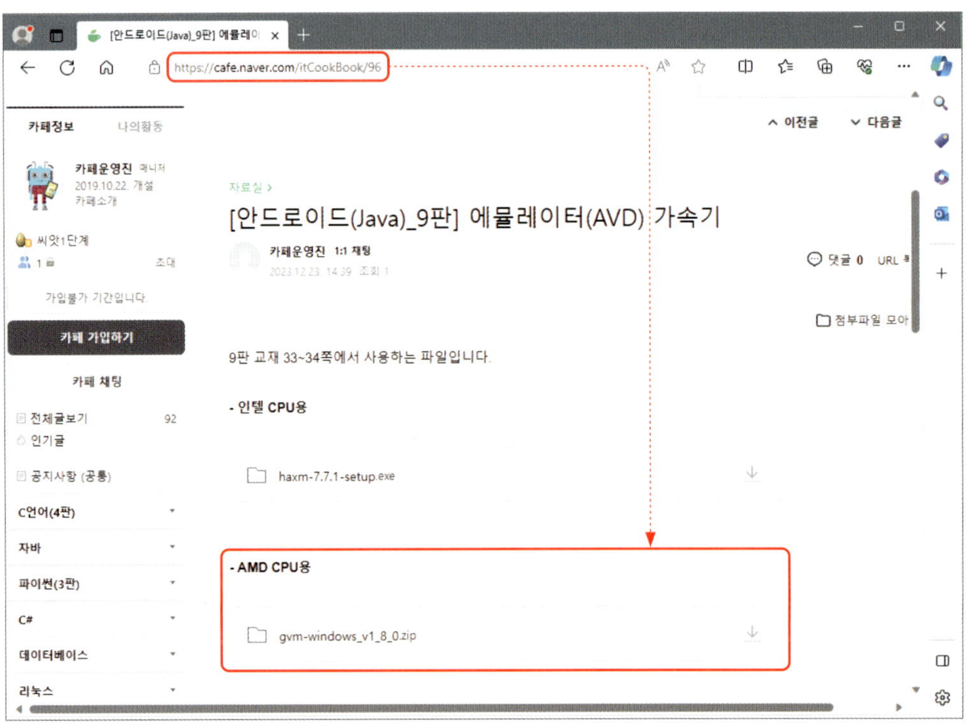

그림 1-9 AMD CPU용 가속기 다운로드

❹ 다운로드한 gvm-windows_v1_8_0.zip 파일의 압축을 풀고 silent_install.bat 파일을 실행하여 설치를 진행한다. 만약 [Windows PC 보호] 창이 나오면 '추가 정보'에 이어 〈실행〉을 클릭한다. [사용자 계정 컨트롤] 창이 나오면 〈예〉를 클릭한다. 설치 진행 화면은 잠깐 나왔다 사라진다.

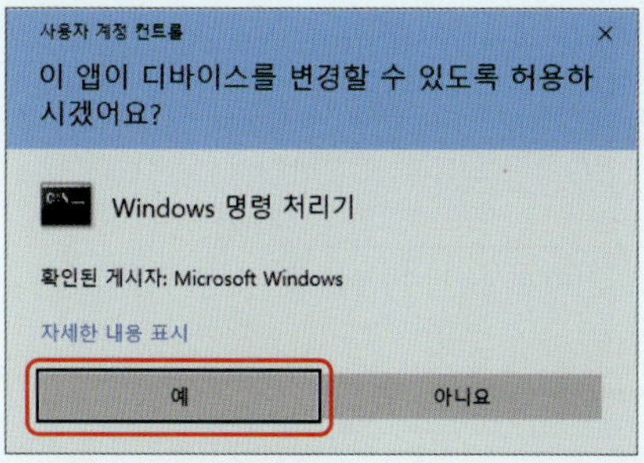


그림 1-10 Android Emulator hypervisor driver 설치

TIP 만약 Android Emulator hypervisor driver가 설치되지 않는다면 다음과 같이 조치한다.

**방법 1** 컴퓨터를 재부팅하고 CMOS BIOS로 진입해서 가상화(Virtualization) 또는 SVM 기능을 Enabled로 활성화한 후 다시 설치한다.

**방법 2** 관련 기능을 지원하지 않는 CPU라면 [실습 1-1]을 넘어가고 [실습 1-2]부터 진행한다.

## 실습 1-2 Android Studio 다운로드하기

안드로이드 개발을 위한 핵심 툴인 Android Studio Hedgehog(2023.1.1)를 다운로드하고 적당한 폴더에 압축을 푼다.

❶ 웹브라우저에서 https://developer.android.com/studio/archive에 접속하여 상단 오른쪽에서 'English'를 선택한다. 그런 다음 아래로 스크롤하여 〈I agree to the terms〉를 클릭한 후, Android Studio Hedgehog(2023.1.1) 버전의 'Windows (64-bit): android-studio-2023.1.1○○-windows.exe' 파일을 다운로드한다.

TIP 이 책을 집필한 2023년 11월에는 Android Studio Hedgehog(2023.1.1) Stable이 출시되었다. 이후에 Patch 버전이 나오면 그 파일로 진행해도 동일하게 실습할 수 있을 것이다. 만약 Patch 버전이 책과 다르게 진행된다면 필자와 동일한 Stable(android-studio-2023.1.1.26-windows.exe)을 사용하기 바란다.

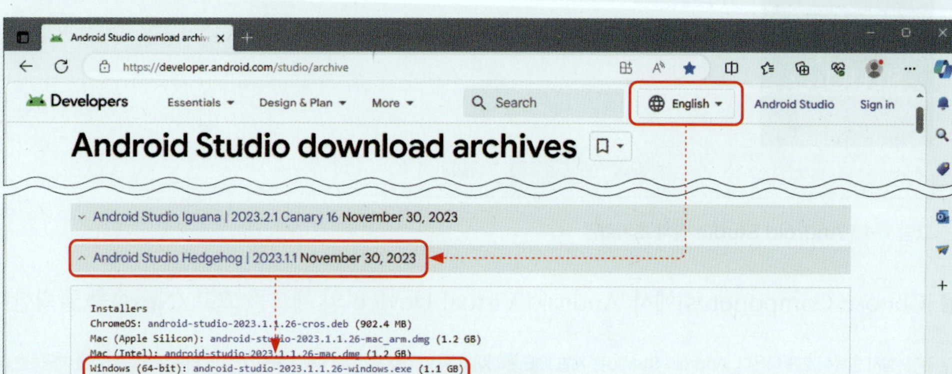


그림 1-11 Android Studio Hedgehog(2023.1.1) 다운로드

❷ 다운로드한 Android Studio Hedgehog(2023.1.1)(파일명: android-studio-2023.1.1.○○-windows.exe)은 다음과 같다.

그림 1-12 Android Studio 다운로드 완료

## 실습 1-3 Android Studio 설치하기

안드로이드 개발 환경의 핵심인 Android Studio를 설치하자.

TIP Android Studio 2.1까지는 Android Studio를 설치하기 전에 Java 개발 환경인 JDK를 설치해야 했지만, Android Studio 2.2부터는 Android Studio 자체에 Open JDK가 내장되어 왔으며, Android Studio Hedgehog(2023.1.1)부터는 JDK의 확장인 JBR(JetBrains Runtime)이 새로이 제공되므로 JDK를 설치하지 않아도 된다. 구글에서도 Android Studio에 내장된 Open JDK나 JBR을 사용할 것을 권장한다.

❶ 다운로드한 Android Studio Hedgehog(2023.1.1)(파일명: android-studio-2023.1.1.○○-windows.exe)을 실행한다. 초기화면에서 <Next>를 클릭한다.

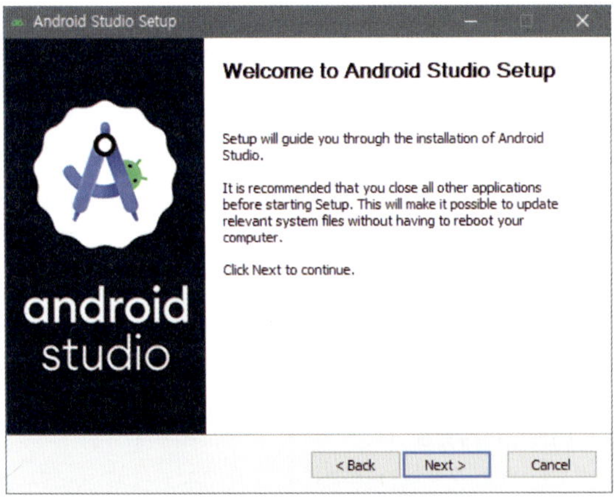

그림 1-13 Android Studio 설치 초기화면

❷ [Choose Components]에서 'Android Virtual Device'의 체크를 끄고 <Next>를 클릭한다.

TIP 설치 항목이 2개 나온다. Android Studio는 개발 IDE 환경이고 Android Virtual Device는 가상의 안드로이드 기기를 제공하는데 잠시 후에 별도로 생성할 것이니 여기서는 선택하지 않는다.

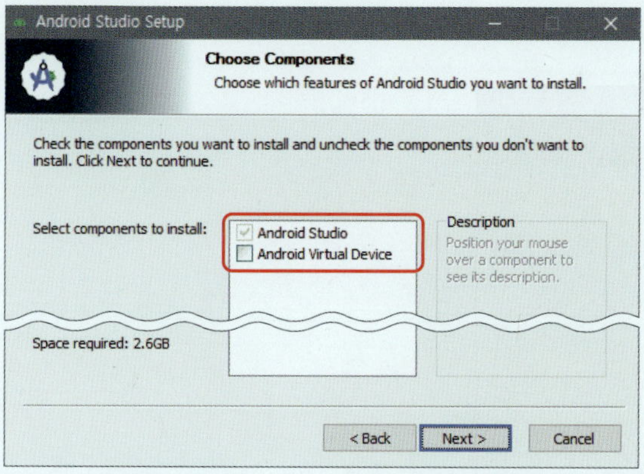


그림 1-14 **Android Studio 설치 항목 선택**

3 [Configuration Settings] 환경 설정 화면에서는 Android Studio가 설치될 폴더를 선택한다. 기본값으로 두고 〈Next〉를 클릭한다.

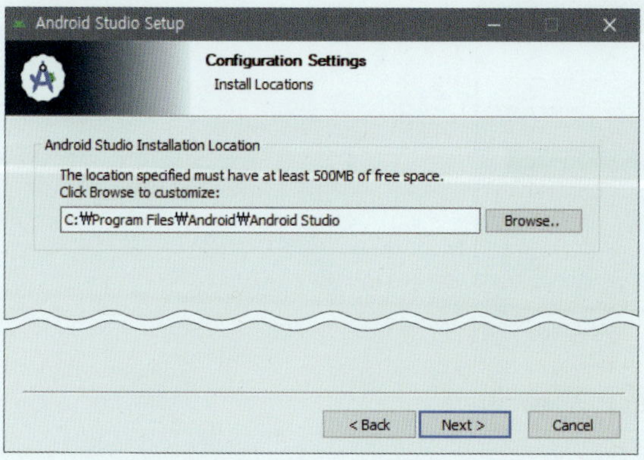


그림 1-15 **설치 경로 설정**

4 시작 메뉴 폴더를 생성하는 화면에서도 기본값으로 두고 〈Install〉을 클릭한다.

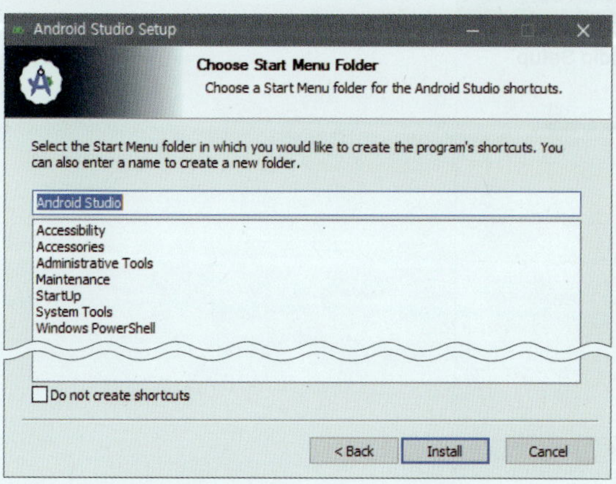


그림 1-16 **시작 메뉴 폴더 생성**

5 잠시 Android Studio의 설치가 진행된다.

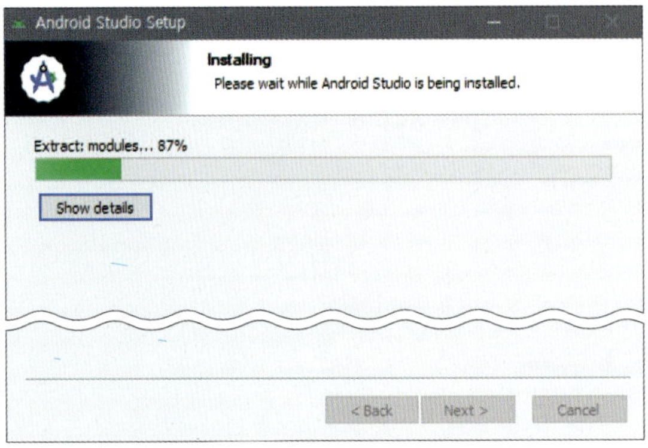


그림 1-17 **설치 진행**

6 설치가 완료되면 〈Next〉를 클릭한다.

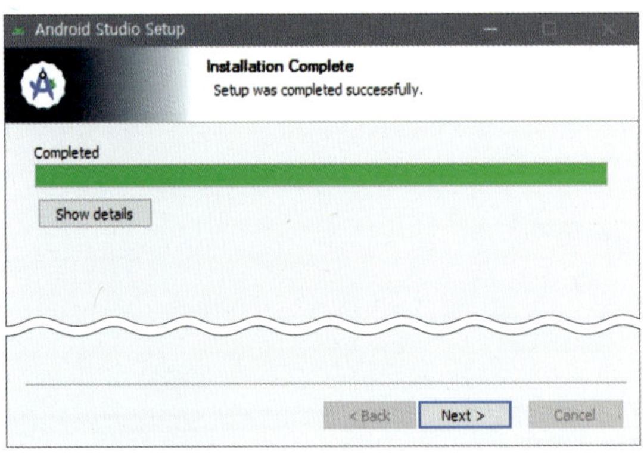


그림 1-18 **설치 완료 1**

7 설치 완료 화면에서 'Start Android Studio'의 체크를 끄고 〈Finish〉를 클릭한다.

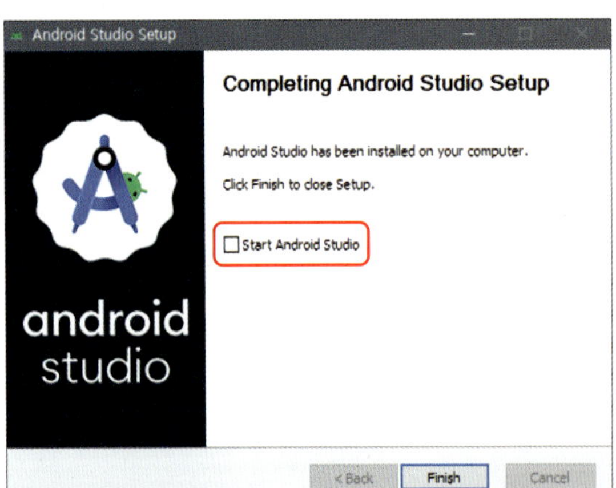


그림 1-19 **설치 완료 2**

## 3 Android Studio 설정

Android Studio를 설치했으니 이제 [그림 1-5]의 ❹번 Android Studio에 필요한 환경을 설정하자. 필요한 환경 설정에서는 안드로이드 SDK도 자동 다운로드 및 설치된다. Android Studio는 앞으로 안드로이드 프로그래밍을 할 때 항상 사용할 통합 개발 환경이다. 또한 Android Studio 환경에서 안드로이드 애플리케이션을 개발하기 위한 ❺번 SDK 업데이트까지 완료하자.

### 실습 1-4 Android Studio의 몇 가지 설정하기

안드로이드를 처음 실행하면 안드로이드 SDK가 자동으로 다운로드 및 설치된다. Android Studio에서 개발을 편리하게 하기 위해 코드의 행 번호를 표시하거나 폰트를 변경하는 등 Android Studio의 몇 가지 설정을 확인해보자.

1 [Windows 시작]–[Android Studio]를 선택하여 Android Studio를 실행한다. 선택 화면이 나오면 처음으로 설치하는 것이니 아래쪽 'Do not import settings'가 선택된 상태에서 〈OK〉를 클릭한다.

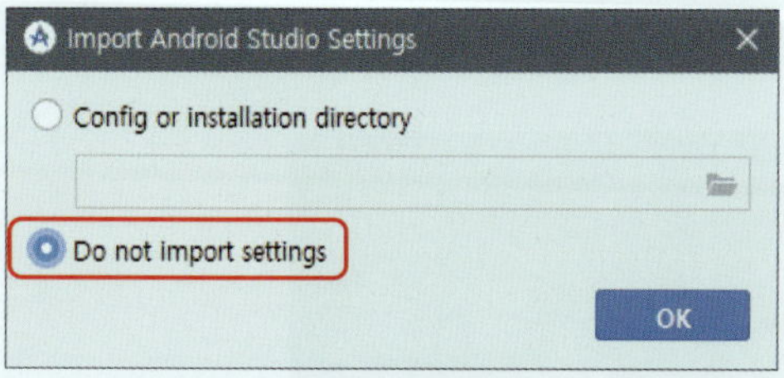


그림 1-20 Android Studio 이전 환경 가져오기 설정

2 로고 화면이 나온다.

그림 1-21 Android Studio 로고

TIP 만약 [Help improve Android Studio] 메시지 창이 나오면 〈Don't Send〉를 클릭한다.

❸ [Android Studio Setup Wizard]가 실행된다. 환영 화면에서 <Next>를 클릭한다.

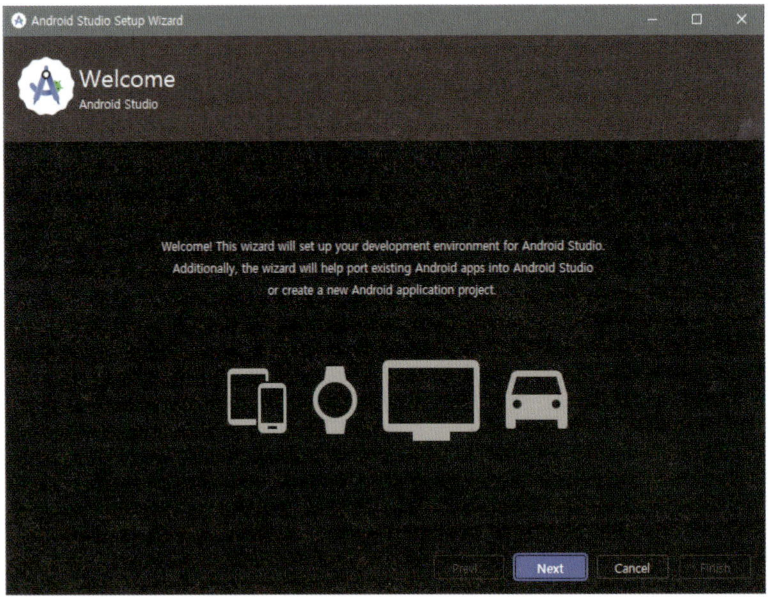


그림 1-22 Android Studio Setup Wizard 실행 1

❹ [Install Type]은 기본값인 'Standard'를 선택하고 <Next>를 클릭한다.

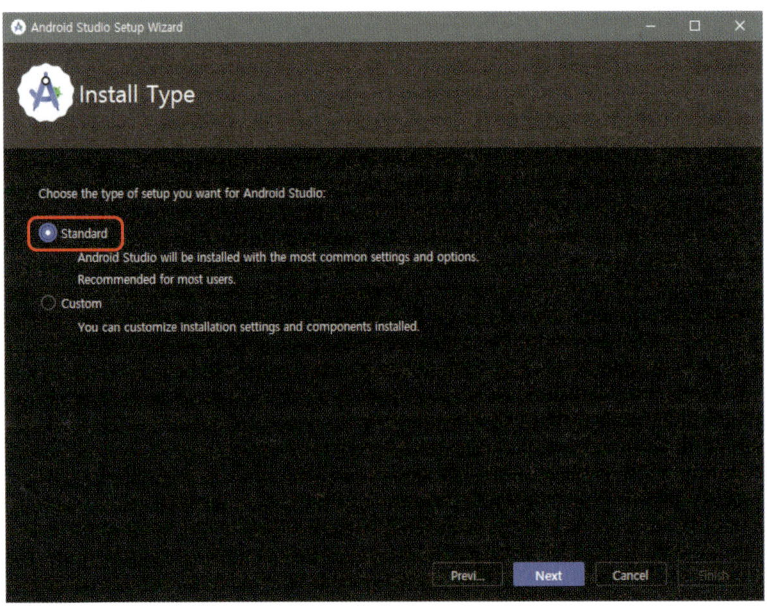


그림 1-23 Android Studio Setup Wizard 실행 2

5 [Verify Settings]에서 다운로드 크기를 확인하고 〈Finish〉를 클릭한다(다운로드 항목과 크기가 필자와 다를 수 있다).

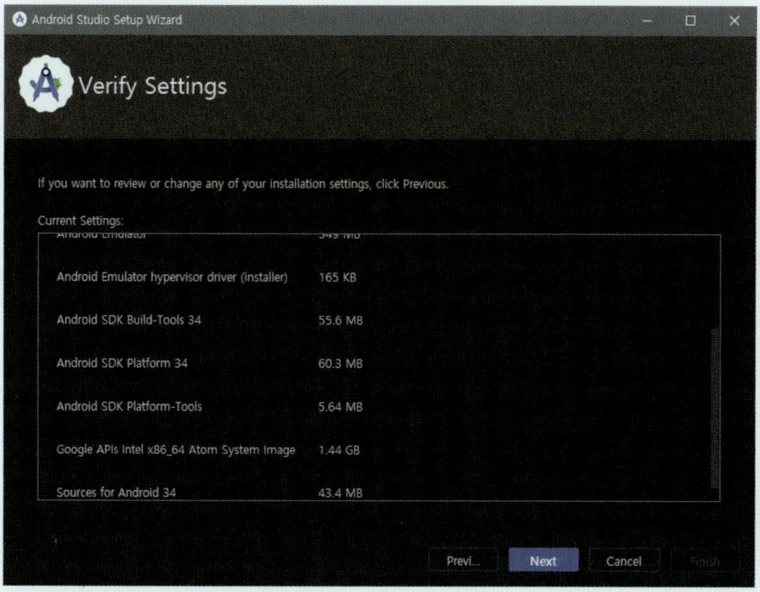


그림 1-24 Android Studio Setup Wizard 실행 3

6 [License Agreement] 창이 나오면 각 항목을 선택하고 〈Agree〉를 클릭한 후 〈Finish〉를 클릭하여 진행한다.

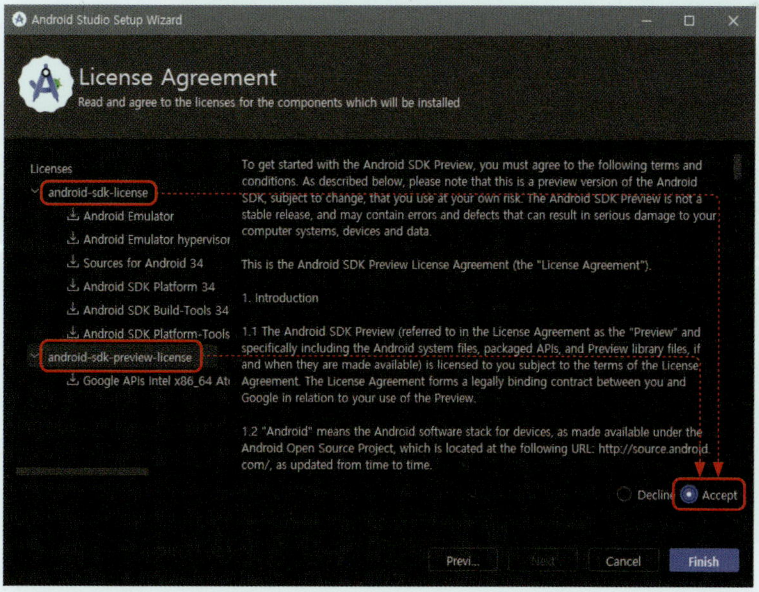


그림 1-25 Android Studio Setup Wizard 실행 4

7 [Downloading Components] 창이 나오고 한동안 안드로이드 SDK의 다운로드 및 설치가 진행된다.

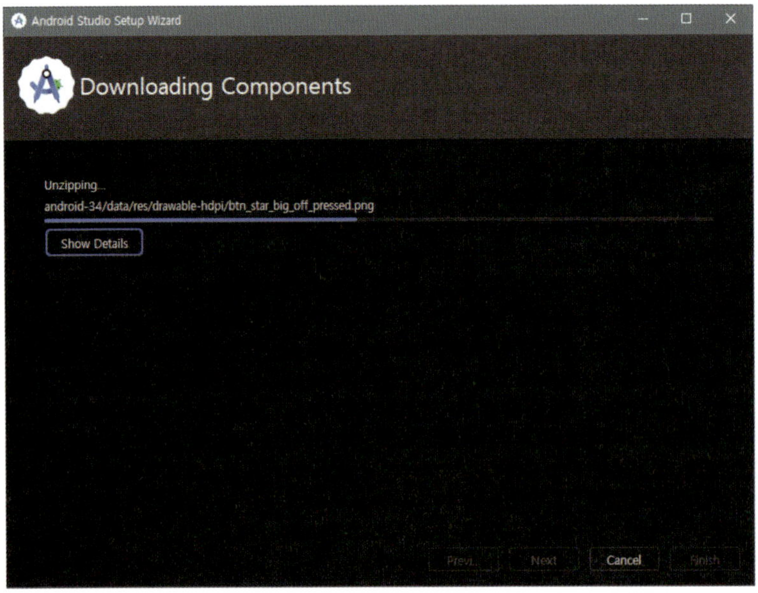


그림 1-26 Android Studio Setup Wizard 실행 5

8 다운로드 및 설치가 완료되면 〈Finish〉를 클릭하여 종료한다.

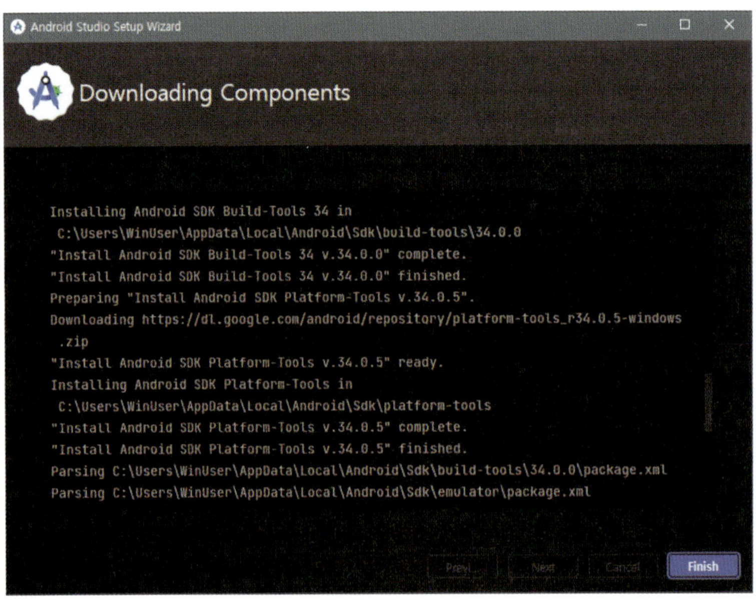


그림 1-27 Android Studio Setup Wizard 실행 6

❾ Android Studio 초기화면이 나오면 [Customize]를 선택한다. 필요하다면 색상 테마(Color theme)를 변경할 수 있다. 그리고 'All Settings'를 클릭한다.

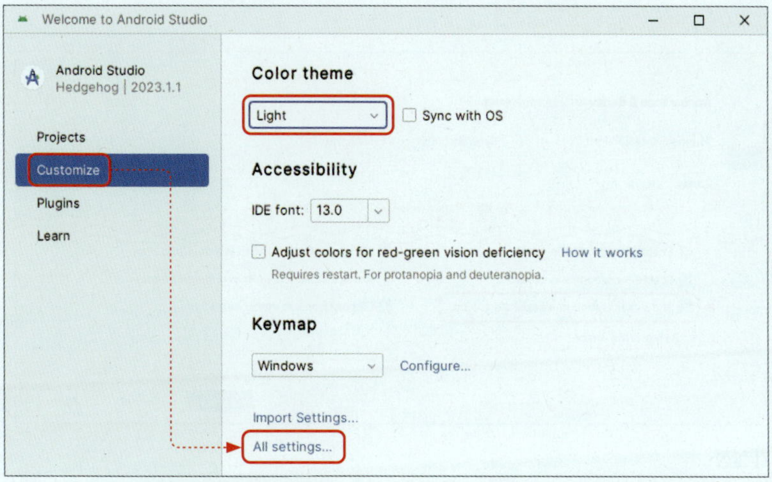


그림 1-28 Android Studio 초기화면

❿ 먼저 자동 업데이트 기능을 끄자. 왼쪽의 [Appearance & Behavior]-[System Settings]-[Updates]를 선택하고 업데이트와 관련된 오른쪽의 체크를 모두 끈다.

TIP 업데이트를 끄는 것은 업데이트된 기능 탓에 책대로 진행되지 않을 수 있기 때문이다. 또한 업데이트된 기능에 오히려 버그가 있을 수도 있으므로 향후 문제가 발생할 경우를 미연에 방지하기 위함이다.

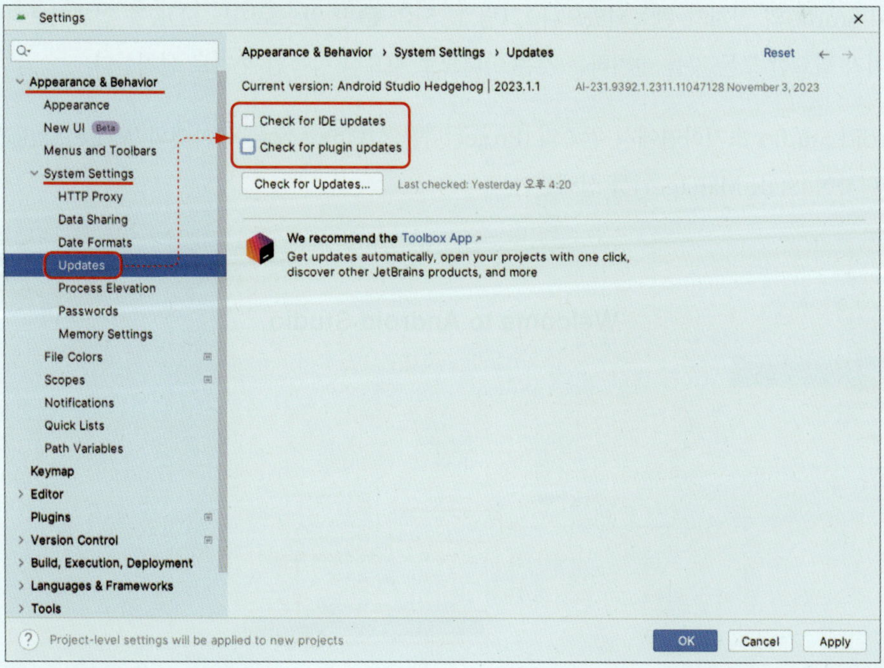


그림 1-29 업데이트 기능 끄기

⓫ 메뉴가 상단에 나오도록 설정하는 것이 편리하다. 왼쪽의 [Appearance & Behavior]–[Appearance]를 선택하고, 오른쪽 아래의 'Show main menu in a separate toolbar'에 체크한다.

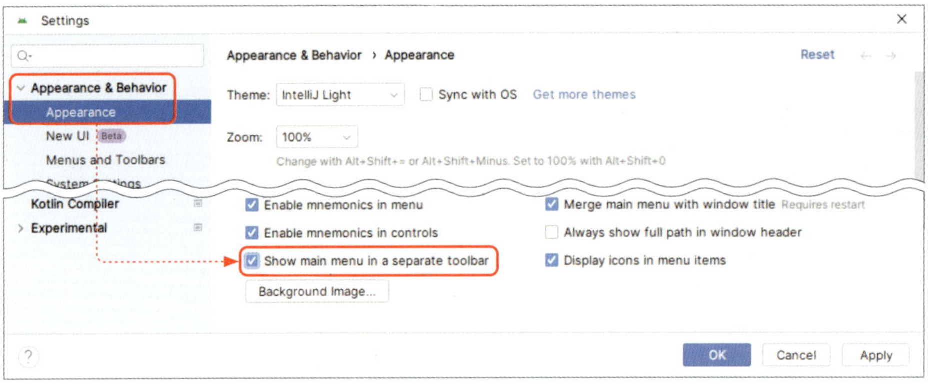


그림 1-30 **메뉴 보이기 설정**

⓬ 편집기의 폰트를 변경하려면 왼쪽의 [Editor]–[Font]에서 설정할 수 있다. 지금은 변경하지 말고 〈OK〉를 클릭하여 설정을 마친다.

## 실습 1-5 안드로이드 SDK 업데이트하기

Android Studio의 설치가 완료되었으니 [그림 1–5]의 ❺번 안드로이드 SDK를 업데이트하자. 초기 설치가 필요한 모든 것을 설치하는 것은 아니므로 필요한 항목만 추가로 설치한다.

❶ Android Studio 초기화면에서 왼쪽의 [Projects]를 선택하고 오른쪽 아래의 'More Actions'를 클릭하여 [SDK Manager]를 선택한다.

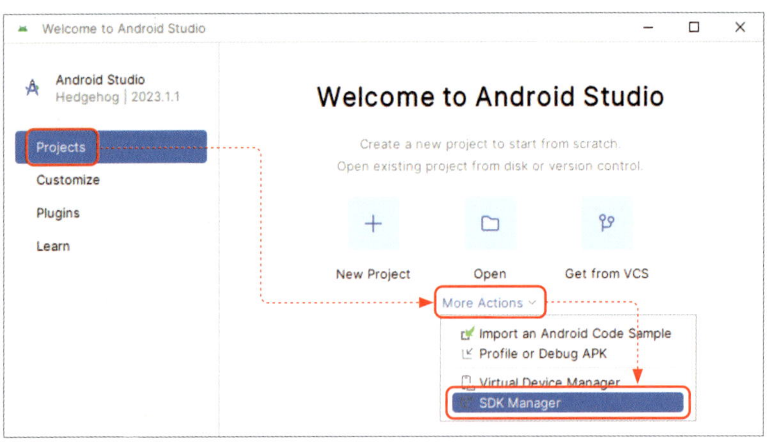


그림 1-31 **안드로이드 SDK 추가 설치 1**

❷ 안드로이드 버전별로 SDK를 추가/제거할 수 있는 창이 나오는데, 이 책을 집필한 시점에는 Android 14.0("UpsideDownCake")가 설치되어 있다. 시간이 지나면 더 상위 버전이 설치되어 있을 수도 있지만 이 책에서는 Android 14.0(U)으로 모든 실습을 진행한다. 우선 오른쪽 아래의 'Show Package Details'에 체크한 후 기존에 체크되어 있는 항목을 모두 끈다. 그리고 Android 14.0("UpsideDownCake") 아래의 'Android SDK Platform 34'와 'Google APIs Intel x86_64 Atom System Image'에만 체크한다. 아직 〈OK〉를 클릭하지 말자.

TIP Android 14.0("UpsideDownCake") 아래의 모든 항목에 체크해도 된다. 설치되는 파일의 용량이 커질 뿐 별 문제는 없을 것이다.

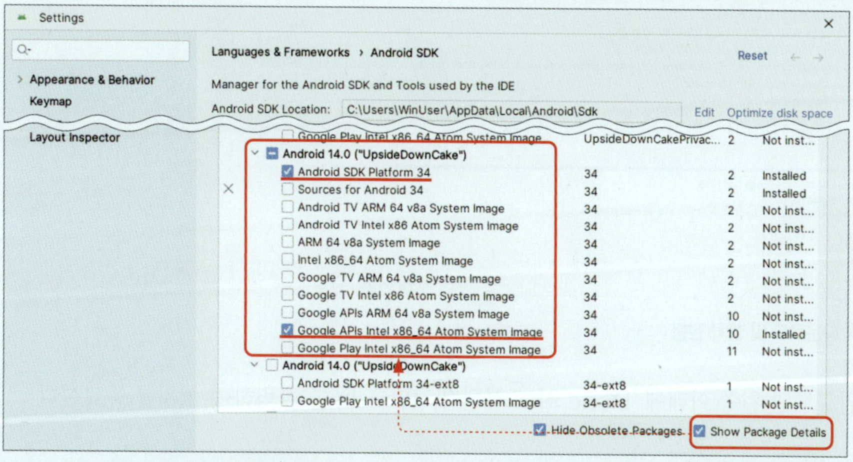

그림 1-32 안드로이드 SDK 추가 설치 2

❸ 이번에는 [SDK Tools] 탭을 클릭하여 추가로 'Google Play services'에 체크하고 〈OK〉를 클릭한다. 만약 [Confirm Change] 창이 나오면 〈OK〉를 클릭한다.

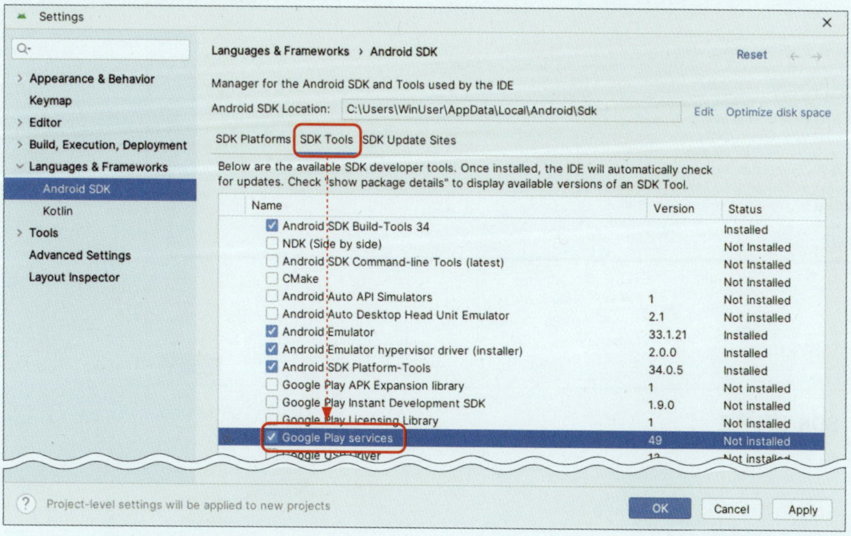

그림 1-33 안드로이드 SDK 추가 설치 3

❹ [SDK Component Installer] 창이 나오고 잠시 설치가 진행된다.

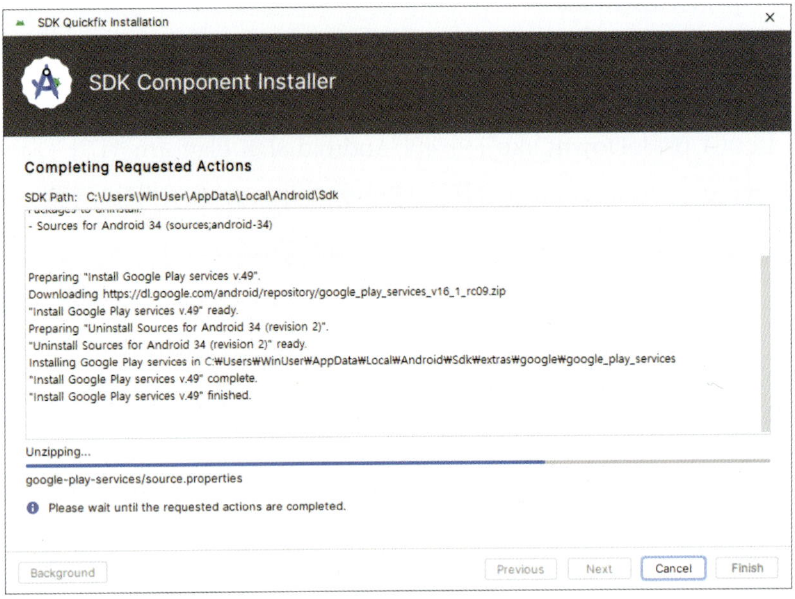


그림 1-34 **다운로드 및 설치 진행**

❺ 설치가 완료되면 왼쪽 아래에 'Done'이 표시된다. 〈Finish〉를 클릭하여 설치를 종료한다.

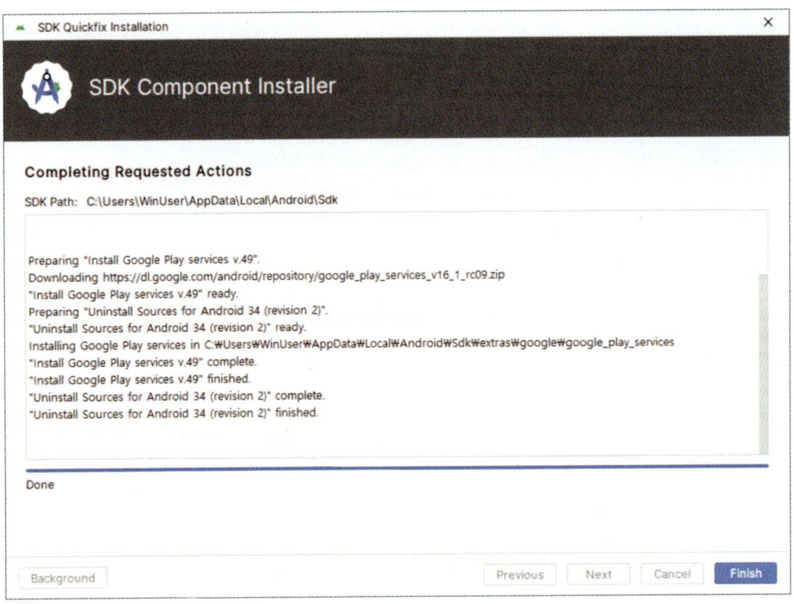


그림 1-35 **SDK 설치 완료**

❻ 이로써 Android Studio 및 안드로이드 SDK의 설치가 완료되었다. Android Studio를 종료한다.

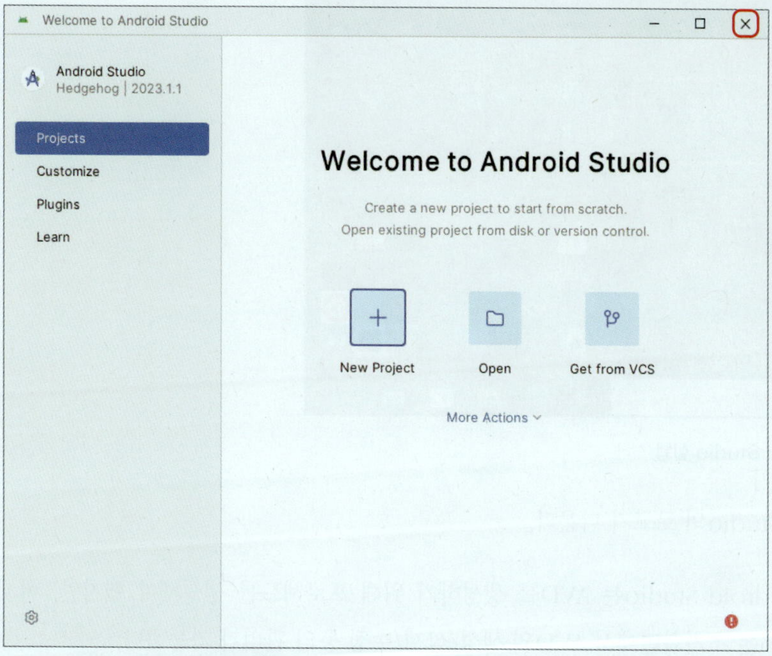


그림 1-36 Android Studio 종료

## 4 AVD 생성

안드로이드 SDK의 설치가 완료되었으니 [그림 1-5]의 ❻번 Android Virtual Device(AVD)를 만들자. AVD는 안드로이드 스마트폰이나 태블릿 없이도 안드로이드 응용 프로그램의 테스트를 가능하게 해준다.

TIP AVD는 다른 말로 가상 단말기, 가상 안드로이드 장치, 에뮬레이터(emulator)라고도 한다. 이 책에서는 AVD라고 지칭할 것이다.

### 실습 1-6 개발 테스트를 위한 AVD 생성하기

Android Studio에서 제공하는 AVD를 생성하고 사용해보자. AVD는 안드로이드폰의 기능을 거의 90% 정도 사용할 수 있다. 하지만 실제 안드로이드폰보다 느리다는 것을 감수해야 한다.

❶ [Windows 시작]을 클릭하여 Android Studio를 실행한다.

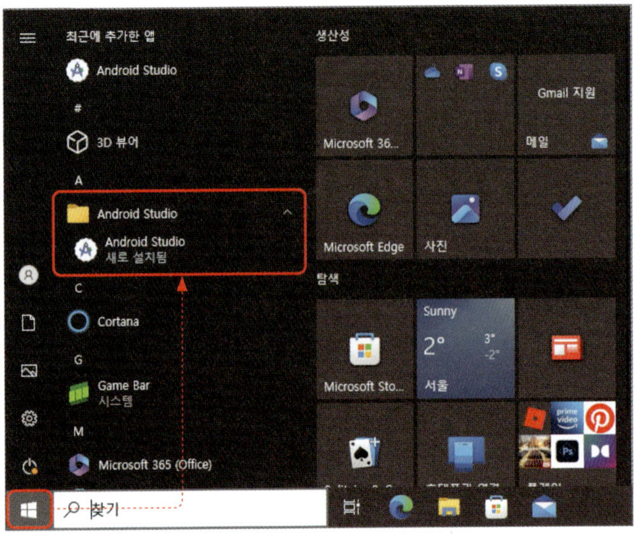


그림 1-37 Android Studio 실행

**2** 잠시 Android Studio의 로고가 나온다.

**3** 예전 버전의 Android Studio는 AVD를 생성하기 위해 프로젝트를 생성해야 했지만, 현재의 Android Studio는 초기화면에서 AVD의 생성/삭제/수정 등의 관리가 가능하다.

**4** Android Studio 초기화면에서 왼쪽의 [Projects]를 클릭한다. 그리고 오른쪽 아래의 'More Actions'를 클릭하여 [Virtual Device Manager]를 선택한다.

TIP 만약 [Windows 보안 경고] 창이 나오면 〈액세스 허용〉을 클릭한다.

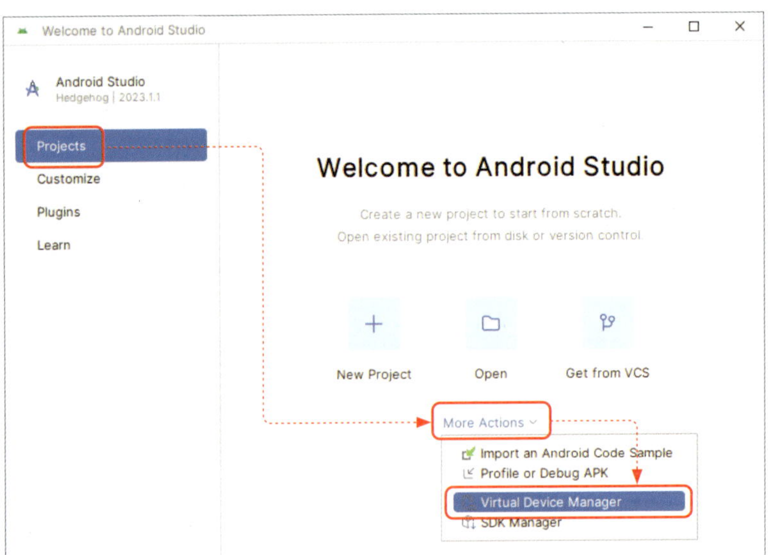


그림 1-38 Virtual Device Manager(AVD Manager) 실행

5 [Device Manager]가 실행된다. 만약 자동으로 생성된 AVD가 있다면 선택하고, 오른쪽의 ⋮ 아이콘을 클릭한 후 [Delete]를 선택해서 삭제한다. 경고 메시지가 나오면 〈Yes〉를 선택한다.

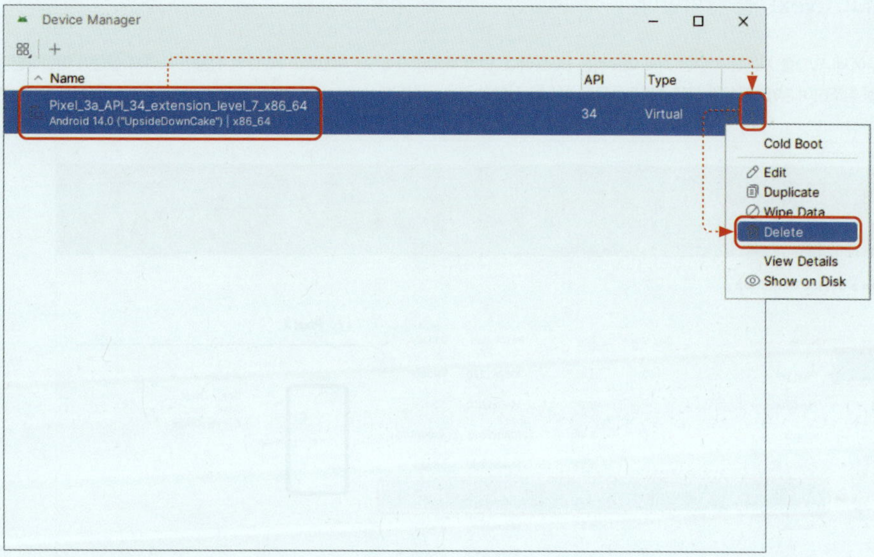


그림 1-39 자동 생성된 AVD 삭제

6 경고 메시지가 나오면 〈Yes〉를 선택한다.

7 이제는 AVD가 하나도 없는 상태이다. 〈Create virtual device〉를 클릭한다.

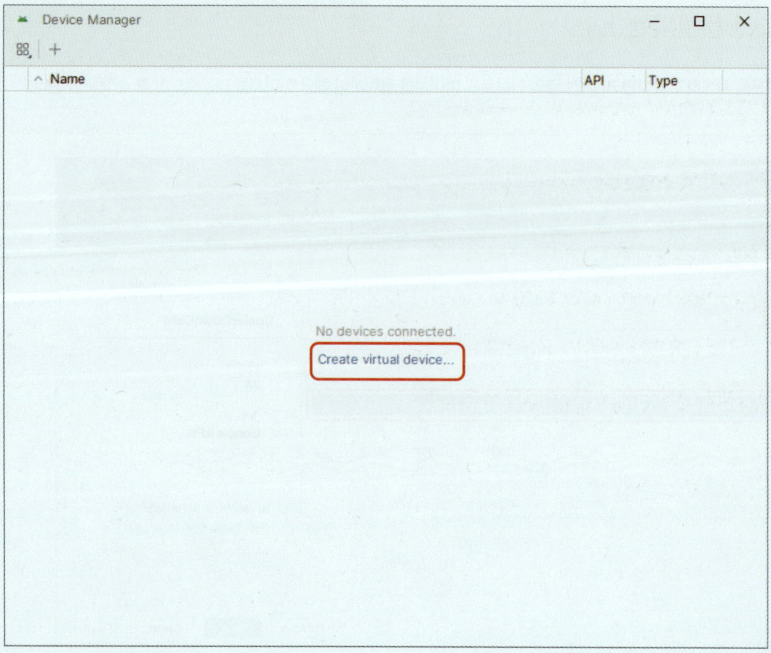


그림 1-40 AVD 생성 1

⑧ [Select Hardware] 창에서는 왼쪽의 'Phone'이 선택되어 있다. 다양한 스마트폰을 선택할 수 있는데, Android 14.0(U) 버전과 비교적 문제없이 작동하는 구글의 레퍼런스폰인 'Pixel 2'를 선택하고 〈Next〉를 클릭한다.

TIP 구글에서 AVD를 사용하기 위한 최소 메모리는 8GB이다. 만약 메모리가 8GB 미만이고 AVD의 작동이 느려져 실습이 어렵다면 [부록 A]를 참조하여 AVD 대신에 실제 스마트폰으로 실습을 진행할 것을 권장한다.

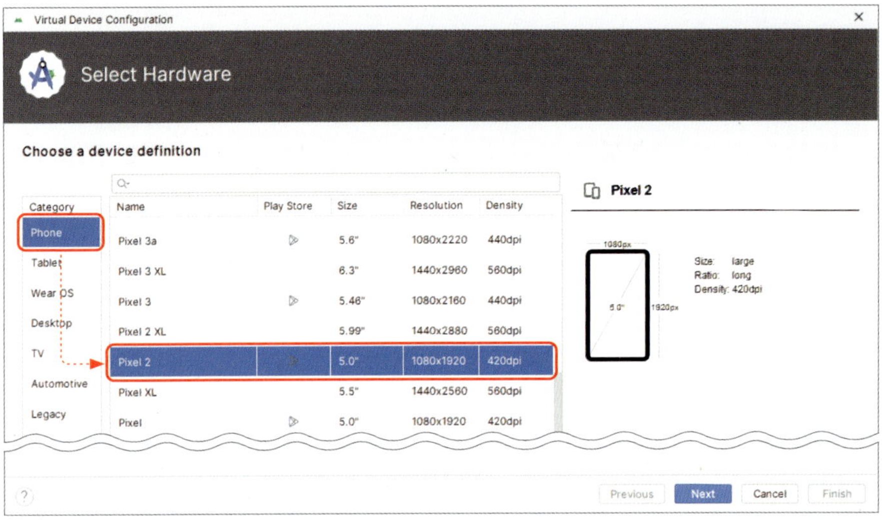


그림 1-41 AVD 생성 2

⑨ [x86 Images] 탭을 클릭하여 'UpsideDownCake[34, x86_64, Android 14.0(Google APIs)]'를 선택하고 〈Next〉를 클릭한다.

TIP 다른 버전의 스마트폰을 사용하고 싶다면 각 버전 옆의 다운로드 아이콘을 클릭하여 해당 이미지를 다운로드한 후 선택하면 된다.

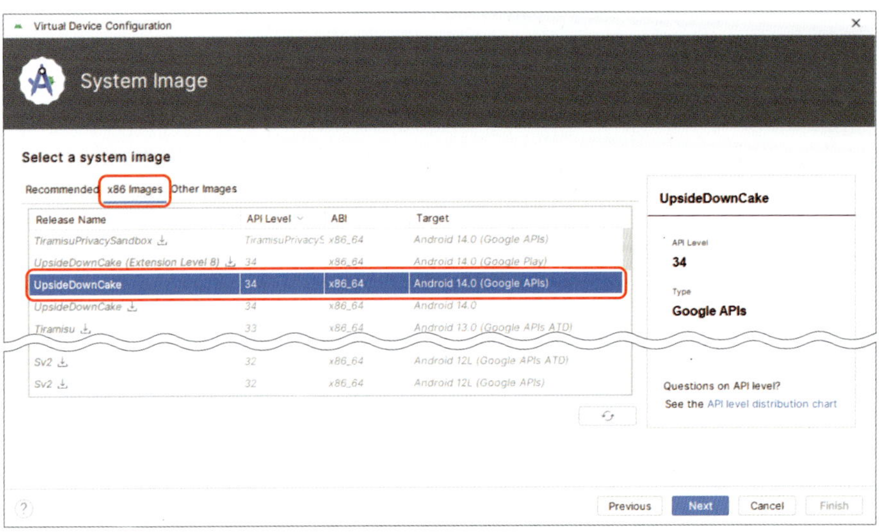


그림 1-42 AVD 생성 3

10 AVD Name은 적당히 'U(Pixel 2)' 정도로 하고 〈Finish〉를 클릭한다.

TIP 〈Show Advanced Settings〉를 클릭하면 AVD의 카메라, 네트워크, RAM, 내부 저장 공간, SD 카드 등의 설정을 변경할 수 있다. 하지만 굳이 변경할 필요는 없으며 기본값으로 설정된 대로 사용해도 대개 잘 작동한다.

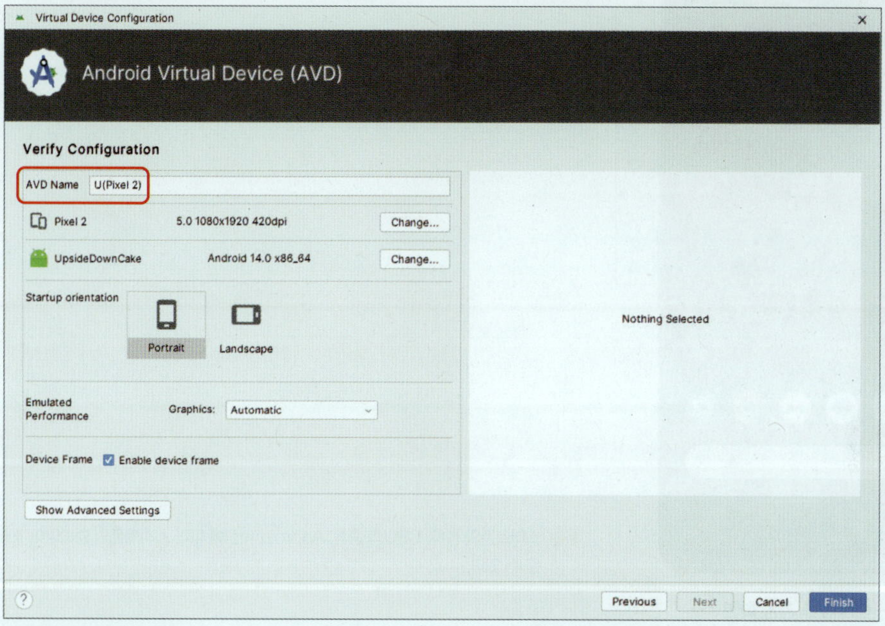


그림 1-43 AVD 생성 4

11 최종적으로 완성된 AVD는 다음과 같다. 〈Launch〉를 클릭하여 AVD를 부팅한다.

TIP 만약 〈Launch〉 버튼이 보이지 않으면 [Device Manger] 창을 닫고 다시 [Device Manager]를 실행한다. 또한 다른 버전의 AVD가 더 필요하다면 왼쪽 위의 + 아이콘을 클릭하여 추가로 AVD를 생성해도 된다.

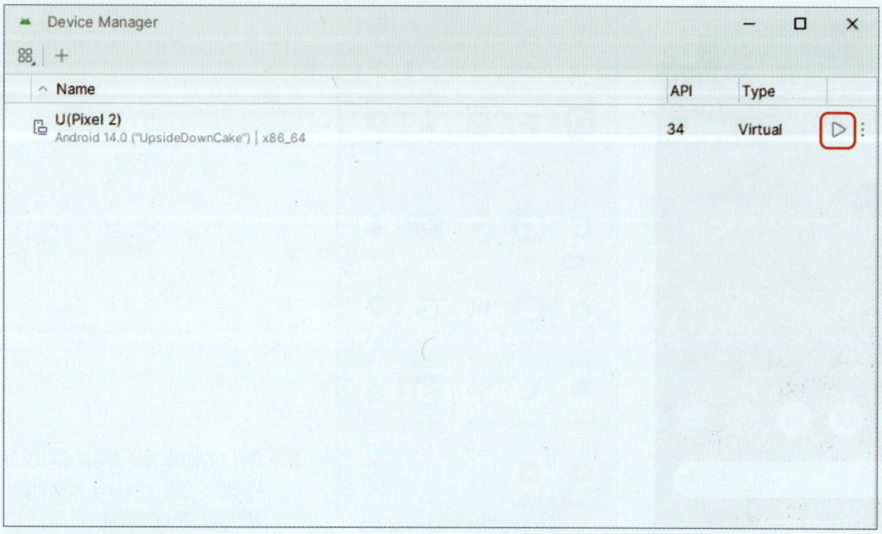


그림 1-44 생성된 AVD

⑫ 잠시 후에 부팅된 AVD를 확인할 수 있다.

> **TIP** AVD의 반응은 느리므로 클릭 등의 작업을 천천히 진행한다. 화면의 크기는 Ctrl + ↑를 누르면 확대되고, Ctrl + ↓를 누르면 축소된다.

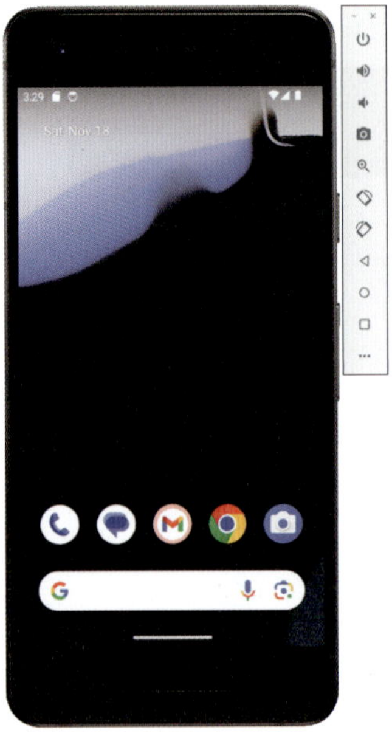

그림 1-45 AVD 가동 화면

> **TIP** 스마트폰의 종류, CPU의 종류, Android 버전에 따라 스마트폰의 겉모양이 조금 다를 수 있다.

⑬ 이제는 안드로이드 스마트폰의 기능을 대부분 비슷하게 사용할 수 있다. 우선 화면이 한글로 표시되도록 설정하자. (반응이 느릴 수 있으니 천천히 진행한다.) 화면을 클릭한 후 위쪽으로 스와이프한다. 아이콘이 모두 영어로 되어 있을 것이다. 마우스의 휠 버튼을 아래로 스크롤하거나 화면을 눌러서 위로 스와이프하면 아래쪽의 [Settings] 아이콘이 보이는데, 이것을 클릭한다.

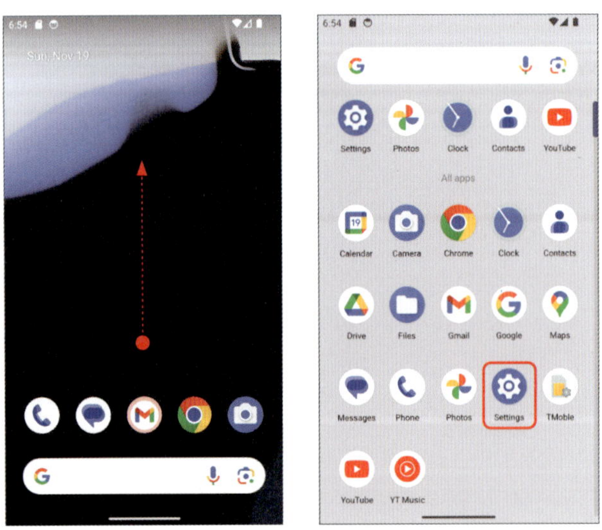


그림 1-46 화면 한글 설정 1

> **TIP** 만약 아이콘을 잘못 클릭해서 다른 화면이 나오면 오른쪽 키패드의 홈 아이콘(○)을 클릭하고 다시 진행한다.

⑭ 이번에는 화면을 위로 스와이프하여 아래쪽의 [System]을 클릭한다. 그런 다음 [Languages]를 클릭한다.

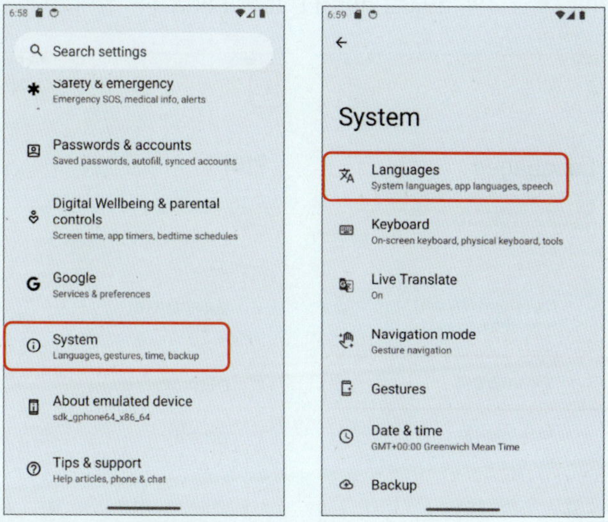


그림 1-47 화면 한글 설정 2

⑮ [System Languages]-[Add a language]를 클릭하고 아래쪽으로 스와이프하여 [한국어]를 클릭한다.

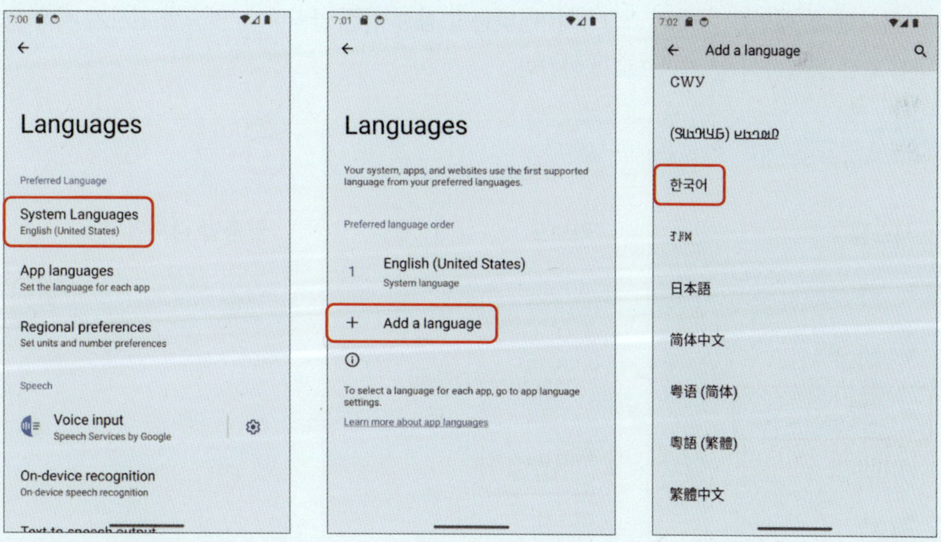


그림 1-48 화면 한글 설정 3

⑯ [대한민국]을 클릭하면 두 번째 위치에 한국어가 추가된 것을 확인할 수 있다. [한국어(대한민국)]을 꾹 누른 채 위로 올려서 첫 번째로 만든다. 곧이어 나타나는 메시지 창에서 〈Change〉를 클릭하면 화면이 한글로 바뀔 것이다. ←를 2회 연속 클릭하여 [시스템] 화면으로 돌아간다.

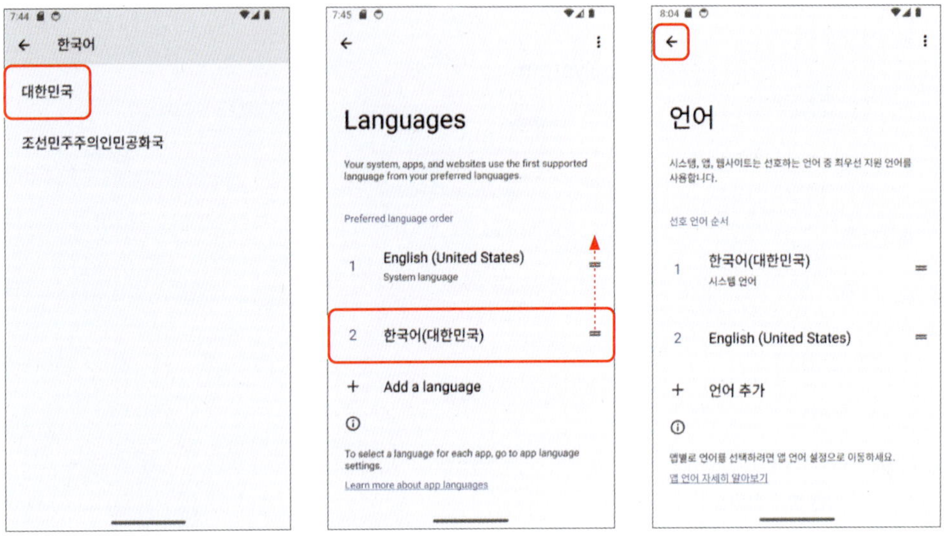


그림 1-49 **화면 한글 설정 4**

⑰ 맞춤법 기능이 설정되어 있으면 실습할 때 글자에 빨간 줄이 생겨서 보기가 불편하다. [키보드]를 클릭한 후 화면을 아래로 스크롤하여 [맞춤법 검사기]를 클릭하고 '맞춤법 검사기 사용'을 끈 다음 ←를 클릭하여 앞 화면으로 돌아간다.

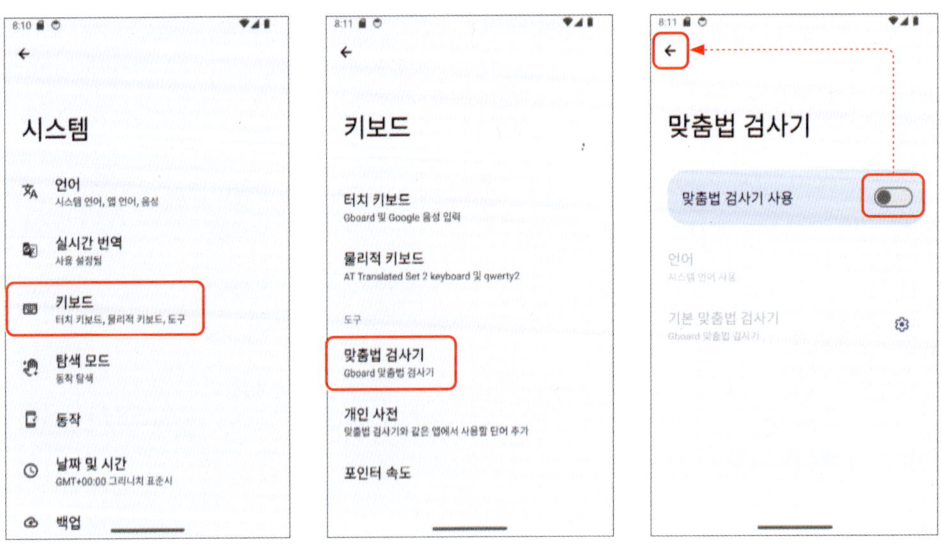


그림 1-50 **맞춤법 기능 끄기**

⑱ 기본적으로 화면이 1분마다 절전 모드가 되어 실습할 때 불편하니 이 시간을 늘리자. ←를 2회 연속 클릭하여 [설정] 화면으로 돌아와 [디스플레이]를 선택한다. 이어서 [화면 자동 잠금 시간]을 클릭한 후 '30분'을 선택하면 30분마다 화면이 잠길 것이다.

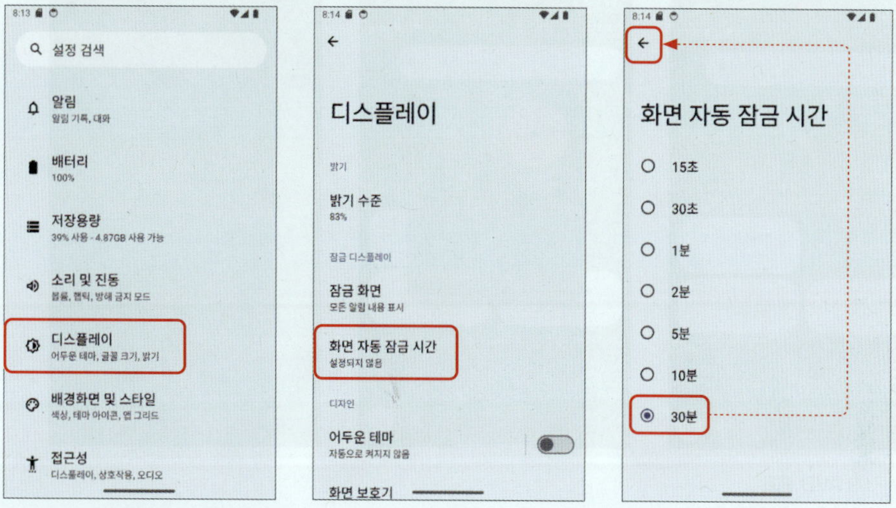


그림 1-51 화면 잠금 시간 늘리기

⑲ 오른쪽 키패드의 홈 아이콘(◯)을 클릭하면 초기화면으로 돌아간다. 위쪽 상태 바를 잡아서 아래로 끌어내리면 현재 알림을 확인할 수 있다. 오른쪽 키패드의 돌아가기 아이콘(◁)을 클릭하면 닫힌다.

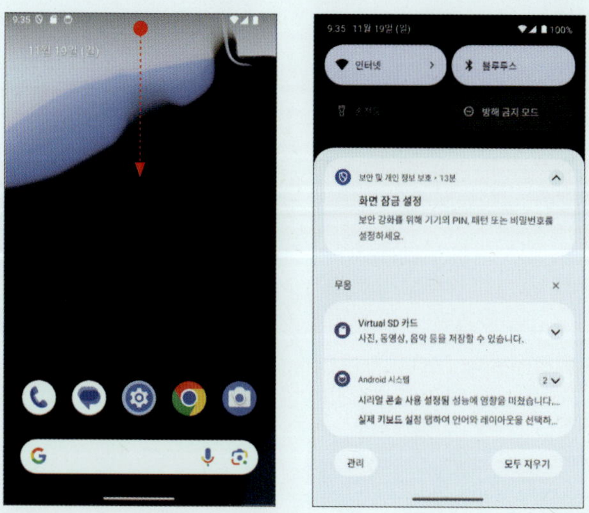


그림 1-52 알림 확인

⑳ 상태 바를 다시 잡아서 연속으로 끌어내린 후 아래쪽 전원 버튼을 클릭하고 [전원 끄기]를 클릭하면 스마트폰이 종료된다.

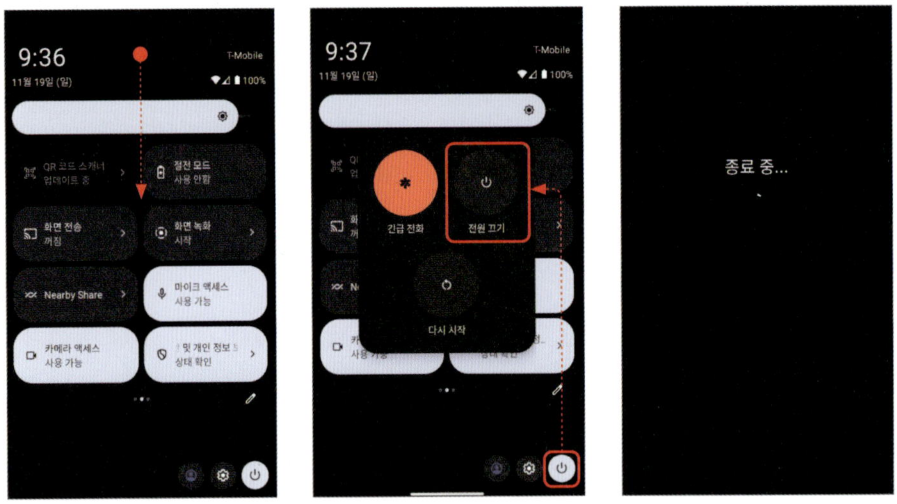


**그림 1-53 AVD 종료**

TIP '종료 중' 메시지가 한참 동안 나올 수도 있다.

㉑ [Device Manager] 창을 닫고 Android Studio 초기화면도 닫는다.

이로써 [그림 1-5]의 설치를 모두 완료했다. 2장부터는 본격적으로 안드로이드 프로그래밍을 학습할 것이다.

# 요약

**1** 스마트폰별로 개발 환경을 비교하면 다음과 같다.

| 구분 | 안드로이드 | 아이폰 | 윈도폰(단종) |
|---|---|---|---|
| 개발 언어 | Java, Kotlin, C++ | Objective C | C#, VB.Net |
| 개발 운영체제 | Windows, Linux, Mac OS | Mac OS | Windows 8/8.1/10 |
| 개발 툴 | Eclipse, Android Studio | Xcode | Visual Studio 2013 이상 |
| 최신 개발 버전 | Android 14.0(U) | iOS 17 | 윈도폰10 |

**2** 안드로이드 버전의 흐름은 다음과 같다.

컵케이크(1.5) → 도넛(1.6) → 이클레어(2.1) → 프로요(2.2) → 진저브레드(2.3) → 허니콤(3.x) → 아이스크림 샌드위치(4.0.x) → 젤리빈(4.1, 4.2, 4.3) → 킷캣(4.4) → 롤리팝(5.0, 5.1) → 마시멜로(6.0) → 누가(7.0, 7.1) → 오레오(8.0, 8.1) → 파이(9.0) → Q(10.0) → R(11.0) → S(12.0) → T(13.0) → U(14.0)

**3** 아이스크림 샌드위치(4.0.x)는 태블릿 전용인 허니콤(3.x)과 스마트폰 전용인 진저브레드(2.3)를 통합한 것이다. 즉 태블릿과 스마트폰에서 공통된 개발 환경을 사용할 수 있다. 킷캣(4.4w)부터는 웨어러블 장비를 개발할 수 있게 되었고, 롤리팝(5.0)은 모든 안드로이드 기기를 통합 개발할 수 있는 SDK를 제공했다. 마시멜로(6.0)는 보안이 강화되었고, 누가(7.0)는 가상현실 및 3D 게임이 강화되었다. 오레오(8.0)는 설정 화면, PIP 등이, 파이(9.0)는 실내 위치 추적, 인공지능 등이 추가 및 개선되었으며, Android 10.0(Q)은 라이브 캡션, 스마트 재생 등이 추가 및 개선되었다. 또한 Android 11.0(R)은 알림과 대화, 미디어 제어 등이 추가 및 개선되었고, Android 12.0(S)은 새로운 사용자 인터페이스, 빠른 설정 등이 추가 및 개선되었다. Android 13.0(T)은 앱별 언어 환경 설정, 테마 앱 아이콘 등이 추가되었으며, Android 14.0(U)부터는 사진 선택기, 알림 플래시, 카메라 및 배터리 수명 개선, 잠금 화면 사용자 지정, 매직 컴포츠, 앱 페어 등을 지원한다.

**4** 안드로이드의 주요 기능은 다음과 같다.

- 애플리케이션 프레임워크를 통한 코드의 재사용
- 달빅 또는 아트 런타임 제공
- 2D, 3D 그래픽 최적화
- SQLite 제공
- 각종 오디오, 비디오, 이미지 형식 지원
- 다양한 하드웨어 지원
- Eclipse, Android Studio 개발 환경 제공

# 요약

**5** 안드로이드 운영체제의 구조는 다음과 같이 분류된다.

- 응용 프로그램
- 응용 프로그램 프레임워크
- 안드로이드 런타임
- 라이브러리
- 리눅스 커널

**6** 안드로이드 개발 환경은 다음과 같이 구성된다.

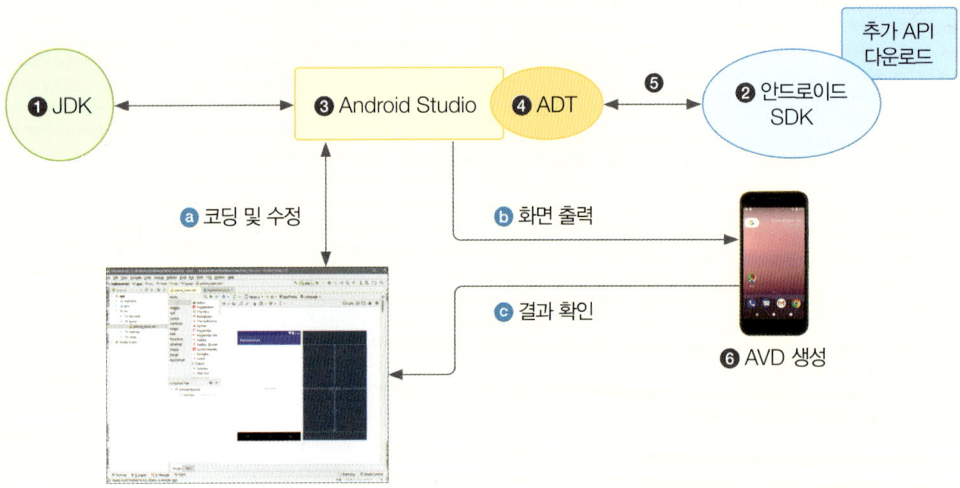


**7** 이 책에서 사용하는 개발 환경의 버전은 다음과 같다.

- Java 17(Android Studio에 포함되어 있음)
- Android SDK Tools 34
- Android Studio Hedgehog(2023.1.1)
- Android 14(API 34)

**8** 실습하기 적당한 AVD는 xxhdpi(1080×1920) 해상도이며, 화면이 5.5인치 이상인 안드로이드 스마트폰은 다양한 고해상도를 지원한다.

## 연습문제

**1** 스마트폰의 시초로 알려진 기기는?

❶ 사이먼

❷ 아이폰

❸ HTC 드림

❹ 윈도폰7

**2** 안드로이드 버전 업그레이드의 장점으로 볼 수 <u>없는</u> 것은?

❶ 새로운 기능 및 개선된 성능 제공

❷ 보안 취약점 해결

❸ 하드웨어 호환성 문제 발생 가능성

❹ 기존 앱과의 호환성 문제 발생 가능성

**3** 안드로이드의 특징이 <u>아닌</u> 것은?

❶ 리눅스 커널 기반

❷ Java 프로그래밍 언어 사용

❸ 오픈 소스

❹ 유료 개발 도구 제공

**4** 안드로이드 구조의 가장 하위 계층은?

❶ 응용 프로그램

❷ 응용 프로그램 프레임워크

❸ 안드로이드 런타임

❹ 리눅스 커널

## 연습문제

**5** 안드로이드 개발 환경 설치 과정을 차례대로 나열한 것은?

(가) Android Studio 설치
(나) Android SDK 다운로드
(다) Android Studio 환경 설정
(라) AVD 생성

❶ (가)－(나)－(다)－(라)

❷ (다)－(가)－(나)－(라)

❸ (라)－(다)－(나)－(가)

❹ (나)－(가)－(라)－(다)

CHAPTER 02

# 처음 만드는 안드로이드 애플리케이션

학습목표

- 안드로이드 애플리케이션의 기본적인 작성법을 익힌다.
- AVD의 명칭을 파악한다.
- 안드로이드 프로젝트의 구성을 이해한다.

# 01 처음 만드는 Hello Android 프로그램

이제 본격적으로 안드로이드 애플리케이션을 작성해보자. 기본적인 안드로이드 애플리케이션을 작성하는 방법은 그리 어렵지 않다. 하지만 그럴듯한 애플리케이션을 만들려면 많은 학습이 필요하다. 이 절에서는 간단한 안드로이드 애플리케이션을 작성해볼 것이다. 아직 안드로이드 관련 문법을 몰라도 관계없다.

## 1 Hello Android 프로젝트

첫 번째로 만들어볼 안드로이드 애플리케이션은 [그림 2-1]과 같다. 여기서 학습할 안드로이드 프로젝트는 [그림 2-2]의 순서로 진행한다.

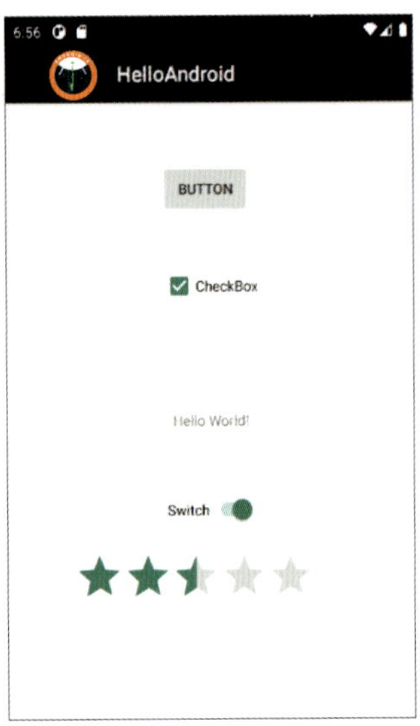


그림 2-1 처음 만드는 안드로이드 애플리케이션

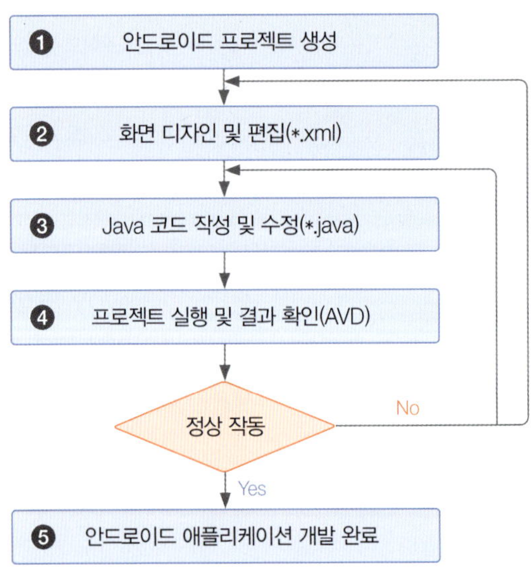


그림 2-2 안드로이드 프로젝트 개발 단계

이번 애플리케이션은 아주 간단한 결과만을 출력하지만 아무리 복잡한 애플리케이션도 대부분 이와 동일한 과정을 거친다. 단지 코드가 더 복잡할 뿐이다.

### 실습 2-1 첫 응용 프로그램 작성하기

처음으로 작성해보는 안드로이드 애플리케이션이다. 결과는 아주 간단하지만 대부분의 안드로이드 애플리케이션을 이러한 과정으로 작성하니 잘 기억해두자.

**1 안드로이드 프로젝트 생성**

1. Android Studio를 실행한다.

2. Android Studio 소개 화면이 잠시 나온다.

그림 2-3 Android Studio 소개 화면

3. 초기 창에서 왼쪽 [Projects]를 선택하고 〈New Project〉를 클릭한다.

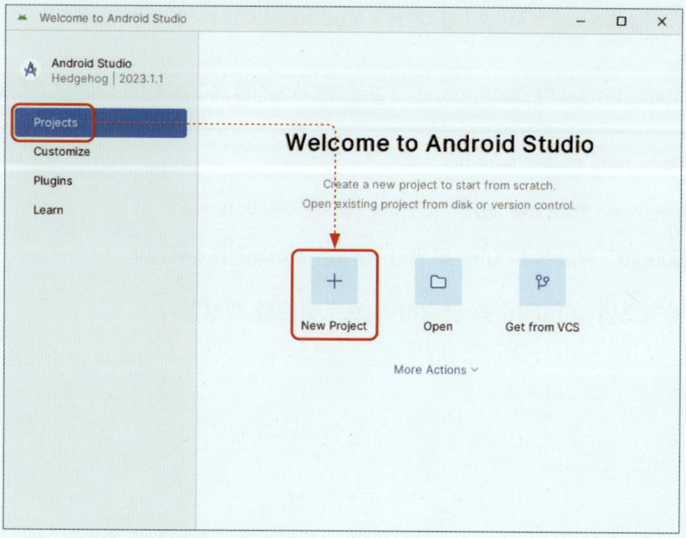


그림 2-4 새로운 안드로이드 프로젝트

4 생성할 프로젝트의 종류를 선택한다. [Phone and Tablet] 탭의 'Empty Views Activity'를 선택하고 〈Next〉를 클릭한다.

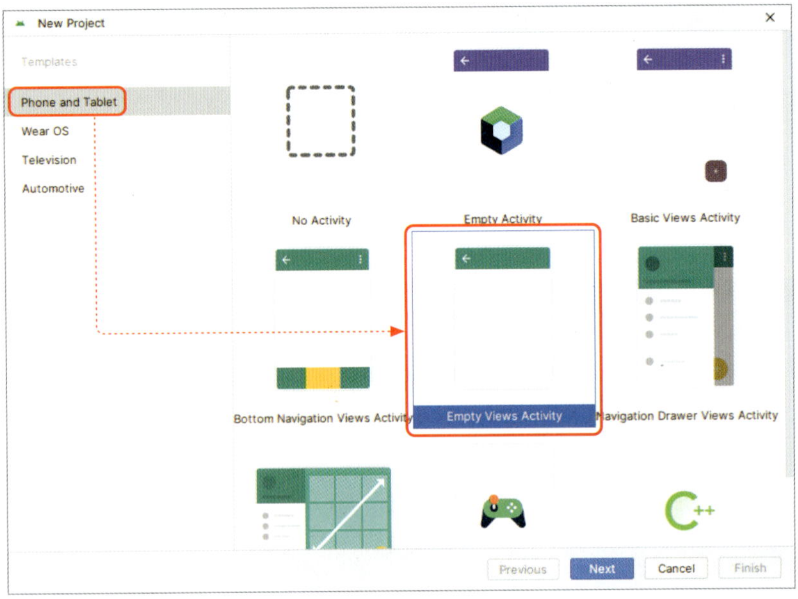


그림 2-5 **프로젝트 선택**

5 다음으로 프로젝트에 대한 정보를 입력하거나 선택한다.

- Name: HelloAndroid → 프로젝트 이름이며 대문자로 시작하는 것이 좋다.
- Package name: com.cookandroid.helloandroid → 도메인 이름(cookandroid.com)과 애플리케이션 이름을 이어서 만든다.

TIP 도메인 이름은 자기 회사의 도메인 주소(쉽게 말해 웹 서버 주소)를 입력한다. 필자는 cookandroid.com이라는 가상의 회사 도메인을 사용했다.

- Save location: C:\CookAndroid\Project\HelloAndroid → 프로젝트가 저장될 폴더를 지정한다(한글 폴더명은 불가).
- Language: Java → 사용할 프로그래밍 언어는 Java이다.

TIP Android Studio 3.0부터 지원하는 Kotlin 언어로 앱을 개발할 수도 있다(이 책에서는 사용하지 않는다).

- Minimum SDK: API 24("Nougat", Android 7.0) → 이 앱이 작동하는 최하 버전을 선택한다.

프로젝트에 대한 설정을 마쳤으면 〈Finish〉를 클릭하여 프로젝트를 생성한다.

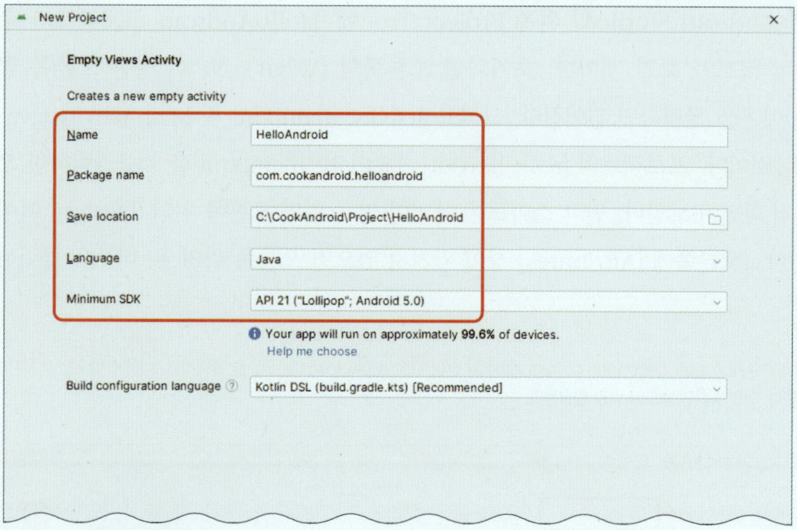


그림 2-6 프로젝트 설정

**6** 설정 중에는 생략되었으나 다음 2개 항목이 내부적으로 추가되어 있다.

- **Activity Name**: MainActivity → 기본 소스인 Java 파일 이름(MainActivity.java)으로 지정된다.
- **Layout Name**: activity_main → 기본 화면인 XML 파일 이름(activity_main.xml)으로 지정된다.

TIP 앞으로 이 책에서 모든 프로젝트의 기본 소스인 Java 파일 이름은 MainActivity.java를, 기본 화면인 XML 파일 이름은 activity_main.xml을 사용할 것이니 기억해놓자.

TIP [그림 2-6]의 Minimum SDK는 지금 작성하는 앱이 작동될 최하 버전을 지정하는 것이다. 이 책을 집필한 시점에 API 24(Android 7.0 누가) 이상의 안드로이드 폰은 약 96.3%이다. 만약 최신 안드로이드폰에서만 작동하는 앱을 작성하고 싶다면 이 부분을 더 높은 API로 선택하면 되지만, 현실적으로 이 앱이 작동하는 안드로이드폰의 수가 줄어들게 된다. 이 책의 앱 대부분은 누가(Nougat) 이상에서는 무난히 작동하도록 설정할 것이다. 안드로이드폰의 자세한 점유율은 'Help me choose'를 클릭하면 확인할 수 있다.

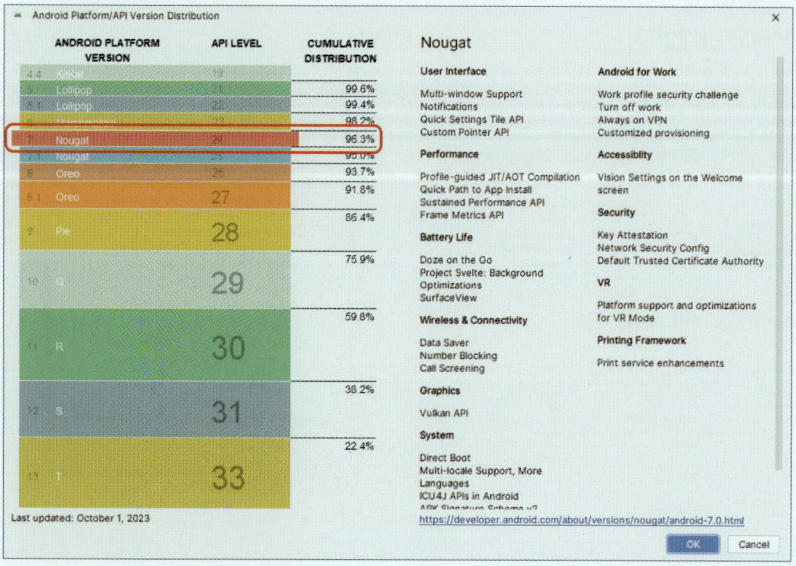


그림 2-7 안드로이드 버전별 누적 점유율

7 잠시 기다리면 Android Studio의 왼쪽 Project Tree에 'HelloAndroid' 프로젝트가 추가되어 있고 Java 코드가 보일 것이다. 초기화면 오른쪽의 [What's New] 창은 오른쪽 끝의 [Assistant] 아이콘을 클릭하면 없어진다. 그리고 activity_main.xml 및 MainActivity.java 파일이 열려 있을 것이다. 프로젝트의 [res]–[layout]–[activity_main.xml]을 더블클릭하면 오른쪽에 프로젝트의 화면이 보인다. 만약 스마트폰 화면이 안 보이면 오른쪽 위의 [Design] 아이콘( )을 클릭한다. (오른쪽에 [Attributes] 창이 펼쳐져 있으면 오른쪽 위의 ━ 버튼을 클릭하여 축소한다.)

TIP 만약 오른쪽 아래에 [Microsoft Defender configuration] 창이 나오면 〈Automatically〉를 클릭하고, 이어서 나오는 메시지 창에서 〈예〉를 클릭한다. 이렇게 하면 속도가 약간 향상된다.

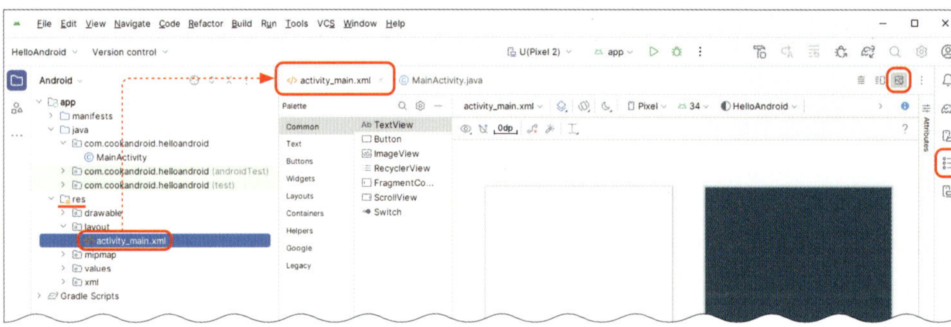


그림 2-8 **안드로이드 프로젝트 생성 결과**

## 2 화면 디자인 및 편집

8 화면을 가상 AVD와 동일하게 설정해보자. 스마트폰 그림 위쪽의 'Pixel'을 클릭하여 아래쪽의 'AVD: U(Pixel 2)'를 선택한다. 앞에서 생성한 AVD와 디자인 화면을 동일하게 하는 것이다. (이 부분은 생략해도 관계없다.)

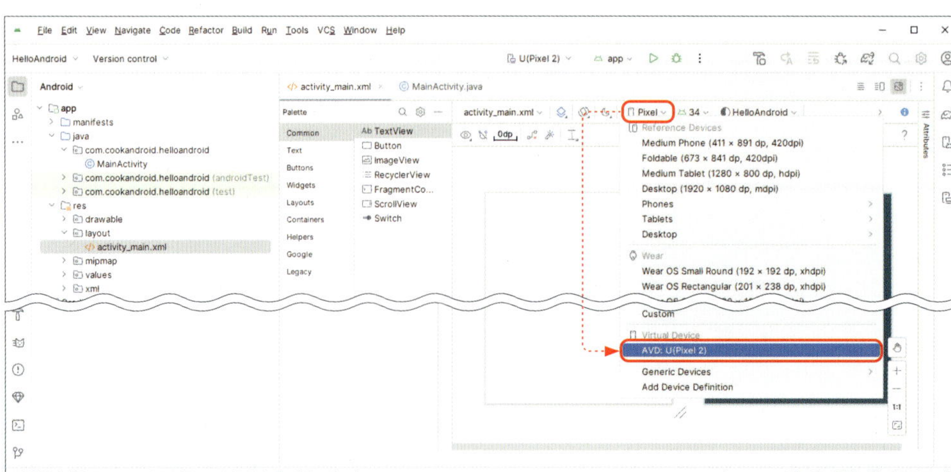


그림 2-9 **디자인 환경 설정**

9 자동 생성되는 레이아웃은 ConstraintLayout이다. 오른쪽 위의 [Code] 아이콘(≡)을 클릭하여 확인해보자. (레이아웃과 관련된 내용은 5장에서 자세히 다룰 것이다.)

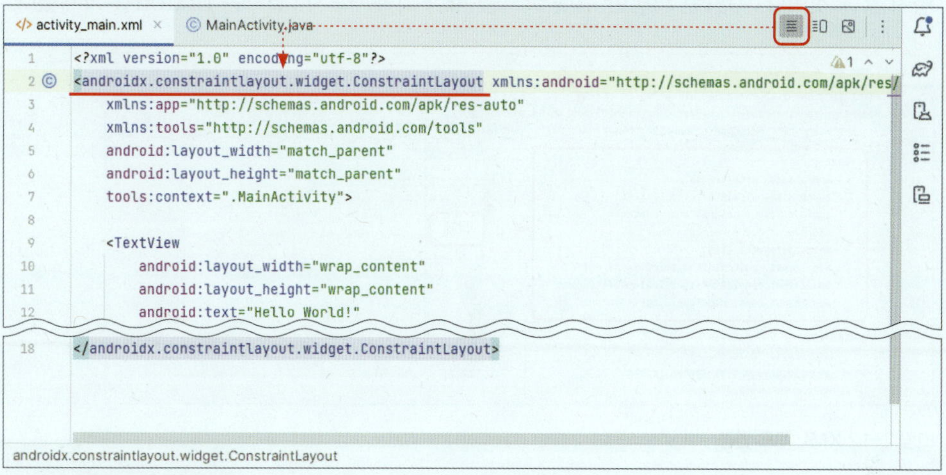


그림 2-10 **레이아웃 확인**

10 다시 오른쪽 위의 [Design] 아이콘을 클릭한 후 왼쪽의 위젯(widget) 중에서 몇 개를 오른쪽에 끌어다 놓는다. 그리고 각 위젯을 선택한 후 [Infer Constraints] 아이콘을 클릭한다. 오른쪽 아래의 확대/축소 아이콘으로 화면 크기를 조절할 수 있다.

TIP 위젯은 버튼, 체크박스, 라디오버튼, 텍스트뷰 등을 말한다. 4장에서 이에 대해 자세히 살펴볼 것이다.

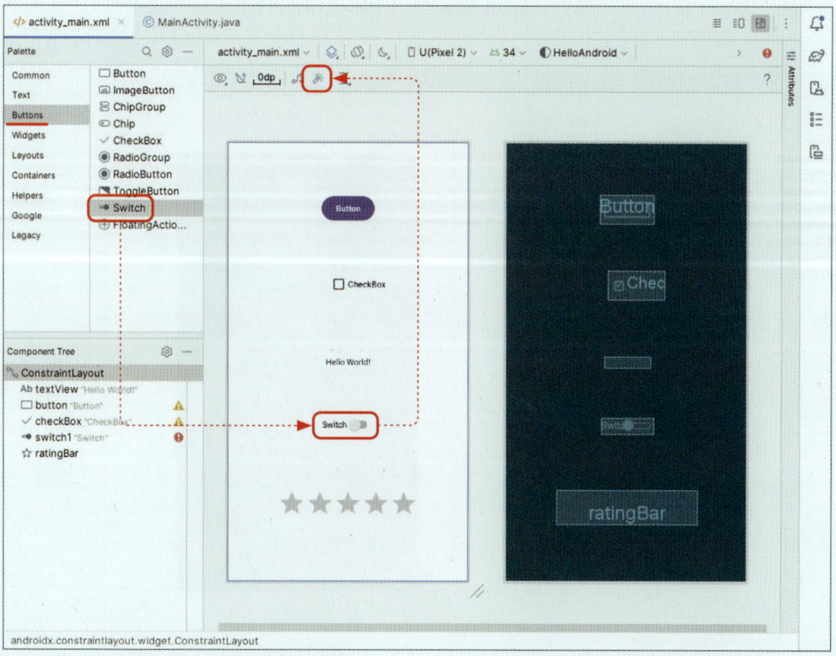


그림 2-11 **그래픽 화면에서 위젯 끌어다 놓기**

⑪ 이번에는 오른쪽 위의 [Split] 아이콘(☰▯)을 클릭한다. 화면에 XML 코드와 미리보기가 표시될 것이다. 처음에는 복잡해 보일 수 있으나 같은 패턴을 반복하기 때문에 몇 번만 실습해보면 어렵지 않을 것이다. 추가된 적당한 위젯 코드를 하나 삭제해보자. 필자는 Button을 삭제했다.

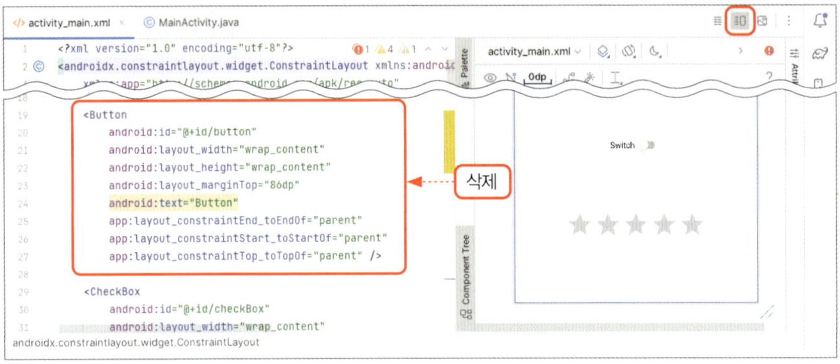


그림 2-12 **XML 코드 변경**

TIP XML(eXtensible Markup Language)은 구조적인 데이터를 작성하기 위한 다목적 마크업 언어로, 라이선스에 제약이 없고 플랫폼에 독립적이다. 안드로이드에서도 화면을 구성하기 위해 XML을 채용했다.

⑫ 다시 [Design] 아이콘을 클릭하면 방금 삭제한 코드(버튼)가 화면에서도 삭제된 것을 확인할 수 있다. Android Studio 왼쪽 상단의 저장 아이콘을 클릭하거나 메뉴의 [File]–[Save All]을 클릭하여 변경 사항을 저장하자.

TIP 화면을 수정할 때 [Design]에서 마우스로 작업을 하든 [Code]에서 코드를 수정하든 결과는 동일하다. 각자 편리한 방법을 사용하면 되지만 코드로 편집하는 것이 더 일반적이다. 코드에 익숙해지면 그래픽으로 작업하는 것보다 더 편하다.

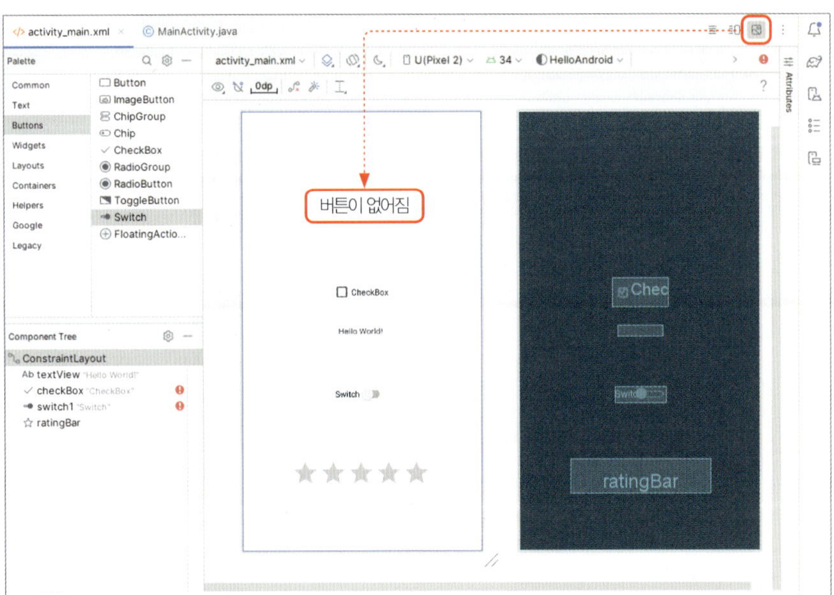


그림 2-13 **그래픽 화면 확인**

### 3 Java 코드 작성 및 수정

⑬ 왼쪽 Project Tree에서 [java]–[com.cookandroid.helloandroid]–[MainActivity]를 더블클릭하거나 위쪽 [MainActivity.java] 탭을 클릭한다. 오른쪽 창에 Java 코드가 나오는데 앞으로 이 코드를 수정하면 된다. 아직 안드로이드와 관련된 Java 문법을 배우지 않았으니 그대로 둔다. 단, 가장 먼저 시작하는 메소드는 onCreate()이고, setContentView(R.layout.activity_main) 메소드는 바로 앞에서 확인한 activity_main.xml을 화면에 표시하라는 의미임을 기억하자.

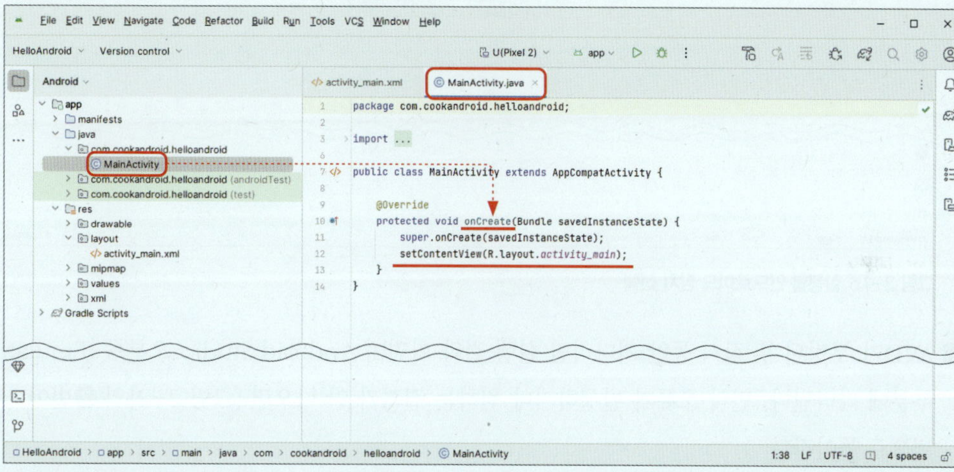

그림 2-14 메인 Java 코드 확인

### 4 프로젝트 실행 및 결과 확인

⑭ 메뉴의 [Run]–[Run 'app']을 선택하거나 [Run 'app'] 아이콘을 클릭한다.

TIP 단축키 Shift + F10을 눌러도 된다.

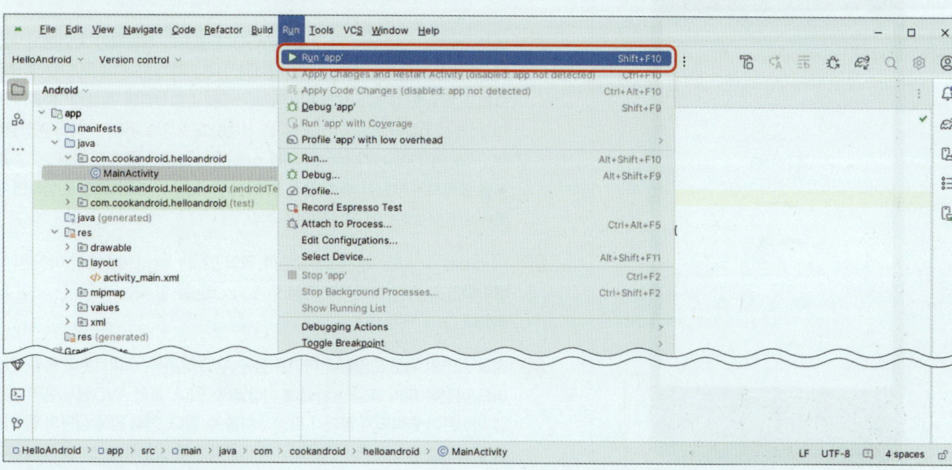

그림 2-15 애플리케이션 실행

⑮ AVD가 여러 개이거나 스마트폰이 연결되어 있다면 먼저 작동할 장치를 상단 중앙의 툴바에서 선택할 수 있다. (필자는 앞에서 생성한 AVD와 구글 픽셀 6 스마트폰이 연결된 상태이다.)

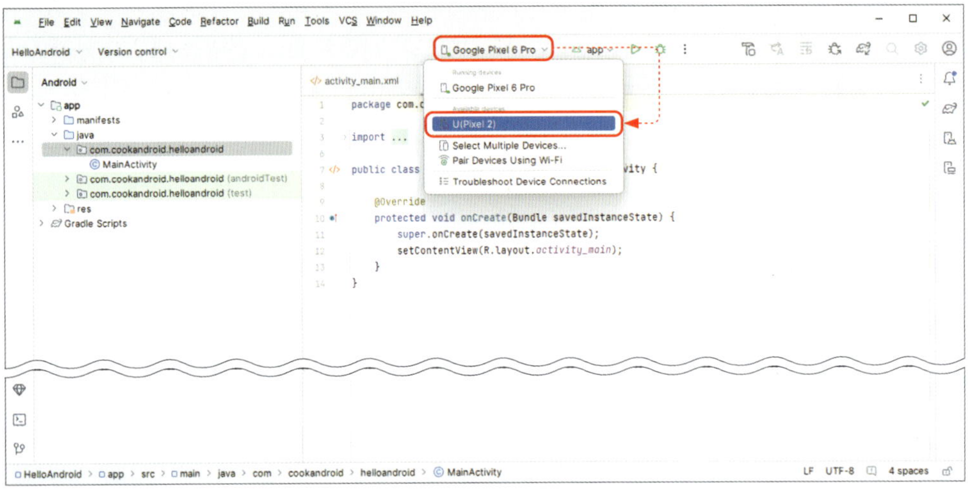


그림 2-16 **실행할 안드로이드 장치 선택**

⑯ AVD가 부팅된 후 잠시 동안 기다리면 실행 결과 화면이 Android Studio 오른쪽 [Emulator] 부분에 나타난다. 만약 오류가 발생하거나 원하는 결과가 안 나오면 [그림 2-2]의 ❷번이나 ❸번으로 돌아간다.

**TIP** 오른쪽 아래의 **+** 또는 **−** 버튼을 누르면 화면이 확대되거나 축소된다. **1:1**을 누르면 실제 해상도의 화면이 나타나고, ▢를 누르면 화면에 딱 맞게 나타난다.

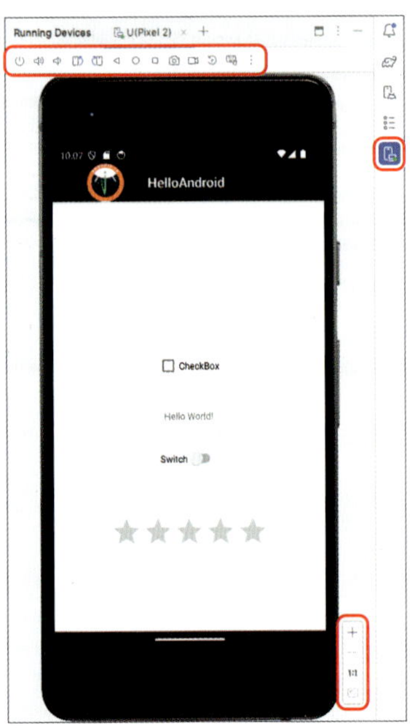


그림 2-17 **프로젝트 실행 결과**

**TIP** 예전 버전의 Android Studio는 AVD가 별도의 독립적인 화면에서 작동했다. 그렇게 사용하고 싶다면 우선 [그림 1-52]를 참조하여 AVD를 종료한다. 그리고 메뉴의 [File]–[Close Project]로 프로젝트를 종료한 후 Android Studio 초기화면에서 [Projects]를 선택하고 오른쪽 위의 ⋮ 아이콘을 클릭하여 [Virtual Device Manager]를 실행한다. 그런 다음 'U(Pixel 2)' AVD의 ▶을 클릭하여 부팅한 후 AVD를 띄워놓은 상태에서 프로젝트를 진행하면 된다. [Device Manager] 창은 닫아도 된다.

**TIP** Android Studio 화면에서 오른쪽 위의 [Running Devices] 아이콘(▢)을 클릭하면 AVD를 보이거나 가릴 수 있다. 코딩을 할 때는 가려두는 것이 더 편리하다.

**TIP** 결과 화면의 위젯 모양이나 아이콘 등은 AVD의 종류, 스마트폰의 종류, 안드로이드 버전에 따라 조금씩 다르게 나타날 수 있다. 특히 AVD에서 왼쪽 상단의 앱 아이콘이 출력되지 않거나 모양이 다를 수 있다. 만약 왼쪽 상단의 앱 아이콘을 출력하고 싶다면 71~72쪽의 [여기서 잠깐]을 참조하여 코드를 수정한다.

### 5 안드로이드 애플리케이션 개발 완료

17 이로써 아주 간단한 안드로이드 애플리케이션을 만들어보았다. 복잡한 애플리케이션 개발도 기본적으로는 이와 같은 방식으로 진행된다. AVD의 초기화면으로 돌아가려면 위쪽 또는 오른쪽의 키패드에서 돌아가기 버튼을 클릭하거나 AVD에서 Ctrl+Back Space를 누른다.

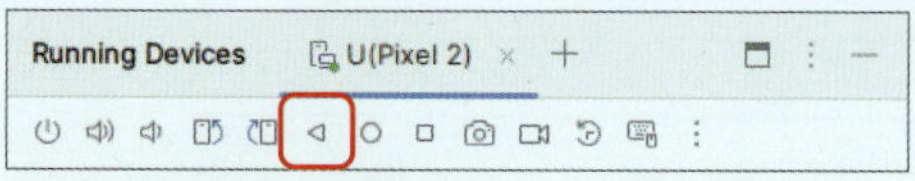


그림 2-18 돌아가기 버튼

TIP AVD는 한 번 실행하면 닫지 말고 그대로 둔다. 추후에 프로젝트를 다시 실행하면 이미 AVD가 가동되어 있으므로 결과가 화면에 빨리 나타날 것이다. AVD가 보이지 않으면 Android Studio 화면의 오른쪽 [Running Devices] 아이콘을 클릭한다.

**▶ 직접 풀어보기 2-1**

[새로운 프로젝트 'HiAndroid'를 작성하고 실행한 뒤 화면을 꾸며보라.

**여기서 잠깐 AVD에서 앱 아이콘을 출력하는 방법**

❶ 먼저 아이콘으로 사용할 파일이 필요하다. 일반적으로 128×128 정도의 *.png 파일을 사용하는 것이 좋다.

❷ 파일을 복사하여 Project Tree의 [app]–[res]–[drawable]에 붙여넣기 한다. [Copy] 창이 나오면 〈OK〉를 클릭한다.

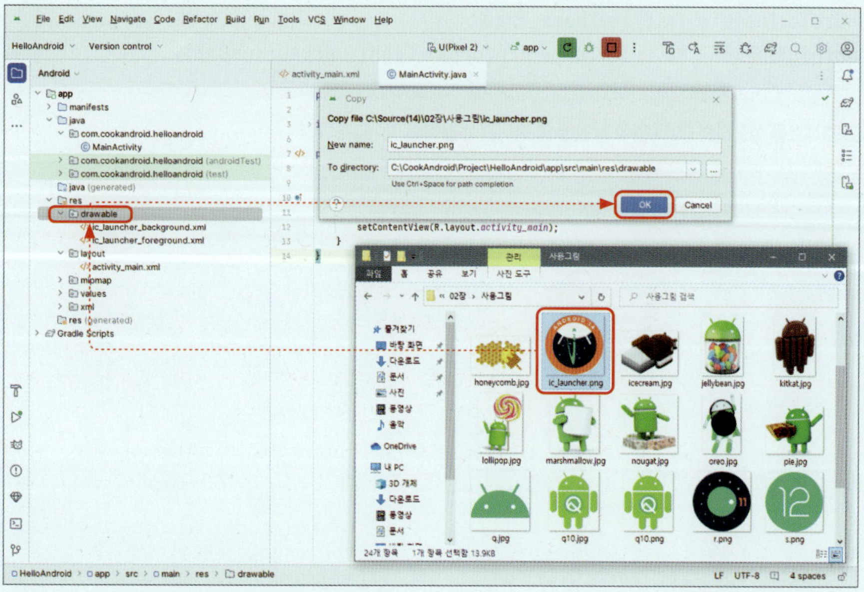

그림 2-19 아이콘 이미지를 drawable에 복사

❸ Project Tree에서 [app]–[java]–[com.cookandroid.앱 이름]–[MainActivity]를 더블클릭해서 열고 setContentView(R.layout.activity_main) 행 아래에 다음 두 행을 코딩한다.

```
getSupportActionBar().setDisplayShowHomeEnabled(true);
getSupportActionBar().setIcon(R.drawable.ic_launcher);
```

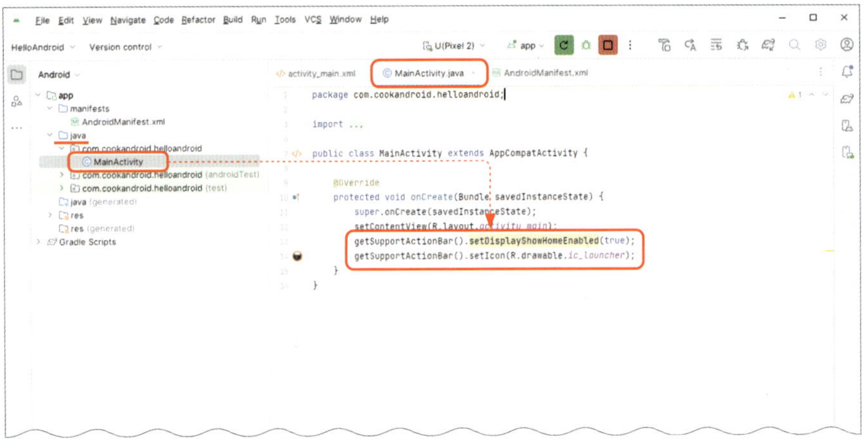


그림 2-20 **메인 Java 코드 수정**

❹ Project Tree에서 [app]–[manifests]–[AndroidManifest.xml]을 더블클릭해서 열고, 13행쯤의 android:theme를 다음과 같이 수정한다.

```
  android:theme = "@style/Theme.앱이름"
→ android:theme = "@style/Theme.AppCompat.Light.DarkActionBar"
```

이제 프로젝트를 실행하면 AVD 왼쪽 상단에 앱 아이콘이 출력될 것이다.

# 02 AVD의 명칭과 사용법

실제 안드로이드 기기를 사용하면 프로그래밍의 결과를 더 쉽고 빠르게 확인할 수 있다. 하지만 제공되는 AVD만으로도 실제 하드웨어(블루투스, 멀티터치 등)와 관련된 기능을 제외하고 대부분의 기능을 테스트해볼 수 있다.

## 1 AVD의 명칭

AVD의 기본적인 명칭은 [그림 2-21]과 같다. 외울 필요는 없으며 몇 번 사용하다 보면 자연스럽게 익숙해질 것이다.

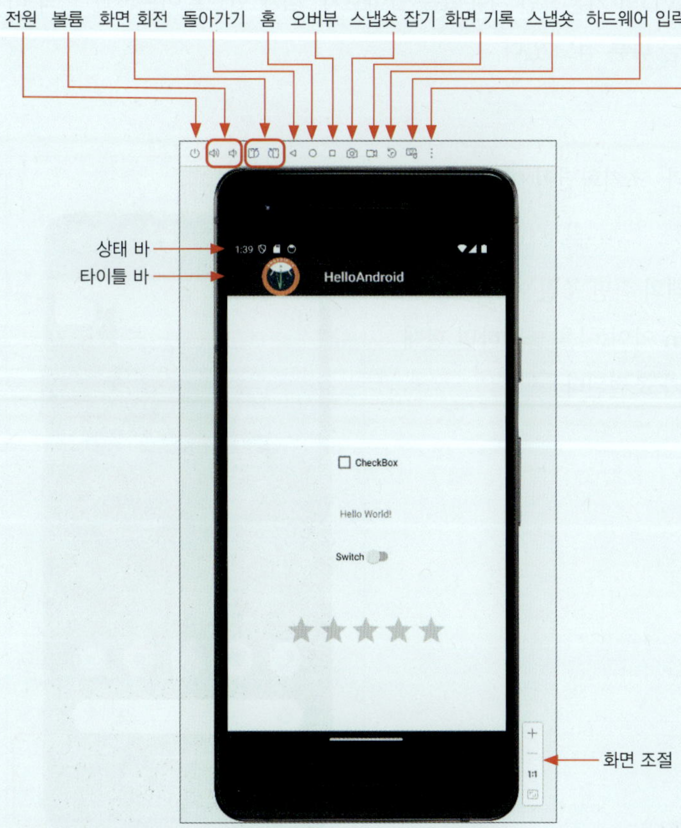


그림 2-21 AVD의 명칭

이 중 가장 자주 사용하는 것은 돌아가기, 메뉴, 홈 버튼이다.

- **돌아가기(Back) 버튼:** 키보드의 Ctrl + Back Space 동일한 기능을 한다.
- **홈(Home) 버튼:** 키보드의 Ctrl + H와 동일한 기능을 한다.
- **오버뷰(Overview) 버튼:** 실행 중인 앱을 모두 보여주어 전환하거나 종료할 수 있다.
- **상태 바(Status Bar):** LTE 수신율, 배터리 상태, 시간 등이 나타난다. 모두 가상이므로 특별히 신경 쓰지 않아도 된다. 상태 바를 아래로 스와이프하면 알림 메시지를 확인할 수 있다.
- **타이틀 바(Title Bar):** 기본적으로 안드로이드 프로젝트의 이름이 나타난다. 나타나지 않게 하거나 다른 아이콘과 이름으로 변경할 수도 있다. 이는 뒤에서 살펴보자.

## 2 AVD 사용법

AVD 사용법은 안드로이드 스마트폰 사용법과 동일하다. 간단히 몇 가지 사용법을 실습해보자.

### 실습 2-2 AVD 사용법 알아보기

안드로이드폰 역할을 하게 될 AVD의 기본적인 사용법을 알아보자. 실제 안드로이드폰과 거의 비슷하지만 가상의 장치이므로 조금 다른 점도 있다.

#### 화면 전환

1. AVD를 초기화면 상태로 둔다. 초기화면이 아니라면 홈 버튼을 누른다.
2. Android Studio 오른쪽 아래의 화면 조절 아이콘 중 맨 아래의 [Zoom to Fit Screen 아이콘]을 클릭하면 현재 화면 크기에 딱 맞도록 AVD가 조절된다.

그림 2-22 초기화면

❸ AVD 위쪽의 화면 회전 아이콘을 클릭하면 화면이 좌우로 회전된다.

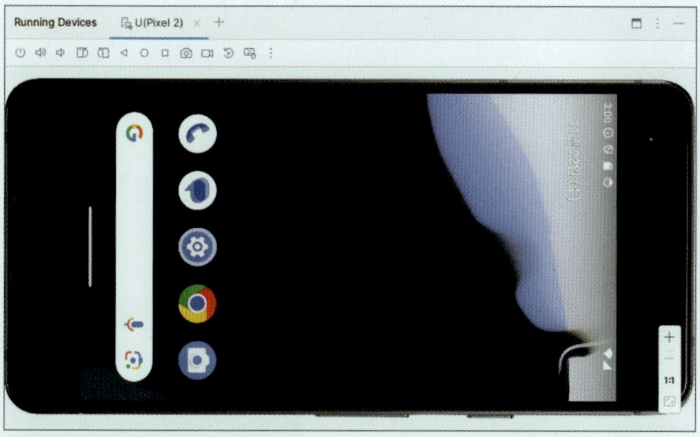


그림 2-23 **회전된 화면**

### 알람 추가

❹ 초기화면을 위쪽으로 스와이프하여 [애플리케이션] 화면에서 시계 버튼( )을 클릭한다.

❺ 알람을 추가할 수 있는 화면이 나온다.

❻ 아래쪽의 ( + )을 클릭하여 알람 시간을 추가할 수 있다. 기존에 설정된 알람 시간을 사용하려면 오른쪽 스위치를 클릭한다.

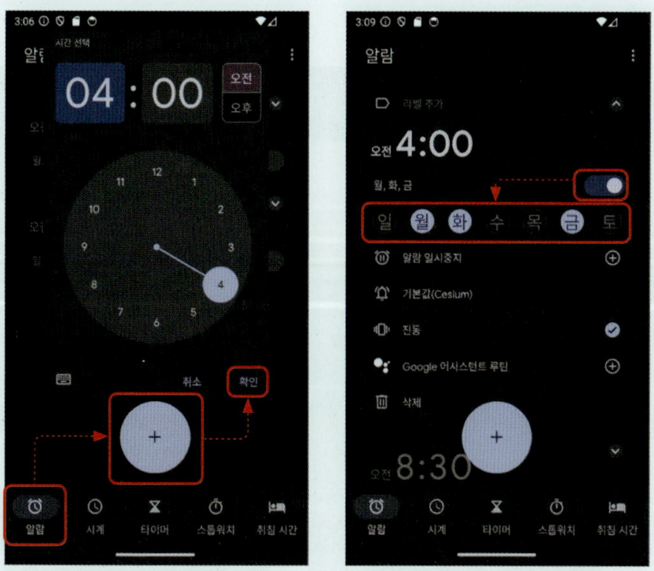


그림 2-24 **알람 시간 추가**

❼ 홈 버튼을 클릭하여 초기화면으로 돌아간다. Android 13부터는 화면을 왼쪽에서 오른쪽으로 스와이프해도 이전 화면으로 돌아갈 수 있다.

8 초기화면의 카메라 버튼(◉)을 클릭한 후 사진 위치를 기록하겠냐는 메시지가 나오면 〈다음〉을 클릭한다. 액세스를 허용하겠냐는 메시지가 나오면 〈앱 사용 중에만 허용〉을 클릭한다. 실제 카메라는 없지만 가상의 카메라 화면이 나온다. 셔터 버튼을 클릭하면 가상 화면이 촬영된다. 몇 번 촬영해본다.

그림 2-25 **가상 카메라 촬영**

9 홈 버튼이나 돌아가기 버튼을 클릭하여 카메라를 종료한다.

10 초기화면을 위쪽으로 스와이프하고 [포토]를 클릭하면 백업과 관련된 내용이 나온다. 돌아가기 버튼을 클릭하면 조금 전에 촬영했던 화면이 나타난다. 각각을 클릭하면 사진을 큰 화면으로 보여주며 사진 편집/변경 및 삭제, 공유 등의 작업이 가능하다.

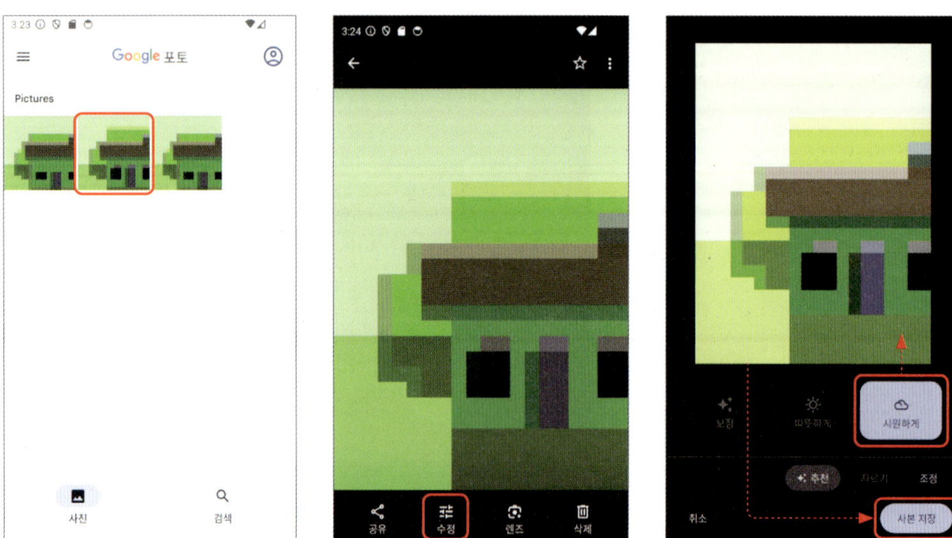


그림 2-26 **촬영된 사진 확인**

⑪ 홈 버튼이나 돌아가기 버튼을 클릭하여 초기화면으로 돌아간다.

### 웹브라우저

⑫ 크롬 버튼(◎)을 클릭한다. 환영 메시지가 나오면 <계정 없이 사용>을 클릭하고, 크롬 알림 관련 메시지가 나오면 <취소>를 클릭한다.

⑬ 처음에는 구글 사이트에 접속된다. '웹 주소 검색 또는 입력' 부분에 주소(예 m.daum.net)를 입력하고 Enter를 누르면 해당 페이지로 이동한다. 나머지는 일반 웹브라우저와 동일하다. 페이지가 길 경우 화면을 터치해서 위아래로 스크롤할 수 있다.

TIP 스마트폰의 가상 키보드에서 한/영 전환을 하려면 아래쪽의 지구 모양 아이콘을 클릭한다.

그림 2-27 **웹 서핑**

⑭ 홈 버튼이나 돌아가기 버튼을 클릭하여 초기화면으로 돌아간다.

### 배경화면 변경

⑮ 바탕화면을 몇 초 동안 누른 후 [배경화면 및 스타일]을 클릭하고 [배경화면 더 보기]를 선택하면 제공되는 그림 중에서 고를 수 있다. 마음에 드는 것을 고르고 <배경화면 설정>을 클릭한 후 [홈 화면 및 잠금 화면]을 선택한다.

TIP AVD에서 일부 배경화면은 약간의 버그로 작동하지 않을 수 있다. 다른 것을 선택해서 시도해보거나 생략해도 된다.

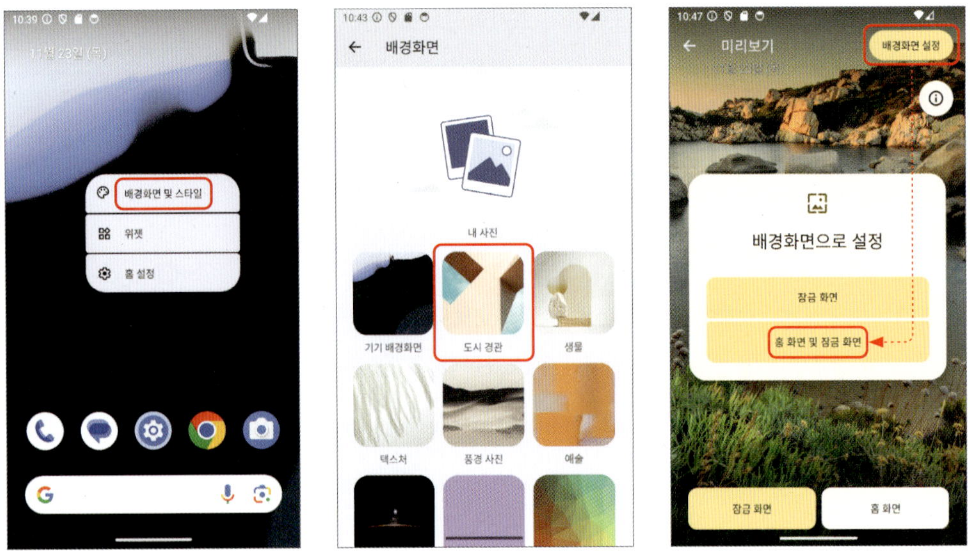


그림 2-28 **배경화면 변경**

## 오버뷰

⑯ 안드로이드는 앱을 실행하다가 돌아가기 버튼이나 홈 버튼을 클릭하면 화면에서 사라진다. 사라진 앱은 종료된 것이 아니라 화면의 뒤쪽에 숨었다고 생각하면 된다. 오버뷰 버튼(□)은 실행 중인 전체 앱을 보여주고 앱을 화면 앞으로 가져오거나 종료하는 기능을 수행한다.

TIP Android 13부터는 맨 아래에 있는 바를 위쪽으로 크게 스와이프해도 오버뷰가 나온다.

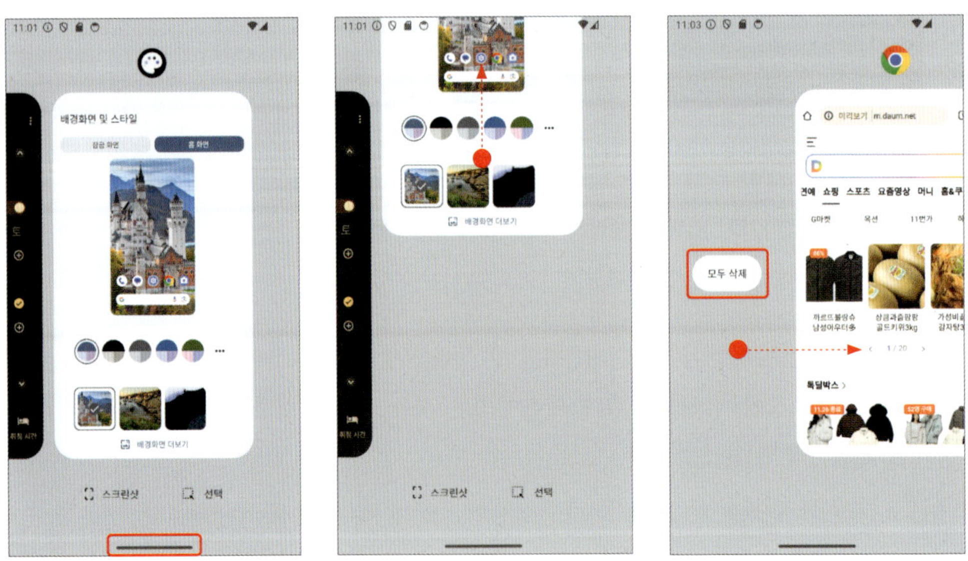


그림 2-29 **실행 중인 프로그램 종료**

⑰ 각각의 앱을 위로 스와이프하면 앱이 종료된다.

⑱ 앱을 클릭하면 해당 앱이 화면 앞으로 나와서 실행된다.

⑲ 맨 왼쪽으로 스와이프하여 〈모두 삭제〉를 클릭하면 모든 앱이 종료된다.

**바탕화면에 애플리케이션 복사**

⑳ 초기화면을 위쪽으로 스와이프하여 앞서 작성한 HelloAndroid 아이콘을 몇 초 동안 누르면 [앱 정보]가 나오는데, 여기서 앱을 선택하면 앱의 정보를 확인할 수 있다. 다시 몇 초 동안 누르고 위로 움직이면 바탕화면으로 복사되며, 이때 원하는 위치에 놓으면 된다.

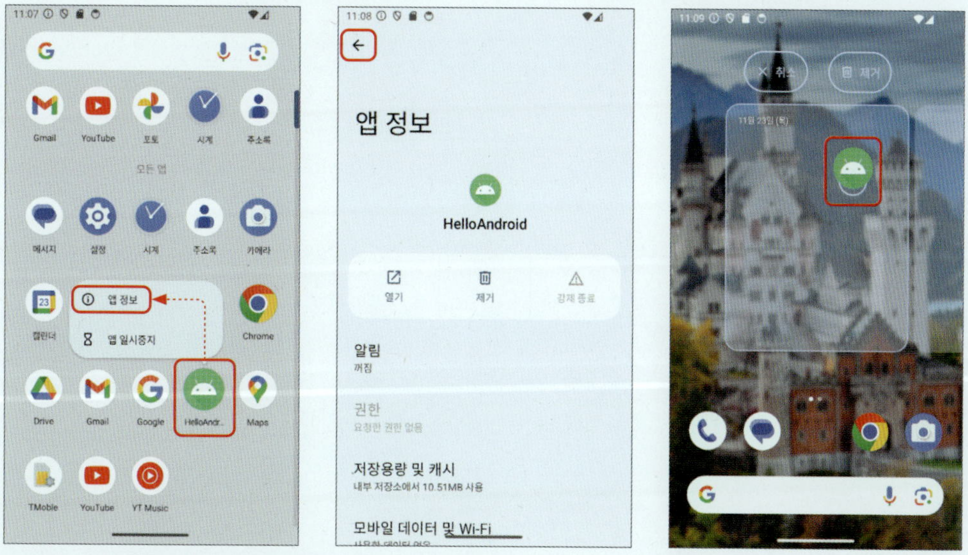


그림 2-30 **바탕화면에 애플리케이션 복사**

㉑ 바탕화면에 복사한 아이콘을 삭제하려면 아이콘을 몇 초 동안 누른 후 상단의 [삭제]로 가져다 놓는다. 이때 애플리케이션 자체가 삭제되는 것이 아니라 아이콘만 삭제된다. 아이콘을 [제거]로 가져다 놓으면 애플리케이션 자체가 AVD에서 완전히 제거된다.

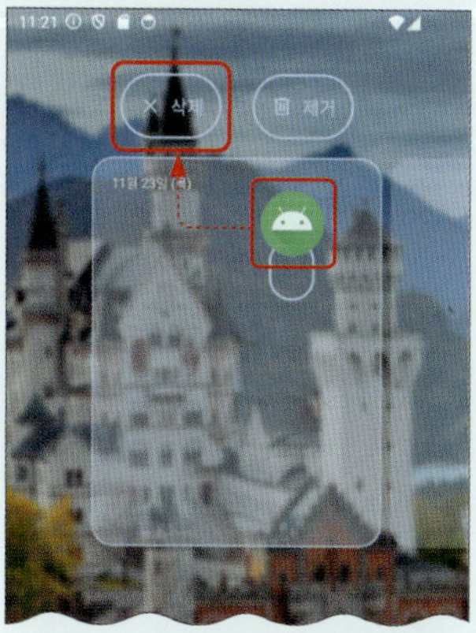


그림 2-31 **바탕화면의 아이콘 삭제**

22 바탕화면을 오른쪽으로 스와이프하면 유튜브/뉴스/블로그 등 사용자 맞춤 정보가 나타난다.

이제 AVD에 어느 정도 익숙해졌을 것이다. 이 외에도 여러 가지 사용법이 있지만 필요한 것이 등장할 때마다 설명하겠다.

# 03 완전한 기능의 안드로이드 애플리케이션 작성

지금까지 기초적인 안드로이드 애플리케이션 작성법과 AVD 사용법을 알아보았다. 이제 좀 더 그럴듯한 안드로이드 프로그램을 작성해보자. 이번 실습의 목적은 안드로이드 애플리케이션을 잘 만드는 것보다는 안드로이드 프로젝트의 구성을 세부적으로 살펴보고 Android Studio의 사용법을 익히는 것이다.

## 1 Android Studio 프로젝트 관리

앞으로 여러 개의 프로젝트를 만들고 사용할 것이다. 프로젝트를 제거하고 다시 불러들이는 방법을 살펴본 후 프로젝트 생성 방법을 알아보자.

### 실습 2-3 안드로이드 프로젝트 관리하기

Android Studio의 프로젝트를 제거하거나 불러오는 방법과 다른 사람에게 받은 프로젝트 파일을 사용하는 방법을 함께 익히자.

#### 프로젝트 닫기와 열기

1 우선 Android Studio 메뉴의 [File]–[Close Project]를 선택하여 프로젝트를 닫는다. 오른쪽의 프로젝트 목록에 지금까지 작업한 프로젝트가 보인다. 프로젝트 이름 바로 아래에서는 작은 글씨로 프로젝트가 저장된 폴더도 확인할 수 있다. 프로젝트 이름을 클릭하면 다시 프로젝트가 열리고 작업을 진행할 수 있다.

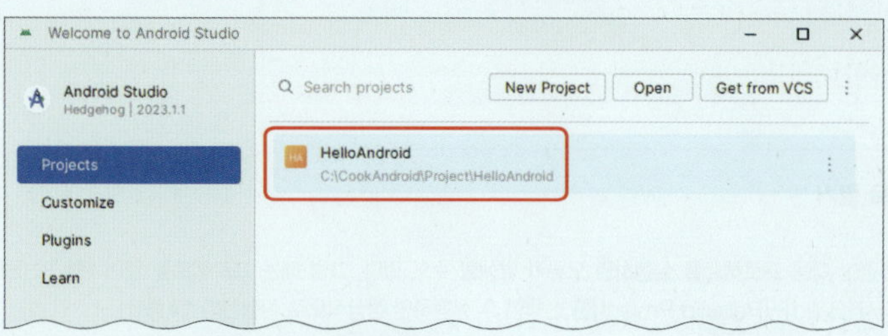


그림 2-32 최근에 사용한 프로젝트 열기 1

TIP 만약 [Process 'app' Is Running] 메시지 창이 나오면 〈Terminate〉를 클릭한다.

❷ 여러 개의 프로젝트를 열고 작업하려면 Android Studio 메뉴 [File]-[Open]을 클릭하고 열고자 하는 프로젝트 폴더를 선택한다. 그러면 기존의 창을 사용할 것인지, 새 창을 사용할 것인지 묻는 메시지가 나타난다. 〈New Window〉를 클릭하면 새로운 창이 열려서 여러 개의 프로젝트를 동시에 작업할 수 있다.

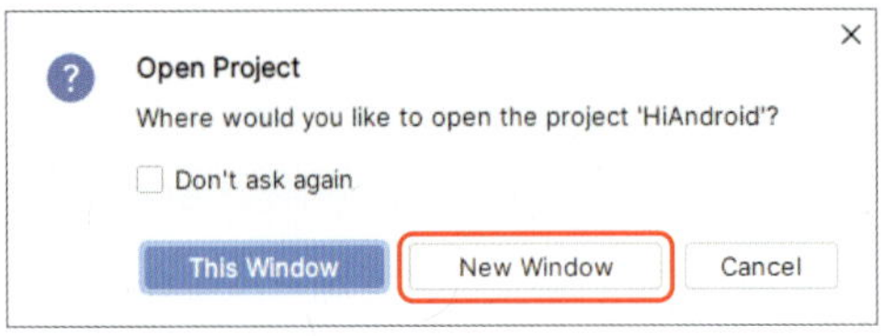


그림 2-33 **최근에 사용한 프로젝트 열기 2**

❸ Android Studio 메뉴의 [File]-[Close Project]를 선택하여 열린 창을 모두 닫는다.

❹ 폴더를 검색하여 프로젝트를 열어도 된다. Android Studio 초기화면에서 [Open an Existing Project]를 클릭하고 프로젝트가 저장된 폴더를 지정하면 된다.

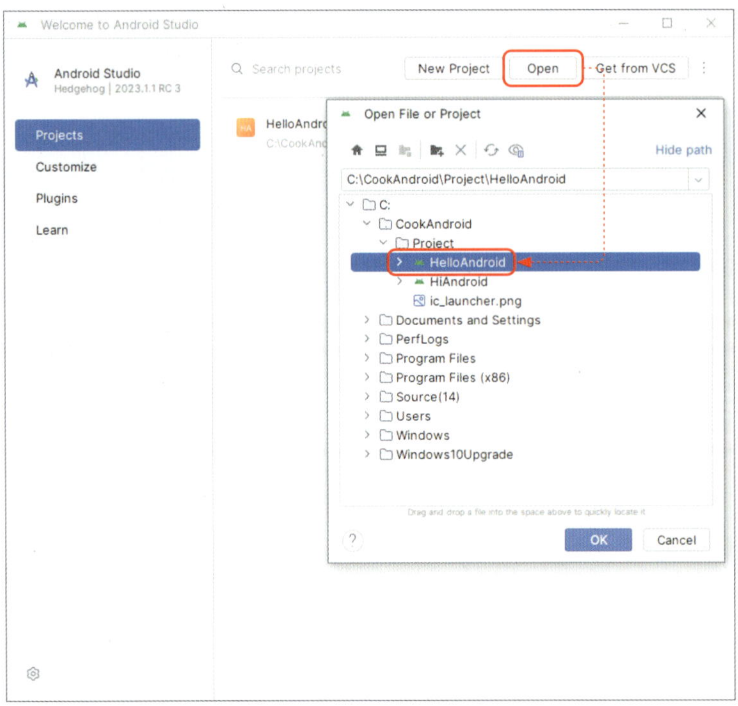


그림 2-34 **폴더에서 직접 프로젝트 열기**

TIP 프로젝트를 복사하거나 폴더를 변경한 다음 프로젝트를 실행하면 오류가 발생할 수도 있다. 그럴 때는 프로젝트를 열어 메뉴의 [Build]-[Clean Project]를 선택하고 다시 [Build]-[Rebuild Project]를 선택한 후 실행하면 정상적으로 실행된다. (★중요)

### Android Studio 프로젝트 내보내기/가져오기

5 Android Studio 프로젝트는 내보내기 기능이 따로 없다. 프로젝트가 생성된 폴더를 통째로 복사하거나 압축하여 다른 사람에게 또는 컴퓨터로 보내면 된다.

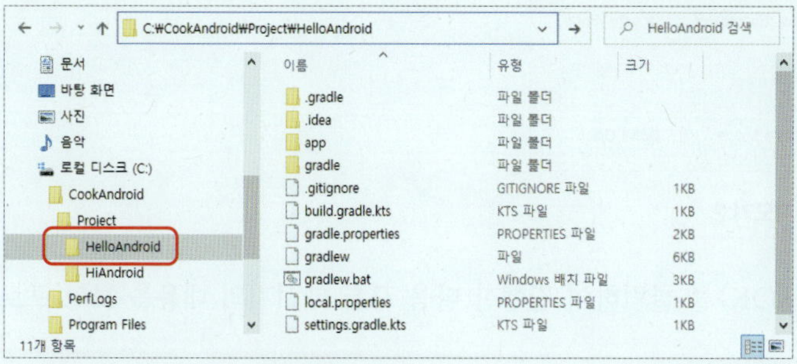

그림 2-35 **프로젝트 폴더를 통째로 복사**

6 마찬가지로 Android Studio 프로젝트는 가져오기 기능도 따로 없다. 복사해 온 프로젝트를 4번처럼 열어서 사용하면 된다.

### 이전 버전의 프로젝트 가져오기

7 Android Studio Hedgehog(2023.1.1) 이전에 작성된 프로젝트를 가져올 수 있다. Android Studio 초기화면의 [Open]을 선택하여 이전 버전의 Android Studio에서 작성된 프로젝트 폴더를 선택한다.

TIP 필자는 Android Studio 4.1 버전에서 작성된 FourButton이라는 이름의 프로젝트를 책의 자료실(https://hanbit.co.kr/src/40021)에서 다운로드하여 미리 Project 폴더에 복사해놓았다.

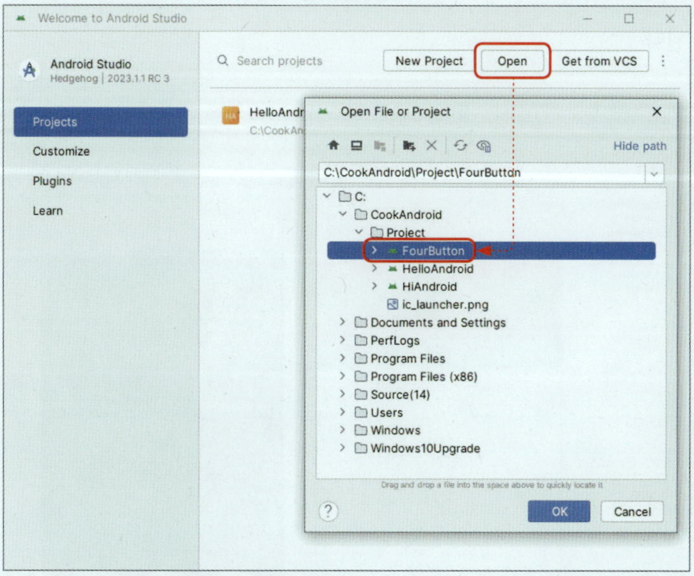

그림 2-36 **이전 버전의 프로젝트 가져오기 1**

❽ [Trust and Open Project '프로젝트 이름'?] 창이 나오면 〈Trust Project〉를 클릭하여 진행한다.

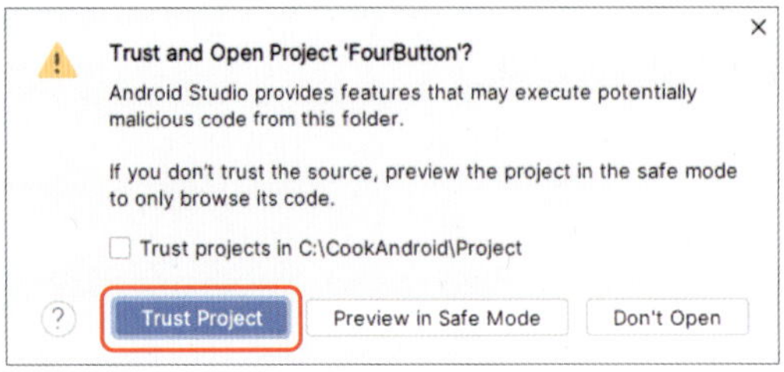


그림 2-37 **이전 버전의 프로젝트 가져오기 2**

❾ 오류 메시지가 나오면 일단 〈OK〉를 클릭하여 진행한 다음 오류 메시지의 내용을 보고 프로젝트를 수정한다.

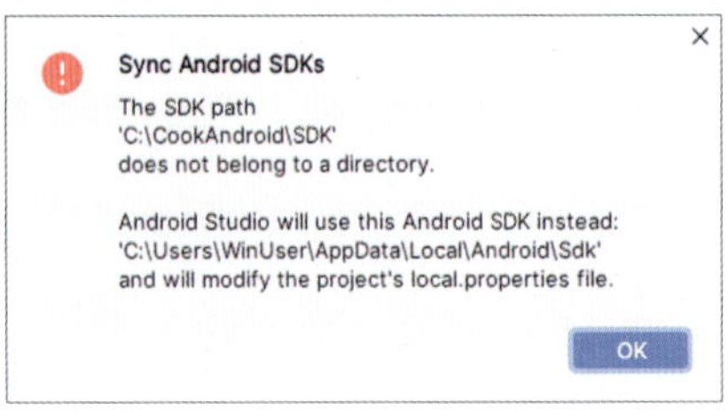


그림 2-38 **이전 버전의 프로젝트 가져오기 3**

TIP Gradle 관련 오류 메시지가 나오면 오류 메시지대로 관련 파일의 내용을 수정하고 [Sync Now]를 클릭한다.

TIP 오류 메시지는 상당히 다양한 경우가 있기 때문에 어떤 문제인지 미리 예상하기가 어렵다. 이 경우에는 SDK의 경로 문제인데, local.properties 파일의 경로를 수정하여 해결해야 한다.

❿ 변환이 완료된 이전 버전의 프로젝트는 현재 버전의 Android Studio에서 생성한 프로젝트와 같은 방법으로 사용하면 된다.

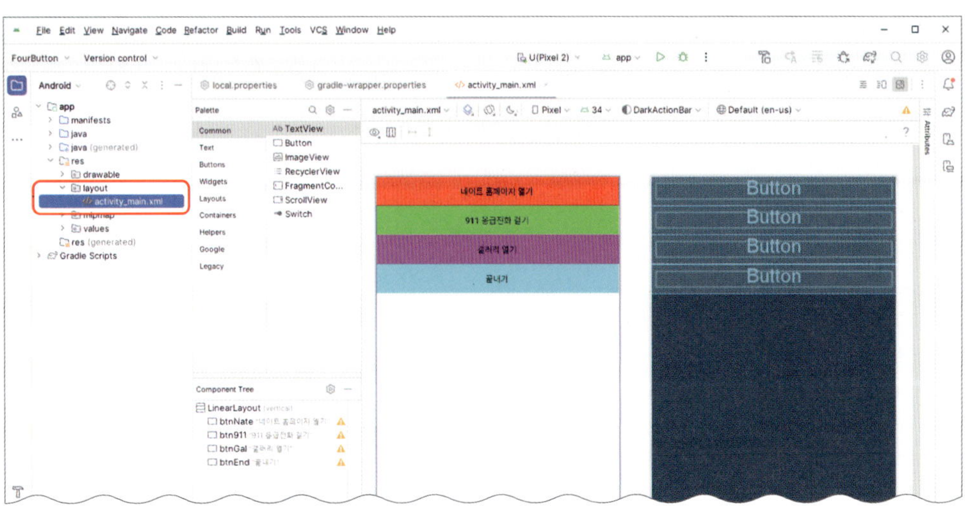


그림 2-39 **변환이 완료된 이전 버전의 프로젝트**

▶ **직접 풀어보기 2-2**

[이전 버전의 Android Studio에서 작성한 프로젝트를 Android Studio로 가져오라. (이전 버전의 프로젝트가 없다면 생략해도 된다.)

## 2 안드로이드 프로젝트의 표준 틀

이번 프로젝트는 버튼을 클릭하면 메시지가 잠깐 나오는 단순한 내용이지만, 앞으로 이 책에서 만들 안드로이드 프로젝트 대부분의 가장 기본적인 형식과 코딩 방법이니 매우 중요하다. 그러므로 이번 실습은 차근차근 잘 따라 해야 한다. 코드도 일부 나오는데 코드에 대해 완전히 이해하지 못해도 된다. 코드를 작성하는 방법만 잘 기억해두자.

그림 2-40 **안드로이드 프로젝트 표준 틀 실행 결과**

이 프로젝트를 통해 다음 내용을 파악할 수 있다.

- Android Project 사용법과 자동 완성 기능
- 화면 구성을 위한 XML 파일의 문법
- Java 코드 코딩 방법
  - activity_main.xml 파일에 포함된 위젯의 접근 방법
  - 위젯의 이벤트 발생 시 작동하는 코드 작성법
- R.java의 내용

여기서 학습할 안드로이드 프로젝트도 마찬가지로 [그림 2-2]의 순서로 진행할 것이다.

## 실습 2-4 기본적인 애플리케이션 작성하기

이 실습은 앞으로 이 책에서 만들 프로젝트의 화면 및 코딩 방식에 대한 가장 표준적인 틀이 될 것이다. 처음이라 생소한 Java 코드가 있겠지만 이 실습을 잘 익혀놓으면 앞으로 안드로이드 프로그래밍이 한결 쉽게 느껴질 것이다.

### 1 안드로이드 프로젝트 생성

**1** Android Studio 메뉴의 [File]-[New Project]를 선택하거나 Android Studio 초기화면의 [New Project]를 클릭한다.

TIP 초기화면에서 기존에 사용했던 프로젝트의 목록을 지우려면 프로젝트를 선택하고 마우스 오른쪽 [ ⋮ ] 버튼을 클릭하여 [ ⋮ ]을 선택한 후 [Remove from Recent Projects]를 선택한다.

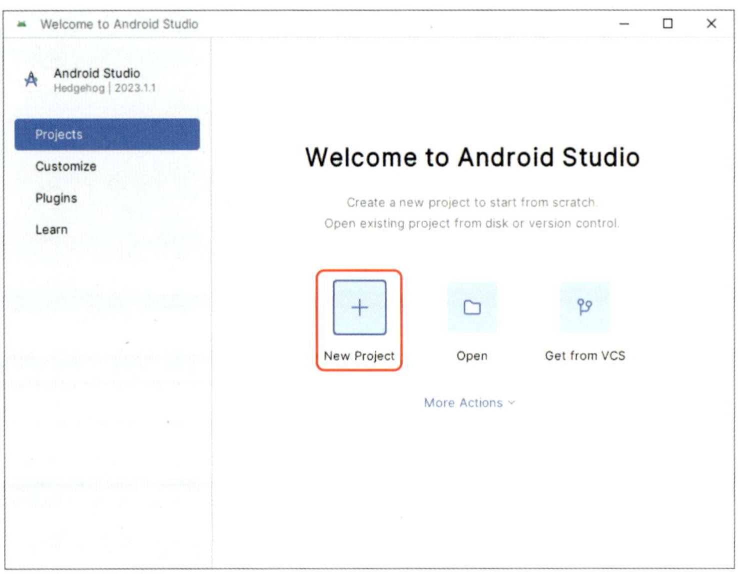


그림 2-41 새 프로젝트 생성

**2** [Template]에서 [Phone and Tablet]을 클릭하고 'Empty Views Activity'를 선택하여 〈Next〉를 클릭한다. 'Empty Views Activity' 외에도 다양한 형태의 기본 틀을 지정할 수 있다. 그러나 이 책에서는 앞으로도 계속 'Empty Views Activity'를 선택하여 필요한 내용을 추가할 것이다.

TIP Activity는 안드로이드의 가장 기본적인 요소 중 하나로, 쉽게 말해 스마트폰 화면이다. 그러므로 Empty Views Activity는 빈 화면 정도로 이해하면 된다.

TIP Activity에 대한 내용은 10장에서 자세히 다룰 것이다.

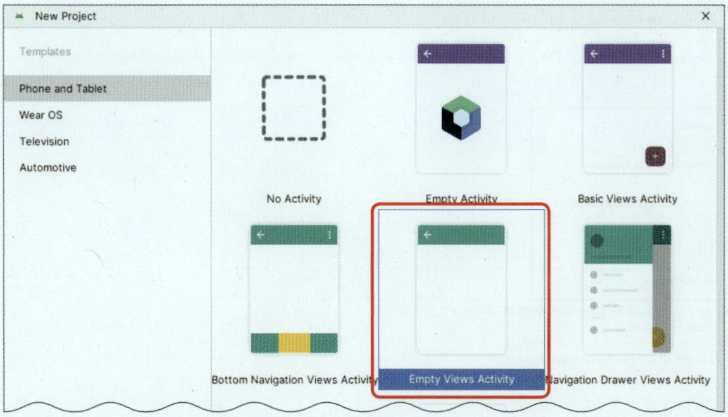


그림 2-42 **프로젝트 형태 선택**

**3** [Empty Views Activity]에서 프로젝트에 대한 정보를 입력하거나 선택한다.

- **Name**: BaseApp → 프로젝트 및 응용 프로그램 이름이며 대문자로 시작하는 것이 좋다.
- **Package name**: com.cookandroid.baseapp → 도메인 이름(cookandroid.com)과 애플리케이션 이름을 거꾸로 이어서 만든다.
- **Save location**: C:\CookAndroid\Project\BaseApp → 프로젝트가 저장될 폴더를 지정한다(한글 폴더명은 불가).
- **Language**: Java → 사용할 프로그래밍 언어는 Java이다.
- **Minimum SDK**: API 24("Nougat"; Android 7.0) → 이 앱이 작동하는 최하 버전을 선택한다.

TIP 입력하는 정보의 의미는 다음과 같다.

- **Name**: 안드로이드 앱의 이름이다. 구글 플레이에 등록하는 경우 이 이름으로 지정되며 시스템의 [설정] 메뉴에서도 이 이름을 사용한다. 프로젝트 이름과 동일하다.
- **Package name**: 생성할 클래스가 저장될 패키지의 이름이다. 소문자를 사용하고 주로 회사 도메인을 지정한다. 필자는 'cookandroid.com'으로 가정했는데, 이런 경우 자동으로 'com.cookandroid.baseapp'으로 완성된다.
- **Minimum SDK**: 앱이 실행되는 최하 SDK 버전이다. 더 상위의 스마트폰에서만 작동되게 하려면 해당 스마트폰의 버전을 선택한다.

다른 프로젝트를 새로 생성할 때 기존의 정보를 변경하지 말고 Name만 입력해도 나머지는 자동으로 지정된다. 앞으로 만들 다른 프로젝트도 응용 프로그램 이름, 패키지 이름, 프로젝트 위치만 다를 뿐 나머지는 지금과 동일하게 설정할 것이니 잘 기억해두자. (특별히 변경할 사항이 없으면 나중에는 Name만 입력해도 나머지는 자동으로 완성된다.)

프로젝트에 대한 설정을 마쳤으면 <Finish>를 클릭하여 프로젝트를 생성한다. 컴퓨터의 성능에 따라서 몇십 초에서 몇 분간 프로젝트 생성이 진행된다.

TIP Android Studio Hedgehog(2023.1.1)에서는 명시적으로 지정하지 않았지만 내부적으로 다음 2개 항목도 지정되었다(예전 버전에서는 직접 지정했다).

- **Activity Name**: MainActivity → 기본 소스인 Java 파일 이름(MainActivity.java)으로 지정된다.
- **Layout Name**: activity_main → 기본 화면인 XML 파일 이름(activity_main.xml)으로 지정된다.

이 액티비티 이름으로 메인 Java 소스인 MainActivity.java 파일이 생성되며, 기본 화면은 activity_main.xml 파일이다. 잘 기억해두기 바란다.

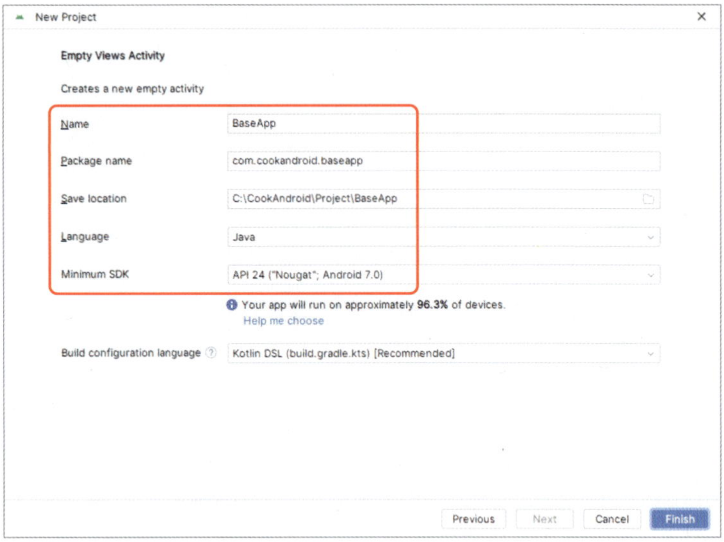


그림 2-43 **프로젝트 환경 설정**

## 2 화면 디자인 및 편집

4 Project Tree에서 [java]-[com.cookandroid.baseapp]-[MainActivity]가 기본적으로 열려 있을 것이다. 상단의 [activity_main.xml]을 클릭하고 오른쪽 위의 [Design] 아이콘을 클릭하면 초기화면이 보인다. 앞으로 대부분의 프로젝트에서 activity_main.xml이 기본 화면이 될 것이다.

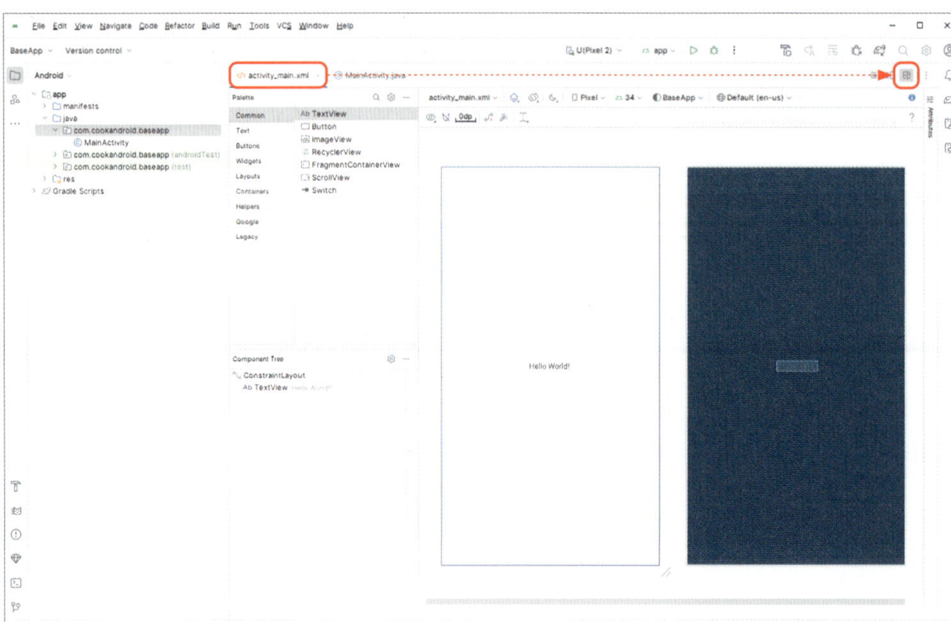

그림 2-44 **activity_main.xml 확인**

**5** 화면 오른쪽 위의 [Code] 아이콘을 클릭하여 XML 코드를 확인한다. 앞으로는 주로 XML을 코드로 편집하게 될 것이다. 우선 <androidx.constraintlayout.widget.ConstraintLayout>…</androidx.constraintlayout.widget.ConstraintLayout>을 <LinearLayout>…</LinearLayout>으로 변경하고, LinearLayout에는 필요 없는 속성을 삭제한다. 앞으로 이 책의 프로젝트는 대부분 기본 레이아웃을 LinearLayout으로 사용할 것이다. 텍스트뷰는 필요 없으므로 <TextView…/> 부분을 지운다. 최종적으로 [그림 2-45]가 나타난다.

**TIP** Ctrl + Alt + L을 누르면 코드가 보기 좋게 정렬된다. 자주 사용할 테니 잘 기억해두자.

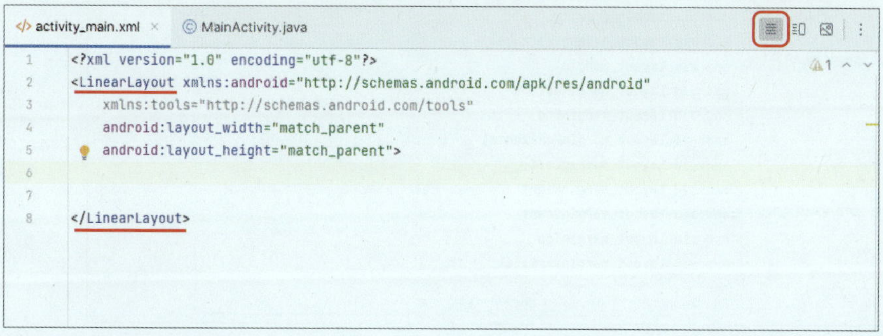


그림 2-45 **XML 코드 변경**

**6** <LinearLayout>과 </LinearLayout> 사이에 버튼을 추가하자. 우선 <Button>을 입력하면 자동으로 </Button>이 붙는데 이는 버튼의 시작과 끝을 나타낸다. 코드를 [그림 2-46]처럼 작성한다.

**TIP** <Button> </Button>과 <Button …/>는 동일하므로 어떻게 표기하든 무방하다.

**TIP** XML 파일 첫 행의 <?xml version= …> 부분은 지워도 상관없다.

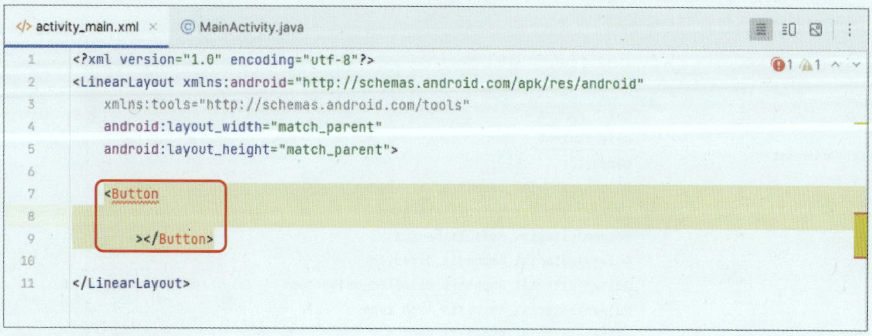


그림 2-46 **버튼 추가**

**7** 7행에 'android:'을 입력하면 자동으로 여러 개를 선택할 수 있는 목록이 나온다. 그중에서 'layout_height'를 더블클릭해서 선택한다(키보드의 화살표로 이동한 후 Enter를 눌러도 되고 직접 글자를 모두 입력해도 된다).

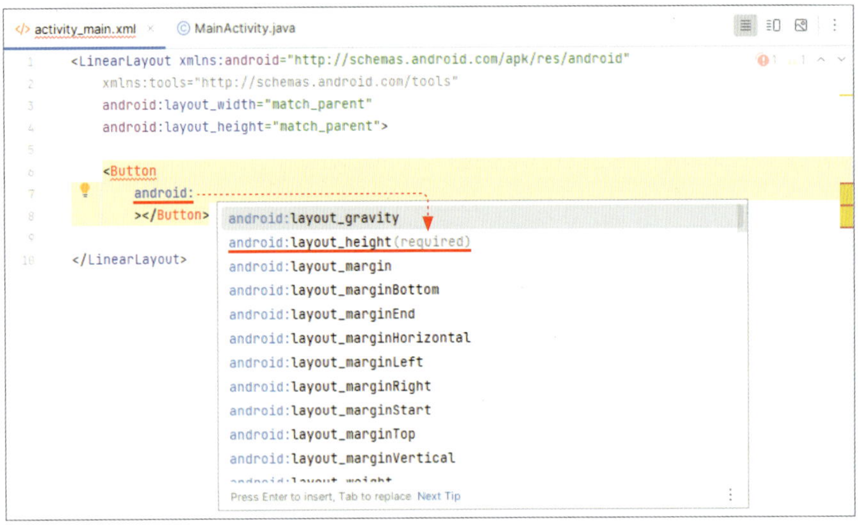


그림 2-47 **버튼 속성 편집**

**8** android:layout_height=" "가 자동 완성되었다. 자동 팝업 창이 나타나는데, 나타나지 않으면 큰따옴표(" ") 안에 커서를 놓고 Ctrl+Space Bar를 누른다. 그러면 그 안에 쓸 수 있는 내용이 나온다. 'wrap_content'를 선택하고 Enter를 누르면 글자가 자동 입력된다(직접 입력해도 된다).

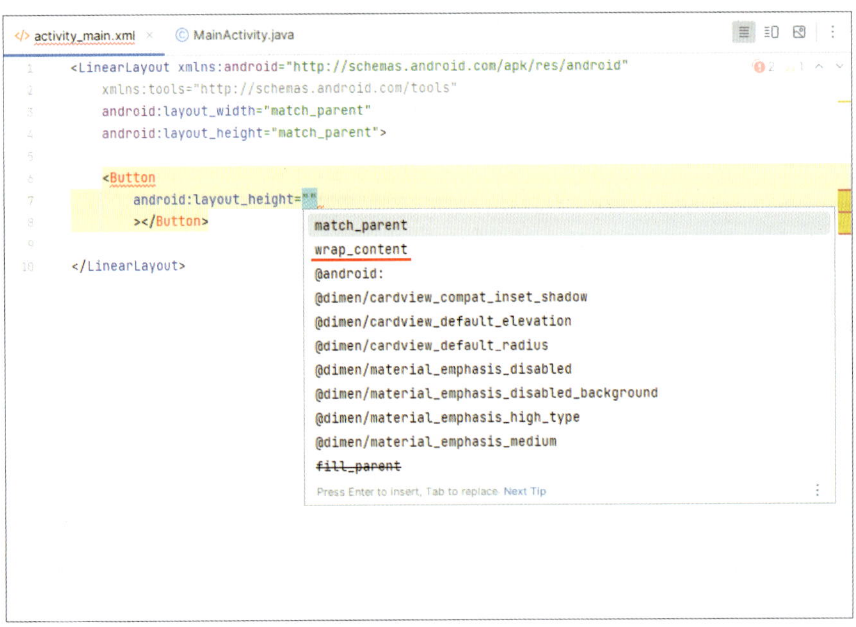


그림 2-48 **버튼 속성 중 layout_height 편집**

❾ 같은 방식으로 나머지 코드를 입력하고 저장한다. 최종 코드는 [예제 2-1]과 같으며, 저장하면 11행에서 오류가 나타날 것이다. 일단 넘어간다.

**예제 2-1 activity_main.xml**

```
1  <LinearLayout xmlns:android="http://schemas.android.com/apk/res/android"
2      xmlns:tools="http://schemas.android.com/tools"
3      android:layout_width="match_parent"
4      android:layout_height="match_parent" >
5
6
7      <Button
8          android:layout_width="match_parent"
9          android:layout_height="wrap_content"
10         android:id="@+id/button1"
11         android:text="@string/strBtn1"
12         ></Button>
13
14 </LinearLayout>
```

**1, 2** 리니어레이아웃의 XML 네임스페이스를 URL로 지정한다. 네임스페이스(xmlns)는 전체 코드 중에서 한 번만 나오면 된다(변경할 필요가 없다). 1행의 xmlns 이후에 나오는 것이 xml 파일에서 사용할 네임스페이스인데, 디폴트로 android가 지정되어 있다. 리니어레이아웃은 5장에서 자세히 살펴보겠다.

**3, 4** android:layout_width는 layout_width가 android 네임스페이스에 포함되어 있음을 나타낸다. 앞으로는 그냥 layout_width라고 할 것이다. layout_width, layout_height는 4장에서 상세히 설명할 테니 여기서는 그냥 넘어가자.

**7** 버튼의 시작을 나타낸다.

**8, 9** 버튼의 너비 layout_width, 높이 layout_height를 표현한다.

**10** 버튼의 아이디를 표현하는데 버튼의 이름은 'button1'이 된다. 이는 프로그래머가 직접 지정하면 된다. 모든 뷰(View)와 뷰에서 상속된 것은 아이디를 가질 수 있는데, 아이디는 "@+id/지정 아이디" 형식으로 만든다. @은 리소스에서 참조하라는 의미이고 @+는 리소스에 추가하라는 의미이다. 뷰는 4장에서 자세히 다룰 것이다.

**11** text 속성은 버튼에 쓰일 글자이다. 이곳에 직접 '버튼입니다'라고 써도 되지만, 안드로이드에서는 문자열을 되도록 strings.xml에 모아두는 것이 좋다. "@string/문자열 이름"은 strings.xml 파일에 해당 문자열 이름으로 문자열이 지정되어 있다는 의미이다. 여기서는 strings.xml에 strBtn1이라는 문자열 이름이 있어야 하는데, 아직 strings.xml에 만들지 않았기 때문에 오류가 발생한 것이다.

12 버튼의 끝을 나타낸다. />라고 작성해도 된다.

14 리니어레이아웃(1행)의 끝을 나타낸다.

⑩ 현재 activity_main.xml의 11행에서 오류가 발생했다. 이는 strings.xml에 strBtn1이 들어 있지 않기 때문이다. 오류를 해결하기 위해 Project Tree의 [app]-[res]-[values]-[strings.xml]을 더블클릭하여 xml 코드를 확인하자.

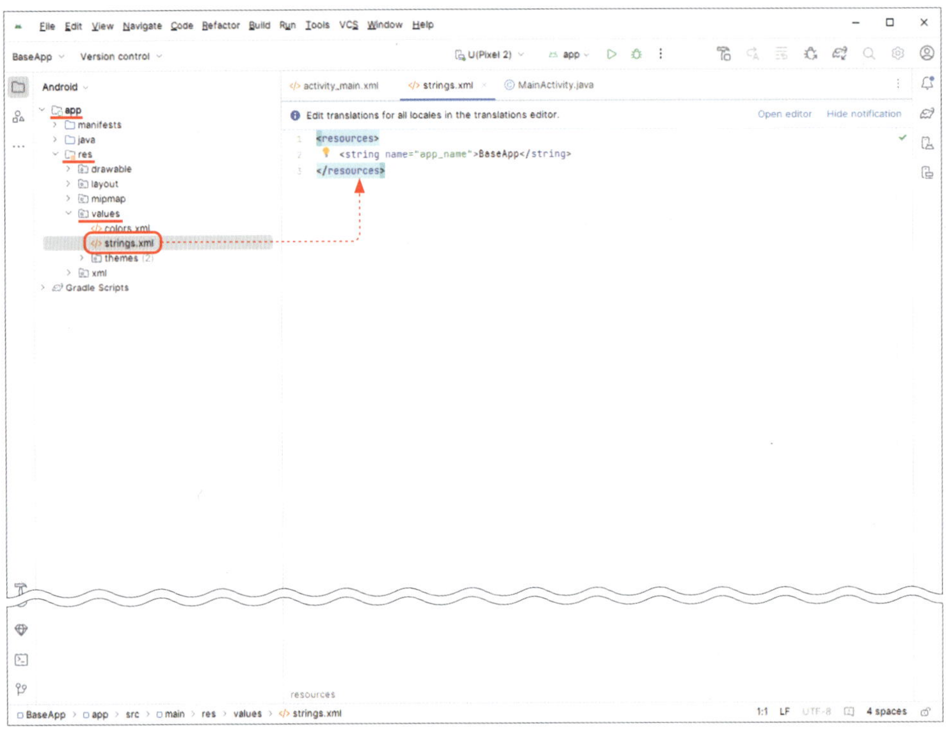


그림 2-49 strings.xml 파일

⑪ activity_main.xml의 11행과 관련된 strBtn1 문자열을 추가한 후 저장하면 빨간색 오류가 사라질 것이다.

**예제 2-2 strings.xml**

```
1 <resources>
2     <string name="app_name">BaseApp</string>
3     <string name="strBtn1">버튼입니다</string>
4 </resources>
```

3 strBtn1 문자열을 추가한다.

이로써 화면과 관련된 내용이 모두 수정되었다.

⑫ 다시 activity_main.xml에서 오른쪽 위의 [Design] 아이콘을 클릭하여 그래픽 화면으로 보면 버튼이 1개 추가된 것을 확인할 수 있다.

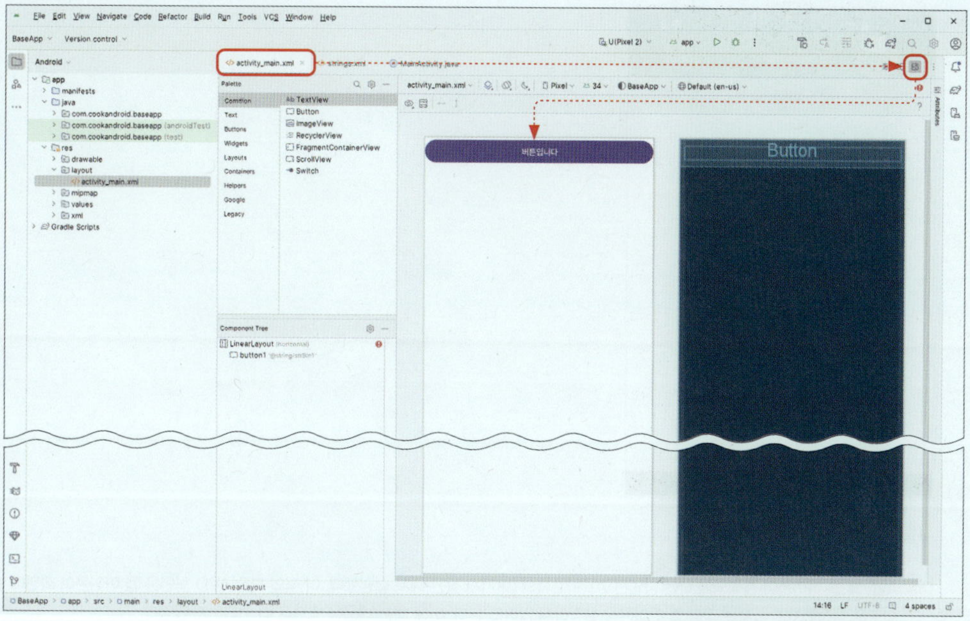

그림 2-50 **activity_main.xml 코드의 그래픽 화면**

TIP 이미 열린 파일의 목록은 위쪽 탭에 나타난다. 탭을 클릭하면 해당 파일을 편집할 수 있다.

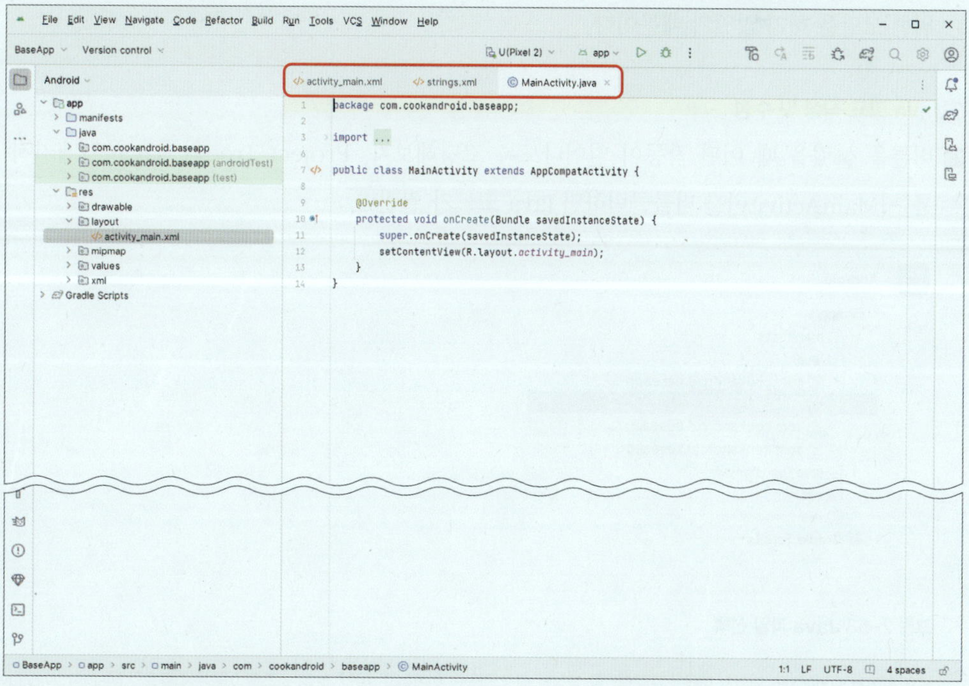

그림 2-51 **열린 파일을 탭으로 전환**

⑬ Android Studio 메뉴의 [Run]–[Run 'app']을 선택하거나 [Run 'app'] 아이콘을 클릭하여 프로젝트를 실행한다.

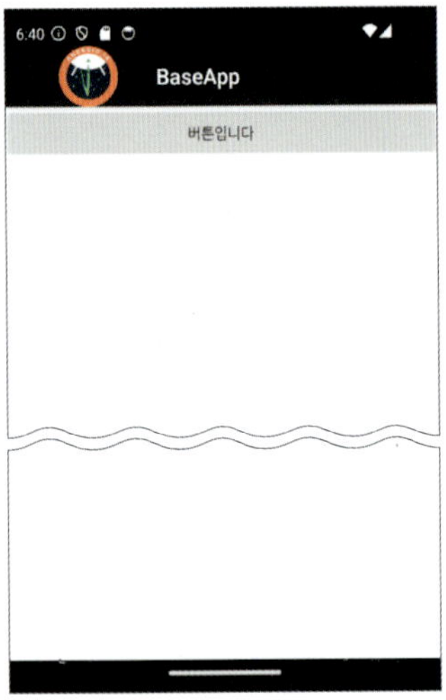


그림 2-52 **프로젝트 실행**

TIP AVD에 앱 아이콘이 출력되게 하는 방법은 71~72쪽의 [여기서 잠깐]에서 설명했다. 이 책의 모든 AVD 화면은 앱 아이콘이 화면에 출력되도록 설정했지만 독자는 굳이 앱 아이콘을 설정하지 않아도 된다. 이에 대한 내용은 앞으로 더 언급하지 않겠다.

⑭ 버튼을 터치해보자. 당연히 아무 일도 일어나지 않는다. 버튼의 모양을 만들었을 뿐이지 작동을 위한 코딩은 하지 않았기 때문이다.

### 3 Java 코드 작성 및 수정

⑮ 버튼을 눌렀을 때 어떤 작동이 일어나도록 코딩해보자. Project Tree의 [java]–[패키지 이름]–[MainActivity]를 더블클릭하면 Java 코드가 열린다.

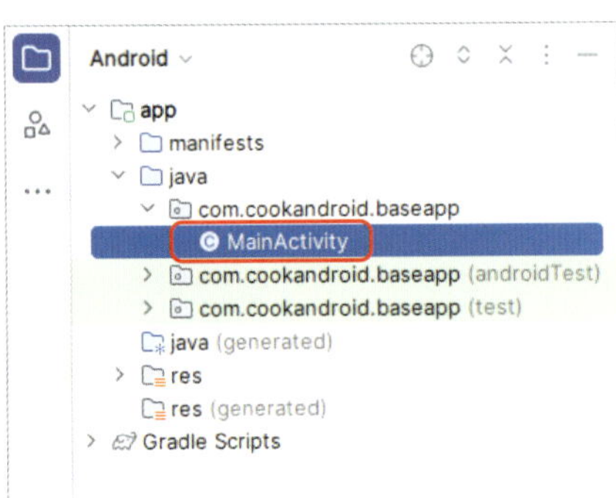


그림 2-53 **Java 파일 선택**

TIP 앞에서 설명했지만 패키지 이름은 프로젝트를 생성할 때 입력했던 이름이고, 메인 Java 소스의 이름은 디폴트인 MainActivity.java로 설정되어 있다.

⓰ 기본적인 코드의 구성은 다음 그림과 같다(행 번호는 필자의 것과 다를 수도 있다).

```
activity_main.xml   strings.xml   MainActivity.java ×

1   package com.cookandroid.baseapp;
2
3   > import ...
6
7   public class MainActivity extends AppCompatActivity {
8
9       @Override
10      protected void onCreate(Bundle savedInstanceState) {
11          super.onCreate(savedInstanceState);
12          setContentView(R.layout.activity_main);
13      }
14  }
```

그림 2-54 MainActivity.java의 기본 코드

⓱ 3행의 import 앞에 있는 작은 > 기호를 클릭하면 행이 확장된다. 그리고 Ctrl+Alt+O(알파벳 O)를 누르면 불필요하게 임포트된 문장이 제거된다.

TIP 현재는 불필요한 임포트가 없지만 6행에 'import android.view.View'를 입력하면 흐리게 표시된다. Ctrl+Alt+O를 누르면 그 행이 제거될 것이다.

```
activity_main.xml   strings.xml   MainActivity.java ×

1   package com.cookandroid.baseapp;
2
3   import androidx.appcompat.app.AppCompatActivity;
4
5   import android.os.Bundle;
6
7   public class MainActivity extends AppCompatActivity {
8
9       @Override
10      protected void onCreate(Bundle savedInstanceState) {
11          super.onCreate(savedInstanceState);
12          setContentView(R.layout.activity_main);
13      }
14  }
```

그림 2-55 필요 없는 import문 삭제

⓲ 우선 Java 코드에서 activity_main.xml의 버튼(Button)에 대해 접근해야 하므로 버튼에 대한 멤버 변수(전역변수와 비슷한 기능을 함)를 하나 만든다. 멤버 변수의 위치인 @Override 바로 위에 다음 코드를 입력한다.

```
Button button1;
```

Button 글자가 빨간색으로 표시되고 [MainActivity.java] 탭에 빨간 줄이 생길 것이다. Button과 관련된 클래스나 인터페이스가 임포트되지 않았기 때문에 오류가 발생하는 것이다.

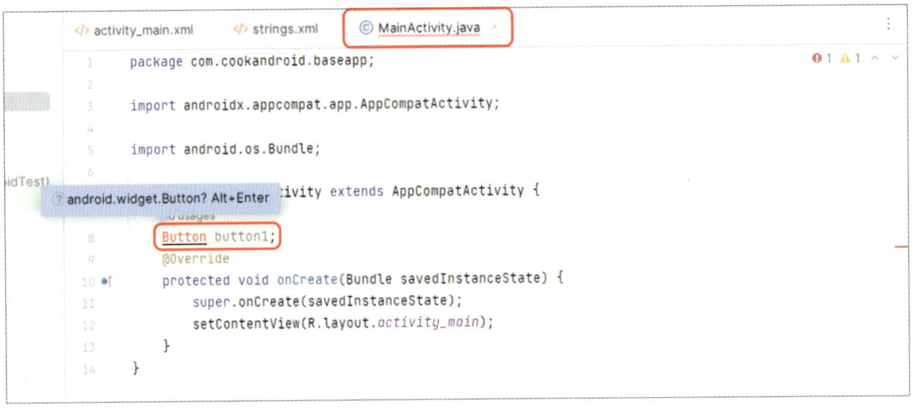


그림 2-56 **Button 변수 추가**

⑲ 직접 해당 클래스를 써도 되지만 풍선 도움말에 나타나 있듯 훨씬 간단한 방식이 있다. Alt + Enter 를 누르면 Button과 관련된 클래스가 자동으로 import문에 추가된다. 만약 3행의 import 앞에 > 기호가 있으면 클릭하여 확인할 수 있다.

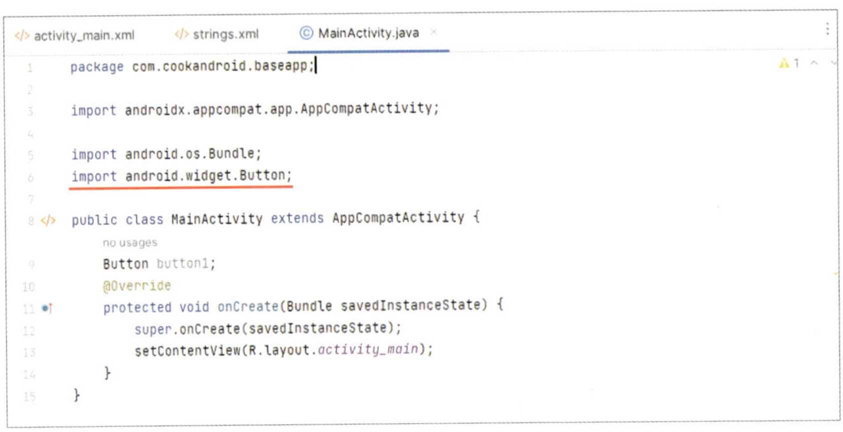


그림 2-57 **자동 import 확인**

TIP 직접 import를 쓸 수도 있으나 안드로이드 클래스 계층도(4장에서 다룸)를 모두 외워야 하므로 현실적으로는 Alt + Enter 를 사용하는 것이 가장 편리하다.

⑳ 이제는 activity_main.xml 파일에서 만든 버튼 객체에 접근해야 하는데 findViewById( ) 메소드를 사용하면 된다. setContentView( ) 메소드 바로 아래에 다음 코드를 추가한다.

```
button1 = (Button) findViewById(R.id.button1);
```

TIP R을 입력하고 마침표(.)를 찍으면 팝업 창이 뜬다. 그중에서 id를 선택하고 다시 마침표를 찍으면 btn1을 선택할 수 있다. 전부 키보드로 입력해도 되지만 Android Studio에서 제공하는 자동 완성 기능을 잘 활용하면 빠르게 코딩하는 동시에 입력 오류도 방지할 수 있다. 또한 findview까지만 입력한 상태에서 Ctrl + Space Bar 를 누르면 자동으로 findViewById( ) 메소드가 완성된다. 상당히 자주 나오는 메소드이므로 잘 기억해두면 편리하게 코딩할 수 있을 것이다.

**21** 다음으로 button1을 클릭하면 작동하는 이벤트 메소드를 정의할 차례이다. 코드의 내용은 잠시 후에 살펴보고 쉽게 코드를 입력하는 방법부터 알아보자. 우선 'button1.setoncl'까지만 입력하면 팝업 창이 나타나는데 맨 위의 setOnClickListener()를 선택한다(마우스로 더블클릭하거나 Enter를 누르면 맨 위의 것이 선택된다).

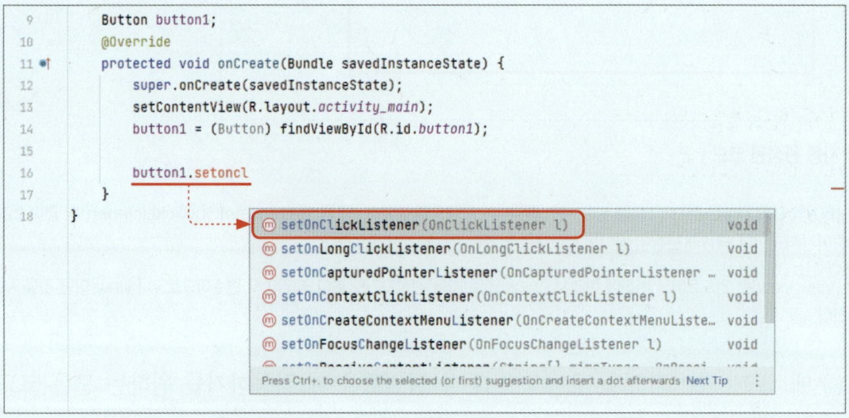


그림 2-58 Java 코드 자동 완성 1

**22** setOnClickListener() 메소드의 괄호 안에 'new View'를 입력하면 역시 팝업 창이 나타나는데 여기서 OnClickListener()를 선택한다.

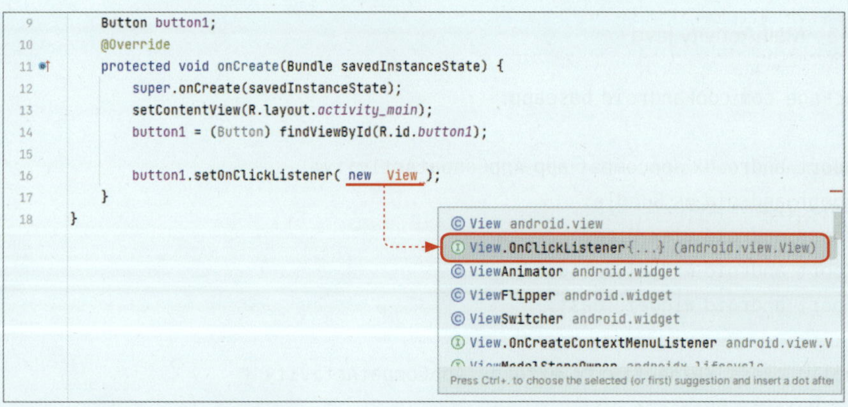


그림 2-59 Java 코드 자동 완성 2

㉓ 다음과 같이 onClick() 메소드가 자동으로 추가될 것이다.

```
14          setContentView(R.layout.activity_main);
15          button1 = (Button) findViewById(R.id.button1);
16
17          button1.setOnClickListener(new View.OnClickListener() {
18              @Override
19              public void onClick(View view) {
20
21              }
22          });
23      }
24  }
```

그림 2-60 **자동 완성된 코드**

TIP [그림 2-60]의 자동 완성된 마지막 22행 뒤에 세미콜론(;)이 자동으로 붙었다. 17행 'button1.setOnClickListener('의 끝이 22행의 닫힌 괄호이기 때문이다. 즉 1개 문장이 끝나는 것이므로 당연히 세미콜론이 필요하다.

TIP 19행의 (View view)는 안드로이드 버전에 따라서 (View v)로 자동 완성되기도 한다. 파라미터 변수이므로 v나 view 어떤 것을 사용해도 무방하다.

㉔ onClick() 메소드가 추가되었을 것이다. 버튼을 클릭했을 때 작동하기를 원하는 모든 코드를 onClick() 메소드 안에 입력하면 된다. 우선 메시지가 잠깐 나오는 코드를 [예제 2-3]의 22행에 추가했다.

TIP 아래 코드는 Java의 개념이 확실하게 서지 않았다면 이해하기 어려울 것이다. Java의 개념 이해가 부족하다면 우선 대략적으로만 파악하고 3장에서 확실히 개념을 잡은 뒤 이 부분을 다시 복습하기 바란다.

**예제 2-3 MainActivity.java**

```
1  package com.cookandroid.baseapp;
2
3  import androidx.appcompat.app.AppCompatActivity;
4  import android.os.Bundle;
5  import android.view.View;
6  import android.widget.Button;
7  import android.widget.Toast;
8
9  public class MainActivity extends AppCompatActivity {
10     Button  button1;
11
12     @Override
13     public void onCreate(Bundle savedInstanceState) {
14         super.onCreate(savedInstanceState);
15         setContentView(R.layout.activity_main);
16
17         button1 = (Button) findViewById(R.id.button1);
18         button1.setOnClickListener( new View.OnClickListener() {
```

```
19              @Override
20              public void onClick(View view) {
21
22                  Toast.makeText(getApplicationContext(), "버튼을 눌렀어요",
                        Toast.LENGTH_SHORT).show();
23              }
24          });
25      }
26 }
```

Java 코드에 대한 설명은 다음과 같다. 하지만 아직 많은 용어가 생소하여 이해하기 어려울 것이다. 앞으로 계속 학습하면서 하나씩 설명할 테니 지금은 그냥 눈으로 익혀두자.

**1** 패키지 이름이다(자동 완성됨).

**3~7** 관련 클래스, 인터페이스 import문이다. 대부분 Alt+Enter로 자동 완성되며 import의 순서는 관계없다.

**9** AppCompatActivity 클래스의 상속을 받아서 MainActivity 클래스를 정의한다. 가장 기본이 되는 클래스이며 이 클래스에서 화면을 표시한다.

**10** 버튼에 대한 변수를 전역변수(클래스 변수)로 선언한다. 앞으로 전역변수를 자주 선언하게 될 텐데 이 부분에서 변수를 선언하면 된다.

**12** 다음에 나오는 메소드가 오버라이드(Override)되었다는 의미인데 무시해도 된다.

**13** 오버라이딩한 onCreate( ) 메소드로, 가장 기본이 되는 메소드이다. C 언어의 main( ) 함수라고 생각하면 된다.

**14** 슈퍼 클래스인 Activity 클래스의 onCreate( ) 메소드를 호출한다. 이 또한 자동 완성된 것이며 대부분의 안드로이드 프로젝트에서 항상 나오는 문장이다.

**15** setContentView( )는 레이아웃을 화면에 표시해준다. 여기서 R.layout.activity_main은 activity_main.xml 파일을 의미한다.

**17** button1 변수에 버튼 객체를 대입한다. 이제 activity_main.xml에서 만든 버튼(버튼의 아이디도 button1로 했음)을 button1 변수로 제어할 수 있다. 또한 activity_main.xml에 정의한 위젯에 접근하려면 findViewByID( ) 메소드를 사용하면 된다. 변수에 대입할 때는 각 클래스의 이름으로 캐스팅해야 한다. 여기서는 Button 클래스이므로 (Button) 형식으로 캐스팅했다.

**18~24** 버튼을 클릭했을 때 작동하는 클래스를 익명 내부 클래스(anonymous inner class)로 정의한다.

**20** 버튼을 클릭했을 때 실제로 작동하는 오버라이드된 메소드로, 버튼을 클릭할 때 작동하는 코드를 이 내부에 넣으면 된다. 22행을 제외하고 자동 완성되었던 것을 기억할 것이다.

**22** 메시지를 잠시 나타내주는 메소드로, 앞으로 자주 사용할 것이다. 파라미터는 메시지가 출력될 컨텍스트(context), 메시지 내용, 출력할 시간이다. 컨텍스트는 애플리케이션 그 자체라고 생각하면 되는데, getApplicationContext( ) 메소드는 현재 애플리케이션의 컨텍스트를 구해준다.

**24** button1.setOnClickListener( 문장이 끝나는 부분이다. 따라서 마지막에 세미콜론이 필요하다.

**25** onCreate( ) 메소드가 끝나는 부분이다.

**26** BaseAppActivity 클래스가 끝나는 부분이다.

TIP 22행의 "버튼을 눌렀어요" 앞에 흐린 회색으로 text:가 있다면 Android Studio 최신 버전에 힌트 기능이 추가되어서 그렇다. 실제로는 없는 것과 마찬가지이므로 무시해도 된다. 힌트를 없애려면 22행에 커서를 놓고 22행 맨 앞의 전구 모양 아이콘을 클릭한 후 'Do not how hints for current method'를 선택한다.

### 4 프로젝트 실행 및 결과 확인

**25** 이제 실행해보자. Android Studio 메뉴의 [File]–[Save All]을 선택하여 현재까지의 내용을 모두 저장한다. Android Studio 메뉴의 [Run]–[Run 'app']을 선택하거나 [Run 'app'] 아이콘을 클릭하여 프로젝트를 실행하고 버튼을 클릭해보자.

TIP 앱을 한 번 실행한 후에 코드를 수정하고 다시 실행할 때는 메뉴의 [Run]–[Apply Changes and Restart Activity]를 선택해서 실행하면 된다. 변경된 내용만 컴파일되고 실행되므로 좀 더 빠르다. 이는 Android Studio 3.0부터 제공되는 기능이다.

그림 2-61 실행 결과

5 안드로이드 애플리케이션 개발 완료

26 정상적인 결과를 확인했으면 키패드의 돌아가기 버튼을 클릭하여 AVD의 초기화면으로 돌아간다.

**여기서 잠깐** **R 클래스**

레이아웃 파일(예 activity_main.xml), strings.xml에 들어 있는 문자열, 버튼 등의 아이디, 이미지 파일의 아이디 등은 모두 R 클래스에 자동으로 등록된다. R 클래스는 C:\CookAndroid\Project\BaseApp\app\build\intermediates\compile_and_runtime_not_namespaced_r_class_jar\debug\ 폴더에 R.jar 파일로 존재한다. 컴파일된 파일이라서 열어볼 수는 없지만, 이 파일에 등록된 위젯은 다음 그림과 같이 계층형으로 저장되어 있다. [예제 2-3]의 17행에서 버튼에 접근하는 데 R.id.button1을 사용했다.

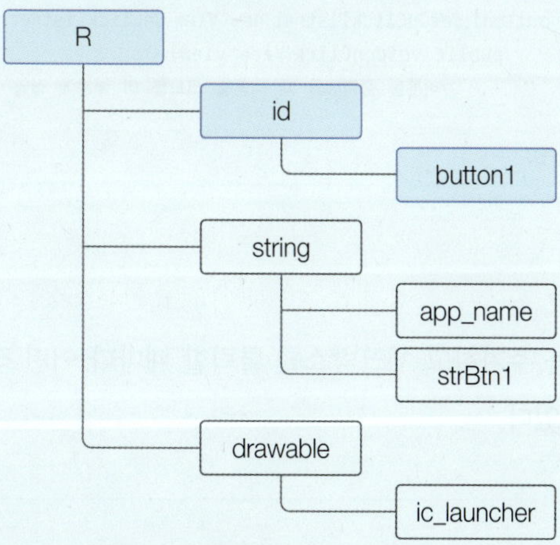


그림 2-62 **R.jar 파일의 구조**

그 외에 strings.xml 파일에 추가했던 문자열도 R.string.strBtn1로 접근이 가능하다. 나중에는 그림 파일도 사용할 텐데, 그림 파일은 'R.drawable.그림 파일 아이디id' 형식으로 사용할 수 있다. [예제 2-1]에서 activity_main.xml의 10행에 나온 android:id="@+id/button1"과 같은 형식이 등록되면 이것을 Java 코드에서 R.id.button1로 접근할 수 있다고 생각하면 된다.

지금까지 간단하지만 안드로이드 애플리케이션의 큰 윤곽과 작성법이 들어 있는 예제를 완성해보았다. 몇 줄 되지 않지만 처음 접하는 입장에서는 상당히 복잡하게 느껴졌을 것이다. 특히 생소한 코드가 많이 나와서 더욱 그럴 것이다. 그렇지만 앞의 코드 중에서 자동 생성된 Java 코드를 제외하면 직접 추가한 내용은 몇 줄 되지 않는다. 이를 [그림 2-63]에 정리했다.

| 위젯에 이벤트가 발생했을 때의 동작 순서 | 버튼을 클릭했을 때의 예 |
|---|---|
| [실습 2-4]의 19 번<br>❶ 위젯 변수 선언 | `Button button1;` |
| ↓ | ↓ |
| [실습 2-4]의 21 번<br>❷ 변수에 activity_main.xml 파일의 위젯 id 대입 | `button1=(Button)findViewByID(R.id.button1);` |
| ↓ | ↓ |
| [실습 2-4]의 24 번<br>❸ 이벤트 발생 시 동작하는 클래스를 위젯에 정의 | `button1.setOnClicklistner(new View.OnClickListner() {`<br>`public voidonClick(View view) {`<br>`//버튼을 클릭했을 때 작동할 코드를 이 부분에 삽입`<br>`}`<br>`});` |

그림 2-63 **위젯에 이벤트를 작동하기 위한 코딩 요약**

예를 들어 activity_main.xml 파일에 체크박스를 추가하고 체크박스를 클릭할 때마다 어떤 작동을 하게 하려면 위 코드를 다음과 같이 응용할 수 있다.

```
// ① 체크박스 변수 선언
CheckBox  check1;

// ② 변수에 activity_main.xml 파일의 체크박스 대입
check1 = (CheckBox) findViewById(R.id.check1);

// ③ 체크박스를 클릭했을 때 작동하는 클래스 정의
check1.setOnClickListener( new View.OnClickListener() {
    public void onClick(View view) {
        // 체크박스를 클릭했을 때 작동할 코드를 이 부분에 삽입
    }
});
```

안드로이드가 어렵게 느껴진다면 아예 통째로 몇 행을 외워버리자. 안드로이드 애플리케이션을 작성할 때마다 대부분 이 코드가 거의 그대로 들어가므로 필요한 알고리즘만 적용하면 된다. 아마 빠른 시간 안에 안드로이드 프로그래밍과 친해질 수 있을 것이다.

**▶ 직접 풀어보기 2-3**

다음 그림과 같이 버튼 4개를 만들고 각 버튼을 클릭하면 필요한 내용이 작동하는 FourButton 프로젝트를 작성하라. 각 버튼은 다른 색상으로 변경한다.

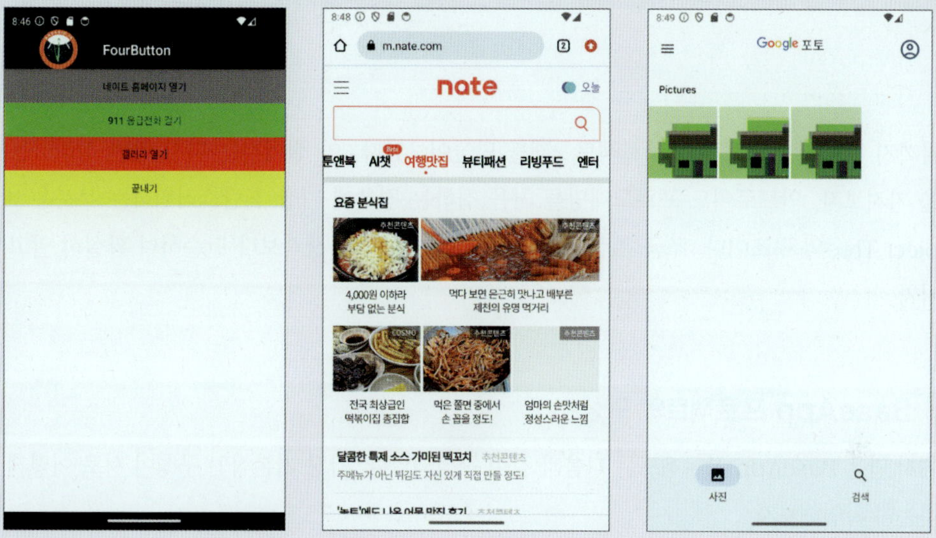

그림 2-64 FourButton 프로젝트 실행 결과

힌트

- **홈페이지 열기**

```
Intent mIntent = new Intent(Intent.ACTION_VIEW, Uri.parse("http://m.nate.com"));
startActivity(mIntent);
```

- **전화 걸기**

```
Intent mIntent = new Intent(Intent.ACTION_VIEW, Uri.parse("tel:/911"));
startActivity(mIntent);
```

- **갤러리 열기**

```
Intent mIntent = new Intent(Intent.ACTION_VIEW, Uri.parse("content://media/internal/
images/media"));
startActivity(mIntent);
```

- **애플리케이션 종료**

```
finish();
```

- **버튼 배경 색상 변경**

```
button1.setBackgroundColor(Color.GREEN);
```

- **버튼 글자 색상 변경**

```
button1.setTextColor(Color.BLACK);
```

# 04 안드로이드 프로젝트의 구성

지금까지 간단한 안드로이드 프로젝트 2개를 만들어보았다. 이 절에서는 다시 한번 정리하는 시간을 가져보자. 안드로이드 프로그래밍을 처음 접하는 경우에 가장 혼란스러워하는 부분은 바로 Project Tree의 구조이다. 조금 복잡해 보이지만 잘 살펴보면 생각보다 단순하니 확실히 알고 넘어가자.

## 1 BaseApp 프로젝트의 구성

앞에서 만든 BaseApp 프로젝트는 다음과 같이 구성되었다. 가장 기본적인 구성이 서로 어떻게 접근하는지 확인해보자.

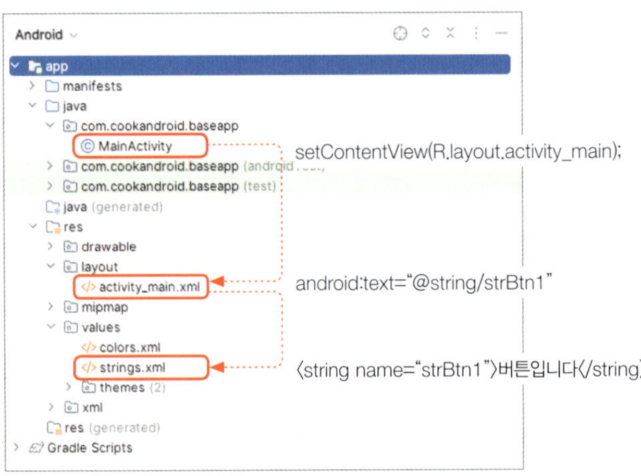


그림 2-65 안드로이드 프로젝트의 구성

메인 코드는 파일 이름이 'MainActivity.java'로 되어 있다. 이 파일에서는 액티비티(화면)를 나타내기 위해 setContentView(R.layout.activity_main);이라는 코드를 사용하는데, activity_main이 바로 [res]-[layout]-[activity_main.xml]이 된다. 물론 이 내용은 R.java 파일에 정의되어 있지만 신경 쓸 필요가 없다. 그냥 R.layout.activity_main이 바로 activity_main.xml 파일이라고 기억하자.

activity_main.xml에는 문자열을 표시하기 위해 android:text="@string/strBtn1" 문을 사용하는데, 여기서 @string은 strings.xml 파일을 의미한다. strings.xml 파일 안에 strBtn1이라는 문자열이 〈string name="strBtn1"〉버튼입니다〈/string〉 형태로 표시되어 있는 것이다.

이렇게 안드로이드 프로젝트는 여러 개의 파일이 상호 관계를 맺고 있는데, 처음에는 조금 복잡해 보일 수 있으나 계속 프로그래밍을 하다 보면 나름대로 합리적이고 편리한 구조임을 깨닫게 될 것이다.

## 2 프로젝트에서 사용되는 폴더와 파일의 용도

안드로이드 프로젝트는 여러 개의 폴더(디렉터리)와 파일로 구성된다. 이 중에서 프로그래머가 직접 변경해야 할 것도 있고, 거의 건드릴 일이 없는 폴더나 파일도 있다. 다음은 직접 변경하는 폴더와 파일이다.

▶ java 폴더

- 하위에 패키지 이름의 하위 폴더가 있는데, 이는 안드로이드 프로젝트를 생성할 때 입력한 패키지 이름과 동일한 것이다([그림 2-43] 참조).
- 패키지 이름 아래에 MainActivity.java로 메인 Java 소스가 들어 있다. 실제로 프로그래머가 가장 많이 수정하는 소스 파일이며, 주로 액티비티(화면, activity_main.xml)에서 어떤 일을 할지를 프로그래밍하게 된다.

▶ java (generated) 폴더

- Android Studio 3.2부터 제공되는 폴더이며 시스템 내부적으로 사용되므로 특별히 신경 쓰지 않아도 된다.

▶ res 폴더

- 앱 개발에 사용되는 이미지, 레이아웃, 문자열 등이 들어가는 폴더이다.
- 이미지 파일은 drawable 폴더에 넣는다. 디자인 화면이나 앱이 설치된 후에 보이는 런처 아이콘은 mipmap 폴더에 있는데, 그 내부적으로 xxxhdpi, xxhdpi, xhdpi는 초고해상도 런처 아이콘 파일을, hdpi는 고해상도 런처 아이콘 파일을, mdpi는 중해상도 런처 아이콘 파일을 넣는 데 사용하면 된다.
- layout 폴더에는 액티비티(화면)를 구성하는 xml 파일을 넣는다. 기본적으로 activity_main.xml이 초기화면으로 지정되어 있다. 추가로 화면이 필요하면 이곳에 xml 형태로 생성한다.
- values 폴더에는 문자열을 저장하는 strings.xml, 색상표를 저장하는 colors.xml, 스타일을 저장하는 themes.xml 등이 들어 있다.

- menu 폴더에는 메뉴 xml 파일을 저장하는데, 필요시 생성해서 사용하면 된다.
- 그 외에도 필요에 따라 애니메이션을 저장할 anim 폴더, 기타 xml 파일을 저장할 xml 폴더를 생성할 수도 있다.

▶ res (generated) 폴더

- Android Studio 3.5부터 제공되는 폴더이며 내부적으로 사용되므로 신경 쓰지 않아도 된다.

▶ manifests 폴더

- AndroidManifest.xml 파일이 들어 있는데, 이는 앱의 여러 가지 정보를 담고 있는 중요한 파일이다. '매니페스트 파일'이라고 읽으며 앞으로 필요에 따라 종종 수정하거나 변경할 것이다.

▶ Gradle Scripts 폴더

- Gradle 빌드 시스템과 관련된 파일이 들어 있다. 자주 변경할 일은 없으며 가끔 필요할 때 언급할 것이다. 주요한 3개 파일은 다음과 같다.
  - build.gradle.kts (Module: app): 빌드 스크립트의 핵심 파일이다. 컴파일 버전, 실행되는 최하 버전, 컴파일 라이브러리 등을 등록한다.
  - local.properties: 컴파일되는 SDK의 경로가 들어 있다.
  - radle.properties: JVM 관련 메모리가 설정되어 있다.

지금까지 안드로이드 프로젝트의 구성과 폴더, 파일을 살펴보았다. 앞으로 이 구성을 바탕으로 계속 프로그래밍을 할 것이니 중요한 폴더와 파일의 용도를 대략적으로라도 기억하고 있으면 도움이 된다.

## 요약

**1** 안드로이드 프로젝트를 개발할 때는 다음 단계를 따른다.

❶ 안드로이드 프로젝트 생성

❷ 화면 디자인 및 편집

❸ Java 코드 작성 및 수정

❹ 프로젝트 실행 및 결과 확인

❺ 안드로이드 애플리케이션 개발 완료

**2** 안드로이드 프로젝트를 새로 만들 때는 애플리케이션 이름, 패키지 이름, 최하 실행 버전을 필수로 입력 또는 선택해야 한다.

**3** 안드로이드 프로젝트에서 프로그래머가 주로 변경하거나 접근하는 폴더와 파일은 다음과 같다.

- activity_main.xml 파일: 기본 액티비티(화면)
- MainActivity.java 파일: 메인 Java 코드
- strings.xml 파일: 문자열이 저장된 파일
- drawable 폴더: 앱에서 사용할 이미지 파일을 저장하는 폴더
- AndroidManifest.xml 파일: 앱의 기본적인 정보가 설정된 파일

**4** 액티비티(화면)를 구성하는 방법으로는 [Design]에서 마우스로 직접 끌어다 사용하거나, activity_main.xml 파일을 코드로 입력/수정하는 방법이 있는데, 코드를 사용하는 것이 일반적이다.

**5** Android Studio에서 이전 버전의 프로젝트를 열려면 Android Studio 초기화면에서 [Open]을 선택하여 기존 프로젝트 폴더를 선택한다.

**6** Android Studio에서 프로젝트를 다른 사람에게 전달하려면 프로젝트 폴더를 통째로 주거나 압축해서 전달한다.

**7** activity_main.xml에서 버튼 태그는 <Button> </Button> 또는 <Button /…> 형식을 사용한다.

**8** activity_main.xml의 네임스페이스는 디폴트로 android가 지정되어 있다. 그러므로 속성은 'android:속성 이름' 형식을 사용한다.

## 요약

**9** activity_main.xml에서 위젯에 아이디를 지정하려면 "@+id/아이디" 형식을 사용한다.

**10** Java 코드에서 Ctrl+Alt+O는 임포트된 내용을 자동으로 정리해주며, Alt+Enter는 클래스나 인터페이스를 자동으로 임포트해준다.

**11** Ctrl+Alt+L을 누르면 소스코드가 보기 좋게 정렬된다.

**12** 다음은 Button을 클릭했을 때 작동하는 표준 코드이다.

```
Button  button1;
button1 = (Button) findViewById(R.id.button1);
button1.setOnClickListener( new View.OnClickListener() {
   public void onClick(View v) {
     // 버튼을 클릭했을 때 작동할 코드를 이 부분에 삽입
   }
});
```

## 연습문제

**1** AVD와 키패드의 명칭을 정리하시오.

**2** 다음 각 항목의 단축키는 무엇인가?

❶ AVD 화면을 가로 및 세로로 변경

❷ XML 또는 Java 코드의 자동 완성

❸ 자동 임포트

❹ 선택된 영역의 주석(Remark)

❺ 소스코드의 자동 정렬

**3** 안드로이드 프로그래밍을 하다 보면 코딩의 '오류'와 '경고'가 발생한다. 이 두 가지에 대해 설명하시오.

**4** 프로젝트에서 사용하는 리소스가 저장되는 /res 폴더 아래의 하위 폴더와 파일의 용도를 설명하시오.

**5** 이 책에서 진행한 Android Project의 템플릿은?

❶ Empty Activity ❷ Empty Views Activity

❸ Basic Activity ❹ Phone Activity

**6** 프로젝트에 대한 정보 입력 중 거리가 먼 것은?

❶ Name: MyProject ❷ Package name: MyPackage

❸ Save location: C:\MyFolder\ ❹ Minimum SDK: API 24 : Android 7.0 (Nougat)

**7** 자동으로 생성되는 기본 화면 XML 파일의 이름은?

❶ main.xml ❷ MainActivity.xml ❸ activity.xml ❹ activity_main.xml

## 연습문제

**8** 프로젝트를 실행한 화면에서 제목이 나오도록 설정하는 AndroidManifest.xml의 항목은?

❶ android:style　　❷ android:theme

❸ android:application　　❹ android:display

**9** 이 책에서 사용하는 기본 레이아웃은?

❶ ViewLayout　　❷ LinearLayout　　❸ ActivityLayout　　❹ BasicLayout

**10** 다음 화면을 디자인하고 Java 코드를 완성하시오.

❶ 구성: EditText, Button 2개, RadioGroup, RadioButton 2개, ImageView, 이미지 2개를 drawable 폴더에 복사해 넣는다.

❷ 작동

- 〈홈페이지 열기〉를 클릭하면 EditText에 입력한 URL이 열린다.
- 〈전화 걸기〉를 클릭하면 EditText에 입력한 전화번호로 전화가 걸린다.
- 처음에는 기본 이미지가 나타나고 라디오버튼을 클릭하면 다른 이미지로 변경된다(총 2개 이미지).

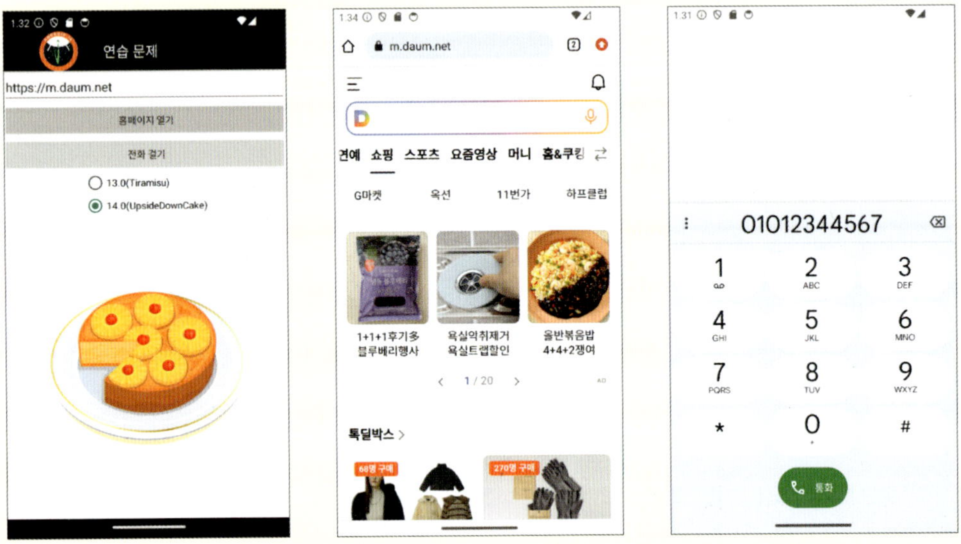


힌트 [실습 4-1], [실습 4-2] 참조

CHAPTER 03

# 안드로이드를 위한 Java 문법

### 학습목표

- 기본적인 Java 문법을 익힌다.
- 안드로이드 프로그래밍을 위한 Java의 특징을 이해한다.

# 01 Java의 개요

Java는 대표적인 객체지향 프로그래밍 언어로, 1991년에 선마이크로시스템스(오라클에 인수됨)의 제임스 고슬링이 C 언어를 모델로 TV나 냉장고 등의 가전제품에 적용하기 위해 연구를 시작했다. 그 후 1995년에 JDK 1.0이 발표되고 1997년에는 JDK 1.1이 발표되면서 완전한 프로그래밍 언어의 모습을 갖추었다.

## 1 Java의 특징

❶ 구문이 간결하다.

C++에 비해 불필요한 부분 없이 간단하게 구성되어 있다. 특히 포인터 데이터 형식을 없앰으로써 C++에서 주로 문제를 일으키던 메모리 관리 문제가 대폭 해결되었다.

❷ 명료한 객체지향 언어이다.

Object 클래스에서 모든 클래스를 파생시키는데, C++와 달리 단일 클래스 상속만 사용하며 대신 인터페이스를 통해 다중 상속 문제를 해결했다. 또한 연산자 오버로딩(overloading)도 지원하지 않는다.

❸ 이식성이 높으며 기계에 중립적이다.

한 번 작성한 Java는 다양한 운영체제에서 동작한다. 이것은 Java Virtual Machine이라는 소프트웨어에 의해 가능하다.

❹ 분산 처리를 지원한다.

❺ 멀티스레드(multi-thread) 언어이다.

## 2 Java 프로그램 작성법

Java 프로그램은 전통적으로 다음과 같이 작성한다.

❶ 메모장에서 Java 코드를 작성한 후 *.java로 저장한다.

❷ javac.exe를 사용해서 컴파일하면 *.class 파일이 생성된다.

❸ java.exe를 사용해서 컴파일된 *.class 파일을 실행한다.

하지만 이는 명령 프롬프트에서 사용해야 하고 오류가 발생할 때 디버깅도 불편하여 권장하지 않는 방법이다. Eclipse를 사용하면 ❶~❸을 한 화면에서 처리할 수 있어 개발자들은 대부분 Eclipse 환경에서 Java를 개발한다.

TIP Android Studio 2.2부터는 자체적으로 Open JDK를 포함해 별도로 JDK를 설치하지 않아도 된다. 이 책에서 사용하는 Android Studio Hedgehog(2023.1.1)에는 Open JDK 대신 JBR(JetBrains Runtime)이 포함되어 있다. JBR은 Android Studio에 최적화된 JDK의 확장된 제품이다. 즉 JDK와 동일하다고 봐도 무방하다. 참고로 Android 13.0(T)까지는 Java 11 버전이 사용되었으나 Android 14.0(U)부터는 Java 17 버전이 사용된다.

### 실습 3-1 Eclipse 환경에서 Java 개발하기

Eclipse 환경에서 Java를 개발하는 방법을 실습해보자.

1 Eclipse는 http://www.eclipse.org/downloads/eclipse-packages/에서 'Eclipse IDE for Java Developers'를 다운로드하여 압축을 풀고 사용한다. 이는 각자 스스로 해보자.

TIP Eclipse 자체에도 Open JDK가 포함되어 있으며, 필요하다면 Android Studio의 JBR과 Eclipse를 연결할 수도 있다. 하지만 이 장을 학습하는 데에는 Eclipse에 포함된 JDK를 사용해도 무방하므로 Eclipse에 포함된 JDK를 사용하여 실습을 진행하겠다.

2 압축이 풀린 폴더의 eclipse.exe를 실행한 후, [Eclipse IDE Launcher] 창이 나오면 프로젝트를 저장할 적당한 새 디렉터리를 입력하고 〈Launch〉를 클릭한다. 필자는 C:\AndroidJava\로 지정했다. [Eclipse IDE] 창에서 [Welcome] 창을 닫은 후 메뉴의 [File]-[New]-[Java Project]를 선택한다.

3 [Create a Java Project] 창에서 Project name에 'Project3_1'을 입력하고 'Use a project specific JRE:'를 선택하며, 아랫부분의 'Create module-info.java file'의 체크를 끈다. 나머지는 디폴트로 두고 〈Finish〉를 클릭한다.

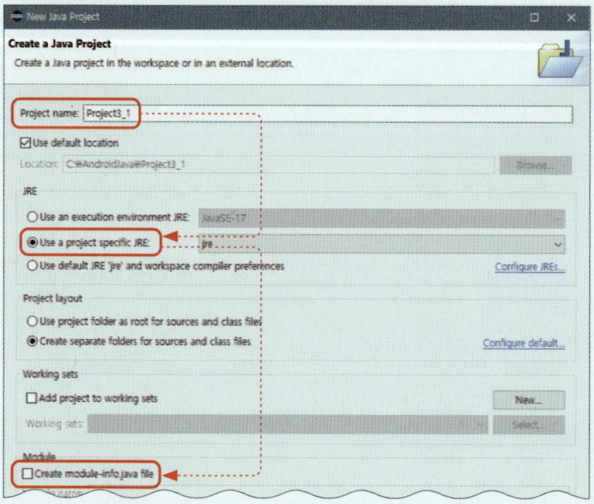


그림 3-1 Java 프로젝트 생성

❹ [Package Explorer]의 Project3_1/src 폴더에서 마우스 오른쪽 버튼을 클릭하고 [New]–[Class]를 선택한다.

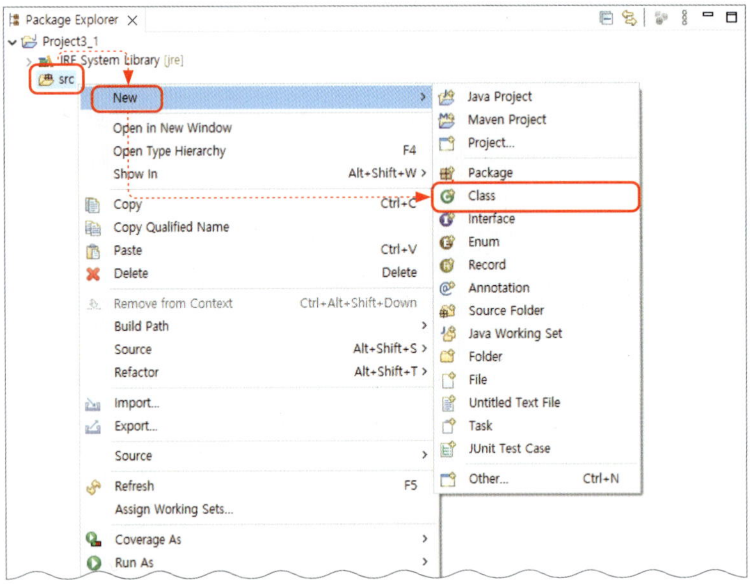


그림 3–2 **Java 소스 추가 1**

❺ [Java Class] 창에서 Name에 'exam01'을 입력하고 'public static void main(String[ ] args)'에 체크한 후 〈Finish〉를 클릭한다.

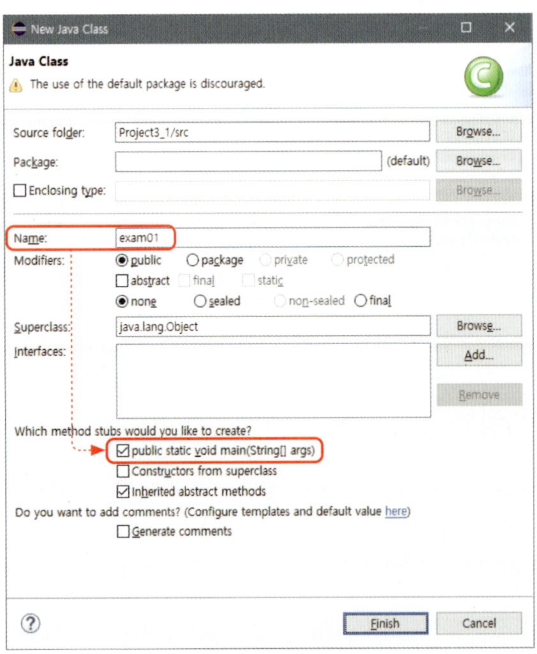


그림 3–3 **Java 소스 추가 2**

❻ 간단한 다음 예제를 코딩한다.

**예제 3-1 exam01.java**

```
1  public class exam01 {
2    public static void main(String args[]) {
3      System.out.println("안드로이드를 위한 Java 연습");
4    }
5  }
```

**1~5** exam01이라는 이름으로 class를 정의했다. 이 이름은 [Package Explorer]의 'exam01.java'의 파일 이름과 동일해야 한다.

**2~4** 기본 함수인 main을 정의했다. 이 장에서 반복적으로 나올 것이다.

**3** 실제로 Java를 코딩한 부분이다. 여기서는 콘솔에 글자를 출력한다. Java는 문장 마지막에 세미콜론(;)을 넣어야 한다.

❼ 코딩이 완료되었으면 [File]-[Save]를 선택해서 저장한다. Eclipse 메뉴의 [Run]-[Run]을 선택하거나 Ctrl+F11을 눌러 실행한다. 실행 결과는 아래쪽 콘솔에 바로 출력된다.

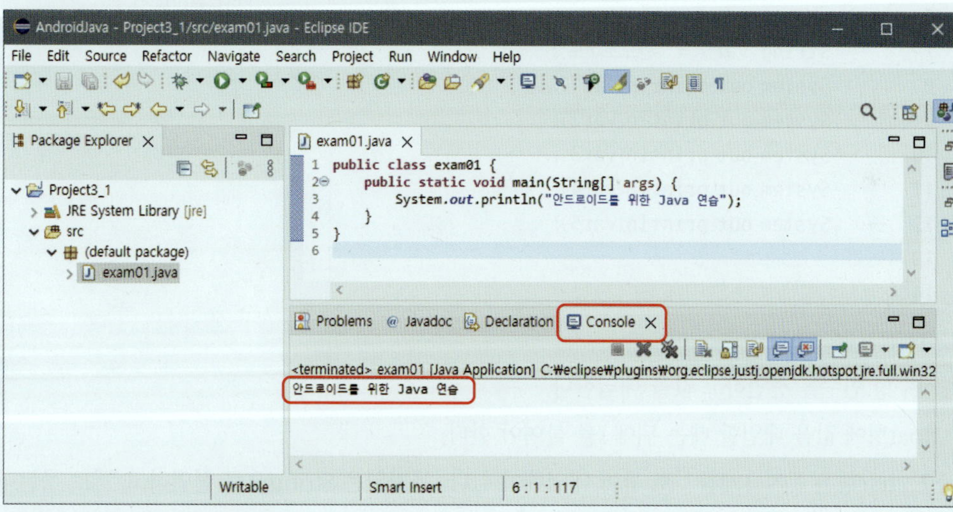


**그림 3-4 Java 실행 및 결과 확인**

❽ 이 장의 나머지 예제는 Project3_1/src 폴더에서 마우스 오른쪽 버튼을 클릭하여 [New]-[Class]를 선택하고 exam02, exam03, … 등으로 입력해서 코딩한다.

# 02 Java의 기본 문법

## 1 변수와 데이터 형식

다른 프로그래밍 언어와 마찬가지로 Java도 변수를 선언해서 사용해야 한다. 다음 예제에서는 정수형 변수, 실수형 변수, 문자형 변수를 선언하고 값을 대입한 후 출력한다.

**예제 3-2 exam02.java**

```
1  public class exam02 {
2     public static void main(String args[]) {
3        int var1 = 10;
4        float var2 = 10.1f;
5        double var3 = 10.2;
6        char var4 = '안';
7        String var5 = "안드로이드";
8        System.out.println(var1);
9        System.out.println(var2);
10       System.out.println(var3);
11       System.out.println(var4);
12       System.out.println(var5);
13    }
14 }
```

```
10
10.1
10.2
안
안드로이드
```

**3** 정수형 변수를 선언하고 값을 대입한다.

**4** float형에 값을 대입할 때는 뒤에 f를 붙여야 한다.

**6, 7** char형은 문자 1개를 ''로 묶어 대입해야 한다. 문자열은 String으로 선언하고 " "로 묶는다.

**8~12** System.out.println()은 화면에 출력하는 메소드이다.

Java에서 많이 사용되는 기본적인 데이터 형식은 [표 3-1]과 같다.

표 3-1 Java에서 주로 사용되는 데이터 형식

| 데이터 형식 | | 설명 |
|---|---|---|
| 문자형 | char | 2byte를 사용하며 한글 또는 영문 1개만 입력 |
| | String | 여러 글자의 문자열을 입력 |
| 정수형 | byte | 1byte를 사용하며 –128~+127까지 입력 |
| | short | 2byte를 사용하며 –32768~+32767까지 입력 |
| | int | 4byte를 사용하며 약 –21억~+21억까지 입력 |
| | long | 8byte를 사용하며 상당히 큰 정수까지 입력 가능 |
| 실수형 | float | 4byte를 사용하며 실수를 입력 |
| | double | 8byte를 사용하며 실수를 입력. float보다 정밀도가 높음 |
| 불리언형 | boolean | true 또는 false를 입력 |

TIP 원칙적으로 char형은 정수형에 포함되며 숫자로 입력해도 된다. 하지만 char는 문자 하나를 대입하는 용도로 많이 사용하기 때문에 문자형으로 분류했다. String은 기본 데이터 형식이 아니라 Java에서 제공되는 클래스이다. 하지만 대부분 문자열을 대입하는 데 사용되므로 문자형으로 분류했다.

## 2 조건문: if, switch()~case

if문은 조건이 true인지 false인지에 따라서 어떤 작업을 할 것인지를 결정한다. true와 false 중 하나로 결정되기 때문에 if문을 이중 분기라고도 부른다. if문의 형식은 다음과 같다.

```
if(조건식) {
// 조건식이 true일 때 이 부분 실행
}
```

```
if(조건식) {
// 조건식이 true일 때 이 부분 실행
} else {
// 조건식이 false일 때 이 부분 실행
}
```

switch()~case문은 여러 가지 경우에 따라서 어떤 작업을 할 것인지를 결정하므로 switch()~case문을 다중 분기라고도 부른다. switch()~case문의 형식은 다음과 같다.

```
switch( 값 ) {
case 값1:
      // 값1이면 이 부분 실행
      break;
case 값2:
      // 값2이면 이 부분 실행
      break;
⋮
default:
      // 어디에도 해당하지 않으면 이 부분 실행
      break;
}
```

**TIP** Java의 주석문에는 세 가지가 있다.
① // : 주석이 한 행이다.
② /* */ : 주석이 여러 행이다.
③ /** */ : 클래스나 인터페이스의 선언 바로 앞에 설명을 위해 사용한다.

### 예제 3-3 exam03.java

```
public class exam03 {
   public static void main(String args[]) {
      int count = 85;
      if (count >= 90) {
         System.out.println("if문: 합격 (장학생)");
      } else if (count >= 60) {
         System.out.println("if문: 합격");
      } else {
         System.out.println("if문: 불합격");
      }

      int jumsu = (count / 10) * 10;
      switch (jumsu) {
      case 100:
      case 90:
         System.out.println("switch문: 합격(장학생)");
         break;
      case 80:
      case 70:
      case 60:
         System.out.println("switch문: 합격");
         break;
```

```
if문: 합격
switch문: 합격
```

```
23          default:
24              System.out.println("switch문: 불합격");
25          }
26      }
27 }
```

**4~10** if~else문을 사용했다. 4행의 if 괄호 안 조건이 true이면 5행을 수행하고, false이면 6행의 if문을 다시 수행한다.

**12** switch()~case문에서 case절의 다음에는 하나의 숫자나 문자만 사용되므로, 점수의 1의 자릿수를 없애고 100, 90, 80 등으로 구분되게 했다. 정수와 정수의 연산 결과는 정수가 된다는 특징을 이용했다. 즉 85/10는 8.5가 아닌 8이 되고 여기에 10을 곱하여 80으로 만들었다.

**13~25** switch문 괄호 안의 변숫값에 의해 해당하는 case절이 실행된다.

**14~17** 14행의 100점에 해당하면 바로 15행의 90점으로 실행한다. 그리고 16행에서 '합격(장학생)'을 출력하고, 17행의 break문은 switch문을 빠져나오게 한다. 이와 같이 처리한 이유는 100점과 90점이 같은 내용으로 출력되기 때문이다.

**18~22** 80, 70, 60점이면 '합격'을 출력한다.

**23, 24** default는 앞에 나온 case절 중에서 어디에도 해당하지 않을 경우에 실행된다. 즉 60점 미만이면 '불합격'을 출력한다.

## 3 배열

배열은 여러 데이터를 한 변수에 저장하는 데 사용한다. 일차원 배열과 이차원 배열의 개념은 다음과 같다.

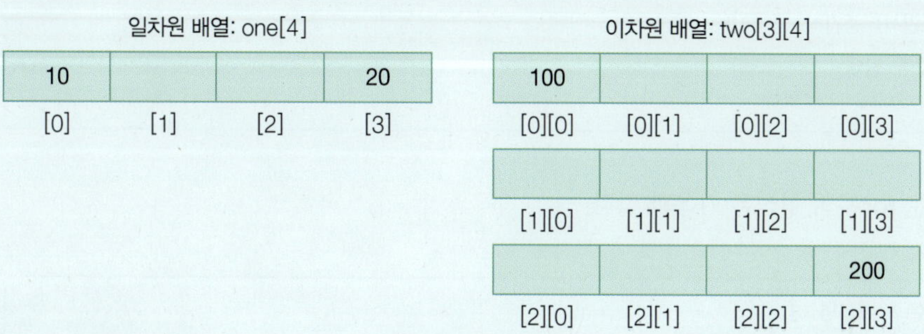


그림 3-5 배열의 개념

일차원 배열을 선언하고 값을 대입하는 방법은 다음과 같다.

```
int one[] = new int[4];
one[0] = 10;
one[3] = 20;
```

이차원 배열을 선언하고 값을 대입하는 방법은 다음과 같다.

```
int two[][] = new int[3][4];
two[0][0] = 100;
two[2][3] = 200;
```

배열을 선언하면서 바로 값을 대입할 수도 있다.

```
int three[] = { 1, 2, 3 };
```

배열의 크기를 확인하려면 '배열명.length'를 사용한다. 배열의 활용은 잠시 후 반복문과 함께 좀 더 살펴보자.

## 4 반복문: for, while

반복문은 앞에서 배운 조건문과 함께 프로그래밍의 필수 요소이다. 반복문 중 가장 많이 사용되는 for문의 형식은 다음과 같다.

```
for(초기식; 조건식; 증감식) {
// 이 부분을 반복 실행
}
```

배열을 지원하는 for문의 형식은 다음과 같다.

```
for(변수형 변수 : 배열명) {
// 이 부분에서 변수 사용
}
```

앞과 같이 작성하면 배열의 내용이 하나씩 변수에 대입된 후 for문 내부가 실행된다. 그러므로 결국 배열의 개수만큼 for문이 반복된다.

while문은 다음과 같은 형식으로 사용한다.

```
while( 조건식 ) {
// 조건식이 true인 동안 이 부분을 실행
}
```

**예제 3-4 exam04.java**

```
1 public class exam04 {
2     public static void main(String args[]) {
3         int one[] = new int[3];
4         for (int i = 0; i < one.length; i++) {
5             one[i] = 10 * i;
6         }
7
8         String two[] = { "하나", "둘", "셋" };
9         for (String str : two) {
10            System.out.println(str);
11        }
12
13        int j=0;
14        while( j < one.length ) {
15            System.out.println(one[j]);
16            j++;
17        }
18    }
19 }
```

```
하나
둘
셋
0
10
20
```

**3** 3개짜리 정수형 배열을 선언한다.

**4~6** i를 0으로 초기화하고, 배열의 개수인 배열명.length(3개)보다 작은 동안에 수행한다. i++로 i를 1씩 증가시킨다. 가장 일반적으로 사용하는 방식이니 잘 기억해둔다.

**5** 배열에 값을 대입한다.

**8** 배열 two를 선언하고 직접 값을 3개 대입했다.

**9~11** 배열 two의 내용을 str에 하나씩 넣고 10행을 실행한다. 결국 배열 two의 개수만큼 실행한다.

**13** 정수 j를 선언하고 0으로 초기화했다.

**14~17** 배열 one의 개수가 3개이므로 j가 3보다 작은 동안 반복 수행한다. 16행에서 j를 1씩 증가시킨다.

반복문을 빠져나오려면 break문을 사용하고, 반복문의 조건식으로 건너뛰려면 continue문을 사용한다.

## 5 메소드와 전역변수, 지역변수

기본 메소드인 main() 메소드 외에 사용자가 메소드를 추가로 생성할 수 있다. 또는 메소드를 호출할 때 파라미터를 넘길 수도 있고, 메소드에서 사용된 결과를 return문으로 돌려줄 수도 있다. 잠시 후 예제를 통해 살펴보자.

변수에는 전역변수(global variable)와 지역변수(local variable)가 있다. 전역변수는 모든 메소드에서 사용되고 지역변수는 메소드 내부에서만 사용된다.

TIP 메소드(method)와 함수(function)는 같은 용어로 보면 된다. 클래스 안에 선언하는 변수를 Java에서는 주로 멤버 변수(member variable)라고 부른다. 멤버 변수는 클래스 안의 모든 메소드 안에서 사용이 가능하므로 전역변수와 동일한 개념이다. 이 책에서는 멤버 변수를 상황에 따라서 전역변수라고 하겠다.

**예제 3-5 exam05.java**

```
public class exam05 {
   static int var = 100;
   public static void main(String args[]) {
      int var = 0;
      System.out.println(var);

      int sum = addFunction(10, 20);
      System.out.println(sum);
   }

   static int addFunction(int num1, int num2) {
      int hap;
      hap = num1 + num2 + var;
      return hap;
   }
}
```

```
0
130
```

**2, 4, 5, 13** 2행에서는 전역변수로 var를 선언하고 100을 대입했으며, 4행에서는 지역변수로 var를 선언하고 0을 대입했다. 5행에서 var를 출력하면 지역변수가 우선시되므로 지역변수의 값이 출력된다. 13행에서는 전역변수인 var의 100이 적용된다.

**7** 사용자가 11행에 생성한 addFunction()을 호출한다.

**11~15** 사용자 메소드를 생성한다. 메소드의 반환값은 int형으로 설정했으며 파라미터는 정수형 2개를 받는다. 메소드는 파라미터로 받은 두 값과 전역변수 var의 값을 더해서 돌려준다.

TIP [예제 3-5]의 2행과 11행에서 붙인 static은 정적 필드와 정적 메소드로 지정하기 위한 것이다. 이에 대한 내용은 잠시 후 객체지향과 함께 설명하겠다.

## 6 예외 처리: try~catch

예외(exception)는 Java 프로그램 실행 중에 발생하는 오류를 말하며, Java는 try~catch문을 통해 이 오류를 처리한다. 결국 try~catch문은 Java 프로그램을 견고하게 만드는 역할을 한다. 다음 예제에서는 0으로 나누는 예외 발생을 막기 위해 try~catch문을 사용했다.

**예제 3-6 exam06.java**

```
1  public class exam06 {
2     static int var = 100;
3     public static void main(String args[]) {
4        int num1 = 100, num2 = 0;
5        try {
6           System.out.println(num1/num2);
7        }
8        catch (java.lang.ArithmeticException e) {
9           System.out.println("계산에 문제가 있습니다.");
10       }
11    }
12 }
```

```
계산에 문제가 있습니다.
```

**5~10** 우선 6행이 실행되고 문제가 없다면 11행으로 빠져나간다. 하지만 6행에서 문제가 발생한다면 별도의 예외를 발생시키지 않고 9행을 실행한다. 여기서는 생략되었지만 필요하다면 예외의 발생 여부와 상관없이 실행하는 finally문을 넣을 수도 있다.

### 여기서 잠깐 try~catch문 자동 완성

안드로이드에서는 예외 처리에 자동 완성을 많이 사용한다. 다음 그림에서 밑줄이 쳐진 openFileOuput( )에 마우스를 가져가면 팝업 창이 나오는데, 여기서 'Surround with try/catch'를 클릭하면 된다.

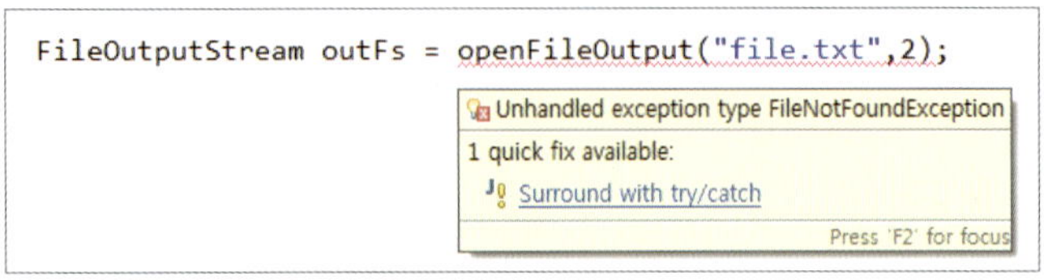


try~catch문이 자동 완성된 결과는 다음과 같다. 자세한 내용은 8장에서 살펴보겠다.

```
try {
    FileOutputStream outFs = openFileOutput("file.txt",2);
} catch (FileNotFoundException e) {
    // TODO Auto-generated catch block
    e.printStackTrace();
}
```

## 7 연산자

Java에는 여러 가지 연산자가 있는데 주로 사용되는 연산자는 [표 3-2]와 같다.

표 3-2 주로 사용되는 Java 연산자

| 연산자 | 설명 |
|---|---|
| +, -, *, /, % | 사칙 연산자로 %는 나머지값을 계산한다. |
| +, - | 부호 연산자로 변수, 수, 식 앞에 붙일 수 있다. |
| = | 대입 연산자로 오른쪽을 왼쪽에 대입한다. |
| ++, -- | 1씩 증가 또는 감소시킨다. |
| ==, !=, <, >, >=, <= | 비교 연산자로 결과는 true 또는 false이며, if문이나 반복문의 조건식에 주로 사용된다. |
| &&, \|\| | 논리 연산자로 and, or를 의미한다. |
| &, \|, ^, ~ | 비트 연산자로, 비트 단위로 and, or, exclusive or, not 연산을 한다. |
| <<, >> | 시프트 연산자로, 비트 단위로 왼쪽 또는 오른쪽으로 이동한다. |
| +=, -=, *=, /= | 복합 대입 연산자로, 'a+=b'는 'a=a+b'와 동일하다. |
| (데이터 형식) | 캐스트(cast) 연산자로, 데이터 형식을 강제로 변환한다. 예를 들어 int a = (int) 3.5는 double형인 3.5 값을 int형으로 강제로 변환하여 a에 대입한다. 결국 a에 3이 대입된다. |

연산자 중 캐스트 연산자는 안드로이드 프로그래밍에서 클래스형 데이터의 강제 형식 변환에도 상당히 많이 사용된다. 예를 들어 다음 예는 View 클래스형을 Button형으로 변환하는 코드이다. 앞으로 계속 보게 될 내용이니 미리 눈으로 익혀두자.

```
Button button1;
button1 = (Button) findViewById(R.id.btn1);
```

# 03 클래스와 인스턴스

객체지향 프로그래밍(Object-Oriented Programming, OOP)은 Java, C++, C# 등에서 사용되는 프로그래밍 기술이다. Java는 객체지향 언어이므로 객체지향을 이해하지 못하면 안드로이드 프로그래밍이 어렵게 느껴질 수밖에 없다. 이 절에서는 안드로이드 프로그래밍을 위한 필수 개념을 위주로 객체지향의 핵심인 클래스와 인스턴스에 대해 알아보자.

## 1 클래스 정의와 인스턴스 생성

클래스(class)는 변수(필드)와 메소드로 구성된다. 객체지향 관점에서는 클래스를 실세계의 객체가 가질 수 있는 상태와 행동으로 정의할 수 있다. 예를 들면 자동차라는 객체에서 클래스는 자동차를 생성하기 위한 설계도이고, 이 설계도(클래스)를 통해 여러 대의 자동차(인스턴스)를 생성할 수 있다.

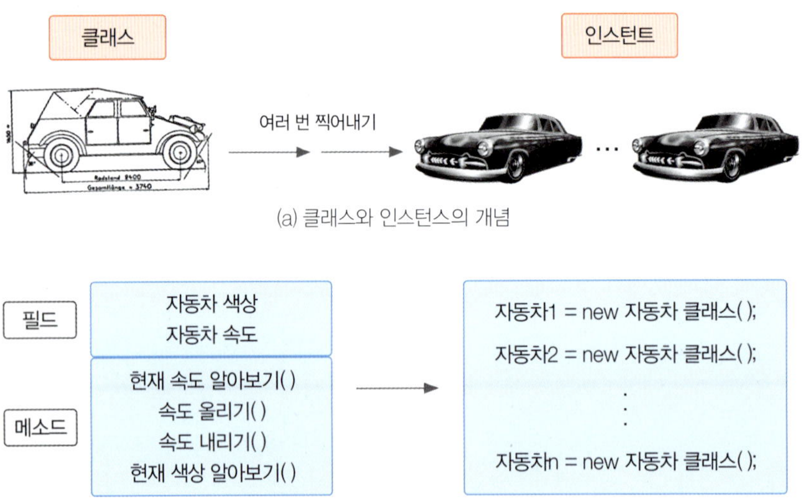


(a) 클래스와 인스턴스의 개념

(b) 자동차 객체의 클래스와 인스턴스

그림 3-6 클래스의 형식

[그림 3-6]의 자동차 클래스를 코드로 구현하면 다음과 같다. 클래스 이름은 Car로 지정했다.

**예제 3-7 Car.java-기본 구조**

```
1  public class Car {
2     String color;
3     int speed = 0;
4
5     int getSpeed() {
6        return speed;
7     }
8
9     void upSpeed(int value) {
10       if (speed + value >= 200)
11          speed = 200;
12       else
13          speed = speed + value;
14    }
15
16    void downSpeed(int value) {
17       if (speed - value <= 0)
18          speed = 0;
19       else
20          speed = speed - value;
21    }
22
23    String getColor() {
24       return color;
25    }
26 }
```

**1** Car 클래스를 선언한다. public은 접근 제어 변경자(access control modifier)이다.

**2, 3** 자동차의 색상과 속도 필드를 정의한다.

**5~7** 현재 속도를 얻는 메소드이다.

**9~14** 추가 속도(value)를 파라미터로 받아서 현재 속도를 증가시킨다. 최대 200까지 증가시킬 수 있다.

TIP 접근 제어 변경자에는 public, protected, private가 있다. public은 외부에서도 해당 클래스에 접근할 수 있도록 지정하고, private는 클래스 안에서만 접근하도록 제한한다. protected는 public과 private의 중간 정도라고 보면 된다.

[예제 3-7]에서 정의한 Car 클래스를 인스턴스로 생성해보자.

**예제 3-8 exam07.java**

```
1  public class exam07 {
2     public static void main(String args[]) {
3        Car myCar1 = new Car();
4        myCar1.color = "빨강";
5        myCar1.speed = 0;
6
7        Car myCar2 = new Car();
8        myCar2.color = "파랑";
9        myCar2.speed = 0;
10
11       Car myCar3 = new Car();
12       myCar3.color = "초록";
13       myCar3.speed = 0;
14
15       myCar1.upSpeed(50);
16       System.out.println("자동차1의 색상은 " + myCar1.getColor()
17             + "이며, 속도는 "
18             + myCar1.getSpeed() + "km입니다.");
19
20       myCar2.downSpeed(20);
21       ~~~~ 생략(myCar2 내용 출력) ~~~~
22       myCar3.upSpeed(250);
23       ~~~~ 생략(myCar3 내용 출력) ~~~~
24    }
25 }
```

```
자동차1의 색상은 빨강이며, 속도는 50km입니다.
자동차2의 색상은 파랑이며, 속도는 0km입니다.
자동차3의 색상은 초록이며, 속도는 200km입니다.
```

**3~5** myCar1 인스턴스를 생성하고 색상과 속도를 지정한다.

**15~18** myCar1의 속도를 50으로 높이고, 자동차의 색상과 속도를 화면에 출력한다.

**21, 23** 16~18행을 반복한다. 단, 인스턴스 이름을 myCar2, myCar3으로 변경한다.

## 2 생성자

[예제 3-8]의 3행에서 myCar1 인스턴스를 생성한 후 4, 5행에서 myCar1의 색상과 속도를 입력했다. 이렇게 인스턴스를 생성하고 해야 할 일을 클래스 안의 생성자로 미리 만들어놓을 수 있다. 메소드를 생성하면서 파라미터를 넘기면 데이터가 생성자로 넘어간다. 생성자는 클래스의 이름과 동일하게 하고, 메소드의 데이터 형식은 생략한다. 나머지는 일반 메소드와 동일하게 코딩할 수 있다.

[예제 3-7]의 Car.java에 생성자 코드를 추가해보자.

**예제 3-9 Car.java-생성자 추가**

```
1 public class Car {
2    String color;
3    int speed;
4
5    Car(String color, int speed) {
6       this.color = color;
7       this.speed = speed;
8    }
9    ~~~~ 생략([예제 3-7]의 5행 이하와 동일) ~~~~
```

**5~8** 생성자는 클래스의 이름과 동일하게 한다. 필요하다면 파라미터를 지정할 수 있다. 5행에서 색상을 color로, 초기 속도를 speed로 지정했다. 그리고 5행에서 파라미터로 받은 지역변수 color를 2행 클래스의 전역변수 color에 대입하기 위해 this.color로 구분했다. this는 자기 자신의 클래스를 의미한다.

또한 [예제 3-8]의 Car 클래스를 사용한 myCar1, myCar2, myCar3의 내용을 변경해야 한다. [예제 3-8]의 3~13행을 다음과 같이 수정한다. 실행 결과는 [예제 3-8]과 같다.

**예제 3-10 exam07.java-수정**

```
1 public class exam07 {
2    public static void main(String args[]) {
3       Car myCar1 = new Car("빨강",0);
4       Car myCar2 = new Car("파랑",0);
5       Car myCar3 = new Car("초록",0);
6
7       ~~~~ 생략([예제 3-8]의 15행 이하와 동일) ~~~~
```

**3** 인스턴스를 생성할 때 Car("빨강", 0)으로 값을 넘겨주면 [예제 3-9]의 5행에서 color와 speed로 파라미터를 받아서 초기화한다.

## 3 메소드 오버로딩

메소드 오버로딩은 클래스 내에서 메소드의 이름이 같아도 파라미터의 개수나 데이터형만 다르면 여러 개를 선언할 수 있는 것을 말한다.

[예제 3-9]의 9행에 다음 예제의 10~15행을 추가하자.

**예제 3-11 Car.java-메소드 오버로딩 추가**

```
1  public class Car {
2     String color;
3     int speed;
4
5     Car(String color, int speed) {
6        this.color = color;
7        this.speed = speed;
8     }
9
10    Car(int speed) {
11       this.speed = speed;
12    }
13
14    Car() {
15    }
16
17    ~~~~ 생략([예제 3-7]의 5행 이하와 동일) ~~~~
```

**5, 10, 14** 생성자를 3개 생성했다. 각 생성자는 파라미터가 다르도록 메소드 오버로딩을 했다. 필요하다면 exam07.java에서 'Car myCar4 = new Car(0);'으로 생성자를 호출할 수 있다. 그러면 10행의 파라미터가 하나인 생성자가 실행된다.

TIP [예제 3-11]에서는 생성자의 메소드 오버로딩을 예로 들었으나 다른 메소드도 같은 방식으로 메소드 오버로딩을 사용할 수 있다.

## 4 정적 필드, 정적 메소드, 상수 필드

클래스를 인스턴스로 생성한 후에 필드(변수)를 사용하려면 [예제 3-11]의 2, 3행과 같이 선언해야 한다. 하지만 인스턴스를 생성하지 않고 클래스 자체에서 사용되는 변수가 필요할 수도 있는데 이러한 필드를 정적 필드(static field)라고 한다. 정적 필드를 만들려면 변수 앞에 static 키워드를 붙인다. 메소드 앞에 static 키워드를 붙이면 정적 메소드(static method)가 되는데, 정적 메소드는 인스턴스 없이 '클래스명.메소드명()'으로 호출하여 사용할 수 있다.

상수 필드는 정적 필드에 초깃값을 입력하고 final을 앞에 붙이면 된다. 상수 필드는 대문자로 구성하는 것이 일반적이며, 클래스 안에 상수를 정의할 때 사용한다.

**예제 3-12 Car.java-정적 구성 요소 추가**

```
1  public class Car {
2     String color;
3     int speed;
4     static int carCount = 0;
5     final static int MAXSPEED = 200;
6     final static int MINSPEED = 0;
7
8     static int currentCarCount() {
9        return carCount;
10    }
11
12    Car(String color, int speed) {
13       this.color = color;
14       this.speed = speed;
15       carCount ++;
16    }
17
18    ~~~~ 생략([예제 3-11]의 10행 이하와 동일) ~~~~
```

**4** 정적 필드를 선언한다. 이 값은 생산된 차의 대수를 세는 데 이용할 것이며 Car.carCount 형식을 사용한다.

**5, 6** 상수 필드를 선언한다. final을 붙이면 값을 변경할 수 없으므로 상수가 된다.

**8~10** 정적 메소드를 정의한다. 이 메소드를 호출하려면 Car.currentCarCount() 형식을 사용한다.

**15** 인스턴스가 생성되면 정적 필드인 carCount를 하나씩 증가시킨다.

이제 정적 구성 요소를 사용해보자. 앞에서 정의한 Car 클래스 외에 JDK가 제공하는 Math 클래스의 정적 구성 요소도 사용해보겠다.

**예제 3-13 exam08.java**

```
import java.lang.Math;

public class exam08 {
  public static void main(String args[]) {
    Car myCar1 = new Car("빨강", 0);
    Car myCar2 = new Car("파랑", 0);
    Car myCar3 = new Car("초록", 0);

    System.out.println("생산된 차의 대수(정적 필드) ==> " + Car.carCount);
```

```
생산된 차의 대수(정적 필드) ==> 3
생산된 차의 대수(정적 메소드) ==> 3
차의 최고 제한 속도 ==> 200
PI의 값 ==> 3.141592653589793
3의 5제곱 ==> 243.0
```

```
10      System.out.println("생산된 차의 대수(정적 메소드) ==> " + Car.currentCarCount());
11      System.out.println("차의 최고 제한 속도 ==> " + Car.MAXSPEED);
12
13      System.out.println("PI의 값 ==> " + Math.PI);
14      System.out.println("3의 5제곱 ==> " + Math.pow(3, 5));
15    }
16 }
```

**1** Java에서 제공하는 클래스를 사용하기 위해 java.lang.Math 클래스를 임포트했다. 여기서는 생략해도 되지만 앞으로 안드로이드 프로그래밍을 할 때는 클래스를 임포트해서 사용해야 한다.

**9~11** Car 클래스에서 선언한 정적 구성 요소를 출력한다.

**13, 14** Math 클래스의 상수 필드인 PI를 출력한다. 그리고 Math 클래스의 정적 메소드인 pow()도 사용했다.

# 04 클래스 상속

## 1 클래스 상속과 메소드 오버라이딩

클래스 상속(inheritance)은 기존 클래스가 가지고 있는 것을 그대로 물려받으면서 필요한 필드나 메소드를 추가로 정의하는 것을 말한다.

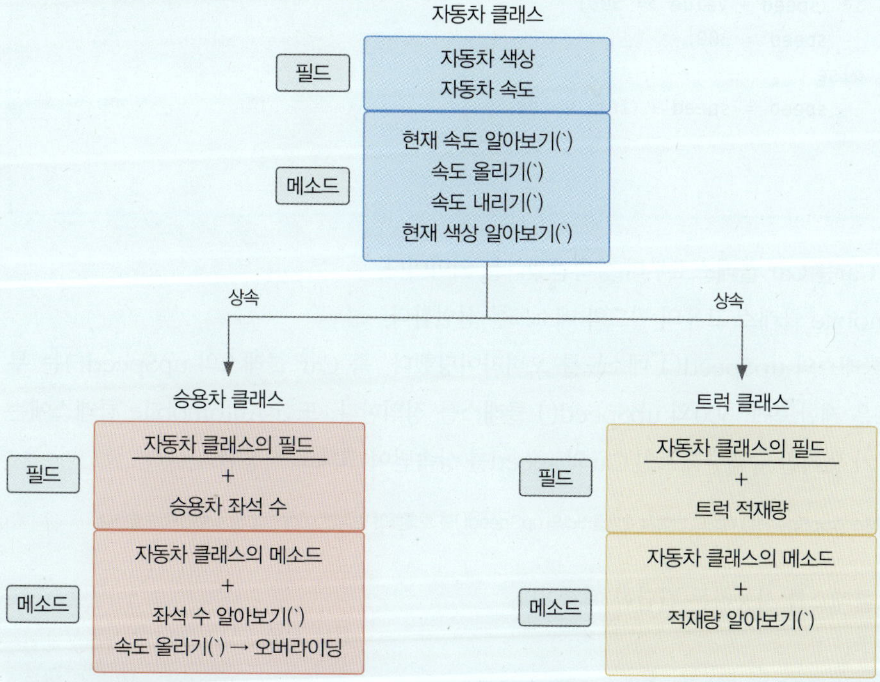


그림 3-7 **클래스 상속의 개념**

[그림 3-7]에서 자동차 클래스를 슈퍼클래스(super class, 또는 부모 클래스), 승용차 클래스와 트럭 클래스를 서브클래스(subclass, 또는 자식 클래스)라고 한다. 서브클래스는 슈퍼클래스의 모든 필드와 메소드를 상속받으므로 별도의 선언이나 정의 없이도 슈퍼클래스의 필드와 메소드를 사용할 수 있다.

또한 승용차 클래스의 속도 올리기( ) 메소드는 슈퍼클래스의 것을 무시하고 새로 정의했다. 이러한 것을 메소드 오버라이딩이라 일컫는다. 다음은 [그림 3-7]의 승용차 클래스를 Java 코드로 변경한 것이다.

TIP 클래스 상속을 금지하려면 클래스 앞에 final 키워드를 쓰면 된다. 그러나 Car 클래스 앞에 final을 쓰면 [예제 3-14]는 오류가 발생할 것이다.

**예제 3-14 Automobile.java**

```
1  public class Automobile extends Car {
2      int seatNum;
3
4      int getSeatNum() {
5          return seatNum;
6      }
7
8      void upSpeed(int value) {
9          if (speed + value >= 300)
10             speed = 300;
11         else
12             speed = speed + (int) value;
13     }
14 }
```

**1** extends Car는 Car 클래스로부터 상속받겠다는 의미이다.

**2~6** Automobile 클래스 고유의 필드와 메소드를 선언한다.

**8~13** Car 클래스의 upSpeed() 메소드를 오버라이딩했다. 즉 Car 클래스의 upSpeed()는 무시하고 새로운 제한 속도 300의 upSpeed() 클래스를 정의한다. 또한 Automobile 클래스에는 speed 필드가 없지만 슈퍼클래스인 Car의 speed를 상속받아 그대로 사용한다.

TIP 만약 서브클래스의 upSpeed() 메소드 안에서 슈퍼클래스의 upSpeed()를 호출해야 한다면 super.upSpeed()로 호출한다.

다음은 서브클래스를 사용하는 간단한 예제이다.

**예제 3-15 exam09.java**

```
public class exam09 {
    public static void main(String args[]) {
        Automobile auto = new Automobile();

        auto.upSpeed(250);
        System.out.println("승용차의 속도는 "
                + auto.getSpeed() + "km입니다.");
    }
}
```

```
승용차의 속도는 250km입니다.
```

**5** [예제 3-14]에서 오버라이딩한 upSpeed()가 실행된다.

**7** getSpeed() 메소드가 Automobile 클래스에는 없지만 슈퍼클래스인 Car 클래스에는 있으므로 Car 클래스의 getSpeed()가 실행된다.

## 2 추상 클래스와 추상 메소드

추상(abstract) 클래스는 인스턴스화를 금지하는 클래스를 말한다. 여기서 인스턴스화는 [예제 3-15]의 3행과 같이 클래스로 인스턴스를 생성하는 것을 의미한다. 추상 클래스는 클래스 앞에 abstract 키워드를 붙여서 지정한다.

추상 메소드는 메소드 본체가 없는 메소드로, 메소드 앞에 abstract 키워드를 붙여서 지정한다. 또한 추상 메소드를 포함하는 클래스는 추상 클래스로 지정해야 한다.

추상 클래스와 추상 메소드를 사용하는 목적은 공통으로 사용되는 기능을 추상 메소드로 선언해놓고 추상 클래스를 상속받은 후에 반드시 추상 메소드를 오버라이딩해서 사용하기 위함이다. 이와 같이 추상 메소드를 오버라이딩하는 것을 추상 메소드를 '구현한다(implement)'고 한다.

[그림 3-8]은 동물 클래스를 추상 클래스로 만들고 추상 메소드인 '이동한다()'를 포함하고 있다. 그런데 이동하는 수단이 동물마다 네발, 두 발, 날개 등 다르기 때문에 내용이 없는 추상 메소드로 만들고 각 서브클래스에서 구현하도록 했다.

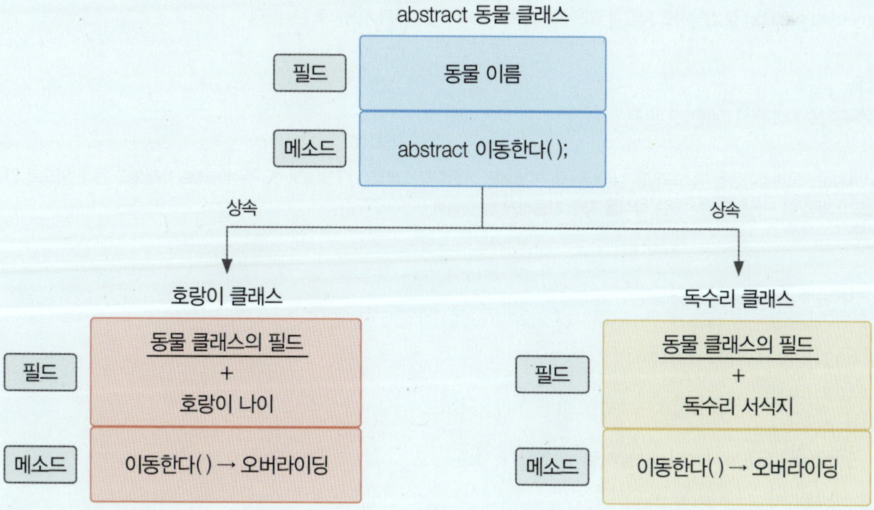


**그림 3-8 추상 클래스 상속의 개념**

[그림 3-8]을 코드로 구현하면 다음과 같다.

**예제 3-16 Animal.java**

```
1  abstract class Animal {
2      String name;
3      abstract void move();
4  }
```

**1** Animal 클래스를 추상 클래스로 선언한다.

**3** move()를 추상 메소드로 선언한다. 추상 메소드는 {} 부분이 없다.

**예제 3-17 Tiger.java**

```
1  class Tiger extends Animal {
2      int age;
3      void move() {
4          System.out.println("네발로 이동한다.");
5      }
6  }
```

**1** Animal 클래스를 상속받아서 Tiger 클래스를 정의한다.

**3~5** Animal 클래스의 추상 메소드인 move()를 구현한다.

TIP [예제 3-17]에서 3~5행을 삭제하면 클래스 이름인 Tiger에 빨간 줄로 오류가 표시된다. 이때 Tiger에 마우스를 가져가면 팝업 창이 나오고 'Add implemented method'를 선택하면 다음과 같은 모양으로 move() 메소드가 자동으로 완성된다.

```
@Override
void move() {
  // TODO Auto-generated method stub
}
```

여기서 @Override는 오버라이딩된 메소드임을 나타내는데 삭제해도 상관없다. 그리고 //TODO…도 주석이므로 삭제해도 된다. 앞으로 안드로이드에서도 이와 같이 자동으로 완성되는 방식을 자주 사용하게 될 것이다.

**예제 3-18 Eagle.java**

```
1  class Eagle extends Animal {
2      String home;
3      void move() {
4          System.out.println("날개로 이동한다.");
5      }
6  }
```

**예제 3-19** exam10.java

```java
public class exam10 {
    public static void main(String args[]) {
        Tiger tiger1 = new Tiger();
        Eagle eagle1 = new Eagle();

        tiger1.move();
        eagle1.move();
    }
}
```

```
네발로 이동한다.
날개로 이동한다.
```

## 3 클래스 변수의 다형성

다형성(polymorphism)은 자신의 서브클래스에서 생성한 인스턴스도 클래스 변수에 대입할 수 있는 것을 말한다. 클래스 변수의 다형성을 이용하면 하나의 변수에 여러 종류의 인스턴스를 대입할 수 있다. [예제 3-20]의 결과는 [예제 3-19]와 같다.

**예제 3-20** exam11.java

```java
1  public class exam11 {
2      public static void main(String args[]) {
3          Animal animal;
4
5          animal = new Tiger();
6          animal.move();
7
8          animal = new Eagle();
9          animal.move();
10     }
11 }
```

```
네발로 이동한다.
날개로 이동한다.
```

**3** Animal 클래스 변수를 선언한다.

**5, 8** Animal 클래스 변수에 서브클래스의 인스턴스인 Tiger와 Eagle을 대입한다.

## 4 인터페이스와 다중 상속

인터페이스는 추상 클래스와 그 성격이 비슷하다. 인터페이스는 class 키워드 대신 interface 키워드를 사용하여 정의하고, 내부에는 추상 메소드를 선언한다. 또한 클래스에서 인터페이스를 받아

완성할 때 extends 키워드 대신 implements 키워드를 사용해야 한다. 그래서 인터페이스는 '상속받는다'고 하지 않고 '구현한다'고 한다.

Java는 다중 상속을 지원하지 않는다. 대신 인터페이스를 사용하여 다중 상속과 비슷하게 작성할 수 있다. 다음 예제를 보자.

TIP 인터페이스에는 필드(변수)를 선언할 수 없지만 final static 키워드를 붙인 상수 필드는 선언할 수 있다.

**예제 3-21 exam12.java**

```
1  interface iAnimal {
2     abstract void eat();
3  }
4
5  public class exam12 {
6     public static void main(String args[]) {
7        iCat cat = new iCat();
8        cat.eat();
9
10       iTiger tiger = new iTiger();
11       tiger.move();
12       tiger.eat();
13    }
14
15    static class iCat implements iAnimal {
16       public void eat() {
17          System.out.println("생선을 좋아한다.");
18       }
19    }
20
21    static class iTiger extends Animal implements iAnimal {
22       void move() {
23          System.out.println("네발로 이동한다.");
24       }
25
26       public void eat() {
27          System.out.println("멧돼지를 잡아먹는다.");
28       }
29    }
30 }
```

```
생선을 좋아한다.
네발로 이동한다.
멧돼지를 잡아먹는다.
```

**1~3** iAnimal 인터페이스를 선언하고, 추상 메소드로 eat()를 선언한다. 인터페이스 내부에는 추상 메소드만 가능하기 때문에 키워드를 생략해도 abstract가 있는 것으로 간주한다.

**15** iAnimal 인터페이스를 구현하여 iCat 클래스를 생성한다. 그리고 추상 메소드를 완성한다.

**21** iTiger 클래스를 생성하기 위해 Animal 클래스를 상속받음과 동시에 iAnimal 인터페이스를 구현한다. 즉 다중 상속과 같은 효과를 냈다.

**TIP** 지금까지 Car, Animal, Tiger, Eagle 클래스를 정의할 때 별도로 *.java 파일에 코딩했다. 하지만 [예제 3-21]에서 iCat, iTiger 클래스는 exam12 클래스 안에 정의했다. 이렇게 클래스 안에 정의한 클래스를 내부 클래스(inner class)라고 부른다. 내부 클래스는 외부에서는 사용되지 않고 해당 *.java 파일 안에서만 사용되는 클래스를 만들 때 주로 이용한다. 인터페이스도 별도의 *.java 파일에 생성할 수 있고, [예제 3-21]처럼 다른 클래스와 함께 생성해도 된다.

## 5 익명 내부 클래스

익명 내부 클래스(anonymous inner class)는 '이름이 없는' 내부 클래스를 말한다. 주로 한 번만 사용하고 버려지는 클래스에 사용된다. 앞으로 안드로이드 프로그래밍에서 익명 내부 클래스를 상당히 많이 사용하게 될 텐데, 버튼 등을 클릭했을 때 발생하는 이벤트의 인터페이스 리스너(listener)를 생성할 때 주로 사용할 것이다. 다음 예제를 보자.

**예제 3-22 exam13.java**

```
1  interface  clickListener {
2     public void print();
3  }
4
5  public class exam13 {
6     public static void main(String args[]) {
7
8        clickListener listener =
9           (new clickListener() {
10             public void print() {
11                System.out.println("클릭 리스너입니다.");
12             }
13          });
14
15       listener.print();
16    }
17 }
```

```
클릭 리스너입니다.
```

**1~3** clickListener 인터페이스를 생성했다. 실제 안드로이드 프로그래밍에서는 별도로 인터페이스를 작성하기보다는 안드로이드 SDK에서 제공하는 인터페이스를 사용하게 된다. 여기서는 임의로 인터페이스를 생성했다.

**9~13** 익명 내부 클래스를 생성하는 형식이다. 앞으로 이러한 형태가 많이 사용될 것이니 미리 익혀두자.

**15** print() 메소드를 호출한다.

# 05 추가로 알아둘 Java 문법

지금까지 다룬 내용 외에도 Java에는 알아야 할 것이 많다. 하지만 안드로이드 프로그래밍 학습에 필요한 부분만 몇 가지 더 살펴보자.

## 1 패키지

클래스와 인터페이스가 많아지면 관리하기 어렵기 때문에 패키지 단위로 묶어서 관리한다. 안드로이드 프로그래밍을 할 때는 처음 프로젝트의 패키지를 지정하는 것 외에 별도의 패키지를 생성하는 일이 드물지만, 기존에 JDK 또는 안드로이드 SDK에서 제공되는 클래스나 인터페이스가 패키지로 묶여서 제공되므로 개념을 파악할 필요는 있다.

Eclipse에서 별도의 패키지를 만들기 위해서는 Package Explorer의 '프로젝트명/src'에서 마우스 오른쪽 버튼을 클릭하고 [New]–[Package]를 선택한 후 [Java Package] 창에서 Name을 입력한다. [그림 3–9]는 앞으로 안드로이드 프로그래밍에서 사용할 'com.cookandroid.프로젝트명'으로 패키지명을 지정한 예이다.

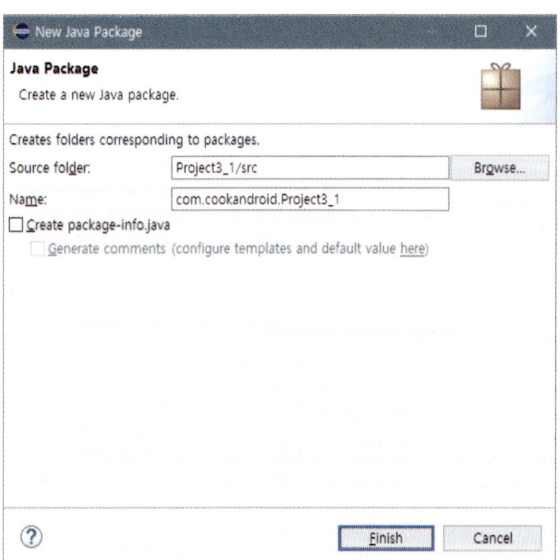


그림 3–9 패키지 생성

사용자가 생성한 클래스가 포함될 패키지는 *.java 파일 첫 행에 다음과 같이 지정한다.

```
package 패키지명;
```

https://developer.android.com/reference에 접속하면 안드로이드에서 제공되는 클래스 및 인터페이스가 패키지에 묶여 있는 것을 확인할 수 있다([그림 4-4] 참조).

## 2 제네릭스

제네릭스(Generics)는 데이터 형식의 안전성을 보장하는 데 사용한다. 다음 코드는 배열 리스트 strList에 문자, 숫자 등 무엇이든 넣을 수 있다.

```
ArrayList strList = new ArrayList();
strList.add("첫 번째");
strList.add("두 번째");
strList.add(3);
```

이러한 경우에 컴파일러에서는 문제가 발생하지 않는다. 그러나 실수로 마지막 행과 같이 숫자를 넣으면 문제가 발생할 소지가 있다. 이때 제네릭스를 사용하여 strList에는 문자열만 들어가도록 설정한다. 다음 코드의 마지막 행은 컴파일 오류가 발생하기 때문에 문제점을 미리 확인할 수 있다.

```
ArrayList<String> strList = new ArrayList<String>();
strList.add("첫 번째");
strList.add("두 번째");
strList.add(3);
```

제네릭스는 〈String〉뿐 아니라 〈Integer〉, 〈Double〉 등을 사용할 수 있고 사용자가 정의한 클래스형에도 사용할 수 있다.

## 3 데이터 형식 변환, 문자열 비교, 날짜 형식

**▶ 데이터 형식 변환**

데이터 형식 변환을 위해 캐스팅 연산자 대신 Java에서 제공하는 클래스의 정적 메소드를 사용할 수도 있다. 문자열을 정수나 실수로 변환하려면 다음과 같이 코딩한다.

```
int a = Integer.parseInt("100");
double b = Double.parseDouble("100.123");
```

▶ **문자열 비교**

문자열을 비교하려면 String 클래스의 equals() 메소드를 사용하는 것이 좋다.

```
String str = "안녕하세요";
if (str.equals((String)"안녕하세요" )) {
// 문자열이 같으면 이곳을 수행
}
```

▶ **날짜 형식**

날짜를 표현할 때 DateFormat 클래스를 사용할 수도 있지만, 이를 상속받은 SimpleDate Format을 사용하면 일반적으로 사용하는 '연월일'이나 '시분초'와 같은 표현이 가능하다.

```
Date now = new Date();
SimpleDateFormat sFormat;

sFormat = new SimpleDateFormat("yyyyMMdd");
System.out.println(sFormat.format(now)); // 20121131 형식으로 출력

sFormat = new SimpleDateFormat("HH:mm:ss");
System.out.println(sFormat.format(now)); // 23:15:21 형식으로 출력
```

이상으로 안드로이드 프로그래밍을 위한 Java의 내용을 살펴보았다. 4장부터 안드로이드 프로그래밍을 본격적으로 시작해보자.

# 요약

1 Java는 대표적인 객체지향 프로그래밍 언어이며 주요 특징은 다음과 같다.

- 구문이 간결하다.
- 명료한 객체지향 언어이다.
- 이식성이 높으며 기계에 중립적이다.
- 분산 처리를 지원한다.
- 멀티스레드 언어이다.

2 Java에서 많이 사용되는 기본적인 데이터 형식은 char, String, byte, short, int, long, float, double, boolean 등이다.

3 if문은 조건이 true인지 false인지에 따라서 어떤 작업을 할 것인지를 결정하고, switch()~case문은 여러 가지 경우에 따라 어떤 작업을 할 것인지를 결정한다.

4 일차원 배열을 선언하고 값을 대입하는 방법은 다음과 같다.

```
int one[] = new int[4];
one[0] = 10;
one[3] = 20;
```

5 for문은 다음과 같은 두 가지 형식을 지원한다.

```
for(초기식; 조건식; 증감식) {
// 이 부분을 반복 실행
}
```

```
for(변수형 변수 : 배열명) {
// 이 부분에서 변수 사용
}
```

6 변수에는 전역변수와 지역변수가 있다. 전역변수는 모든 메소드에서 사용되고 지역변수는 메소드 내부에서만 사용된다.

# 요약

7 클래스는 어떤 기능을 하도록 하기 위해 생성하는데, 객체지향 관점에서는 클래스를 실세계의 객체가 가질 수 있는 상태와 행동으로 정의한다.

8 생성자는 클래스의 이름과 동일하게 하고, 메소드의 데이터 형식은 생략한다.

9 메소드 오버로딩은 클래스 내에서 메소드의 이름이 같아도 파라미터의 개수나 데이터 형식만 다르면 여러 개를 선언할 수 있음을 의미한다.

10 정적 구성 요소에는 정적 필드, 정적 메소드, 상수 필드가 있으며, 앞에 static 키워드를 붙인다.

11 클래스 상속은 기존 클래스가 가지고 있는 것을 그대로 물려받으면서 필요한 필드나 메소드를 추가로 정의하는 것을 의미한다.

12 추상 클래스는 인스턴스화를 금지하는 클래스를 말하며, 클래스 앞에 abstract 키워드를 붙여서 지정한다.

13 추상 클래스와 추상 메소드를 사용하는 목적은 공통으로 사용되는 기능을 추상 메소드로 선언해놓고 추상 클래스를 상속받은 후에 반드시 추상 메소드를 오버라이딩해서 사용하기 위함이다.

14 다형성은 클래스 변수에 자신의 서브클래스에서 생성한 인스턴스도 대입할 수 있는 것을 말한다.

15 인터페이스는 추상 클래스와 그 성격이 비슷하다. 인터페이스는 class 키워드 대신 interface 키워드를 사용하여 정의하고, 내부에는 추상 메소드를 선언한다.

16 익명 내부 클래스는 이름이 없는 내부 클래스를 말하며, 한 번만 사용하고 버려지는 클래스인 경우에 주로 사용된다.

17 클래스와 인터페이스가 많아지면 관리하기 어렵기 때문에 패키지 단위로 묶어서 관리한다.

18 제네릭스는 데이터 형식의 안전성을 보장하는 데 사용한다.

# 연습문제

1 Java의 특징이 아닌 것은?

❶ 구문이 간결하다.

❷ 명료한 객체지향 언어이다.

❸ 포인터 데이터 형식을 지원한다.

❹ 이식성이 높다.

2 Android Studio Hedgehog에 포함된 JDK의 이름은?

❶ OpenJDK ❷ JBR ❸ OracleJDK ❹ Eclipse

3 Java의 메인 메소드로 옳은 것은?

❶ private static void main(String args)

❷ public static int main(String[ ] args)

❸ public static void main(String args)

❹ public static void main(String[ ] args)

4 Java의 주석문이 아닌 것은?

❶ // ❷ # ❸ /* */ ❹ /** */

5 Java의 객체지향과 가장 거리가 먼 것은?

❶ 클래스 ❷ 정적 메소드 ❸ 배열 ❹ 인스턴스

## 연습문제

6 다음과 같이 3×3 이차원 배열을 선언하고, for문을 이용하여 값을 대입하는 코드를 작성하시오.

이차원 배열: array[3][3]

| 100 | 110 | 120 |
|---|---|---|
| [0][0] | [0][1] | [0][2] |
| 130 | 140 | 150 |
| [1][0] | [1][1] | [1][2] |
| 160 | 170 | 180 |
| [2][0] | [2][1] | [2][2] |

힌트1 이중 for문을 사용한다.

7 다음 코드가 출력하는 값을 차례로 쓰시오.

```
static int data = 100;
public static void main(String args[]) {
    int data = 200;
    data ++;
    System.out.println(data);
    func1(data);
}
    static void func1(int data) {
    data ++;
    System.out.println(data);
}
```

8 [예제 3-7]의 Car 클래스를 상속받은 Truck 클래스를 다음 조건에 맞게 생성하시오.

- 배기량 변수 cc를 추가한다(정수형).
- 트럭의 생산 연도 상수 필드 YEAR를 선언하고, 값을 2013으로 한다.
- 배기량 값을 파라미터로 받는 생성자를 추가한다.
- 배기량을 반환하는 getCC( ) 메소드를 추가한다.
- upSpeed(int) 메소드를 최대 속도 150으로 오버라이딩한다.

9 다음은 객체지향과 관련된 내용이다. 틀린 것을 모두 고르고 그 이유를 설명하시오.

❶ 클래스를 정의할 때 생성자가 반드시 필요하다.

❷ 메소드 오버로딩은 클래스 내에서 메소드의 이름이 같아도 파라미터의 개수가 다르면 같은 이름의 메소드를 여러 개 선언할 수 있는 것을 말한다.

❸ 정적 필드는 앞에 final 키워드를 붙여야 한다.

❹ 정적 메소드는 클래스 변수를 선언하지 않고도 사용이 가능하다.

❺ Java는 클래스의 다중 상속이 가능하지만 되도록 사용하지 않는 것이 좋다.

❻ 추상 클래스는 클래스 이름 앞에 abstract를 붙여서 정의한다.

❼ 추상 메소드를 포함하는 클래스는 반드시 추상 클래스로 정의해야 한다.

❽ 추상 메소드도 필요하다면 메소드 본체를 만들고 메소드에서 작동할 내용을 코딩할 수 있다.

❾ 인터페이스에는 일반 변수를 선언할 수 없지만 정적 변수는 선언할 수 있다.

❿ 내부 클래스는 클래스 안에 클래스를 정의하는 것을 말한다.

10 다음 코드는 컴파일 오류는 없으나 실행 시에 오류가 발생한다. 이를 제네릭스로 수정하여 컴파일 시에 오류가 발생하게 하시오.

```
public static void main(String args[]) {
    ArrayList numList = new ArrayList();
    numList.add(1);
    numList.add(2);
    numList.add("3");

    int hap=0;
    for(int i=0; i< numList.size(); i++) {
        hap += (int) numList.get(i);
    }
    System.out.print( hap );
}
```

## 연습문제

**11** 다음은 클래스와 제네릭스를 활용하여 10+20+30의 합을 구하는 코드이다. 빈칸을 채우시오.

```
public static void main(String args[]) {
    myClass c1 = new myClass(10);
    myClass c2 = new myClass(20);
    myClass c3 = new myClass(30);

    [          ❶          ]
    myList.add(c1);
    myList.add(c2);
    myList.add(c3);
    int hap=0;
    for(int i=0; i< myList.size(); i++) {
        [          ❷          ] ;
    }
    System.out.print( hap );
}

static class myClass {
    int value;
    myClass (int value) {
    this.value = value;
    }
}
```

CHAPTER 04

# 기본 위젯 익히기

학습목표

- 뷰와 뷰 상속을 이해한다.
- 기본 위젯을 다루는 방법을 익힌다.
- 안드로이드 앱의 기본적인 프로그래밍을 숙달한다.

# 01 뷰의 개요

앱을 실행하면 화면에 무엇인가 나와야 사용자가 인식하고 사용할 수 있다. 이렇게 앱 실행 화면을 구성하는 요소를 뷰(view)라고 통칭한다. 텍스트뷰, 버튼, 라디오버튼, 이미지 등이 모두 뷰에 속한다.

## 1 뷰와 뷰그룹

안드로이드 화면에서 실제로 사용되는 것들은 모두 View라는 클래스의 상속을 받는다. 즉 버튼, 라디오버튼, 이미지 등은 모두 View 클래스의 서브클래스이다. 뷰 클래스는 '위젯'이라고도 하는데, 쉽게 말해 화면에서는 버튼을 버튼 위젯, 실제 코드에서는 버튼 클래스라고 부르는 식이다. 그리고 다른 위젯을 담을 수 있는 위젯을 특별히 레이아웃이라고 하며, 레이아웃은 ViewGroup이라는 클래스 아래에 존재한다(레이아웃도 크게 보면 위젯에 포함된다).

다른 프로그래밍 언어에서 컨트롤(control)이라고 부르는 버튼(Button), 텍스트뷰(TextView), 에디트텍스트(EditText), 라디오버튼(RadioButton), 이미지뷰(ImageView) 등을 안드로이드에서는 위젯이라고 부른다.

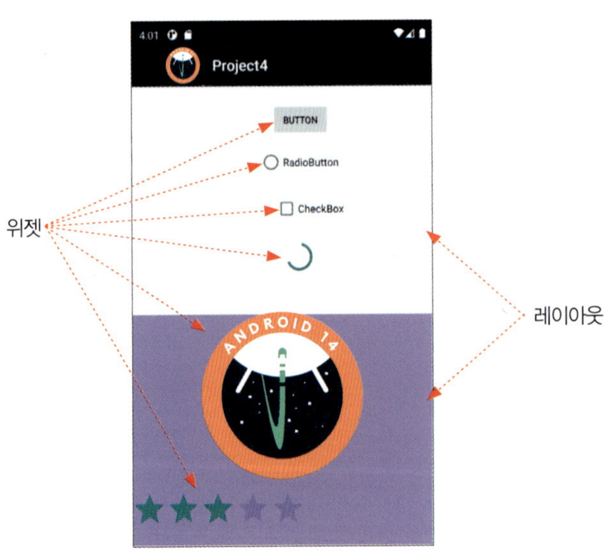


**그림 4-1 위젯과 레이아웃**

그런데 위젯은 단독으로 존재하지 않으며, 위젯을 담아 배치하는 틀이 바로 레이아웃이다. 레이아웃은 위젯을 포함하는 컨테이너 역할을 하므로 눈에 보이는 개념이 아니다. 따라서 이 책에서는 버튼, 텍스트뷰, 체크박스 등 눈에 보이는 요소를 '위젯', 위젯을 담는 틀을 '레이아웃'으로 구분하여 부른다.

TIP 위젯은 넓은 의미로 View 클래스 하위의 모든 클래스를 지칭하고, 좁은 의미로 레이아웃 이외의 클래스를 지칭한다. 이 책에서는 상황에 맞게 일컬을 것이다.

### View 클래스 계층도

안드로이드에서 View 클래스의 상속을 받은 클래스(위젯) 계층도의 일부를 다음 그림에 나타냈다.

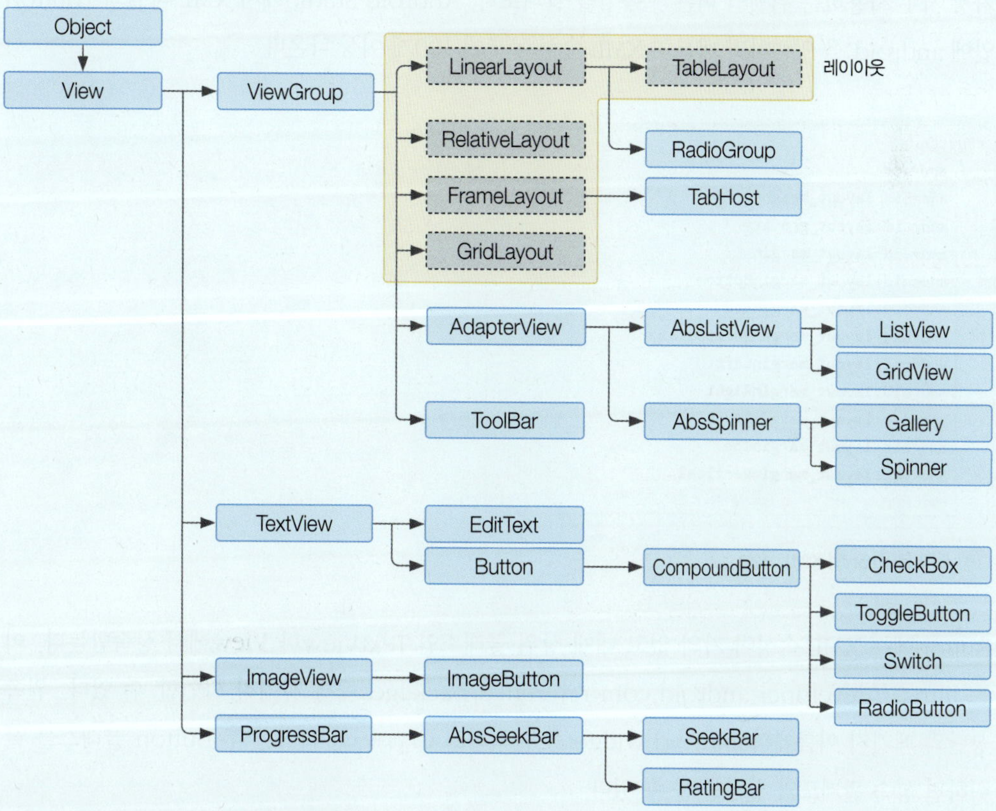


**그림 4-2 안드로이드의 View 클래스 계층도**

[그림 4-2]를 보면 최상위에 Object(java.lang.Object) 클래스가 있고 이를 상속받은 View 클래스가 있다. 안드로이드 화면에 나타나는 모든 위젯은 View 하위에 존재한다. 레이아웃은 ViewGroup을 상속받은 LinearLayout, RelativeLayout, FrameLayout, GridLayout, TableLayout을 지칭한다. 또한 레이아웃이라고 부르지는 않지만 다른 뷰를 포함하는 ListView,

GridView, TabHost, Gallery 등을 뷰 컨테이너(view container)라고 한다. 뷰 컨테이너도 ViewGroup 클래스에서 상속받는다.

TIP ToolBar는 API 21(롤리팝, Android 5.0)부터 지원된다.

TIP 앞으로 종종 위젯과 그에 해당하는 클래스라는 용어가 등장할 것이다. 버튼 위젯과 Button 클래스라는 용어가 나오면, 버튼 위젯은 1개의 Button 클래스에 대응되므로 같은 개념으로 이해하면 된다. 문맥상 버튼 위젯은 화면에 보이는 개체를 지칭할 때, Button 클래스는 XML 속성이나 Java 코드와 연계될 때 사용한다.

Button이 위젯, ListView가 뷰 컨테이너, LinearLayout이 레이아웃이라는 것을 외울 필요는 없으며 앞으로 자연스럽게 익히게 될 것이다. 위젯이 어떤 클래스를 상속했는지를 알아야 할 때가 있는데, 상속 관계는 계속 학습하다 보면 이해할 수 있다.

가장 자주 사용하는 위젯인 버튼의 속성을 살펴보자. Android Studio에서 XML 파일의 <Button 안에 android:을 입력하면 버튼의 XML 속성 목록이 100개 이상 나온다.

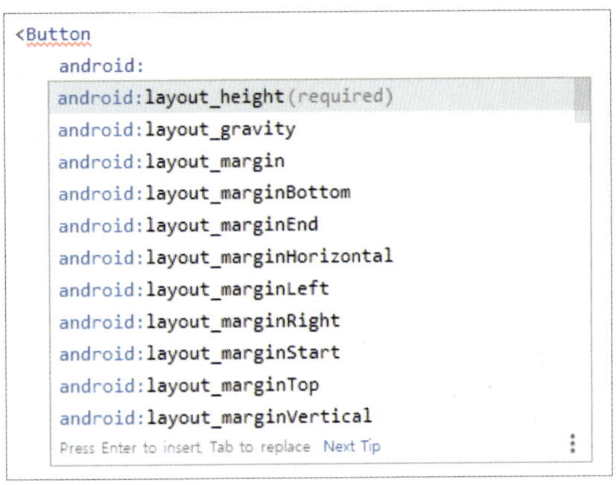


그림 4-3 **Button의 XML 속성**

Button에는 XML 속성이 거의 없고 대개 상위 클래스인 TextView나 View에서 상속받는다. 이는 https://developer.android.com/reference/packages에서 자세히 확인할 수 있다. 왼쪽 상단의 패키지 이름에서 android.widget을 클릭하고 Classes를 확장한 후 Button 클래스를 클릭하면 상속 관계도와 설명을 볼 수 있다.

앞에서 언급했지만 Button에는 XML 속성에 대한 내용이 거의 없다. Button의 XML 속성은 대부분 TextView나 View 클래스에서 상속받기 때문이다. 이럴 때는 TextView를 클릭해서 확인해봐야 한다. 앞으로 안드로이드에서 사용되는 클래스에 대한 내용은 이러한 방식으로 찾아볼 수 있다. 특히 화면을 구성하는 뷰는 대부분 android.widget 패키지에 포함되므로 이 부분을 살펴보면 된다. 바로 찾으려면 화면 오른쪽 위에 클래스 이름을 입력한다.

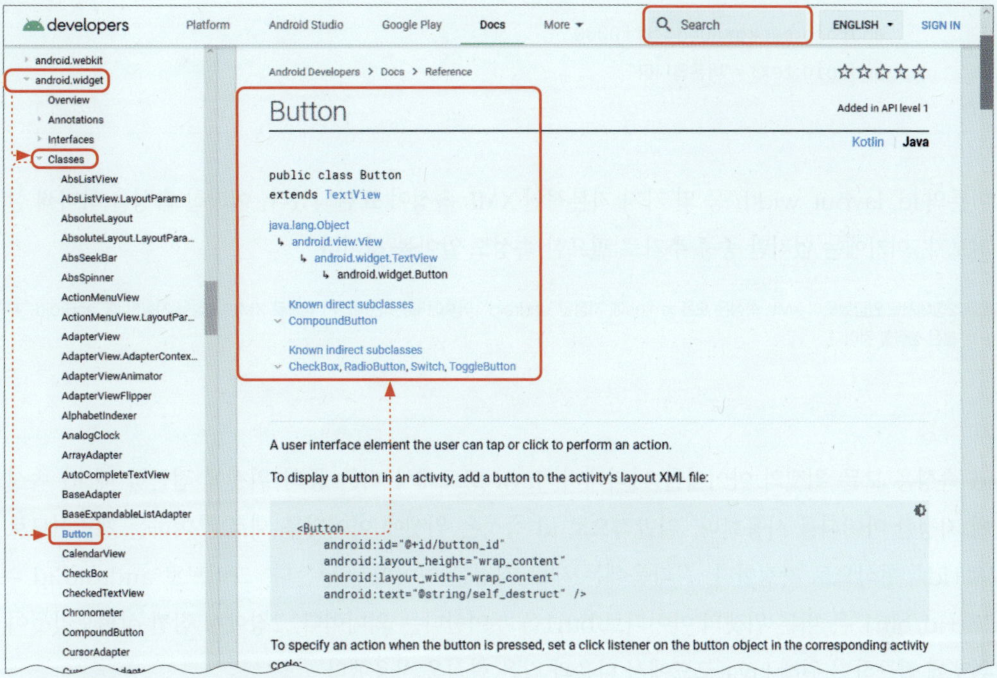


그림 4-4 클래스의 상속 관계를 찾는 방법

▶ **직접 풀어보기 4-1**

https://developer.android.com/reference/packages에서 ScrollView, DigitalClock, CalendarView 클래스의 상속 관계를 찾아보라.

## 2 View 클래스의 XML 속성

안드로이드 계층도를 보면 View 클래스가 모든 위젯의 부모 클래스임을 알 수 있다. 그러므로 위젯과 레이아웃 등은 모두 View 클래스의 속성과 메소드를 상속받는다고 생각하면 된다. View 클래스의 중요한 속성을 파악하면 하위 클래스도 쉽게 이해할 수 있다. 여기서는 View 클래스나 해당 클래스의 상위 클래스에서 상속받은 XML 속성을 알아보자.

View 클래스의 XML 속성은 수십 개가 넘으니 자주 사용할 것들만 살펴보겠다. 다음은 앞에서 배운 Button의 기본 형태이며 View 클래스로부터 상속받았다.

```
<Button
        android:id="@+id/btn1"
        android:layout_width="wrap_content"
        android:layout_height="wrap_content"
```

```
        android:background="#ff0000"
        android:text="버튼입니다"
/>
```

버튼의 id, layout_width 등 몇 가지 기본적인 XML 속성이 표현되었다. 이러한 속성을 하나씩 살펴보자. 여기에는 없지만 종종 추가로 필요한 속성도 알아볼 것이다.

TIP 2장에서도 언급했듯이 XML 속성은 모든 xmlns에 지정된 'android:' 이후에 붙는다. 따라서 앞으로 XML 속성을 지칭할 때 'android:' 부분은 생략할 것이다.

### id 속성

id 속성은 모든 위젯의 아이디를 나타내며, Java 코드에서 버튼 등의 위젯에 접근할 때 id 속성에 지정한 아이디를 사용한다. 일반적으로 id 속성은 위젯에 아이디를 새로 부여하는 개념이므로 '@+id/' 형식으로 지정한다. / 다음에는 새로 지정할 아이디를 넣는다. 그러므로 android:id = "@+id/btn1"은 버튼 위젯의 아이디로 btn1을 부여한다는 의미이다. 2장에서 잠깐 살펴보았듯이 위젯에 접근하기 위해 Java 코드에서 다음과 같은 형식을 사용했다.

```
위젯 변수 = (위젯형) findViewById(R.id.위젯아이디);
```

앞의 버튼 예제는 Java 코드에서 다음과 같은 접근 방식을 사용할 수 있다.

```
Button  button1;
button1 = (Button) findViewById(R.id.btn1);
```

Button, RadioButton, CheckBox 등의 위젯은 일반적으로 클릭 또는 터치했을 때 어떤 동작을 하기 위한 것이므로 id 속성을 지정한다. 하지만 클릭이나 터치를 해도 아무 동작이 필요 없는 글자(텍스트뷰)나 배경 이미지(이미지뷰) 등은 굳이 id 속성을 지정하지 않아도 된다. 예를 들어 다음 예제의 화면에서 '성별 선택' 텍스트뷰는 클릭 또는 터치할 일이 없다. 결국 Java 코드에서 id 속성을 사용할 일이 없기 때문에 4행을 삭제해도 무방하다. 반면 라디오버튼은 클릭 또는 터치하면 Java 코드에서 어떤 동작을 해야 하므로 9행과 14행이 필요하다.

TIP Android Studio의 디자인 화면과 실행했을 때 나타나는 스마트폰의 화면은 설정한 테마에 따라 색상이나 모양이 조금 다르게 보일 수 있다. 4장부터 나오는 스마트폰 실행 화면은 71~72쪽 [여기서 잠깐]의 ❶~❹를 모두 설정한 상태로 표현된 것이다.

**예제 4-1 id 속성의 XML 코드**

```
<LinearLayout    ~~~~ 생략 ~~~~
     android:orientation="vertical" >
     <TextView
          android:id="@+id/textView1"
          android:layout_width="wrap_content"
          android:layout_height="wrap_content"
          android:text="성별 선택" />
     <RadioButton
          android:id="@+id/female"
          android:layout_width="wrap_content"
          android:layout_height="wrap_content"
          android:text="여성" />
     <RadioButton
          android:id="@+id/male"
          android:layout_width="wrap_content"
          android:layout_height="wrap_content"
          android:text="남성" />
</LinearLayout>
```

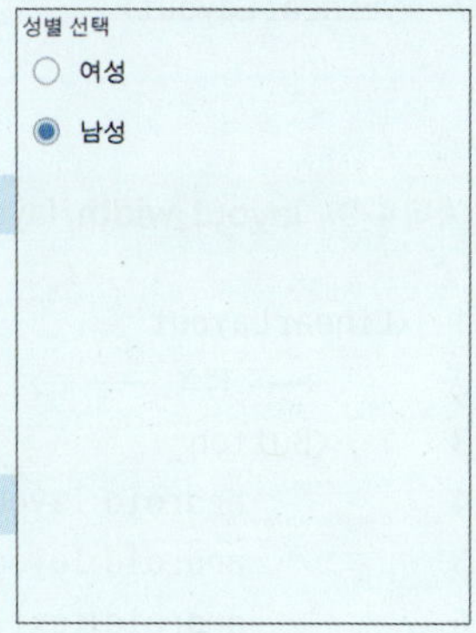


## layout_width, layout_height 속성

layout_width, layout_height 속성은 모든 위젯에 필수로 들어가므로 확실히 짚고 넘어가자. 이 둘은 각각 위젯의 너비와 높이를 나타내며 match_parent와 wrap_content 값으로 설정할 수 있다.

match_parent는 이름 그대로 자신의 부모(대개는 레이아웃)에 너비나 높이를 맞춘다는 의미이고, wrap_content는 글자가 꼭 들어갈 정도로 자신의 너비나 높이를 설정한다는 의미이다.

TIP 버튼의 경우 그 안에 들어갈 것이 글자이기 때문에 글자가 꼭 들어갈 정도라고 표현했다. 하지만 다른 위젯에는 글자 외의 것이 들어간다. 예를 들면 이미지뷰에는 이미지가 들어가므로 wrap_content는 이미지가 꼭 들어갈 정도로 너비나 높이가 설정된다.

다음 예제를 보면 쉽게 이해할 수 있을 것이다.

**예제 4-2 layout_width, layout_height 속성의 XML 코드 1**

```
<LinearLayout
     ~~~~ 생략 ~~~~ >
     <Button
          android:layout_width="wrap_content"
          android:layout_height="wrap_content"
```

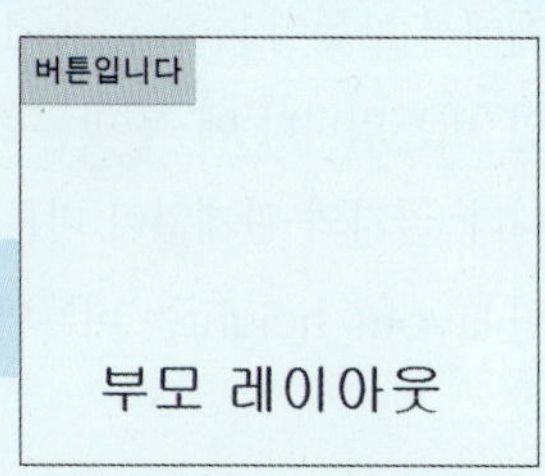

```
        android:text="버튼입니다" />
</LinearLayout>
```

**예제 4-3 layout_width, layout_height 속성의 XML 코드 2**

```
<LinearLayout
    ~~~~ 생략 ~~~~ >
    <Button
        android:layout_width="match_parent"
        android:layout_height="wrap_content"
        android:text="버튼입니다" />
</LinearLayout>
```

**예제 4-4 layout_width, layout_height 속성의 XML 코드 3**

```
<LinearLayout
    ~~~~ 생략 ~~~~ >
    <Button
        android:layout_width="wrap_content"
        android:layout_height="match_parent"
        android:text="버튼입니다" />
</LinearLayout>
```

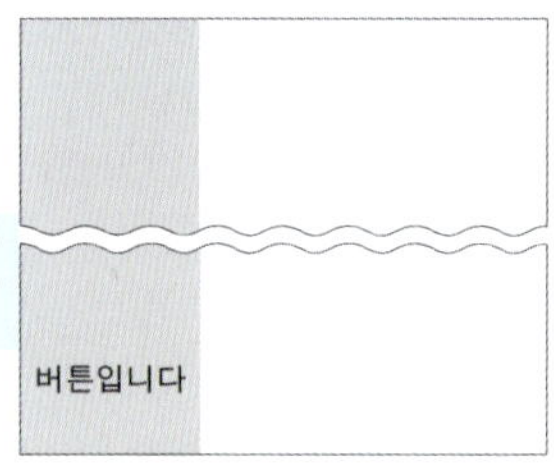


**예제 4-5 layout_width, layout_height 속성의 XML 코드 4**

```
<LinearLayout
    ~~~~ 생략 ~~~~ >
    <Button
        android:layout_width="match_parent"
        android:layout_height="match_parent"
        android:text="버튼입니다" />
</LinearLayout>
```

예제에서 보듯이 layout_width 속성에 wrap_content 값을 사용하면 버튼의 너비가 그 안의 글자인 '버튼입니다'에 꼭 맞는 크기가 되고, match_parent(또는 fill_parent) 값을 사용하면 '버튼입니다' 글자와 관계없이 버튼을 싸고 있는 부모(리니어레이아웃)의 너비에 꽉 차는 크기가 된다. 한편 layout_height는 버튼의 높이에 적용된다.

값을 숫자로 직접 지정할 수도 있는데 이때는 단위에 주의해야 한다. 가장 단순한 것이 px(PiXel) 단위이다. 필자의 AVD는 해상도가 1080×1920인데 너비를 1080px로, 높이를 1920px로 지정했더니 match_parent로 지정한 것처럼 버튼이 화면에 꽉 찼다.

**예제 4-6 layout_width, layout_height 속성의 XML 코드 5**

```
<LinearLayout
    ~~~~~ 생략 ~~~~~  >
    <Button
        android:layout_width="1080px"
        android:layout_height="1920px"
        android:text="버튼입니다" />
</LinearLayout>
```

## background 속성

background 속성은 위젯의 색상을 주로 #RRGGBB 값으로 지정한다. 각 값은 빨간색, 초록색, 파란색을 의미하며 RR, GG, BB의 위치는 16진수 00~FF로 표현할 수 있다. 예를 들어 빨간색은 #FF0000으로, 파란색은 #0000FF로 지정한다. 값을 적절히 조합하면 필요한 색을 만들 수도 있다.

TIP 16진수 색상표에 따라 각 값이 조합된다. '#7878FF'는 보라색 계열, '#20B2AA'는 청록색 계열이다.

**여기서 잠깐 — 위젯의 크기 지정 단위**

위젯의 크기를 in, mm, pt, dp, sp 등의 단위로 직접 지정할 수도 있다. 주로 사용되는 것은 dp(=dip), sp, px이다. dp(Density-independent Pixel)는 화면 밀도에 독립적으로 사용되는 단위인데, 이를 사용하면 실행되는 안드로이드폰의 해상도가 다르더라도 결과는 같은 비율로 출력되는 효과를 낼 수 있다.

즉 dp로 지정하면 스마트폰의 해상도가 1440×2560, 1080×1920, 768×1280, 480×800 등 무엇이든 화면에 비슷한 비율로 버튼이 적절히 표현될 것이다. 그래서 안드로이드폰의 해상도와 관계없이 잘 동작하는 화면을 만들 때 dp 단위를 많이 사용한다. 폰트를 지정할 때는 sp(Scaled Pixel) 단위를 많이 사용한다.

다음 예제에서는 레이아웃을 빨간색, 버튼을 초록색으로 표현했다. 2행에서 레이아웃의 색을 빨간색으로 지정하고, 7행에서 레이아웃에 있는 버튼을 초록색으로 지정했다.

### 예제 4-7 background 속성의 XML 코드

```
<LinearLayout
    android:background="#ff0000"
    ~~~~~ 생략 ~~~~~ >
    <Button
        android:layout_width="wrap_content"
        android:layout_height="wrap_content"
        android:background="#00ff00"
        android:text="버튼입니다" />
</LinearLayout>
```

**여기서 잠깐** 책의 XML 코드 표기(★주의)

텍스트뷰 1개와 버튼 1개가 있는 기본적인 activity_main.xml의 전체 코드는 다음과 같다.

### 예제 4-8 전체 XML 코드

```
1  <LinearLayout xmlns:android=
2                           "http://schemas.android.com/apk/res/android"
3      xmlns:tools="http://schemas.android.com/tools"
4      android:layout_width="match_parent"
5      android:layout_height="match_parent"
6      android:orientation="vertical" >
7
8      <TextView
9          android:layout_width="match_parent"
10         android:layout_height="wrap_content"
11         android:text="Hello World!" />
12
13     <Button
14         android:id="@+id/button1"
15         android:layout_width="wrap_content"
16         android:layout_height="wrap_content"
17         android:text="Button" />
18
19 </LinearLayout>
```

1~3행의 xmlns 이후에는 항상 동일한 내용이 나오고 4행, 5행, 9행, 10행, 15행, 16행에 나오는 layout_width와 layout_height는 모든 위젯의 필수 요소로 자주 등장할 것이다. 6행의 orientation 속성도 거의 고정되어 나온다. 따라서 이 책에서 이러한 반복적인 속성은 꼭 표현할 필요가 있을 때를 제외하고는 생략할 것이다. 즉 앞으로는 다음과 같이 필수 또는 반복되는 코드를 생략하고 간략하게 표현한다.

**예제 4-9 앞으로 책에서 표기할 XML 코드**

```
<LinearLayout>

    <TextView
        android:text="Hello World!" />

    <Button
        android:id="@+id/button1"
        android:text="Button" />

</LinearLayout>
```

<LinearLayout>과 </LinearLayout>도 따로 추가할 설명이 없다면 생략하겠다. 간단히 추려놓으니 확인해야 할 코드가 명확하게 보인다. 앞으로는 이런 식으로 XML 코드를 표기하지만 실제로는 전체 코드를 다 작성해야 동작함을 잊지 말기 바란다. 주의할 점은 [예제 4-8] 6행의 orientation 속성을 생략하면 LinearLayout이 horizontal이 된다는 것이다. 이 책의 화면은 대부분 vertical 정렬이므로 예제에는 생략되어 있어도 6행을 잊지 말고 써야 한다. 이는 5장에서 다시 설명하겠다. 생략하지 않은 모든 소스코드는 자료실(https://www.hanbit.co.kr/src/40021/)에 올려놓았다.

색상을 지정하기 위해 #AARRGGBB 방식을 사용할 수도 있다. AA는 알파 값으로 투명도이다. 00~FF로 지정할 수 있는데 00은 완전 투명을, FF는 완전 불투명을 나타낸다. 즉 #FF0000FF는 불투명 파란색이고, #000000FF는 완전 투명이므로 색상이 나타나지 않는다. #770000FF는 반투명 파란색이다.

### padding, layout_margin 속성

padding 속성을 사용하여 위젯의 경계선으로부터 위젯 안의 요소가 떨어지게 설정할 수 있다. 기본적으로는 레이아웃 내에 버튼, 텍스트뷰 등을 여러 개 두었을 때 레이아웃의 경계선에 딱 붙어서 표현되는데, padding 속성을 사용하면 레이아웃의 경계선과 위젯 사이에 여백을 둘 수 있다. 우선 텍스트뷰, 에디트텍스트, 버튼이 있는 XML 파일을 살펴보자.

**예제 4-10 간격이 없는 XML 코드**

```
<LinearLayout >
    <TextView
        android:text="아래에 이름을 입력 :" />
    <EditText
        android:hint="여기에 채우세요" />
    <Button
```

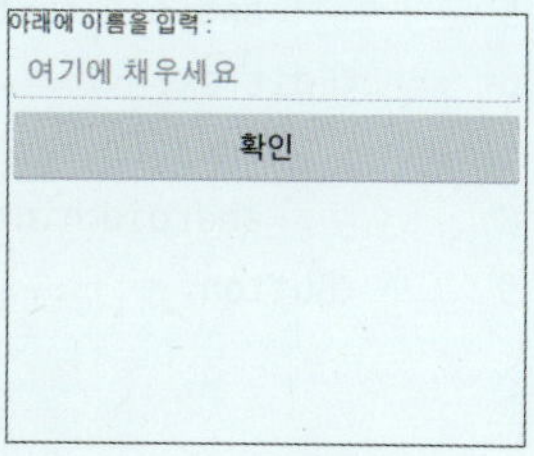

```
        android:text="확인" />
</LinearLayout>
```

세 위젯이 레이아웃의 경계선에 딱 붙어 있어 답답해 보인다. 레이아웃에 padding 속성을 사용해 보자.

TIP padding은 상하좌우 모두에 지정하는 속성이다. 각각 따로 지정하고 싶으면 paddingTop, paddingBottom, paddingLeft, paddingRight를 이용한다.

**예제 4-11 padding 속성의 XML 코드**

```
<LinearLayout
    android:padding="30dp"  >
    <TextView
        android:text="아래에 이름을 입력 :" />
    <EditText
        android:hint="여기에 채우세요" />
    <Button
        android:text="확인" />
</LinearLayout>
```

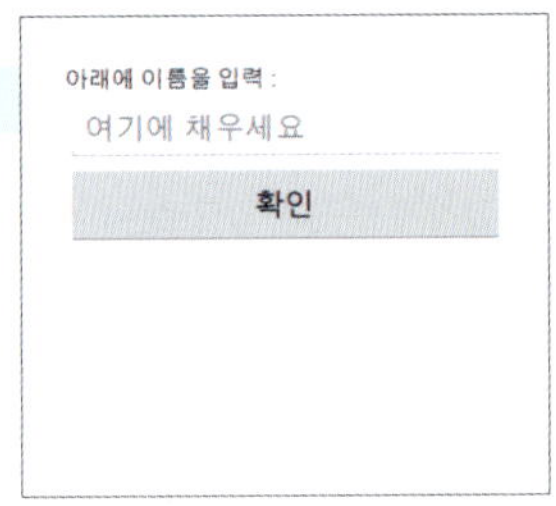


LinearLayout에 지정된 padding 속성 때문에 그 안의 요소들이 경계선에서 30dp만큼 떨어져서 출력되었다. 예제에서는 LinearLayout에 padding을 설정했지만, Button에 padding을 설정하면 버튼 안의 글자가 버튼의 경계선에서 일정 간격 떨어져서 표현된다. 이와 달리 위젯과 위젯 사이에 여유를 두고 싶다면 layout_margin 속성을 사용한다.

TIP layout_margin은 상하좌우 모두에 지정하는 속성이다. 각각 따로 지정하고 싶으면 layout_marginTop, layout_marginBottom, layout_marginLeft, layout_marginRight를 이용한다.

**예제 4-12 layout_margin 속성의 XML 코드**

```
<LinearLayout
    android:padding="30dp" >
    <TextView
        android:layout_margin="20dp"
        android:text="아래에 이름을 입력 :" />
    <EditText
        android:layout_margin="20dp"
        android:hint="여기에 채우세요" />
    <Button
```

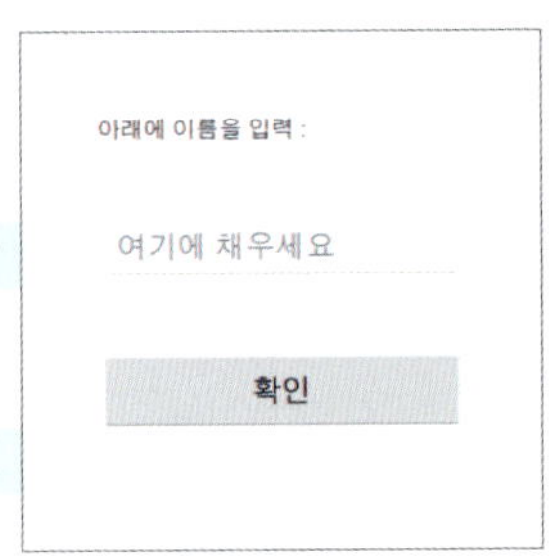

```
        android:layout_margin="20dp"
        android:text="확인" />
</LinearLayout>
```

정리하면 padding 속성에는 자신의 내부에 들어 있는 위젯과 자신의 경계선 사이 간격을 지정하고, layout_margin 속성에는 자신과 부모 레이아웃이나 위젯 사이의 간격, 주위 다른 위젯과의 간격을 지정한다. 따라서 layout_margin은 각 위젯의 속성으로 지정해야 한다.

### visibility 속성

visibility 속성으로 위젯을 보일 것인지 여부를 설정할 수 있다. 세 가지 값을 지정할 수 있는데 디폴트인 visible은 보이는 상태, invisible과 gone은 안 보이는 상태이다. invisible과 gone의 차이는, invisible은 보이지 않을 뿐 원래의 자리를 계속 유지하지만 gone은 그 자리까지 아예 내놓는다는 것이다. 다음 예제를 보면 이해가 될 것이다.

**예제 4-13 visibility 속성의 XML 코드**

```
<Button
    android:text="버튼 1" />
<Button
    android:visibility="invisible"
    android:text="버튼 2" />
<Button
    android:visibility="visible"
    android:text="버튼 3" />
<Button
    android:visibility="gone"
    android:text="버튼 4" />
<Button
    android:text="버튼 5" />
```

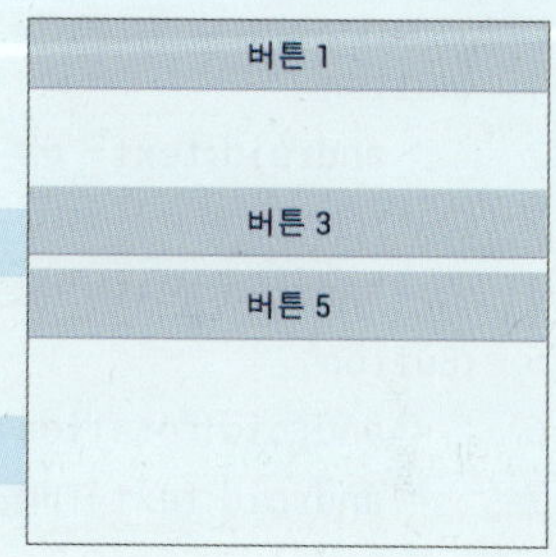


visibility 속성은 XML보다 Java 코드에서 상황에 따라 동적으로 필요한 버튼 등을 보이거나 안 보이게 하는 경우에 주로 활용된다.

### enabled, clickable 속성

위젯의 동작 여부는 enabled 속성으로, 클릭이나 터치가 가능하게 하는 것은 clickable 속성으로 설정한다. 값은 true와 false로 지정하며 디폴트 값은 true이다. enabled, clickable 속성은 XML보다 Java 코드에서 주로 사용한다.

**예제 4-14 enabled, clickable 속성의 XML 코드**

```
<Button
    android:text="버튼 1" />
<Button
    android:enabled="false"
    android:text="버튼 2" />
<Button
    android:clickable="false"
    android:text="버튼 3" />
```

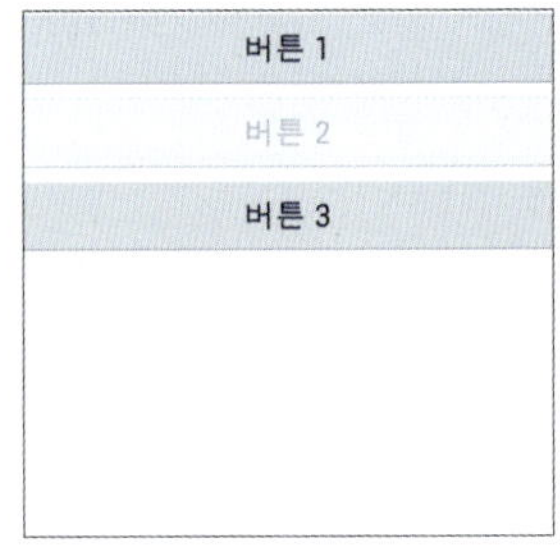


### rotation 속성

rotation 속성은 위젯을 회전시켜서 출력하며 값은 각도로 지정한다. 특별한 화면을 만들 때 사용한다.

TIP rotation 속성은 Android 3.0(API 11)부터 지원된다.

**예제 4-15 rotation 속성의 XML 코드**

```
<Button
    android:text="버튼 1" />
<Button
    android:text="버튼 2" />
<Button
    android:rotation="45"
    android:text="버튼 3" />
```

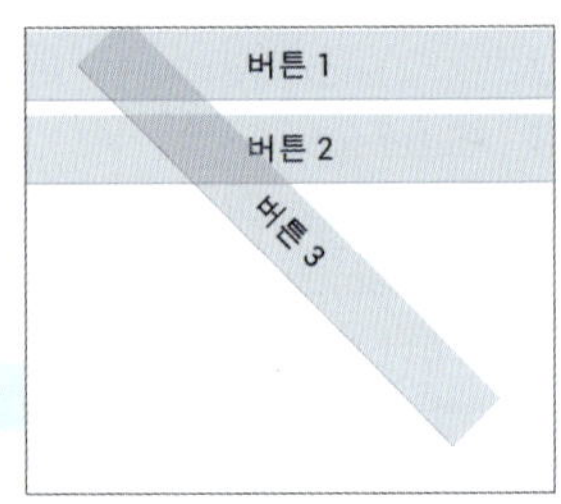


지금까지 많이 사용되는 XML 속성을 살펴보았다. 이 외에도 상당히 많지만 필요할 때마다 설명하겠다.

▶ **직접 풀어보기 4-2**

다음과 같은 화면을 XML로 코딩하라. 버튼, 텍스트뷰, 에디트텍스트, 버튼을 차례로 지정하고 앞에서 배운 다양한 속성을 사용한다.

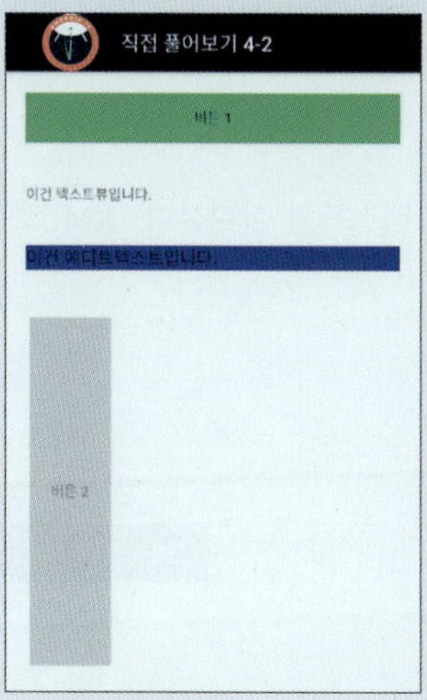


**그림 4-5 다양한 XML 속성을 적용한 화면**

# 02 기본 위젯 다루기

안드로이드에서 가장 기본적으로 사용되는 텍스트뷰, 버튼, 에디트텍스트를 살펴본다. XML로 화면을 구성한 후 Java 코드로 동작하는 기법을 익히자.

## 1 텍스트뷰

텍스트뷰 계층도

```
java.lang.Object
  └ android.view.View
      └ android.widget.TextView
```

[그림 4-2]를 보면 텍스트뷰는 View 클래스 바로 다음에 위치하며 다양한 위젯이 그 하위에 존재한다. 텍스트뷰의 하위(에디트텍스트, 버튼, 체크박스 등)는 모두 텍스트뷰로부터 상속받기 때문에 텍스트뷰의 속성을 잘 이해하면 다른 위젯의 속성도 이해하기 쉬울 것이다.

### ▶ text 속성

텍스트뷰에 나타나는 문자열을 표현한다. "문자열" 형식으로 값을 직접 입력하거나 "@string/변수명" 형식으로 설정한 후 strings.xml 파일에 지정할 수 있다.

TIP 안드로이드 매뉴얼에서는 activity_main.xml 파일에 문자열을 직접 입력하는 것보다 "@string/변수명" 형식의 사용을 권장한다. 이는 strings.xml의 내용만 수정하면 다른 언어로도 앱을 쉽게 변환할 수 있기 때문이다. 이 책에서는 편의상 activity_main.xml의 위젯에 문자열을 직접 입력하는 방법을 주로 사용했다.

### ▶ textColor 속성

글자의 색상을 지정하며, background 속성처럼 값은 #RRGGBB나 #AARRGGBB 형식이다.

### ▶ textSize 속성

글자의 크기를 dp, px, in, mm, sp 단위로 지정한다.

### ▶ typeface 속성

글자의 글꼴을 지정한다. 값으로 sans, serif, monospace를 설정할 수 있고 디폴트는 normal이다.

▶ textStyle 속성

글자의 스타일을 지정한다. 값으로 bold, italic, bold|italic을 설정할 수 있고 디폴트는 normal이다.

▶ singleLine 속성

글이 길어 줄이 넘어갈 경우 강제로 한 줄까지만 출력하고 문자열의 맨 뒤에 '...'를 표시한다. 값으로 true와 false를 설정할 수 있고 디폴트는 false이다.

TIP 이 외에도 글자와 관련된 속성으로 textAllCaps, textAppearance, textColorHighlight, textColorHint, textColorLink, textIsSelectable, textScaleX 등이 있는데 활용도가 높지는 않다.

**예제 4-16 글자 관련 속성의 XML 코드**

```
<TextView
    android:textSize="30dp"
    android:text="textSize 속성" />
<TextView
    android:textSize="30dp"
    android:textColor="#00FF00"
    android:text="textColor 속성" />
<TextView
    android:textSize="30dp"
    android:textStyle="bold|italic"
    android:text="textStyle 속성" />
<TextView
    android:textSize="30dp"
    android:typeface="serif"
    android:text="typeface 속성" />
<TextView
    android:textSize="30dp"
    android:singleLine="true"
    android:text="singleLine 속성 singleLine 속성 singleLine 속성" />
```

## 2 Java 코드로 XML 속성 설정

XML 속성은 View 클래스와 TextView 클래스에서 배운 것으로도 충분히 활용할 수 있다. 배우지 않은 것들도 거의 비슷한 형식이므로 쉽게 응용할 수 있을 것이다. 여기서는 activity_main.xml 파일에서 지정한 XML 속성을 Java 코드에서 설정하는 방법을 알아보자.

기본적인 텍스트뷰만 만들어놓고 id 속성과 text만 설정한 XML 파일은 다음과 같다.

**예제 4-17 텍스트뷰가 3개 있는 activity_main.xml**

```
<TextView
    android:text="TextView 연습 1"
    android:id="@+id/textView1" />
<TextView
    android:text="TextView 연습 2"
    android:id="@+id/textView2" />
<TextView
    android:text="TextView 연습 3"
    android:id="@+id/textView3" />
```

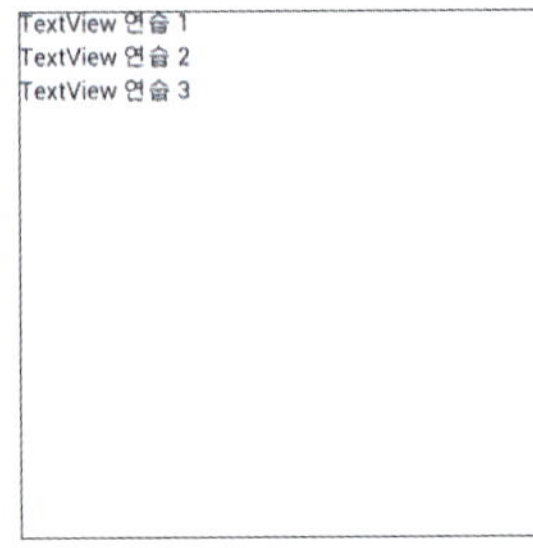


Java 코드를 다음과 같이 설정하여 화면에 적용한다.

**예제 4-18 텍스트 속성을 변경하는 Java 코드**

```
1  public void onCreate(Bundle savedInstanceState) {
2    super.onCreate(savedInstanceState);
3    setContentView(R.layout.activity_main);
4
5    TextView tv1, tv2, tv3;
6    tv1 = (TextView) findViewById(R.id.textView1);
7    tv2 = (TextView) findViewById(R.id.textView2);
8    tv3 = (TextView) findViewById(R.id.textView3);
9
10   tv1.setText("안녕하세요?");
11   tv1.setTextColor(Color.RED);
12   tv2.setTextSize(30);
13   tv2.setTypeface(Typeface.SANS_SERIF, Typeface.BOLD_ITALIC);
14   tv3.setText("가나다라마바사아자차카타파하가나다라마바사아자차카타파하");
15   tv3.setSingleLine();
16 }
```

**1~3** 자동 생성되는 코드이다. 3행은 R.layout.activity_main(즉 activity_main.xml) 파일을 화면에 출력한다는 의미인데 추후에 변경할 필요가 있으니 기억해두자.

**5** 텍스트뷰 변수를 선언한다. TextView에 빨간 줄이 표시되면 Alt+Enter를 누른다.

**6~8** activity_main.xml에서 생성한 3개의 텍스트뷰를 tv1, tv2, tv3 변수에 대입한다.

**10** 첫 번째 텍스트뷰의 문자열을 변경한다. XML 속성의 text와 동일한 역할을 한다.

**11** 첫 번째 텍스트뷰의 색상을 빨간색으로 지정한다. 색상은 android.graphics.Color 클래스에 상수로 지정되어 있으며 RED, BLACK, GREEN 등으로 사용한다. XML 속성의 textColor 속성과 동일한 역할을 한다.

**12** 두 번째 텍스트뷰에 sp 단위의 폰트 크기를 지정한다. XML 속성의 textSize="30sp"와 동일한 역할을 한다.

**13** 두 번째 텍스트뷰에 XML 속성의 typeface와 textStyle 속성을 동시에 지정하는 메소드이다. android.graphics.Typeface 클래스에 상수로 지정되어 있다.

**14, 15** 세 번째 텍스트뷰에 긴 글을 대입하고 XML 속성에서 singleLine="true" 효과를 주었다.

앞의 예제를 보면 XML 파일에서 설정하는 내용의 대부분이 메소드로 제공되어 Java 코드에서도 XML의 설정이 가능함을 확인할 수 있다. 이러한 XML 속성과 Java 메소드를 일일이 외울 필요는 없지만 예제를 이해함으로써 응용할 수 있을 것이다. 많이 사용되는 View 클래스 또는 TextView 클래스의 XML 속성과 메소드를 [표 4-1]에 정리했다.

TIP [표 4-1]의 XML 속성과 메소드는 많은 위젯에서 거의 동일한 방식으로 활용된다. [그림 4-2]에서 View 클래스와 TextView 클래스의 상속을 받은 클래스가 많기 때문이다.

**표 4-1 XML 속성과 관련 메소드**

| XML 속성 | 관련 메소드 | 비고 |
|---|---|---|
| background | setBackgroundColor() | View 클래스 |
| clickable | setClickable() | View 클래스 |
| focusable | setFocusable() | View 클래스 |
| id | setId() | View 클래스 |
| longClickable | setLongClickable() | View 클래스 |
| padding | setPadding() | View 클래스 |
| rotation | setRotation() | View 클래스 |
| scaleX, scaleY | setScaleX() setScaleY() | View 클래스 |
| visibility | setVisibility() | View 클래스 |
| gravity | setGravity() | TextView 클래스 |
| inputType | setRawInputType() | TextView 클래스 |
| password | setTransformationMethod() | TextView 클래스 |
| text | setText() | TextView 클래스 |
| textColor | setTextColor() | TextView 클래스 |
| textSize | setTextSize() | TextView 클래스 |

## 3 버튼과 에디트텍스트

버튼과 에디트텍스트는 사용자에게서 어떤 값을 입력받기 위한 가장 기본적인 위젯으로 활용도가 높다. 두 위젯은 View 클래스와 TextView 클래스 상속받으므로 거의 비슷하게 사용할 수 있다([그림 4-2] 참조).

간단한 텍스트뷰를 예로 살펴보자.

```
<TextView
        android:layout_width="match_parent"
        android:layout_height="wrap_content"
        android:text="나는 어떤 위젯일까요?" />
```

여기서 텍스트뷰를 버튼으로 변경하려면 'TextView'를 'Button'으로만 바꾸면 된다.

```
<Button
        android:layout_width="match_parent"
        android:layout_height="wrap_content"
        android:text="나는 어떤 위젯일까요?" />
```

필요시 TextView의 하위 클래스인 EditText, RadioButton, CheckBox, ToggleButton 등으로 바꾼다.

### 버튼

버튼 계층도

```
java.lang.Object
    └ android.view.View
        └ android.widget.TextView
            └ android.widget.Button
```

버튼에서는 버튼을 클릭하는 이벤트를 가장 많이 사용한다. 2장에서는 따라 하기만 했으니 버튼에서 가장 많이 사용하는 기능을 다시 살펴보자. 일반적인 버튼의 XML 코드는 다음과 같다.

```
<Button
        android:id="@+id/button1"
        android:text="확인" />
```

이 버튼을 클릭했을 때 동작하는 Java 코드를 세 단계로 작성한다.

❶ 버튼 변수 선언

```
Button  mybutton;
```

❷ 변수에 버튼 위젯 대입

```
mybutton = (Button) findViewById(R.id.button1);
```

❸ 버튼을 클릭할 때 동작하는 클래스 정의

```
mybutton.setOnClickListener( new View.OnClickListener() {
        public void onClick(View v) {
        // 동작 내용을 이 부분에 코딩
    }
});
```

위의 세 단계는 대부분의 위젯(라디오버튼, 이미지버튼, 체크박스, 토글버튼 등)에서 거의 동일하게 사용되므로 통째로 외워두면 좋다. 잠시 후 실습에서 활용해보자.

### 에디트텍스트

**에디트텍스트 계층도**

```
java.lang.Object
  └ android.view.View
     └ android.widget.TextView
        └ android.widget.EditText
```

에디트텍스트는 값을 입력받은 후 해당 값을 Java 코드에서 가져와 사용하는 용도로 많이 쓰인다. Java 코드에서 에디트텍스트에 값을 입력하는 경우도 종종 있다. 일반적인 에디트텍스트의 XML 코드는 다음과 같다.

```
<EditText
        android:id="@+id/edittext1" />
```

에디트텍스트도 변수를 선언하고 이 변수에 해당 아이디 값을 넣은 후에 접근한다. 다음과 같은 형식을 많이 사용한다.

❶ 에디트텍스트 변수 선언

```
EditText  myEdit;
```

❷ 변수에 에디트텍스트 위젯 대입

```
myEdit = (EditText) findViewById(R.id.edittext1);
```

❸ 에디트텍스트에 입력된 값 가져오기 → 주로 버튼 클릭 이벤트 리스너 안에 삽입

```
String myStr = myEdit.getText().toString();
```

getText( ) 메소드는 에디트텍스트에 입력한 값을 반환하는데, 이를 문자열로 바꾸기 위해 toString()을 함께 사용했다. 반환값을 문자열로 변경할 때 가장 많이 사용하는 방식이므로 잘 기억해둔다. 잠시 후 실습에서 활용할 것이다.

### 실습 4-1 초간단 계산기 앱 만들기

가장 기본적인 위젯인 텍스트뷰, 에디트텍스트, 버튼을 이용하여 앱을 만들어보자. 두 정수를 입력하고 버튼을 누르면 계산 결과가 나오는 계산기이다. 이번 실습을 통해 XML 작성부터 Java 코드를 연계하는 완전한 프로젝트 작성법을 숙지할 수 있을 것이다. 생성되는 화면은 [그림 4-6]과 같다.

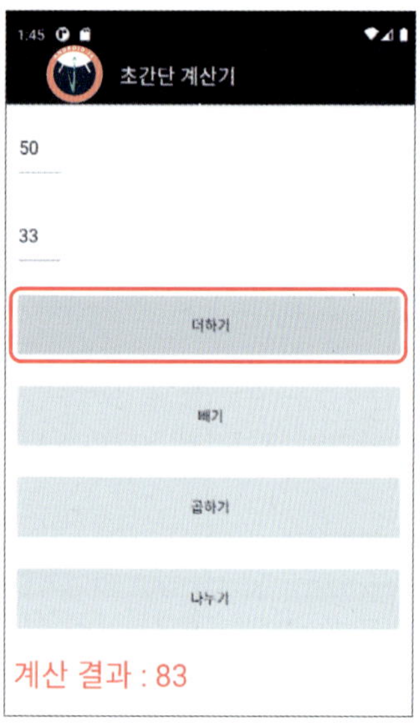


그림 4-6 **초간단 계산기 앱 결과 화면**

#### 1 안드로이드 프로젝트 생성

**1** 새 프로젝트를 만든다. 프로젝트 이름은 'Project4_1', 패키지 이름은 'com.cookandroid.project4_1'로 한다. 그 외 규칙은 [실습 2-4]의 **1**~**4**를 따른다.

TIP 앞으로 작성하는 프로젝트는 대부분 [그림 2-2]의 ❶~❺를 따른다.

#### 2 화면 디자인 및 편집

**2** Android Studio의 Project Tree에서 [app]-[res]-[layout]-[activity_main.xml]을 더블클릭해서 열고, 오른쪽 위의 [Code] 탭을 클릭하여 화면을 코딩한다. 다음과 같이 화면을 구성한다.

- 에디트텍스트 2개, 버튼 4개, 텍스트뷰 1개를 생성한다.
- 각 위젯에 layout_margin을 적절히 지정한다(예 10dp).
- 결과를 보여줄 TextView는 색상을 빨간색으로, 글자 크기를 30dp로 한다.
- 각 위젯의 아이디는 위에서부터 차례로 Edit1, Edit2, BtnAdd, BtnSub, BtnMul, BtnDiv, TextResult로 한다.

TIP 앞에서 이미 언급했듯이 activity_main.xml이 기본적으로 androidx.constraintlayout.widget.ConstraintLayout으로 되어 있다면 LinearLayout으로 고친다. 그리고 LinearLayout에 orientation="vertical" 속성도 추가한다. 앞으로 따로 언급하지 않아도 activity_main.xml은 이런 방식으로 고쳐야 한다.

**예제 4-19 activity_main.xml**

```
1  <LinearLayout>
2      <EditText
3          android:id="@+id/Edit1"
4          android:layout_width="wrap_content"
5          android:layout_height="wrap_content"
6          android:layout_margin="10dp"
7          android:hint="숫자1" />
8      ~~~~ 생략(에디트텍스트 1개) ~~~~
9      <Button
10         android:id="@+id/BtnAdd"
11         android:layout_width="match_parent"
12         android:layout_height="wrap_content"
13         android:layout_margin="10dp"
14         android:text="더하기" />
15     ~~~~ 생략(버튼 3개) ~~~~
16     <TextView
17         android:id="@+id/TextResult"
18         android:layout_width="wrap_content"
19         android:layout_height="wrap_content"
20         android:textSize="30dp"
21         android:textColor="#FF0000"
22         android:layout_margin="10dp"
23         android:text="계산 결과 : " />
24 </LinearLayout>
```

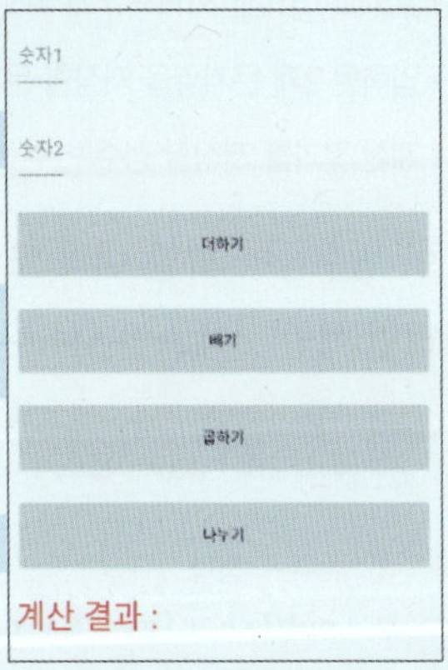


**3, 10, 17** 위젯에 아이디를 지정한다. 추후 Java 코드에서 'R.id.아이디' 형식으로 각 위젯에 접근하게 된다.

**7** 에디트텍스트에 약간 흐리게 글자를 표시하는 기능이며 실제로는 없는 것과 마찬가지이다. 이 글자에 색상을 넣으려면 textColorHint 속성을 사용하며, 이는 에디트텍스트에서 종종 활용된다.

**6, 13, 22** 각 위젯의 화면상 간격을 조절한다.

**20, 21** 텍스트뷰의 글자 크기와 색상을 지정한다.

TIP LinearLayout에서 위젯이 화면에 꽉 차도록 골고루 배치하려면 각 위젯마다 android:layout_weight="1" 속성을 추가한다. 하지만 이는 디자인적 측면이므로 책의 xml 코드에 표시하지는 않았다. 이 부분 또한 앞으로 언급하지 않는다.

### 3 Java 코드 작성 및 수정

❸ Android Studio의 Project Tree에서 [app]-[java]-[패키지 이름]-[MainActivity]를 더블 클릭해서 열고, 다음과 같은 변수를 선언한다.

- activity_main.xml의 7개 위젯에 대응할 위젯 변수 7개
- 입력될 2개 문자열을 저장할 문자열 변수 2개
- 계산 결과를 저장할 정수 변수 1개

이 변수들이 파일 내의 모든 클래스에서 사용되도록 전역변수로 선언한다. 전역변수로 선언하려면 메인 클래스인 MainActivity 바로 아래에 두면 된다.

**예제 4-20 Java 코드 1**

```
1  ~~~~ 생략 ~~~~
2  public class MainActivity extends AppCompatActivity {
3      EditText edit1, edit2;
4      Button btnAdd, btnSub, btnMul, btnDiv;
5      TextView textResult;
6      String num1, num2;
7      Integer result;
8
9      @Override
10     public void onCreate(Bundle savedInstanceState) {
11     ~~~~ 생략 ~~~~
```

**3~5** 7개의 위젯에 관계되는 변수를 선언한다.

**6** 에디트텍스트에 입력한 문자열 값을 저장할 변수를 선언한다.

**7** 두 문자열을 계산한 결과를 저장할 변수를 선언한다.

TIP 변수 선언 후 Alt + Enter 를 누르면 자동으로 import문이 추가된다.

TIP [예제 4-20]의 2행을 보면 AppCompatActivity 클래스를 상속받도록 표기되어 있지만 Activity 클래스를 사용해도 된다. AppCompatActivity는 하위 호환성을 위해 제공되는 Activity의 자식 클래스이다. Activity 클래스와 AppCompatActivity 클래스는 거의 동일한 용도이므로 어느 것을 사용해도 상관없다. 단, 71~72쪽의 [여기서 잠깐]과 같이 AVD에서 앱 아이콘을 표시하고 싶다면 꼭 AppCompatActivity 클래스를 사용해야 한다.

4 메인 메소드인 onCreate( ) 내부를 코딩한다. 먼저 〈더하기〉에 대한 부분을 코딩하자.

- 에디트텍스트 2개를 변수에 대입한다.
- 버튼(더하기) 1개를 변수에 대입한다.
- 텍스트뷰 1개를 변수에 대입한다.

**예제 4-21 Java 코드 2**

```
1 public void onCreate(Bundle savedInstanceState) {
2     super.onCreate(savedInstanceState);
3     setContentView(R.layout.activity_main);
4     setTitle("초간단 계산기");
5
6     edit1 = (EditText) findViewById(R.id.Edit1);
7     edit2 = (EditText) findViewById(R.id.Edit2);
8     btnAdd = (Button) findViewById(R.id.BtnAdd);
9     textResult = (TextView) findViewById(R.id.TextResult);
10 }
```

**4** 화면의 제목 표시줄을 변경한다.

**6~9** activity_main.xml에 생성한 위젯을 변수에 대입한다.

5 다음으로 〈더하기〉 버튼을 클릭했을 때 동작하는 클래스를 정의하자. 역시 onCreate() 메소드 안에([예제 4-21]의 9행 다음에) 코딩해야 한다.

- 버튼에 터치 이벤트 리스너를 정의한다.
- 터치 시에 동작하는 내용을 onTouch( ) 메소드 안에 코딩한다.

TIP 클릭과 터치는 비슷하게 동작하며 작성법도 거의 같다. OnClickListener 대신에 OnTouchListener를 사용하면 된다.

**예제 4-22 Java 코드 3**

```
btnAdd.setOnTouchListener(new View.OnTouchListener() {
    public boolean onTouch(View arg0, MotionEvent arg1) {
        num1 = edit1.getText().toString();
        num2 = edit2.getText().toString();
        result = Integer.parseInt(num1) + Integer.parseInt(num2);
        textResult.setText("계산 결과 : " + result.toString());
        return false;
    }
});
```

**1** 〈더하기〉 버튼을 터치했을 때의 리스너를 설정한다.

**2** onTouch( ) 메소드를 구현한다. 자동 완성되는 부분이다.

**3, 4** 에디트텍스트에 입력된 값을 num1, num2 변수에 대입한다.

**5** Interger.parseInt( ) 메소드를 사용하여 num1, num2를 정수형으로 변환한 후 두 값을 더한다.

**6** 정수형 결과를 다시 문자열로 변환한 후 setText( )를 이용하여 텍스트뷰에 대입한다.

**7** false 값을 돌려준다. 자동 완성되는 부분이다.

**9** 맨 뒤에 세미콜론을 입력해야 문장이 끝난다.

TIP Integer.parseInt( ) 메소드는 시스템에서 제공하는 Interger 클래스에 포함되어 있는 정적 메소드로, 문자열을 정수로 바꿔준다.

### 4 프로젝트 실행 및 결과 확인

**6** Android Studio 메뉴의 [Run As]–[Run 'app']을 선택하거나 [Run 'app'] 아이콘을 클릭하여 프로젝트를 실행한다. 적당한 두 값을 입력한 후 〈더하기〉를 터치(클릭)하면 [그림 4-6]과 같은 화면이 나올 것이다.

TIP 필자와 동일한 SDK를 설치한 경우, 앱을 실행한 후 EditText 부분에 커서를 가져갔을 때 컴퓨터의 진짜 키보드를 사용하거나, 화면 아래쪽에 소프트 키보드가 나오면 그것을 사용해도 된다. 소프트 키보드를 없애려면 Ctrl + Back Space를 누르거나 AVD 아래 왼쪽 버튼을 클릭한다.

### [반복] 3 Java 코드 작성 및 수정

**7** 〈빼기〉, 〈곱하기〉, 〈나누기〉 버튼의 코드를 직접 완성해보자. 최종적으로 완성된 onCreate( )의 완전한 코드는 다음과 같다.

**예제 4-23 완성된 Java 코드**

```
public void onCreate(Bundle savedInstanceState) {
    super.onCreate(savedInstanceState);
    setContentView(R.layout.activity_main);
    setTitle("초간단 계산기");

    edit1 = (EditText) findViewById(R.id.Edit1);
    edit2 = (EditText) findViewById(R.id.Edit2);

    btnAdd = (Button) findViewById(R.id.BtnAdd);
    btnSub = (Button) findViewById(R.id.BtnSub);
    btnMul = (Button) findViewById(R.id.BtnMul);
    btnDiv = (Button) findViewById(R.id.BtnDiv);

    textResult = (TextView) findViewById(R.id.TextResult);

```

```
16     btnAdd.setOnTouchListener(new View.OnTouchListener() {
17        public boolean onTouch(View arg0, MotionEvent arg1) {
18           num1 = edit1.getText().toString();
19           num2 = edit2.getText().toString();
20           result = Integer.parseInt(num1) + Integer.parseInt(num2);
21           textResult.setText("계산 결과 : " + result.toString());
22           return false;
23        }
24     });
25
26     btnSub.setOnTouchListener(new View.OnTouchListener() {
27        public boolean onTouch(View arg0, MotionEvent arg1) {
28           num1 = edit1.getText().toString();
29           num2 = edit2.getText().toString();
30           result = Integer.parseInt(num1) - Integer.parseInt(num2);
31           textResult.setText("계산 결과 : " + result.toString());
32           return false;
33        }
34     });
35
36     btnMul.setOnTouchListener(new View.OnTouchListener() {
37        public boolean onTouch(View arg0, MotionEvent arg1) {
38           num1 = edit1.getText().toString();
39           num2 = edit2.getText().toString();
40           result = Integer.parseInt(num1) * Integer.parseInt(num2);
41           textResult.setText("계산 결과 : " + result.toString());
42           return false;
43        }
44     });
45
46     btnDiv.setOnTouchListener(new View.OnTouchListener() {
47        public boolean onTouch(View arg0, MotionEvent arg1) {
48           num1 = edit1.getText().toString();
49           num2 = edit2.getText().toString();
50           result = Integer.parseInt(num1) / Integer.parseInt(num2);
51           textResult.setText("계산 결과 : " + result.toString());
52           return false;
53        }
54     });
55 }
```

**6~14** 위젯을 변수에 대입한다.

**26~34** 〈빼기〉 버튼을 터치했을 때 동작하는 리스너이다.

**36~44** 〈곱하기〉 버튼을 터치했을 때 동작하는 리스너이다.

**46~54** 〈나누기〉 버튼을 터치했을 때 동작하는 리스너이다.

### 5 안드로이드 응용 프로그램 개발 완료

**8** 간단한 계산기 프로젝트를 완료했다.

> **여기서 잠깐** **리스너(Listener) 인터페이스**
>
> 버튼, 체크박스, 라디오버튼 등을 터치(클릭)하여 어떤 동작이 일어나게 할 때는 해당 위젯에 리스너 인터페이스를 설정하여 처리하도록 해야 한다. 예를 들어 OnTouchListener 인터페이스에는 onTouch( ) 메소드가 포함되어 있는데, onTouch( ) 메소드를 구현하고 터치할 때 필요한 내용을 코딩하는 것이 바로 프로그래머가 할 일이다. [예제 4-22]는 가장 일반적인 리스너 인터페이스 사용 형식이다.

▶ **직접 풀어보기 4-3**

[실습 4-1]을 다음과 같이 수정하라.

- 터치가 아닌 클릭으로 변경한다.
- 나머지값을 구하는 버튼을 추가한다.
- 값을 입력하지 않고 버튼을 클릭할 때 오류 메시지를 토스트 메시지로 나타낸다.
- 실숫값을 계산한다.
- 0으로 나누면 토스트 메시지를 나타내고 계산하지 않는다.

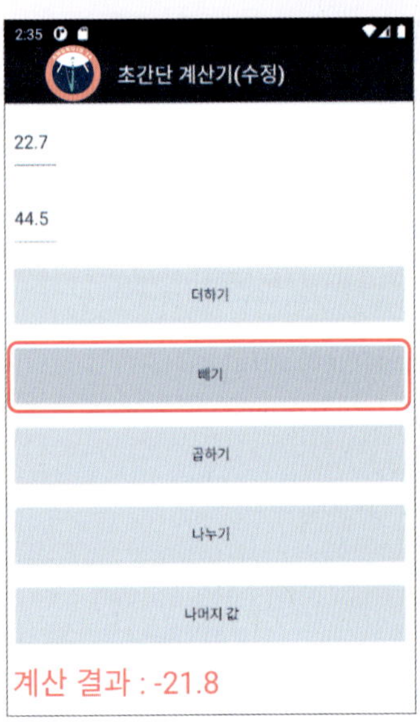


그림 4-7 수정된 초간단 계산기 앱

# 03 기본 위젯의 활용

[그림 4-2]를 보면 CompoundButton 클래스의 하위에 체크박스, 토글버튼, 라디오버튼이 있는데 이 세 가지는 응용 프로그램 개발에서 다양한 용도로 활용된다.

## 1 컴파운드버튼

CompoundButton 클래스는 Button 클래스의 하위 클래스로 체크박스, 라디오버튼, 스위치, 토글버튼의 상위 클래스이다. 이 네 가지는 공통적으로 체크 또는 언체크 상태가 될 수 있다. 실제로 비슷한 형태를 띠지만 용도는 조금씩 다르다.

컴파운드버튼 계층도

```
java.lang.Object
   └ android.view.View
      └ android.widget.TextView
         └ android.widget.Button
            └ android.widget.CompoundButton
               └ android.widget.CheckBox
               └ android.widget.RadioButton
               └ android.widget.Switch
               └ android.widget.ToggleButton
```

### 체크박스

체크박스는 클릭할 때마다 상태가 체크, 언체크로 바뀐다. 여러 개의 체크박스가 있어도 서로 독립적으로 동작한다는 특징이 있어 여러 개를 동시에 체크할 수 있다.

**예제 4-24 체크박스의 XML 코드**

```
<CheckBox
    android:id="@+id/android"
    android:text="안드로이드폰"
    android:checked="true"/>
<CheckBox
```

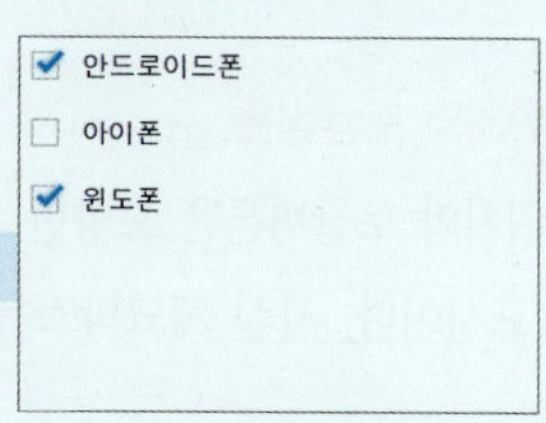

```
6       android:id="@+id/iphone"
7       android:text="아이폰" />
8   <CheckBox
9       android:id="@+id/window"
10      android:text="윈도폰"
11      android:checked="true" />
```

4행과 11행에서 checked 속성이 true로 되어 있는데, 이처럼 동시에 여러 개를 선택할 수 있다. '지금까지 사용해본 적이 있는 스마트폰을 모두 고르시오'처럼 여러 개를 선택할 수 있는 경우에 사용하면 적절하다.

Java 코드에서는 강제로 체크를 켜거나 끄는 setChecked(), 체크 상태를 반대로 바꾸는 toggle(), 체크되었는지 확인하는 isChecked() 등의 메소드를 많이 사용한다. 버튼에서 클릭 이벤트 발생 시 OnClickListener 리스너를 사용했듯이, 체크박스에는 체크 또는 언체크 이벤트 발생 시 OnCheckedChangeListener 리스너를 사용할 수 있다.

TIP 체크박스도 TextView 클래스의 하위 클래스이므로 OnClickListener, OnTouchListener 등의 리스너를 사용할 수 있다.

즉 체크와 언체크가 바뀌는 것을 Java 코드에서 다음과 같이 처리한다. 버튼 클릭과 절차가 거의 동일하다.

❶ 체크박스 변수 선언

```
CheckBox mycheck;
```

❷ 변수에 체크박스 위젯 대입

```
mycheck = (CheckBox) findViewById(R.id.android);
```

❸ 체크박스가 변경될 때 동작하는 클래스 정의

```
mycheck.setOnCheckedChangeListener(new CompoundButton.OnCheckedChangeListener() {
    public void onCheckedChanged(CompoundButton buttonView, boolean isChecked) {
        // 동작 내용을 이 부분에 코딩
    }
});
```

체크박스의 실제 적용 사례는 잠시 후 실습에서 살펴보자.

### 스위치와 토글버튼

스위치와 토글버튼은 모양만 조금 다를 뿐 용도는 거의 동일하다. 스위치의 주 용도는 온/오프 상태 표시이다. 사실 체크박스를 스위치나 토글버튼처럼 사용할 수도 있지만 모양이 조금 다르므로 상황에 맞게 고르는 것이 좋다. XML 속성이나 관련 메소드는 모두 체크박스와 동일하게 사용할 수 있다.

TIP 컴파운드버튼(체크박스, 라디오버튼, 스위치, 토글버튼 등)은 AVD 버전, SDK 버전, 테마 설정 등에 따라 모양이나 색상이 조금씩 다르지만 기능은 동일하다.

**예제 4-25 스위치와 토글버튼의 XML 코드**

```
<Switch
    android:checked="true" />
<Switch
    android:checked="false" />
<ToggleButton
    android:checked="true" />
<ToggleButton
    android:checked="false" />
```

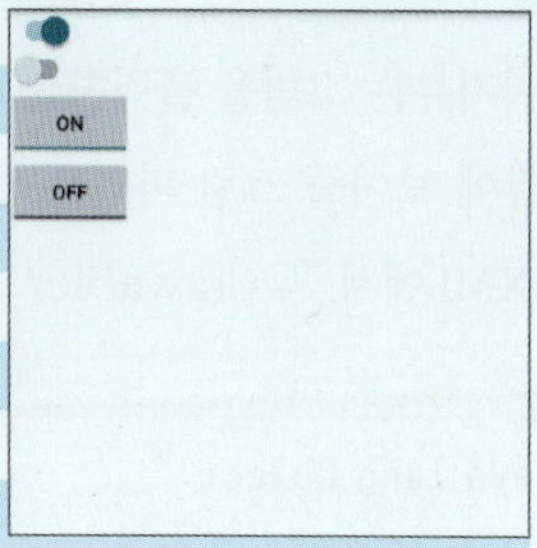


checked 속성은 true와 false에 따라서 색상과 글자가 다르게 표현된다.

## 라디오버튼과 라디오그룹

라디오버튼은 XML 속성이나 메소드가 체크박스와 거의 동일하지만 용도가 다르다. 성별을 선택하는 것처럼 여러 개 중 하나만 선택해야 하는 경우에 사용한다. 그러나 라디오버튼만 여러 개 나열하면 클릭하는 것마다 모두 중복 선택되므로 라디오그룹(RadioGroup)과 함께 사용해야 한다.

라디오그룹은 [그림 4-2]에서 보듯이 ViewGroup-LinearLayout의 하위 클래스로 존재하며, 지금 사용하고 있는 TextView 하위의 위젯들과는 성격이 조금 다르다. 라디오그룹은 대부분 라디오버튼을 묶는 역할만 하므로 다음 예제만 이해하면 된다. 라디오그룹에서 가끔 사용되는 메소드는 clearCheck()인데, 이는 해당 라디오그룹 안에 체크된 것을 모두 해제해준다.

**예제 4-26 라디오그룹과 라디오버튼의 XML 코드**

```
<RadioGroup
    android:id="@+id/rGroup1" >
    <RadioButton
        android:text="남성" />
    <RadioButton
        android:text="여성" />
</RadioGroup>
```

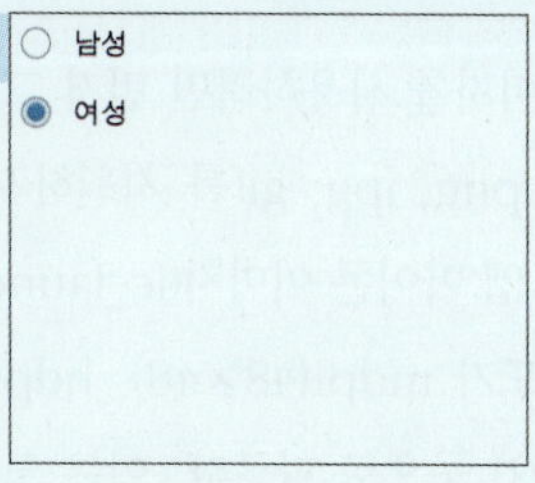

2개의 라디오버튼을 1~7행의 라디오그룹으로 묶었기 때문에 이 라디오그룹 안의 모든 라디오버튼은 한 번에 하나씩만 선택된다. 라디오버튼을 사용할 때 주의할 점은 각 라디오버튼의 id 속성이 꼭 있어야 한다는 것이다. id 속성이 없으면 해당 라디오버튼이 계속 선택된 것으로 지정되어 해제되지 않는다.

## 2 이미지뷰와 이미지버튼

이미지뷰는 그림을 출력하는 위젯으로, 그림을 넣거나 화면을 화려하게 구성할 때 사용한다. 이미지뷰에 보여줄 그림 파일은 일반적으로 프로젝트의 [res]–[drawable] 폴더에 있어야 한다. 접근은 XML에서 "@drawable/그림 아이디" 형식으로 한다.

이미지뷰 계층도

```
java.lang.Object
  └ android.view.View
      └ android.widget.ImageView
          └ android.widget.ImageButton
```

[그림 4–2]를 보면 ImageView 클래스는 View 클래스에서 바로 상속받기 때문에 앞에서 배운 TextView의 하위 위젯들과 속성이 조금 다르다. 특히 이미지와 관련된 속성과 메소드를 주의 깊게 볼 필요가 있다. ImageButton 클래스는 ImageView 클래스에서 상속받으며 거의 동일한 용도로 사용하지만 버튼처럼 클릭하는 데 쓰인다. 이미지버튼은 그림으로 표현된 예쁜 버튼을 만들 때 사용할 수 있다.

### 이미지뷰와 이미지버튼의 XML 속성

이미지뷰와 이미지버튼의 XML 속성으로는 이미지의 경로를 나타내는 src, 이미지의 크기를 지정하는 maxHeight/maxWidth, 이미지의 확대/축소 방식을 지정하는 scaleType 등이 있다. scaleType 속성으로 matrix, fitXY, fitStart, fitEnd, center 등 여덟 가지 값을 지정할 수 있는데, 지정한 값에 따라 이미지를 확대/축소하는 방식이 결정된다.

이미지를 사용하려면 먼저 그림 파일을 [res]–[drawable] 폴더에 복사해놓아야 한다. 파일 포맷은 png, jpg, gif를 지원하지만 png나 jpg를 권장한다. 참고로 [res]–[mipmap]에 같은 이름의 앱 아이콘 이미지(ic_launcher.webp)가 디폴트로 들어 있는데, 각각은 같은 이미지이지만 해상도가 mdpi(48×48), hdpi(72×72), xhdpi(96×96), xxhdpi(144×144), xxxhdpi(192×192) 등으로 다르다. 이는 모두 XML 파일에서는 @mipmap/ic_launcher로, Java 코드에서는 R.mipmap.ic_launcher로 사용된다. 이 앱 아이콘인 ic_launcher를 화면에 출력하면 안드로이드 운영체제가 현재 안드로이드폰의 해상도에 적절한 이미지를 알아서 선택한다.

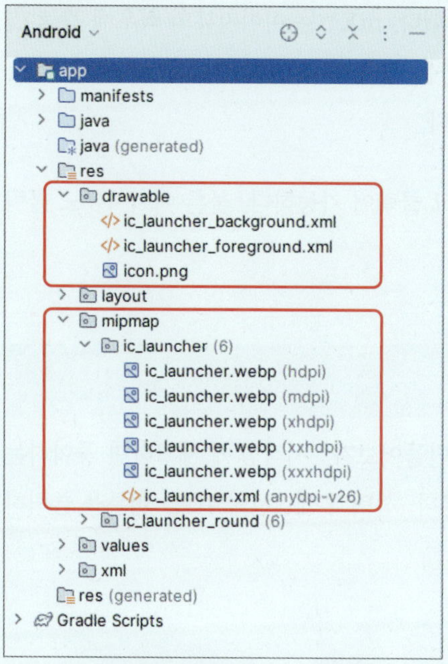


그림 4-8 **drawable 폴더와 mipmap 폴더**

TIP 필자는 [res]–[drawable] 폴더에 icon.png 파일을 복사해놓았다(적당한 이미지를 사용하면 된다).

**예제 4-27 이미지뷰와 이미지버튼의 XML 코드**

```
1  <ImageView
2      android:src="@drawable/icon.png" />
3  <ImageButton
4      android:src="@drawable/icon.png" />
5  <ImageView
6      android:layout_width="300dp"
7      android:layout_height="100dp"
8      android:scaleType="fitXY"
9      android:src="@drawable/icon.png" />
10 <ImageView
11     android:layout_width="300dp"
12     android:layout_height="100dp"
13     android:scaleType="fitCenter"
14     android:src="@drawable/icon.png" />
```

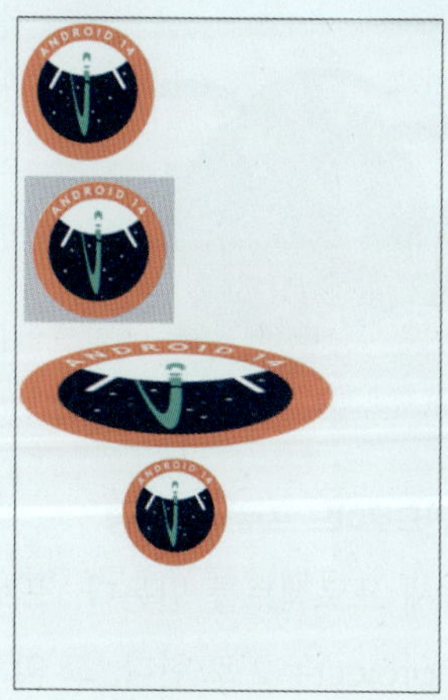

**1, 2** 기본적인 ImageView 형식이다. 2행에서 [res]–[drawable]의 이미지 아이디를 지정한다.

**3, 4** 기본적인 ImageButton 형식이다.

**6, 7, 11, 12** 이미지뷰의 크기를 확대했다.

**8, 13** 이미지뷰의 이미지를 확대, 축소하는 방식을 지정했다. fitXY는 이미지뷰의 좌우에 꽉 맞춰서 이미지를 확대하고 fitCenter는 중앙에 맞춰서 확대하는 방식이다. 이 외에도 matrix, fitStart, fitEnd, center, centerCrop, centerInside 방식이 있다.

이미지버튼은 이미지뷰와 거의 동일하지만 버튼 형식이고 클릭이 가능하다. 물론 이미지뷰도 클릭 이벤트 발생 시 버튼처럼 처리가 가능하다.

### 실습 4-2 애완동물 사진 보기 앱 만들기

이번에는 보고 싶은 애완동물의 사진을 출력하는 앱을 만들어보자. '시작함'에 체크하면 좋아하는 애완동물 세 가지 중에서 하나를 선택하라는 내용이 나온다. 선택 후에 〈선택 완료〉 버튼을 클릭하면 해당 애완동물의 이미지가 나타난다.

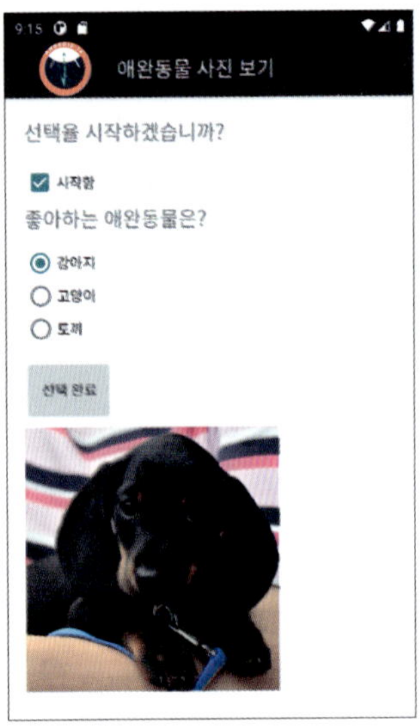


그림 4-9 **애완동물 사진 보기 앱 결과 화면**

#### 1 안드로이드 프로젝트 생성

❶ 새 프로젝트를 만든다. 프로젝트 이름은 'Project4_2', 패키지 이름은 'com.cookandroid.project4_2'로 한다. 그 외 규칙은 [실습 2-4]의 ❶~❹를 따른다.

#### 2 화면 디자인 및 편집

❷ 이번 프로젝트에서는 그림을 3개 사용해야 한다. 우선 프로젝트의 [res]–[drawable] 폴더에 강아지, 고양이, 토끼 그림 파일을 복사해놓는다.

> TIP 복사할 그림 파일명은 반드시 소문자로 해야 한다. 공백이 있으면 안 되므로 의미 단위를 끊을 필요가 있다면 밑줄(_)을 이용한다. drawable 폴더에 그림을 복사해놓으면 그림의 아이디가 파일명과 동일해진다. 예를 들어 dog.png를 복사하면 XML에서는 @drawable/dog로, Java 코드에서는 R.drawable.dog로 접근한다.

[그림 4-10]과 같이 Windows 탐색기에서 그림 파일을 drawable 폴더에 복사/붙여넣기한 후, [Copy] 창에서 기본값으로 두고 〈OK〉를 클릭하면 해당 그림 파일이 복사된다.

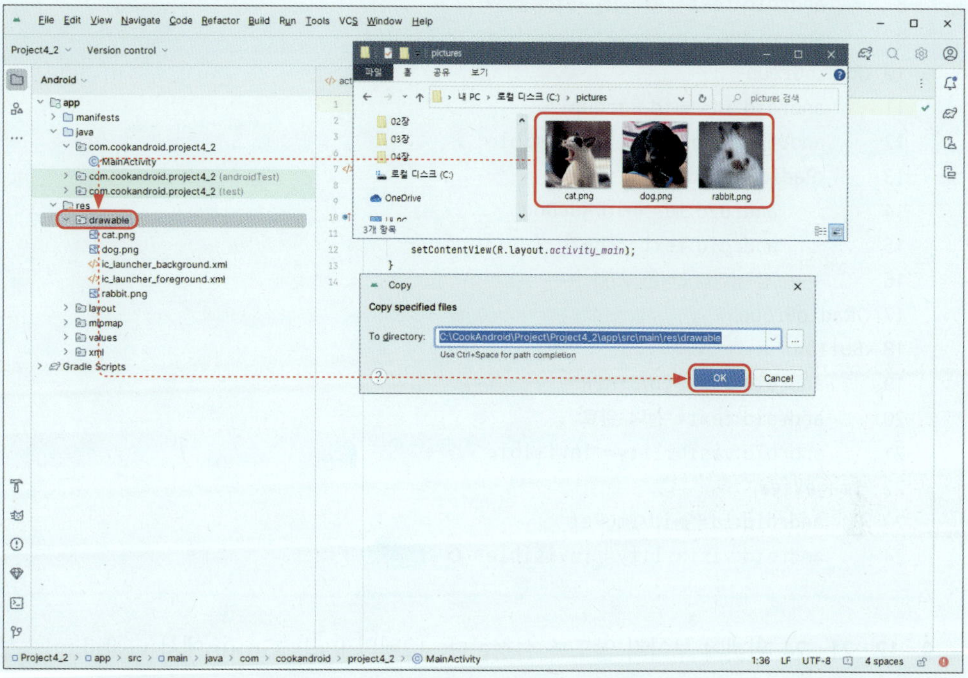


**그림 4-10 그림 파일 복사**

❸ Android Studio의 Project Tree에서 [app]-[res]-[layout]-[activity_main.xml]을 더블 클릭해서 열고, 오른쪽 위의 [Code] 탭을 클릭하여 화면을 코딩한다. 다음과 같이 화면을 구성한다.

- TextView, CheckBox, TextView, RadioGroup, RadioButton 3개, Button, ImageView의 차례로 만든다.
- 레이아웃에 padding을 적절히 지정한다.
- 맨 위의 TextView와 CheckBox를 제외하고 나머지 위젯은 visibility 속성을 invisible로 지정한다.
- 각 위젯의 아이디는 위에서부터 Text1, ChkAgree, Text2, Rgroup1, RdoDog, RdoCat, RdoRabbit, BtnOK, ImgPet로 한다.

**예제 4-28 activity_main.xml 코드**

```
<TextView
    android:id="@+id/Text1"
    android:text="선택을 시작하겠습니까?" />
<CheckBox
    android:id="@+id/ChkAgree"
```

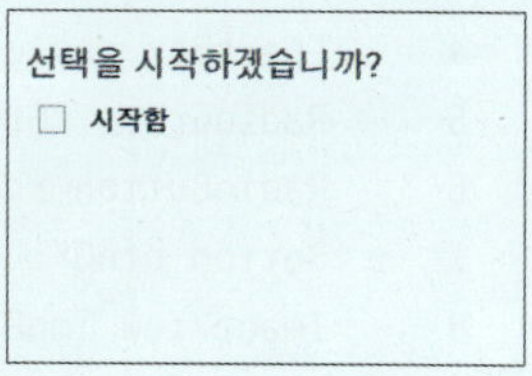

```
6        android:text="시작함" />
7   <TextView android:id="@+id/Text2"
8        android:text="좋아하는 애완동물은?"
9        android:visibility="invisible" />
10  <RadioGroup
11       android:id="@+id/Rgroup1"
12       android:visibility="invisible" >
13       <RadioButton
14           android:id="@+id/RdoDog"
15           android:text="강아지" />
16       ~~~~ 생략(라디오버튼 2개) ~~~~
17  </RadioGroup>
18  <Button
19       android:id="@+id/BtnOK"
20       android:text="선택 완료"
21       android:visibility="invisible" />
22  <ImageView
23       android:id="@+id/ImgPet"
24       android:visibility="invisible" />
```

**9, 12, 21, 24** 위젯이 보이지 않도록 설정한다. 12행의 RadioGroup에서 visibility 속성을 설정하면 그 안의 RadioButton은 visibility 속성을 설정하지 않아도 된다.

### 3 Java 코드 작성 및 수정

4 Android Studio의 Project Tree에서 [app]-[java]-[패키지 이름]-[MainActivity]를 더블 클릭해서 연다.

5 다음과 같은 변수를 전역변수로 선언한다.

- activity_main.xml의 9개 위젯에 대응할 위젯 변수 9개

**예제 4-29 Java 코드 1**

```
~~~~ 생략 ~~~~
public class MainActivity extends AppCompatActivity {
    TextView text1, text2;
    CheckBox chkAgree;
    RadioGroup rGroup1;
    RadioButton rdoDog, rdoCat, rdoRabbit;
    Button btnOK;
    ImageView imgPet;

```

```
@Override
public void onCreate(Bundle savedInstanceState) {
~~~~ 생략 ~~~~
```

❻ 각 위젯을 변수에 대입한다. onCreate() 메소드 안에서 처리한다.

**예제 4-30 Java 코드 2**

```
public void onCreate(Bundle savedInstanceState) {
    super.onCreate(savedInstanceState);
    setContentView(R.layout.activity_main);
    setTitle("애완동물 사진 보기");

    text1 = (TextView) findViewById(R.id.Text1);
    chkAgree = (CheckBox) findViewById(R.id.ChkAgree);

    text2 = (TextView) findViewById(R.id.Text2);
    rGroup1 = (RadioGroup) findViewById(R.id.Rgroup1);
    rdoDog = (RadioButton) findViewById(R.id.RdoDog);
    rdoCat = (RadioButton) findViewById(R.id.RdoCat);
    rdoRabbit = (RadioButton) findViewById(R.id.RdoRabbit);

    btnOK = (Button) findViewById(R.id.BtnOK);
    imgPet = (ImageView) findViewById(R.id.ImgPet);
}
```

❼ '시작함' 체크박스를 체크/언체크할 때마다 동작하는 리스너를 onCreate() 내부에 정의한다.

**예제 4-31 Java 코드 3**

```
chkAgree.setOnCheckedChangeListener(new CompoundButton.OnCheckedChange
                                   Listener() {
    public void onCheckedChanged(CompoundButton buttonView, boolean
                                   isChecked) {

        if (chkAgree.isChecked() == true) {
            text2.setVisibility(android.view.View.VISIBLE);
            rGroup1.setVisibility(android.view.View.VISIBLE);
            btnOK.setVisibility(android.view.View.VISIBLE);
            imgPet.setVisibility(android.view.View.VISIBLE);
        } else
        {
```

```
11             text2.setVisibility(android.view.View.INVISIBLE);
12             rGroup1.setVisibility(android.view.View.INVISIBLE);
13             btnOK.setVisibility(android.view.View.INVISIBLE);
14             imgPet.setVisibility(android.view.View.INVISIBLE);
15         }
16     }
17 });
```

**1** '시작함' 체크박스의 체크가 변경될 때의 리스너를 설정한다. View.OnCheckedChangeListener()가 아니라 CompoundButton.OnCheckedChangeListener()라는 점을 주의한다.

**2** onCheckedChanged() 메소드를 구현한다. 자동 완성된다.

**4** '시작함' 체크박스가 체크되어 있다면 실행된다.

**5~8** 숨겨졌던 위젯이 모두 보이도록 설정한다. 단, 라디오버튼은 일일이 설정할 필요 없이 라디오버튼을 포함하는 라디오그룹만 보이도록 설정하면 된다. 보이거나 안 보이도록 설정하는 상수는 android.view.View 클래스에 지정되어 있는데 VISIBLE/INVISIBLE로 구분된다.

**11~14** 체크가 꺼지면 위젯을 모두 숨긴다.

**8** 〈선택 완료〉를 클릭하면 동작하는 리스너를 정의한다. 역시 onCreate() 내부에 정의한다.

**예제 4-32 Java 코드 4**

```
1  btnOK.setOnClickListener(new View.OnClickListener() {
2      public void onClick(View arg0) {
3          int checkedRadio = rGroup1.getCheckedRadioButtonId();
4          if (checkedRadio == R.id.RdoDog)
5              imgPet.setImageResource(R.drawable.dog);
6          else if (checkedRadio == R.id.RdoCat)
7              imgPet.setImageResource(R.drawable.cat);
8          else if (checkedRadio == R.id.RdoRabbit)
9              imgPet.setImageResource(R.drawable.rabbit);
10         else
11             Toast.makeText(getApplicationContext(), "동물 먼저 선택하세요",
                       Toast.LENGTH_SHORT).show();
12     }
13 });
```

**1** 〈선택 완료〉를 클릭했을 때의 리스너를 설정한다.

**2** onClick() 메소드를 구현한다. 자동 완성된다.

**3~11** if~else if 문으로 다중 분기를 한다. getCheckedRadioButtonId()는 현재 라디오그룹에서 선택된 라디오버튼의 아이디 값을 반환한다.

**4, 5** 아이디 값이 강아지 라디오버튼이면 drawable 폴더의 dog 그림을 이미지뷰에 출력한다.

**10, 11** 라디오버튼 중에서 아무것도 선택되지 않았다면 토스트 메시지를 보여준다. 토스트는 2장의 [예제 2-3]에서 잠깐 설명했으며 자세한 내용은 7장에서 다룰 것이다.

### 4 프로젝트 실행 및 결과 확인

❾ 프로젝트를 실행하여 결과를 확인한다. [그림 4-9]와 같은 화면이 나올 것이다.

### 5 안드로이드 응용 프로그램 개발 완료

❿ 애완동물 사진 보기 프로젝트를 완료했다.

이상으로 안드로이드 기본 위젯의 XML 속성과 Java 코딩 방식에 대해 알아보았다. 중요한 내용은 View 클래스의 위젯이 어떻게 상속받는지와 XML 속성을 사용하는 방식이다. 이 장의 내용은 앞으로 계속 활용될 것이니 이해하지 못했다면 복습하기 바란다.

▶ **직접 풀어보기 4-4**

[실습 4-2]를 다음과 같이 수정하라.

- '좋아하는 안드로이드 버전은?'으로 질문을 변경한다.
- '시작함'을 스위치로 변경한다.
- 〈선택 완료〉를 없애고, 라디오버튼을 선택할 때마다 즉시 해당 이미지가 나오도록 변경한다.
- 마지막에 〈종료〉와 〈처음으로〉 버튼을 추가한다. 〈종료〉를 클릭하면 응용 프로그램이 완전히 종료되게 하고, 〈처음으로〉를 클릭하면 다시 초기화되고 처음 화면이 나오게 한다.

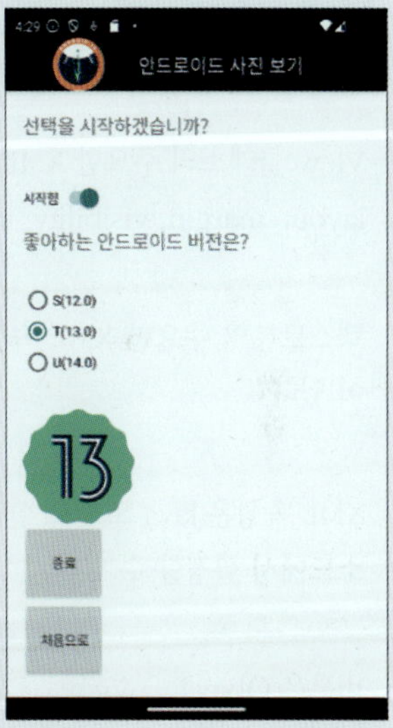


그림 4-11 안드로이드 사진 보기 앱

## 요약

1 위젯은 넓은 의미로 View 클래스 하위의 모든 클래스를 지칭하고, 좁은 의미로 버튼, 텍스트뷰, 체크박스 등 눈에 보이는 요소를 지칭한다. 그리고 위젯을 담는 틀을 레이아웃이라고 한다.

2 이 장에서 사용한 위젯의 View 클래스 계층도는 다음과 같다.

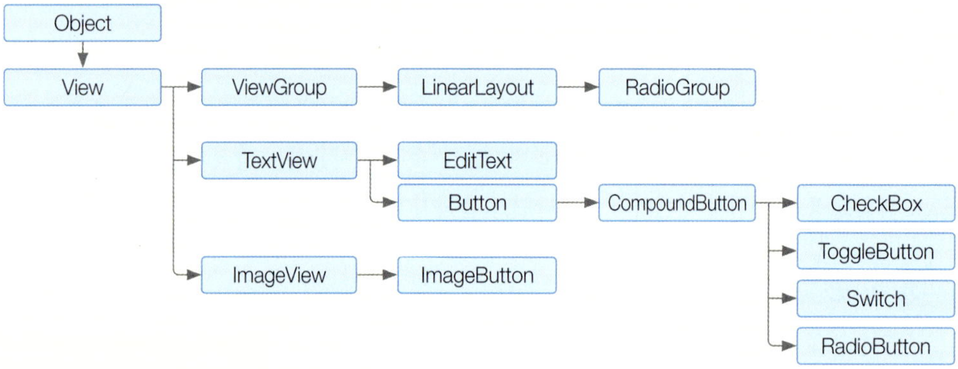


3 View 클래스의 주요한 XML 속성으로는 id, layout_width, layout_height, background, padding, layout_margin, visibility, enable, clickable, rotation 등이 있다.

4 텍스트뷰의 주요한 XML 속성으로는 text, textColor, textSize, typeface, textStyle, singleLine 등이 있다.

5 XML 속성은 Java 코드로 설정할 수 있다. 예를 들어 background 속성은 setBackgroundColor( ) 메소드에서 설정할 수 있다.

6 버튼은 Object → View → TextView → Button의 상속 관계를 갖는다. 그러므로 View와 TextView의 XML 속성 및 메소드를 대부분 동일하게 사용할 수 있다.

7 버튼의 Java 코드는 다음의 세 단계를 거쳐 작성한다.

❶ 버튼 변수 선언

```
Button  mybutton;
```

❷ 변수에 버튼 위젯 대입

```
mybutton = (Button) findViewById(R.id.button1);
```

❸ 버튼을 클릭할 때 동작하는 클래스 정의

```
mybutton.setOnClickListener( new View.OnClickListener() {
    public void onClick(View v) {
        // 동작 내용을 이 부분에 코딩
    }
});
```

**8** 에디트텍스트의 입력값을 가져오는 코드는 다음과 같다.

```
String myStr =  myEdit.getText().toString();
```

**9** 이미지뷰와 이미지버튼의 XML 속성으로는 이미지의 경로를 나타내는 src, 이미지의 크기를 지정하는 maxHeight/maxWidth, 이미지의 확대/축소 방식을 지정하는 scaleType 등이 있다.

**10** 컴파운드버튼(CompoundButton)의 하위 클래스는 체크박스(CheckBox), 라디오버튼(RadioButton), 스위치(Switch), 토글버튼(ToggleButton)이다.

**11** 체크박스의 Java 코드는 다음의 세 단계를 거쳐 작성한다.

❶ 체크박스 변수 선언

```
CheckBox mycheck;
```

❷ 변수에 체크박스 위젯 대입

```
mycheck = (CheckBox) findViewById(R.id.android);
```

❸ 체크박스가 변경될 때 동작하는 클래스 정의

```
mycheck.setOnCheckedChangeListener(new OnCheckedChangeListener() {
    public void onCheckedChanged(CompoundButton arg0, boolean arg1) {
        // 동작 내용을 이 부분에 코딩
    }
});
```

**12** 라디오버튼은 보통 라디오그룹 안에 여러 개를 포함하여 사용한다.

**13** 이미지를 사용하려면 그림 파일을 [res]−[drawable] 폴더에 미리 복사해놓아야 한다.

## 연습문제

**1** 안드로이드에서 위젯이라고 부르지 <u>않는</u> 것은?

❶ 버튼
❷ 텍스트뷰
❸ 레이아웃
❹ 이미지뷰

**2** 가장 하위 단계의 클래스는?

❶ ViewGroup
❷ Gallery
❸ CompoundButton
❹ ProgressBar

**3** 위젯의 아이디를 통해 접근하는 메소드는?

❶ findIDByView
❷ findViewUsingId
❸ findViewById
❹ findWidgetById

**4** 위젯의 크기를 화면에 꽉 차도록 설정하는 속성값은?

❶ wrap_content
❷ match_parent
❸ match_content
❹ wrap_parent

**5** import문을 자동 추가하는 Android Studio의 단축키는?

❶ Space Bar + Enter
❷ Ctrl + Enter
❸ Shift + Enter
❹ Alt + Enter

6 다음 그림은 리니어레이아웃에 버튼 2개가 들어 있는 상태이다. 그림과 같이 여백을 설정하기 위해 리니어레이아웃과 버튼 1에 각각 1개씩의 XML 속성 및 값을 설정하시오.

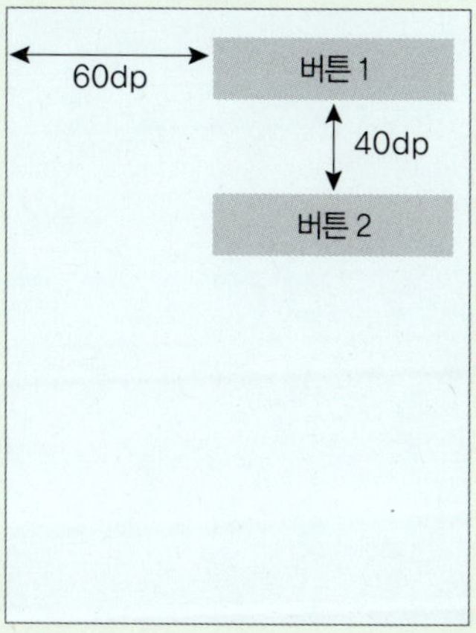


7 체크박스를 선택할 때마다 버튼의 속성이 설정되도록 프로젝트를 작성하시오.

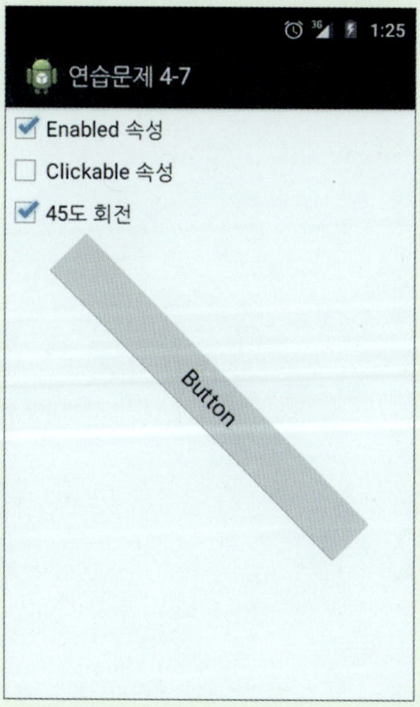

## 연습문제

**8** 에디트텍스트의 키가 눌릴 때마다 바뀐 글자가 토스트 메시지로 나오도록 프로젝트를 작성하시오.

힌트 에디트텍스트의 setOnKeyListener( )를 사용한다.

**9** 버튼에도 이미지를 넣을 수 있다. 다음과 같이 버튼을 클릭하면 이미지가 10도씩 회전하도록 프로젝트를 작성하시오.

힌트 버튼의 XML 속성 중 drawableLeft, drawableRight 등을 이용한다.

CHAPTER 05

# 레이아웃 익히기

**학습목표**

- 레이아웃의 개념을 이해한다.
- 화면을 다양한 레이아웃으로 구성한다.
- Java 코드만으로 화면을 작성한다.

# 01 레이아웃의 개요

버튼, 텍스트뷰, 에디트텍스트 등 안드로이드에서 사용하는 위젯은 레이아웃이라는 틀 위에 존재해야 한다. 레이아웃은 위젯을 배치하여 안드로이드 화면을 목적에 맞게 배열할 수 있게 한다.

## 1 레이아웃의 기본 개념

레이아웃 계층도

```
java.lang.Object
  └ android.view.View
    └ android.widget.ViewGroup
      └ android.widget.LinearLayout
        └ android.widget.TableLayout
      └ android.widget.RelativeLayout
      └ android.widget.FrameLayout
      └ android.widget.GridLayout
```

레이아웃은 ViewGroup 클래스로부터 상속받으며 내부에 무엇을 담는 용도로 쓰인다. 즉 레이아웃 안에 존재하는 위젯을 배치하게 해준다. 레이아웃 중에서 가장 많이 사용되는 것은 리니어레이아웃이며, 이를 선형 레이아웃이라고도 한다.

레이아웃에는 다음과 같은 대표적인 속성이 있다. 레이아웃에만 적용되는 것은 아니지만 레이아웃에서 자주 사용되는 속성이다.

- orientation: 레이아웃 안에 배치할 위젯의 수직 또는 수평 방향을 설정한다.
- gravity: 레이아웃 안에 배치할 위젯의 정렬 방향을 좌측, 우측, 중앙 등으로 설정한다.
- padding: 레이아웃 안에 배치할 위젯의 여백을 설정한다. (padding은 layout_margin과 함께 4장에서 다루었다.)
- layout_weight: 레이아웃이 전체 화면에서 차지하는 공간의 가중값을 설정하는데, 여러 개의 레이아웃이 중복될 때 주로 사용한다.
- baselineAligned: 레이아웃 안에 배치할 위젯을 보기 좋게 정렬한다.

레이아웃도 View 클래스의 하위 클래스이므로 View 클래스의 XML 속성과 메소드를 모두 사용할 수 있다.

## 2 레이아웃의 종류

자주 사용되는 레이아웃은 리니어레이아웃(LinearLayout), 렐러티브레이아웃(RelativeLayout), 프레임레이아웃(FrameLayout), 테이블레이아웃(TableLayout), 그리드레이아웃(GridLayout) 등이다.

TIP 절대 좌푯값으로 지정하는 앱솔루트레이아웃(AbsoluteLayout)도 있었으나 해상도가 다른 안드로이드폰에서 문제가 발생하여 더 이상 사용하지 않는다.

각 레이아웃의 기본 형태는 다음과 같다.

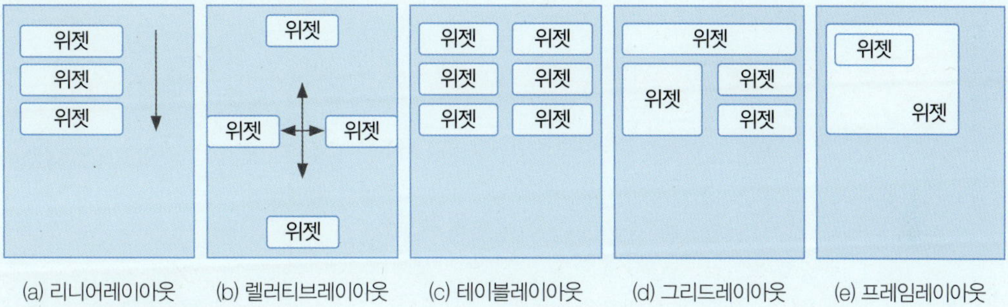


**그림 5-1 레이아웃의 종류**

**▶ 리니어레이아웃(선형 레이아웃)**

레이아웃의 왼쪽 위부터 아래쪽 또는 오른쪽으로 차례로 배치한다.

**▶ 렐러티브레이아웃(상대 레이아웃)**

위젯 자신이 속한 레이아웃의 상하좌우 위치를 지정하여 배치하거나 다른 위젯으로부터 상대적인 위치를 지정한다.

**▶ 테이블레이아웃**

행과 열의 개수를 지정한 테이블 형태로 위젯을 배열한다.

**▶ 그리드레이아웃**

테이블레이아웃과 비슷하지만 행 또는 열을 확장하여 다양하게 배치할 때 더 편리하다.

**▶ 프레임레이아웃**

위젯을 왼쪽 위에 일률적으로 겹쳐서 배치하여 중복되어 보이는 효과를 낼 수 있다. 여러 개의 위젯을 배치한 후 상황에 따라서 필요한 위젯을 보이는 방식에 주로 활용된다.

리니어레이아웃만으로도 대부분의 레이아웃 형태를 구성할 수 있어 리니어레이아웃의 사용도가 가장 높다. 그러므로 리니어레이아웃만 잘 이해하면 다른 레이아웃도 쉽게 이해할 수 있다.

TIP 2016년 5월에 구글 I/O에서 새로운 ConstraintLayout을 소개했다. ConstraintLayout은 RelativeLayout과 상당히 비슷하지만, 개발자가 인터페이스를 더욱 풍부한 방식으로 표현할 수 있도록 다양한 방법을 제공한다. ConstraintLayout은 Android Studio 3.0 이상부터 원활하게 사용할 수 있다. 이 책에서는 디자인 측면을 그다지 고려하지 않기 때문에 ConstraintLayout을 사용하지 않지만, 향후 디자인 측면까지 고려한다면 RelativeLayout보다 유용하게 사용할 수 있을 것이다. ConstraintLayout에 대한 자세한 내용은 https://developer.android.com/training/constraint-layout을 참조한다.

# 02 리니어레이아웃

가장 많이 사용되는 리니어레이아웃의 사용법과 속성을 알아보자. 다른 레이아웃에도 공통적으로 적용되는 부분이 많다.

## 1 기본 리니어레이아웃의 형태

### orientation 속성

앞의 실습에서 이미 리니어레이아웃을 사용해보았다. 안드로이드 프로젝트를 처음 생성하면 activity.xml 파일이 만들어지고, activity.xml 안에는 텍스트뷰 1개가 기본적으로 생성된 리니어레이아웃이 존재한다.

```
<LinearLayout   xmlns:android="http://schemas.android.com/apk/res/android"
    xmlns:tools="http://schemas.android.com/tools"
    android:layout_width="match_parent"
    android:layout_height="match_parent"
    android:orientation="vertical" >

    ~~~~ 이곳에 위젯 배치 ~~~~

</LinearLayout>
```

리니어레이아웃의 가장 기본적인 속성은 orientation이며, 값으로 vertical과 horizontal을 설정할 수 있다. vertical은 리니어레이아웃 안에 포함될 위젯의 배치를 왼쪽 위부터 수직 방향으로 쌓겠다는 의미이고, horizontal은 수평 방향으로 쌓겠다는 의미이다.

**예제 5-1 orientation 속성이 vertical인 XML 코드**

```
<LinearLayout
    android:orientation="vertical" >
    <Button
        android:layout_width="wrap_content"
```

```
5          android:layout_height="wrap_content"
6          android:text="Button" />
7      <TextView
8          android:text="TextView" />
9      <CheckBox
10         android:text="CheckBox" />
11     <RadioButton
12         android:text="RadioButton" />
13     <Switch
14         android:text="Switch" />
15 </LinearLayout>
```

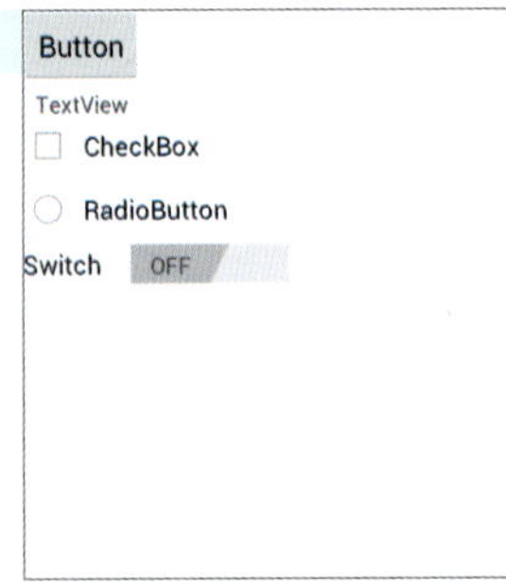


위와 같이 orientation 속성을 vertical로 설정하면 리니어레이아웃에 포함된 위젯이 수직 방향, 즉 위에서 아래로 차곡차곡 쌓인다. 4, 5행을 보면 layout_width와 layout_height가 내용에 맞게 조절되는 wrap_content로 되어 있다.

이번에는 리니어레이아웃의 orientation 속성을 horizontal로 바꿔보자.

**예제 5-2 orientation 속성이 horizontal인 XML 코드**

```
1  <LinearLayout
2      android:orientation="horizontal" >
3      <Button
4          android:layout_width="wrap_content"
5          android:layout_height="wrap_content"
6          android:text="Button" />
7      <TextView
8          android:text="TextView" />
9          ~~~~ 생략 ~~~~
10 </LinearLayout>
```

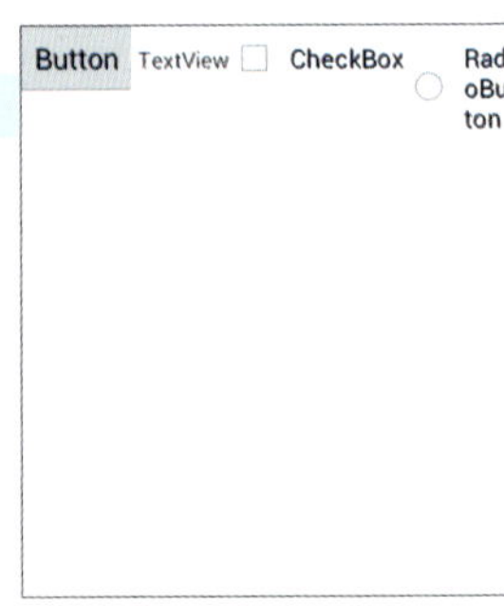


레이아웃 안의 위젯이 수평 방향으로 배열되었다. 그런데 마지막 스위치 위젯이 보이지 않는다. 위젯이 많아서 화면이 넘어가면 자동으로 보이지 않기 때문이다. 만약에 4행의 layout_width를 match_parent로 변경하면 버튼이 화면의 전체 폭을 차지한다. 그런 상황에서 나머지 위젯을 수평으로 배열하려고 하니 버튼 외에는 보이지 않는 것이다. 초보자가 화면을 배열할 때 흔히 실수하는 부분이다.

## gravity와 layout_gravity 속성

gravity 속성으로 레이아웃 안의 위젯을 어디에 배치할 것인지를 결정하며 값으로 left, right, center, top, bottom 등을 사용할 수 있다. 2개를 조합하여 right|bottom처럼 사용할 수도 있는데, 이는 오른쪽 아래에 정렬한다는 의미이다.

**예제 5-3 gravity 속성의 XML 코드**

```
1  <LinearLayout
2      android:orientation="vertical"
3      android:gravity="right|bottom" >
4      <Button
5          android:layout_width="wrap_content"
6          android:layout_height="wrap_content"
7          android:text="Button" />
8      <TextView
9          android:text="TextView" />
10         ~~~~ 생략 ~~~~
11 </LinearLayout>
```

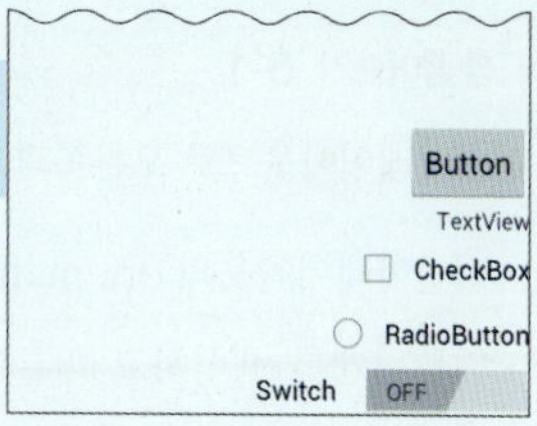


3행에서 레이아웃에 gravity를 지정했기 때문에 레이아웃 안에 들어 있는 5개의 위젯이 오른쪽 아래에 몰려서 정렬되었다. gravity의 값을 바꿔보면 용도를 쉽게 이해할 수 있다.

gravity 속성이 자신에게 포함된 자식(주로 위젯)을 어디에 위치시킬지를 결정한다면, layout_gravity 속성은 자신의 위치를 부모(주로 레이아웃)의 어디에 위치시킬지를 결정한다. 그래서 gravity는 레이아웃에, layout_gravity는 위젯에 주로 지정한다. 다음 예제를 살펴보자.

**예제 5-4 layout_gravity 속성의 XML 코드**

```
<LinearLayout
    android:orientation="vertical" >
    <Button
        android:layout_gravity="right"
        android:text="오른쪽" />
    <Button
        android:layout_gravity="center"
        android:text="중앙" />
    <Button
        android:layout_gravity="left"
        android:text="왼쪽" />
</LinearLayout>
```

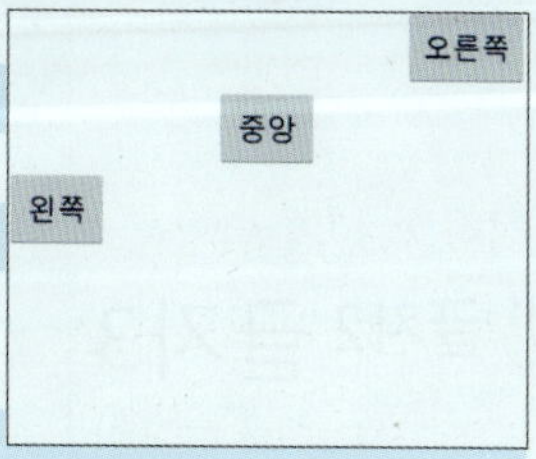

2행에서 orientation을 vertical로 설정했으므로 위젯이 수직으로 배열된다. layout_gravity가 right이면 자신을 부모(여기서는 리니어레이아웃)의 오른쪽에, center이면 중앙에, left이면 왼쪽에 위치시킨다. 2행의 orientation을 horizontal로 설정하여 위젯을 수평으로 쌓는다면 4행, 10행에서 layout_gravity를 right, left 대신에 top, bottom으로 설정하면 된다.

TIP gravity와 layout_gravity 속성에 사용할 수 있는 값으로 center_vertical, center_horizontal, fill, fill_vertical, fill_horizontal, clip_vertical, clip_horizontal, start, end 등도 있다.

▶ **직접 풀어보기 5-1**

리니어레이아웃으로 오른쪽과 같은 화면을 구성하는 XML을 작성하라.

- 리니어레이아웃의 orientation 속성을 vertical로 설정한다.
- 버튼 3개를 생성하고 버튼의 layout_width는 110dp로, layout_height는 100dp로 한다.

**힌트** 버튼에 gravity와 layout_gravity 속성을 모두 지정해야 한다.

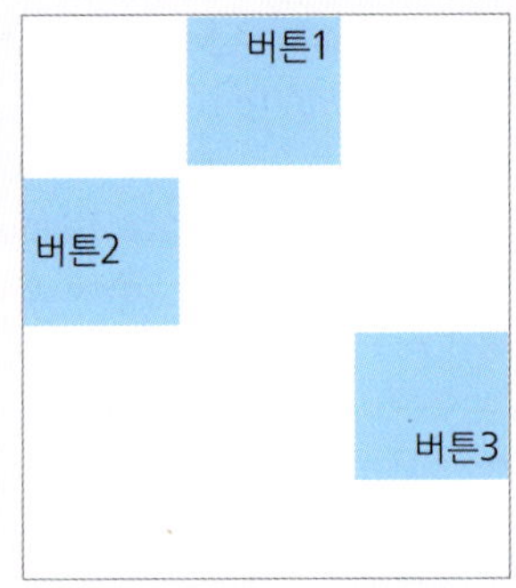


**그림 5-2 리니어레이아웃 활용**

## baselineAligned 속성

baselineAligned 속성은 크기가 다른 위젯들을 보기 좋게 정렬해주는 것으로 true와 false를 지정할 수 있다. [그림 5-3]의 (a)는 리니어레이아웃에 baselineAligned를 false로 지정한 것이고, (b)는 생략하거나 true로 지정한 것이다.

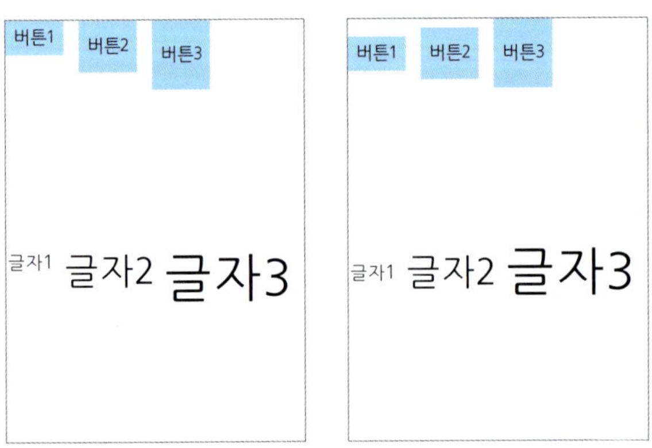


(a) false로 지정 (b) 생략하거나 true로 지정

**그림 5-3 baselineAligned 속성**

[그림 5-3]의 (b)는 버튼을 중앙에 맞춰서 정렬하고 텍스트뷰를 아래쪽에 맞춰서 정렬하여 더 보기 좋다. baselineAligned 속성의 디폴트 값은 true이므로 생략해도 잘 배치되기 때문에 특별히 신경 쓰지 않아도 된다.

## 2 중복 리니어레이아웃의 형태

안드로이드 화면을 구성하다 보면 [그림 5-4]와 같이 한 화면에서 위젯을 수평과 수직으로 다양하게 배치해야 하는 경우가 종종 있다. [그림 5-4]와 같이 구성하려면 리니어레이아웃 안에 리니어레이아웃을 생성하는 방식을 사용해야 한다. 이러한 중복 레이아웃은 기본적으로 다음과 같은 형태를 갖춰야 한다.

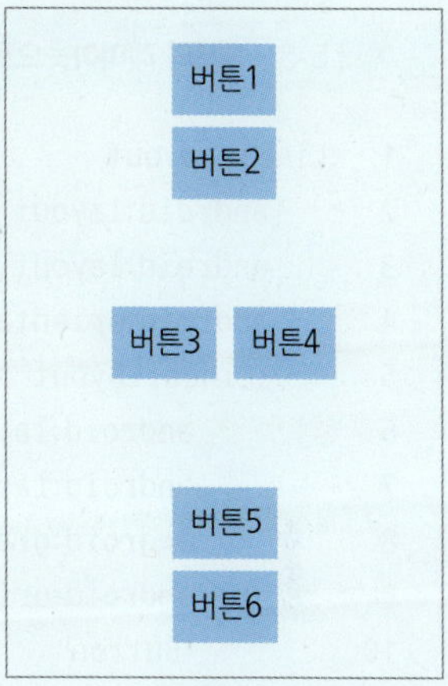


그림 5-4 다양한 배치의 레이아웃

```
<LinearLayout>

    <LinearLayout>
        위젯…
    </LinearLayout>

    <LinearLayout>
        위젯…
    </LinearLayout>

    <LinearLayout>
        위젯…
    </LinearLayout>

</LinearLayout>
```

즉 바깥의 큰 리니어레이아웃을 3개의 작은 리니어레이아웃으로 분류한 후 각 리니어레이아웃 안에 필요한 위젯을 배치하는 방식을 사용한다. 이는 안드로이드 화면 배치 방식 중 가장 많이 사용되는 것이다. 레이아웃을 중복해서 배치하려면 다음과 같은 리니어레이아웃의 XML 속성을 좀 더 알아볼 필요가 있다.

### layout_weight 속성

리니어레이아웃을 여러 개 사용할 경우 각 레이아웃의 크기를 지정해야 한다. 레이아웃을 화면 전체에 채워야 하기 때문에 dp, px 등의 단위로 지정하기보다는 주로 전체 화면에 대한 비율(%)로 지정한다. 이때 사용하는 것이 layout_weight 속성이다. 우선 [그림 5-4]처럼 큰 리니어레이아웃 안에 3개의 리니어레이아웃을 배치하고 각 레이아웃에 버튼을 2개씩 넣은 화면을 구성해보자.

**예제 5-5 3개의 레이아웃으로 구분한 XML 코드**

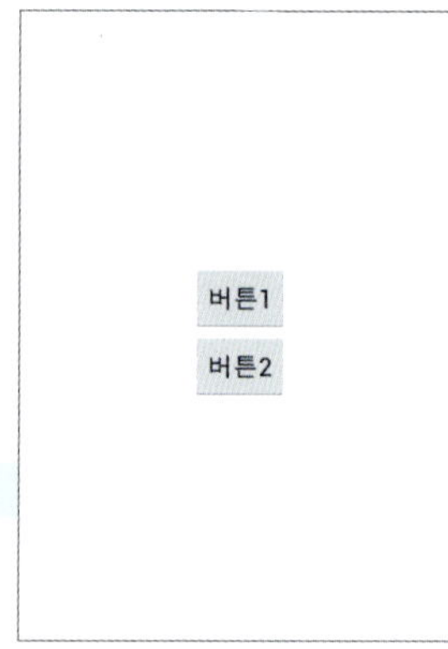


```
<LinearLayout
    android:layout_width="match_parent"
    android:layout_height="match_parent"
    android:orientation="vertical" >
    <LinearLayout
        android:layout_width="match_parent"
        android:layout_height="match_parent"
        android:gravity="center"
        android:orientation="vertical" >
        <Button
            android:text="버튼1" />
        <Button
            android:text="버튼2" />
    </LinearLayout>
    <LinearLayout
        android:layout_width="match_parent"
        android:layout_height="match_parent"
        android:background="#00FF00"
        android:gravity="center"
        android:orientation="horizontal" >
        <Button
            android:text="버튼3" />
        <Button
            android:text="버튼4" />
    </LinearLayout>
    <LinearLayout
        android:layout_width="match_parent"
        android:layout_height="match_parent"
        android:background="#0000FF"
        android:gravity="center"
        android:orientation="vertical" >
        <Button
            android:text="버튼5" />
        <Button
            android:text="버튼6" />
```

```
36      </LinearLayout>
37 </LinearLayout>
```

**6, 7, 16, 17, 27, 28** 레이아웃의 너비와 높이가 모두 화면에 꽉 차도록 설정한다.

**8, 19, 30** 레이아웃 안의 위젯들을 가운데 정렬한다.

**9, 20, 31** 레이아웃의 배열 방향을 설정한다. [그림 5-4]와 같이 되도록 가운데 레이아웃만 수평 방향으로 설정한다.

결과는 기대와 달리 첫 번째 레이아웃의 버튼만 보인다. 이를 해결하기 위해 [예제 5-5]의 7행, 17행, 28행의 android:layout_height="match_parent"를 android:layout_height="wrap_content"로 바꿔보자. 그리고 레이아웃마다 구분되어 보이도록 내부에 있는 3개의 레이아웃에 background 속성을 지정하자.

**예제 5-6 layout_height를 wrap_content로 변경**

```
<LinearLayout
    android:orientation="vertical" >
    <LinearLayout
        android:layout_width="match_parent"
        android:layout_height="wrap_content"
        ~~~~ 생략 ~~~~
    </LinearLayout>
    <LinearLayout
        android:layout_width="match_parent"
        android:layout_height="wrap_content"
        ~~~~ 생략 ~~~~
    </LinearLayout>
    <LinearLayout
        android:layout_width="match_parent"
        android:layout_height="wrap_content"
        ~~~~ 생략 ~~~~
    </LinearLayout>
</LinearLayout>
```

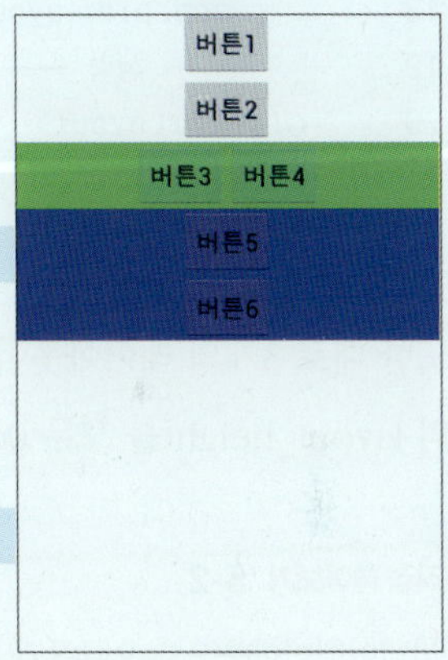


3개의 레이아웃이 모두 보이기는 하지만 기대한 것처럼 화면을 꽉 채우지는 않는다. 이때 필요한 것이 layout_weight 속성으로, 이를 통해 각 레이아웃의 가중값을 지정할 수 있다. 세 레이아웃의 높이를 동일하게 하고 싶다면 layout_weight를 모두 1로 지정하면 된다. 또한 layout_height를 다시 match_parent로 변경한다.

**예제 5-7 layout_weight를 1로 지정**

```
1  <LinearLayout
2      android:orientation="vertical" >
3      <LinearLayout
4          android:layout_width="match_parent"
5          android:layout_height="match_parent"
6          android:layout_weight="1"
7          ~~~~ 생략 ~~~~
8      </LinearLayout>
9      <LinearLayout
10         android:layout_width="match_parent"
11         android:layout_height="match_parent"
12         android:layout_weight="1"
13         ~~~~ 생략 ~~~~
14     </LinearLayout>
15     <LinearLayout
16         android:layout_width="match_parent"
17         android:layout_height="match_parent"
18         android:layout_weight="1"
19         ~~~~ 생략 ~~~~
20     </LinearLayout>
21 </LinearLayout>
```

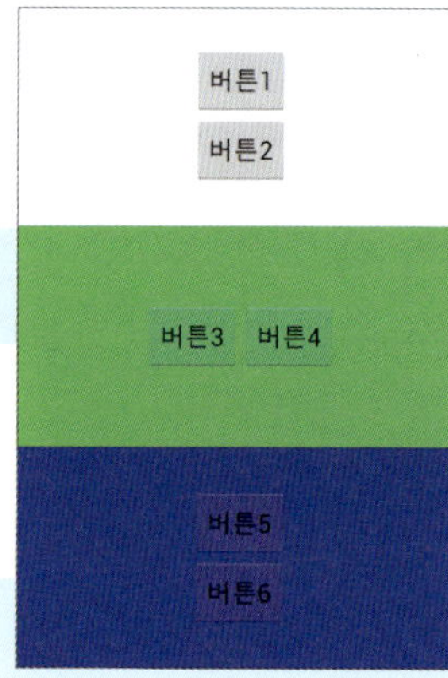


의도한 대로 3개의 레이아웃이 1:1:1 비율로 출력되었다. 비율을 다르게 하고 싶다면 5행, 11행, 17행의 layout_height를 모두 0dp로 설정한 다음 layout_weight를 원하는 비율로 지정하면 된다.

▶ **직접 풀어보기 5-2**

리니어레이아웃으로 오른쪽과 같은 화면을 구성하는 XML을 작성하라. 단, 레이아웃이 구분되어 보이도록 각각 다른 색으로 지정한다.

**힌트** 레이아웃 안에 레이아웃을 여러 번 중첩해도 된다.

그림 5-5 중첩 리니어레이아웃

## 3 Java 코드로 화면 만들기

지금까지 작성한 프로젝트는 기본적으로 activity_main.xml에서 화면을 구성한 후 Java 파일(MainActivity.java)의 setContentView( ) 메소드로 화면을 출력했다.

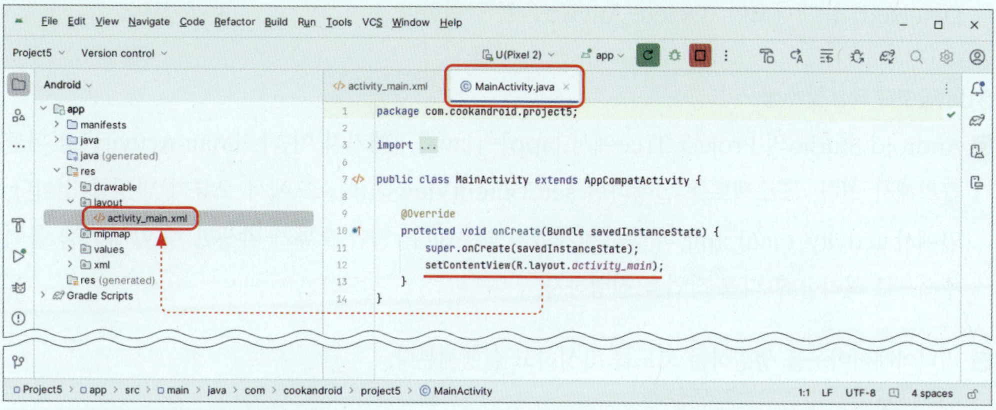


그림 5-6 XML과 Java 코드의 동작

2장에서 언급했듯이 메인 Java 코드의 setContentView( ) 메소드는 xml 파일을 화면에 출력하는 기능을 한다. 여기서 R.layout.activity_main은 바로 activity_main.xml 파일을 의미하므로, 우리가 구성한 activity_main.xml 파일이 화면에 출력되는 것이다. 이것이 가장 일반적인 안드로이드 프로젝트의 구성이다.

이번에는 XML 파일을 사용하지 않고 Java 코드만으로 화면을 구성하는 방법을 알아보자. 조금 복잡하기도 하고 자주 사용하는 방법은 아니지만 화면을 직접 구성해야 할 때 적용할 수 있다.

### 실습 5-1 XML 파일 없이 화면 코딩하기

버튼을 클릭하면 토스트 메시지가 출력되는 화면을 Java로만 코딩해보자.

그림 5-7 Java 코드만 사용한 프로젝트

#### 1 안드로이드 프로젝트 생성

❶ 새 프로젝트를 만든다. 프로젝트 이름은 'Project5_1', 패키지 이름은 'com.cookandroid.project5_1'로 한다. 그 외 규칙은 [실습 2-4]의 ❶~❹를 따른다.

### 2 화면 디자인 및 편집

**2** 이번 실습에는 XML 파일이 필요 없다. Android Studio의 Project Tree에서 [app]-[res]-[layout]-[activity_main.xml]을 마우스 오른쪽 버튼으로 클릭하고 [Delete]를 선택하여 삭제한다. [Delete] 창이 나오면 체크 버튼이 모두 켜진 상태에서 〈OK〉를 클릭하고, [Usage Detected] 창이 나오면 〈Delete Anyway〉를 클릭한다.

### 3 Java 코드 작성 및 수정

**3** Android Studio의 Project Tree에서 [app]-[java]-[패키지 이름]-[MainActivity]를 더블클릭해서 연다. 프로젝트를 실행하면 setContentView() 메소드에서 오류가 발생할 것이다. 앞에서 activity_main.xml 파일을 삭제했기 때문이다. 일단 오류가 발생한 행 앞에 //를 붙여 주석으로 처리한 후 다음 작업을 진행하자.

**4** 리니어레이아웃을 생성하는 코드를 작성하고 실행해본다.

**예제 5-8 리니어레이아웃을 생성하는 Java 코드**

```
1  public void onCreate(Bundle savedInstanceState) {
2      super.onCreate(savedInstanceState);
3      // setContentView(R.layout.activity_main);
4
5      LinearLayout.LayoutParams params = new LinearLayout.LayoutParams(
6              LinearLayout.LayoutParams.MATCH_PARENT,
7              LinearLayout.LayoutParams.MATCH_PARENT);
8
9      LinearLayout baseLayout = new LinearLayout(this);
10     baseLayout.setOrientation(LinearLayout.VERTICAL);
11     baseLayout.setBackgroundColor(Color.rgb(0, 255, 0));
12     setContentView(baseLayout, params);
13 }
```

**5~7** LinearLayout.LayoutParams 변수를 선언한다. 생성자에서 파라미터는 layout_width, layout_height 중 2개를 지정할 수 있다. 다음 XML 코드와 동일하다.

```
android:layout_width = "match_parent"
android:layout_height = "match_parent"
```

만약 layout_weight까지 지정해야 한다면 생성자에서 파라미터 3개를 전달한다. 예를 들어 layout_weight에 1을 지정하려면 파라미터를 (LinearLayout.LayoutParams.MATCH_

PARENT, LinearLayout.LayoutParams.MATCH_PARENT, 1)로 지정한다.

**9** 리니어레이아웃 변수를 선언한다. 다음 XML 코드와 동일하다.

```
<LinearLayout> </LinearLayout>
```

**10** 리니어레이아웃의 orientation 속성을 지정한다. 여기서는 VERTICAL로 지정했다. 다음 XML 코드와 동일하다.

```
android:orientation="vertical"
```

**11** 레이아웃의 색상을 지정한다. 색상을 지정하기 위해 Color.rgb() 정적 메소드를 사용했는데, 파라미터로 (red, green, blue)를 전달한다. 각 색상에서 16진수 0~FF를 사용할 수 있으므로 10진수로 0~255를 사용하면 된다. 다음 XML 코드와 동일하다.

```
android:background="#00FF00"
```

**12** 준비된 리니어레이아웃 변수를 화면에 출력한다. 파라미터로 레이아웃 클래스와 레이아웃을 사용한다. activity_main.xml 파일을 사용한 코드의 3행과 같은 역할을 한다. 즉 다음 XML 코드와 동일하다.

```
<LinearLayout
    android:layout_width="match_parent"
    android:layout_height="match_parent"
    android:background="#00FF00"
    android:orientation="vertical" >
</LinearLayout>
```

**5** 버튼을 만들고, 버튼을 클릭했을 때의 토스트 메시지를 작성하자. onCreate() 메소드 안에 이어서 코딩한다.

**예제 5-9 버튼을 생성하는 Java 코드**

```
1  Button  btn = new Button(this);
2  btn.setText("버튼입니다");
3  btn.setBackgroundColor(Color.MAGENTA);
4  baseLayout.addView(btn);
5
6  btn.setOnClickListener(new View.OnClickListener() {
7      public void onClick(View arg0) {
8          Toast.makeText(getApplicationContext(),
9                  "코드로 생성한 버튼입니다", Toast.LENGTH_SHORT).show();
10     }
11 });
```

**1** 버튼 변수를 생성한다.

**2** 버튼에 글자를 설정한다.

**3** 버튼에 색상을 지정한다. 색상을 지정하는 다른 방식으로 Color 클래스에 상수로 지정된 것을 사용해도 된다.

**4** 준비된 버튼을 레이아웃에 출력한다. baseLayout은 앞에서 생성한 리니어레이아웃이다. 필요하다면 addView( ) 메소드에 위젯 변수와 레이아웃 파라미터를 넘길 수도 있다. 지금은 위젯 변수만 넘기고 레이아웃 파라미터를 생략했는데, 이럴 경우 디폴트로 layout_width는 match_parent가 되고 layout_height는 wrap_content가 된다.

**6~11** 버튼을 클릭했을 때 동작하는 리스너를 코딩했다. [예제 5-9]의 1~4행은 다음의 XML 코드와 동일하다.

```
<Button
        android:layout_width="match_parent"
        android:layout_height="wrap_content"
        android:background="#FF00FF"
        android:text="버튼입니다." />
```

### 4 프로젝트 실행 및 결과 확인

**6** 이제 실행해보자. Android Studio 메뉴의 [Run As]–[Run 'app']을 선택하거나 [Run 'app'] 아이콘을 클릭하여 프로젝트를 실행한다. 〈버튼입니다〉를 클릭하면 [그림 5-7]과 같은 결과가 나올 것이다.

### 5 안드로이드 응용 프로그램 개발 완료

**7** 결과를 확인했으면 키패드의 돌아가기 버튼을 클릭하여 AVD의 초기화면으로 돌아간다.

여기서는 리니어레이아웃 1개와 버튼 1개만 생성했지만 여러 개의 레이아웃이나 다른 위젯도 거의 동일한 방식으로 생성할 수 있다.

▶ **직접 풀어보기 5-3**

오른쪽과 같은 화면을 XML 파일 없이 Java 코드만으로 작성하라.

- 레이아웃에 에디트텍스트 1개, 버튼 1개, 텍스트뷰 1개를 생성한다.
- 버튼을 클릭하면 에디트텍스트에 쓰인 문자열이 텍스트뷰에 나타나게 한다.

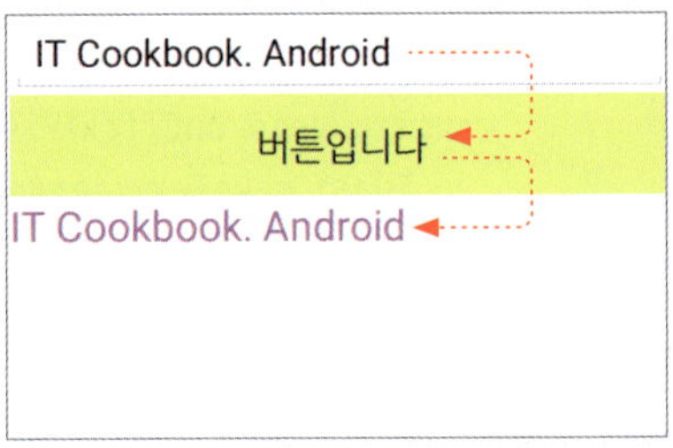


그림 5-8 XML 파일 없이 프로젝트 생성

# 03 기타 레이아웃

레이아웃에는 리니어레이아웃 외에도 렐러티브레이아웃, 프레임레이아웃, 테이블레이아웃, 그리드레이아웃이 있다. 리니어레이아웃보다 활용 빈도는 낮지만 리니어레이아웃으로 배치하기 어려울 때 사용하면 편리하니 잘 익혀두자.

## 1 렐러티브레이아웃

렐러티브레이아웃은 상대 레이아웃이라고도 하며, 이름처럼 레이아웃 내부에 포함된 위젯을 상대적인 위치로 배치한다. 렐러티브레이아웃 안에 포함된 위젯은 렐러티브레이아웃의 어디쯤에 위치시킬 것인지 지정해야 한다. 렐러티브레이아웃에 있는 위젯의 위치와 관련된 속성은 크게 두 부류로 나눌 수 있다. 즉 렐러티브레이아웃의 상하좌우에 배치하는 경우와 다른 위젯의 상대 위치에 배치하는 경우가 있다.

### 렐러티브레이아웃의 상하좌우에 배치

렐러티브레이아웃 안에 포함된 위젯의 속성 중 부모(레이아웃)의 어느 위치에 배치할지를 결정하는 속성은 모두 일곱 가지이다.

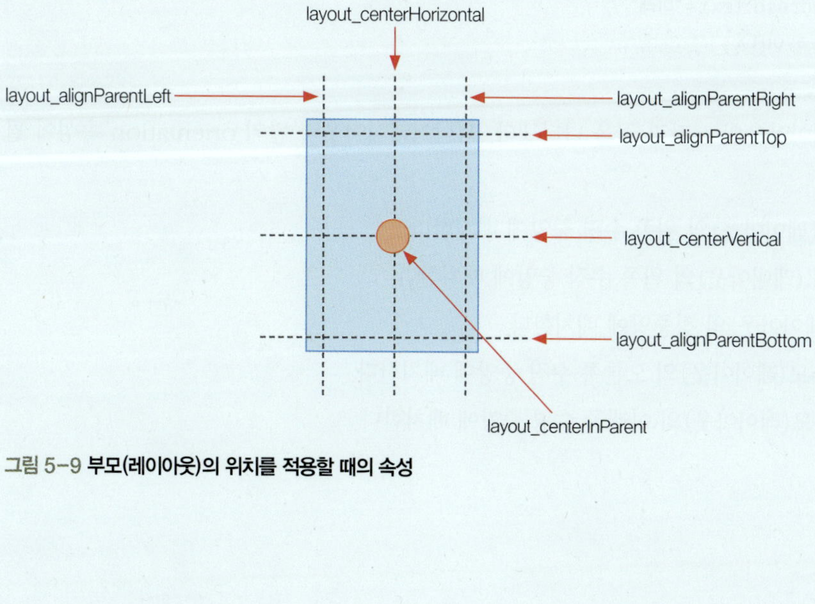


그림 5-9 부모(레이아웃)의 위치를 적용할 때의 속성

[그림 5-9]는 렐러티브레이아웃에 있는 위젯을 부모(렐러티브레이아웃)의 어느 부분에 위치시킬지를 보여준다. 각 속성의 값은 true 또는 false이다. 예를 들어 우측 하단에 위젯을 배치하려면 layout_alignParentBottom과 layout_alignParentRight 속성에 true를 설정하면 된다. 각 속성이 어떤 역할을 하는지 다음 예제에서 확인해보자.

**예제 5-10 렐러티브레이아웃의 XML 코드 1**

```
1  <RelativeLayout xmlns:android="http://~~~"
2      android:layout_width="match_parent"
3      android:layout_height="match_parent" >
4      <Button
5          android:layout_alignParentTop="true"
6          android:layout_centerHorizontal="true"
7          android:text="위쪽" />
8      <Button
9          android:layout_alignParentLeft="true"
10         android:layout_centerVertical="true"
11         android:text="좌측" />
12     <Button
13         android:layout_centerInParent="true"
14         android:text="중앙" />
15     <Button
16         android:layout_alignParentRight="true"
17         android:layout_centerVertical="true"
18         android:text="우측" />
19     <Button
20         android:layout_alignParentBottom="true"
21         android:layout_centerHorizontal="true"
22         android:text="아래" />
23 </RelativeLayout>
```

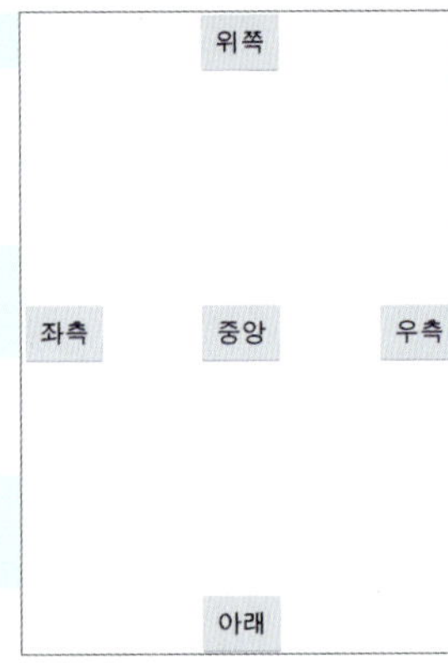


**1, 23** 렐러티브레이아웃의 시작과 끝을 나타낸다. 리니어레이아웃과 달리 orientation 속성이 필요 없다.

**5, 6** 버튼을 부모(레이아웃)의 위쪽 수평 중앙에 배치한다.

**9, 10** 버튼을 부모(레이아웃)의 왼쪽 수직 중앙에 배치한다.

**13** 버튼을 부모(레이아웃)의 정중앙에 배치한다.

**16, 17** 버튼을 부모(레이아웃)의 오른쪽 수직 중앙에 배치한다.

**20, 21** 버튼을 부모(레이아웃)의 아래쪽 수평 중앙에 배치한다.

### 다른 위젯의 상대 위치에 배치

렐러티브레이아웃 안에서 다른 위젯의 특정한 곳에 배치하는 방법도 있다. 다른 위젯과 관련된 속성은 다음 그림과 같다.

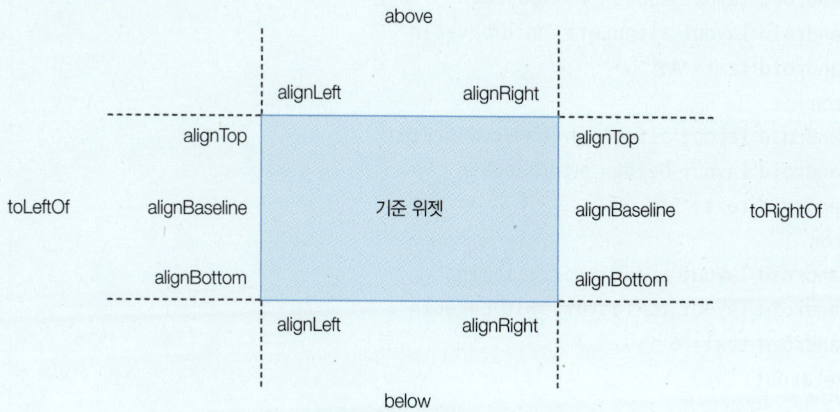


**그림 5-10 다른 위젯의 상대적인 위치를 적용할 때의 속성**

간략하게 나타내기 위해 [그림 5-10]에서 속성 이름의 layout_은 생략했다. 각 속성의 값에는 다른 위젯의 아이디를 지정하면 되는데 "@+id/기준 위젯의 아이디"와 같은 형식으로 사용한다.

다른 위젯의 상하좌우에는 layout_above, layout_below, layout_toLeftOf, layout_toRightOf 속성을 사용하고 다른 위젯의 상단, 중앙, 하단 기준에는 layout_alignTop, layout_alignBaseline, layout_alignBottom을 사용한다. 또한 다른 위젯의 좌측, 우측 기준에는 layout_alignLeft, layout_alignRight를 사용한다. 각 속성이 어떤 역할을 하는지 다음 예제에서 확인해보자.

**예제 5-11 렐러티브레이아웃의 XML 코드 2**

```
<RelativeLayout xmlns:android="http://~~"
    android:layout_width="match_parent"
    android:layout_height="match_parent" >
    <Button
        android:id="@+id/baseBtn"
        android:layout_width="150dp"
        android:layout_height="150dp"
        android:layout_centerHorizontal="true"
        android:layout_centerVertical="true"
        android:text="기준위젯" />
    <Button
        android:layout_alignTop="@+id/baseBtn"
```

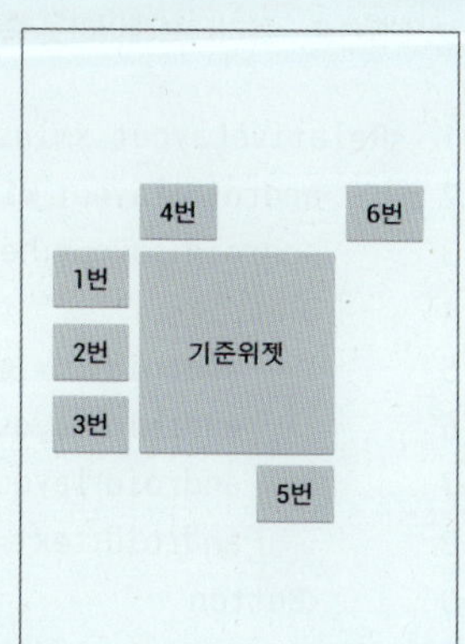

```
13          android:layout_toLeftOf="@+id/baseBtn"
14          android:text="1번" />
15          ~~~~ 생략(버튼 2개) ~~~~
16      <Button
17          android:layout_above="@+id/baseBtn"
18          android:layout_alignLeft="@+id/baseBtn"
19          android:text="4번" />
20      <Button
21          android:layout_alignRight="@+id/baseBtn"
22          android:layout_below="@+id/baseBtn"
23          android:text="5번" />
24      <Button
25          android:layout_above="@+id/baseBtn"
26          android:layout_toRightOf="@+id/baseBtn"
27          android:text="6번" />
28 </RelativeLayout>
```

**5~10** 기준이 될 위젯으로 높이와 너비를 150dp로 설정하고 레이아웃의 정중앙에 배치한다.

**12, 13** 기준 위젯의 상단 기준선, 왼쪽에 배치한다.

**17, 18** 기준 위젯의 위쪽, 왼쪽 기준선에 배치한다.

**21, 22** 기준 위젯의 오른쪽 기준선, 아래쪽에 배치한다.

**25, 26** 기준 위젯의 위쪽, 오른쪽에 배치한다.

렐러티브레이아웃에서는 하나의 위젯에 대한 상대적인 위치만 적용할 수 있는 것이 아니라 여러 위젯에 대한 상대적인 위치를 적용할 수도 있다. [예제 5-12]는 여러 위젯에 대한 상대적인 위치를 지정하는 방식을 보여준다. 〈1번〉은 〈기준1〉의 오른쪽과 〈기준2〉의 위쪽에 맞춰서 배치했으며, 〈2번〉은 〈기준1〉의 아래쪽과 레이아웃의 오른쪽 정렬을 조합하여 배치했다.

**예제 5-12 렐러티브레이아웃 속성을 조합한 XML 코드**

```
<RelativeLayout xmlns:android="http://~~"
    android:layout_width="match_parent"
    android:layout_height="match_parent" >
    <Button
        android:id="@+id/baseBtn1"
        android:layout_alignParentLeft="true"
        android:layout_alignParentTop="true"
        android:text="기준1" />
    <Button
        android:id="@+id/baseBtn2"
```

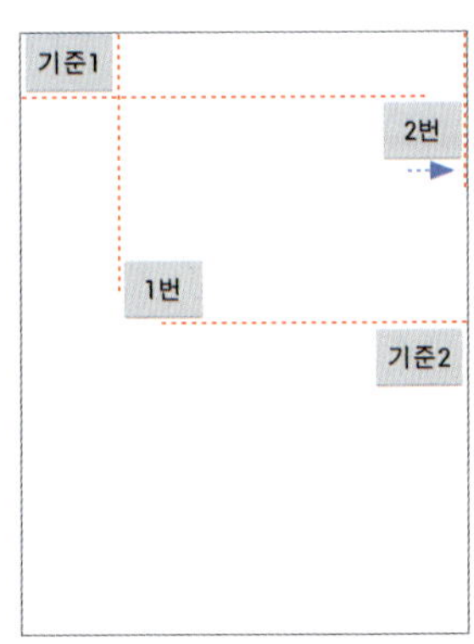

```
        android:layout_alignParentRight="true"
        android:layout_centerVertical="true"
        android:text="기준2" />
    <Button
        android:layout_above="@+id/baseBtn2"
        android:layout_toRightOf="@+id/baseBtn1"
        android:text="1번" />
    <Button
        android:layout_alignParentRight="true"
        android:layout_below="@+id/baseBtn1"
        android:text="2번" />
</RelativeLayout>
```

▶ **직접 풀어보기 5-4**

다음 화면의 XML 코드를 중복 리니어레이아웃과 렐러티브레이아웃으로 각각 작성하라. 텍스트뷰 1개, 에디트텍스트 1개, 버튼 2개로 구성한다.

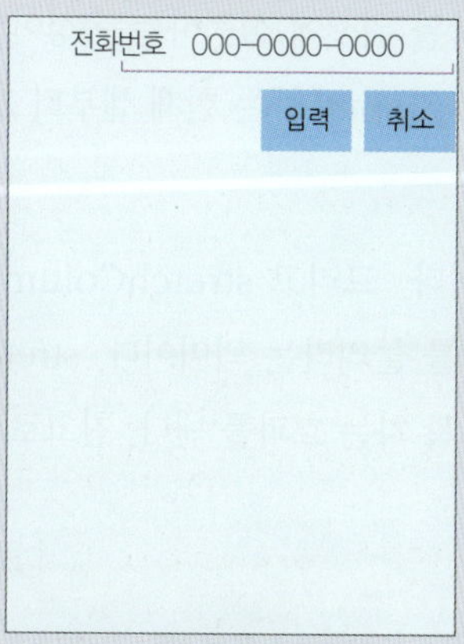


**그림 5-11 레이아웃 비교**

## 2 테이블레이아웃

테이블레이아웃은 위젯을 표 형태로 배치할 때 주로 활용된다. 테이블레이아웃을 사용하여 행과 열의 수를 정하고 그 안에 위젯을 배치하면 편리하다. 이때 〈TableRow〉를 함께 사용하는데 〈TableRow〉의 수가 바로 행의 수이다. 그리고 열의 수는 〈TableRow〉 안에 포함된 위젯의 수로 결정된다. 3행 4열의 테이블레이아웃은 다음 그림과 같다.

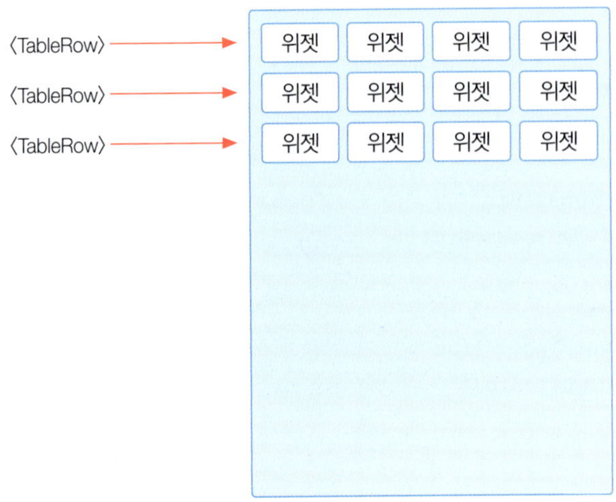


그림 5-12 테이블레이아웃의 개념

### 테이블레이아웃의 속성

테이블레이아웃에서 설정하는 속성에는 layout_span, layout_column, stretchColumns가 있다. layout_span과 layout_column은 테이블레이아웃 안에 포함된 위젯에 설정하는 속성이다. layout_span은 열을 합쳐서 표시하라는 의미로, 예를 들어 layout_span="2"는 현재 셀부터 2개의 셀을 합쳐서 표시해준다.

layout_column은 지정된 열에 현재 위젯을 표시하라는 의미이다. 그리고 stretchColumns는 〈TableLayout〉 자체에 설정하는 속성으로, 지정된 열의 너비를 늘리라는 의미이다. stretchColumns="*"는 각 셀을 모두 같은 크기로 확장하여 전체 화면이 꽉 차는 효과를 낸다. 참고로 열 번호는 0번부터 시작한다.

**예제 5-13 테이블레이아웃의 XML 코드**

```
<TableLayout xmlns:android="http://~~~"
      >
    <TableRow>
        <Button
            android:text="1" />
        <Button
            android:layout_span="2"
            android:text="2" />
        <Button
            android:text="3" />
    </TableRow>
    <TableRow>
```

```
13         <Button
14             android:layout_column="1"
15             android:text="4" />
16         <Button
17             android:text="5" />
18         <Button
19             android:text="6" />
20     </TableRow>
21 </TableLayout>
```

**3, 11, 12, 20** 행의 시작과 끝을 나타낸다. 〈TableRow〉가 2개이므로 2행짜리 테이블이다.

**7** 3~11행까지 테이블의 첫 번째 행에는 위젯이 3개 있으므로 원래 3열 테이블이지만, 7행에서 열을 2개로 확장했으므로 4열 테이블이 되었다. 즉 〈2〉는 열의 두 칸을 차지한다.

**14** 7행에 의해 4열 테이블이 되었으므로 0열, 1열, 2열에 차례대로 〈4〉, 〈5〉, 〈6〉을 배치하고 마지막 3열은 비워놓아야 한다. 하지만 14행에 의해 0열은 비워두고 1열부터 채웠다. 결과 화면을 참조하라.

테이블레이아웃 안에 포함된 위젯은 layout_width, layout_height 속성을 생략해도 된다. 뒤에서 살펴볼 그리드레이아웃도 마찬가지이다.

### 실습 5-2 테이블레이아웃 계산기 앱 만들기

[실습 4-1]에서 초간단 계산기를 만들었다. 이번에는 테이블레이아웃을 활용하여 숫자 버튼도 있는 계산기를 만들어보자. 비슷한 형태의 버튼이 여러 개 나오는데, Java 코드로 버튼을 배열로 처리하는 기법도 함께 익히자.

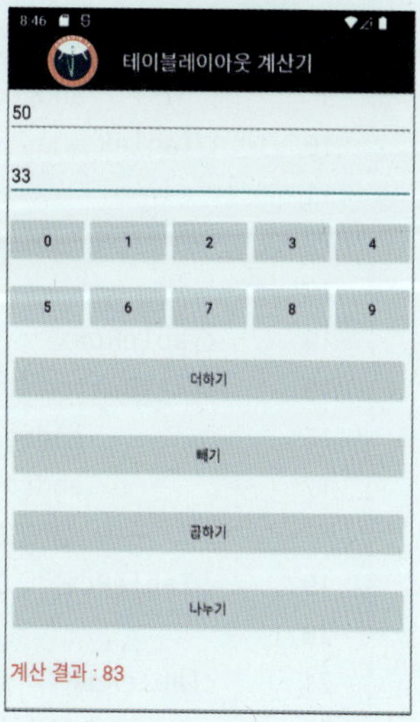


그림 5-13 테이블레이아웃 계산기 앱 결과 화면

### 1 안드로이드 프로젝트 생성

**1** 새 프로젝트를 만든다. 프로젝트 이름은 'Project5_2', 패키지 이름은 'com.cookandroid.project5_2'로 한다. 그 외 규칙은 [실습 2-4]의 **1**~**4**를 따른다.

### 2 화면 디자인 및 편집

**2** Android Studio의 Project Tree에서 [app]-[res]-[layout]-[activity_main.xml]을 더블 클릭해서 열고, 오른쪽 위의 [Code] 탭을 클릭하여 화면을 코딩한다. 다음과 같이 화면을 구성한다.

- TableLayout 1개와 TableRow 9개로 구성한다.
- 에디트텍스트 2개, 숫자 버튼 10개, 연산 버튼 4개, 텍스트뷰 1개를 생성한다.
- 각 연산 버튼 위젯에 layout_margin을 적절히 지정한다(예 5dp).
- 결과를 보여줄 텍스트뷰는 색상을 빨간색으로, 글자 크기를 20dp 정도로 한다.
- 각 위젯의 아이디는 위에서부터 차례로 Edit1, Edit2, BtnNum0~9, BtnAdd, BtnSub, BtnMul, BtnDiv, TextResult로 한다.

**예제 5-14 activity_main.xml**

```
<TableLayout xmlns:android="http://~~~"
    android:layout_width="match_parent"
    android:layout_height="match_parent" >

    <TableRow>
        <EditText
            android:id="@+id/Edit1"
            android:layout_span="5"
            android:hint="숫자1 입력" />
    </TableRow>

    ~~~~ 생략(TableRow 1개, 에디트텍스트 1개) ~~~~

    <TableRow>
        <Button
            android:id="@+id/BtnNum0"
            android:text="0" />
        ~~~~ 생략(숫자 버튼 4개) ~~~~
    </TableRow>

    <TableRow>
        ~~~~ 생략(숫자 버튼 5개) ~~~~
    </TableRow>

```

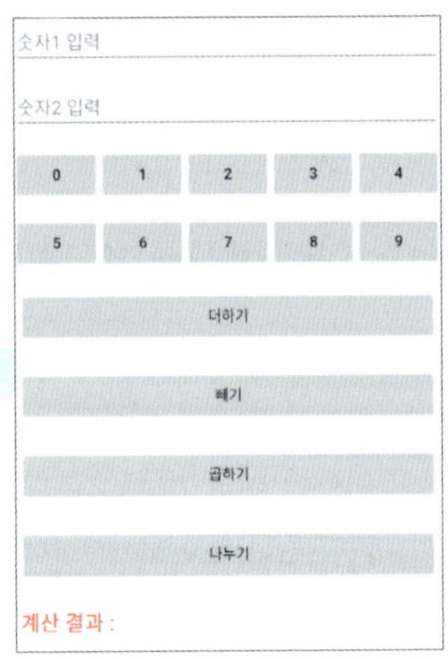

```
25      <TableRow>
26          <Button
27              android:id="@+id/BtnAdd"
28              android:layout_margin="5dp"
29              android:layout_span="5"
30              android:text="더하기" />
31      </TableRow>
32
33      ~~~~ 생략(TableRow 3개, 연산 버튼 3개) ~~~~
34
35      <TableRow>
36          <TextView
37              android:id="@+id/TextResult"
38              android:layout_margin="5dp"
39              android:layout_span="5"
40              android:text="계산 결과 : "
41              android:textColor="#FF0000"
42              android:textSize="20dp" />
43      </TableRow>
44 </TableLayout>
```

**5~10** 화면에 한 행으로 출력된다. TableRow가 총 9개 나온다.

**8, 29, 39** XML의 전체 구성을 보면 TableRow 1개에 위젯이 최대 5개 들어 있으므로 5열이 된다. 그런데 에디트텍스트와 연산 버튼이 위치한 TableRow에는 위젯이 1개씩만 들어가므로 5개 열을 합친 효과가 나타난다.

TIP 화면에 전체 버튼이 안 보이면 10개 숫자 버튼 모두에 android:layout_weight = "1" 속성을 추가한다.

### 3 Java 코드 작성 및 수정

❸ Android Studio의 Project Tree에서 [app]-[java]-[패키지 이름]-[MainActivity]를 더블 클릭해서 연다.

❹ 다음과 같은 변수를 전역변수로 선언한다.

- 숫자 버튼을 제외한 activity_main.xml의 7개 위젯에 대응할 위젯 변수 7개
- 입력될 2개 문자열을 저장할 문자열 변수 2개
- 계산 결과를 저장할 정수 변수 1개
- 10개 숫자 버튼을 저장할 버튼 배열
- 10개 버튼의 아이디를 저장할 정수형 배열
- 증가값으로 사용할 정수 변수

**예제 5-15 Java 코드 1**

```
1  ~~~~ 생략 ~~~~
2  public class MainActivity extends AppCompatActivity {
3      EditText edit1, edit2;
4      Button btnAdd, btnSub, btnMul, btnDiv;
5      TextView textResult;
6      String num1, num2;
7      Integer result;
8      Button[] numButtons = new Button[10];
9      Integer[] numBtnIDs = { R.id.BtnNum0, R.id.BtnNum1, R.id.BtnNum2, R.id.BtnNum3,
10             R.id.BtnNum4, R.id.BtnNum5, R.id.BtnNum6, R.id.BtnNum7,
11             R.id.BtnNum8, R.id.BtnNum9};
12     int i;
13
14
15     @Override
16     public void onCreate(Bundle savedInstanceState) {
17     ~~~~ 생략 ~~~~
```

**3~5** 7개 위젯에 관계되는 변수를 선언한다.

**6** 에디트텍스트에 입력한 문자열 값을 저장할 변수이다.

**7** 두 문자열을 계산한 결과를 저장할 변수이다.

**8** 숫자 버튼 10개를 저장할 배열을 선언한다.

**9~11** 숫자 버튼 10개의 아이디를 배열에 저장한다. 'R.id.아이디' 값은 정수이다(R.java 참조).

**12** for문에서 증가값으로 사용할 변수를 선언한다.

**5** 메인 함수 onCreate() 내부를 코딩한다. 숫자 버튼이 없다고 가정하고 연산 버튼을 터치했을 때의 내용을 코딩해보자. 숫자 버튼이 없는 상태의 계산기 코딩은 이미 [실습 4-1]에서 완성했다. 즉 코드는 [실습 4-1]과 완전히 동일하다. 다음 예제는 요약한 코드의 일부이다. 기억이 나지 않으면 [예제 4-21]~[예제 4-23]의 코드와 설명을 참조한다.

**예제 5-16 Java 코드 2**

```
~~~~ 생략 ~~~~
    public void onCreate(Bundle savedInstanceState) {
        super.onCreate(savedInstanceState);
        setContentView(R.layout.activity_main);

        setTitle("테이블레이아웃 계산기");

```

```
        edit1 = (EditText) findViewById(R.id.Edit1);
        edit2 = (EditText) findViewById(R.id.Edit2);
        btnAdd = (Button) findViewById(R.id.BtnAdd);
        ~~~~ 생략(연산 버튼 3개) ~~~~
        textResult = (TextView) findViewById(R.id.TextResult);

        btnAdd.setOnTouchListener(new View.OnTouchListener() {
            public boolean onTouch(View arg0, MotionEvent arg1) {
                num1 = edit1.getText().toString();
                num2 = edit2.getText().toString();
                result = Integer.parseInt(num1) + Integer.parseInt(num2);
                textResult.setText("계산 결과 : " + result.toString());
                return false;
            }
        });
        ~~~~ 생략(연산 버튼 3개 터치 이벤트 리스너) ~~~~
    }
```

❻ 지금까지 작성한 프로젝트를 실행해보자. 숫자 버튼을 클릭하는 동작을 제외하고 에디트텍스트에 숫자를 직접 입력하면 잘 동작할 것이다. 현재까지의 결과는 [실습 4-1]과 동일하다.

❼ 숫자 버튼 10개를 배열 변수에 대입한 후 각 버튼의 클릭 이벤트 리스너를 만들어보자. 원칙적으로 10개 각 버튼에 대해 코딩해야 하지만 코드가 상당히 길어지기 때문에 배열을 작성했다. 배열 처리이므로 당연히 for문을 사용해야 한다. 다음 코드를 onCreate() 안에 작성한다.

**예제 5-17 Java 코드 3**

```
for (i = 0; i < numBtnIDs.length; i++) {
    numButtons[i] = (Button) findViewById(numBtnIDs[i]);
}

for (i = 0; i < numBtnIDs.length; i++) {
    final int index; // 주의! 꼭 필요함
    index = i;

    numButtons[index].setOnClickListener(new View.OnClickListener() {
        public void onClick(View v) {

            if (edit1.isFocused() == true) {
                num1 = edit1.getText().toString()
                        + numButtons[index].getText().toString();
                edit1.setText(num1);
```

```java
16         } else if (edit2.isFocused() == true) {
17             num2 = edit2.getText().toString()
18                     + numButtons[index].getText().toString();
19             edit2.setText(num2);
20         } else {
21             Toast.makeText(getApplicationContext(),
22                     "먼저 에디트텍스트를 선택하세요", Toast.LENGTH_SHORT).show();
23         }
24     }
25 });
26
27 }
```

**1~3** 위젯 변수 배열에 10개의 버튼을 대입한다. 2행은 numButtons[0] = (Button) findViewById(R.id.BtnNum0); 형식을 열 번 반복하는 개념이다.

**5~27** 각 숫자 버튼에 대해 열 번 반복하면서 작업한다.

**6, 7** 증가 변수 i를 index 변수에 넣었다. index 변수는 9행과 그 내부에서 사용된다. index 변수는 배열로 리스너를 정의할 때 표준적으로 사용하는 방식이므로 잘 기억해두자(i 변수를 익명 클래스 안에서 직접 사용하면 실행 오류가 발생한다).

**9~25** 각 숫자 버튼에 대해 클릭 이벤트 리스너를 정의한다.

**12~23** 숫자 버튼을 클릭했을 때 포커스가 되어 있는 에디트텍스트에 글자를 추가한다. 만약 두 에디트텍스트 중에서 어디에도 포커스가 되어 있지 않은 상태에서 숫자 버튼을 클릭하면 메시지가 나타난다.

### 4 프로젝트 실행 및 결과 확인

**8** 완성된 코드를 실행하면 계산기가 정상적으로 동작할 것이다. 에디트텍스트에 포커스가 없는 상태에서 숫자 버튼을 클릭하면 메시지가 나타난다.

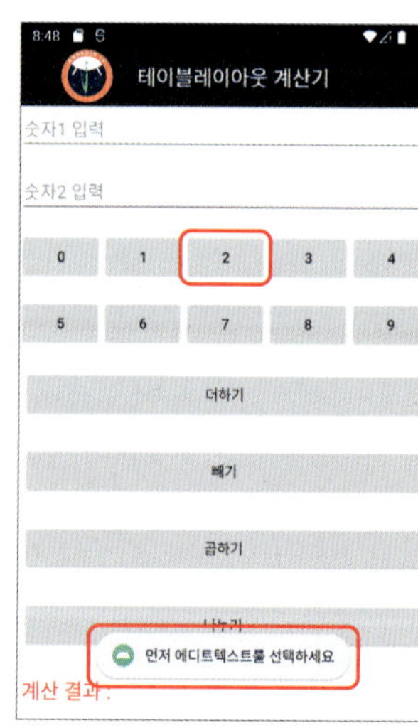


그림 5-14 **에디트텍스트에 포커스가 없는 상태에서 클릭**

9 결과를 확인했으면 키패드의 돌아가기 버튼을 클릭하여 AVD의 초기화면으로 돌아간다.

## 3 그리드레이아웃

그리드레이아웃도 테이블레이아웃과 마찬가지로 위젯을 표 형태로 배치할 때 사용하지만 좀 더 직관적이다. 또한 테이블레이아웃에서는 다소 어려웠던 행 확장도 간단하게 할 수 있어서 유연한 화면 구성에 적합하다.

그리드레이아웃에서 행, 열을 지정하는 것은 상당히 직관적이어서 쉽게 와닿는다. 예를 들어 2행 3열을 지정하려면 layout_row 속성은 1로, layout_column 속성은 2로 설정하면 된다(0부터 시작한다). 참고로 그리드레이아웃은 Android 4.0(아이스크림 샌드위치, API 14)부터 지원된다.

TIP Android 4.0부터 스페이스(Space) 위젯을 제공하는데, 이는 주로 그리드레이아웃에서 화면을 세밀하게 디자인하는 용도로 사용된다. 그 외에는 별로 중요하지 않으니 설명하지 않겠다.

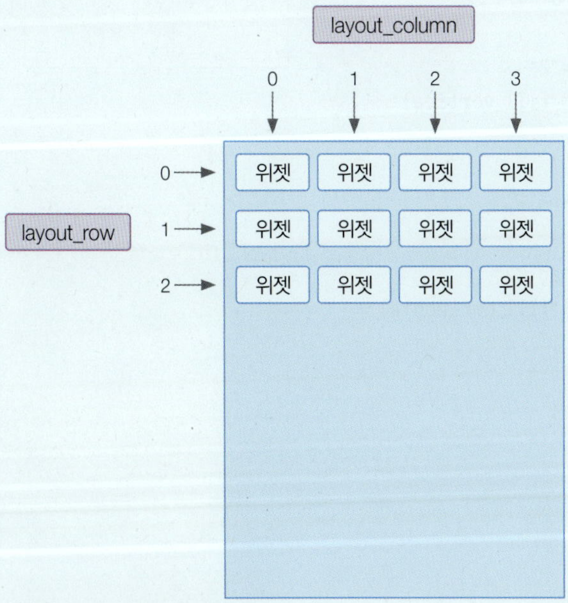


그림 5-15 그리드레이아웃의 개념

### 그리드레이아웃의 속성

그리드레이아웃 자체에 자주 사용되는 속성은 다음과 같다.

- rowCount: 행의 수
- columnCount: 열의 수
- orientation: 그리드를 수평 방향으로 우선할 것인지, 수직 방향으로 우선할 것인지를 결정한다.

그리드레이아웃 안에 포함될 위젯에서 자주 사용되는 속성은 다음과 같다.

- layout_row: 자신이 위치할 행 번호(0번부터 시작)
- layout_column: 자신이 위치할 열 번호(0번부터 시작)
- layout_rowSpan: 행을 지정된 수만큼 확장한다.
- layout_columnSpan: 열을 지정된 수만큼 확장한다.
- layout_gravity: 주로 fill, fill_vertical, fill_horizontal 등으로 지정하는데, layout_rowSpan이나 layout_columnSpan으로 행 또는 열이 확장되었을 때 위젯을 확장된 셀에 꽉 채우는 효과를 낸다.

TIP 그리드레이아웃의 속성에는 alignmentMode, columnOrderPreserved, rowOrderPreserved, useDefaultMargins 등도 있다.

**예제 5-18 그리드레이아웃의 XML 코드**

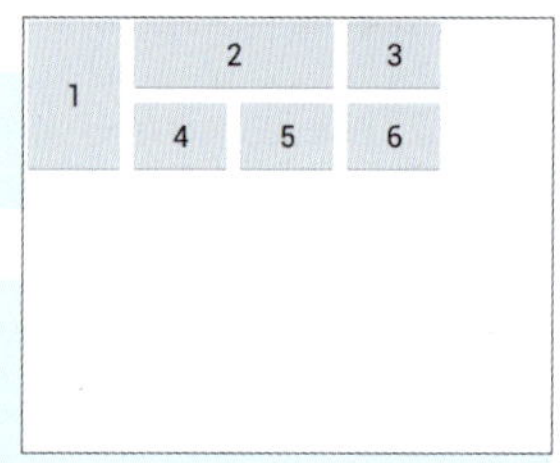


```
1  <GridLayout xmlns:android="http://~~~"
2        android:columnCount="4"
3        android:rowCount="2" >
4        <Button
5            android:layout_column="0"
6            android:layout_row="0"
7            android:layout_rowSpan="2"
8            android:layout_gravity="fill_vertical"
9            android:text="1" />
10       <Button
11           android:layout_column="1"
12           android:layout_row="0"
13           android:layout_columnSpan="2"
14           android:layout_gravity="fill_horizontal"
15           android:text="2" />
16       <Button
17           android:layout_column="3"
18           android:layout_row="0"
19           android:text="3" />
20       <Button
21           android:layout_column="1"
22           android:layout_row="1"
23           android:text="4" />
24       ~~~~ 생략 ~~~~
25 </GridLayout>
```

**2, 3** 그리드레이아웃의 행과 열의 수를 지정한다.

**5, 6** 현재 버튼이 0행 0열에 위치하도록 지정한다.

**7, 8** 행을 확장하고, 버튼이 확장된 셀의 수직 방향에 꽉 채워지도록 layout_gravity를 fill_vertical로 설정한다.

**13, 14** 열을 확장하고, 버튼이 확장된 셀의 수평 방향에 꽉 채워지도록 layout_gravity를 fill_horizontal로 설정한다.

**21, 22** 1행 0열의 위치는 이미 확장된 〈1〉로 채워졌으므로 〈4〉는 1행 1열에 배치한다.

TIP 그리드레이아웃을 안드로이드폰의 화면에 꼭 맞춰서 디자인하는 간편한 방법은 각 위젯의 layout_width나 layout_height를 숫자(단위는 주로 dp)로 직접 지정하는 것이다. 실무에서는 세밀하고 예쁜 화면 디자인을 위해 번거롭더라도 숫자를 입력하는 방법을 주로 사용한다.

▶ **직접 풀어보기 5-5**

[실습 5-2]를 그리드레이아웃으로 변경하여 실행하라.

힌트1 그리드레이아웃은 위젯의 높이 조절이 잘 되지 않아 전체 화면이 채워지지 않을 수 있다.

힌트1 Java 코드는 고칠 필요가 없고 XML만 변경하면 된다. XML 위젯의 아이디도 동일하게 사용한다.

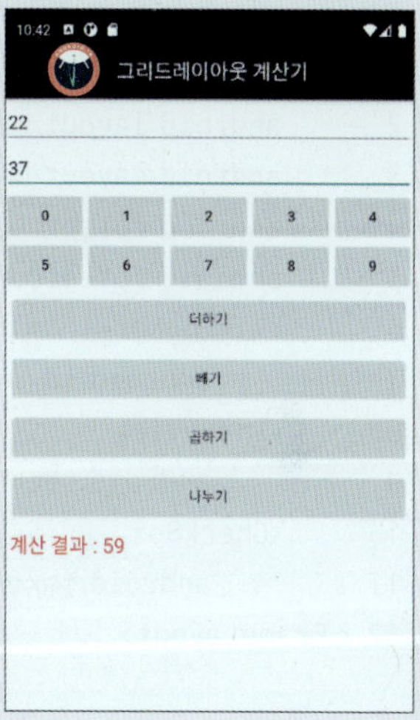


그림 5-16 **그리드레이아웃 계산기 앱**

## 4 프레임레이아웃

프레임레이아웃은 단순히 레이아웃 안의 위젯을 왼쪽 상단부터 겹쳐서 출력한다. 프레임레이아웃 그 자체를 사용하기보다는 탭 위젯 등과 혼용할 때 유용하다. 탭 위젯을 이용한 프레임레이아웃의 활용은 6장에서 살펴보고 여기서는 단순한 프레임레이아웃의 형태만 파악하자.

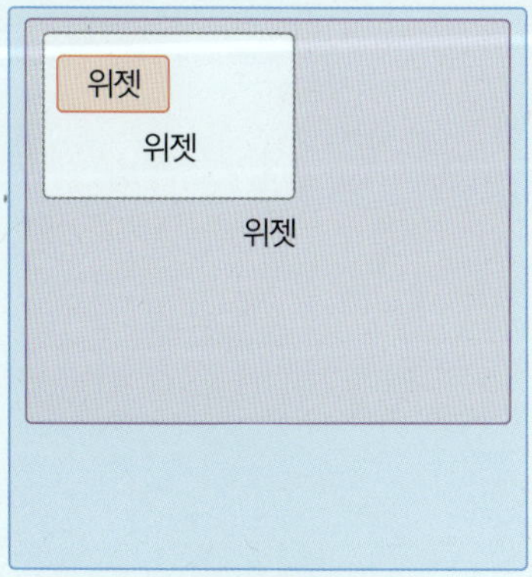


그림 5-17 **프레임레이아웃의 개념**

## 프레임레이아웃의 속성

프레임레이아웃에서 가끔 사용하는 속성은 다음과 같다.

- foreground: 프레임레이아웃의 전경 이미지를 지정한다.
- foregroundGravity: 전경 이미지의 위치를 지정한다. fill, right, left, top, bottom 등의 값을 사용한다.

TIP 프레임레이아웃의 속성 중에 measureAllChildren도 있지만 잘 사용하지 않는다.

**예제 5-19 프레임레이아웃의 XML 코드**

```
1  <FrameLayout xmlns:android="http://~~~"
2      android:layout_width="match_parent"
3      android:layout_height="match_parent"
4      android:foreground="@drawable/dog"
5      android:foregroundGravity="center|fill_horizontal" >
6      <RatingBar
7          android:id="@+id/ratingBar1" >
8      <ImageView
9          android:src="@drawable/ic_launcher" />
10     <CheckBox
11         android:text="CheckBox" />
12 </FrameLayout>
```

**4** 프레임레이아웃의 전경 이미지를 지정한다.

**5** 전경 이미지의 위치를 수평에 맞춰 확장했다. 디폴트인 fill은 전체를 꽉 채운다.

**6~11** 3개의 위젯을 넣었는데 모두 왼쪽 상단에 겹쳐서 출력된다.

지금까지 5개의 레이아웃을 모두 살펴보았다. 일반적으로 리니어레이아웃을 가장 많이 사용하지만 다른 레이아웃도 유용할 때가 자주 있다. 안드로이드 프로그래밍을 시작할 때 혼란스러워하는 것 중 하나가 레이아웃인데, 앞에서 설명한 정도만 잘 이해해도 이 책의 학습을 진행할 수 있을 것이다.

# 요약

**1** 리니어레이아웃, 렐러티브레이아웃, 테이블레이아웃, 그리드레이아웃, 프레임레이아웃의 계층도는 다음과 같다.

```
java.lang.Object
  └ android.view.View
     └ android.widget.ViewGroup
        └ android.widget.LinearLayout
           └ android.widget.TableLayout
        └ android.widget.RelativeLayout
        └ android.widget.FrameLayout
        └ android.widget.GridLayout
```

**2** 리니어레이아웃의 주요 속성은 다음과 같다.

- orientation: 레이아웃 안에 배치할 위젯의 수직 또는 수평 방향을 설정한다.
- gravity: 레이아웃 안에 배치할 위젯의 정렬 방향을 좌측, 우측, 중앙 등으로 설정한다.
- padding: 레이아웃 안에 배치할 위젯의 여백을 설정한다.
- layout_weight: 레이아웃이 전체 화면에서 차지하는 공간의 가중값을 설정한다.
- baselineAligned: 레이아웃 안에 배치할 위젯을 보기 좋게 정렬한다.

**3** 5개 레이아웃의 종류와 형태는 다음과 같다.

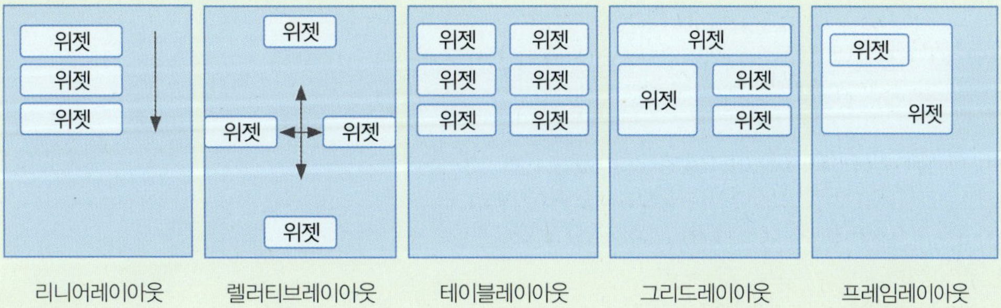


**4** 렐러티브레이아웃 안의 위젯 속성 중에서 부모(레이아웃)의 어느 위치에 배치할지를 결정하는 속성에는 layout_alignParentBottom을 비롯해 일곱 가지가 있다. 또한 다른 위젯의 특정한 곳에 배치하는 속성에는 layout_above를 비롯해 아홉 가지가 있다.

## 요약

5 테이블레이아웃은 위젯을 표 형태로 배치할 때 주로 사용하며 행의 수는 <TableRow>로 결정된다. 테이블레이아웃에서 설정하는 속성에는 layout_span, layout_column, stretchColumns가 있고, 테이블레이아웃 안의 위젯에 설정하는 속성은 layout_span, layout_column이다.

6 그리드레이아웃은 테이블레이아웃보다 좀 더 직관적으로 구성할 수 있으며, 행 단위의 확장도 가능하여 다양한 형태의 표를 만들 수 있다.

7 프레임레이아웃은 레이아웃 안의 위젯을 왼쪽 상단부터 겹쳐서 출력한다.

# 연습문제

**1** 레이아웃 중에서 여러 위젯을 겹쳐서 표현할 수 있는 것은?

❶ 리니어레이아웃 ❷ 렐러티브레이아웃

❸ 그리드레이아웃 ❹ 프레임레이아웃

**2** 여러 위젯을 가로 또는 세로로 나열하기 위한 속성은?

❶ orientation ❷ horizontal

❸ vertical ❹ layout

**3** 여러 레이아웃의 높이를 동일하게 설정하기 위해 값을 1로 설정하는 속성은?

❶ layout_size ❷ layout_height

❸ layout_width ❹ layout_weight

**4** 기본 레이아웃 xml 파일을 삭제했을 때 오류가 발생하는 코드는?

❶ super.onCreate(savedInstanceState);

❷ setContentView(R.layout.activity_main);

❸ LinearLayout baseLayout = new LinearLayout(this);

❹ baseLayout.setOrientation(LinearLayout.VERTICAL);

**5** 그리드레이아웃 속성 중 행을 지정된 수만큼 확장하는 것은?

❶ layout_row ❷ layout_column

❸ layout_rowSpan ❹ layout_columSpan

## 연습문제

**6** 다음 화면을 프로젝트로 완성하시오. 리니어레이아웃을 이용하여 XML 코드로 만들고, 각 레이아웃을 클릭하면 레이아웃의 폭과 높이가 토스트 메시지로 출력되도록 Java로 프로그래밍한다. (안쪽 레이아웃은 모두 정사각형이며, 크기는 안쪽 레이아웃부터 50dp, 150dp, 250dp이다. 각 레이아웃의 색상을 다르게 한다.)

힌트 레이아웃의 너비와 높이에는 View.getWidth(), View.getHeight() 메소드를 사용한다.

**7** 다음 화면을 프로젝트로 완성하시오. XML 파일 없이 Java 코드만 이용하고 각 레이아웃의 색상을 다르게 한다.

CHAPTER 06

# 고급 위젯 다루기

**학습목표**

- 고급 위젯을 다루는 방법을 익힌다.
- 뷰 컨테이너와 그 응용법을 이해한다.
- 매니페스트 파일 설정법을 익힌다.

# 01 고급 위젯

4장과 5장에서는 안드로이드에서 가장 많이 사용되는 위젯과 위젯을 담는 레이아웃을 살펴보았다. 이 절에서는 앞 장에서 소개하지 않은 고급 위젯의 용도와 사용법을 알아보자.

## 1 날짜와 시간 관련 위젯

날짜 및 시간과 관련된 위젯으로는 타임피커, 데이트피커, 캘린더뷰, 크로노미터, 아날로그시계, 디지털시계 등이 있다. 하나씩 사용법을 살펴보자.

### 아날로그시계, 디지털시계

아날로그시계, 디지털시계 계층도

```
java.lang.Object
    └ android.view.View
        └ android.widget.AnalogClock
        └ android.widget.TextView
            └ android.widget.DigitalClock
```

아날로그시계(AnalogClock)와 디지털시계(DigitalClock)는 화면에 시간을 표시하는 위젯으로서 시계를 표현하는 용도로 쓰인다. 이 둘은 View 클래스에서 상속받기 때문에 background 속성 등을 설정할 수 있다. DigitalClock은 textColor 같은 속성도 설정할 수 있다.

**예제 6-1 시계 관련 XML 코드**

```
<LinearLayout>
    <AnalogClock
        android:layout_width="match_parent"
        android:layout_height="wrap_content" />
    <DigitalClock
        android:layout_width="match_parent"
        android:layout_height="wrap_content"
        android:gravity="center" />
</LinearLayout>
```

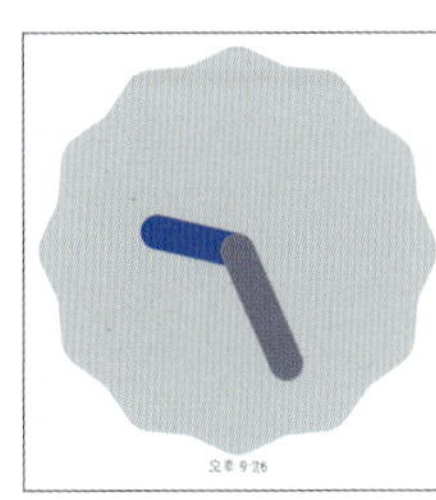

TIP AnalogClock은 Android 12.0(S)부터 모양이 변경되었다.

## 크로노미터

크로노미터 계층도

```
java.lang.Object
    └ android.view.View
        └ android.widget.TextView
            └ android.widget.Chronometer
```

크로노미터(Chronometer)는 타이머 형식의 위젯이며 일반적으로 시간을 측정할 때 많이 사용한다. 사용되는 메소드로는 start(), stop(), reset() 등이 있는데 이는 각각 크로노미터를 시작, 정지, 초기화한다. 잠시 후 실습에서 크로노미터를 사용해보자.

**예제 6-2 크로노미터의 XML 코드**

```
1 <LinearLayout>
2     <Chronometer
3         android:id="@+id/chronometer1"
4         android:layout_width="match_parent"
5         android:layout_height="wrap_content"
6         android:format="시간 측정 : %s"
7         android:gravity="center"
8         android:textSize="30dp" />
9 </LinearLayout>
```

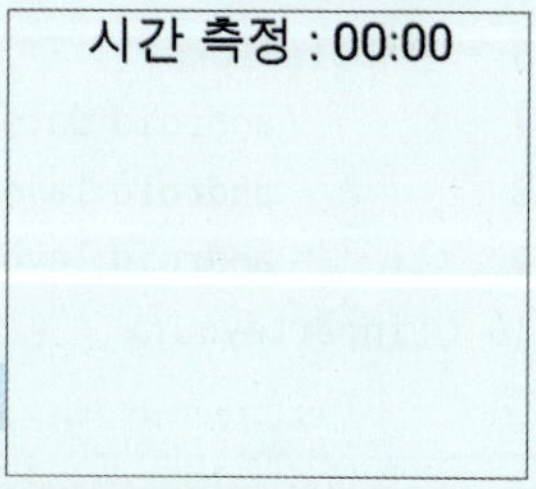


6행의 format 속성에서 타이머 앞의 문자열을 지정한다. %s는 '분:초' 또는 '시:분:초' 형식으로 출력해준다.

## 타임피커, 데이트피커, 캘린더뷰

타임피커, 데이트피커, 캘린더뷰 계층도

```
java.lang.Object
    └ android.view.View
        └ android.view.ViewGroup
            └ android.widget.FrameLayout
                └ android.widget.TimePicker
                └ android.widget.DatePicker
                └ android.widget.CalendarView
```

타임피커(TimePicker)는 시간을, 데이트피커(DatePicker)와 캘린더뷰(CalendarView)는 날짜를 표시하고 조절하는 기능을 한다. 생성하는 방식은 매우 간단하다. 캘린더뷰는 XML 속성이 여러 가지인데, 그중에서 디폴트가 true인 showWeekNumber 속성은 현재 몇 주 차인지를 각 주의 맨 앞에 출력해준다. 하지만 showWeekNumber 속성은 false로 하는 것이 더 깔끔하고 보기 좋다. 잠시 후 실습에서 캘린더뷰를 사용해보자.

TIP 롤리팝(Android 5.0, API 21) 이후부터 타임피커와 데이트피커의 모양이 대폭 변경되었다. 이전 버전의 모양을 사용하려면 타임피커는 anroid:timePickerMode="spinner" 속성을, 데이트피커는 android:datePickerMode="spinner" 속성을 추가하면 된다. [예제 6-3]과 [예제 6-4]에서는 이전 버전의 모양을 사용했다.

**예제 6-3 타임피커와 데이트피커의 XML 코드**

```
<LinearLayout>
    <TimePicker
        android:timePickerMode="spinner"
        android:layout_width="match_parent"
        android:layout_height="wrap_content" />
    <DatePicker
        android:datePickerMode="spinner"
        android:layout_width="match_parent"
        android:layout_height="wrap_content" />
</LinearLayout>
```

시간과 날짜는 대화상자(다이얼로그 박스)로 표현하는 것이 좋다. 대화상자로 나타내려면 Java 코드에서 TimePickerDialog와 DatePickerDialog 클래스를 사용해야 한다. 대화상자는 7장에서 설명할 것이다.

## 실습 6-1 날짜/시간 예약 앱 만들기

날짜 및 시간과 관련된 위젯을 이용하여 날짜/시간 예약 앱을 만들어보자.

- 타이머 기능: 〈예약 시작〉과 〈예약완료〉를 클릭하면 크로노미터가 타이머로 동작한다.
- 날짜/시간 설정: 〈날짜 설정〉과 〈시간 설정〉을 클릭하면 예약 날짜와 시간을 변경할 수 있다.
- 〈예약완료〉를 클릭하면 설정한 날짜와 시간이 결정된다.

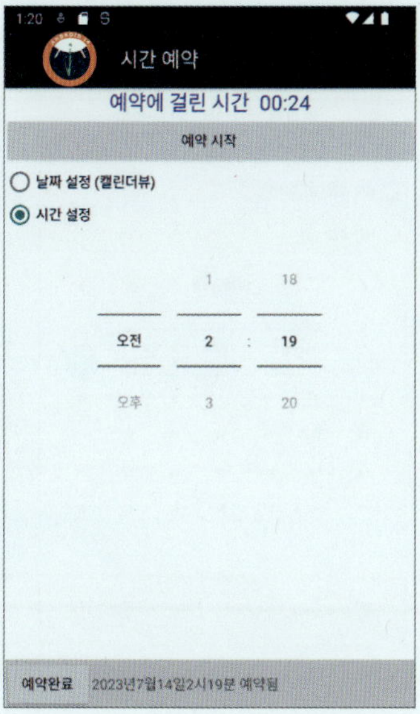


그림 6-1 **날짜/시간 예약 앱 결과 화면**

### 1 안드로이드 프로젝트 생성

❶ 새 프로젝트를 만든다. 프로젝트 이름은 'Project6_1', 패키지 이름은 'com.cookandroid.project6_1'로 한다. 그 외 규칙은 [실습 2-4]의 ❶~❹를 따른다.

### 2 화면 디자인 및 편집

❷ Android Studio의 Project Tree에서 [app]-[res]-[layout]-[activity_main.xml]을 더블클릭해서 열고, 오른쪽 위의 [Code] 탭을 클릭하여 화면을 코딩한다. 바깥 리니어레이아웃 안에 다음과 같이 화면을 구성한다.

- 리니어레이아웃
  - 크로노미터 1개, 버튼 1개를 생성한다.
  - 위젯의 아이디는 chronometer1, btnStart로 한다.
- 라디오그룹
  - 라디오버튼 2개를 생성한다.
  - 위젯의 아이디는 rdoCal, rdoTime으로 한다.
- 리니어레이아웃
  - 리니어레이아웃의 layout_weight를 1로 설정한다.
  - 프레임레이아웃을 두고 안에 캘린더뷰 1개, 타임피커 1개를 생성한다.
  - 위젯의 아이디는 calendarView1, timePicker1로 한다.
- 리니어레이아웃
  - 버튼 1개, 텍스트뷰 10개를 생성한다.
  - 버튼의 아이디는 btnEnd로, 텍스트뷰는 홀수 차례에만 아이디를 tvYear, tvMonth, tvDay, tvHour, tvMinute로 한다.

**예제 6-4 activity_main.xml**

```xml
<LinearLayout>
    <LinearLayout
        android:orientation="vertical" >
        <Chronometer
            android:id="@+id/chronometer1"
            android:format="예약에 걸린 시간  %s"
            android:gravity="center"
            android:textSize="20dp" />
        <Button
            android:id="@+id/btnStart"
            android:text="예약 시작" />
    </LinearLayout>
    <RadioGroup>
        <RadioButton
            android:id="@+id/rdoCal"
            android:text="날짜 설정 (캘린더뷰)" />
        <RadioButton
            android:id="@+id/rdoTime"
            android:text="시간 설정" />
    </RadioGroup>
    <LinearLayout
        android:layout_weight="1" >
        <FrameLayout>
            <CalendarView
                android:id="@+id/calendarView1"
                android:showWeekNumber="false" />
            <TimePicker
                android:id="@+id/timePicker1" />
        </FrameLayout>
    </LinearLayout>
    <LinearLayout
        android:background="#CCCCCC" >
        <Button
            android:id="@+id/btnEnd"
            android:text="예약완료" />
        <TextView
            android:id="@+id/tvYear"
            android:text="0000" />
        <TextView
            android:text="년" />
        ~~~~ 생략(텍스트뷰 8개) ~~~~
    </LinearLayout>
</LinearLayout>
```

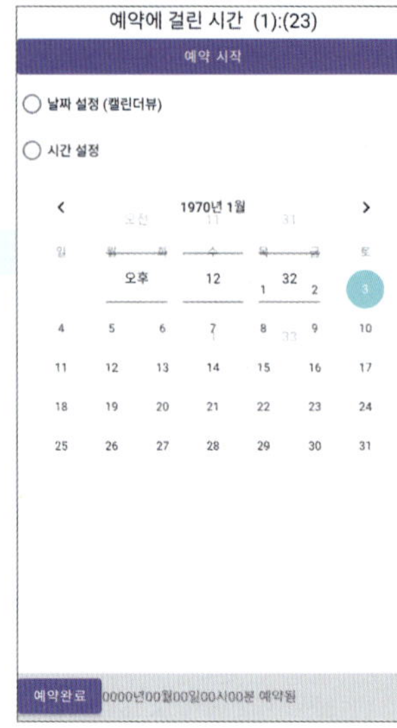

**6** 00:00과 같이 출력되도록 크로노미터 형식을 설정한다.

**22** 캘린더뷰가 포함된 리니어레이아웃이 나머지 높이를 꽉 채우도록 layout_weight를 1로 설정한다.

**23~29** 캘린더뷰와 타임피커가 동시에 들어가도록 프레임레이아웃을 설정한다. Java 코드에서 라디오버튼을 선택하면 캘린더뷰와 타임피커 중 한 가지만 보이도록 설정할 것이다.

**41** 총 8개의 텍스트뷰(00, 월, 00, 일, 00, 시, 00, 분 예약됨)가 추가로 들어간다.

### 3 Java 코드 작성 및 수정

❸ Android Studio의 Project Tree에서 [app]–[java]–[패키지 이름]–[MainActivity]를 더블클릭해서 연다.

❹ 다음과 같은 변수를 전역변수로 선언한다.

- activity_main.xml에서 아이디를 부여한 12개 위젯에 대응할 위젯 변수 12개

**예제 6-5 Java 코드 1**

```
1  ~~~~ 생략(import문) ~~~~
2  public class MainActivity extends Activity {
3      Chronometer chrono;
4      Button btnStart, btnEnd;
5      RadioButton rdoCal, rdoTime;
6      CalendarView calView;
7      TimePicker tPicker;
8      TextView tvYear, tvMonth, tvDay, tvHour, tvMinute;
9      int selectYear, selectMonth, selectDay;
10
11     @Override
12     public void onCreate(Bundle savedInstanceState) {
13     ~~~~ 생략 ~~~~
```

**3** 타이머로 사용할 크로노미터 변수이다.

**4** 〈예약 시작〉과 〈예약완료〉의 변수이다.

**5~7** 라디오버튼 변수 2개, 날짜를 설정할 캘린더뷰 변수, 시간을 설정할 타임피커 변수이다.

**8** 맨 아래에 출력될 연, 월, 일, 시, 분의 숫자에 해당하는 텍스트뷰 변수 5개이다.

**9** 캘린더뷰에서 선택할 연, 월, 일에 해당하는 변수이다.

5 메인 함수 onCreate() 내부를 코딩한다. 위젯 변수 12개에 위젯을 대입하고 처음에는 캘린더뷰와 타임피커가 보이지 않게 설정한다. 그리고 프로젝트를 실행하여 그림과 같은지 확인한다.

**예제 6-6 Java 코드 2**

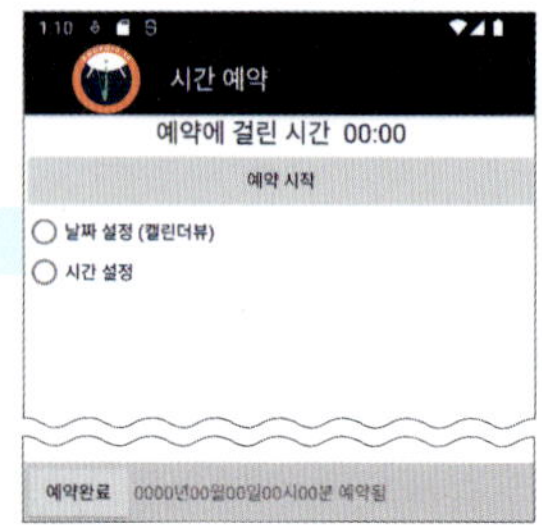


```
1  public void onCreate(Bundle savedInstanceState) {
2      super.onCreate(savedInstanceState);
3      setContentView(R.layout.activity_main);
4      setTitle("시간 예약");
5
6      btnStart = (Button) findViewById(R.id.btnStart);
7      btnEnd = (Button) findViewById(R.id.btnEnd);
8
9      chrono = (Chronometer) findViewById(R.id.chronometer1);
10
11     rdoCal = (RadioButton) findViewById(R.id.rdoCal);
12     rdoTime = (RadioButton) findViewById(R.id.rdoTime);
13
14     tPicker = (TimePicker) findViewById(R.id.timePicker1);
15     calView = (CalendarView) findViewById(R.id.calendarView1);
16
17     tvYear = (TextView) findViewById(R.id.tvYear);
18     tvMonth = (TextView) findViewById(R.id.tvMonth);
19     tvDay = (TextView) findViewById(R.id.tvDay);
20     tvHour = (TextView) findViewById(R.id.tvHour);
21     tvMinute = (TextView) findViewById(R.id.tvMinute);
22
23     tPicker.setVisibility(View.INVISIBLE);
24     calView.setVisibility(View.INVISIBLE);
25 }
```

**6~21** 위젯 변수 12개에 위젯을 대입한다.

**23, 24** 타임피커와 캘린더뷰가 보이지 않게 설정한다.

6 메인 함수 onCreate() 내부([예제 6-6]의 24행과 25행 사이)에 계속 코딩한다. 라디오버튼을 클릭하면 캘린더뷰와 타임피커 중 하나씩만 보이도록 클릭 이벤트 리스너를 작성한다. 코딩이 완료되면 프로젝트를 실행하고 라디오버튼을 클릭하여 캘린더뷰와 타임피커가 하나씩 보이는지 확인한다.

TIP 앞서 언급했듯이 앱을 한 번 실행한 후 다시 실행할 때는 메뉴의 [Run]–[Apply Changes and Restart Activity]를 선택하면 변경된 내용만 다시 컴파일되므로 더 빠르게 실행된다.

### 예제 6-7 Java 코드 3

```
1 rdoCal.setOnClickListener(new View.OnClickListener() {
2     public void onClick(View v) {
3         tPicker.setVisibility(View.INVISIBLE);
4         calView.setVisibility(View.VISIBLE);
5     }
6 });
7
8 rdoTime.setOnClickListener(new View.
                                OnClickListener() {
9     public void onClick(View v) {
10        tPicker.setVisibility(View.VISIBLE);
11        calView.setVisibility(View.INVISIBLE);
12    }
13 });
```

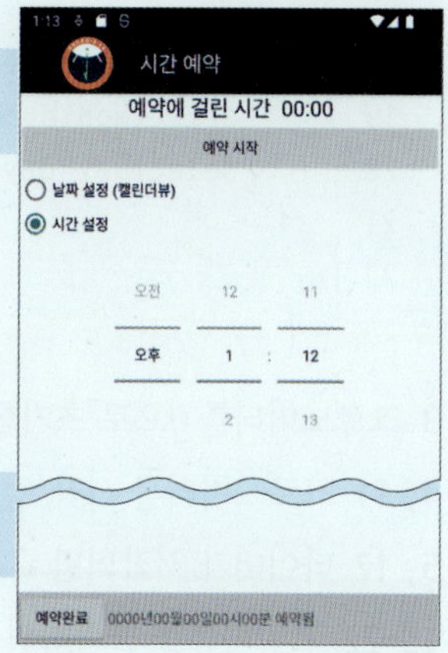


**3, 4** 〈날짜 설정〉 라디오버튼을 클릭하면 캘린더뷰만 보이도록 설정한다.

**10, 11** 〈시간 설정〉 라디오버튼을 클릭하면 타임피커만 보이도록 설정한다.

**7** 메인 함수 onCreate() 내부에 계속 코딩한다. 〈예약 시작〉을 클릭하면 크로노미터가 시작되고 〈예약완료〉를 클릭하면 정지되도록 클릭 이벤트 리스너를 작성한다. 코딩이 완료되면 프로젝트를 실행하여 크로노미터가 동작하는지 확인한다.

### 예제 6-8 Java 코드 4

```
btnStart.setOnClickListener(new View.OnClickListener() {
    public void onClick(View v) {
        chrono.setBase(SystemClock.elapsedRealtime());
        chrono.start();
        chrono.setTextColor(Color.RED);
    }
});

btnEnd.setOnClickListener(new View.
                                OnClickListener() {
    public void onClick(View v) {
        chrono.stop();
        chrono.setTextColor(Color.BLUE);
    }
});
calView.setOnDateChangeListener(new
            CalendarView.OnDateChangeListener() {
```

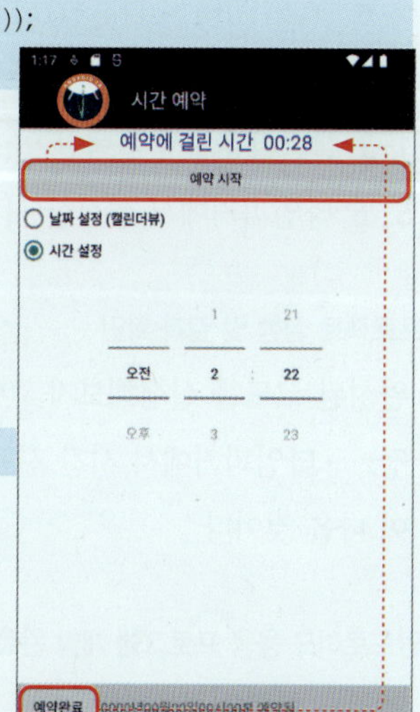

```
16     @Override
17     public void onSelectedDayChange(CalendarView view, int year, int month,
                                       int dayOfMonth) {
18        selectYear=year;
19        selectMonth=month+1;
20        selectDay=dayOfMonth;
21     }
22 });
```

**3** 크로노미터를 0으로 초기화한다. 〈예약 시작〉을 클릭할 때마다 초기화되게 한다.

**4, 11** 크로노미터를 시작/정지한다.

**5, 12** 타이머가 시작되면 글자가 빨간색으로, 정지되면 파란색으로 보이도록 설정한다.

**15~22** 캘린더뷰를 클릭하면 선택한 연, 월, 일이 전역변수에 대입된다. 월은 0부터 시작하므로 1을 더해주었다.

**8** [예제 6-8]의 12행과 13행 사이[btnEnd의 onClick() 메소드 안]에 다음 예제를 코딩한다. 〈예약완료〉를 클릭하면 캘린더뷰에서 설정한 연, 월, 일과 타임피커에서 설정한 시, 분이 맨 아래 텍스트뷰에 채워지게 한다.

**예제 6-9 Java 코드 5**

```
1  tvYear.setText(Integer.toString(selectYear));
2  tvMonth.setText(Integer.toString(selectMonth));
3  tvDay.setText(Integer.toString(selectDay));
4
5  tvHour.setText(Integer.toString(tPicker.getCurrentHour()));
6  tvMinute.setText(Integer.toString(tPicker.getCurrentMinute()));
```

**1~3** 캘린더뷰에서 선택한 연, 월, 일을 해당하는 텍스트뷰에 채운다.

**5, 6** 타임피커에서 설정한 시간과 분을 구하여 해당하는 텍스트뷰에 채운다.

### 4 프로젝트 실행 및 결과 확인

**9** 완성된 코드를 실행해보자. 〈예약 시작〉→〈날짜 설정〉→캘린더뷰에서 날짜 선택→〈시간 설정〉→타임피커에서 시간 선택→〈예약완료〉의 순서로 클릭하면 [그림 6-1]과 같은 결과 화면이 나올 것이다.

### 5 안드로이드 응용 프로그램 개발 완료

**10** 결과를 확인했으면 키패드의 돌아가기 버튼을 클릭하여 AVD의 초기화면으로 돌아간다.

**▶ 직접 풀어보기 6-1**

[실습 6-1]을 다음과 같이 수정하라.

- 캘린더뷰 대신에 데이트피커를 사용하여 날짜를 설정한다.
- 〈예약 시작〉과 〈예약 완료〉를 없앤다. 대신 예약 시작 기능은 크로노미터를 클릭하면 동작하게 하고, 예약 완료 기능은 화면 하단의 연도(0000년)를 롱클릭하면 동작하게 한다.
- 크로노미터를 클릭하기 전에는 라디오버튼, 데이트피커, 타임피커가 안 보이도록 설정하고, 크로노미터를 클릭하면 라디오버튼이 나타나게 한다. 그리고 화면 하단의 연도(0000년)를 롱클릭하면 라디오버튼, 데이트피커, 타임피커가 다시 사라지게 한다.

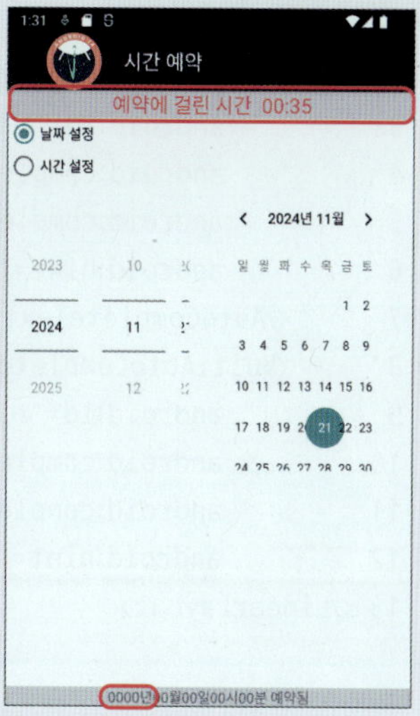


그림 6-2 **수정된 날짜/시간 예약 앱**

## 2 기타 위젯

활용도가 비교적 높은 위젯을 몇 가지 더 살펴보자.

### 자동완성텍스트뷰와 멀티자동완성텍스트뷰

**자동완성텍스트뷰, 멀티자동완성텍스트뷰 계층도**

```
java.lang.Object
  └ android.view.View
    └ android.widget.TextView
      └ android.widget.EditText
        └ android.widget.EditText.AutoCompleteTextView
          └ android.widget.EditText.MultiAutoCompleteTextView
```

자동완성텍스트뷰(AutoCompleteTextView)와 멀티자동완성텍스트뷰(MultiAutoCompleteTextView)는 '텍스트'보다 '에디트텍스트'라는 용어가 더 적합하다고 여겨진다. 위 계층도를 보면 에디트텍스트에서 상속받으니 말이다. 사용자가 단어의 일부만 입력해도 자동 완성되는데, 자동완성텍스트뷰는 단어 1개가 자동 완성되고, 멀티자동완성텍스트뷰는 쉼표(,)로 구분하여 여러 개의 단어가 자동 완성된다. 자동 완성 단어는 주로 Java 코드에서 배열로 설정하며 setAdapter() 메소드를 이용한다.

XML 속성 중 목록에 힌트로 나타날 completionHint와 몇 글자를 입력했을 때 목록을 보여줄 것인지를 지정하는 completionThreshold를 주로 사용한다.

### 예제 6-10 자동완성텍스트뷰의 XML 코드

```
<LinearLayout>
    <AutoCompleteTextView
        android:id="@+id/autoCompleteTextView1"
        android:completionHint="선택하세요"
        android:completionThreshold="2"
        android:hint="자동완성텍스트뷰" >
    </AutoCompleteTextView>
    <MultiAutoCompleteTextView
        android:id="@+id/multiAutoCompleteTextView1"
        android:completionHint="선택하세요"
        android:completionThreshold="2"
        android:hint="멀티자동완성텍스트뷰" />
</LinearLayout>
```

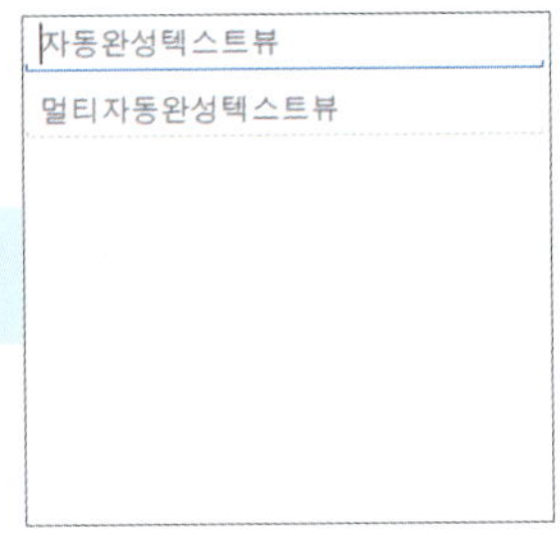


다음 예제는 자동완성텍스트뷰에서 실제로 사용하는 Java 코드이다.

### 예제 6-11 자동완성텍스트뷰의 Java 코드

```
public void onCreate(Bundle savedInstanceState) {
    super.onCreate(savedInstanceState);
    setContentView(R.layout.activity_main);
    String[] items = { "CSI-뉴욕", "CSI-라스베가스", "CSI-마이애미", "Friends",
                        "Fringe", "Lost" };

    AutoCompleteTextView auto = (AutoCompleteTextView) findViewById
                        (R.id.autoCompleteTextView1);
    ArrayAdapter<String> adapter = new ArrayAdapter<String>(this,
                        android.R.layout.simple_dropdown_item_1line, items);
    auto.setAdapter(adapter);

    MultiAutoCompleteTextView multi = (MultiAutoCompleteTextView)
                        findViewById(R.id.multiAutoCompleteTextView1);
    CommaTokenizer token = new MultiAutoCompleteTextView.CommaTokenizer();
    multi.setTokenizer(token);
    multi.setAdapter(adapter);
}
```

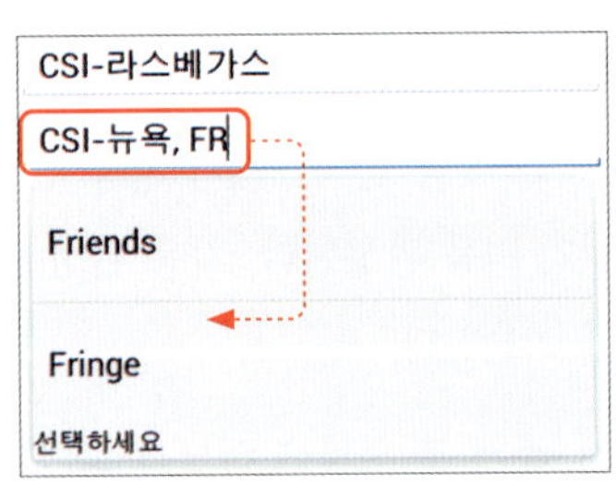

**4** 자동 완성될 문자열을 배열로 정의한다.

**6, 10** 자동완성텍스트뷰와 멀티자동완성텍스트뷰를 선언 및 대입한다.

**7** ArrayAdapter는 뷰와 데이터를 연결해준다. 자동완성텍스트뷰와 items를 연결하는 역할을 하여 자동완성텍스트뷰에 items 배열의 내용이 출력된다. 생성자의 두 번째 파라미터는 목록이 출력될 모양을 결정하는데 simple_dropdown_item_1line 외에도 다양한 모양을 선택할 수 있다. 세 번째 파라미터에 배열 이름을 지정하면 된다.

**8~14** 7행에서 생성한 ArrayAdapter를 자동완성텍스트뷰와 멀티자동완성텍스트뷰에 설정한다.

**11~13** 쉼표로 구분하기 위한 객체를 생성하고 멀티자동완성텍스트뷰에 설정한다.

**TIP** ArrayAdapter는 활용도가 높은 클래스로, 특히 리스트뷰(ListView)에서 많이 사용된다. 11장에서 활용 예를 더 살펴볼 것이며, 지금은 7, 8행과 같이 사용된다는 것 정도만 알아두자.

## 프로그레스바, 시크바, 레이팅바

**프로그레스바, 시크바, 레이팅바 계층도**

```
java.lang.Object
    └ android.view.View
        └ android.widget.ProgressBar
        └ android.widget.AbsSeekBar
            └ android.widget.RatingBar
            └ android.widget.SeekBar
```

프로그레스바, 시크바, 레이팅바는 진행 상태를 표시하는 기능을 한다. 역할이나 용도가 조금씩 다른데 우선 모양을 살펴본 뒤 용도를 알아보자.

그림 6-3 **프로그레스바, 시크바, 레이팅바**

### ▶ 프로그레스바(ProgressBar)

작업의 진행 상태를 바(bar) 또는 원 형태로 제공한다. 바 형태는 어느 정도 진행되었는지를 확인할 수 있지만, 원 형태는 현재 진행 중이라는 상태만 보여준다. 주로 사용되는 XML 속성에는 범위를 지정하는 max, 시작 지점을 지정하는 progress, 두 번째 프로그레스바를 지정하는 secondaryProgress 등이 있다.

▶ **시크바(SeekBar)**

프로그레스바의 하위 클래스로, 프로그레스바와 대부분 비슷하며 사용자가 터치로 임의 조절이 가능하다. 음량을 조절하거나 동영상 재생 시 사용자가 재생 위치를 지정하는 용도로 사용할 수 있다.

▶ **레이팅바(RatingBar)**

진행 상태를 별 모양으로 표시한다. 프로그레스바의 하위 클래스이므로 사용법이 비슷하며 서적, 음악, 영화 등에 대한 선호도를 나타낼 때 주로 사용된다. 별의 개수를 정하는 numStars, 초깃값을 지정하는 rating, 한 번에 채워지는 개수를 정하는 stepSize 등의 XML 속성이 주로 사용된다.

**예제 6-12 프로그레스바, 시크바, 레이팅바의 XML 코드**

```
1  <LinearLayout>
2      <ProgressBar
3          style="?android:attr/progressBarStyleHorizontal"
4          android:max="100"
5          android:progress="20"
6          android:secondaryProgress="50" />
7      <SeekBar
8          android:progress="20" />
9      <RatingBar
10         android:numStars="5"
11         android:rating="1.5"
12         android:stepSize="0.5" />
13 </LinearLayout>
```

**3** 프로그레스바의 모양을 지정한다. 이 스타일을 생략하면 원 모양으로 나타난다.

**4, 5** 프로그레스바의 범위를 최대 100으로 설정하고, 초깃값을 20으로 설정한다.

**6** 프로그레스바의 보조 프로그레스(secondaryProgress) 초깃값을 50으로 설정한다. 메인 프로그레스보다 흐리게 표시된다.

**7, 8** 시크바는 프로그레스바의 하위 클래스이므로 필요하다면 프로그레스바의 속성을 대부분 설정할 수 있다.

**10** 레이팅바의 별 개수를 설정한다. 디폴트는 5개이다.

**11** 레이팅바의 초깃값을 설정한다. 1.5개가 채워진 상태로 표현된다.

**12** 레이팅바의 한 스텝 크기를 설정한다. 이 경우에는 별이 5개이므로 총 열 번의 스텝으로 구성된다.

세 위젯은 Java 코드와 연동되어야 의미가 있다. Java 코드와의 연동은 필요할 때 다시 설명하겠다. 지금은 기본적인 모양과 용도 정도만 알아두자.

# 02 뷰 컨테이너

TextView 클래스 하위의 위젯(버튼, 체크박스 등)은 자체가 하나의 개체로 사용되지만, ViewGroup 클래스 하위의 위젯은 주로 다른 위젯을 담는 컨테이너 역할을 한다. 그중 5장에서 배운 5개 레이아웃을 제외한 것들을 뷰 컨테이너(view container)라고 한다.

## 1 간단한 기능의 뷰 컨테이너

뷰 컨테이너 중에서 XML 코드 자체로 구성이 가능한 뷰 컨테이너를 먼저 살펴보자.

### 스크롤뷰

스크롤뷰 계층도

```
java.lang.Object
   └ android.view.View
      └ android.widget.ViewGroup
         └ android.widget.FrameLayout
            └ android.widget.ScrollView
```

위젯이나 레이아웃이 화면에 넘칠 때 스크롤뷰(ScrollView)에 넣으면 스크롤 효과를 낼 수 있다. 스크롤뷰는 수직(위아래)으로 스크롤하는 기능이며 수평(좌우)으로 스크롤하는 수평 스크롤뷰(HorizontalScrollView)는 따로 있다. 주의할 점은 스크롤뷰에는 단 하나의 위젯만 넣을 수 있다는 것이다. 그래서 주로 스크롤뷰 안에 리니어레이아웃을 1개 넣고, 리니어레이아웃 안에 필요한 것을 여러 개 넣는 방법을 사용한다.

수평 스크롤뷰도 거의 동일하다. [예제 6-13]에서 1행, 18행의 ScrollView를 HorizontalScrollView로 바꾸고, 9행의 vertical을 horizontal로 바꾸면 된다.

**예제 6-13 스크롤뷰의 XML 코드**

```
1 <ScrollView xmlns:android="http://~~~"
2     android:layout_width="fill_parent"
3     android:layout_height="fill_parent"
4     android:orientation="vertical" >
```

```
5
6      <LinearLayout
7          android:layout_width="fill_parent"
8          android:layout_height="fill_parent"
9          android:orientation="vertical" >
10
11         <Button
12             android:layout_width="match_parent"
13             android:layout_height="100dp"
14             android:text="버튼 1" />
15         ~~~~ 생략(버튼 7개) ~~~~
16     </LinearLayout>
17
18 </ScrollView>
```

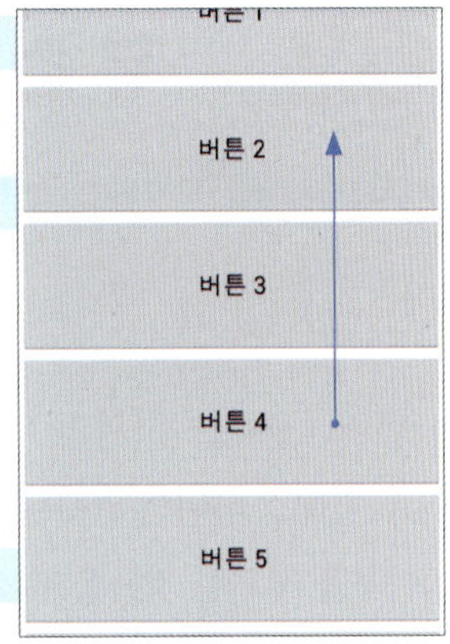


**1~18** 전체 화면을 스크롤할 수 있도록 레이아웃 전체가 스크롤뷰에 싸여 있어 xmlns도 스크롤뷰에 정의된다.

**6~16** 스크롤뷰에는 1개의 위젯만 넣을 수 있으므로 리니어레이아웃을 넣는 것이 가장 일반적이다(다른 레이아웃도 가능하다).

**9** 스크롤뷰는 수직으로 스크롤되므로 레이아웃의 orientation은 vertical이어야 한다.

**11~15** 원하는 위젯을 넣는다.

## 슬라이딩드로어

슬라이딩드로어 계층도

```
java.lang.Object
    └ android.view.View
        └ android.widget.ViewGroup
            └ android.widget.SlidingDrawer
```

서랍을 뜻하는 슬라이딩드로어(SlidingDrawer)는 위젯을 서랍처럼 열어서 보여주거나 닫아서 감춘다. 슬라이딩드로어는 보통 다음과 같은 형태이다.

```
<슬라이딩드로어 handle="핸들명" content="콘텐트명" >
    <버튼 아이디="핸들명" />    // 서랍 손잡이 역할
    <리니어레이아웃 아이디="콘텐트명">

        // 이곳이 필요한 위젯을 넣는 서랍 내부

    </리니어레이아웃>
</슬라이딩드로어>
```

몇 가지 규칙이 있는데, 우선 슬라이딩드로어의 handle 속성에 지정된 이름과 슬라이딩드로어의 손잡이 역할을 하는 버튼의 아이디가 동일해야 한다. 버튼 대신 이미지뷰나 이미지버튼으로 예쁘게 꾸며도 상관없다. 또한 슬라이딩드로어의 content 속성에 지정된 이름과 리니어레이아웃의 아이디도 동일해야 한다. 리니어레이아웃이 아닌 다른 레이아웃도 가능하다. 다음 예제를 보면 쉽게 이해될 것이다.

**예제 6-14 슬라이딩드로어의 XML 코드**

```
1  <LinearLayout>
2      <TextView
3          android:text="여기는 서랍 밖입니다." />
4      <SlidingDrawer
5          android:content="@+id/content"
6          android:handle="@+id/handle" >
7
8          <Button
9              android:id="@+id/handle"
10             android:text="서랍 손잡이" />
11
12         <LinearLayout
13             android:id="@+id/content"
14             android:background="#00FF00"
15             android:gravity="center" >
16
17             <TextView
18                 android:text="여기는 서랍 안입니다." />
19         </LinearLayout>
20
21     </SlidingDrawer>
22 </LinearLayout>
```

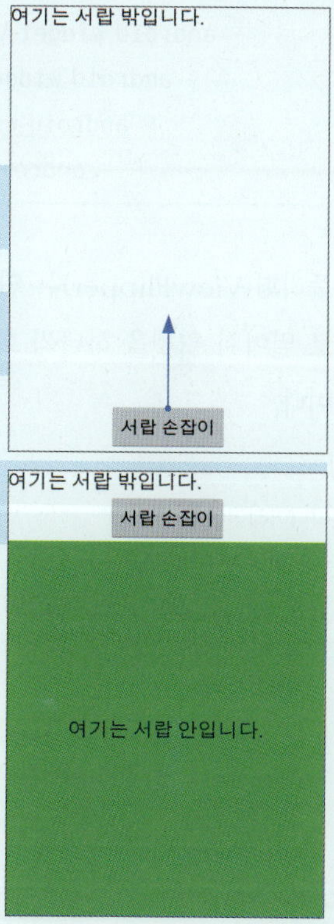


**2, 3** 슬라이딩드로어 밖에도 위젯을 둘 수 있다.

**4~21** 슬라이딩드로어 전체이다.

**6, 9** handle 속성 이름과 손잡이 역할을 하는 버튼의 아이디가 같아야 한다.

**5, 13** content 속성 이름과 서랍 내부 역할을 하는 레이아웃의 아이디가 같아야 한다.

**12~19** 이 리니어레이아웃이 서랍 내부라고 생각하면 된다. 필요에 따라 리니어레이아웃 안에 위젯을 여러 개 둘 수 있다.

## 2 복잡한 기능의 뷰 컨테이너

XML 코드만으로는 완성되지 않고 Java 코드와 함께 구현해야 하는 뷰 컨테이너도 있다. 좀 더 복잡하지만 유용하게 활용할 수 있으니 잘 살펴보자.

### 뷰플리퍼

뷰플리퍼 계층도

```
java.lang.Object
    └ android.view.View
        └ android.widget.ViewGroup
            └ android.widget.FrameLayout
                └ android.widget.ViewAnimator
                    └ android.widget.ViewFlipper
```

뷰플리퍼(ViewFlipper)는 안에 여러 개의 위젯을 배치하고 필요에 따라 화면을 왼쪽 또는 오른쪽으로 밀어서 위젯을 하나씩 화면에 보여주는 방식의 뷰 컨테이너이다. 일반적으로 다음과 같은 형태이다.

```
<리니어레이아웃>
    <리니어레이아웃>
          // 왼쪽 또는 오른쪽으로 전환할 버튼이나 이미지뷰
    </리니어레이아웃>
    <뷰플리퍼>

          // 한 번에 하나씩 보여줄 위젯 삽입

    </뷰플리퍼>
</리니어레이아웃>
```

한 번에 보여줄 위젯이 여러 개라면 뷰플리퍼 안에 레이아웃을 여러 개 넣고 각 레이아웃에 필요한 위젯을 배치하면 된다.

**예제 6-15 뷰플리퍼의 XML 코드**

```
<LinearLayout>
    <LinearLayout
        android:orientation="horizontal" >
        <Button
            android:id="@+id/btnPrev"
```

```
6             android:text=" 이전화면 " />
7         <Button
8             android:id="@+id/btnNext"
9             android:text=" 다음화면 " />
10    </LinearLayout>
11    <ViewFlipper
12        android:id="@+id/viewFlipper1">
13        <LinearLayout
14            android:background="#ff0000" >
15            ~~~~ 필요한 위젯 삽입 ~~~~
16        </LinearLayout>
17        <LinearLayout
18            android:background="#00ff00" >
19            ~~~~ 필요한 위젯 삽입 ~~~~
20        </LinearLayout>
21        <LinearLayout
22            android:background="#0000ff" >
23            ~~~~ 필요한 위젯 삽입 ~~~~
24        </LinearLayout>
25    </ViewFlipper>
26 </LinearLayout>
```

**2~10** 화면 상단에 이전 및 다음 화면에 사용할 버튼을 2개 만든다.

**11~25** 뷰플리퍼 내부이다.

**13~16** 한 번에 나올 화면을 리니어레이아웃으로 만들었다. 각 화면에 나올 것이 위젯 1개뿐이라면 13행, 17행, 21행에 리니어레이아웃이 아닌 위젯을 직접 넣어도 된다.

**15, 19, 23** 실제로 한 화면에 나올 위젯을 용도에 따라 배치한다.

**예제 6-16 뷰플리퍼의 Java 코드**

```
public void onCreate(Bundle savedInstanceState) {
    super.onCreate(savedInstanceState);
    setContentView(R.layout.activity_main);

    Button btnPrev, btnNext;
    final ViewFlipper  vFlipper;

    btnPrev = (Button) findViewById(R.id.btnPrev);
    btnNext = (Button) findViewById(R.id.btnNext);
    vFlipper = (ViewFlipper) findViewById(R.id.viewFlipper1);

```

```
12     btnPrev.setOnClickListener(new View.OnClickListener() {
13         public void onClick(View v) {
14             vFlipper.showPrevious();
15         }
16     });
17     ~~~~ 생략(다음 화면 버튼 1개) ~~~~
18 }
```

**6** 위젯 변수를 선언할 때 final을 붙인 것은 14행의 내부 클래스 안에서 vFilpper에 접근하기 위한 약속된 문법이기 때문이다. vFilipper 변수를 전역변수로 선언해도 된다.

**14** 〈이전화면〉을 클릭하면 뷰플리퍼의 이전 화면이 나온다. 다음 화면이 나오는 메소드로는 showNext()를 사용한다.

▶ **직접 풀어보기 6-2**

뷰플리퍼를 이용하여 자동 사진 보기 앱을 작성하라.

- 적절한 이미지 여러 장이 자동으로 넘어가는 앱이다.
- 〈사진보기 시작〉과 〈사진보기 정지〉를 만들고, 〈사진보기 시작〉을 클릭하면 1초 단위로 화면이 자동으로 넘어가게 한다.
- 뷰플리퍼 안에 리니어레이아웃을 배치할 필요는 없고 직접 이미지뷰가 나오면 된다.

**힌트** 화면 넘김 시작 메소드로 startFlipping(), 정지 메소드로 stopFlipping(), 화면 넘김 간격 메소드로 setFlipInterval(밀리초)을 사용한다.

그림 6-4 자동 사진 보기 앱

## 탭호스트

**탭호스트 계층도**

```
java.lang.Object
   └ android.view.View
      └ android.widget.ViewGroup
         └ android.widget.FrameLayout
            └ android.widget.TabHost
```

**TIP** 탭호스트는 진저브레드(Android 2.3, API 10)까지는 잘 지원되지만 아이스크림 샌드위치(Android 4.0, API 14) 이후부터는 약한 경고가 나온다. 사용을 권장하지는 않지만 그동안 앱 개발에 상당히 많이 사용되었으며 큰 무리 없이 동작하므로 알아두면 좋다.

뷰플리퍼가 차례대로 다음이나 이전 화면을 보여주는 기능을 하는 반면, 탭호스트(TabHost)는 여러 탭을 두고 각 탭을 클릭할 때마다 해당 화면이 나오도록 설정하는 뷰 컨테이너이다. 인터넷 익스플로러의 상단 탭을 생각하면 된다. 탭호스트도 실제 동작하는 부분은 Java로 코딩한다. XML로 구성할 탭호스트는 다음과 같다.

```
<탭호스트 아이디="@android:id/tabhost">
    <리니어레이아웃>
        <탭위젯 아이디="@android:id/tabs" />
        <프레임레이아웃 아이디="@android:id/tabcontent">

                // 이곳에 각 탭스펙에 대응할 탭 화면(레이아웃)을 3개 삽입

        </프레임레이아웃>
    </리니어레이아웃>
</탭호스트>
```

주의할 점은 탭호스트, 탭위젯, 프레임레이아웃은 아이디가 지정되어 있는데 이 지정된 아이디를 변경하지 말고 그대로 사용해야 안드로이드가 탭호스트의 구성을 인식한다는 것이다. 위 구성을 Java와 연계하여 그림으로 표현하면 [그림 6-5]와 같다.

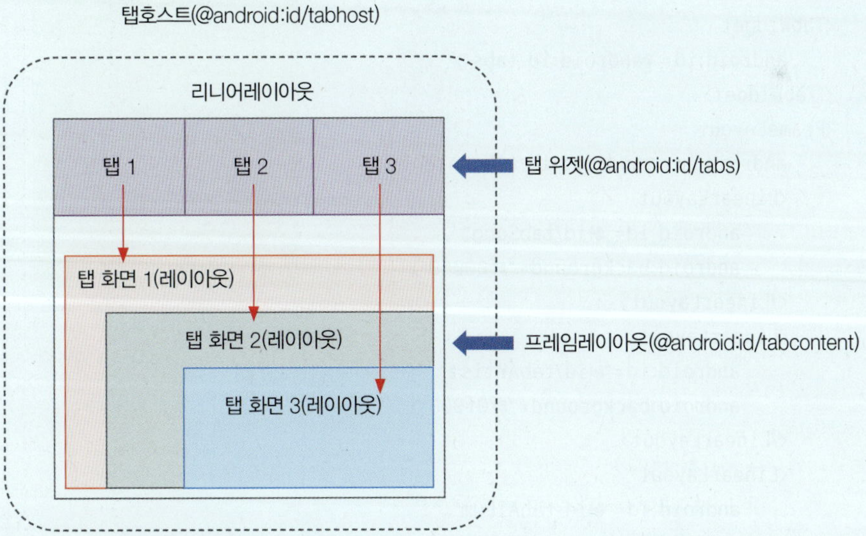


**그림 6-5 탭호스트의 구성 방식**

탭호스트, 리니어레이아웃, 탭위젯, 프레임레이아웃은 Java 코드에서 특별히 접근할 일이 없으므로 XML 코드로만 제대로 생성되어 있으면 된다. 실제로 Java 코드에서 중요하게 할 작업은 탭위

젯 안에 들어가는 3개의 탭을 생성하는 것이다.

또한 각 탭과 대응되는 탭 화면(레이아웃)의 연결도 Java 코드에서 해결해야 한다. 탭을 생성하고 탭 화면을 연결하기 위한 Java 코드의 형식은 다음과 같다.

```
TabHost  tabHost = getTabHost();  // 탭호스트 변수 생성
// 탭스펙 생성
TabSpec  tabSpec1 = tabhost.newTabSpec("TAG1").setIndicator("탭에 출력될 글자");
tabSpec1.setContent(R.id.tab1);     // 탭스펙을 탭과 연결
tabHost.addTab(tabSpec1);           // 탭을 탭호스트에 부착
```

탭스펙(TabSpec)은 탭을 구성하는 요소들의 집합이라고 생각하면 된다. 즉 탭스펙을 준비하여 탭호스트에 붙여넣으면 탭이 된다. 조금 복잡해 보이지만 탭호스트를 처리할 때 거의 고정된 형식의 코드이니 잘 기억해두자.

TIP 안드로이드폰 화면에서는 탭 화면이 3개 정도가 적당하지만 필요하다면 그 이상을 사용해도 된다.

**예제 6-17 탭호스트의 XML 코드**

```
<TabHost xmlns:android="http://~~~~~"
    android:id="@android:id/tabhost">
    <LinearLayout>
        <TabWidget
            android:id="@android:id/tabs">
        </TabWidget>
        <FrameLayout
            android:id="@android:id/tabcontent">
            <LinearLayout
                android:id="@+id/tabSong"
                android:background="#f00000">
            </LinearLayout>
            <LinearLayout
                android:id="@+id/tabArtist"
                android:background="#f0f000">
            </LinearLayout>
            <LinearLayout
                android:id="@+id/tabAlbum"
                android:background="#f000ff">
            </LinearLayout>
        </FrameLayout>
    </LinearLayout>
</TabHost>
```

**1~23, 3~22** [그림 6-5]에 나타냈듯이 전체 XML을 탭호스트로 감싸고 그 내부에 리니어레이아웃을 배치한다.

**2** 탭호스트의 아이디는 @android:id/tabhost로 해야 한다.

**4~6** [그림 6-5]에 나타냈듯이 상단에 탭위젯을 배치한다. 탭위젯의 아이디는 @android:id/tabs로 해야 한다.

**7~21** [그림 6-5]에 나타냈듯이 하단에 프레임레이아웃을 배치한다. 프레임레이아웃의 아이디는 @android:id/tabcontent로 해야 한다.

**9~20** [그림 6-5]에 나타냈듯이 프레임레이아웃 안에 3개의 위젯(레이아웃)을 배치한다. 실제로는 각 레이아웃마다 필요한 위젯을 배치하면 된다. 여기서는 간단히 하기 위해 레이아웃 안에 아무것도 넣지 않고 배경색만 다르게 지정했다.

**예제 6-18 탭호스트의 Java 코드**

```
~~~~ 생략(import문) ~~~~
@SuppressWarnings("deprecation")
public class MainActivity extends TabActivity {

    @Override
    public void onCreate(Bundle savedInstanceState) {
        super.onCreate(savedInstanceState);
        setContentView(R.layout.activity_main);

        TabHost tabHost = getTabHost();

        TabSpec tabSpecSong = tabHost.newTabSpec("SONG").setIndicator("음악별");
        tabSpecSong.setContent(R.id.tabSong);
        tabHost.addTab(tabSpecSong);

    TabSpec tabSpecArtist = tabHost.newTabSpec("ARTIST").setIndicator("가수별");
        tabSpecArtist.setContent(R.id.tabArtist);
        tabHost.addTab(tabSpecArtist);

    TabSpec tabSpecAlbum = tabHost.newTabSpec("ALBUM").setIndicator("앨범별");
        tabSpecAlbum.setContent(R.id.tabAlbum);
        tabHost.addTab(tabSpecAlbum);

        tabHost.setCurrentTab(0);
    }
}
```

**2** Android 5.0(롤리팝) 이후에서 탭액티비티를 사용하면 경고가 나오는 것을 막기 위한 코드이다. 없어도 문제가 되지는 않는다.

**3** 상속받는 클래스는 Activity가 아닌 TabActivity여야 한다.

**10** 탭호스트 변수에 XML에서 생성한 탭호스트를 가져온다.

**12~14** [그림 6-5]에 나타냈듯이 첫 번째 탭 1에 쓰일 글자를 '음악별'로 지정하면서 새로운 탭스펙을 생성한 후 13행에서 탭 화면 1(레이아웃, R.id.tabSong)과 연결한다. 14행에서 탭호스트에 탭스펙을 추가하면 탭 1이 생성된다.

▶ **직접 풀어보기 6-3**

탭호스트를 이용하여 동물 선택 앱을 작성하라.

- 탭위젯을 아래쪽에 배치하고 탭 4개가 나오게 한다.
- 프레임레이아웃 안의 리니어레이아웃 3개를 제거하고 4개의 이미지뷰를 배치한다.

**힌트** 프레임레이아웃의 layout_weight 속성을 1로 한다.

그림 6-6 **동물 선택 앱**

## 액션바와 프래그먼트

허니콤(Android 3.0, API 11)부터 지원되는 액션바(ActionBar)는 태블릿과 같은 대형 화면에서 여러 화면을 사용하기 위해 고안되었다. 아이스크림 샌드위치(Android 4.0, API 14)부터는 태블릿과 스마트폰의 SDK가 통합되었으므로 태블릿과 스마트폰에서 모두 액션바 사용이 가능하며, 상황에 따라 다양한 형태로 나타낼 수 있다.

액션바는 태블릿, 스마트폰 등 다양한 크기의 화면을 디자인하는 데 활용할 수 있고 뒤에서 배울 메뉴를 대체하여 사용할 수도 있다. 이러한 많은 기능 때문에 액션바의 구현은 다른 위젯보다 복잡한 편이다. 여기서는 바로 앞에서 배운 탭호스트와 동일한 기능을 액션바에서 구현하는 데 초점을 맞춰 실습하겠다.

TIP 여기서 실습할 액션바의 내비게이션 모드(Navigation mode)를 롤리팝(Android 5.0, API 21) 이후에서는 사용하지 말 것을 권장하지만, 이 기능은 현재도 앱 개발에 많이 사용되므로 잘 알아둘 필요가 있다. 참고로 롤리팝부터는 액션바와 비슷한 기능을 하는 툴바(Toolbar) 위젯을 사용할 수 있다.

액션바를 구현할 때는 프래그먼트(Fragment)를 사용하는 것이 좋다. 프래그먼트는 허니콤에서 소개된 기능으로, 대형 태블릿의 화면을 효율적으로 사용하기 위한 것이다. 프래그먼트는 간단히 말해 액티비티보다 작은 단위의 화면이라고 할 수 있다. 프래그먼트를 사용하면 대형 화면에서 액티비티 화면을 분할하여 표현할 수 있으며, 스마트폰과 같은 소형 화면에서는 화면의 분할보다는 실행 중에 화면을 동적으로 추가하거나 제거하는 데 더 많이 활용된다.

액션바와 프래그먼트를 활용하여 구현할 화면은 다음 그림과 같다. 결과 화면은 탭호스트와 동일하게 구성되겠지만, XML을 사용하지 않고 모두 Java 코드로 구현할 것이다.

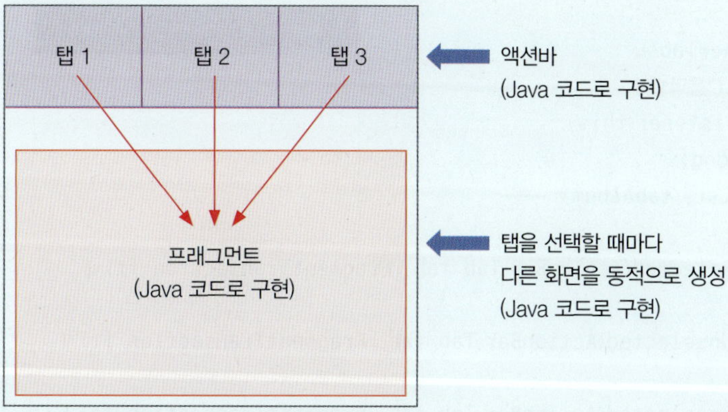


그림 6-7 **액션바와 프래그먼트의 구성 방식**

위 그림을 보면 우선 액션바를 생성한 후 탭위젯을 액션바에 등록하는 방법을 사용한다. 그러기 위해서는 MainActivity에 TabListener 인터페이스를 구현해야 한다.

액션바에 탭을 추가하는 Java 코드의 형식은 다음과 같다.

```
ActionBar bar = getActionBar(); // 상단에 표시할 액션바 준비
// 탭호스트와 같이 탭의 모양이 되도록 설정
bar.setNavigationMode(ActionBar.NAVIGATION_MODE_TABS);
tabSong = bar.newTab();  // 액션바에 탭 생성
tabSong.setText("음악별"); // 탭의 글자 설정
tabSong.setTabListener(this); // 탭을 터치하면 작동하는 리스너 지정
bar.addTab(tabSong); // 액션바에 탭 추가
```

다음 실습의 액션바는 XML 코드 없이 작성할 것이므로 activity_main.xml 파일을 삭제해도 된다.

**예제 6-19 액션바의 Java 코드 1**

```
1  ~~~~ 생략(import문) ~~~~
2  public class MainActivity extends AppCompatActivity implements ActionBar.
           TabListener {
3     ActionBar.Tab tabSong, tabArtist, tabAlbum;
4
5     protected void onCreate(Bundle savedInstanceState) {
6        super.onCreate(savedInstanceState);
7        ActionBar bar = getSupportActionBar();
8        bar.setNavigationMode(ActionBar.NAVIGATION_MODE_TABS);
9
10       tabSong = bar.newTab();
11       tabSong.setText("음악별");
12       tabSong.setTabListener(this);
13       bar.addTab(tabSong);
14       ~~~~ 생략(tabArtist, tabAlbum) ~~~~
15    }
16    public void onTabSelected(ActionBar.Tab tab, FragmentTransaction ft) {
17    }
18    public void onTabUnselected(ActionBar.Tab tab, FragmentTransaction ft) {
19    }
20    public void onTabReselected(ActionBar.Tab tab, FragmentTransaction ft) {
21    }
22
23 }
```

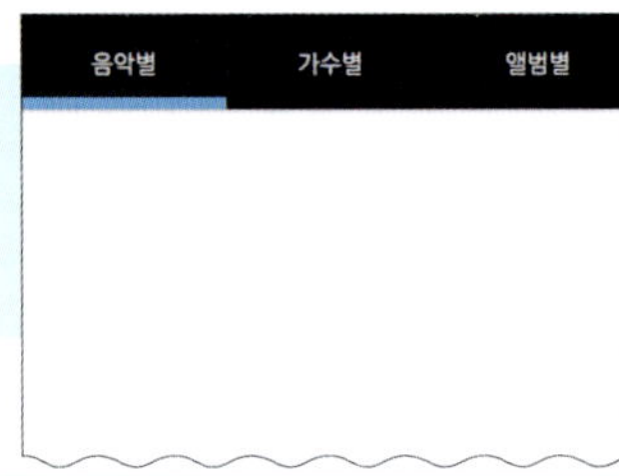


**2** TabListener 인터페이스를 구현한다. 16~21행에서 3개의 메소드를 임플리먼트해야 한다.

**3** Tab 변수 3개를 준비한다.

**7, 8** 액션바를 준비하고, 액션바의 모드를 탭호스트 모양인 NAVIGATION_MODE_TABS로 설정한다.

**10~13** 첫 번째 탭인 [음악별]을 생성하고 액션바에 추가한다.

**14** tabArtist와 tabAlbum을 추가한다. 10~13행을 반복하여 코딩하면 된다.

**16, 17** 탭을 선택하면 작동하는 메소드로 [예제 6-21]에서 완성할 것이다.

탭을 클릭하면 아래쪽에 해당 프래그먼트가 나오도록 코딩하자. 우선 Fragment를 상속받는 MyTabFragment 클래스를 내부 클래스로 생성한다. [예제 6-19]의 22행에 다음 코드를 추가한다.

**예제 6-20 액션바의 Java 코드 2**

```
1  public static class MyTabFragment extends androidx.fragment.app.Fragment {
2          String tabName;
3          public void onCreate(Bundle savedInstanceState) {
4              super.onCreate(savedInstanceState);
5              Bundle data = getArguments();
6              tabName = data.getString("tabName");
7          }
8          public View onCreateView(LayoutInflater inflater, ViewGroup container,
                   Bundle savedInstanceState) {
9              LinearLayout.LayoutParams params = new LinearLayout.LayoutParams(
10                     LinearLayout.LayoutParams.MATCH_PARENT,
11                     LinearLayout.LayoutParams.MATCH_PARENT);
12             LinearLayout baseLayout = new LinearLayout(super.getActivity());
13             baseLayout.setOrientation(LinearLayout.VERTICAL);
14             baseLayout.setLayoutParams(params);
15
16             if (tabName == "음악별") baseLayout.setBackgroundColor(Color.RED);
17             if (tabName == "가수별") baseLayout.setBackgroundColor(Color.GREEN);
18             if (tabName == "앨범별") baseLayout.setBackgroundColor(Color.BLUE);
19
20             return baseLayout;
21         }
22 }
```

**1** Fragment 클래스를 상속받은 MyTabFragment 클래스를 만든다.

**2, 5, 6** 3개의 탭을 클릭할 때마다 다른 프래그먼트(화면)가 나오도록, 탭을 클릭할 때 지정한 데이터로 각 프래그먼트를 지정한다. 여기서는 탭의 텍스트인 '음악별, 가수별, 앨범별'로 지정한다.

**8~21** 프래그먼트에 나타날 화면을 구성한다. 최종적으로 구성한 화면(View)을 반환한다.

**9~14** 빈 리니어레이아웃을 Java 코드로 생성한다.

**16~18** 탭별로 배경색을 다르게 설정한다.

**20** 구성한 레이아웃을 반환한다. 결국 이 레이아웃이 액션바의 아래쪽에 나타난다.

[예제 6-19]의 MainActivity.java를 완성하자. 우선 멤버 변수(전역변수)로 프래그먼트 배열 변수를 추가하고, onTabSelected() 메소드를 코딩한다.

**예제 6-21 액션바의 Java 코드 3**

```
1  MyTabFragment myFrags[] = new MyTabFragment[3];
2
3  public void onTabSelected(Tab tab,
                              FragmentTransaction ft) {
4        MyTabFragment myTabFrag = null;
5
6        if (myFrags[tab.getPosition()] == null) {
7           myTabFrag = new MyTabFragment();
8           Bundle data = new Bundle();
9           data.putString("tabName", tab.getText().toString());
10          myTabFrag.setArguments(data);
11          myFrags[tab.getPosition()] = myTabFrag;
12       }
13       else
14          myTabFrag = myFrags[tab.getPosition()];
15
16       ft.replace(android.R.id.content, myTabFrag);
17 }
```

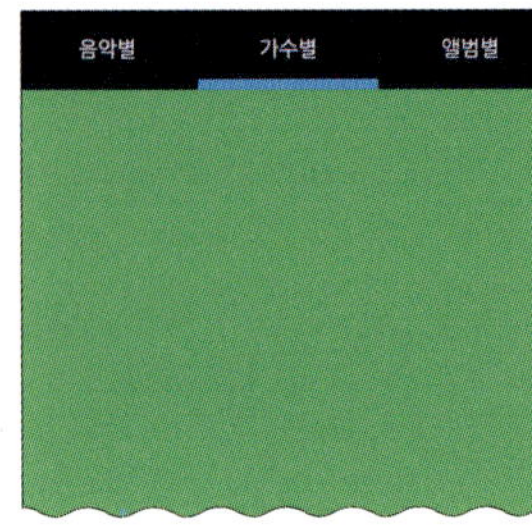


**1** MyTabFragment 배열을 선언한다. 이 배열에는 3개의 프래그먼트(화면)가 저장된다(음악별, 가수별, 앨범별). [예제 6-19]의 4행에 코딩한다.

**3~17** 탭을 선택하면 동작하는 코드를 완성한다.

**4** 현재 선택한 프래그먼트(화면)로 사용할 변수이다.

**6~12** 선택한 탭이 기존에 한 번도 선택된 적이 없는 탭이라면 프래그먼트(화면)를 생성하여 1행에서 선언한 배열(myFrags[ ])의 해당 위치에 넣는다.

**7** 새로운 프래그먼트를 생성한다.

**8~10** 현재 프래그먼트의 값을 지정하는데, 선택한 탭의 텍스트를 tabName 변수에 저장한다. 저장된 값은 [예제 6-20]의 5행과 6행에서 사용된다.

**11** 생성한 프래그먼트를 프래그먼트 배열의 해당 위치[tab.getPosition()]에 저장한다.

**14** 기존에 해당 탭을 선택한 적이 있다면 프래그먼트 배열에 이미 해당 프래그먼트가 생성되어 있으므로 재사용한다.

**16** 새로 생성한 프래그먼트 또는 기존의 프래그먼트를 액션바 아래쪽에 출력한다.

## 웹뷰

```
java.lang.Object
     └ android.view.View
          └ android.widget.ViewGroup
               └ android.widget.AbsoluteLayout
                    └ android.webkit.WebView
```
웹뷰 계층도

웹뷰(WebView)는 사용자가 웹브라우저 기능을 앱 안에 직접 포함할 수 있는 위젯이다. 웹뷰를 실제 웹브라우저처럼 만들려면 아주 많은 작업을 해야 하며 코드량도 상당하다. 여기서는 간단한 기능의 웹브라우저를 만들어보겠다. 매니페스트(AndroidManifest.xml) 파일에 퍼미션을 지정해야 하는데 이 방법도 실습을 통해 알아본다.

### 실습 6-2 간단 웹브라우저 앱 만들기

이번 실습에서는 에디트텍스트에 URL을 입력하면 해당 링크로 이동하는 앱을 만든다. 또한 화면의 로고와 프로그램의 아이콘도 변경해본다.

#### 1 안드로이드 프로젝트 생성

❶ 새 프로젝트를 만든다. 프로젝트 이름은 'Project6_2', 패키지 이름은 'com.cookandroid.project6_2'로 한다. 그 외 규칙은 [실습 2-4]의 ❶~❹를 따른다.

#### 2 화면 디자인 및 편집

❷ Android Studio의 Project Tree에서 [app]-[res]-[layout]-[activity_main.xml]을 더블클릭해서 열고, 오른쪽 위의 [Code] 탭을 클릭하여 화면을 코딩한다. 다음과 같이 화면을 구성한다.

- 리니어레이아웃을 하나 더 만들고 그 안에 에디트텍스트 1개와 버튼 2개를 구성한다.
- 하단에 웹뷰를 만든다.
- 각 위젯의 아이디는 edtUrl, btnGo, btnBack, webView1로 한다.

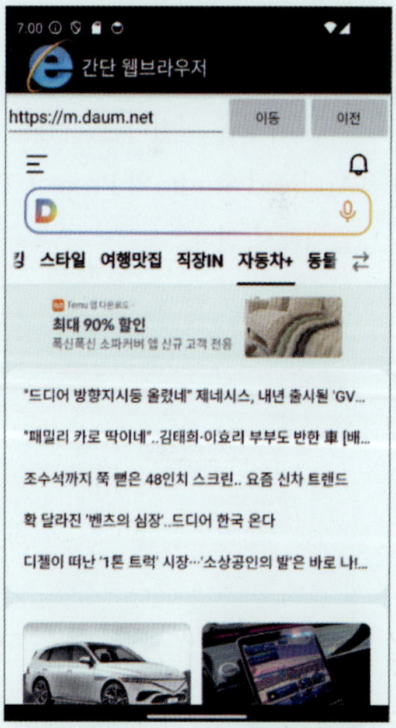

그림 6-8 간단 웹브라우저 앱 결과 화면

**예제 6-22 activity_main.xml**

```
1 <LinearLayout>
2     <LinearLayout>
3         <EditText
4             android:id="@+id/edtUrl"
5             android:layout_weight="1"
6             android:singleLine="true" >
7         </EditText>
8         <Button
9             android:id="@+id/btnGo"
10            android:text="이동" />
11        <Button
12            android:id="@+id/btnBack"
13            android:text="이전" />
14     </LinearLayout>
15     <WebView
16         android:id="@+id/webView1" />
17 </LinearLayout>
```

**5, 6** 버튼 2개를 제외한 너비를 에디트텍스트로 모두 채운다.

**15, 16** 웹뷰를 추가한다.

**3** [그림 6-8]을 보면 로고의 타이틀과 아이콘이 현재의 상태와 다르다. 이러한 프로젝트의 전반적인 환경을 설정하는 파일은 AndroidManifest.xml이다(간략히 매니페스트라고도 부른다). Android Studio의 Project Tree에서 [app]-[manifests]-[AndroidManifest.xml]을 더블 클릭해서 연다.

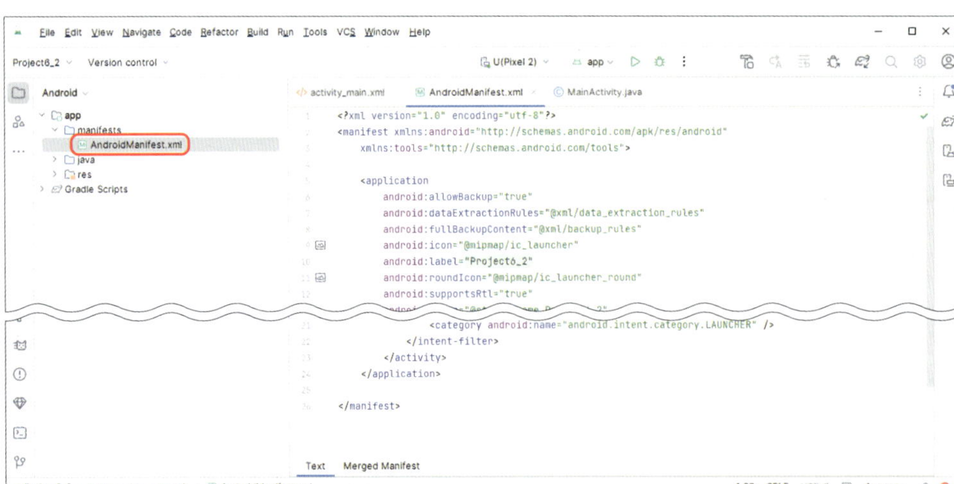


**그림 6-9 AndroidManifest.xml 파일 열기**

**4** 파일을 다음과 같이 간략하게 수정한다. 다음 내용 이외의 행은 삭제해도 된다. 이번 기회에 AndroidManifest.xml에 대해 잘 이해하고 넘어가자.

**예제 6-23 AndroidManifest.xml**

```
1  <manifest xmlns:android="http://schemas.android.com/apk/res/android"
2      package="com.cookandroid.project6_2">
3
4      <application
5          android:allowBackup="true"
6          android:icon="@drawable/emo_im_cool"
7          android:label="쿡북 웹브라우저 "
8          android:logo="@drawable/web"
9          android:theme="@style/Theme.AppCompat.Light.DarkActionBar">
10         <activity
11             android:name=".MainActivity"
12             android:label="간단 웹브라우저"
13             android:exported="true">
14             <intent-filter>
15                 <action android:name="android.intent.action.MAIN" />
16
17                 <category android:name="android.intent.category.LAUNCHER" />
18             </intent-filter>
19         </activity>
20     </application>
21
22 </manifest>
```

TIP 예전에는 AndroidManifest.xml 파일에 앱이 동작할 최하 SDK 버전과 실제 동작할 SDK 버전이 명시되어 있었으나, Android Studio Hedgehog(2023.1.1)부터는 Project Tree의 [Gradle Scripts]-[build.gradle.kts (Module: app)]에 minSdk와 targetSdk로 등록되어 있다. 만약 앱이 작동할 최하 버전을 변경하려면 minSDK의 숫자를 변경한 후 오른쪽 위의 [Sync Now]를 클릭한다. 예를 들어 minSdk가 24, targetSdk가 34이면 누가(7.0)부터 U(14.0) 이상에서 모두 작동하는 앱이 된다.

**2** 패키지 이름이다. 처음 프로젝트를 생성할 때 지정한 것인데 그대로 두면 된다.

**4~20** 앱에 대한 전체 정보를 설정한다.

**6** 앱이 실행되기 전의 아이콘 모양을 설정한다. 이 예제에서는 emo_im_cool.png 파일을 [res]-[drawable] 폴더에 먼저 복사해놓아야 한다.

**7** 앱의 레이블을 지정한다. 이것은 안드로이드의 [앱 정보] 창에 보이는 이름이다.

**8** 실행된 화면의 상단에 보이는 로고 모양을 설정한다. 이 예제에서는 web.png 파일을 [res]-[drawable] 폴더에 먼저 복사해놓아야 한다.

**10~19** 액티비티(화면)에 대한 정보를 설정한다. 여기서는 액티비티 1개만 사용하지만 여러 개의 액티비티를 사용할 수도 있다. 여러 개의 액티비티를 사용하는 방법은 10장에서 자세히 다룰 것이다.

**11** 액티비티의 이름인데, Project Tree의 [app]-[java]-[패키지 이름]-[MainActivity]와 동일하며 단지 앞에 마침표(.)가 붙는다.

**12** 실행된 화면 상단에 나오는 타이틀이다. 또한 앱 아이콘의 이름으로도 사용된다.

**14~18** 인텐트 필터를 나타내는데 이는 10장에서 설명하겠다.

TIP 사용할 수 있는 아이콘 모양의 png 파일은 [android-sdk 설치 폴더]\platforms\android-API버전\data\res\drawable-hdpi\ 폴더에 많이 있으니 마음에 드는 것을 골라 [res]-[drawable] 폴더에 복사한다.

**5** 일단 실행해보자. 화면 상단의 아이콘과 타이틀이 변경된 것을 확인할 수 있다. 키패드의 돌아가기 버튼을 클릭한 후 화면을 위로 스와이프하여 프로그램 정보를 확인한다. 아이콘을 꾹 누르고 [앱 정보]를 선택하면 설치된 앱 정보를 확인할 수 있다.

TIP 왼쪽 위의 앱 아이콘이 보이지 않으면 71~72쪽의 [여기서 잠깐]을 참조한다. 단, 아이콘으로 web.png를 사용한다.

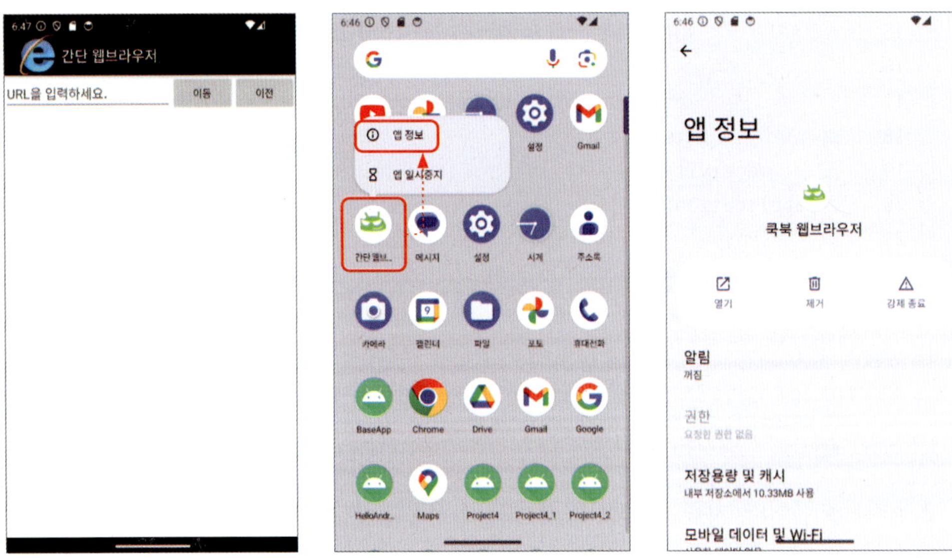


**그림 6-10 매니페스트에서 설정한 내용 확인**

### 3 Java 코드 작성 및 수정

**6** Android Studio의 Project Tree에서 [app]-[java]-[패키지 이름]-[MainActivity]를 더블 클릭해서 연다.

7 activity_main.xml의 4개 위젯에 대응할 위젯 변수 4개를 전역변수로 선언하고, onCreate() 메소드 안의 각 변수에 위젯을 대입한다.

**예제 6-24 Java 코드 1**

```
1 ~~~~ 생략(import문) ~~~~
2 public class MainActivity extends AppCompatActivity {
3     EditText edtUrl;
4     Button btnGo, btnBack;
5     WebView web;
6
7
8     @Override
9     public void onCreate(Bundle savedInstanceState) {
10        super.onCreate(savedInstanceState);
11        setContentView(R.layout.activity_main);
12
13        edtUrl = (EditText) findViewById(R.id.edtUrl);
14        btnGo = (Button) findViewById(R.id.btnGo);
15        btnBack = (Button) findViewById(R.id.btnBack);
16        web = (WebView) findViewById(R.id.webView1);
17    }
18
19 }
```

**3~5** 4개의 위젯에 대응되는 변수를 선언한다.

**13~16** 4개의 변수에 위젯을 대입한다.

8 WebViewClient의 상속을 받는 CookWebViewClient 클래스를 정의하자. 일단 [예제 6-24]의 18행에 다음 코드를 입력한다[onCreate() 메소드 밖, 메인 클래스 안에 코딩한다].

**예제 6-25 Java 코드 2**

```
1 class CookWebViewClient extends WebViewClient {
2
3 }
```

**1~3** WebViewClient를 상속받아 자신의 WebViewClient 클래스를 만든다.

WebViewClient 클래스에서 shouldOverrideUrlLoading()을 상속받으려고 한다. 직접 코딩해도 되지만 파라미터와 형태를 기억하기 어려우므로 Android Studio가 자동으로 제공하는 기능을 사용한다.

9 CookWebViewClient 클래스 안([예제 6-25]의 2행)에 커서를 두고 Android Studio 메뉴의 [Code]-[Override Methods]를 선택하면 부모 클래스(여기서는 WebViewClient)에서 오버라이딩 또는 임플리먼트가 가능한 메소드 목록이 나온다. 메소드 중에서 두 번째에 있는 shouldOverrideUrlLoading()을 선택하고 〈OK〉를 클릭하면 자동으로 메소드가 오버라이딩된다.

TIP shouldOverrideUrlLoading() 메소드는 최근의 Android에서는 사용하지 말 것을 권장하지만 사용해도 그다지 문제가 되지 않는다.

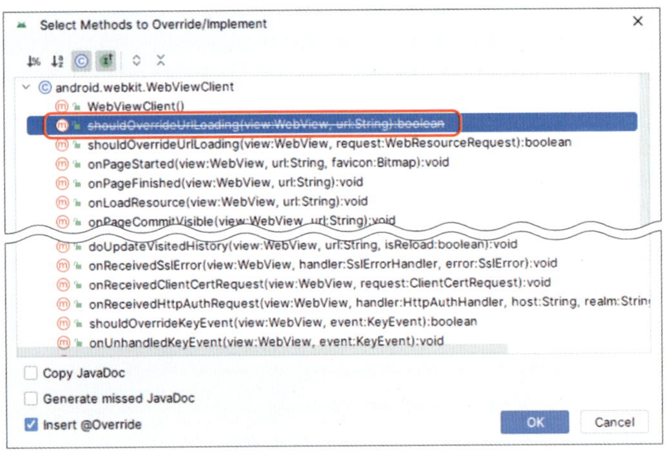


그림 6-11 메소드의 자동 오버라이딩

**예제 6-26 Java 코드 3**

```
        ~~~~ 생략 ~~~~
        web = (WebView) findViewById(R.id.webView1);
    }

    class CookWebViewClient extends WebViewClient {

        @Override
        public boolean shouldOverrideUrlLoading(WebView view, String url) {

            return super.shouldOverrideUrlLoading(view, url);
        }

    }
}
```

**7~11** 자동으로 오버라이딩된 메소드이다. 이 예제에서는 특별히 변경할 필요가 없으므로 그대로 둔다.

**TIP** 이와 같이 상속받을 메소드를 오버라이딩하여 자동 완성하는 기능은 앞으로도 자주 사용할 것이니 잘 기억해둔다.

**10** onCreate( ) 메소드 안에 다음 내용을 계속 코딩한다. [예제 6-26]의 2행과 3행 사이에 코딩하면 된다.

- 생성한 CookWebViewClient 클래스를 웹뷰에 설정한다.
- 화면 확대/축소 아이콘이 보이도록 설정한다.
- 두 버튼을 클릭하면 입력한 URL로 이동하거나 이전 화면으로 돌아가게 한다.

**예제 6-27 Java 코드 4**

```
1      ~~~~~ 생략 ~~~~~
2      web = (WebView) findViewById(R.id.webView1);
3
4      web.setWebViewClient(new CookWebViewClient());
5
6      WebSettings webSet = web.getSettings();
7      webSet.setBuiltInZoomControls(true);
8      webSet.setJavaScriptEnabled(true);
9      btnGo.setOnClickListener(new View.OnClickListener() {
10        public void onClick(View v) {
11           web.loadUrl(edtUrl.getText().toString());
12        }
13     });
14
15     btnBack.setOnClickListener(new View.OnClickListener() {
16        public void onClick(View v) {
17           web.goBack();
18        }
19     });
20 }
21 ~~~~~ 생략 ~~~~~
```

**4** CookWebViewClient 클래스를 생성하여 웹뷰에 대입한다.

**6, 7** WebSettings 클래스를 이용하여 줌 버튼 컨트롤이 화면에 보이게 한다.

**8** 웹뷰에서 자바스크립트가 작동되게 한다.

**11** 에디트텍스트에 입력한 URL 웹페이지가 웹뷰에 나오게 한다.

**17** 웹뷰의 이전 화면으로 돌아간다.

### 4 프로젝트 실행 및 결과 확인

**11** 완성된 코드를 실행해보자. 에디트텍스트에 'https://m.daum.net'을 입력하고 〈이동〉을 클릭하면 웹페이지가 열리지 않을 것이다. 프로젝트에 인터넷을 사용할 수 있는 퍼미션을 주지 않았기 때문인데, 퍼미션은 AndroidManifest.xml에서 지정해야 한다.

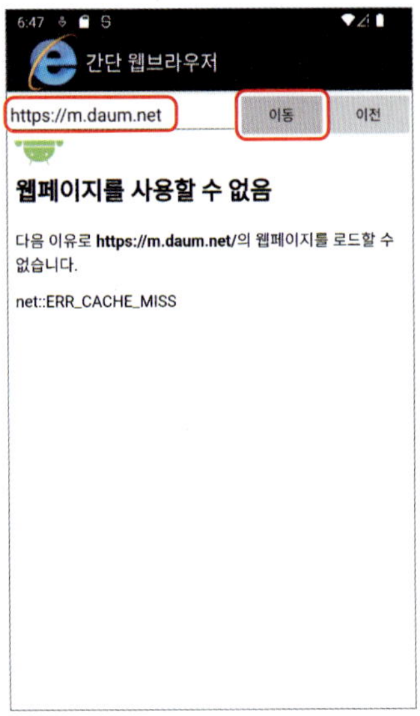


그림 6-12 **웹페이지가 열리지 않음**

### [반복] 2 화면 디자인 및 편집

**12** AndroidManifest.xml을 열고 〈application 행 위에 다음 예제의 4행을 추가한다. 이 행은 프로젝트의 인터넷 사용을 허가한다는 의미이다. AndroidManifest.xml은 프로젝트마다 별도로 생성되는 파일이므로 인터넷을 사용하는 프로젝트마다 AndroidManifest.xml에 이 행을 추가해야 한다. 4행은 자주 사용되니 잘 기억해두자.

**예제 6-28 AndroidManifest.xml**

```
1  ~~~~ 생략 ~~~~
2
3
4      <uses-permission android:name="android.permission.INTERNET" />
5
6      <application
7          android:icon="@drawable/emo_im_cool"
8  ~~~~ 생략 ~~~~
```

TIP 앞으로 AndroidManifest.xml에 다른 퍼미션을 주어야 하는 상황이 종종 있을 것이다. 예를 들어 화면에 출력될 추가 액티비티, SD 카드의 파일 처리 등에서도 필요한데 그때마다 다시 언급하겠다.

[반복] 4 프로젝트 실행 및 결과 확인

⑬ 모두 저장한 다음 프로젝트를 다시 실행해보자. [그림 6-8]과 같이 정상적으로 웹서핑이 될 것이다.

5 안드로이드 응용 프로그램 개발 완료

⑭ 결과를 확인했으면 돌아가기 버튼을 클릭하여 AVD의 초기화면으로 돌아간다.

지금까지 배운 뷰 컨테이너 외에 리스트뷰(ListView), 그리드뷰(GridView), 갤러리(Gallery), 스피너(Spinner) 등도 다양한 목적으로 사용할 수 있는데 사용법이 복잡하고 활용도도 높아 11장에서 따로 살펴보겠다.

# 요약

1 아날로그시계와 디지털시계는 화면에 시간을 표시하는 위젯으로서 시계를 표현하는 용도로 쓰인다. 크로노미터는 시간을 측정하는 타이머 형식의 위젯이다.

2 타임피커는 시간을, 데이트피커와 캘린더뷰는 날짜를 표시하고 조절한다.

3 캘린더뷰의 연도는 1900부터 시작하고 월은 0부터 시작한다.

4 자동완성텍스트뷰와 멀티자동완성텍스트뷰는 사용자가 단어의 일부만 입력해도 자동으로 완성되는 에디트텍스트이다.

5 프로그레스바는 작업의 진행 상태를 바 또는 원 형태로 제공하고 주로 스레드와 함께 사용된다. 시크바는 프로그레스바와 대부분 비슷하며 사용자가 터치로 임의 조절이 가능하다. 레이팅바는 진행 상태가 별 모양으로 표시되는 위젯으로 서적, 음악, 영화 등에 대한 선호도를 나타낼 때 주로 사용된다.

6 스크롤뷰는 위젯이나 레이아웃이 화면에 넘칠 때 스크롤 효과를 낼 수 있다. 스크롤뷰에는 단 하나의 위젯만 넣을 수 있다.

7 슬라이딩드로어는 서랍처럼 열어서 위젯을 보여주거나 닫아서 감춘다.

8 뷰플리퍼는 안에 여러 개의 위젯을 배치하고 필요에 따라 화면을 왼쪽 또는 오른쪽으로 밀어서 위젯을 하나씩 보여준다. XML 코드만으로 완성되지 않고 Java 코드와 함께 구현해야 한다.

9 탭호스트는 여러 탭을 두고 각 탭을 클릭할 때마다 해당 화면이 나오도록 설정하는 뷰 컨테이너로, 실제 동작하는 부분은 Java 코드로 구현한다. 허니콤부터 지원되는 액션바는 탭호스트와 동일한 화면을 만들기 위해 고안된 것으로, 롤리팝부터는 툴바 위젯으로도 구성할 수 있다.

10 웹뷰는 사용자가 웹브라우저 기능을 앱 안에 직접 포함할 수 있는 위젯이다.

11 부모 클래스의 메소드를 자동으로 오버라이딩하려면 클래스 안에 커서를 두고 Android Studio 메뉴의 [Code]–[Override Methods]를 선택한다.

12 프로젝트의 전반적인 환경 설정이나 퍼미션 등은 모두 AndroidManifest.xml에 지정한다. 인터넷을 허용하는 퍼미션은 다음과 같다.

```
<uses-permission android:name="android.permission.INTERNET" />
```

# 연습문제

**1** 시계를 표현하는 위젯이 바르게 짝지어진 것은?

❶ DataClock, TimeClock
❷ AnalogWatch, DigitalWatch
❸ AnalogTime, DigitalTime
❹ AnalogClock, DigitalClock

**2** CalendarView 위젯의 날짜를 변경할 때 작동하는 메소드는?

❶ setOnSelectedDayChange
❷ onPickDayChange
❸ onSelectedDayChange
❹ onChangedDaySelect

**3** 음량을 조절하거나 동영상을 재생할 때 사용자가 위치를 지정하는 용도로 사용하는 위젯은?

❶ PrograssBar
❷ SeekBar
❸ RatingBar
❹ SearchBar

**4** 다음 빈칸에 들어갈 알맞은 말은?

> 슬라이딩드로어의 [　　　　　] 속성에 지정된 이름과 슬라이딩드로어의 손잡이 역할을 하는 버튼의 아이디가 동일해야 한다.

❶ content
❷ text
❸ gravity
❹ handle

**5** 액션바의 탭을 클릭했을 때 작동하는 메소드는?

❶ onTabSelected
❷ onTabClicked
❸ onActionBarSelected
❹ onTabHostSelected

## 연습문제

**6** 다음과 같이 슬라이딩드로어 안에 슬라이딩드로어가 들어가도록 프로젝트를 작성하시오.

**7** [예제 6-21]에서 완성한 액션바를 변경하여 동물 선택 앱을 작성하시오. 단, 탭에 이미지가 나오게 하고, [예제 6-20]의 9~14행 대신에 XML 파일을 인플레이트해서 사용한다.

**힌트** View myView = inflater.inflate(R.layout.레이아웃, null);

CHAPTER 07

# 메뉴와 대화상자

**학습목표**

- 메뉴를 작성하고 사용하는 방법을 익힌다.
- 토스트의 다양한 출력 방법을 알아본다.
- 대화상자 사용법을 익힌다.

# 01 메뉴

메뉴는 사용자가 여러 개 중 하나를 선택하도록 하여 사용자의 명령을 받아들이는 간편한 방식으로 일반 PC용 프로그램에서도 널리 사용된다. 안드로이드의 메뉴는 옵션 메뉴(option menu)와 컨텍스트 메뉴(context menu)로 구분된다.

[그림 7-1]은 이전 버전의 안드로이드에서 기본으로 제공되는 캘린더 앱을 실행한 화면이다. (a)는 키패드의 메뉴 버튼 또는 화면 오른쪽 위의 메뉴 아이콘을 눌렀을 때 화면 하단에 메뉴가 나오는 옵션 메뉴이다. 이 그림은 메뉴 목록이 5개인 경우로, 목록이 더 많으면 위쪽으로 쌓여 출력되며, 화면이 넘어갈 정도로 목록이 많으면 스크롤해서 선택할 수 있다. (b)의 컨텍스트 메뉴는 날짜를 롱클릭하면 나오는데, 일반적으로 제목과 함께 화면의 중앙에 출력된다.

(a) 옵션 메뉴

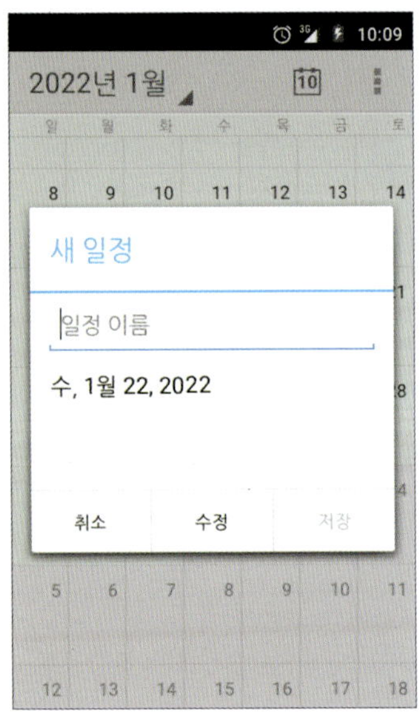


(b) 컨텍스트 메뉴(날짜를 롱클릭한 화면)

**그림 7-1 옵션 메뉴와 컨텍스트 메뉴의 예**

옵션 메뉴를 사용하는 방법에는 메뉴 XML 파일을 생성한 후 Java에서 호출하는 방법과 XML 파일 없이 Java 코드만으로 메뉴를 생성하는 방법이 있다. 메뉴는 항목이 대부분 고정되어 있으므로 메뉴 XML 파일을 이용한다. 메뉴 XML 파일을 이용하면 앱을 다른 나라 언어로 변경할 때 Java 코드를 건드리지 않아도 되므로 효율적이다.

## 1 XML을 이용한 옵션 메뉴

메뉴 XML 파일을 이용하는 방식은 다음 세 가지만 설정하면 된다.

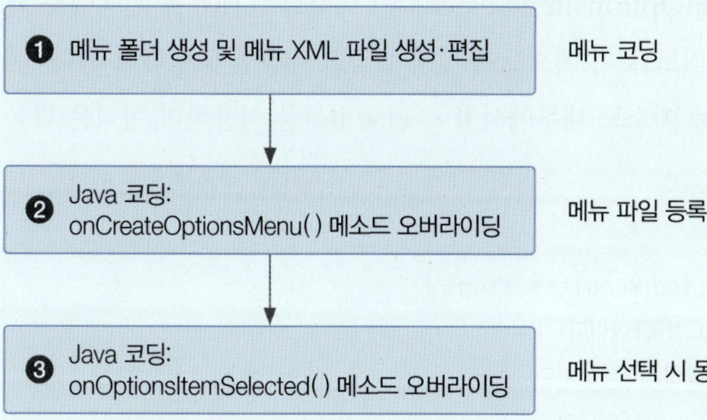


**그림 7-2 옵션 메뉴 설정 순서(XML 파일 이용)**

메뉴 XML 파일은 다음과 같은 형식이다.

```
<menu>
        <item
            android:id="@+id/항목1아이디"
            android:title="항목1 제목"/>
        <item
            android:id="@+id/항목2아이디"
            android:title="항목2 제목"/>
</menu>
```

위의 예에서는 항목(item)이 2개이다. 메뉴에는 '항목1 제목', '항목2 제목'이 출력된다. 또한 메뉴 안에 서브 메뉴도 생성할 수 있는데 이는 잠시 후 실습에서 확인해볼 것이다.

Activity 클래스에서 오버라이딩하는 onCreateOptionsMenu() 메소드는 앱이 실행되면 메뉴의 내용을 XML 파일에서 자동으로 읽어온다. 메소드에 코딩할 내용은 다음과 같이 거의 고정되어 있으므로 그대로 사용하면 된다. 단, 4행의 '메뉴XML아이디'는 화면에 보여줄 메뉴 XML 파일의 아이디로 바꾼다.

```
public boolean onCreateOptionsMenu(Menu menu) {
        super.onCreateOptionsMenu(menu);
        MenuInflater mInflater = getMenuInflater();
        mInflater.inflate(R.menu.메뉴XML아이디, menu);
        return true;
}
```

Activity 클래스에서 오버라이딩하는 onOptionsItemSelected() 메소드는 메뉴를 선택했을 때 어떤 동작을 할 것인지를 담고 있다. 그러므로 이 메소드에 실제 동작할 내용을 코딩하면 된다. 메뉴는 항목이 여러 개 나오기 때문에 보통 메소드 내부에서 if ~ else if문을 사용하며 형식은 다음과 같다.

```
public boolean onOptionsItemSelected(MenuItem item) {
        if (item.getItemId() == R.id.항목1아이디) {
                항목1을 선택했을 때 실행할 코드
                return true;
        } else if (item.getItemId() == R.id.항목2아이디) {
                항목2를 선택했을 때 실행할 코드
                return true;
        }
        return false;
}
```

위 코드에서 if문의 '항목1아이디', '항목2아이디'를 메뉴 XML 파일의 해당 아이디로 바꾸면 된다. 그리고 각 항목을 선택할 때 실제로 실행될 코드를 작성한다. 간단한 실습을 통해 익혀보자.

TIP 메뉴 항목을 실시간으로 추가하거나 삭제할 때 onPrepareOptionsMenu() 메소드를 오버라이딩하여 사용할 수도 있으나, 일반적으로 메뉴 항목은 고정되어 있으므로 많이 사용하지는 않는다.

**여기서 잠깐** **인플레이터(Inflater)**

인플레이터는 '부풀리는 장치' 또는 '자전거 등의 공기 펌프'라는 뜻이다. 즉 풍선에 바람을 넣어서 실제 객체로 만들어 사용한다는 의미이다(풍선은 바람을 넣기 전에는 별 의미가 없다). 안드로이드에서 사용되는 인플레이터를 이에 비유하면, 정적으로 존재하는 XML 파일(풍선)을 Java 코드에서 접근하여(바람을 넣어) 실제 객체로 만들어 사용하는 것이라고 볼 수 있다. 메뉴 인플레이터(MenuInflater) 객체는 메뉴 XML 파일을 Java 코드에서 가져와 사용하는 것이고, 레이아웃 인플레이터(LayoutInflater) 객체는 레이아웃 XML 파일을 Java 코드에서 가져와 사용하는 것이다.

### 실습 7-1 배경색 바꾸기 앱 만들기

간단한 옵션 메뉴를 만들어보자. 옵션 메뉴를 클릭하면 레이아웃의 배경색이 바뀌게 하고 서브 메뉴도 만든다.

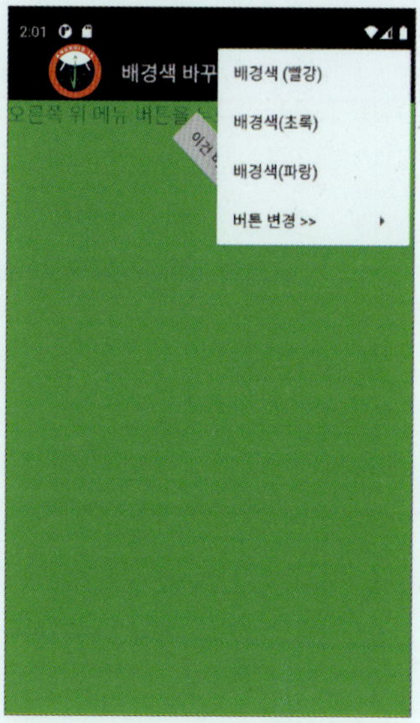


그림 7-3 배경색 바꾸기 앱 결과 화면

#### 1 안드로이드 프로젝트 생성

❶ 새 프로젝트를 만든다. 프로젝트 이름은 'Project7_1', 패키지 이름은 'com.cookandroid.project7_1'로 한다. 그 외 규칙은 [실습 2-4]의 ❶~❹를 따른다.

#### 2 화면 디자인 및 편집

❷ Android Studio의 Project Tree에서 [app]-[res]-[layout]-[activity_main.xml]을 더블 클릭해서 열고, 오른쪽 위의 [Code] 탭을 클릭하여 화면을 간단히 코딩한다.

- 바깥 리니어레이아웃의 아이디를 baseLayout으로 한다.
- 텍스트뷰 1개와 버튼 1개를 생성한다. 버튼의 아이디는 button1로 한다.

**예제 7-1 activity_main.xml**

```
1 <LinearLayout
2     android:id="@+id/baseLayout" >
3     <TextView
4         android:text="오른쪽 위 메뉴 버튼을 누르세요" />
5     <Button
6         android:id="@+id/button1"
7         android:text="이건 버튼" />
8 </LinearLayout>
```

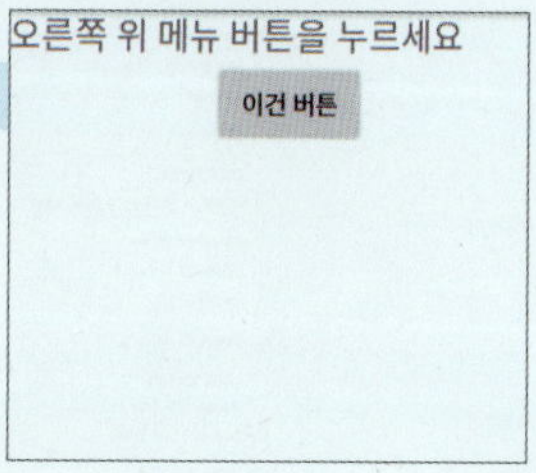


**2, 6** Java 코드에서 레이아웃과 버튼에 접근하기 위해 아이디를 지정한다.

❸ menu 폴더가 없다면 생성해야 한다. Project Tree의 [app]–[res]에서 마우스 오른쪽 버튼을 클릭하고 [New]–[Android Resource Directory]를 선택한 후 [New Resource Directory] 창에서 Resource type으로 'menu'를 선택하고 〈OK〉를 클릭한다.

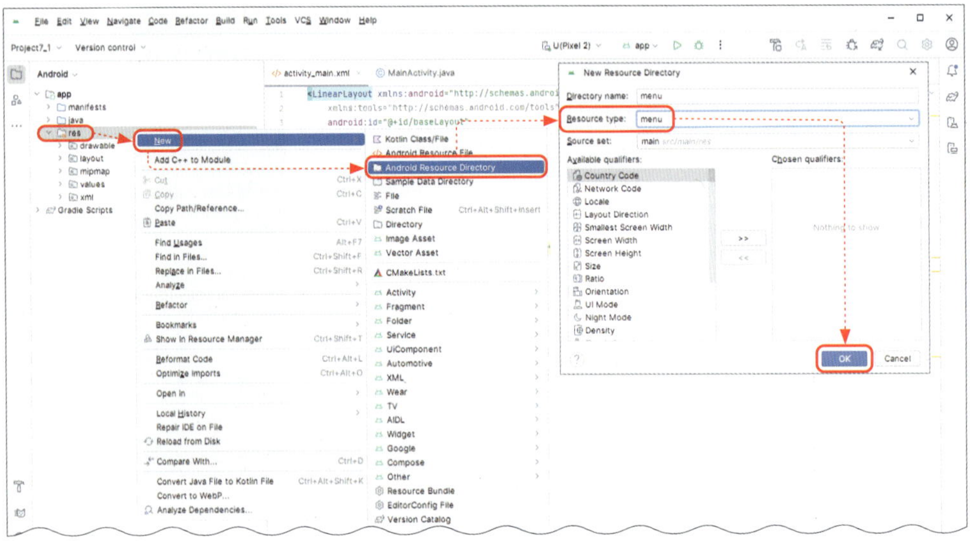


그림 7-4 메뉴 폴더 생성

❹ 메뉴 XML 파일을 만들자. Project Tree의 [app]–[res]–[menu]에서 마우스 오른쪽 버튼을 클릭하고 [New]–[Menu Resource File]을 선택한 후, [New Resource File] 창에서 새로운 파일 이름 'menu1.xml'을 입력하고 〈OK〉를 클릭한다.

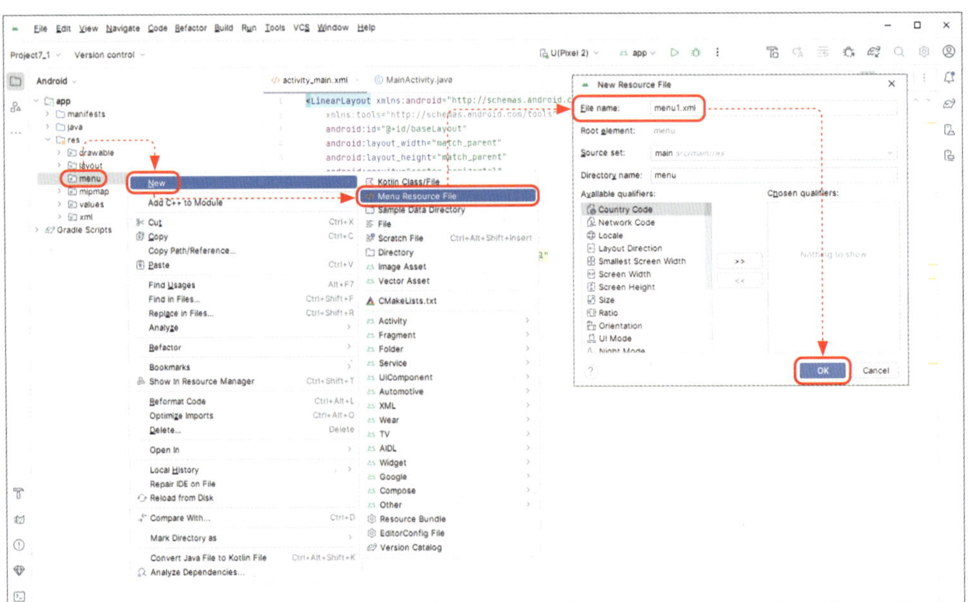


그림 7-5 메뉴 XML 파일 생성

5 오른쪽 위의 [Code] 탭을 클릭하고 메뉴 XML 파일을 코딩한다.

**예제 7-2 menu1.xml**

```
1  <menu xmlns:android="http://schemas.android.com/apk/res/android" >
2
3      <item
4          android:id="@+id/itemRed"
5          android:title="배경색(빨강)">
6      </item>
7      <item
8          android:id="@+id/itemGreen"
9          android:title="배경색(초록)">
10     </item>
11     <item
12         android:id="@+id/itemBlue"
13         android:title="배경색(파랑)">
14     </item>
15     <item android:title="버튼 변경 >> ">
16         <menu>
17             <item
18                 android:id="@+id/subRotate"
19                 android:title="버튼 45도 회전"/>
20             <item
21                 android:id="@+id/subSize"
22                 android:title="버튼 2배 확대"/>
23         </menu>
24     </item>
25
26 </menu>
```

**1, 26** 메뉴의 시작과 끝을 나타낸다. menu 폴더에 XML 파일을 만들면 자동으로 생성된다.

**3~6** 메뉴 항목을 1개 추가한다. 아이디는 Java 코드에서 접근할 때 사용하며, 타이틀은 화면에 보이는 제목이다.

**15~24** 메뉴 항목 안에 다시 <menu>가 있으므로 이 부분을 클릭하면 서브 메뉴가 나타난다.

**16~23** 서브 메뉴의 메뉴 항목이 나열되어 있다.

### 3 Java 코드 작성 및 수정

6 Android Studio의 Project Tree에서 [app]-[java]-[패키지 이름]-[MainActivity]를 더블 클릭해서 연다.

**7** 다음 내용을 코딩한다.

- activity_main.xml의 레이아웃과 버튼에 대응할 전역변수 2개를 선언한다.
- 메인 함수 onCreate( ) 안에서 위젯 변수 2개에 위젯을 대입한다.

**예제 7-3 Java 코드 1**

```java
1  ~~~~ 생략(import문) ~~~~
2  public class MainActivity extends AppCompatActivity {
3      LinearLayout baseLayout;
4      Button button1;
5
6      @Override
7      public void onCreate(Bundle savedInstanceState) {
8          super.onCreate(savedInstanceState);
9          setContentView(R.layout.activity_main);
10         setTitle("배경색 바꾸기");
11         baseLayout = (LinearLayout) findViewById(R.id.baseLayout);
12         button1 = (Button) findViewById(R.id.button1);
13     }
14
15 }
```

**8** 옵션 메뉴를 등록하는 메소드 onCreateOptionsMenu( )를 부모 클래스인 Activity 클래스로부터 오버라이딩하자. 직접 코딩해도 되지만 자동 완성 기능을 사용하면 편리하다. onCreate( ) 메소드 밖([예제 7-3]의 14행)에 커서를 두고 Android Studio 메뉴의 [Code]–[Override Methods]를 선택한다. 아래쪽으로 스크롤하여 android.app.Activity 하위의 onCreateOptionsMenu( ) 메소드를 선택하고 〈OK〉를 클릭한다(알파벳순으로 정렬하면 찾기 편하다).

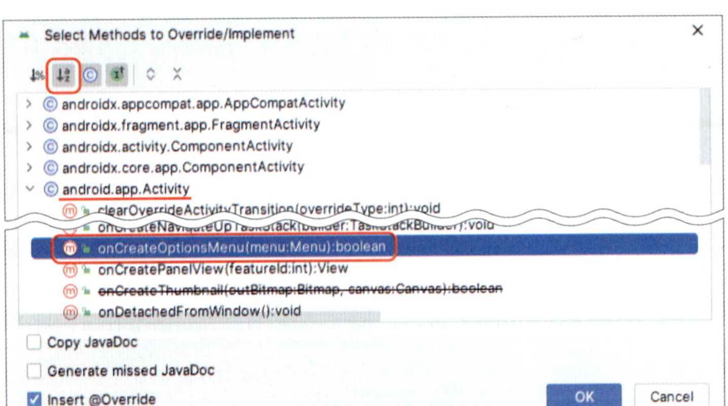


그림 7-6 onCreateOptionsMenu( ) 메소드 오버라이딩

**9** 자동 완성된 코드에 나머지를 코딩한다. 앞에서 설명했듯이 거의 고정된 코드이다. 코드가 완성되면 실행한 후 화면 오른쪽 위의 메뉴 버튼을 클릭하여 메뉴가 잘 나타나는지 확인한다. 메뉴 중 [버튼 변경]을 클릭하면 서브 메뉴가 나타난다.

**예제 7-4 Java 코드 2**

```
1        ~~~~ 생략 ~~~~
2        baseLayout = (LinearLayout) findViewById(R.id.baseLayout);
3        button1 = (Button) findViewById(R.id.button1);
4    }
5
6    @Override
7    public boolean onCreateOptionsMenu(Menu menu) {
8        super.onCreateOptionsMenu(menu);
9        MenuInflater mInflater = getMenuInflater();
10       mInflater.inflate(R.menu.menu1, menu);
11       return true;
12   }
13
14 }
```

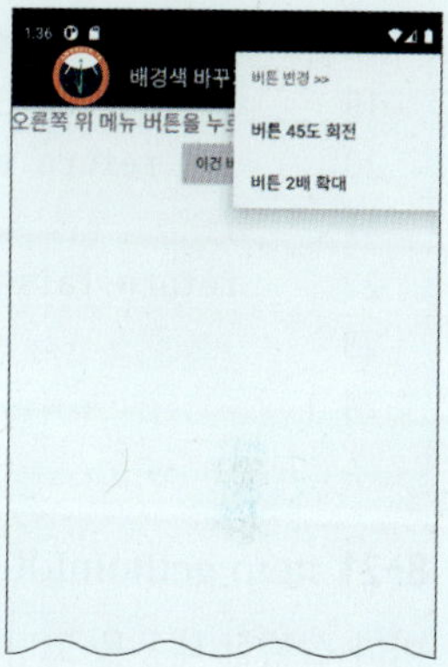


**8, 11** 상위 클래스의 생성자를 실행한다. 자동 완성된 부분에서 return문만 삭제하고 마지막 행에 return true를 추가한다.

**9, 10** 메뉴 인플레이터를 생성하고 앞에서 작성한 메뉴 XML 파일(menu1.xml=R.menu.menu1)을 등록한다.

**10** 메뉴를 클릭했을 때 동작할 메소드 onOptionsItemSelected()를 코딩한다. 이번에도 커서를 onCreate() 밖([예제 7-4]의 5행 또는 13행)에 두고 Android Studio 메뉴의 [Code]-[Override Methods]를 선택하며, android.app.Activity 하위의 onOptionsItemSelected()를 자동 완성한 후 if~else if문을 사용하여 나머지를 코딩한다.

**예제 7-5 Java 코드 3**

```
        ~~~~ 생략 ~~~~
        mInflater.inflate(R.menu.menu1, menu);
        return true;
    }

    @Override
    public boolean onOptionsItemSelected(MenuItem item) {
        if (item.getItemId() == R.id.itemRed) {
```

```
9             baseLayout.setBackgroundColor(Color.RED);
10            return true;
11        } else if (item.getItemId() == R.id.itemGreen) {
12            baseLayout.setBackgroundColor(Color.GREEN);
13            return true;
14        ~~~ 생략(itemBlue의 else if 문) ~~~
15        } else if (item.getItemId() == R.id.subRotate) {
16            button1.setRotation(45);
17            return true;
18        } else if (item.getItemId() == R.id.subSize) {
19            button1.setScaleX(2);
20            return true;
21        }
22        return false;
23
24 }
```

**8~21** item.getItemId( ) 메소드로 어떤 항목을 선택했는지 구한 후 if~else if 문으로 각 항목마다 실행할 내용을 코딩한다.

**8~10** 선택한 항목이 '배경색(빨강)'(아이디는 itemRed)이면 레이아웃의 배경색을 빨강으로 설정한다.

**11~14** 8~10행과 거의 동일한 내용을 itemGreen, itemBlue에 대해서도 반복한다.

**16, 19** 선택된 메뉴가 서브 항목의 아이디라면 버튼을 회전시키거나 버튼의 X축을 2배 확대한다. 서브 항목은 menu1.xml 화면에 나타나는 모양으로 구분된 것일 뿐 Java 코드에서는 메인 항목, 서브 항목을 구분할 필요 없이 if문의 아이디로만 구분한다.

**22** 자동 완성된 return문을 false로 변경한다.

### 4 프로젝트 실행 및 결과 확인

⓫ 완성된 코드를 실행한 후 키패드의 메뉴 버튼을 클릭하고 각 항목을 선택하면 [그림 7-3]과 같이 배경색이나 버튼 모양이 바뀔 것이다.

### 5 안드로이드 응용 프로그램 개발 완료

⓬ 결과를 확인했으면 키패드의 돌아가기 버튼을 클릭하여 AVD의 초기화면으로 돌아간다.

## 2 Java 코드만 이용한 옵션 메뉴

옵션 메뉴를 사용할 때 메뉴 XML 파일 없이 Java 코드만으로도 생성할 수 있다. 방법은 onCreateOptionsMenu() 메소드 안에서 메뉴 XML 파일에 접근하는 대신에 직접 menu.add() 메소드로 메뉴 항목을 추가하는 것이다. [실습 7-1]의 Java 코드에서 onCreateOptionsMenu() 메소드를 다음과 같이 고치면 동일한 결과가 나온다. 즉 [예제 7-4]의 9행과 10행을 지우고 그 부분을 새로 코딩한다. 그리고 onOptionsItemSelected() 메소드의 if문을 코드에서 지정한 항목의 아이디 순번으로 변경하면 된다.

**예제 7-6 Java 코드만으로 구성한 옵션 메뉴**

```
1  @Override
2  public boolean onCreateOptionsMenu(Menu menu) {
3      super.onCreateOptionsMenu(menu);
4
5      menu.add(0, 1, 0, "배경색(빨강)");
6      menu.add(0, 2, 0, "배경색(초록)");
7      menu.add(0, 3, 0, "배경색(파랑)");
8
9      SubMenu sMenu = menu.addSubMenu("버튼 변경 >>");
10     sMenu.add(0,4,0,"버튼 45도 회전");
11     sMenu.add(0,5,0,"버튼 2배 확대");
12
13     return true;
14 }
15
16 @Override
17 public boolean onOptionsItemSelected(MenuItem item) {
18     if (item.getItemId() == 1) {
19         baseLayout.setBackgroundColor(Color.RED);
20         return true;
21     ~~~ 생략(else if문 변경) ~~~
```

**5~7** 메뉴에 항목을 추가한다. add() 메소드의 파라미터는 그룹 아이디, 항목 아이디, 순번, 제목 순으로 지정하면 되는데, 두 번째 지정한 항목 아이디가 onOptionsItemSelected()의 18행 if문과 같으면 된다.

**9~11** 9행에서 SubMenu 클래스로 서브 메뉴를 만들고 10행과 11행에서 서브 메뉴에 항목을 추가했다.

**18** 각 if문이 메뉴에 지정한 항목 아이디와 일치하도록 변경한다.

### ▶ 직접 풀어보기 7-1

[실습 7-1]을 다음과 같이 수정하라.

- 레이아웃은 RelativeLayout을 사용하고 텍스트뷰, 에디트텍스트, 이미지뷰를 적절히 배치한다.
- 에디트텍스트에 각도를 입력하고 옵션 메뉴의 [그림 회전]을 선택하면 해당 각도만큼 이미지뷰가 회전한다.
- 한라산, 추자도, 범섬 옵션 메뉴는 라디오버튼과 같이 3개 중 하나만 체크되고, 메뉴를 선택하면 이미지뷰가 해당 이미지로 바뀐다(이미지나 이미지 이름이 달라도 된다).

그림 7-7 **제주도 풍경 앱**

**힌트1** 메뉴 XML에서 여러 항목을 묶으려면 <group>…</group>을 이용한다. 예를 들면 다음과 같다.

```
<group
        android:checkableBehavior="single">
        <item
            android:id="@+id/item1"
            android:title="한라산"
            android:checked="true">
        </item>
        ~~~~ 생략 ~~~~
</group>
```

**힌트2** 이미지뷰의 이미지를 변경하려면 setImageResource( ) 메소드를 사용한다.

## 3 XML을 이용한 컨텍스트 메뉴

앞에서 배운 옵션 메뉴는 키패드의 메뉴 버튼을 클릭할 때 나타났다. 이와 달리 컨텍스트 메뉴는 레이아웃 또는 버튼, 에디트텍스트 등의 위젯을 롱클릭했을 때 화면 중앙에 나타나며, Windows의 팝업 창과 비슷하다.

컨텍스트 메뉴에서 메뉴 XML 파일을 이용하는 방식은 옵션 메뉴와 비슷하다. 단, 여러 개의 위젯에 메뉴를 설정할 수 있으므로 onCreate( ) 메소드에서 컨텍스트 메뉴를 나타낼 위젯을 registerForContextMenu( )로 등록해야 한다. 또한 옵션 메뉴에서 사용한 메소드와 메소드 이름이 약간 다르다.

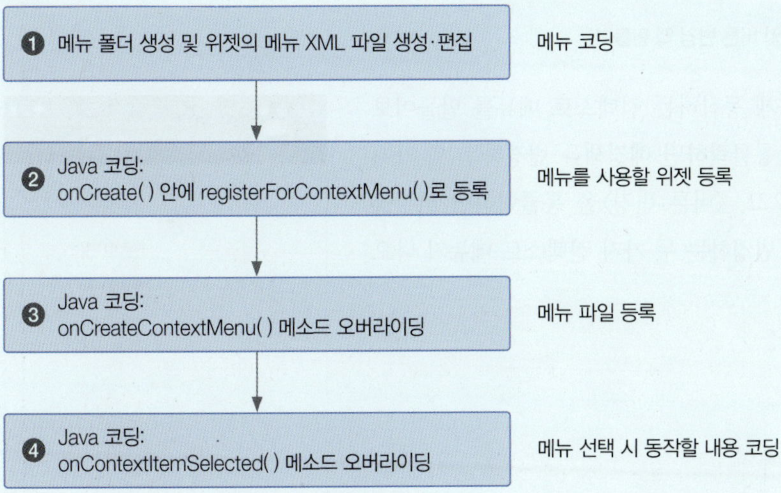


**그림 7-8 컨텍스트 메뉴 설정 순서(XML 파일 이용)**

메뉴 XML 파일은 컨텍스트 메뉴가 나오게 할 위젯마다 별도의 파일로 만들어야 한다. 메뉴 XML의 문법은 옵션 메뉴와 동일하다. onCreateContextMenu() 메소드에는 위젯별로 컨텍스트 메뉴가 나타나야 하므로 위젯별 컨텍스트 메뉴를 if문으로 등록해야 한다. 형식은 다음과 같다.

```
public void onCreateContextMenu(ContextMenu menu,
            View v, ContextMenuInfo menuInfo) {
    super.onCreateContextMenu(menu, v, menuInfo);

    MenuInflater mInflater = getMenuInflater();
    if(v == 위젯1) {
        mInflater.inㅋflate(R.menu.첫번째메뉴XML파일, menu);
    }
    if (v == 위젯2) {
        mInflater.inflate(R.menu.두번째메뉴XML파일, menu);
    }
}
```

onContextItemSelected() 메소드의 내용은 옵션 메뉴의 onOptionsItemSelected()와 동일하게 작성한다. 어렵게 느껴질 수 있으므로 실습을 통해 확인해보자.

## 실습 7-2 배경색 변경 및 버튼 변경 앱 만들기

[실습 7-1]과 비슷하게 동작하는 컨텍스트 메뉴를 만들어보자. 〈배경색 변경〉을 롱클릭하면 배경색을 변경하는 세 가지 컨텍스트 메뉴가 나오고, 〈버튼 변경〉을 롱클릭하면 버튼을 회전시키거나 크기를 변경하는 두 가지 컨텍스트 메뉴가 나오게 한다.

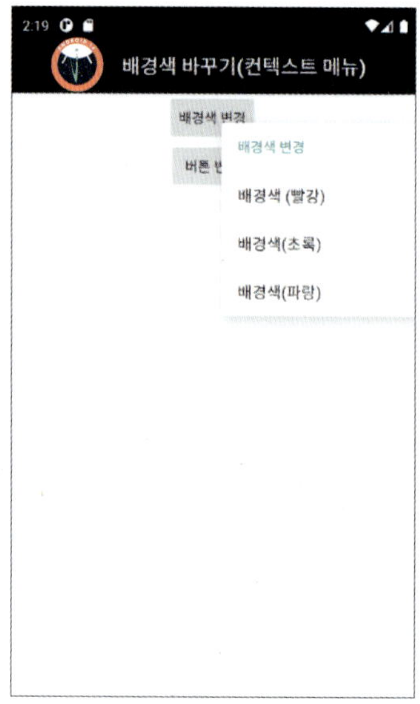


그림 7-9 배경색 변경 및 버튼 변경 앱 결과 화면

### 1 안드로이드 프로젝트 생성

❶ 새 프로젝트를 만든다. 프로젝트 이름은 'Project7_2', 패키지 이름은 'com.cookandroid.project7_2'로 한다. 그 외 규칙은 [실습 2-4]의 ❶~❹를 따른다.

### 2 화면 디자인 및 편집

❷ Android Studio의 Project Tree에서 [app]−[res]−[layout]−[activity_main.xml]을 더블클릭해서 열고, 오른쪽 위의 [Code] 탭을 클릭하여 화면을 간단히 코딩한다.

- 레이아웃의 아이디는 baseLayout으로 한다.
- 버튼 2개를 생성한다. 버튼의 아이디는 button1, button2로 한다.

**예제 7-7 activity_main.xml**

```
<LinearLayout
    android:gravity="center_horizontal"
    <Button
        android:id="@+id/button1"
        android:text="배경색 변경" />
    <Button
        android:id="@+id/button2"
        android:text="버튼 변경" />
</LinearLayout>
```

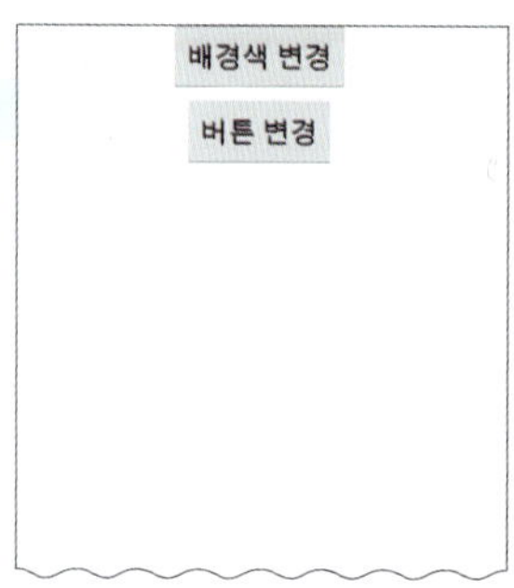

2 버튼을 화면의 상단 중앙에 배치한다.

❸ [res]-[menu] 폴더가 없다면 우선 [res]-[menu] 폴더를 만든다. 그리고 [res]-[menu] 폴더에 menu1.xml과 menu2.xml 파일을 만든다([실습 7-1] 참조).

❹ menu1.xml은 배경색 변경과 관련된 3개 항목을, menu2.xml은 버튼 변경과 관련된 2개 항목을 생성한다. 즉 [실습 7-1]에서 1개였던 메뉴 XML 파일을 2개로 분리한다.

**예제 7-8 menu1.xml**

```
<menu xmlns:android="http://schemas.android.com/apk/res/android" >
    <item
        android:id="@+id/itemRed"
        android:title="배경색(빨강)">
    </item>
    ~~~~ 생략(배경색 변경 항목 2개) ~~~~
</menu>
```

**예제 7-9 menu2.xml**

```
<menu xmlns:android="http://schemas.android.com/apk/res/android" >
    <item
        android:id="@+id/subRotate"
        android:title="버튼 45도 회전"/>
    <item
        android:id="@+id/subSize"
        android:title="버튼 2배 확대"/>
</menu>
```

### 3 Java 코드 작성 및 수정

❺ Android Studio의 Project Tree에서 [app]-[java]-[패키지 이름]-[MainActivity]를 더블클릭해서 연다.

❻ 다음 내용을 코딩한다.

- activity_main.xml의 레이아웃과 버튼 2개에 대응할 전역변수 3개를 선언한다.
- 메인 함수 onCreate( ) 안에서 위젯 변수 3개에 위젯을 대입한다.
- 버튼 위젯 변수 2개를 registerForContextMenu( )에 등록한다.

**예제 7-10 Java 코드 1**

```
1 ~~~~ 생략(import문) ~~~~
2 public class MainActivity extends Activity {
3    LinearLayout baseLayout;
4    Button button1, button2;
5
6    @Override
7    public void onCreate(Bundle savedInstanceState) {
8       super.onCreate(savedInstanceState);
9       setContentView(R.layout.activity_main);
10      setTitle("배경색 바꾸기(컨텍스트 메뉴)");
11      baseLayout = (LinearLayout) findViewById(R.id.baseLayout);
12      button1 = (Button) findViewById(R.id.button1);
13      registerForContextMenu(button1);
14      button2 = (Button) findViewById(R.id.button2);
15      registerForContextMenu(button2);
16   }
17
18 }
```

**7** 컨텍스트 메뉴를 등록하는 메소드 onCreateContextMenu( )를 부모 클래스인 Activity 클래스로부터 오버라이딩하자. onCreate( ) 메소드 밖([예제 7-10]의 17행)에 커서를 두고 Android Studio 메뉴의 [Code]–[Override Methods]를 선택한 후 onCreateContextMenu( ) 메소드를 선택하고 〈OK〉를 클릭한다.

**8** 자동 완성된 메소드 내부를 코딩한다. [실습 7-1]과 비슷하지만 선택한 위젯에 따라서 인플레이트하는 메뉴 XML 파일을 다르게 한다.

**예제 7-11 Java 코드 2**

```
@Override
public void onCreateContextMenu(ContextMenu menu, View v,
                                ContextMenuInfo menuInfo) {
   // TODO Auto-generated method stub
   super.onCreateContextMenu(menu, v, menuInfo);

   MenuInflater mInflater = getMenuInflater();
   if (v == button1) {
      menu.setHeaderTitle("배경색 변경");

      mInflater.inflate(R.menu.menu1, menu);
```

```
12      }
13      if (v == button2) {
14          mInflater.inflate(R.menu.menu2, menu);
15      }
16  }
```

**8~12, 13~15** 위젯에 따라서 다른 메뉴의 XML 파일을 인플레이트한다. 2행의 onCreateContextMenu() 메소드의 파라미터 중에서 View v가 롱클릭하는 위젯이므로 8행과 13행에서 구분했다.

**9** 메뉴의 헤더에 제목을 설정한다.

**9** 실제로 동작할 메소드 onContextItemSelected()를 같은 방식으로 자동 완성한 후 코딩한다. 메소드의 내용은 [실습 7-1]의 onOptionsItemSelected()와 거의 비슷하다. 단, [예제 7-5] 16행과 19행의 button1을 button2로 변경한다

### 4 프로젝트 실행 및 결과 확인

**10** 완성된 코드를 실행하고 각 버튼을 롱클릭하여 컨텍스트 메뉴를 테스트하면 [그림 7-9]와 같을 것이다.

### 5 안드로이드 응용 프로그램 개발 완료

**11** 결과를 확인했으면 키패드의 돌아가기 버튼을 클릭하여 AVD의 초기화면으로 돌아간다.

▶ **직접 풀어보기 7-2**

[실습 7-2]의 컨텍스트 메뉴를 메뉴 XML 파일 없이 Java 코드로만 완성하라. [예제 7-6]을 참조한다.

# 02 토스트

지금까지 여러 번 보았듯이 토스트(toast)는 화면에 잠깐 나타났다 사라지는 메시지이다. 토스트는 사용자가 인식해야 할 작은 메시지를 보여줄 때 사용하면 편리하며 프로그래머가 디버깅 용도로 사용하기에도 적당하다.

토스트의 가장 일반적인 사용 형식은 다음과 같다.

```
Toast.makeText(Context context, String message, int duration).show();
```

Context는 현재 액티비티(화면)를 표시하기 위해 this를 주로 사용한다. 버튼을 클릭했을 때 내부 클래스에서 토스트를 출력하기 위해 예외적으로 '액티비티명.this'를 사용했다. duration은 화면에 나타나는 시간인데 Toast.LENGTH_LONG이나 Toast.LENGTH_SHORT 중 하나를 사용한다. 마지막에는 생성된 토스트를 화면에 보여주기 위해 show() 메소드를 사용했다.

토스트는 기본적으로 화면의 중앙 하단 부근에 나타나는데, setGravity() 메소드를 사용하면 위치를 변경할 수 있다.

```
Toast.setGravity(int gravity, int xOffset, int yOffset);
```

gravity에는 화면의 상단, 중앙, 하단 등을 지정하고 xOffset과 yOffset은 떨어진 거리를 나타낸다. 다음은 화면의 중앙에 있는 버튼을 클릭하면 토스트 메시지가 임의의 위치에 출력되는 예제이다.

TIP Android API 30(R)부터 Toast.setGravity() 메소드를 사용해도 토스트 메시지가 항상 중앙 하단에 출력된다. 하지만 301쪽의 [직접 풀어보기 7-3]과 같이 사용자가 토스트 모양을 직접 레이아웃으로 만들면 API 30(R) 이후라도 임의의 위치에 출력된다.

**예제 7-12 토스트 연습용 activity_main.xml 코드**

```
<LinearLayout
    android:gravity="center" >

    <Button
        android:id="@+id/button1"
        android:text="메시지 출력" />

</LinearLayout>
```

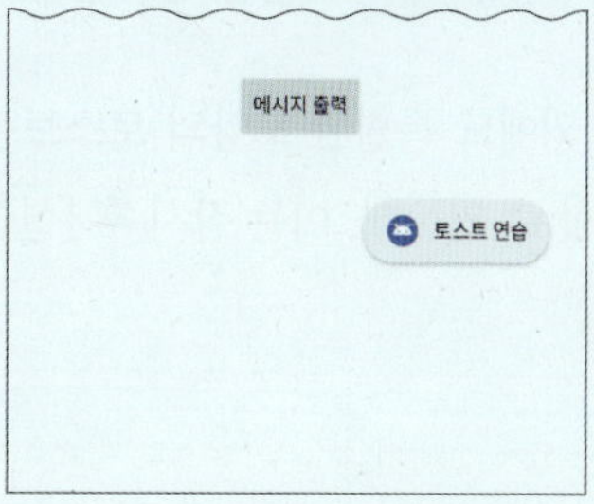


**예제 7-13 토스트 연습용 Java 코드**

```
1  public void onCreate(Bundle savedInstanceState) {
2     super.onCreate(savedInstanceState);
3     setContentView(R.layout.activity_main);
4     setTitle("토스트 연습");
5
6     final Button button1 = (Button) findViewById(R.id.button1);
7
8     button1.setOnClickListener(new View.OnClickListener() {
9        public void onClick(View v) {
10          Toast tMsg = Toast.makeText(액티비티명.this, "토스트 연습",
11                            Toast.LENGTH_SHORT);
12
13          Display display = ((WindowManager) getSystemService(WINDOW_SERVICE))
14                            .getDefaultDisplay();
15          int xOffset = (int) (Math.random() * display.getWidth());
16          int yOffset = (int) (Math.random() * display.getHeight());
17
18          tMsg.setGravity(Gravity.TOP | Gravity.LEFT, xOffset, yOffset);
19          tMsg.show();
20       }
21    });
22 }
```

**10, 11** 토스트 메시지를 만든다. 현재 액티비티에 '토스트 연습'을 출력하고, 이 메시지를 짧은 시간(Toast.LENGTH_SHORT)만 보여준다.

**13~16** 임의의 위치를 구한다. 현재 안드로이드폰의 디스플레이를 getSystemService() 메소드로 구한 후 getWidth()는 화면 너비를, getHeight()는 화면 높이를 돌려준다. Math.random()은 0~1의 임의 수를 구할 수 있다. 결국 xOffset은 0~화면 너비의 임의 수를, yOffset은 0~화면 높이의 임의 수를 얻는다.

**18, 19** setGravity( ) 메소드로 화면 상단(Gravity.TOP) 왼쪽(Gravity.LEFT)으로부터 각각 xOffset, yOffset만큼 떨어진 곳에 토스트 메시지를 출력한다.

이 외에도 특별한 모양의 토스트는 레이아웃 XML 파일을 만들어서 인플레이트하는 방법으로 사용할 수 있는데, 이는 잠시 후 [실습 7-3]에서 알아보자.

# 03 대화상자

대화상자(dialog)는 화면에 메시지를 나타낸 후 확인이나 취소 같은 사용자의 선택을 받아들이는 경우에 사용한다. 토스트보다 좀 더 강력한 메시지를 전할 때 적당하다.

## 1 기본 대화상자

대화상자는 사용자에게 중요한 사항을 알려준 후 사용자가 어떤 선택을 하게 하는 것이 주요 목적이다. 그래서 사용자에게 내용을 좀 더 확실히 주지시켜야 할 때 혹은 계속 진행할지 여부를 선택하게 할 때 사용한다. 대화상자의 가장 일반적인 사용 형식은 다음 순서를 따른다.

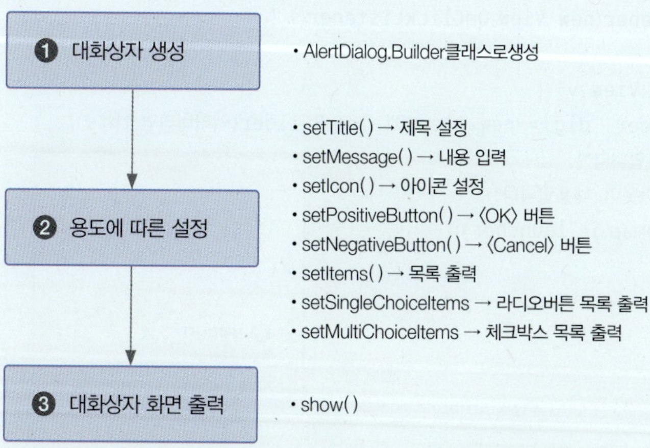


**그림 7-10 대화상자 설정 순서**

안드로이드에서 대화상자를 생성할 때는 AlertDialog.Builder 클래스를 주로 사용한다. 그리고 다양한 메소드를 이용하여 대화상자를 꾸민다. 최종적으로는 show() 메소드로 대화상자를 화면에 출력하는데, 몇 가지 예제를 통해 확인해보자.

대화상자 연습을 위한 버튼 하나만 있는 activity_main.xml 파일은 다음과 같다.

**예제 7-14 대화상자 연습용 activity_main.xml 코드**

```
<LinearLayout
    android:gravity="center_horizontal" >
    <Button
        android:id="@+id/button1"
        android:text="대화상자" />
</LinearLayout>
```

알림 메시지만 출력하는 가장 기본적인 형태는 다음 예제와 같다. 버튼이 없으므로 키패드의 돌아가기 버튼을 클릭하면 대화상자가 닫힌다.

**예제 7-15 기본적인 대화상자의 Java 코드**

```
1  public void onCreate(Bundle savedInstanceState) {
2     super.onCreate(savedInstanceState);
3     setContentView(R.layout.activity_main);
4     final Button button1 = (Button) findViewById(R.id.button1);
5     button1.setOnClickListener(new View.OnClickListener() {
6
7        public void onClick(View v) {
8           AlertDialog.Builder  dlg = new AlertDialog.Builder(액티비티명.this);
9           dlg.setTitle("제목입니다");
10          dlg.setMessage("이곳이 내용입니다");
11          dlg.setIcon(R.mipmap.ic_launcher);
12          dlg.show();
13       }
14
15    });
16 }
```

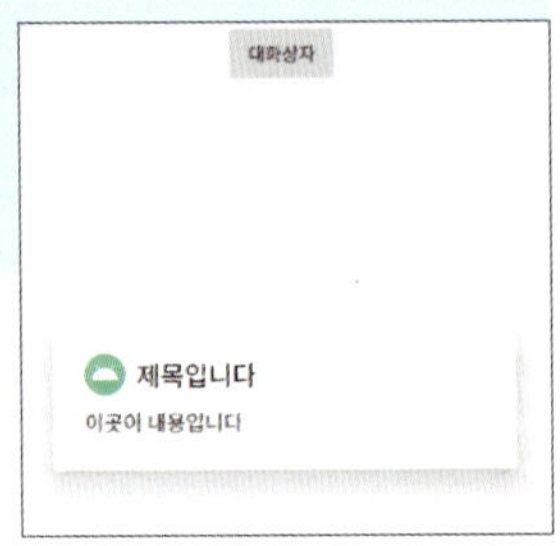


**8** 대화상자를 생성한다. 현재 내부 클래스 안이므로 '액티비티명.this'로 컨텍스트를 지정한다.

**9~11** 제목, 메시지 내용, 아이콘을 설정한다.

**12** 대화상자를 화면에 출력한다.

〈확인〉이나 〈닫기〉를 1개만 사용할 때는 다음 예제와 같이 setPositiveButton() 메소드를 사용한다[다른 부분은 앞의 예제와 동일하므로 onClick() 메소드 내부만 제시했다].

**예제 7-16 버튼이 1개인 대화상자의 Java 코드**

```
1  ~~~~ 생략 ~~~~
2  public void onClick(View v) {
3     AlertDialog.Builder  dlg = new AlertDialog.Builder(액티비티명.this);
4     dlg.setTitle("제목입니다");
5     dlg.setMessage("이곳이 내용입니다");
6     dlg.setIcon(R.mipmap.ic_launcher);
7     dlg.setPositiveButton("확인", null);
8     dlg.show();
9  }
10 ~~~~ 생략 ~~~~
```

7행의 원형은 setPositiveButton("문자열", 리스너)이다. 현재는 리스너 부분에 null을 입력했으므로 〈확인〉을 클릭해도 대화상자만 닫힐 뿐 아무 동작도 일어나지 않는다. 실제 프로그래밍에서는 〈확인〉을 클릭한 후 다음 동작을 해야 하는 경우가 많은데, 그럴 때는 [예제 7-16]의 7행을 다음과 같이 수정한다.

**예제 7-17 버튼 클릭 시 동작하는 대화상자의 Java 코드**

```
dlg.setPositiveButton("확인", new DialogInterface.OnClickListener() {
   public void onClick(DialogInterface dialog, int which) {
      Toast.makeText(액티비티명.this, "확인을 눌렀네요", Toast.LENGTH_SHORT).show();
   }
});
```

**여기서 잠깐 AlertDialog.Builder 코딩 방법**

[예제 7-15]의 8~12행은 다음 문장 하나로 코딩해도 된다. 모든 메소드의 반환값이 AlertDialog.Builder이므로 가능한 형식이다.

```
new AlertDialog.Builder(액티비티명.this)
.setTitle("제목입니다")
.setMessage("이곳이 내용입니다")
.setIcon(R.mipmap.ic_launcher)
.show();
```

위 코드는 보기 좋게 하기 위해 줄 바꿈을 한 것이며 한 줄로 코딩해도 된다. 프로그래머에 따라서 선호하는 방식이 다르니 알아두자.

[예제 7-17]의 3행은 간단히 토스트 메시지만 보여주었지만 실제로는 대화상자에서 〈확인〉을 클릭했을 때 동작할 내용을 코딩하면 된다. 〈확인〉과 〈취소〉 버튼이 있는 대화상자를 만들려면 setNegativeButton() 메소드를 추가한다. 형식은 setPositiveButton()과 동일하다. 두 버튼의 활용은 잠시 후 실습에서 살펴보자.

TIP setNeutralButton() 메소드를 사용하면 안드로이드 대화상자의 버튼을 3개까지 만들 수 있지만 자주 사용하지는 않는다.

## 2 목록 대화상자

대화상자에 리스트 형태의 목록을 출력하고 그중 하나를 선택하게 할 수 있다. 가장 기본적인 목록을 만드는 형식은 다음 예제와 같다. 조금 복잡해 보일 수도 있으나 비슷한 형태로 매번 사용되므로 코드를 통째로 기억하는 것이 좋다.

**예제 7-18 기본적인 목록 대화상자의 Java 코드**

```
1  ~~~~ 생략 ~~~~
2  public void onClick(View v) {
3
4      final String[] versionArray = new String[] { "쫄면", "떡볶이", "김밥" };
5      AlertDialog.Builder dlg = new AlertDialog.Builder(액티비티명.this);
6      dlg.setTitle("좋아하는 간식은?");
7      dlg.setIcon(R.mipmap.ic_launcher);
8      dlg.setItems( versionArray ,
9              new DialogInterface.OnClickListener() {
10                 public void onClick(DialogInterface dialog, int which) {
11                     button1.setText(versionArray[which]);
12                 }
13             });
14     dlg.setPositiveButton("닫기",null);
15     dlg.show();
16 }
17 ~~~~ 생략 ~~~~
```

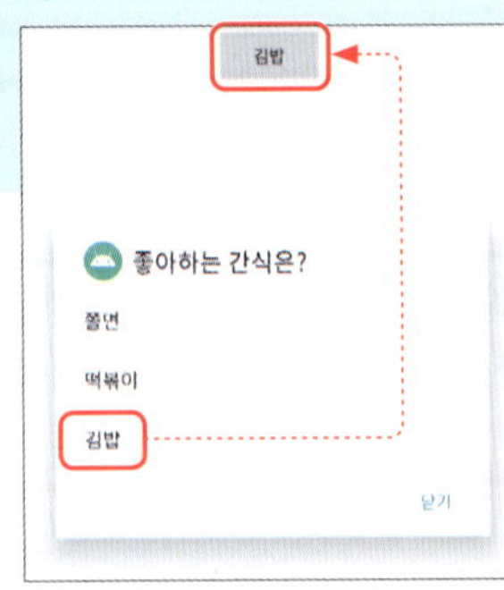


**4** 출력할 항목의 문자열 배열을 만들었다. 내부 클래스 안에서 사용될 것이므로 final을 붙였다.

**8~13** setItems(문자열 배열, 리스너) 메소드를 사용했다. 9행과 10행을 보면 리스너는 클릭할 경우에 동작하는 OnClickListener()를 사용했다. 10행의 onClick() 메소드 파라미터 중 which는 몇 번째 항목을 선택했는지를 알려준다. 그러므로 11행에서 버튼의 글자를 배열(versionArray[ ])의 which번째 문자로 변경했다.

[예제 7-18]은 항목의 선택과 동시에 대화상자가 닫힌다. 선택해도 대화상자가 닫히지 않도록 하려면 setItems() 대신 setSingleChoiceItems()를 사용하면 되는데, 이는 라디오버튼과 같은 형태로 출력된다. 이 메소드는 setSingleChoiceItems(문자열 배열, 초기 선택 인덱스, 리스너)로 파라미터가 3개이다. [예제 7-18]에서 8행만 다음 예제의 1행으로 고치면 된다.

**예제 7-19 라디오버튼 목록 대화상자의 Java 코드**

```
1 dlg.setSingleChoiceItems ( versionArray , 0,
2     new DialogInterface.OnClickListener() {
3         public void onClick(DialogInterface dialog, int which) {
4             button1.setText(versionArray[which]);
5         }
6 });
```

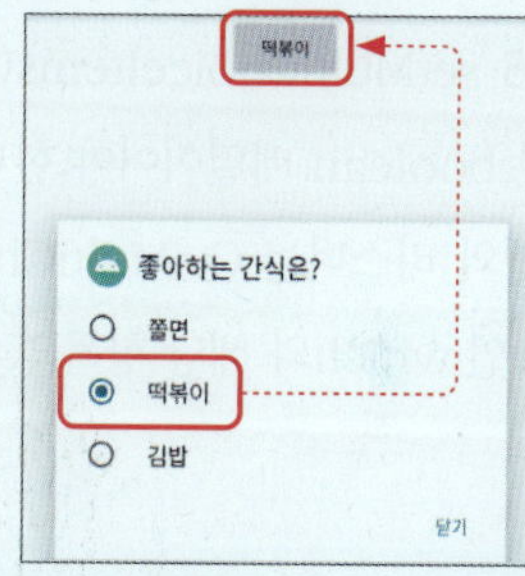


여러 개를 동시에 선택하게 하려면 setMultiChoiceItems()를 사용하며, 이는 체크박스 형태로 표시된다.

**예제 7-20 체크박스 목록 대화상자의 Java 코드**

```
~~~~~ 생략 ~~~~~
public void onClick(View v) {

    final String[] versionArray = new String[] { "쫄면", "떡볶이", "김밥" };
    final boolean[] checkArray = new boolean[] {true, false, false};
    AlertDialog.Builder dlg = new AlertDialog.Builder(액티비티명.this);
    dlg.setTitle("좋아하는 간식은?");
    dlg.setIcon(R.mipmap.ic_launcher);
    dlg.setMultiChoiceItems(versionArray, checkArray,
        new DialogInterface.OnMultiChoiceClickListener() {
            public void onClick(DialogInterface dialog,
                int which, boolean isChecked) {
                button1.setText(versionArray[which]);
            }
        });
    dlg.setPositiveButton("닫기", null);
```

```
17      dlg.show();
18 }
19 ~~~~ 생략 ~~~~
```

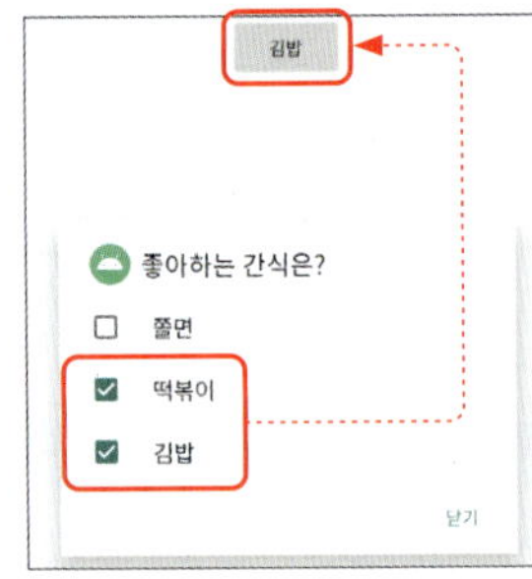


**5** 각 항목이 체크되었는지를 boolean 배열로 만들었다. 이 배열명을 9행에 입력해야 한다.

**9~15** setMultiChoiceItems()의 두 번째 파라미터는 첫 번째 파라미터인 문자열 배열과 개수가 같은 boolean 배열이어야 한다. 그래야 처음 화면이 나올 때 항목의 체크 여부를 표시할 수 있다. 10행의 리스너는 OnMultiChoiceClickListener()를 사용한다. 파라미터로는 선택된 항목의 인덱스인 which와 해당 항목의 체크 여부인 isChecked가 있다.

## 실습 7-3 사용자 정보 입력 앱 만들기

토스트나 대화상자는 정해진 규격에 맞춰 출력된다. 하지만 특별한 색상 또는 모양의 토스트나 대화상자가 필요한 경우도 있다. 이번 실습에서는 그림과 색상이 들어간 예쁜 토스트, 사용자 정보를 입력받는 대화상자를 만들어보자.

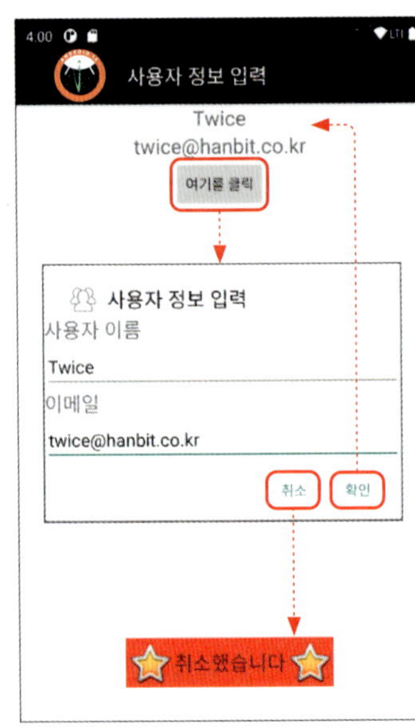


**그림 7-11 사용자 정보 입력 앱 결과 화면**

### 1 안드로이드 프로젝트 생성

❶ 새 프로젝트를 만든다. 프로젝트 이름은 'Project7_3', 패키지 이름은 'com.cookandroid.project7_3'으로 한다. 그 외 규칙은 [실습 2-4]의 ❶~❹를 따른다.

### 2 화면 디자인 및 편집

❷ Android Studio의 Project Tree에서 [app]-[res]-[layout]-[activity_main.xml]을 더블클릭해서 열고, 오른쪽 위의 [Code] 탭을 클릭하여 화면을 간단히 코딩한다.

- 텍스트뷰 2개와 버튼 1개를 생성한다. 위젯의 아이디는 tvName, tvEmail, button1로 한다.

**예제 7-21 activity_main.xml**

```
<LinearLayout
    android:gravity="center_horizontal" >
    <TextView
        android:id="@+id/tvName"
        android:text="사용자 이름" />
    <TextView
        android:id="@+id/tvEmail"
        android:text="이메일" />
    <Button
        android:id="@+id/button1" />
</LinearLayout>
```

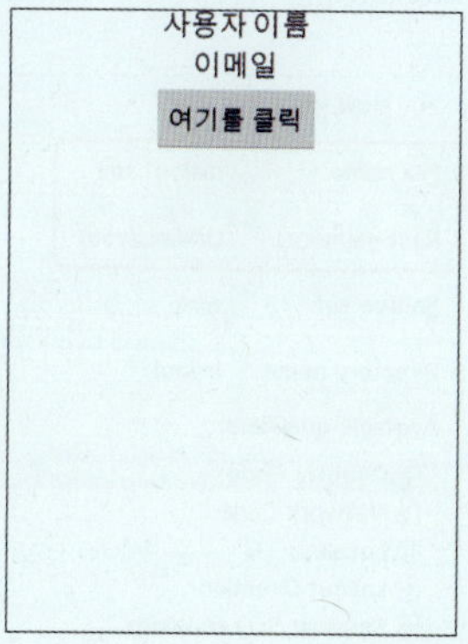


❸ 대화상자에서 사용할 레이아웃 XML 파일을 만든다. [app]–[res]–[layout]에서 마우스 오른쪽 버튼을 클릭하고 [New]–[Layout Resource File]을 선택한다.

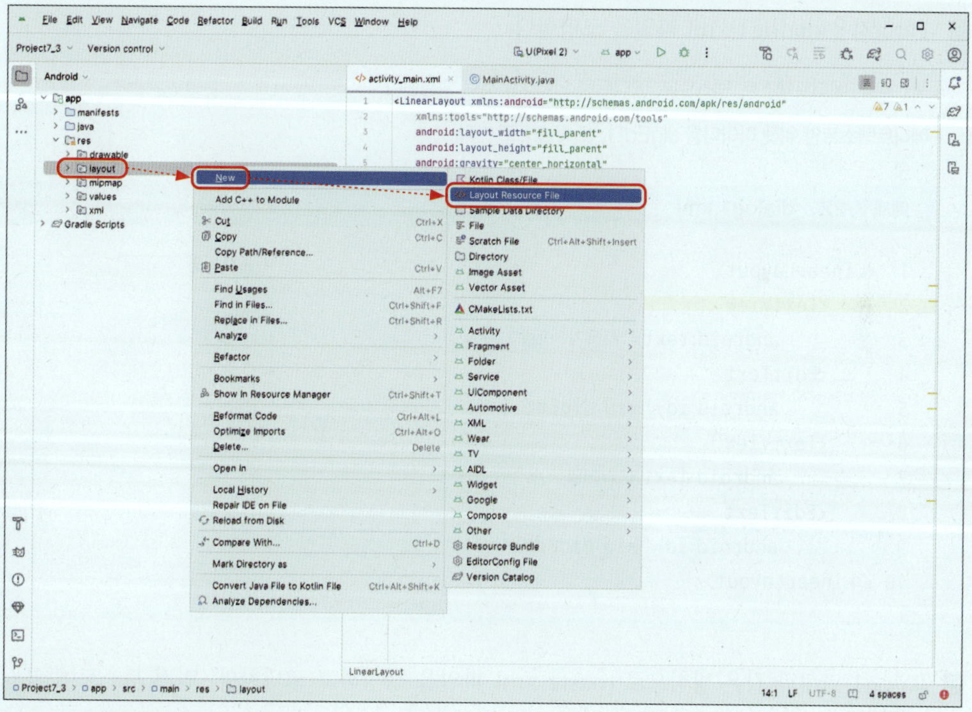


그림 7-12 레이아웃 XML 파일 생성 1

❹ [New Resource File] 창에서 File name에는 'dialog1.xml'을, Root element에는 'Linear Layout'을 입력하고 〈OK〉를 클릭한다.

그림 7-13 **레이아웃 XML 파일 생성 2**

❺ 대화상자용 dialog1.xml 파일을 코딩한다.

- 텍스트뷰, 에디트텍스트, 텍스트뷰, 에디트텍스트의 순서로 생성한다.
- 에디트텍스트만 위젯 아이디를 dlgEdt1, dlgEdt2로 한다.

**예제 7-22 dialog1.xml**

```
<LinearLayout>
    <TextView
        android:text="사용자 이름" />
    <EditText
        android:id="@+id/dlgEdt1" />
    <TextView
        android:text="이메일" />
    <EditText
        android:id="@+id/dlgEdt2" />
</LinearLayout>
```

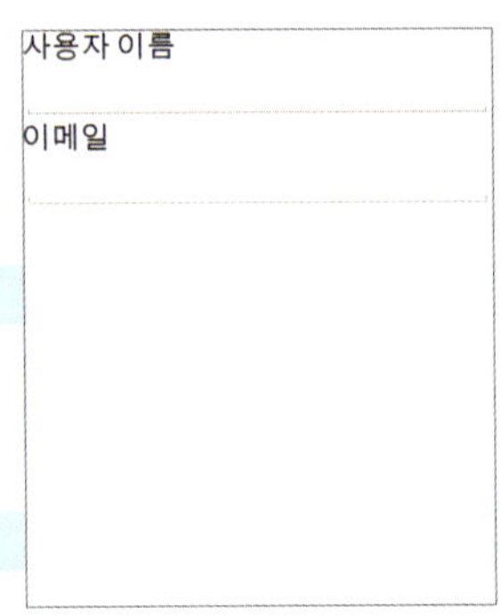


❻ dialog1.xml과 같은 방식으로 toast1.xml 파일을 생성하고 코딩한다. 먼저 토스트에 표시될 적당한 그림 파일을 drawable 폴더에 복사해놓는다.

- 이미지뷰, 텍스트뷰, 이미지뷰의 순서로 생성한다.
- 텍스트뷰의 아이디를 toastText1로 한다.

• 레이아웃의 배경을 빨간색으로 지정한다.

**TIP** 적당한 그림 파일이 없으면 [android-sdk 설치 폴더]\platforms\android-API버전\data\res\drawable-hdpi\에 있는 것을 사용한다.

**예제 7-23 toast1.xml**

```
<LinearLayout
    android:background="#ff0000"
    android:gravity="center" >
    <ImageView
        android:src="@drawable/btn_star_big_on" />
    <TextView
        android:id="@+id/toastText1"
        android:textSize="20dp"
        android:text="TextView" />
    <ImageView
        android:src="@drawable/btn_star_big_on" />
</LinearLayout>
```

### 3 Java 코드 작성 및 수정

**7** Android Studio의 Project Tree에서 [app]-[java]-[패키지 이름]-[MainActivity]를 더블 클릭해서 연다.

**8** 다음 내용을 코딩한다.

- activity_main.xml의 텍스트뷰 2개, 버튼 1개에 대응할 전역변수 3개를 선언한다.
- dialog1.xml의 에디트텍스트 2개에 대응할 전역변수 2개를 선언한다.
- toast1.xml의 텍스트뷰 1개에 대응할 전역변수 1개를 선언한다.
- dialog1.xml과 toast1.xml을 인플레이트할 뷰 변수 2개를 선언한다.
- 메인 함수 onCreate( ) 안에서 activity_main.xml의 위젯 변수 3개에 위젯을 대입한다.

**예제 7-24 Java 코드 1**

```
~~~~ 생략(import문) ~~~~
public class MainActivity extends Activity {
    TextView tvName, tvEmail;
    Button button1;
    EditText dlgEdtName, dlgEdtEmail;
    TextView toastText;
    View dialogView, toastView;

```

```
9      @Override
10     public void onCreate(Bundle savedInstanceState) {
11        super.onCreate(savedInstanceState);
12        setContentView(R.layout.activity_main);
13        setTitle("사용자 정보 입력");
14
15        tvName = (TextView) findViewById(R.id.tvName);
16        tvEmail = (TextView) findViewById(R.id.tvEmail);
17        button1 = (Button) findViewById(R.id.button1);
18
19     }
20  }
```

**9** onCreate( ) 메소드 안([예제 7-24]의 18행)에 코딩한다. button1 변수를 클릭했을 때의 리스너를 작성하자. onClick( ) 메소드 안에 대화상자를 만들고 〈확인〉과 〈취소〉를 추가한다. 〈확인〉, 〈취소〉를 클릭했을 때 실행할 내용에는 일단 null을 입력한다([예제 7-16] 참조). 실행한 후 버튼을 클릭하면 dialog1.xml의 내용이 대화상자로 나타날 것이다.

**예제 7-25 Java 코드 2**

```
1  button1.setOnClickListener(new View.OnClickListener() {
2     public void onClick(View v) {
3        dialogView = (View) View.inflate(MainActivity.this,
4                             R.layout.dialog1, null);
5        AlertDialog.Builder dlg = new AlertDialog.Builder (MainActivity.this);
6        dlg.setTitle("사용자 정보 입력");
7        dlg.setIcon(R.drawable.ic_menu_allfriends);
8        dlg.setView(dialogView);
9        dlg.setPositiveButton("확인", null);
10       dlg.setNegativeButton("취소", null);
11       dlg.show();
12    }
13 });
```

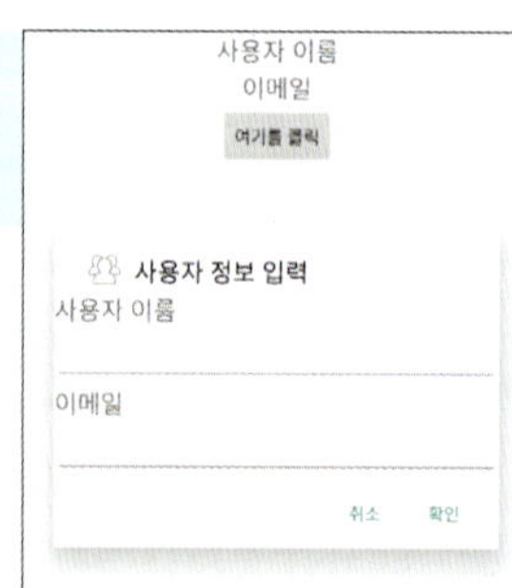


**3, 4, 8** dialog1.xml 파일을 인플레이트하여 dialogView에 대입한다. 그리고 8행에서 setView( )로 인플레이트한 뷰를 대화상자로 사용한다. 그래서 dialog1.xml의 내용이 대화상자로 나타나게 된다.

**9, 10** 〈확인〉과 〈취소〉를 생성한다. 동작 코드는 아직 넣지 않았다.

TIP 오른쪽에 나오는 버튼은 PositiveButton이고, 왼쪽에 나오는 버튼은 NegativeButton이다. 그러나 〈확인〉과 〈취소〉를 꼭 이름에 따라 정할 필요는 없다. NegativeButton을 〈확인〉으로 코딩해도 된다.

10 대화상자의 〈확인〉을 클릭하면 대화상자에서 입력한 사용자 이름과 이메일이 메인 화면(activity_main.xml)의 텍스트뷰에 쓰이도록 코딩하자. [예제 7-25]의 9행을 다음 코드로 대체하면 된다.

**예제 7-26 Java 코드 3**

```
1  dlg.setPositiveButton("확인",
2    new DialogInterface.OnClickListener() {
3       public void onClick(DialogInterface dialog,  int which) {
4          dlgEdtName = (EditText) dialogView.findViewById(R.id.dlgEdt1);
5          dlgEdtEmail = (EditText) dialogView.findViewById(R.id.dlgEdt2);
6
7          tvName.setText(dlgEdtName.getText().toString());
8          tvEmail.setText(dlgEdtEmail.getText().toString());
9       }
10 });
```

**4, 5** 대화상자(dialog1.xml)의 두 에디트텍스트에 접근한다. 주의할 점은 인플레이트한 dialogView.findViewById() 메소드를 사용해야 한다는 것이다.

**7, 8** 대화상자(dialog1.xml)에 입력한 이름과 이메일을 본 화면(activity_main.xml)의 텍스트뷰에 적용한다.

11 이번에는 대화상자의 〈취소〉를 클릭했을 때 toast1.xml이 토스트 메시지로 나오도록 설정하자. 역시 toast1.xml을 인플레이트하는 방식을 사용한다. [예제 7-25]의 10행을 다음 코드로 대체하면 된다.

**예제 7-27 Java 코드 4**

```
dlg.setNegativeButton("취소",
   new DialogInterface.OnClickListener() {
      public void onClick(DialogInterface dialog, int which) {
         Toast toast = new Toast(MainActivity.this);
         toastView = (View) View.inflate(MainActivity.this,
               R.layout.toast1, null);
         toastText = (TextView) toastView.findViewById(R.id.toastText1);
```

```
8            toastText.setText("취소했습니다");
9            toast.setView(toastView);
10           toast.show();
11       }
12 });
```

**4** 빈 토스트를 생성한다.

**5, 6, 9** toast1.xml 파일을 인플레이트하여 toastView에 대입한다. 그리고 9행에서 setView( )로 인플레이트한 뷰를 토스트로 사용한다. 그래서 <취소>를 클릭하면 그림과 같이 toast1.xml의 내용이 토스트로 나타난다.

**7, 8** 토스트(toast1.xml)의 텍스트뷰에 접근하여 문자열을 '취소했습니다'로 변경했다.

**10** 토스트를 화면에 출력한다.

### 4 프로젝트 실행 및 결과 확인

⓬ 완성된 코드를 실행하고 버튼을 클릭하여 대화상자와 토스트를 테스트하면 [그림 7-11]과 같을 것이다.

### 5 안드로이드 응용 프로그램 개발 완료

⓭ 결과를 확인했으면 키패드의 돌아가기 버튼을 클릭하여 AVD의 초기화면으로 돌아간다.

지금까지 사용자가 직접 설정한 대화상자와 토스트를 출력하고 활용하는 방법을 살펴보았다. 사용자의 값을 입력받는 대화상자는 자주 사용되는 것이니 잘 기억해두기 바란다.

▶ **직접 풀어보기 7-3**

[실습 7-3]을 다음과 같이 수정하라.

- activity_main.xml의 텍스트뷰를 에디트텍스트로 변경한다.
- 〈여기를 클릭〉을 클릭하면 activity_main.xml의 에디트텍스트 내용이 대화상자의 에디트텍스트에 나타난다.
- 대화상자에서 〈확인〉을 클릭하면 대화상자의 에디트텍스트 내용이 activity_main.xml의 에디트텍스트 내용으로 변경된다.
- 대화상자에서 〈취소〉를 클릭하면 토스트가 화면의 임의 위치에 나타난다.

그림 7-14 **수정된 사용자 정보 입력 앱**

# 요약

**1** 안드로이드의 메뉴는 옵션 메뉴와 컨텍스트 메뉴로 구분된다.

**2** 옵션 메뉴의 설정은 다음 세 단계를 따른다.

|  |  |
|---|---|
| ❶ 메뉴 폴더 생성 및 메뉴 XML 파일 생성·편집 | 메뉴 코딩 |
| ❷ Java 코딩: onCreateOptionsMenu( ) 메소드 오버라이딩 | 메뉴 파일 등록 |
| ❸ Java 코딩: onOptionsItemSelected( ) 메소드 오버라이딩 | 메뉴 선택 시 동작할 내용 코딩 |

**3** 컨텍스트 메뉴의 설정은 다음 네 단계를 따른다.

|  |  |
|---|---|
| ❶ 메뉴 폴더 생성 및 위젯의 메뉴 XML 파일 생성·편집 | 메뉴 코딩 |
| ❷ Java 코딩: onCreate( ) 안에 registerForContextMenu( )로 등록 | 메뉴를 사용할 위젯 등록 |
| ❸ Java 코딩: onCreateContextMenu( ) 메소드 오버라이딩 | 메뉴 파일 등록 |
| ❹ Java 코딩: onContextItemSelected( ) 메소드 오버라이딩 | 메뉴 선택 시 동작할 내용 코딩 |

**4** 메뉴 XML 파일의 형식은 다음과 같다.

```
<menu>
    <item
        android:id="@+id/항목1아이디"
        android:title="항목1 제목"/>
    <item
        android:id="@+id/항목2아이디"
        android:title="항목2 제목"/>
</menu>
```

**5** XML 파일 없이 Java 코드만으로도 메뉴를 만들 수 있다.

**6** 토스트의 일반적인 사용 형식은 다음과 같다.

```
Toast.makeText(Context context, String message, int duration).show();
```

**7** 대화상자의 설정 순서는 다음과 같다.

**❶ 대화상자 생성**

- AlertDialog.Builder클래스로생성

↓

**❷ 용도에 따른 설정**

- setTitle( ) → 제목 설정
- setMessage( ) → 내용 입력
- setIcon( ) → 아이콘 설정
- setPositiveButton( ) → 〈OK〉 버튼
- setNegativeButton( ) → 〈Cancel〉 버튼
- setItems( ) → 목록 출력
- setSingleChoiceItems → 라디오버튼 목록 출력
- setMultiChoiceItems → 체크박스 목록 출력

↓

**❸ 대화상자 화면 출력**

- show( )

## 요약

**8** 대화상자에 리스트 형태의 목록을 출력하고 그중 하나를 선택하게 할 수도 있다. setItems()는 일반적인 목록을, setSingleChoice Items()는 라디오버튼 모양의 목록을, setMultiChoiceItems()는 체크박스 모양의 목록을 보여준다.

**9** 토스트나 대화상자를 다양한 모양으로 나타낼 때는 레이아웃 XML 파일을 생성한 후 인플레이트하는 방식을 사용한다.

# 연습문제

1 메뉴 xml 파일의 내용 중 거리가 먼 것은?

❶ menu ❷ item

❸ id ❹ layout_width

2 다음은 무엇에 대한 설명인가?

| 정적으로 존재하는 XML 파일을 Java 코드에서 접근하여 실제 객체로 만들어 사용하는 것 |
|---|

❶ Menu ❷ Overriding

❸ Inflater ❹ Item

3 옵션 메뉴를 등록하는 메소드는?

❶ onMakeOptionsMenu ❷ onCreateOptionsMenu

❸ onInflateOptionsMenu ❹ onSelectOptionsMenu

4 위젯에 컨텍스트 메뉴를 등록하는 메소드는?

❶ createForContextMenu ❷ setttingForContextMenu

❸ registerForContextMenu ❹ inflateForContextMenu

5 여러 항목을 동시에 선택할 수 있는 대화상자를 생성하는 메소드는?

❶ setItems ❷ setSingleChoiceItems

❸ setMultiChoiceItems ❹ setSevralItems

## 연습문제

**6** 초기화면에서 라디오버튼으로 네 가지 동물 이름을 선택할 수 있고, 〈그림보기〉를 클릭하면 그림이 대화상자로 나오는 프로젝트를 작성하시오.

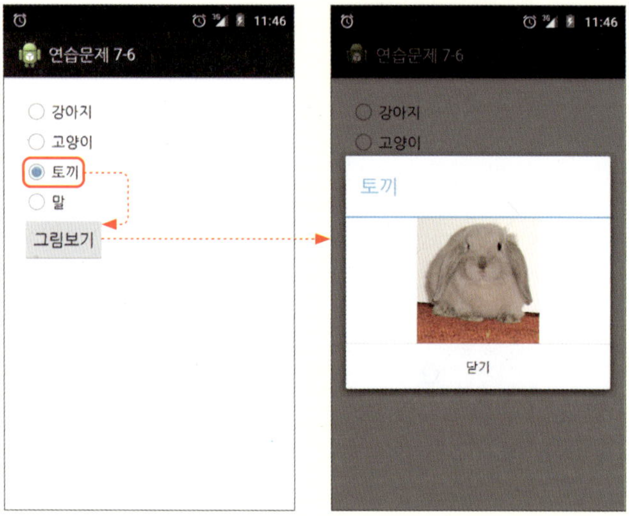

CHAPTER 08

# 파일 처리

**학습목표**

- 파일을 처리하는 방식을 이해한다.
- SD 카드의 파일을 처리하는 방식을 이해한다.
- 커스텀뷰 작성법을 익힌다.

# 01 파일 처리의 기본

안드로이드에서 파일을 읽고 쓰는 방법에는 Java에서 제공하는 파일 관련 클래스를 사용하는 방법과 안드로이드에서 제공하는 파일 관련 클래스를 사용하는 방법이 있다. 아무 곳에서나 파일을 읽고 쓸 수는 없고 제한된 폴더나 SD 카드 등에서만 가능하다. PC용 운영체제에서 파일을 처리하는 것과는 다르게 느껴질 수 있으나 모바일 기기의 특성을 고려한 적절한 방식이므로 보안에 도움이 된다.

## 1 내장 메모리 파일 처리

앱을 종료했다가 다음에 다시 실행할 때 사용했던 곳부터 이어서 작업하고 싶은 경우가 있다. 이럴 때 내장 메모리에 파일을 저장하고 읽어오는 방식을 활용한다.

내장 메모리의 저장 위치는 /data/data/패키지명/files 폴더이다. 일반적으로 응용 프로그램마다 다른 패키지명을 사용하므로 응용 프로그램별로 고유의 저장 공간이 있다고 생각하면 된다.

TIP 폴더와 디렉터리는 동일한 용어이다. 예전에 Unix, Linux 계열에서는 디렉터리라고 부르고 Windows 계열에서는 폴더라고 불렀는데 요즘에는 거의 구분 없이 사용한다.

파일을 읽기 위해 먼저 안드로이드 Context 클래스의 openFileInput() 메소드를 사용하는데, 이 메소드는 FileInputStream을 반환한다. 또한 파일을 쓰기 위해 openFileOutput() 메소드를 사용하면 FileOutputStream을 반환한다. 그리고 Java에서 제공하는 파일을 읽거나 쓰는 java.io.FileInputStream 클래스와 java.io.FileOutputStream의 read(), write() 메소드를 사용하여 파일을 처리한다.

내장 메모리에서 파일을 읽거나 쓰는 일반적인 절차를 다음 그림에 간단히 정리했다.

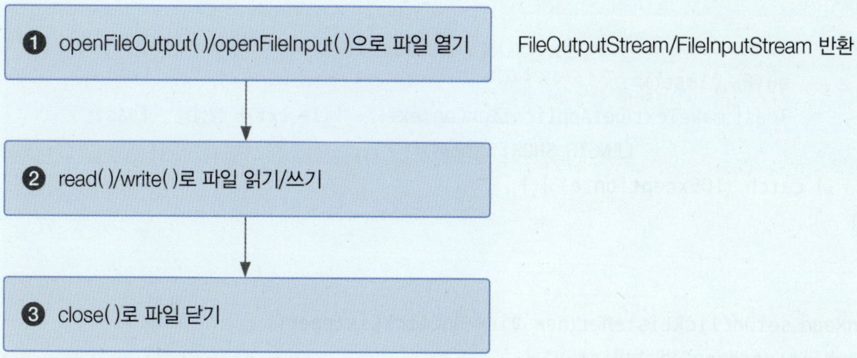


그림 8-1 내장 메모리에서의 파일 처리

간단히 파일을 쓰고 읽는 예제를 살펴보자.

**예제 8-1 파일 처리의 기본 activity_main.xml**

```
<LinearLayout>
    <Button
        android:id="@+id/btnWrite"
        android:text="내장 메모리에 파일 쓰기" />
    <Button
        android:id="@+id/btnRead"
        android:text="내장 메모리에서 파일 읽기" />
</LinearLayout>
```

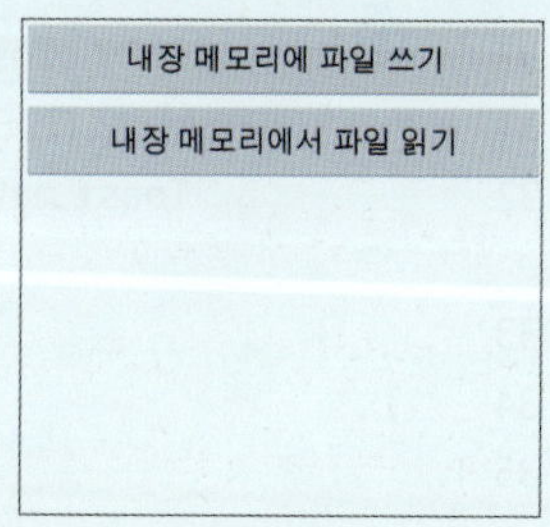


**예제 8-2 파일 처리의 기본 Java 코드**

```
public void onCreate(Bundle savedInstanceState) {
    super.onCreate(savedInstanceState);
    setContentView(R.layout.activity_main);

    Button btnRead, btnWrite;
    btnRead = (Button) findViewById(R.id.btnRead);
    btnWrite = (Button) findViewById(R.id.btnWrite);

    btnWrite.setOnClickListener(new View.OnClickListener() {
        public void onClick(View v) {
            try {
                FileOutputStream outFs = openFileOutput("file.txt",
                        Context.MODE_PRIVATE);
                String str = "쿡북 안드로이드";
```

```
15            outFs.write(str.getBytes());
16            outFs.close();
17            Toast.makeText(getApplicationContext(), "file.txt가 생성됨", Toast.
                      LENGTH_SHORT).show();
18         } catch (IOException e) { }
19      }
20   });
21
22   btnRead.setOnClickListener(new View.OnClickListener() {
23      public void onClick(View v) {
24         try {
25            FileInputStream inFs = openFileInput("file.txt");
26            byte[] txt = new byte[30];
27            inFs.read(txt);
28            String str = new String(txt);
29            Toast.makeText(getApplicationContext(), str, Toast.LENGTH_SHORT).
                      show();
30            inFs.close();
31         } catch (IOException e) {
32            Toast.makeText(getApplicationContext(), "파일 없음", Toast.LENGTH_
                      SHORT).show(); }
33      }
34   });
35 }
```

**5, 6** 2개 버튼에 대한 위젯 변수를 선언 및 대입한다.

**11, 18** 오류를 처리하는 부분이다. 특별히 신경 쓰지 않아도 되지만 반드시 필요하다.

**12~17** 내장 메모리에 파일을 쓴다.

**12, 13** file.txt로 파일을 쓰기 모드로 연다. 파일의 경로는 /data/data/패키지명/files/file.txt가 된다. 파일 모드에는 쓰기(write)를 위해 MODE_PRIVATE나 MODE_APPEND를 사용할 수 있다.

**14, 15** 14행의 문자열을 파일에 쓴다. 이때 getBytes()를 이용하여 문자열을 byte[] 형으로 변경해야 한다.

**16** 파일을 닫는다.

**25~30** 내장 메모리에서 파일을 읽어 토스트 메시지로 보여준다.

**25** 내장 메모리의 /data/data/패키지명/files/file.txt 파일을 읽어온다.

**26~28** byte[] 형의 변수 txt에 입력 파일에서 읽어온 데이터를 저장한다. 그리고 txt를 문자열로 변환한다.

**29, 30** 읽어온 데이터를 토스트 메시지로 출력하고 파일을 닫는다.

**32** 파일이 없는 경우 오류가 발생하여 메시지를 보여준다.

앞의 예제에는 기본적인 파일 처리의 골격이 잘 나타나 있다. 좀 더 복잡한 파일을 처리할 때도 큰 윤곽은 비슷하니 잘 익혀두자. 다음 실습에서는 앞서 배운 위젯을 활용하는 파일 처리 방식을 살펴본다.

### 실습 8-1 간단 일기장 앱 만들기

날짜를 선택했을 때 그 날짜의 일기가 없으면 일기를 새로 쓸 수 있고, 그 날짜의 일기가 있으면 일기 내용을 보여주는 앱을 만들어보자.

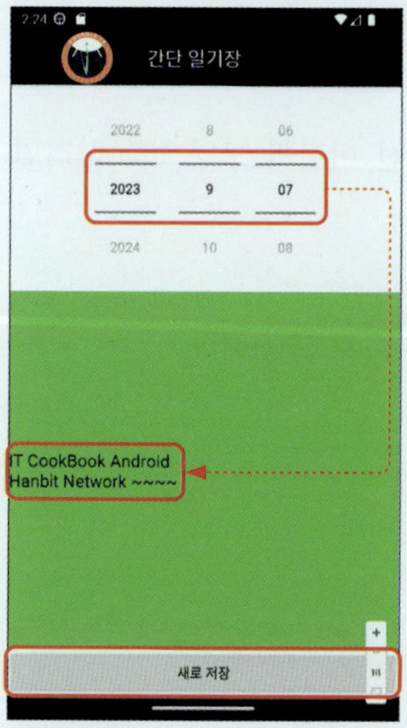


**그림 8-2 간단 일기장 앱 결과 화면**

#### 1 안드로이드 프로젝트 생성

❶ 새 프로젝트를 만든다. 프로젝트 이름은 'Project8_1', 패키지 이름은 'com.cookandroid.project8_1'로 한다. 그 외 규칙은 [실습 2-4]의 ❶~❹를 따른다.

#### 2 화면 디자인 및 편집

❷ activity_main.xml을 코딩한다. 다음과 같이 화면을 구성한다.

- 데이트피커, 에디트텍스트, 버튼을 1개씩 생성한다.
- 각 위젯의 아이디는 datePicker1, edtDiary, btnWrite로 한다.

**예제 8-3 activity_main.xml**

```
1  <LinearLayout>
2      <DatePicker
3          android:id="@+id/datePicker1"
4          android:calendarViewShown="false" />
5      <EditText
6          android:id="@+id/edtDiary"
7          android:background="#00ff00"
8          android:lines="8" />
9      <Button
10         android:id="@+id/btnWrite"
11         android:enabled="false"
12         android:text="Button" />
13 </LinearLayout>
```

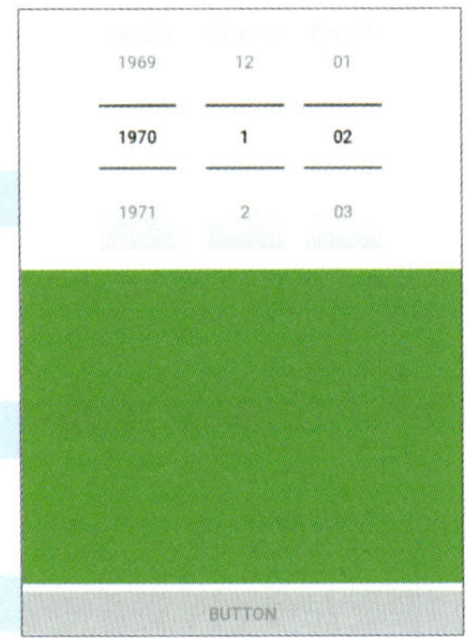


**4** 데이트피커를 간단하게 보이도록 설정한다. 데이트피커를 이전 버전의 모양으로 하려면 android:datePickerMode="spinner" 속성을 추가해야 한다.

**8** 에디트텍스트를 8행으로 설정한다.

**11** 초기에 버튼을 disable 되게 한다. 추후 Java 코드에서 enable 되게 할 것이다.

### 3 Java 코드 작성 및 수정

**3** MainActivity.java를 코딩하자. 다음과 같은 변수를 전역변수로 선언한다.

- activity_main.xml의 3개 위젯에 대응할 위젯 변수 3개를 선언한다.
- 파일 이름을 저장할 문자열 변수 1개를 선언한다. 파일 이름은 '연_월_일.txt'로 지정한다.
- 위젯 변수에 activity_main.xml의 위젯을 대입한다.

**예제 8-4 Java 코드 1**

```
~~~~ 생략(import문) ~~~~
public class MainActivity extends AppCompatActivity {
    DatePicker dp;
    EditText edtDiary;
    Button btnWrite;
    String fileName;

    @Override
    public void onCreate(Bundle savedInstanceState) {
        super.onCreate(savedInstanceState);
        setContentView(R.layout.activity_main);
```

```
12        setTitle("간단 일기장");
13
14        dp = (DatePicker) findViewById(R.id.datePicker1);
15        edtDiary = (EditText) findViewById(R.id.edtDiary);
16        btnWrite = (Button) findViewById(R.id.btnWrite);
17
18    }
19 }
```

4 onCreate() 내부([예제 8-4]의 17행)에 계속 코딩한다. 우선 데이트피커를 설정하자. Calendar 클래스를 이용하여 현재 날짜의 연, 월, 일을 구한 후 데이트피커를 초기화한다. 그리고 데이트피커의 날짜가 변경되면 변경된 날짜에 해당하는 일기 파일(연_월_일.txt)의 내용을 에디트텍스트로 보여준다.

**예제 8-5 Java 코드 2**

```
~~~~ 생략 ~~~~
    btnWrite = (Button) findViewById(R.id.btnWrite);

    Calendar cal = Calendar.getInstance();
    int cYear = cal.get(Calendar.YEAR);
    int cMonth = cal.get(Calendar.MONTH);
    int cDay = cal.get(Calendar.DAY_OF_MONTH);

    dp.init(cYear, cMonth, cDay, new DatePicker.OnDateChangedListener() {
        public void onDateChanged(DatePicker view, int year,
                int monthOfYear, int dayOfMonth) {
            fileName = Integer.toString(year) + "_"
                    + Integer.toString(monthOfYear + 1) + "_"
                    + Integer.toString(dayOfMonth) + ".txt";
            String str = readDiary(fileName);
            edtDiary.setText(str);
            btnWrite.setEnabled(true);
        }
    });

}

    String readDiary(String fName) {
        return null;
    }
}
```

**4~7** java.util.Calendar 클래스를 이용하여 현재 연, 월, 일을 구한다. 자주 사용되는 방식이니 기억해두자.

**9~19** 데이트피커를 초기화한다.

**9** 데이트피커를 init() 메소드로 초기화한다. 파라미터는 연, 월, 일과 리스너로 설정하면 된다. 데이트피커의 리스너는 날짜가 변경되었을 때 동작하는 DatePicker.OnDateChanged Listener()를 사용했다.

**10, 11** 리스너의 오버라이딩된 메소드 onDateChanged()를 완성한다. 즉 데이트피커의 날짜가 변경되면 데이트피커에 설정된 연(year), 월(monthOfYear), 일(dayOfMonth)을 사용할 수 있다.

**12~14** 현재 날짜에 해당하는 파일 이름을 '연_월_일.txt'로 만든다.

**15** 현재 날짜의 일기 파일을 읽어들인다. readDiary() 메소드는 아직 완성하지 않았지만, 오류를 없애기 위해 일단 onCreate() 메소드 밖인 23~25행에 형태만 만들어놓았다. readDiary()는 현재 날짜의 일기 내용을 반환하거나, 만약 현재 날짜의 일기가 없다면 null을 반환하도록 잠시 후 코딩할 것이다.

**16, 17** 읽어온 일기 내용을 에디트텍스트에 출력한다.

**5** 현재 날짜의 파일(연_월_일.txt)을 읽어 일기의 내용을 반환하는 readDiary() 메소드를 완성하자.

**예제 8-6 Java 코드 3**

```
String readDiary(String fName) {
   String diaryStr = null;
   FileInputStream inFs;
   try {
      inFs = openFileInput(fName);
      byte[] txt = new byte[500];
      inFs.read(txt);
      inFs.close();
      diaryStr = (new String(txt)).trim();
      btnWrite.setText("수정하기");
   } catch (IOException e) {
      edtDiary.setHint("일기 없음");
      btnWrite.setText("새로 저장");
   }
   return diaryStr;
}
```

**1** 파일 이름(연_월_일.txt)을 파라미터로 받는다.

**2, 3** 읽어온 일기를 저장할 문자열 변수와 입력 파일 스트림 변수를 선언한다.

**5** 일기 파일을 열어 입력 파일 스트림에 저장한다. 파일이 없다면 오류가 발생하여 11~14행을 실행한다.

**6~8** byte[ ] 형 변수를 선언하고 파일 내용을 txt에 읽어들인 후 파일을 닫는다.

**9, 10** 읽어온 txt를 문자열로 변경한 후 trim( ) 메소드로 앞뒤의 공백을 제거하고 반환할 diaryStr 변수에 대입한다. 그리고 현재는 일기가 있는 상태이므로 버튼의 글자를 '수정하기'로 변경한다.

**12, 13** 파일이 없어 오류가 발생하면 12행을 실행하여 화면에 '일기 없음'이 나타나게 한다. 그리고 현재는 일기가 없는 상태이므로 버튼의 글자를 '새로 저장'으로 변경한다.

**15** 일기 파일이 있다면 9행에서 일기 내용이 반환되고, 일기 파일이 없다면 2행의 null 값이 반환된다.

❻ 마지막으로 맨 아래 버튼을 클릭했을 때 동작하는 내용을 onCreate( ) 안에 코딩하자. 이 버튼은 readDiary( )에 의해 <수정하기> 또는 <새로 저장>이 된다. 에디트텍스트의 내용을 새로 입력하거나 기존의 내용을 수정한 다음 클릭하면 에디트텍스트의 내용이 현재 날짜의 파일(연_월_일.txt)로 저장된다.

**예제 8-7 Java 코드 4**

```
1  btnWrite.setOnClickListener(new View.OnClickListener() {
2      public void onClick(View v) {
3          try {
4              FileOutputStream outFs = openFileOutput(fileName,
5                              Context.MODE_PRIVATE);
6              String str = edtDiary.getText().toString();
7              outFs.write(str.getBytes());
8              outFs.close();
9              Toast.makeText(getApplicationContext(), fileName+" 이 저장됨", Toast.
                               LENGTH_SHORT).show();
10         } catch (IOException e) {
11         }
12     }
13 });
```

**4, 5** 일기 파일(연_월_일.txt)을 쓰기 모드로 연다.

**6~8** 에디트텍스트의 내용을 일기 파일에 byte[ ] 형으로 쓰고 파일을 닫는다.

**9** 저장된 파일 이름을 토스트 메시지로 출력한다.

## 4 프로젝트 실행 및 결과 확인

**7** 완성된 코드를 실행해보자. 선택한 날짜에 쓴 일기가 있다면 일기 내용이 보이고 버튼이 〈수정하기〉로 바뀐다. 선택한 날짜의 일기가 없다면 에디트텍스트에 '일기 없음' 힌트가 보이고 버튼이 〈새로 저장〉으로 바뀐다. 몇몇 날짜에 일기를 쓰고 저장해본다.

## 5 안드로이드 응용 프로그램 개발 완료

**8** 결과를 확인했으면 키패드의 돌아가기 버튼을 클릭하여 AVD의 초기화면으로 돌아간다.

**9** 일기가 쓰인 파일을 직접 확인해보자. Android Studio에서 제공하는 툴을 사용한다. Android Studio 메뉴의 [View]–[Tool Windows]–[Device Explorer]를 선택한다.

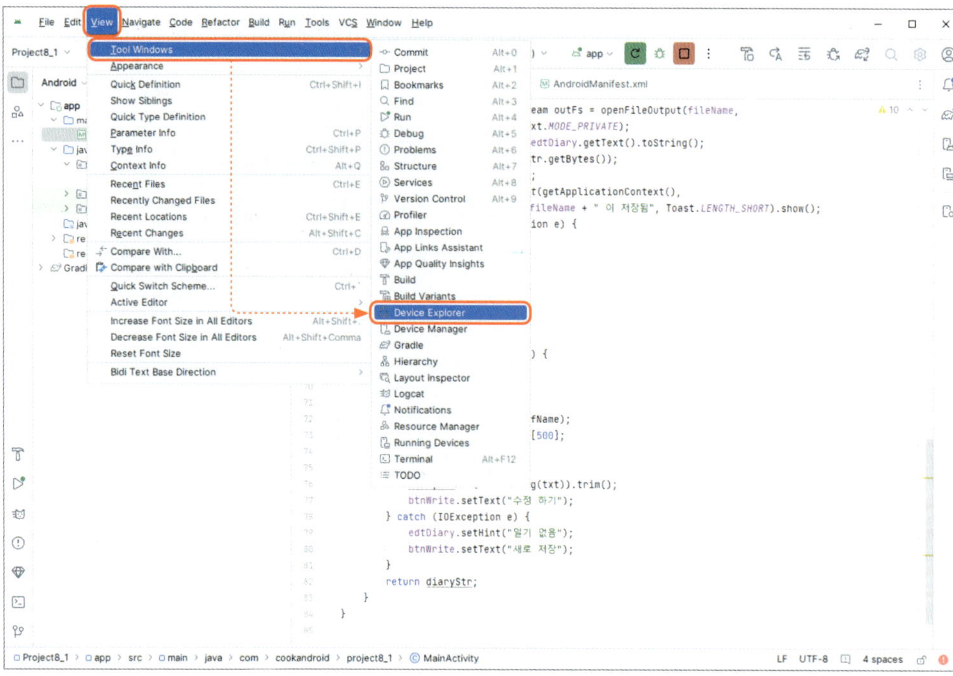


그림 8-3 Device Explorer 실행

> **여기서 잠깐** Device Explorer
>
> Device Explorer는 AVD나 실제 안드로이드폰 내의 폴더와 파일에 접근하는 기능을 제공한다. Device Explorer는 AVD의 내부를 살펴보는 개념이므로 먼저 AVD를 작동한 다음 Device Explorer를 확인해야 한다. Device Explorer는 Android Studio 3.0부터 제공되며, 이전 버전에서는 DDMS라는 툴에서 AVD 내부의 파일에 접근했다.

**10** 현재 [Device Explorer] 창의 위쪽에는 AVD가 보이고 아래쪽에는 AVD 내부의 폴더와 파일 목록이 보인다. 여기서 [data]–[data]–[com.cookandroid.project8_1]–[files]를 확장하면

생성한 일기 파일 목록이 보인다.

TIP 화면이 작으면 크기를 늘리고 확인한다.

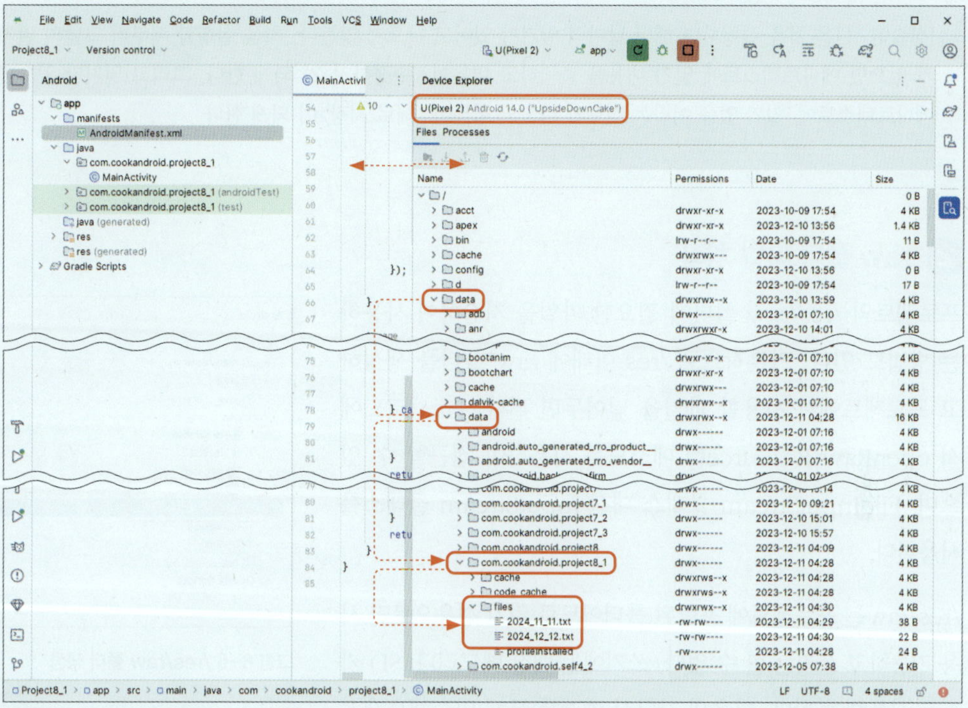

그림 8-4 **일기 파일 확인**

⓫ 일기 파일을 PC로 가져올 수도 있다. PC로 가져올 파일을 선택한 후 마우스 오른쪽 버튼을 클릭하여 [Save As]를 선택하고 PC의 폴더를 지정한다.

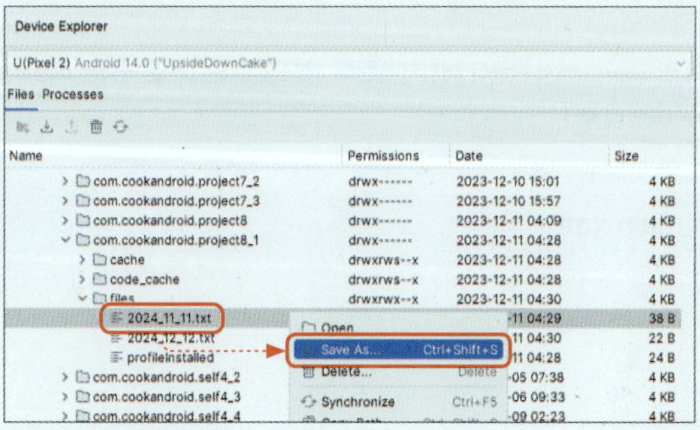

그림 8-5 **파일 가져오기**

TIP 파일을 AVD에 넣으려면 폴더에서 마우스 오른쪽 버튼을 클릭하고 [Upload]를 선택하면 된다. 파일 또는 폴더를 삭제하려면 [Delete]를 선택하고, 새 폴더는 [New]–[Directory]를 선택한다. 자주 사용하는 기능이니 기억해두자.

⓬ 가져온 일기는 *.txt 파일이므로 메모장에서 읽을 수 있다.

13 오른쪽 끝의 [Device Explorer] 아이콘을 클릭하면 창이 접힌다.

▶ 직접 풀어보기 **8-1**

[실습 8-1]을 처음 실행하면 해당 날짜의 일기가 있어도 나오지 않는다. 처음 실행할 때부터 그날의 일기가 있으면 에디트텍스트에 일기 내용을 출력하고 버튼이 〈수정하기〉가 되게 한다. 그리고 일기가 없으면 에디트텍스트에 '일기 없음'이라는 힌트가 나오고 버튼이 〈새로 저장〉이 되게 한다.

## 2 raw 폴더 파일 처리

프로젝트의 /res/raw 폴더에 필요한 파일을 저장하여 사용하는 방법도 있다. 기본적으로 /res 아래에 raw 폴더를 생성하고 프로젝트에서 사용할 파일을 넣어두면 된다. Java 코드에서 openRaw Resource() 메소드를 사용하여 접근할 수 있으며, FileInputStream 클래스 대신 InputStream 클래스를 사용한다.

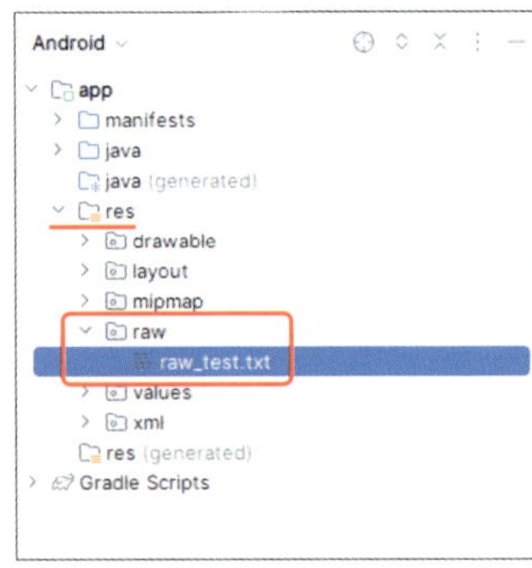


그림 8-6 /res/raw 폴더 생성

/res/raw는 프로젝트에 포함된 폴더이므로 읽기 전용으로만 사용 가능하고 쓰기는 할 수 없다. 쓰기에는 내장 메모리나 SD 카드를 사용해야 한다. 다음의 간단한 예제를 통해 연습해보자.

우선 프로젝트의 res 폴더에 raw 폴더를 생성하고, 임의의 내용을 입력한 *.txt 파일을 하나 복사해놓는다.

TIP raw 폴더를 생성하려면 [res]에서 마우스 오른쪽 버튼을 클릭하고 [New]-[Android Resource Directory]를 선택한 후 Directory name과 Resource type을 모두 'raw'로 지정한다.

TIP PC에서 텍스트 파일을 저장할 때 인코딩을 UTF-8로 해야 안드로이드에서 한글이 깨지지 않는다. 메모장에서는 [파일]-[다른 이름으로 저장]을 선택한 후 맨 아래의 '인코딩'을 'UTF-8'로 선택하여 저장하면 된다.

**예제 8-8 /res/raw 폴더의 파일 읽기 activity_main.xml**

```
<LinearLayout>
    <Button
        android:id="@+id/btnRead"
        android:text="/res/raw에서 파일 읽기" />
    <EditText
        android:id="@+id/edtRaw"
        android:lines="10" />
</LinearLayout>
```

**예제 8-9 /res/raw 폴더의 파일 읽기 Java 코드**

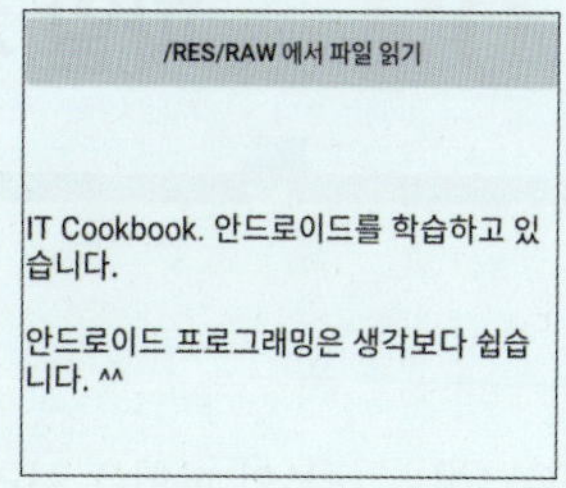


```
1  public void onCreate(Bundle savedInstanceState) {
2      super.onCreate(savedInstanceState);
3      setContentView(R.layout.activity_main);
4      Button btnRead;
5      final EditText edtRaw;
6      btnRead = (Button) findViewById(R.id.btnRead);
7      edtRaw = (EditText) findViewById(R.id.edtRaw);
8
9      btnRead.setOnClickListener(new View.OnClickListener() {
10         public void onClick(View v) {
11             try {
12                 InputStream inputS = getResources().openRawResource(R.raw.raw_test);
13                 byte[] txt = new byte[inputS.available()];
14                 inputS.read(txt);
15                 edtRaw.setText(new String(txt));
16                 inputS.close();
17             } catch (IOException e) {}
18         }
19     });
20 }
```

**5** 15행의 내부 클래스에서 접근하기 위해 에디트텍스트에 final을 붙였다.

**12** raw 폴더의 raw_test.txt 파일에 접근하기 위해 Context 클래스의 정적 메소드인 getResources()는 현재 패키지의 리소스를 반환한다. openRawResource() 메소드는 /res/raw 파일을 읽기용으로 연다. 반환은 InputSteam형이다.

**13** inputS.available() 메소드는 입력 스트림에서 읽을 수 있는 바이트 수를 반환한다. 결국 txt 변수는 raw_test.txt 파일의 크기만큼 지정된다.

**14, 15** 입력 스트림에서 데이터를 읽어 txt 변수에 넣고, txt 변수를 문자열로 변환하여 에디트텍스트에 출력한다.

# 02 파일 처리의 응용

안드로이드 내부의 파일을 처리하는 것은 앞에서 했던 것과 같이 /data/data/패키지명/files 폴더를 사용한다. 읽기 전용 파일의 경우 프로젝트의 /res/raw 폴더를 사용할 수 있다. 하지만 음악, 영상, 그림 파일 등은 여러 응용 프로그램에서 사용되는 경우가 많다. 예를 들어 MP3 파일을 안드로이드에 내장된 앱에서 들을 수도 있고 별도의 음악 플레이어로 들을 수도 있다. 이런 경우 SD 카드에 저장하여 활용한다.

안드로이드에서는 SD 카드에 저장된 데이터에 특별한 인증 절차 없이 접근할 수 있다. 제한된 공간의 내장 메모리보다 훨씬 큰 공간을 사용할 수 있으며 확장성도 뛰어나다. 실제 안드로이드폰의 경우 주로 마이크로 SD 카드를 장착하여 사용한다. AVD에도 가상 SD 카드를 장착할 수 있는데, 1장에서 AVD를 생성할 때 512MB의 가상 SD 카드가 자동으로 장착되었다. Android Studio 프로젝트가 열린 상태에서 메뉴의 [Tools]–[Device Manager]를 선택하여 AVD 이름의 오른쪽 [ ⋮ ] 아이콘을 클릭한 후 [Edit]를 선택한다. [Android Virtual Device(AVD)] 창이 나온 후 〈Show Advanced Settings〉를 클릭하고 아래로 스크롤하면 사용하는 AVD에 장착된 가상의 SD 카드(Studio–managed)를 확인할 수 있다. 만약 가상 SD 카드가 만들어져 있지 않으면 원하는 크기를 새로 입력한다.

**여기서 잠깐** **Target SDK 버전 변경**

Android SDK 30 버전부터 SD 카드의 처리 방법이 대폭 변경되어 접근 거부가 발생할 수 있다. 이럴 때는 Target SDK 버전을 29로 변경하면 된다. [Gradle Scripts]–[build.gradle.kts(Module:app)] 파일의 targetSdk를 29로 변경하고 [Sync Now]를 클릭한다. (그 줄에 빨간 줄이 생겨도 무시한다.)

그림 8–7 build.gradle.kts(Module:app) 파일 변경

## 1 SD 카드에서 파일 읽기

폴더 경로가 다른 것만 제외하면 SD 카드의 기본적인 경로는 내장 메모리에서 파일을 읽을 때와 별다른 차이가 없다. 먼저 [Device Explorer]에서 /sdcard 폴더 또는 /storage/emulated/0 폴더에 적당한 텍스트 파일을 하나 넣는다(Upload). (AVD에서 SD 카드의 경로는 절대적인 것이 아니며 SDK 버전에 따라 달라질 수 있다.)

TIP Device Explorer 사용법은 [실습 8-1]에서 학습했다.

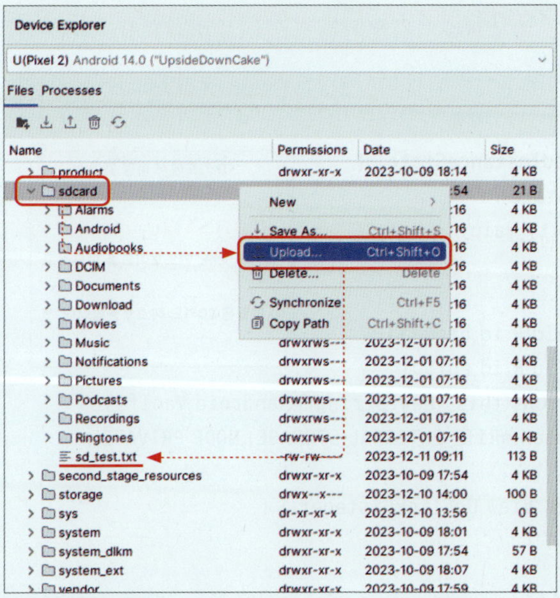


그림 8-8 SD 카드에 파일 넣기(Upload)

또한 AndroidManifest.xml 파일에 SD 카드를 사용할 수 있도록 퍼미션을 지정해야 한다. 다음과 같이 AndroidManifest.xml에 퍼미션 및 application 관련 속성을 추가한다. 5행쯤의 <application 위와 안쪽에 다음 두 행을 넣는다.

```
<uses-permission android:name="android.permission.WRITE_EXTERNAL_STORAGE"/>
<application
    android:requestLegacyExternalStorage="true"
```

그리고 마시멜로(Android 6.0, API 23)부터는 보안 모델이 강화되어 각 앱마다 파일, 사진, 미디어 등에 액세스할 수 있도록 코딩해야 한다. [예제 8-11]의 8행처럼 ActivityCompat.requestPermissions() 메소드를 사용하면 된다. 이 메소드는 사용자가 거부/허용을 선택할 수 있는 대화상자가 나오게 하는데, 〈허용〉을 클릭해야 파일 등에 접근이 가능하다.

**예제 8-10 SD 카드에서 파일 읽기 activity_main.xml**

```
<LinearLayout>
    <Button
        android:id="@+id/btnRead"
        android:text="SD 카드에서 파일 읽기" />
    <EditText
        android:id="@+id/edtSD"
        android:lines="10" />
</LinearLayout>
```

**예제 8-11 SD 카드에서 파일 읽기 Java 코드**

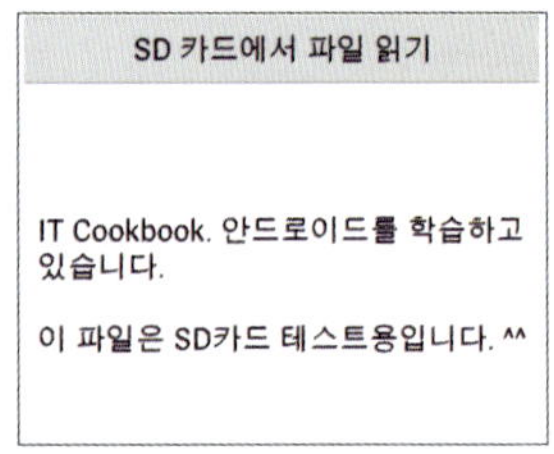


```
1  public void onCreate(Bundle savedInstanceState) {
2     super.onCreate(savedInstanceState);
3     setContentView(R.layout.activity_main);
4     Button btnRead;
5     final EditText edtSD;
6     btnRead = (Button) findViewById(R.id.btnRead);
7     edtSD = (EditText) findViewById(R.id.edtSD);
8     ActivityCompat.requestPermissions(this, new String[] {android.Manifest.
                            permission.WRITE_EXTERNAL_STORAGE},MODE_PRIVATE);
9
10    btnRead.setOnClickListener(new View.OnClickListener() {
11       public void onClick(View v) {
12          try {
13             FileInputStream inFs = new FileInputStream("/storage/emulated/
                                       0/sd_test.txt");
14             byte[] txt = new byte[inFs.available()];
15             inFs.read(txt);
16             edtSD.setText(new String(txt));
17             inFs.close();
18          } catch (IOException e) {
19          }
20       }
21    });
22 }
```

**8** 이 앱에 파일 액세스 작업을 허용할지를 묻는 창이 나온다. 〈허용〉을 클릭해야 한다.

**13** 파일 입력 스트림을 생성할 때 SD 카드의 절대 경로를 FileInputStream() 생성자에 지정한다. 나머지 코드는 raw 폴더의 파일 읽기와 거의 비슷하다.

## 2 SD 카드에 폴더 및 파일 생성

SD 카드의 파일을 좀 더 정밀하게 처리하려면 우선 Environment 클래스의 정적 메소드를 이용하여 SD 카드의 동작 여부와 관련 폴더 경로를 구해야 한다.

**예제 8-12 SD 카드에 폴더 및 파일 생성 activity_main.xml**

```
<LinearLayout>
    <Button
        android:id="@+id/btnMkdir"
        android:text="SD 카드에 디렉터리 생성" />
    <Button
        android:id="@+id/btnRmdir"
        android:text="SD 카드에서 디렉터리 삭제" />
</LinearLayout>
```

**예제 8-13 SD 카드에 폴더 및 파일 생성 Java 코드**

```
public void onCreate(Bundle savedInstanceState) {
    super.onCreate(savedInstanceState);
    setContentView(R.layout.activity_main);
    ActivityCompat.requestPermissions(this, new String[] {android.Manifest.
                        permission.WRITE_EXTERNAL_STORAGE},MODE_PRIVATE);
    Button btnMkdir, btnRmdir;
    btnMkdir = (Button) findViewById(R.id.btnMkdir);
    btnRmdir = (Button) findViewById(R.id.btnRmdir);
    final String strSDpath =
            Environment.getExternalStorageDirectory().getAbsolutePath();
    final File myDir = new File(strSDpath + "/mydir");

    btnMkdir.setOnClickListener(new View.OnClickListener() {
        public void onClick(View v) {
            myDir.mkdir();
        }
    });
    btnRmdir.setOnClickListener(new View.OnClickListener() {
        public void onClick(View v) {
            myDir.delete();
        }
    });
}
```

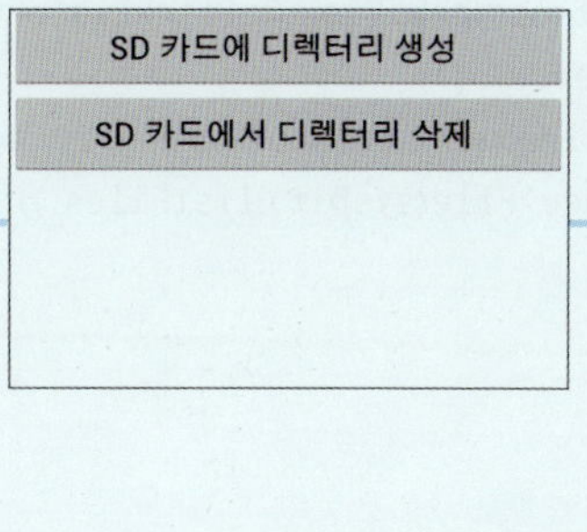


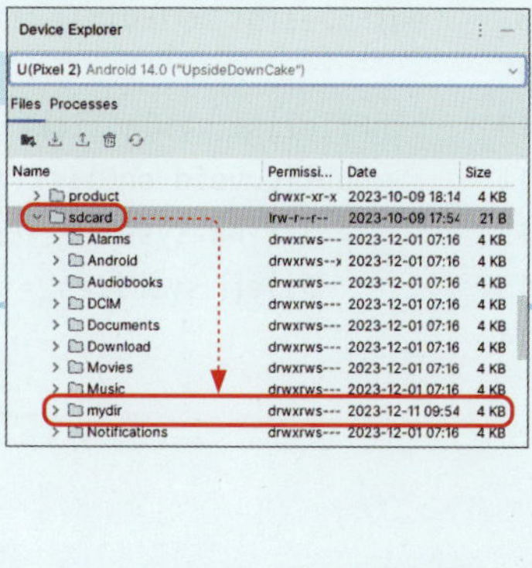

**8, 9** SD 카드의 절대 경로를 돌려주는데, 대개 /storage/emulated/0(또는 /sdcard)이다. getExternalStorageDirectory( ) 외에도 시스템 폴더(디렉터리)를 반환하는 getRootDirectory( ), 데이터 폴더를 반환하는 getDataDirectory( ) 등이 있다.

**10** SD 카드의 경로 아래에 mydir 폴더를 생성하기 위해 File형 변수를 설정한다.

**14, 19** 각 버튼을 클릭하면 /storage/emulated/0/mydir(또는 /sdcard/mydir) 폴더를 생성하거나 삭제한다. 앱을 실행하면서 [Device Explorer]의 /storage/emulated/0(또는 /sdcard) 폴더에서 마우스 오른쪽 버튼을 클릭하고 [Synchronize]를 선택하면 폴더의 생성과 삭제를 확인할 수 있다.

## 3 특정 폴더의 하위 폴더 및 파일 목록

지정한 폴더의 하위 폴더 및 파일 목록에 접근하려면 File.listFiles( ) 메소드를 사용한다. 반환값은 File[ ] 형이다. 간단한 예제로 확인해보자.

**예제 8-14 시스템 폴더의 폴더 및 파일 목록 activity_main.xml**

```
<LinearLayout>
    <Button
        android:id="@+id/btnFilelist"
        android:text="시스템 폴더의 폴더/파일 목록" />
    <EditText
        android:id="@+id/edtFilelist" />
```

**예제 8-15 시스템 폴더의 폴더 및 파일 목록 Java 코드**

```
public void onCreate(Bundle savedInstanceState) {
   super.onCreate(savedInstanceState);
   setContentView(R.layout.activity_main);

   Button btnFilelist;
   final EditText edtFilelist;
   btnFilelist = (Button) findViewById(R.id.btnFilelist);
   edtFilelist = (EditText) findViewById(R.id.edtFilelist);

   btnFilelist.setOnClickListener(new View.OnClickListener() {
      public void onClick(View v) {
         String sysDir = Environment.getRootDirectory().getAbsolutePath();
         File[] sysFiles = (new File(sysDir).listFiles());

```

```
15          String strFname;
16          for(int i=0; i< sysFiles.length; i++) {
17              if (sysFiles[i].isDirectory() == true)
18                  strFname = "<폴더> " + sysFiles[i].toString();
19              else
20                  strFname = "<파일> " + sysFiles[i].toString();
21
22              edtFilelist.setText(edtFilelist.getText() + "\n" + strFname);
23          }
24      }
25    });
26 }
```

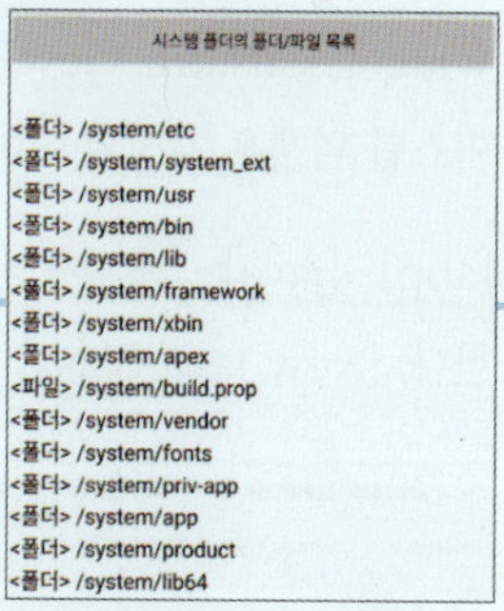


**12** 안드로이드 시스템 폴더 경로를 돌려준다. 대개 /system이 된다.

**13** 시스템 폴더의 폴더 및 파일 목록을 구하여 sysFiles 배열에 넣는다.

**16~23** 시스템 폴더의 폴더 및 파일 개수만큼 반복한다.

**17~20** 현재 파일이 폴더인지 확인하여 폴더이면 앞에 〈폴더〉를, 아니면 〈파일〉을 붙인다.

**22** 폴더 및 파일 목록을 에디트텍스트에 이어서 출력한다.

## 실습 8-2 간단 이미지 뷰어 만들기

SD 카드 특정 폴더의 이미지 파일을 보여주는 간단한 이미지 뷰어 앱을 만들어보자. 이번 실습은 아직 배우지 않은 내용도 포함되어 있으니 차근차근 살펴본다.

그림 8-9 간단 이미지 뷰어 앱 결과 화면

### 1 안드로이드 프로젝트 생성

❶ 새 프로젝트를 만든다. 프로젝트 이름은 'Project8_2', 패키지 이름은 'com.cookandroid.project8_2'로 한다. 그 외 규칙은 [실습 2-4]의 ❶~❹를 따른다. 또한 SD 카드에 접근하기 위해 320쪽의 [여기서 잠깐]을 수행해야 한다.

### 2 화면 디자인 및 편집

❷ 이번에는 안드로이드에서 기본적으로 제공하는 위젯으로 해결할 수 없다. 커스텀 위젯(Custom Widget, Custom View)을 직접 만들어서 activity_main.xml에 넣어 사용한다. 여기서 만들 커스텀 위젯은 지정된 이미지 파일을 출력하는 역할을 한다.

[app]-[java]-[패키지명]에서 마우스 오른쪽 버튼을 클릭하고 [New]-[Java Class]를 선택한다. [New Java Class] 창이 나오면 Name에 'myPictureView'를 입력하고 Enter를 누른다.

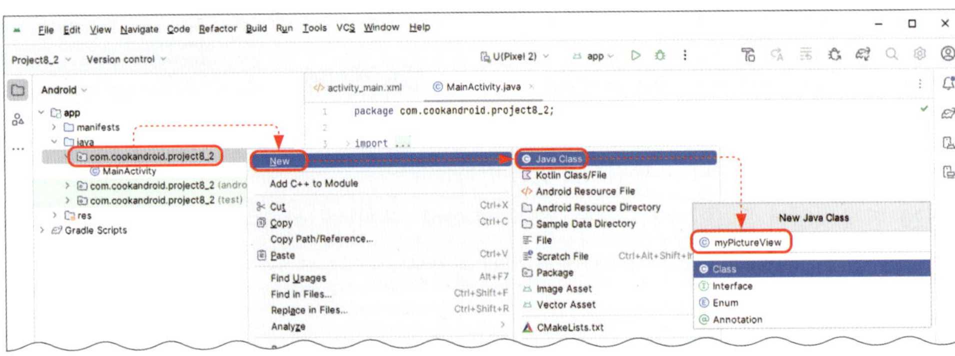


그림 8-10 클래스 생성

❸ 생성된 코드에서 public class myPictureView와 { 사이에 extends View를 추가하자. 그리고 myPictureView 클래스 안에 커서를 두고, Android Studio 메뉴의 [Code]-[Override Methods]를 선택한 후 아래로 스크롤하여 View(context:Context, attrs:AttributeSet)를 선택한다. 자동 완성된 코드는 다음과 같다(다음 코드를 직접 입력해도 된다).

**예제 8-16 myPictureView 클래스의 Java 코드 1**

```
~~~~ 생략(import문) ~~~~
public class myPictureView extends View {

    public myPictureView(Context context, @Nullable AttributeSet attrs) {
        super(context, attrs);

    }

}
```

**4** onDraw() 메소드를 오버라이딩하자. [예제 8-16]의 8행에 커서를 두고 Android Studio 메뉴의 [Code]-[Override Methods]를 선택한 후 onDraw() 메소드를 선택하고 〈OK〉를 클릭한다. 자동 완성된 코드 외에 나머지를 완성하고 저장한다.

> **TIP** 완성한 onDraw() 메소드는 지금 만들고 있는 커스텀뷰가 생성되거나 무효화(invalidate)되면 자동으로 실행된다. 자세한 내용은 9장에서 배울 것이니 myPictureView 클래스가 그림 파일을 보여주는 용도의 위젯이라는 정도만 알아두자.

**예제 8-17 myPictureView 클래스의 Java 코드 2**

```
1  ~~~~ 생략(import문) ~~~~
2  public class myPictureView extends View {
3      String imagePath = null;
4      public myPictureView(Context context, @Nullable AttributeSet attrs) {
5          super(context, attrs);
6
7      }
8      @Override
9      protected void onDraw(Canvas canvas) {
10
11         super.onDraw(canvas);
12         if (imagePath != null) {
13             Bitmap bitmap = BitmapFactory.decodeFile(imagePath);
14             canvas.drawBitmap(bitmap, 0, 0, null);
15             bitmap.recycle();
16         }
17     }
18 }
```

**3** myPictureView에 보여줄 이미지 파일의 경로 및 파일 이름을 저장할 변수이다.

**12~16** imagePath에 값이 있으면(즉 이미지 파일의 경로 및 파일 이름이 지정되었다면) 13~15행에서 화면에 그림 파일을 출력한다. Bitmap 클래스는 9장에서 설명할 것이다.

**5** activity_main.xml을 코딩한다. 다음과 같이 화면을 구성한다. 그리고 프로젝트를 실행하여 AVD를 부팅해놓는다.

- 가로 레이아웃에 버튼 2개를 생성한다.
- 앞에서 생성한 커스텀 위젯인 myPictureView를 생성한다.
- 위젯의 이름은 btnPrev, btnNext, myPictureView1로 한다.

**예제 8-18 activity_main.xml**

```
1 <LinearLayout>
2     <LinearLayout
3         android:orientation="horizontal" >
4         <Button
5             android:id="@+id/btnPrev"
6             android:layout_weight="1"
7             android:text=" 이전 그림 " />
8         <Button
9             android:id="@+id/btnNext"
10            android:layout_weight="1"
11            android:text=" 다음 그림 " />
12    </LinearLayout>
13    <com.cookandroid.project8_2.myPictureView
14        android:id="@+id/myPictureView1" />
15 </LinearLayout>
```

**13, 14** 커스텀 위젯을 넣었다. 커스텀 위젯은 〈패키지명.클래스명〉 형식을 사용한다. 프로젝트의 패키지명은 'com.cookandroid.project8_2'이고, 생성한 위젯의 클래스명은 [예제 8-16]에서 'myPictureView'로 지정했다.

**6** 그림 파일을 SD 카드에 미리 넣어두자. [Device Explorer]에서 /storage/emulated/0/Pictures(또는 /sdcard/Pictures) 폴더에서 마우스 오른쪽 버튼을 클릭하고 [Delete]를 선택해서 폴더를 삭제한다. 그리고 /storage/emulated/0(또는 /sdcard) 폴더에서 마우스 오른쪽 버튼을 클릭하고 [New]–[Directory]를 선택하여 Pictures 폴더를 만든 후 적당한 이미지 파일을 몇 개 넣어둔다. 또한 Android Manifest.xml 파일에 SD 카드를 사용할 수 있도록 퍼미션을 지정한다(321쪽 참조).

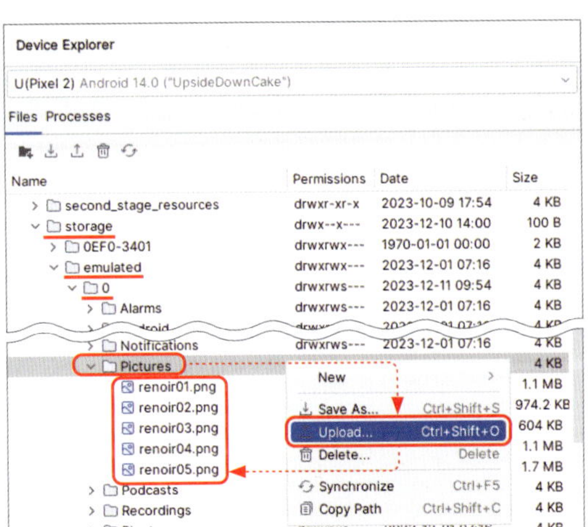


그림 8-11 SD 카드에 이미지 파일 복사

### 3 Java 코드 작성 및 수정

**7** MainActivity.java를 코딩하자. 다음과 같은 변수를 전역변수로 선언한다.

- activity_main.xml의 위젯 3개에 대응할 위젯 변수 3개를 선언한다.
- SD 카드에서 읽어올 이미지 파일의 배열과 파일명을 저장할 문자열 변수를 선언한다.
- 위젯 변수에 activity_main.xml의 위젯을 대입한다.

**예제 8-19 Java 코드 1**

```
1  ~~~~ 생략(import문) ~~~~
2  public class MainActivity extends Activity {
3      Button btnPrev, btnNext;
4      myPictureView myPicture;
5      int curNum=0;
6      File[] imageFiles = new File[0];
7      String imageFname;
8
9      @Override
10     public void onCreate(Bundle savedInstanceState) {
11         super.onCreate(savedInstanceState);
12         setContentView(R.layout.activity_main);
13         setTitle("간단 이미지 뷰어");
14         ActivityCompat.requestPermissions(this, new String[] {android.
               Manifest.permission.WRITE_EXTERNAL_STORAGE},MODE_PRIVATE);
15         btnPrev = (Button) findViewById(R.id.btnPrev);
16         btnNext = (Button) findViewById(R.id.btnNext);
17         myPicture = (myPictureView) findViewById(R.id.myPictureView1);
18
19     }
20 }
```

**4, 17** 커스텀 위젯을 선언하고 17행에서 대입한다. 일반적인 위젯을 사용하는 것과 크게 다르지 않다.

**5** 잠시 후 이미지 파일의 순번으로 사용할 변수이다.

**6, 7** SD 카드에서 읽어올 이미지 파일의 배열과 파일명을 저장할 문자열 변수를 선언한다. 지금은 이미지 파일의 개수를 알 수 없으므로 일단 크기를 0으로 한다.

**8** onCreate() 안([예제 8-19]의 18행)에 코딩한다. SD 카드의 /storage/emulated/0/Pictures(또는 /sdcard/Pictures) 폴더에서 파일을 읽어오고, 첫 번째 파일을 커스텀 위젯에 출력한다. 다음 예제의 3~10행을 코딩하고 실행한다. 만약 AVD에서 액세스 관련 메시지 창이 나오면 〈허용〉을 클릭한다. 화면에 아무것도 나오지 않으면 다시 실행해본다.

**예제 8-20 Java 코드 2**

```
1  ~~~~ 생략 ~~~~
2          myPicture = (myPictureView) findViewById(R.id.myPictureView1);
3          File[] allFiles = new File(Environment.getExternalStorageDirectory().
                   getAbsolutePath()+"/Pictures").listFiles();
4          for (int i =0; i<allFiles.length; i++)
5              if (allFiles[i].isFile()) {
6                  imageFiles = Arrays.copyOf(imageFiles, imageFiles.length + 1);
7                  imageFiles[imageFiles.length-1] = allFiles[i];
8              }
9          imageFname = imageFiles[curNum].toString();
10         myPicture.imagePath =imageFname;
11
12     }
13 }
```

**3** 우선 SD 카드의 Pictures 폴더에서 모든 폴더와 파일을 listFiles( ) 메소드로 읽어 배열로 만든다.

**4~8** 파일만 골라서 imageFiles 배열에 추가한다. 5행에서 파일이라면 6행에서 배열의 크기를 1개 늘리고 7행에서 마지막 칸에 추가한다.

**9, 10** 첫 번째 파일의 이름을 추출하여 myPicture 클래스의 imagePath에 전달한다. 그러면 첫 번째 그림이 화면에 출력된다.

**9** 버튼을 클릭하면 동작하는 리스너를 정의한다. [예제 8-20]의 11행에 코딩하면 된다.

**예제 8-21 Java 코드 3**

```
btnPrev.setOnClickListener(new View.OnClickListener() {
  public void onClick(View v) {
    if (curNum <= 0) {
      Toast.makeText(getApplicationContext(), "첫번째 그림입니다", Toast.
                LENGTH_SHORT).show();
    } else {
      curNum --;
      imageFname = imageFiles[curNum].toString();
      myPicture.imagePath=imageFname;
      myPicture.invalidate();
    }
  }
});
```

```
14 btnNext.setOnClickListener(new View.OnClickListener() {
15   public void onClick(View v) {
16     if (curNum >= imageFiles.length-1) {
17       Toast.makeText(getApplicationContext(), "마지막 그림입니다", Toast.
                           LENGTH_SHORT).show();
18     } else {
19       curNum ++;
20 ~~~~ 생략 ~~~~
```

**3, 16** 첫 번째 그림에서 〈이전 그림〉을 클릭하거나 마지막 그림에서 〈다음 그림〉을 클릭하면 토스트 메시지를 출력한다. 배열은 0부터 시작하므로 16행에서 '그림의 개수-1'로 했다.

**6, 19** 〈이전 그림〉을 클릭하면 curNum을 하나 감소시키고 〈다음 그림〉을 클릭하면 curNum을 하나 증가시킨다.

**7,8** 현재 번호의 이미지 파일 이름을 myPicture 클래스에 전달한다.

**9** invalidate() 메소드를 호출하면 myPicture 클래스의 onDraw()가 호출된다. 이는 9장에서 다시 설명할 것이다.

**20** 7~12행과 동일하다.

### 4 프로젝트 실행 및 결과 확인

⑩ 완성된 코드를 실행해보자. SD 카드에 복사한 이미지가 차례로 나타날 것이다.

### 5 안드로이드 응용 프로그램 개발 완료

⑪ 결과를 확인했으면 키패드의 돌아가기 버튼을 클릭하여 AVD의 초기화면으로 돌아간다.

#### ▶ 직접 풀어보기 8-2

[실습 8-2]를 다음과 같이 수정하라.

- 버튼 사이에 '현재 그림 번호/전체 그림 개수' 텍스트뷰가 나타나게 한다.
- 토스트 메시지를 없애고, 첫 번째 그림에서 〈이전 그림〉을 클릭하면 마지막 그림이, 마지막 그림에서 〈다음 그림〉을 클릭하면 첫 번째 그림이 나오게 한다.

그림 8-12 수정된 간단 이미지 뷰어 앱

# 요약

**1** 내장 메모리에서 파일을 읽거나 쓰는 일반적인 절차는 다음과 같다.

❶ openFileOutput( )/openFileInput( )으로 파일 열기 — FileOutputStream/FileInputStream 반환

↓

❷ read( )/write( )로 파일 읽기/쓰기

↓

❸ close( )로 파일 닫기

**2** 내장 메모리의 저장 위치는 /data/data/패키지명/files 폴더이다.

**3** 프로젝트의 /res/raw 폴더에 필요한 파일을 저장하여 사용할 수 있으나 읽기 전용으로만 가능하다.

**4** Device Explorer는 AVD나 실제 안드로이드폰 내의 폴더와 파일에 접근하는 기능을 제공한다.

**5** SD 카드의 기본적인 경로에는 /sdcard를 사용하며, [Device Explorer]에서 /storage/emulated/0에 접근하면 된다.

**6** SD 카드의 파일을 좀 더 정밀하게 처리하려면 Environment 클래스의 정적 메소드를 이용해야 한다.

**7** SD 카드에 읽기, 쓰기를 하려면 AndroidManifest.xml에 퍼미션을 추가해야 하며, 마시멜로(Android 6.0, API 23)부터는 변경된 보안 모델을 적용해야 한다.

**8** 지정한 폴더의 하위 폴더 및 파일 목록에 접근하려면 File.listFiles( ) 메소드를 사용한다.

**9** 커스텀 위젯을 만들려면 먼저 Java 코드로 작성한 다음 activity_main.xml에서 〈패키지명.클래스명〉 형식을 사용한다.

## 연습문제

**1** 내장 메모리의 파일을 처리하는 클래스가 바르게 짝지어진 것은?

❶ InputStream, OutputStream

❷ FileInputStream, FileOutputStream

❸ FileInput, FileOutput

❹ FileStreamInput, FileStreamOutput

**2** 이전 버전에서는 DDMS라고 불렸으며, AVD나 실제 안드로이드폰 내의 폴더와 파일에 접근하는 기능을 제공하는 Android Studio의 툴은?

❶ Device Viewer ❷ Device File Manager

❸ Device Explorer ❹ Device Manager

**3** Android SDK 버전을 29로 사용하기 위해 변경하는 파일의 이름은?

❶ build.gradle.java ❷ android.gradle.kts

❸ android.gradle.java ❹ build.gradle.kts

**4** 이미지 뷰어를 작성하기 위해 새로운 클래스를 생성할 때 어떤 클래스에서 상속받는가?

❶ Viewer ❷ View

❸ Picture ❹ Custom

**5** SD 카드의 경로를 추출하는 메소드는?

❶ Environment.getExternalStorageDirectory().getStoragePath()

❷ Environment.getExternalStorageDirectory().getAbsolutePath()

❸ Environment.getExternalStorageDirectory().getExternalPath()

❹ Environment.getExternalStorageDirectory().getSDCardPath()

## 연습문제

**6** [직접 풀어보기 8-1]의 일기장 앱을 내장 메모리가 아닌 SD 카드의 myDiary 폴더에 저장되도록 수정하시오. 단, SD 카드에 myDiary가 없으면 Java 코드에서 자동 생성되게 한다.

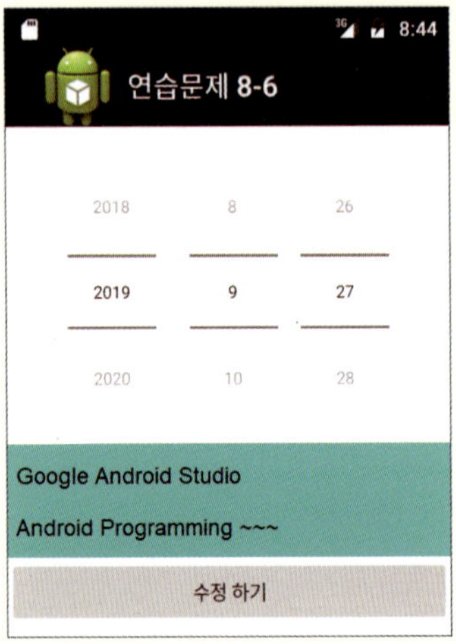


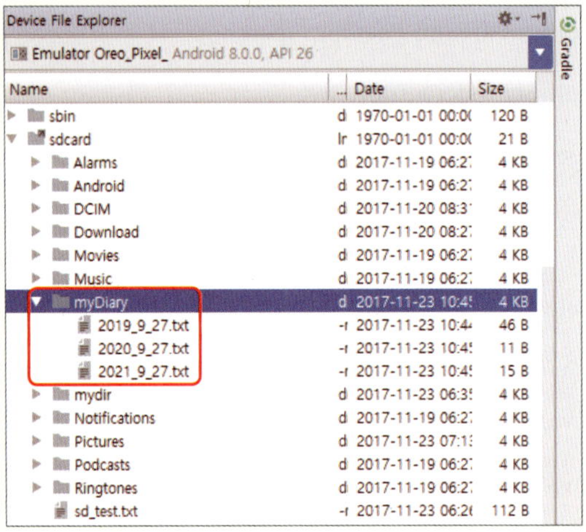


**7** 다음과 같이 '현재 번호/전체 번호'가 표시되고 그림이 가운데에 위치하도록 [실습 8-2]를 수정하시오.

**힌트** getWidth(), getHeight() 메소드를 활용한다.

CHAPTER 09

# 그래픽과 이미지

학습목표

- 캔버스에 도형을 그리는 방법을 익힌다.
- 이미지 파일을 처리하는 방식을 알아본다.
- 영상 처리 앱을 작성한다.

# 01 그래픽

안드로이드는 화면에 선, 원, 사각형 등의 도형을 그리는 방식을 제공한다. 관련 메소드에서 좌표를 직접 입력하여 그릴 수도 있고, 화면을 손가락으로 터치하여 그릴 수도 있다. 그래픽을 처리하는 방식을 잘 활용하면 그림판 같은 유용한 앱을 만들 수도 있다.

## 1 캔버스와 페인트의 기본

화면에 도형을 그릴 때 사용하는 클래스는 Canvas와 Paint이다. 캔버스와 페인트는 도화지, 붓과 같은 개념이라고 생각하면 된다.

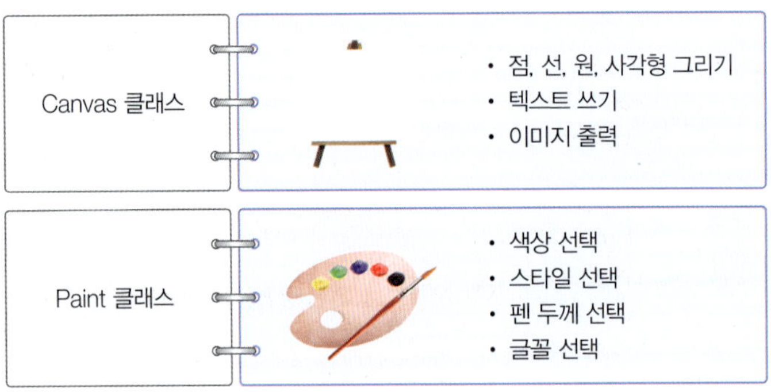


그림 9-1 Canvas와 Paint 클래스

대표적인 android.graphics.Canvas 클래스에서 점을 찍는 메소드의 원형은 다음과 같다.

```
public void drawPoint (float x, float y, Paint paint)
```

위의 메소드는 x와 y 좌표에 점을 찍는데, 좌표는 화면 왼쪽 상단부터 (0, 0)으로 시작한다. 점은 Paint 객체에 설정된 색상, 두께 등으로 그려질 것이다.

android.graphics.Paint 클래스에서 색상을 지정하는 메소드의 원형은 다음과 같다.

```
public void setColor (int color)
```

잠시 후 예제에서 실제 사용법을 알아볼 것이다.

그래픽을 표현할 때는 View 클래스를 재정의하는 형태가 많이 사용된다. 먼저 다음을 살펴보자.

```
public void onCreate(Bundle savedInstanceState) {
    super.onCreate(savedInstanceState);
    setContentView(new 재정의한 클래스 이름(this));
}
private static class 재정의한 클래스 이름 extends View {
    public 재정의한 클래스 이름(Context context) {
        super(context);
    }
    @Override
    protected void onDraw(Canvas canvas) {
        super.onDraw(canvas);
        // 화면에 그려질 내용을 이곳에 코딩
    }
}
```

나머지는 자동 완성되거나 고정된 내용이므로 밑줄 친 부분만 변경하면 된다. 그리고 캔버스와 페인트를 사용하여 화면에 나타낼 내용은 주석 부분에 코딩한다. 위의 틀을 잘 기억해두면 예제가 쉽게 느껴질 것이다.

## 2 그래픽 처리의 기본

그래픽을 출력할 때는 주로 View.onDraw() 메소드를 오버라이딩해서 사용한다. 다음 예제에서 그래픽 처리를 위한 기본적인 방식을 익혀보자.

**예제 9-1 그래픽 기본의 Java 코드**

```
public void onCreate(Bundle savedInstanceState) {
  super.onCreate(savedInstanceState);
  setContentView(new MyGraphicView(this));
}

private static class MyGraphicView extends View {
  public MyGraphicView(Context context) {
     super(context);
  }

  @Override
```

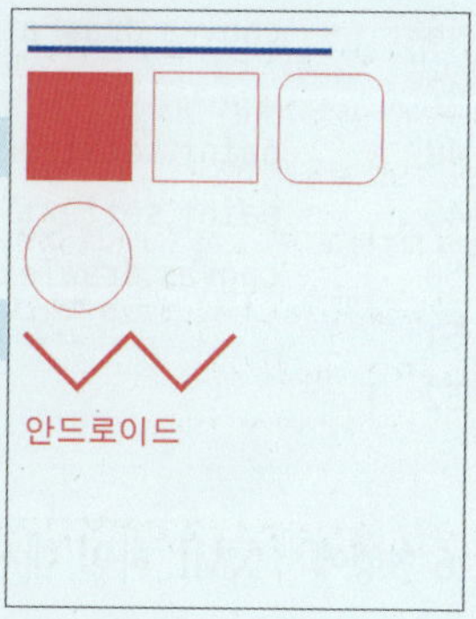

```
12     protected void onDraw(Canvas canvas) {
13         super.onDraw(canvas);
14         Paint paint = new Paint();
15         paint.setAntiAlias(true);
16         paint.setColor(Color.GREEN);
17         canvas.drawLine(20, 20, 600, 20, paint);
18 
19         paint.setColor(Color.BLUE);
20         paint.setStrokeWidth(10);
21         canvas.drawLine(20, 60, 600, 60, paint);
22 
23         paint.setColor(Color.RED);
24         paint.setStrokeWidth(0);
25 
26         paint.setStyle(Paint.Style.FILL);
27         Rect rect1 = new Rect(20, 100, 20 + 200, 100 + 200);
28         canvas.drawRect(rect1, paint);
29 
30         paint.setStyle(Paint.Style.STROKE);
31         Rect rect2 = new Rect(260, 100, 260 + 200, 100 + 200);
32         canvas.drawRect(rect2, paint);
33 
34         RectF rect3 = new RectF(500, 100, 500 + 200, 100 + 200);
35         canvas.drawRoundRect(rect3, 40, 40, paint);
36 
37         canvas.drawCircle(120, 440, 100, paint);
38 
39         paint.setStrokeWidth(10);
40         Path path1 = new Path();
41         path1.moveTo(20, 580);
42         path1.lineTo(20 + 100, 580 + 100);
43         path1.lineTo(20 + 200, 580);
44         path1.lineTo(20 + 300, 580 + 100);
45         path1.lineTo(20 + 400, 580);
46         canvas.drawPath(path1, paint);
47 
48         paint.setStrokeWidth(0);
49         paint.setTextSize(60);
50         canvas.drawText("안드로이드", 20, 780, paint);
51     }
52 }
```

**3, 6** 3행에서 XML 파일 대신 재정의한 클래스를 화면에 보여준다. 그리고 6행에서 View 클래스를 상속받아 MyGraphicView 클래스를 재정의한다.

**7~9** 재정의한 클래스의 생성자이다.

**12~51** 클래스가 생성되거나 무효화(invalidate)되면 호출되는 메소드이다. 일반적으로 화면에 그려질 내용을 이곳에 코딩한다.

**13** 상위 클래스의 onDraw()를 맨 먼저 호출한다. 그대로 두면 된다.

**14, 15** Paint 클래스 변수를 생성한다. setAntiAlias() 메소드는 도형의 끝을 부드럽게 처리해준다. 15행을 생략하면 약간 거칠어 보이지만 문제가 되지는 않는다.

**16, 19, 23** 그려질 도형의 색을 Paint에 지정한다. setColor()로 한 번 지정하면 다른 색을 다시 지정할 때까지 계속 유지된다.

**17, 21** 선을 그린다. 파라미터는 시작x, 시작y, 끝x, 끝y, 페인트로 모두 5개이다.

**20, 24, 39, 48** 그려질 도형 또는 글자 외곽선의 두께를 설정한다. 0으로 설정하면 기본인 1px 두께로 그려진다.

**26, 30** 원이나 사각형 등 그려질 도형의 내부를 채울지 여부를 설정한다. 기본은 도형 내부가 채워지는 Paint.Style.FILL이다. 한 번 설정하면 변경할 때까지 계속 유지된다.

**27, 31, 34** 사각형을 그리기 위해 4개의 좌표를 미리 만든다. Rect 클래스는 int형을, RectF 클래스는 float형 값을 갖는다.

**28, 32** 사각형을 그린다. 파라미터는 Rect형 또는 RectF형, Paint형이다.

**35** 사각형의 모서리를 둥글게 처리한다. 파라미터는 Rect형, 모서리를 둥글게 할 타원의 x축 반지름, y축 반지름, Paint형이다. x, y 값이 클수록 모서리가 더 둥근 사각형이 된다.

**37** 원을 그린다. 파라미터는 중심x, 중심y, 반지름, Paint형이다.

**40~45** Path는 연결된 여러 점을 가진 클래스이다. moveTo() 메소드로 해당 점으로 이동한 다음 lineTo() 메소드로 점을 계속 추가한다.

**46** 생성한 패스를 그린다.

**49, 50** 글자 크기를 설정하고 글자를 해당 좌표에 출력한다.

**▶ 직접 풀어보기 9-1**

그림과 같은 화면을 출력하도록 다음 메소드를 사용하여 Java를 코딩하라.

- Paint.setStrokeCap()
- Canvas.drawOval()
- Paint.setColor(Color.argb())

**그림 9-2 그래픽 메소드의 활용**

## 3 터치 이벤트

화면에 생성한 뷰를 터치하면 Touch 이벤트가 발생한다. 앞의 예제에서는 도형을 그리기 위한 XY 좌표를 코드로 직접 입력했지만, 손가락으로 그림을 그리려면 터치 이벤트를 활용해야 한다. 터치를 구현하려면 View 클래스의 onTouchEvent() 메소드를 오버라이딩해서 코딩한다. 일반적인 사용 형식은 다음과 같다.

```
public boolean onTouchEvent(MotionEvent event) {
    switch (event.getAction()) {
    case MotionEvent.ACTION_DOWN:
        // 손가락으로 화면을 누르기 시작했을 때 할 일
        break;
    case MotionEvent.ACTION_MOVE:
        // 터치 후 손가락을 움직일 때 할 일
        break;
    case MotionEvent.ACTION_UP:
        // 손가락을 화면에서 뗄 때 할 일
        break;
    case MotionEvent.ACTION_CANCEL:
        // 터치가 취소될 때 할 일
        break;
    default:
        break;
    }
    return true;
}
```

화면을 터치하면 위의 메소드가 실행되는데, event.getAction()으로 터치한 동작을 얻은 후 switch()~case문으로 각 터치에 따라 구분을 한다. 실제 사용법을 실습에서 살펴보자.

### 실습 9-1 간단 그림판 앱 만들기

화면을 손가락으로 터치, 드래그하여 선 또는 원을 그리는 간단한 앱을 만들어보자. 선을 그릴지, 원을 그릴지는 옵션 메뉴로 선택하게 한다.

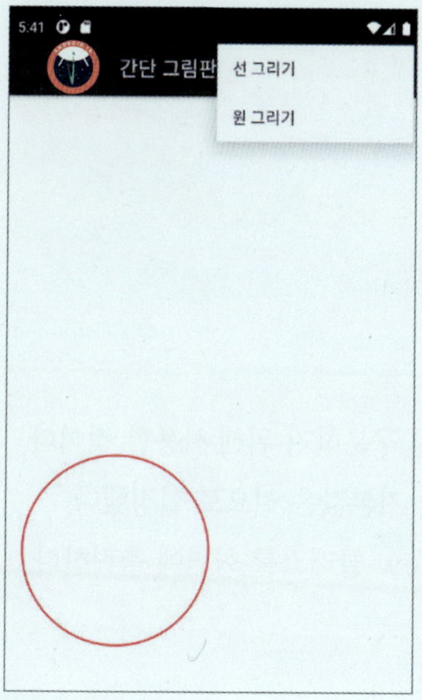


**그림 9-3** 간단 그림판 앱 결과 화면

### 1 안드로이드 프로젝트 생성

❶ 새 프로젝트를 만든다. 프로젝트 이름은 'Project9_1', 패키지 이름은 'com.cookandroid.project9_1'로 한다. 그 외 규칙은 [실습 2-4]의 ❶~❹를 따른다.

### 2 화면 디자인 및 편집

❷ 이번 프로젝트는 Java 코드로만 작성한다. activity_main.xml은 필요 없으므로 삭제해도 된다.

### 3 Java 코드 작성 및 수정

❸ MainActivity.java를 코딩하자. 우선 View 클래스의 상속을 받는 MyGraphicView 클래스를 만든다.

**예제 9-2 Java 코드 1**

```
~~~~ 생략(import문) ~~~~
public class MainActivity extends AppCompatActivity {
    final static int LINE = 1, CIRCLE = 2;
    static int curShape = LINE;

    @Override
    public void onCreate(Bundle savedInstanceState) {
        super.onCreate(savedInstanceState);
        setContentView(new MyGraphicView(this));
        setTitle("간단 그림판");
    }

```

```java
13     private static class MyGraphicView extends View {
14         public MyGraphicView(Context context) {
15             super(context);
16         }
17
18     }
19 }
```

**3** 전역상수를 선언한다. 메뉴에서 선택한 것이 선인지 원인지를 구분하기 위해 사용할 것이다.

**4** curShape는 현재 선택된 도형이 선인지 원인지를 저장한다. 기본값은 선으로 설정했다.

**9** 13~18행에서 View 클래스로부터 상속받은 MyGraphicView 클래스를 화면에 출력한다.

**4** 옵션 메뉴를 작성한다.

- 선 그리기, 원 그리기 옵션 메뉴를 만든다.
- 항목을 클릭하면 curShape 변수에 선택한 전역상수를 대입한다.
- onCreate( ) 메소드와 같은 레벨로 만들어야 하므로 12행에 커서를 두고 Android Studio 메뉴의 [Code]-[Override Methods]를 선택한 후 onCreateOptionsMenu( )와 onOptionsItemSelected( ) 메소드를 선택하고 〈OK〉를 클릭한다. 자동 완성 외의 코드를 완성하고 저장한다. 완성한 후 화면 오른쪽 위의 메뉴 버튼( ⋮ )을 클릭하여 메뉴가 나타나는지 확인한다.

TIP 옵션 메뉴에 대한 것은 이미 배웠으므로 설명을 생략한다. 기억이 나지 않으면 [예제 7-6]을 참조하기 바란다.

**예제 9-3 Java 코드 2**

```java
public boolean onCreateOptionsMenu(Menu menu) {
    super.onCreateOptionsMenu(menu);
    menu.add(0, 1, 0, "선 그리기");
    menu.add(0, 2, 0, "원 그리기");
    return true;
}
public boolean onOptionsItemSelected(MenuItem item) {
    switch (item.getItemId()) {
    case 1:
        curShape = LINE; // 선
        return true;
    case 2:
        curShape = CIRCLE; // 원
        return true;
    }
    return super.onOptionsItemSelected(item);
}
```

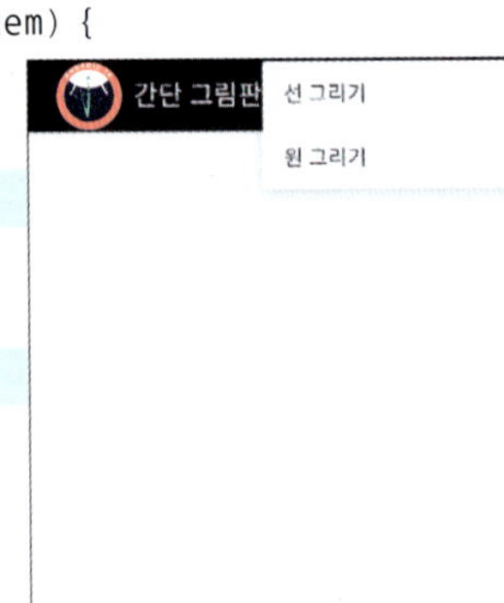

**5** MyGraphicView 클래스에 터치와 관련된 메소드를 완성한다.

- MyGraphicView의 전역변수 시작x, 시작y, 끝x, 끝y, 반지름 변수를 선언한다.
- MyGraphicView 클래스 안([예제 9-2]의 17행)에 커서를 두고 Android Studio 메뉴의 [Code]-[Override Methods]를 선택한 후 onTouchEvent( ) 메소드를 선택하고 <OK>를 클릭한다. 자동 완성 외의 코드를 완성하고 저장한다.

**예제 9-4 Java 코드 3**

```
1  private static class MyGraphicView extends View {
2     int startX = -1, startY = -1, stopX = -1, stopY = -1;
3     public MyGraphicView(Context context) {
4        super(context);
5     }
6     @Override
7     public boolean onTouchEvent(MotionEvent event) {
8        switch (event.getAction()) {
9        case MotionEvent.ACTION_DOWN:
10          startX = (int) event.getX();
11          startY = (int) event.getY();
12          break;
13       case MotionEvent.ACTION_MOVE:
14       case MotionEvent.ACTION_UP:
15          stopX = (int) event.getX();
16          stopY = (int) event.getY();
17          this.invalidate();
18          break;
19       }
20       return true;
21    }
22
23 }
```

**2** 시작점과 끝점 좌표를 저장하기 위한 클래스 멤버 변수 4개를 선언한다.

**9~12** 처음 터치했을 때가 선의 시작점이나 원의 중심점이 되는데 이 위치를 기억한다.

**13~17** 화면을 터치한 상태에서 드래그하면 ACTION_MOVE에 해당되는데, ACTION_UP과 동일하게 취급하는 이유는 드래그할 때마다 그려지는 선(또는 원)이 손가락을 계속 따라다니며 흔적을 보여주는 효과를 내야 하기 때문이다. 화면에서 손가락을 떼면 ACTION_UP이 발생하고 onTouchEvent( ) 메소드가 더 이상 실행되지 않는다. 즉 시작점(startX, startY)과 끝점(stopX, stopY)이 결정되는 것이다. 17행의 invalidate( )를 호출하면 화면이 무효화되고 onDraw( ) 메소드를 자동으로 실행한다.

**6** 실제로 화면에 도형이 그려질 onDraw( ) 메소드를 완성한다.

- MyGraphicView의 내부([예제 9-4]의 22행)에 onDraw( )를 자동 완성하고 나머지를 코딩한다.
- 페인트에 선의 두께, 채우기 여부, 선의 색상을 지정한다.
- 메뉴에서 선택한 항목에 따라 switch( )~case문으로 선 또는 원을 그린다.

**예제 9-5 Java 코드 4**

```
1   protected void onDraw(Canvas canvas) {
2       super.onDraw(canvas);
3       Paint paint = new Paint();
4       paint.setAntiAlias(true);
5       paint.setStrokeWidth(5);
6       paint.setStyle(Paint.Style.STROKE);
7       paint.setColor(Color.RED);
8   
9       switch (curShape) {
10      case LINE:
11          canvas.drawLine(startX, startY, stopX, stopY, paint);
12          break;
13      case CIRCLE:
14          int radius = (int) Math.sqrt(Math.pow(stopX - startX, 2)
15                  + Math.pow(stopY - startY, 2));
16          canvas.drawCircle(startX, startY, radius, paint);
17          break;
18      }
19  }
```

**3~7** 페인트에 선의 두께, 채우기 여부, 선의 색상을 지정한다.

**9~18** 옵션 메뉴에서 선택한 항목에 따라 선 또는 원을 그린다. [예제 9-3]에서 옵션 메뉴에 따라 curShape 변수의 값이 변하게 했다.

**10, 11** 손가락으로 터치한 점(startX, startY)부터 손가락을 뗀 점(stopX, stopY)까지 선을 그린다.

**13~16** 시작점과 끝점의 거리를 계산하여 반지름(radius)으로 사용한다. 16행에서 시작점을 중심점으로 하고 반지름이 radius인 원을 그린다.

### 4 프로젝트 실행 및 결과 확인

**7** 완성된 코드를 실행해보자. [그림 9-3]과 같이 선이나 원이 그려질 것이다.

### 5 안드로이드 응용 프로그램 개발 완료

**8** 결과를 확인했으면 키패드의 돌아가기 버튼을 클릭하여 AVD의 초기화면으로 돌아간다.

**▶ 직접 풀어보기 9-2**

[실습 9-1]을 다음과 같이 수정하라.

- 클릭한 두 점을 끝점으로 하는 사각형이 추가로 그려진다.
- 옵션 메뉴에서 색상을 선택하게 한다. 색상이 서브 메뉴로 나오고 빨강, 초록, 파랑만 사용한다.

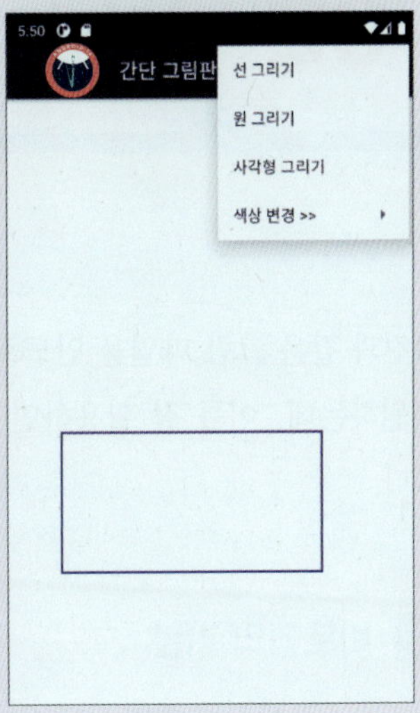


그림 9-4 수정된 간단 그림판 앱

# 02 이미지

사진과 같은 그림 파일을 안드로이드 화면에 출력할 수 있다. 사진에 다양한 효과를 주는 방법도 지원하는데, 이를 잘 활용하면 포토샵(Photoshop)과 비슷한 디지털 영상 처리 앱을 개발할 수 있다.

## 1 비트맵의 기본

Bitmap 클래스는 캔버스에 이미지 파일을 보여주는 데 사용된다. [예제 8-2]에서 잠깐 나왔지만, 이미지 파일을 화면에 출력하는 가장 일반적인 형태를 다시 살펴보자.

▶ /res/drawable 폴더의 이미지 파일을 보여주는 onDraw( ) 메소드

```
protected void onDraw(Canvas canvas) {
      super.onDraw(canvas);

      Bitmap picture = BitmapFactory.decodeResource(getResources(),
                      R.drawable.그림id);
      canvas.drawBitmap(picture, 시작x, 시작y, null);
      picture.recycle();
 }
```

▶ SD 카드의 이미지 파일을 보여주는 onDraw( ) 메소드

```
protected void onDraw(Canvas canvas) {
      super.onDraw(canvas);

      Bitmap picture = BitmapFactory.decodeFile("파일경로 및 파일");
      canvas.drawBitmap(picture, 시작x, 시작y, null);
      picture.recycle();
}
```

리소스의 이미지는 BitmapFactory.decodeResource( ) 메소드를 이용하여 접근하고, SD 카드의 이미지는 BitmapFactory.decodeFile( ) 메소드를 이용하여 접근했다. 그리고 이미지를 화면

에 출력하는 데에는 canvas.drawBitmap() 메소드를 공통적으로 사용했다. 마지막의 picture.recycle() 메소드는 비트맵 리소스를 해제한다. 이는 그림 파일을 화면에 보여주기 위해 가장 많이 사용하는 형태이므로 잘 기억해두자.

drawBitmap(picture, 시작x, 시작y, null) 메소드로 화면에 출력할 때 이미지의 왼쪽 상단에 해당하는 시작x와 시작y에는 0, 0 또는 적당한 값을 넣는다. 이미지는 화면 중앙에 위치하는 것이 가장 보기 좋다.

그렇다면 이미지를 화면 중앙에 출력하는 방법을 살펴보자. drawBitmap() 메소드의 시작x와 시작y를 정확히 계산해야 한다. 계산하는 식은 다음과 같다.

```
시작x = (View 너비 - 이미지 너비) / 2
시작y = (View 높이 - 이미지 높이) / 2
```

다음은 이미지를 화면 중앙에 출력하는 간단한 예제이다. 필자는 jeju14.jpg를 [res]–[drawable] 폴더에 미리 복사해놓았다.

**예제 9-6 이미지를 화면 중앙에 출력하는 Java 코드**

```java
public void onCreate(Bundle savedInstanceState) {
   super.onCreate(savedInstanceState);
   setContentView(new MyGraphicView(this));
}

private static class MyGraphicView extends View {
   public MyGraphicView(Context context) {
      super(context);
   }
   @Override
   protected void onDraw(Canvas canvas) {
      super.onDraw(canvas);
      Bitmap picture = BitmapFactory.decodeResource(getResources(),
                        R.drawable.jeju14);
      int picX = (this.getWidth() - picture.getWidth()) / 2;
      int picY = (this.getHeight() - picture.getHeight()) / 2;
      canvas.drawBitmap(picture, picX, picY, null);
      picture.recycle();
   }
}
```

13 [res]-[drawable]의 이미지에 접근한다.

14, 15 this.getWidth()는 현재 뷰(MyGraphicView)의 너비를 구한다. 그리고 이미지의 너비를 뺀 다음 2로 나눈 위치에 이미지를 출력한다. 결국 화면 중앙에 이미지가 출력된다.

16 이미지를 화면에 출력한다.

17 비트맵 리소스를 해제한다.

## 2 이미지의 기하학적 변환

안드로이드는 이미지의 기하학적 변환을 위해 이동, 확대, 축소, 회전 등의 메소드를 제공한다. 좀 더 정확히 말하면 이미지에 대해 기하학적 변환을 하는 것이 아니라 캔버스(도화지)에 대해 기하학적 변환을 한 다음 이미지 파일을 변환된 캔버스에 출력하는 것이다. 도화지를 회전시킨 상태에서 그림을 그리면 결국 그림이 회전된 것으로 보이는 효과와 마찬가지이다.

많이 사용되는 Canvas 클래스의 기하학적 메소드는 다음과 같다.

- **회전:** rotate()
- **이동:** translate()
- **확대/축소:** scale()
- **기울이기:** skew()

(a) 회전 (b) 이동 (c) 확대 (d) 기울이기

**그림 9-5 기하학적 변환**

[그림 9-5]를 만드는 예제는 다음과 같다. 나머지 코드는 [예제 9-6]과 동일하므로 onDraw() 메소드만 살펴보자.

**예제 9-7 기하학적 변환의 Java 코드**

```
1 protected void onDraw(Canvas canvas) {
2     super.onDraw(canvas);
3     Bitmap picture = BitmapFactory.decodeResource(getResources(), R.drawable.small);
4
5     int cenX = this.getWidth() / 2;
6     int cenY = this.getHeight() / 2;
7     int picX = (this.getWidth() - picture.getWidth()) / 2;
8     int picY = (this.getHeight() - picture.getHeight()) / 2;
9
10    canvas.rotate(45, cenX, cenY);
11    canvas.drawBitmap(picture, picX, picY, null);
12
13    canvas.translate(-150, 200);
14    canvas.drawBitmap(picture, picX, picY, null);
15
16    canvas.scale(2, 2, cenX, cenY);
17    canvas.drawBitmap(picture, picX, picY, null);
18
19    canvas.skew(0.3f, 0.3f);
20    canvas.drawBitmap(picture, picX, picY, null);
21
22    picture.recycle();
23 }
```

TIP 이 예제는 메소드별로 실행해야 결과가 제대로 보인다. 즉 10, 11행을 실행할 때 13~20행은 주석으로 처리한 후 실행해야 한다.

**5, 6** 뷰(그려지는 화면)의 중심 좌표를 구한다.

**10, 11** 캔버스를 45도 회전시키는데, 회전시키는 기준을 뷰의 중앙으로 했다. 11행에서 회전된 캔버스에 이미지를 출력한다.

**13** 캔버스를 이동한다.

**16** 캔버스의 축척을 2배 확대한다.

**19** 캔버스를 0.3만큼 기울인다.

## 3 이미지의 활용

포토샵 등의 이미지 처리 응용 프로그램으로 이미지에 다양한 효과를 줄 수 있다. 엠보싱, 블러링 등이 대표적이고 색상을 처리하려면 ColorMatrix 클래스를 활용한다.

## 블러링

블러링(blurring)은 이미지를 뿌옇게 만든다. 안드로이드에서는 블러링 효과를 위해 BlurMaskFilter 클래스를 제공한다. BlurMaskFilter 클래스의 생성자는 다음과 같다.

```
BlurMaskFilter(반지름, 스타일);
```

반지름은 블러링이 될 너비인데, 반지름이 클수록 이미지의 가장자리가 크게 블러링된다. 스타일에는 NORMAL, INNER, OUTER, SOLID가 있으며 다음과 같은 효과를 낸다.

(a) NORMAL (b) INNER (c) OUTER (d) SOLID

**그림 9-6 블러링 효과**

위 그림을 만드는 간단한 예제를 살펴보자. 나머지 코드는 [예제 9-6]과 동일하므로 onDraw() 메소드만 확인하자.

TIP [예제 9-8]의 결과가 [그림 9-6]처럼 보이지 않는다면 AndroidManifest.xml 파일의 <application 안쪽에 android:hardwareAccelerated ="false" 행을 추가한다.

**예제 9-8 블러링 효과의 Java 코드**

```
protected void onDraw(Canvas canvas) {
    super.onDraw(canvas);
    Bitmap picture = BitmapFactory.decodeResource(getResources(),
                                R.drawable.lena256);

    int picX = (this.getWidth() - picture.getWidth()) / 2;
    int picY = (this.getHeight() - picture.getHeight()) / 2;

    Paint paint = new Paint();
    BlurMaskFilter bMask;

```

```
12      bMask = new BlurMaskFilter(30, BlurMaskFilter.Blur.NORMAL);
13      paint.setMaskFilter(bMask);
14      canvas.drawBitmap(picture, picX, picY, paint);
15      picture.recycle();
16      ~~~~ 생략(INNER, OUTER, SOLID 스타일) ~~~~
17  }
```

**9, 10** 블러링 효과를 적용하기 위해 Paint 클래스와 BlurMaskFilter 클래스를 준비한다.

**12** 블러마스크필터를 생성한다. 30은 블러링 효과를 낼 크기(반지름)이며, 스타일은 NORMAL로 했다.

**13** 페인트 변수에 블러마스크필터를 적용한다.

**14** 비트맵을 출력할 때 페인트를 적용한다.

**16** 12~15행을 세 번 반복한다. 스타일만 INNER, OUTER, SOLID로 변경하면 된다.

TIP 블러링을 효과별로 실행해야 차이가 잘 드러난다.

### 엠보싱

엠보싱(embossing)은 이미지가 볼록하게 튀어나와 보이는 효과를 낸다. 안드로이드에서는 엠보싱 효과를 위해 EmbossMaskFilter 클래스를 제공한다. EmbossMaskFilter 클래스의 생성자는 블러링보다 복잡하며 형식은 다음과 같다.

```
EmbossMaskFilter(빛의 xyz 방향 일차전 배열, 빛의 밝기, 반사 계수, 블러링 크기);
```

첫 번째 파라미터는 빛이 비추는 x, y, z 방향 배열이고, 두 번째 파라미터는 빛의 밝기로 0부터 1까지 지정한다. 반사 계수는 5~8 정도가 적당하다. 블러링 크기는 볼록하게 표현하기 위한 가장자리의 크기를 나타낸다. 다음은 EmbossMaskFilter에서 빛이 비추는 방향을 달리한 네 가지 효과이다. 이미지를 사용하면 엠보싱 효과가 잘 드러나지 않기 때문에 원을 그려서 효과를 확인해보았다.

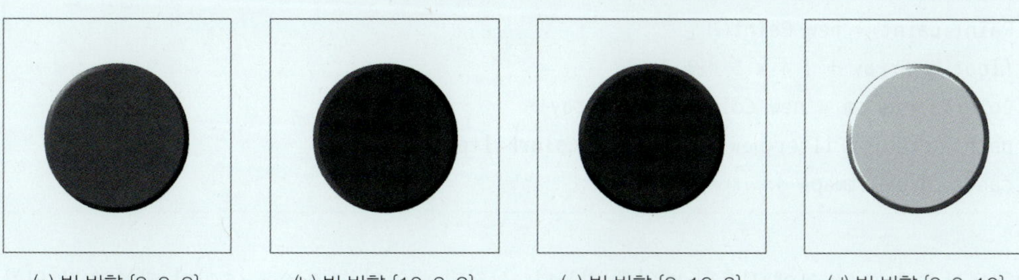

(a) 빛 방향 {3, 3, 3}　(b) 빛 방향 {10, 3, 3}　(c) 빛 방향 {3, 10, 3}　(d) 빛 방향 {3, 3, 10}

**그림 9-7 엠보싱 효과**

[그림 9-9]를 만드는 간단한 예제를 살펴보자. 나머지 코드는 [예제 9-8]과 동일하므로 onDraw() 메소드만 확인하자.

TIP [예제 9-9]의 결과가 [그림 9-7]처럼 보이지 않는다면 AndroidManifest.xml 파일의 〈application 안쪽에 android:hardwareAccelerated ="false" 행을 추가한다.

**예제 9-9 엠보싱 효과의 Java 코드**

```
1  protected void onDraw(Canvas canvas) {
2      super.onDraw(canvas);
3
4      int cenX = this.getWidth() /2 ;
5      int cenY = this.getHeight() / 2;
6
7      Paint paint = new Paint();
8      paint.setColor(Color.GRAY);
9      EmbossMaskFilter eMask;
10
11     eMask = new EmbossMaskFilter(new float[] {3,3,3}, 0.5f, 5, 10);
12     paint.setMaskFilter(eMask);
13     canvas.drawCircle(cenX, cenY, 150, paint);
14     ~~~~ 생략(빛의 방향을 바꾼 세 가지 스타일) ~~~~
15 }
```

**9** 엠보싱 효과를 적용하기 위해 EmbossMaskFilter 클래스를 준비한다.

**11** 엠보싱마스크필터를 생성한다. 필요에 따라 값을 적절히 변경해도 된다.

**14** 11~13행을 세 번 반복한다. 단, 빛의 방향을 {10, 3, 3}, {3, 10, 3},{3, 3, 10}으로 변경한다.

## 컬러매트릭스

안드로이드에서는 색상이나 밝기를 조절하기 위해 ColorMatrix 클래스와 ColorMatrixColor Filter 클래스를 사용한다. 일반적인 사용 형식은 다음과 같다.

```
Paint paint = new Paint();
float[]  array = { 4 x 5 배열 };
ColorMatrix cm = new ColorMatrix(array);
paint.setColorFilter(new ColorMatrixColorFilter(cm));
canvas.drawBitmap(…);
```

2행에서 ColorMatrix에 사용할 배열을 만든다. 설정될 배열의 크기는 4×5이며 배열의 각 위치 값은 다음과 같다.

```
Red (1)     0           0           0           Brightness(0)
0           Green (1)   0           0           Brightness(0)
0           0           Blue (1)    0           Brightness(0)
0           0           0           Alpha(1)    0
```

Red, Green, Blue, Alpha의 값은 기본적으로 1이 설정되어 있는데, 이 값을 몇 배로 올리면 색상의 대비(contrast)가 커진다. 색상을 밝게 하고 싶으면 Brightness에 양수를 입력하고, 어둡게 하고 싶으면 음수를 입력한다.

다음 예제에서는 RGB 색상 대비를 2배로 변경했다.

**예제 9-10 컬러매트릭스의 Java 코드**

```
1   protected void onDraw(Canvas canvas) {
2
3     super.onDraw(canvas);
4
5      Bitmap picture = BitmapFactory.decodeResource(getResources(),
                        R.drawable.lena256);
6
7      int picX = (this.getWidth() - picture.getWidth()) / 2;
8      int picY = (this.getHeight() - picture.getHeight()) / 2;
9
10     Paint paint = new Paint();
11     float[]  array = {  2 , 0 , 0 , 0 ,  -25 ,
12                         0 , 2 , 0 , 0 ,  -25 ,
13                         0 , 0 , 2 , 0 ,  -25 ,
14                         0 , 0 , 0 , 1 ,  0   };
15     ColorMatrix cm = new ColorMatrix(array);
16     paint.setColorFilter(new ColorMatrixColorFilter(cm));
17     canvas.drawBitmap(picture, picX, picY, paint);
18     picture.recycle();
19  }
```

**11~14** 일차원 배열을 이차원 배열처럼 사용했다. RGB의 각 색상을 2배로 했다. 색상 값을 올리면 너무 밝아 보이므로 Brightness 값을 −25 정도로 낮추었다.

**15, 16** 컬러매트릭스를 만들고 페인트에 적용한다.

ColorMatrix.setSaturation() 메소드를 사용하면 채도를 변경하거나 회색조(grayscale) 이미지로 변경할 수도 있다. 다음 실습에서 이를 이용해보자.

## 실습 9-2 미니 포토샵 앱 만들기

앞에서 배운 다양한 이미지 처리 방법을 적용하여 포토샵과 비슷한 기능을 하는 간단한 앱을 만들어보자. 이번에는 아이콘도 사용하여 화면을 깔끔하게 처리한다.

그림 9-8 미니 포토샵 앱 결과 화면

### 1 안드로이드 프로젝트 생성

❶ 새 프로젝트를 만든다. 프로젝트 이름은 'Project9_2', 패키지 이름은 'com.cookandroid.project9_2'로 한다. 그 외 규칙은 [실습 2-4]의 ❶~❹를 따른다.

### 2 화면 디자인 및 편집

❷ 확대, 축소, 회전, 밝게 하기, 어둡게 하기, 회색 영상 등 6개 아이콘으로 사용할 그림 파일과 앱 제목의 아이콘으로 사용할 그림 파일, 화면에 출력할 그림 파일을 [res]-[drawable] 폴더에 복사해놓는다.

> TIP 그림 파일은 png나 jpg 파일을 사용하며, 아이콘용은 32×32px, 화면 출력용은 256×256px 정도가 적당하다. 쓸 만한 아이콘 그림 파일이 없으면 [android-sdk 설치 폴더]\platforms\android-API버전\data\res\drawable-hdpi\의 그림 파일을 사용한다.

❸ AndroidManifest.xml 파일을 열어 아이콘으로 사용할 그림 파일의 아이디로 변경하고, 블러링 및 엠보싱 효과를 위해 하드웨어 가속기 기능을 끈다.

```
android:icon="@drawable/그림 파일 아이디"
android:hardwareAccelerated="false"
```

❹ activity_main.xml을 다음과 같이 수정한다.

- 바깥 리니어레이아웃 안에 리니어레이아웃 2개를 생성한다.
- 두 리니어레이아웃의 layout_weight는 1:9로 설정한다.
- 위쪽 리니어레이아웃에 이미지버튼 6개를 생성한다.
- 위젯의 아이디를 다음과 같이 선언한다.
  - 리니어레이아웃: iconLayout, pictureLayout
  - 이미지버튼: ibZoomin, ibZoomout, ibRotate, ibBright, ibDark, ibGray

**예제 9-11 activity_main.xml**

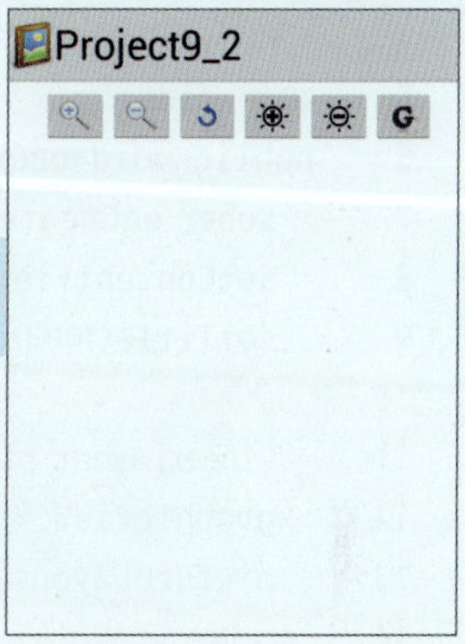


```
1  <LinearLayout>
2      <LinearLayout
3          android:id="@+id/iconLayout"
4          android:layout_width="fill_parent"
5          android:layout_height="0dip"
6          android:layout_weight="1"
7          android:gravity="center"
8
9          <ImageButton
10             android:id="@+id/ibZoomin"
11             android:src="@drawable/zoom_in" />
12
13         ~~~~ 생략(이미지버튼 5개) ~~~~
14
15     </LinearLayout>
16
17     <LinearLayout
18         android:id="@+id/pictureLayout"
19         android:layout_width="fill_parent"
20         android:layout_height="0dip"
21         android:layout_weight="9"
22         android:gravity="center" >
23     </LinearLayout>
24 </LinearLayout>
```

**5, 6, 20, 21** 레이아웃의 크기(높이)를 1:9로 설정한다.

**9~11** 확대 이미지버튼을 생성한다.

**13** 축소, 회전, 밝게 하기, 어둡게 하기, 회색 영상 이미지버튼이 생략되었다.

### 3 Java 코드 작성 및 수정

5 MainActivity.java를 코딩하자. 우선 사용할 전역변수와 MyGraphicView 클래스를 만든다. 완성 후 실행하여 이미지가 중앙에 위치하는지 확인한다.

- 이미지버튼에 대응할 위젯 변수 6개(ibZoomin, ibZoomout, ibRotate, ibBright, ibDark, ibGray)를 선언한다.
- MyGraphicView 클래스 변수를 선언한다.
- MyGraphicView 클래스를 정의한다(이미지를 중앙에 비트맵으로 출력한다).
- pictureLayout을 인플레이트한 후 MyGraphicView를 추가한다.

**예제 9-12 Java 코드 1**

```
public class MainActivity extends AppCompatActivity {
    ImageButton ibZoomin, ibZoomout, ibRotate, ibBright, ibDark, ibGray;
    MyGraphicView graphicView;

    @Override
    public void onCreate(Bundle savedInstanceState) {
      super.onCreate(savedInstanceState);
      setContentView(R.layout.activity_main);
      setTitle("미니 포토샵");

      LinearLayout pictureLayout = (LinearLayout) findViewById(R.id.pictureLayout);
      graphicView = (MyGraphicView) new MyGraphicView(this);
      pictureLayout.addView(graphicView);

    }

    private static class MyGraphicView extends View {
      public MyGraphicView(Context context) {
        super(context);
      }
      @Override
      protected void onDraw(Canvas canvas) {
        super.onDraw(canvas);

        Bitmap picture = BitmapFactory.decodeResource(getResources(),
                                        R.drawable.lena256);
        int picX = (this.getWidth() - picture.getWidth()) / 2;
        int picY = (this.getHeight() - picture.getHeight()) / 2;
```

```
29         canvas.drawBitmap(picture, picX, picY, null);
30
31         picture.recycle();
32     }
33   }
34 }
```

**2, 3** 위젯 변수 6개와 클래스 변수 1개를 전역변수로 선언한다.

**11~13** activity_main.xml의 pictureLayout을 인플레이트한 후 MyGraphicView형 클래스 변수를 첨부한다. 결국 아래쪽 레이아웃에는 MyGraphicView에서 설정한 내용이 출력된다.

**17~33** MyGraphicView 클래스를 정의한다. [예제 9-6]과 동일한 코드이다.

6 확대 아이콘을 코딩한다. 6개의 아이콘을 클릭할 때의 내용을 onCreate() 안에 모두 코딩하면 복잡해지므로 clickIcons() 메소드를 만든다. 코드가 완성되면 실행하여 확대 아이콘을 클릭해 본다.

- 축척에 사용될 전역변수를 선언한다.
- clickIcons() 메소드를 정의하고 확대 아이콘 클릭 리스너를 생성한다.
- clickIcons() 메소드를 호출한다.
- onDraw()에 Cavas.scale() 메소드를 추가한다.

**예제 9-13 Java 코드 2**

```
~~~~ 생략 ~~~~
static float scaleX=1, scaleY=1;

~~~~ 생략 ~~~~
private void clickIcons() {
       ibZoomin = (ImageButton) findViewById(R.id.ibZoomin);
       ibZoomin.setOnClickListener(new View.OnClickListener() {
          public void onClick(View v) {
             scaleX = scaleX + 0.2f;
             scaleY = scaleY + 0.2f;
```

```
11                  graphicView.invalidate();
12              }
13          });
14
15 }
16 ~~~~ 생략 ~~~~
17 clickIcons();
18
19 ~~~~ 생략 ~~~~
20 int cenX = this.getWidth() / 2 ;
21 int cenY = this.getHeight() / 2;
22 canvas.scale(scaleX, scaleY, cenX, cenY);
23
```

**2** 축척으로 사용될 전역변수 2개를 [예제 9-12]의 4행에 선언한다. 22행에서 축척이 1이면 화면의 크기에는 변화가 없다.

**5~15** clickIcons() 메소드를 정의하고 확대 이미지버튼의 클릭 리스너를 만든다. 확대 아이콘을 클릭할 때마다 축척 전역변수가 0.2씩 증가한다. 확대를 위해서는 onDraw() 메소드를 다시 호출해야 하는데 뷰의 invalidate() 메소드는 onDraw()를 자동으로 호출해준다. [예제 9-12]의 16행에 코딩한다.

**17** onCreate() 메소드 안에서 clickIcons() 메소드를 호출한다. [예제 9-12]의 14행에 코딩한다.

**20~22** 화면(뷰)의 중앙을 구하고, 전역변수에 설정된 값으로 캔버스의 축척을 설정한다. onDraw() 메소드 내부, 즉 [예제 9-12]의 24행에 코딩한다.

**7** 축소 아이콘 코딩 방법도 확대 아이콘과 거의 비슷하다. [예제 9-13]의 6~13행과 동일한 코드를 14행에 코딩하되 ibZoomin을 ibZoomout으로, + 0.2f를 − 0.2f로 바꾸면 된다.

**8** 회전 아이콘을 코딩한다.

- 회전에 사용될 전역변수를 선언한다.
- 회전 아이콘 클릭 리스너를 생성한다.
- onDraw()에 Canvas.rotate() 메소드를 추가한다.

**예제 9-14 Java 코드 3**

```
~~~~ 생략 ~~~~
static float angle=0;

```

```
4 ~~~~ 생략 ~~~~
5       ibRotate = (ImageButton) findViewById(R.id.ibRotate);
6       ibRotate.setOnClickListener(new View.OnClickListener() {
7          public void onClick(View v) {
8             angle = angle + 20;
9             graphicView.invalidate();
10         }
11      });
12
13 ~~~~ 생략 ~~~~
14 canvas.rotate(angle, cenX, cenY);
```

**2** 회전 각도로 사용될 전역변수를 [예제 9-13]의 2행 다음에 선언한다.

**5~11** 회전하기 이미지버튼의 클릭 리스너를 만든다. 회전하기 아이콘을 클릭할 때마다 회전 각도가 20도씩 증가한다. clickIcons() 메소드 내부에 코딩한다.

**14** 전역변수에 설정된 각도로 캔버스를 회전시킨다. onDraw() 메소드 내부, 즉 [예제 9-13]의 22행 다음에 코딩한다.

**9** 밝게 하기 아이콘을 코딩한다.

- 화면 밝기에 사용될 전역변수를 선언한다.
- 밝게 하기 아이콘 클릭 리스너를 생성한다.
- onDraw()에 컬러매트릭스를 적용한다.

**예제 9-15 Java 코드 4**

```
~~~~ 생략 ~~~~
static float color=1;

~~~~ 생략 ~~~~
      ibBright = (ImageButton) findViewById(R.id.ibBright);
      ibBright.setOnClickListener(new View.OnClickListener() {
        public void onClick(View v) {
          color = color + 0.2f;
          graphicView.invalidate();
        }
      });
```

```
12
13 ~~~~ 생략 ~~~~
14         Paint paint = new Paint();
15         float[] array = { color   , 0       , 0       , 0     , 0 ,
16                           0       , color   , 0       , 0     , 0 ,
17                           0       , 0       , color   , 0     , 0 ,
18                           0       , 0       , 0       , 1     , 0 };
19         ColorMatrix cm = new ColorMatrix(array);
20         paint.setColorFilter(new ColorMatrixColorFilter(cm));
21
22 ~~~~ 생략 ~~~~
23     canvas.drawBitmap(picture, picX, picY, paint);
```

**2** 색상 배수로 사용될 전역변수를 [예제 9-14]의 2행 다음에 선언한다.

**5~11** 밝게 하기 이미지버튼의 클릭 리스너를 만든다. 밝게 하기 아이콘을 클릭할 때마다 밝기가 0.2배씩 증가한다. clickIcons() 메소드 내부에 코딩한다.

**14~20** [예제 9-10]의 설명과 동일하다. 단, RGB의 값을 전역변수의 값으로 설정했다. onDraw() 메소드 내부, 즉 [예제 9-14]의 14행 다음에 코딩한다.

**23** [예제 9-12]의 29행 drawBitmap() 메소드의 마지막 파라미터를 null에서 paint로 변경한다.

**10** 어둡게 하기 아이콘 코딩 방법도 밝게 하기 아이콘과 거의 비슷하다. [예제 9-15]의 5~11행과 동일하게 코딩하되 ibBright를 ibDark로, + 0.2f를 − 0.2f로 바꾸면 된다.

**11** 회색 영상으로 이미지를 변경하는 아이콘을 코딩한다.

- 채도에 사용될 전역변수를 선언한다.
- 회색 영상 아이콘 클릭 리스너를 생성한다.
- onDraw()에 채도 설정을 적용한다.

**예제 9-16 Java 코드 5**

```
1 ~~~~ 생략 ~~~~
2 static float satur=1;
3
4 ~~~~ 생략 ~~~~
5        ibGray = (ImageButton) findViewById(R.id.ibGray);
6        ibGray.setOnClickListener(new View.OnClickListener() {
7           public void onClick(View v) {
8              if (satur == 0) satur = 1;
9              else  satur = 0;
10             graphicView.invalidate();
11          }
12       });
13
14 ~~~~ 생략 ~~~~
15 if (satur == 0) cm.setSaturation(satur);
```

**2** 채도 배수로 사용될 전역변수를 선언한다. 채도가 1이면 기본이며, 0~1이면 채도가 낮게 보이고 1 이상이면 채도가 높게 보인다. 채도의 값을 0으로 하면 회색조 이미지가 된다. [예제 9-15]의 2행 다음에 선언한다.

**5~12** 회색 영상 이미지버튼의 클릭 리스너를 만든다. 회색 영상 아이콘을 클릭할 때마다 채도가 1이면 0으로, 1이면 0으로 변경한다. 즉 회색과 컬러가 스위칭되면서 바뀔 것이다. clickIcons() 메소드 내부에 코딩한다.

**15** onDraw() 메소드 내부인 [예제 9-15]의 19행과 20행 사이에 코딩한다. 채도의 값을 0으로 설정하면 채도를 0으로 하여 회색 영상으로 만든다. 1일 때에는 실행하지 않는다. 주의할 점은 채도를 바꾸는 setSaturation() 메소드를 실행하면 그 앞에 설정된 컬러매트릭스 값이 무시된다는 것이다. 즉 회색 영상으로 바꾸면 밝게 하기 아이콘이나 어둡게 하기 아이콘이 동작하지 않는다.

### 4 프로젝트 실행 및 결과 확인

⑫ 완성된 코드를 실행해보자. [그림 9-8]과 같이 간단한 이미지 처리가 실행될 것이다.

### 5 안드로이드 응용 프로그램 개발 완료

⑬ 결과를 확인했으면 키패드의 돌아가기 버튼을 클릭하여 AVD의 초기화면으로 돌아간다.

▶ **직접 풀어보기 9-3**

[실습 9-2]를 다음과 같이 수정하라.

- 회색 영상 아이콘을 없앤다.
- 밝게 하기 아이콘을 클릭하면 채도가 높아지고, 어둡게 하기 아이콘을 클릭하면 채도가 낮아지게 한다.
- 블러링, 엠보싱 아이콘을 추가하고, 클릭하면 블러링 또는 엠보싱 기능이 온/오프되게 한다.

그림 9-9 수정된 미니 포토샵 앱

## 요약

1 화면에 도형을 그릴 때 사용하는 클래스는 Canvas와 Paint이다. 캔버스와 페인트의 개념은 도화지와 붓에 비유할 수 있다.

2 그래픽을 표현할 때는 다음과 같이 View 클래스를 재정의하는 형태가 많이 사용된다.

```
public void onCreate(Bundle savedInstanceState) {
    super.onCreate(savedInstanceState);
    setContentView(new 재정의한 클래스 이름(this));
}
private static class 재정의한 클래스 이름 extends View {
    public MyGraphicView(Context context) {
        super(context);
    }
    @Override
    protected void onDraw(Canvas canvas) {
        super.onDraw(canvas);
        // 화면에 그려질 내용을 이곳에 코딩
    }
}
```

3 Paint 클래스의 대표적인 메소드는 다음과 같다.

- Paint.setAntiAlias() → 도형의 끝부분을 부드럽게 처리한다.
- Paint.setColor() → 색상을 설정한다.
- Paint.setStrokeWidth() → 도형 또는 글자 외곽선의 두께를 설정한다.
- Paint.setStyle() → 도형 내부를 채울지 여부를 설정한다.
- Paint.setTextSize() → 글자 크기를 설정한다.

## 요약

**4** 터치의 일반적인 사용 형식은 다음과 같다.

```
public boolean onTouchEvent(MotionEvent event) {
    switch (event.getAction()) {
    case MotionEvent.ACTION_DOWN:
        // 손가락으로 화면을 누르기 시작했을 때 할 일
        break;
    case MotionEvent.ACTION_MOVE:
        // 터치 후 손가락을 움직일 때 할 일
        break;
    case MotionEvent.ACTION_UP:
        // 손가락을 화면에서 뗄 때 할 일
        break;
    }
    return true;
}
```

**5** 이미지 파일을 화면에 출력하는 가장 일반적인 형태는 다음과 같다.

❶ [res]–[drawable] 폴더의 이미지 파일을 보여주는 onDraw() 메소드

```
protected void onDraw(Canvas canvas) {
    super.onDraw(canvas);

    Bitmap picture = BitmapFactory.decodeResource(getResources(),
                        R.drawable.그림id);
    canvas.drawBitmap(picture, 시작x, 시작y, null);
    picture.recycle();
}
```

❷ SD 카드의 이미지 파일을 보여주는 onDraw() 메소드

```
protected void onDraw(Canvas canvas) {
    super.onDraw(canvas);

    Bitmap picture = BitmapFactory.decodeFile("파일경로 및 파일");
    canvas.drawBitmap(picture, 시작x, 시작y, null);
    picture.recycle();
}
```

6 Canvas 클래스의 기하학적 메소드에는 rotate(), scale(), translate(), skew() 등이 있다.

7 안드로이드에서는 블러링 효과를 주기 위해 BlurMaskFilter 클래스를, 엠보싱 효과를 주기 위해 EmbossMaskFilter 클래스를, 색상이나 밝기를 조절하기 위해 ColorMatrix 클래스와 ColorMatrix ColorFilter 클래스를, 채도를 조절하기 위해 ColorMatrix.setSaturation() 메소드를 사용한다.

## 연습문제

**1** 화면에 도형을 그릴 때 사용하는 클래스를 바르게 짝지은 것은?

❶ Canvas, Draw

❷ Canvas, Paint

❸ Graphic, Paint

❹ Graphic, Draw

**2** 화면을 손가락으로 터치했을 때 처리하는 메소드는?

❶ onTouchEvent

❷ onMoveEvent

❸ onFingerEvent

❹ onDragEvent

**3** SD 카드의 이미지에 접근하기 위한 메소드는?

❶ BitmapFactory.decodeResource()

❷ BitmapFactory.decodeFile()

❸ Bitmap.decodeResource()

❹ Bitmap.decodeFile()

**4** 이미지의 기하학적 변환에 사용하는 Canvas 클래스의 메소드가 아닌 것은?

❶ 회전: rotate()

❷ 이동: translate()

❸ 확대/축소: zoom()

❹ 기울이기: skew()

5 [실습 9-2]의 아이콘을 모두 없애고 컨텍스트 메뉴로 변경하시오. 단, 별도의 메뉴 XML 파일을 만들지 말고 Java 코드로만 작성한다.

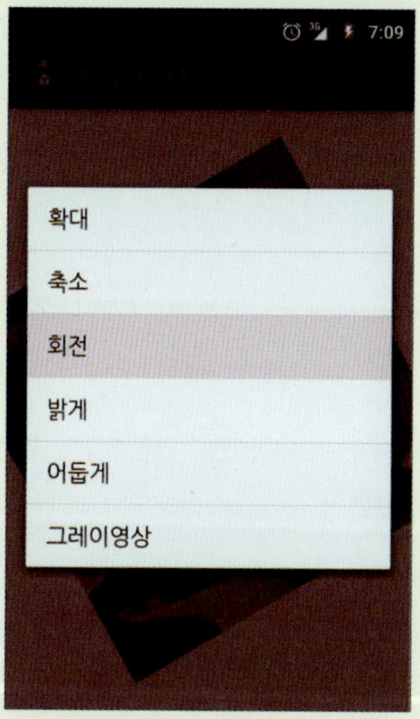


6 컬러 매트릭스를 회색 영상으로 변환하는 메소드와 파라미터는?

❶ setSaturation(0)

❷ setSaturation(1)

❸ setSaturation(−1)

❹ setSaturation(GRAY_SCALE)

# 연습문제

**7** [직접 풀어보기 9-2]를 이전에 그린 도형이 계속 화면에 남아 있도록 수정하시오.

❶ 도형 클래스의 예

```
private static class MyShape {
    int shapeType; // 도형의 종류
    int startX, startY, stopX, stopY; // 도형의 두 점
    int color; // 도형의 색상
}
```

❷ 동적 리스트의 예

```
static List<MyShape> myshape = new ArrayList<MyShape>();
```

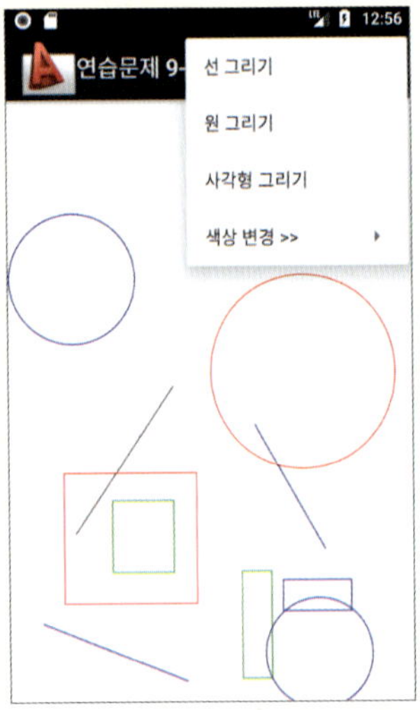


힌트 도형 클래스를 정의하고 동적 리스트로 도형 클래스가 추가되게 한다.

CHAPTER 10

# 액티비티와 인텐트

**학습목표**

- 액티비티의 개념을 이해한다.
- 인텐트의 개념을 이해하고 활용법을 익힌다.
- 액티비티 생명주기에 대해 알아본다.

# 01 액티비티와 인텐트의 기본

지금까지 자연스럽게 액티비티를 화면과 동일한 용어로 사용했다. 이 장에서는 액티비티에 대해 좀 더 깊이 알아본다. 먼저 안드로이드의 4대 컴포넌트를 간략히 살펴보자.

## 1 안드로이드의 4대 컴포넌트

안드로이드의 4대 컴포넌트는 액티비티, 서비스, 브로드캐스트 리시버, 콘텐트 프로바이더이다.

### 액티비티

액티비티(Activity)는 화면을 구성하는 가장 기본적인 컴포넌트로, 지금까지 계속 액티비티를 이용하여 앱을 작성했다. 액티비티에 대해서는 잠시 후 자세히 설명하겠다.

### 서비스

서비스(Service)는 눈에 보이는 화면(액티비티)과 상관없이 백그라운드에서 동작하는 컴포넌트이다. 백신 프로그램처럼 눈에 보이지는 않지만 계속 동작하고 있다. 로컬에서 동작하는 서비스는 다음과 같이 세 단계를 거친다. 서비스에 대해서는 14장에서 자세히 알아본다.

```
서비스 생성 → 서비스 시작 → 서비스 종료
```

### 브로드캐스트 리시버

안드로이드는 여러 응용 프로그램이나 장치에 메시지를 전달하기 위해 방송(broadcasting) 메시지를 사용한다. 안드로이드는 문자 메시지 도착, 배터리 방전, SD 카드 탈부착, 네트워크 환경 변화 등이 발생하면 전체 응용 프로그램이 알 수 있도록 방송 신호를 보낸다. 그리고 브로드캐스트 리시버(Broadcast Receiver)는 이러한 방송 신호가 발생하면 반응한다. 배터리가 얼마 남지 않았을 때 경고 문자나 소리를 발생시키는 기능을 구현할 수도 있다. 브로드캐스트 리시버는 14장에서 자세히 알아본다.

### 콘텐트 프로바이더

콘텐트 프로바이더(Content Provider)는 응용 프로그램 사이에 데이터를 공유하기 위한 컴포넌트이다. 안드로이드 응용 프로그램은 데이터에 자신만 접근할 수 있으므로 자신의 데이터를 외부에 공개하려면 콘텐트 프로바이더를 만들어야 한다. 콘텐트 프로바이더의 정보를 제공하는 방법으로는 URI(Uniform Resource Identifier)가 있다. 콘텐트 프로바이더와 URI의 개념을 다음 그림에 나타냈다.

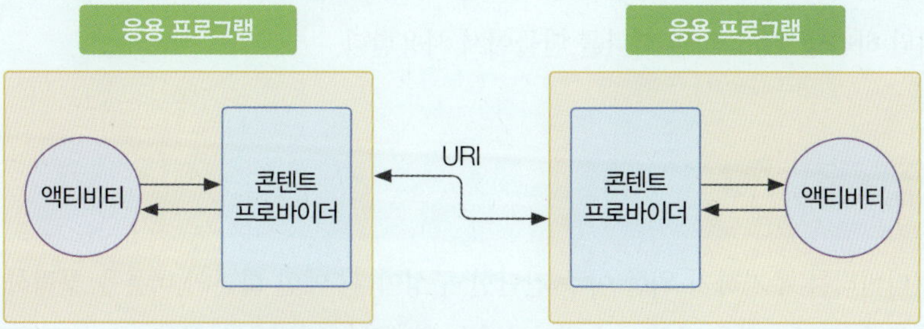


**그림 10-1 콘텐트 프로바이더와 URI의 개념**

콘텐트 프로바이더에서 처리된 데이터는 일반적으로 데이터베이스 또는 파일로 저장된다.

## 2 액티비티의 개요

액티비티는 안드로이드폰에 나타나는 화면 하나하나를 말한다. 액티비티는 사용자에게 보여주는 화면을 만들기 때문에 안드로이드의 4대 컴포넌트 중 가장 핵심적인 요소이다. 지금까지 작성한 응용 프로그램에서는 모두 액티비티를 만들어 사용했는데 화면이 하나였다. 여기서는 응용 프로그램에 여러 개의 액티비티를 사용하는 방법을 살펴볼 것이다.

### 액티비티 추가

앞에서 안드로이드 프로젝트를 생성할 때 activity_main.xml과 MainActivity.java로 파일 이름을 지정했다. activity_main.xml은 화면을 구성하는 코드로 되어 있지만 activity_main.xml이 아니라 MainActivity.java가 액티비티에 해당된다. 지금까지는 MainActivity.java에서 activity_main.xml이 필요할 경우 setContentView(R.layout.activity_main)로 화면에 불러와 사용했다. activity_main.xml을 사용하지 않고 Java 코드만으로 화면을 구성하는 방법도 학습했다([실습 5-1] 참조).

다음과 같이 MainActivity.java 코드는 Activity 클래스를 상속받으므로 MainActivity.java를 액티비티라고 부른다.

```
public class MainActivity extends Activity {
        @Override
        public void onCreate(Bundle savedInstanceState) {
        ~~~~~ 생략 ~~~~~
```

TIP 자동 완성된 코드는 Activity 대신에 AppCompatActivity로 되어 있다. AppCompatActivity는 Activity의 하위 클래스이므로 어떤 것을 사용해도 관계없지만, 이 장에서는 액티비티에 대해 명확하게 설명하기 위해 Activity 클래스를 사용하겠다.

액티비티 하나당 화면을 하나씩 생성할 수 있는데 이번에는 액티비티를 추가하여 사용해볼 것이다. 일반적으로 액티비티 하나당 XML 파일 하나를 만들어서 사용한다.

### 실습 10-1 새로운 액티비티 추가하기

이번 실습의 결과는 액티비티를 추가하기 위한 아주 간단한 구성이다. 메인 화면의 버튼을 클릭하면 서브 화면이 나오는 응용 프로그램을 만들면서 액티비티를 추가하는 방법을 익히자.

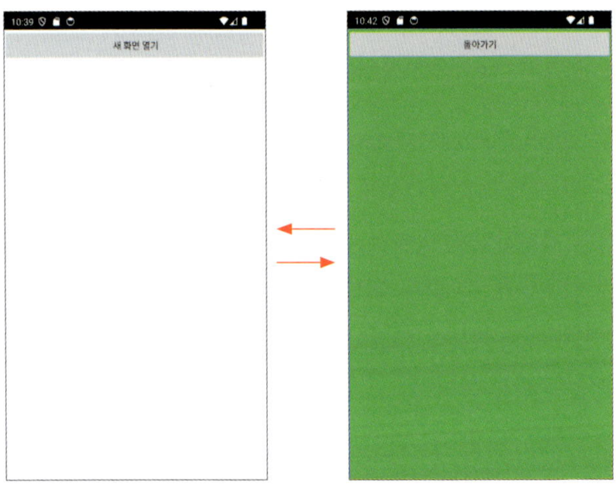


그림 10-2 서브 액티비티 결과 화면

#### 1 안드로이드 프로젝트 생성

❶ 새 프로젝트를 만든다. 프로젝트 이름은 'Project10_1', 패키지 이름은 'com.cookandroid.project10_1'로 한다. 그 외 규칙은 [실습 2-4]의 ❶~❹를 따른다.

#### 2 화면 디자인 및 편집

❷ 클릭하면 다른 액티비티가 나오게 하는 버튼 하나를 activity_main.xml에 만든다.

**예제 10-1 activity_main.xml**

```
<LinearLayout>
    <Button
        android:id="@+id/btnNewActivity"
        android:text="새 화면 열기" />
</LinearLayout>
```

**3** 새로운 액티비티에서 사용할 XML 파일을 만들자. Project Tree의 [res]–[layout]에서 마우스 오른쪽 버튼을 클릭하고 [New]–[Layout Resource File]을 선택한다. [New Resource File] 창이 나오면 File name에 'second.xml'을, Root element에 'LinearLayout'을 입력하고 〈OK〉를 클릭한다.

**4** second.xml의 레이아웃 배경색을 바꾼 후 〈돌아가기〉 버튼을 추가한다.

**예제 10-2 second.xml**

```
<LinearLayout
    android:background="#00FF00" >
    <Button
        android:id="@+id/btnReturn"
        android:text="돌아가기" />
</LinearLayout>
```

### 3 Java 코드 작성 및 수정

**5** 새로운 액티비티인 SecondActivity.java 파일을 만들자. Project Tree의 [java]–[패키지명]에서 마우스 오른쪽 버튼을 클릭하고 [New]–[Java Class]를 선택한다. [New Java Class] 창이 나오면 Name에 'SecondActivity'를 입력하고 Enter를 누른다.

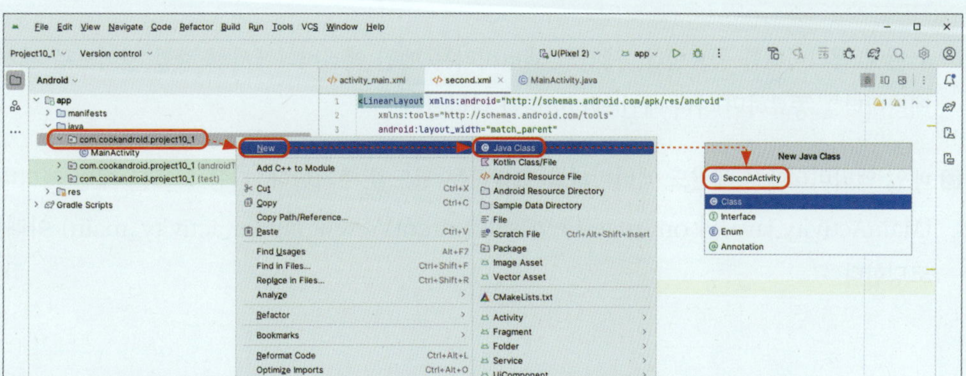


그림 10-3 클래스 생성

**6** Project Tree에 /java/패키지명/SecondActity.java가 생성되었다. Activity 클래스의 상속을 받도록 코딩한 후 SecondAcvity.java 파일에 액티비티의 필수 메소드인 onCreate()를 추가하자. SecondActivity 클래스 안에 커서를 두고 Android Studio 메뉴의 [Code]–[Override Methods]를 선택하여 onCreate()를 자동 완성시킨다. 그리고 second.xml을 화면에 보여주는 코드를 한 행 추가한다(다음과 같이 직접 코딩해도 된다).

**예제 10-3 SecondActivity.java 코드 1**

```
1  public class SecondActivity extends Activity {
2
3      @Override
4      protected void onCreate(Bundle savedInstanceState) {
5
6          super.onCreate(savedInstanceState);
7          setContentView(R.layout.second);
8
9      }
10 }
```

**7** second.xml의 〈돌아가기〉를 클릭하면 현재 액티비티를 끝내는 코드를 [예제 10–3]의 8행에 추가한다.

**예제 10-4 SecondActivity.java 코드 2**

```
1  Button btnReturn = (Button) findViewById(R.id.btnReturn);
2  btnReturn.setOnClickListener(new View.OnClickListener() {
3      public void onClick(View v) {
4          finish();
5      }
6  });
```

**4** 현재 액티비티를 종료한다. 세컨드 액티비티는 메인 액티비티에서 호출할 것이므로 세컨드 액티비티를 종료하면 다시 메인 액티비티가 나타난다.

**8** 메인 액티비티에서 세컨드 액티비티를 호출하는 코드를 추가한다. 다음 코드를 메인 액티비티(MainActivity.java)의 onCreate() 안[setContentView(R.layout.activity_main) 아래]에 코딩한다.

**예제 10-5 MainActivity.java 코드**

```
1 Button btnNewActivity = (Button) findViewById(R.id.btnNewActivity);
2 btnNewActivity.setOnClickListener(new View.OnClickListener() {
3     public void onClick(View v) {
4         Intent intent = new Intent(getApplicationContext(),
5                                 SecondActivity.class);
6         startActivity(intent);
7     }
8 });
```

**4, 5** 인텐트를 생성한다. Intent 생성자의 첫 번째 파라미터 getApplicationContext()는 메인 클래스의 컨텍스트를 반환하는데, getApplicationContext() 대신에 MainActivity.this라고 작성해도 된다. 두 번째 파라미터로 이 인텐트에 포함될 액티비티(SecondActivity)를 넘겨준다. .class를 붙여야 한다는 것을 주의하기 바란다.

**6** 새로운 액티비티를 화면에 출력하려면 startActivity() 메소드를 사용하는데, 이 메소드는 파라미터로 인텐트를 받는다. 인텐트는 잠시 후에 설명하겠다.

### 4 프로젝트 실행 및 결과 확인

**9** 완성된 프로젝트를 실행해보자. 메인 화면에서 〈새 화면 열기〉를 클릭하면 앱이 그냥 종료되거나 다음과 같은 오류가 발생할 것이다.

Project10_1이(가) 계속 중단됨

ⓘ 앱 정보

✕ 앱 닫기

**그림 10-4 오류 발생**

안드로이드에서는 사용될 액티비티를 AndroidManifest.xml에 반드시 등록해야 한다. 프로젝트를 생성할 때 메인 액티비티는 자동으로 등록되지만, 추가한 세컨드 액티비티는 별도로 등록해야 한다.

### [반복] 2 화면 디자인 및 편집

**10** AndroidManifest.xml 파일을 열고 세컨드 액티비티를 등록한다. 다음 코드를 〈/application〉 바로 윗행에 넣는다.

```
<activity android:name=".SecondActivity" android:label="Second 액티비티"/>
```

세컨드 액티비티를 등록할 때 주의할 점은 name의 액티비티 이름 앞에 마침표(.)를 넣어야 한다는 것이다. label은 화면 상단에 나올 글자로 생략해도 된다.

**[반복] 4 프로젝트 실행 및 결과 확인**

⑪ 다시 프로젝트를 실행해보자. 이번에는 [그림 10-2]와 같이 새 액티비티가 나올 것이다.

**5 안드로이드 응용 프로그램 개발 완료**

⑫ 결과를 확인했으면 키패드의 돌아가기 버튼을 클릭하여 AVD의 초기화면으로 돌아간다.

▶ **직접 풀어보기 10-1**

[실습 10-1]을 다음과 같이 수정하라.

- ThirdActivity를 추가한다.
- 라디오버튼으로 선택된 액티비티가 나오게 한다.

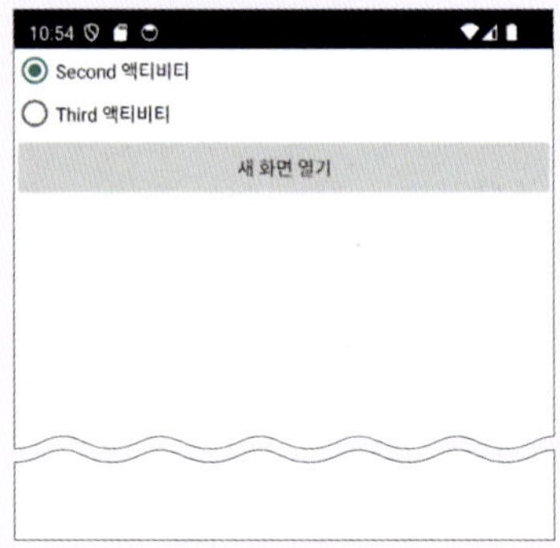


그림 10-5 서드 액티비티 추가

## 3 명시적 인텐트

인텐트(intent)는 안드로이드의 4대 컴포넌트가 서로 데이터를 주고받기 위한 메시지 객체이다. 명시적 인텐트와 암시적 인텐트로 구분할 수 있는데 먼저 명시적 인텐트를 살펴보자.

### 명시적 인텐트와 데이터 전달

명시적 인텐트(explicit intent)는 다른 액티비티의 이름을 명확히 지정할 때 사용하는 방법이다. [예제 10-5]의 4~6행을 다시 살펴보자.

```
Intent intent = new Intent(getApplicationContext(), SecondActivity.class);
startActivity(intent);
```

Intent( ) 생성자의 두 번째 파라미터에서는 액티비티 클래스를 넘길 수 있는데, 여기서는 그 전에 생성한 SecondActivity.class로 정확히 지정했다. 그리고 생성한 인텐트를 startActivity(intent)로 넘겨서 세컨드 액티비티를 실행했다. 이처럼 명확하게 액티비티의 이름을 지정했기 때문에 명시적 인텐트가 된다. 일반적으로 명시적 인텐트는 사용자가 새로운 액티비티를 직접 생성하고 호출할 때 사용된다.

그런데 [실습 10-1]에서는 별도의 데이터를 넘기지 않고 세컨드 액티비티의 화면만 보여주었다. 이번에는 메인 액티비티에서 인텐트에 데이터를 실어서 넘긴 다음 세컨드 액티비티에서 받은 데이터를 처리하는 방식을 알아보자. 다음 그림에서 다른 액티비티 데이터를 어떻게 넘기는지 확인할 수 있다.

**그림 10-6 한쪽 방향으로 데이터를 전달하는 방법**

위 그림을 보면 putExtra()를 이용하여 필요한 만큼 데이터를 인텐트에 넣은 다음 startActivity()로 인텐트를 다른 액티비티에 넘긴다. 그리고 인텐트를 받은 액티비티에서는 getStringExtra(), getIntExtra(), getBooleanExtra() 등의 메소드로 넘어온 데이터에 접근할 수 있다. 실제 사용법은 [실습 10-2]에서 살펴보자.

## 레이팅바

6장에서 레이팅바(RatingBar)의 기본 모양을 살펴보았다. 잠시 후 [실습 10-2]에서 레이팅바를 활용해야 하므로 레이팅바의 기본 프로그래밍을 알아보자.

**예제 10-6 레이팅바의 XML 코드**

```
<LinearLayout>
    <RatingBar
        android:id="@+id/ratingBar1" />
    <RatingBar
        android:id="@+id/ratingBar2"
        style="?android:attr/ratingBarStyleSmall"
        android:stepSize="1"
        android:numStars="10" />
    <RatingBar
        android:id="@+id/ratingBar3"
```

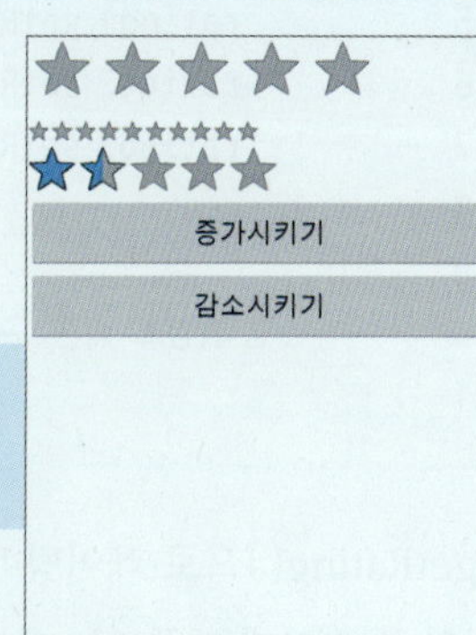

```
11          android:rating="1.5"
12          style="?android:attr/ratingBarStyleIndicator" />
13      <Button
14          android:id="@+id/btnInc"
15          android:text="증가시키기" />
16      <Button
17          android:id="@+id/btnDec"
18          android:text="감소시키기" />
19  </LinearLayout>
```

**6, 12** 레이팅바의 스타일을 지정한다. 6행은 작은 모양을, 12행은 중간 모양을 표시한다.

**7** 한 번에 증가될 크기를 별 1개로 설정한다. 소수점으로도 설정할 수 있으며 디폴트는 0.5개이다.

**8** 별의 개수를 설정한다. 디폴트는 5개이다.

**11** 초깃값을 설정한다. 1.5개가 채워진 상태로 표현된다.

**예제 10-7 레이팅바의 Java 코드**

```
1   public void onCreate(Bundle savedInstanceState) {
2     super.onCreate(savedInstanceState);
3     setContentView(R.layout.activity_main);
4     final RatingBar rating1, rating2, rating3;
5     Button btnInc, btnDec;
6
7     rating1 = (RatingBar) findViewById(R.id.ratingBar1);
8     rating2 = (RatingBar) findViewById(R.id.ratingBar2);
9     rating3 = (RatingBar) findViewById(R.id.ratingBar3);
10    btnInc = (Button) findViewById(R.id.btnInc);
11    btnDec = (Button) findViewById(R.id.btnDec);
12
13    btnInc.setOnClickListener(new View.OnClickListener() {
14       public void onClick(View v) {
15          rating1.setRating(rating1.getRating()+rating1.getStepSize());
16          rating2.setRating(rating2.getRating()+rating2.getStepSize());
17          rating3.setRating(rating3.getRating()+rating3.getStepSize());
18       }
19    });
20    ~~~~ 생략(감소 버튼) ~~~~
21  }
```

**15** getRating()으로 레이팅바에 채워진 개수와 getStepSize()로 레이팅바에 설정된 stepSize 속성의 증가 크기(디폴트는 0.5)를 더한 후 setRating()으로 별을 채운다.

**20** 13~19행을 btnDec에 동일하게 설정한다. 단, getStepSize()에서 구한 값을 뺀다.

## 실습 10-2 명화 선호도 투표 앱 만들기

유명한 화가인 르누아르의 그림에 대한 선호도를 투표하고 결과를 레이팅바로 보여주는 앱을 만들어보자. 메인 액티비티에서 좋아하는 그림에 투표한 후 <투표 종료>를 클릭하면 결과가 나타난다.

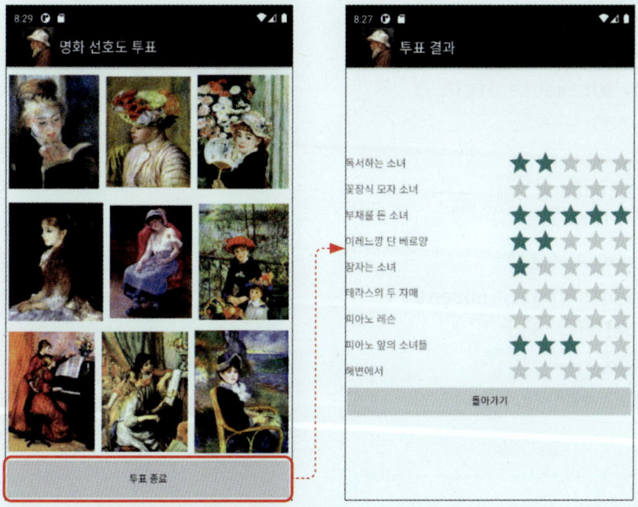


그림 10-7 명화 선호도 투표 앱 결과 화면

### 1 안드로이드 프로젝트 생성

❶ 새 프로젝트를 만든다. 프로젝트 이름은 'Project10_2', 패키지 이름은 'com.cookandroid.project10_2'로 한다.

### 2 화면 디자인 및 편집

❷ 명화 이미지 9개를 [res]–[drawable] 폴더에 복사해놓는다. 필자는 파일명을 pic1.png~pic9.png로 했다. 필요에 따라 아이콘으로 사용할 이미지도 [res]–[drawable] 폴더에 복사해놓는다.

❸ 메인 액티비티에서 사용할 activity_main.xml을 다음과 같이 수정한다.

- 바깥 리니어레이아웃 안에 리니어레이아웃 3개, 버튼 1개를 생성하고 layout_weight를 3:3:3:1로 한다.
- 3개의 레이아웃에 각각 3개의 이미지뷰를 넣는다. 각 이미지뷰의 layout_weight는 1:1:1로 한다. 필요에 따라 이미지뷰에 적당한 layout_margin을 적용한다(예 5dp).
- 이미지뷰 9개의 아이디는 iv1~iv9, 버튼의 아이디는 btnResult로 한다.

**예제 10-8 activity_main.xml**

```
1 <LinearLayout>
2     <LinearLayout
3         android:layout_width="match_parent"
4         android:layout_height="0dp"
5         android:layout_weight="3" >
6         <ImageView
7             android:id="@+id/iv1"
8             android:layout_margin="5dp"
9             android:layout_weight="1"
10            android:src="@drawable/pic1" />
11        ~~~~ 생략(이미지뷰 2개) ~~~~
12    </LinearLayout>
13    ~~~~ 생략(리니어레이아웃과 이미지뷰 3개) ~~~~
14    <Button
15        android:id="@+id/btnResult"
16        android:layout_width="match_parent"
17        android:layout_height="0dp"
18        android:layout_weight="1"
19        android:text="투표 종료" />
20 </LinearLayout>
```

**2~12** 첫 번째 레이아웃에 그림 3개를 배치한다.

**13** 2~12행을 반복한다.

**4** 서브 액티비티에서 사용할 result.xml을 [res]–[layout] 폴더에 생성하고 다음과 같이 설정한다.

- 바깥은 테이블레이아웃으로 설정하고 stretchColumns 속성을 0으로 한다.
- <TableRow>를 그림의 개수와 동일한 (9+1)개로 한다. 각 <TableRow>에는 텍스트뷰 1개, 레이팅바 1개를 생성한다.
- 마지막 <TableRow>에는 <돌아가기>를 생성한다.
- 텍스트뷰의 아이디는 tv1~tv9, 레이팅바의 아이디는 rbar1~rbar9, 버튼의 아이디는 btnReturn으로 한다.

**예제 10-9 result.xml**

```
<TableLayout xmlns:android="~~~"
    android:gravity="center_vertical"
    android:stretchColumns="0" >
    <TableRow>
        <TextView
            android:id="@+id/tv1"
            android:layout_gravity="center_vertical"
            android:text="그림1"
```

```
9               android:textSize="15dp" />
10          <RatingBar
11              android:id="@+id/rbar1"
12              style="?android:attr/ratingBarStyleIndicator"
13              android:layout_gravity="right" >
14          </RatingBar>
15      </TableRow>
16      ~~~~ 생략(TableRow 8개) ~~~~
17      <TableRow>
18          <Button
19              android:id="@+id/btnReturn"
20              android:layout_span="2"
21              android:text="돌아가기" />
22      </TableRow>
23  </TableLayout>
```

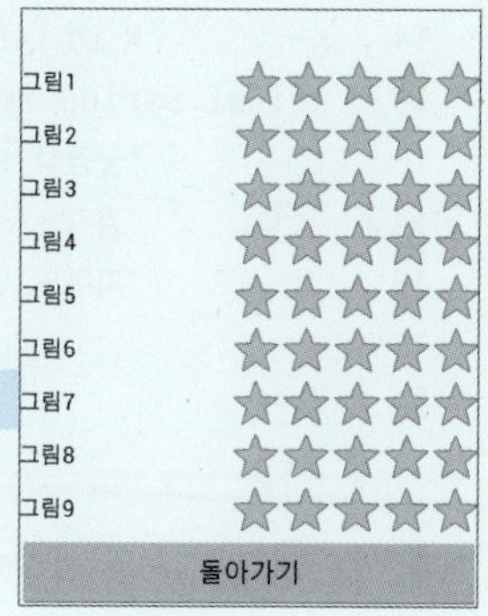


**8** 텍스트뷰의 글자는 Java 코드에서 실제 그림의 제목으로 변경할 것이다.

**12** 중간 크기의 레이팅바로 표현된다.

### 3 Java 코드 작성 및 수정

**5** 새로운 액티비티인 ResultActivity.java 파일을 만들고 onCreate( ) 메소드를 추가한 후 setContentView(R.layout.result)를 추가한다. 그리고 AndroidManifest.xml에 등록한다.

TIP 액티비티 추가 및 등록은 [실습 10-1]의 **5**, **6**, **10**을 참조한다.

**6** 메인 액티비티인 MainActivity.java를 코딩하자. 우선 onCreate( ) 안에 필요한 변수를 선언한다.

- 그림을 클릭할 때마다 투표수를 저장할 9개짜리 배열을 선언하고 0으로 초기화한다.
- 이미지뷰 위젯을 저장할 9개짜리 배열을 선언한다.
- 이미지뷰 위젯의 아이디인 R.id.iv1~R.id.iv9를 저장한 배열을 선언한다.
- 그림의 제목을 저장한 9개짜리 배열을 선언한다.

**예제 10-10 메인 액티비티(MainActivity.java)의 코드 1**

```
protected void onCreate(Bundle savedInstanceState) {

    super.onCreate(savedInstanceState);
    setContentView(R.layout.activity_main);
    setTitle("명화 선호도 투표");

    final int voteCount[] = new int[9];
    for (int i = 0; i < 9; i++)
```

```
9        voteCount[i] = 0;
10
11    ImageView image[] = new ImageView[9];
12    Integer imageId[] = { R.id.iv1, R.id.iv2, R.id.iv3,
13            R.id.iv4, R.id.iv5, R.id.iv6, R.id.iv7,
14            R.id.iv8, R.id.iv9 };
15    final String imgName[] = { "독서하는 소녀",
16            "꽃장식 모자 소녀", "부채를 든 소녀", "이레느깡 단 베르양",
17            "잠자는 소녀", "테라스의 두 자매", "피아노 레슨",
18            "피아노 앞의 소녀들", "해변에서" };
19
20 }
```

**7~9** 그림의 투표수를 저장할 변수를 선언하고 초기화한다.

**11~18** 이미지뷰 위젯 변수 배열, 위젯 아이디 배열, 그림 제목 배열을 선언한다.

**7** 각각의 그림을 클릭하면 동작할 내용을 onCreate() 안에 코딩하자. [예제 10-10]의 19행에 다음 내용을 코딩한다.

- 각 이미지뷰에 대해 클릭 이벤트 리스너를 생성한다. 이미지뷰가 9개나 되므로 반복문을 사용한다.
- 그림을 클릭하면 해당 그림의 투표수가 증가되게 한다.
- 그림을 클릭할 때마다 해당 그림의 제목과 누적된 투표수를 토스트 메시지로 보여준다.

**예제 10-11 메인 액티비티(MainActivity.java)의 코드 2**

```
1 for (int i = 0; i < imageId.length; i++) {
2     final int index;  // 주의! 꼭 필요함.
3     index = i;
4     image[index] = (ImageView) findViewById(imageId[index]);
5     image[index].setOnClickListener(new View.OnClickListener() {
6         public void onClick(View v) {
7             voteCount[index]++;
8             Toast.makeText(getApplicationContext(),
9                     imgName[index] + ": 총 " + voteCount[index] + " 표",
10                    Toast.LENGTH_SHORT).show();
11        }
12    });
13 }
```

**1~13** 이미지뷰의 개수만큼 반복한다.

**4~12** 1개의 이미지뷰에 대해 클릭 리스너를 작성하는 것과 동일하다. 단지 배열을 사용하여 아홉 번 반복한 것이다.

**7** 이미지뷰를 클릭할 때마다 해당 그림 순번의 투표수(voteCount) 배열 값이 하나씩 증가한다.

**8~10** 이미지뷰를 클릭할 때마다 해당 그림 순번의 그림 제목(imgName)과 현재 투표수(voteCount) 값을 토스트 메시지로 보여준다.

**8** 〈투표 종료〉에 대해 클릭 이벤트 리스너를 생성하자. onCreate( ) 안에 코딩한다.

- 인텐트를 생성하고, 인텐트에 투표수 배열과 그림 제목 배열을 넣은 후 결과 액티비티를 호출한다.

**예제 10-12 메인 액티비티(MainActivity.java)의 코드 3**

```
1  Button btnFinish = (Button) findViewById(R.id.btnResult);
2  btnFinish.setOnClickListener(new View.OnClickListener() {
3      public void onClick(View v) {
4          Intent intent = new Intent(getApplicationContext(),
5                  ResultActivity.class);
6          intent.putExtra("VoteCount", voteCount);
7          intent.putExtra("ImageName", imgName);
8          startActivity(intent);
9      }
10 });
```

**6, 7** 정수형 voteCount 배열을 VoteCount라는 이름으로 넘긴다. 이것을 액티비티에서는 getIntArrayExtra( ) 메소드로 받으면 된다. 또한 문자열 배열인 imgName을 지정한 Image Name은 getStringArrayExtra( ) 메소드로 받는다.

**9** 서브 액티비티인 ResultActivity.java 파일의 onCreate( ) 메소드 내부를 코딩하자.

- 메인 액티비티에서 보낸 인텐트를 받고, 넘겨받은 투표 결과 배열과 그림 제목 배열을 저장한다.

**예제 10-13 서브 액티비티(ResultActivity.java)의 코드 1**

```
protected void onCreate(Bundle savedInstanceState) {

    super.onCreate(savedInstanceState);
    setContentView(R.layout.result);
    setTitle("투표 결과");

    Intent intent = getIntent();
    int[] voteResult = intent.getIntArrayExtra("VoteCount");
    String[] imageName = intent.getStringArrayExtra("ImageName");

}
```

**7~9** [예제 10-12]에서 넘긴 인텐트를 getIntent()로 받은 후, 넘겨받은 배열 변수를 voteResult와 imageName 배열에 저장한다.

**10** 서브 액티비티의 나머지를 코딩하자. 다음 내용을 [예제 10-13]의 10행에 코딩한다.

- result.xml의 텍스트뷰 9개와 레이팅바 9개의 위젯 변수 배열을 선언한다.
- 텍스트뷰의 아이디를 저장할 배열 변수, 레이팅바의 아이디를 저장할 배열 변수를 선언한다.
- XML 파일의 텍스트뷰와 레이팅바를 위젯 변수에 대입한다.
- 텍스트뷰 위젯 변수에 넘겨받은 그림 제목을 적용한다. 레이팅바에는 넘겨받은 투표 결과를 적용한다.
- 버튼을 클릭하면 서브 액티비티를 종료한다. 즉 메인 액티비티로 돌아간다.

**예제 10-14 서브 액티비티(ResultActivity.java)의 코드 2**

```
1  TextView tv[] = new TextView[imageName.length];
2  RatingBar rbar[] = new RatingBar[imageName.length];
3
4  Integer tvID[] = { R.id.tv1, R.id.tv2, R.id.tv3, R.id.tv4, R.id.tv5,
5                     R.id.tv6, R.id.tv7, R.id.tv8, R.id.tv9 };
6  Integer rbarID[] = { R.id.rbar1, R.id.rbar2, R.id.rbar3, R.id.rbar4,
7                       R.id.rbar5, R.id.rbar6, R.id.rbar7, R.id.rbar8, R.id.rbar9 };
8
9  for (int i = 0; i < voteResult.length; i++) {
10     tv[i] = (TextView) findViewById(tvID[i]);
11     rbar[i] = (RatingBar) findViewById(rbarID[i]);
12 }
13
14 for (int i = 0; i < voteResult.length; i++) {
15     tv[i].setText(imageName[i]);
16     rbar[i].setRating((float) voteResult[i]);
17 }
18
19 Button btnReturn = (Button) findViewById(R.id.btnReturn);
20 btnReturn.setOnClickListener(new View.OnClickListener() {
21     public void onClick(View v) {
22         finish();
23     }
24 });
```

**1, 2** 넘겨받은 그림 제목의 개수만큼 텍스트뷰와 레이팅바의 위젯 배열 변수를 선언한다.

**4~7** 텍스트뷰와 레이팅바의 위젯 아이디 배열을 선언한다.

**9~12** 위젯 아이디 배열에 위젯을 대입한다.

**14~17** 텍스트뷰에는 메인 액티비티에서 넘겨받은 그림 제목을, 레이팅바에는 투표수를 적용한다.

**19~24** 버튼을 클릭하면 현재 액티비티가 종료된다.

### 4 프로젝트 실행 및 결과 확인

⑪ 완성된 프로젝트를 실행하여 그림을 여러 개 선택하고 〈투표 종료〉를 클릭하면 [그림 10-7]과 같은 결과가 나올 것이다.

### 5 안드로이드 응용 프로그램 개발 완료

⑫ 결과를 확인했으면 키패드의 돌아가기 버튼을 클릭하여 AVD의 초기화면으로 돌아간다.

▶ **직접 풀어보기 10-2**

[실습 10-2]의 투표 결과 화면에서 가장 많은 표를 받은 그림과 그 제목을 화면에 보여준다.

```
Integer imageFileId[] = { R.drawable.pic1, R.drawable.pic2,
        R.drawable.pic3, R.drawable.pic4, R.drawable.pic5,
        R.drawable.pic6, R.drawable.pic7, R.drawable.pic8,
        R.drawable.pic9 }
```

힌트
- result.xml과 ResultActivity.java 파일만 수정하여 작성한다.
- 레이팅바를 작은 모양으로 변경한다.
- 이미지 파일의 아이디를 저장할 배열을 만든다.

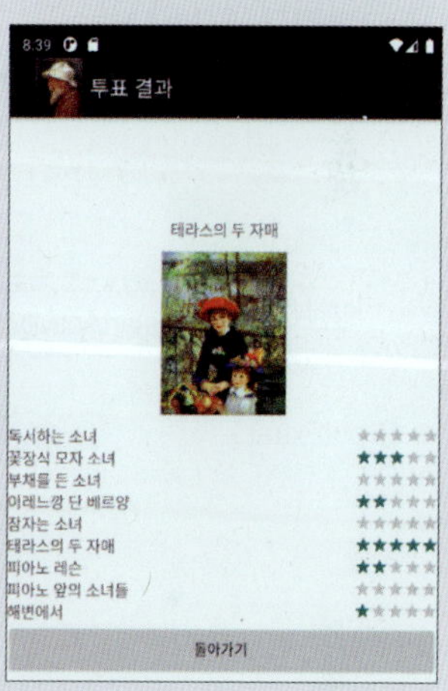


**그림 10-8 수정된 명화 선호도 투표 앱**

# 02 액티비티와 인텐트의 응용

2개의 실습을 통해 액티비티와 인텐트의 기본 사용법을 익혔다. 이 절에서는 좀 더 복잡한 내용을 살펴보겠다.

## 1 양방향 액티비티

메인 액티비티에서 세컨드 액티비티로 데이터를 넘긴 후에 세컨드 액티비티에서 메인 액티비티로 데이터를 돌려주는 경우도 있다. 다음 그림을 보자.

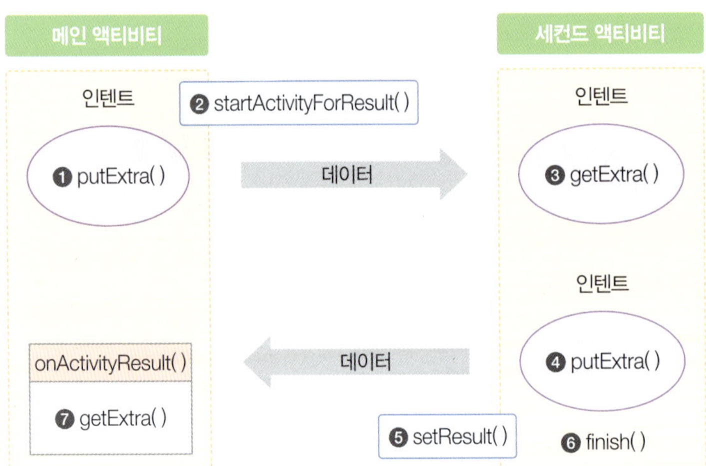


그림 10-9 양방향으로 데이터를 전달하는 방법

메인 액티비티에서 putExtra()로 인텐트에 데이터를 넣는 것은 동일하지만, 세컨드 액티비티에서 데이터를 돌려받으려면 액티비티를 호출할 때 startActivityForResult() 메소드를 사용해야 한다. 그리고 세컨드 액티비티에서 finish()로 끝내기 전에 메인 액티비티에 돌려줄 인텐트를 생성하여 putExtra()로 데이터를 넣은 다음 setResult()로 돌려준다. 또한 메인 액티비티에서는 onActivityResult() 메소드를 오버라이딩하고 오버라인딩된 메소드 안에서 getExtra()로 돌려받은 데이터를 사용한다.

간단한 예제를 살펴보자. 다음 예제에서는 메인 액티비티 에디트텍스트의 두 수를 세컨드 액티비티에서 더한 후 메인 액티비티로 돌려준다. 먼저 [예제 10-15]~[예제 10-18]의 실행 결과를 보고 코드를 확인하자.

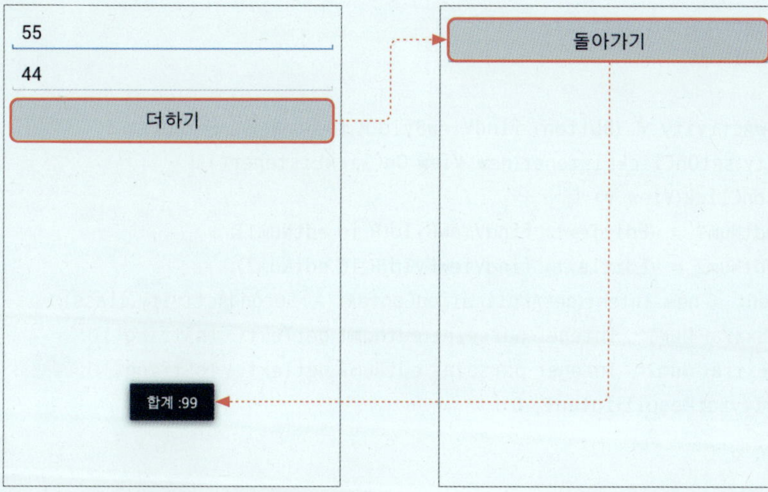


**그림 10-10 양방향 데이터 전달 예제 결과 화면**

TIP 세컨드 액티비티는 AndroidManifest.xml에 등록해야 한다.

**예제 10-15 activity_main.xml**

```
<LinearLayout>
    <EditText
        android:id="@+id/edtNum1" />
    <EditText
        android:id="@+id/edtNum2" />
    <Button
        android:id="@+id/btnNewActivity"
        android:text="더하기" />
</LinearLayout>
```

**예제 10-16 second.xml**

```
<LinearLayout>
    <Button
        android:id="@+id/btnReturn"
        android:text="돌아가기" />
</LinearLayout>
```

**예제 10-17 메인 액티비티의 Java 코드**

```
1  public void onCreate(Bundle savedInstanceState) {
2    super.onCreate(savedInstanceState);
3    setContentView(R.layout.activity_main);
4    setTitle("메인 액티비티");
5
6    Button btnNewActivity = (Button) findViewById(R.id.btnNewActivity);
7    btnNewActivity.setOnClickListener(new View.OnClickListener() {
8    public void onClick(View v) {
9      EditText edtNum1 = (EditText) findViewById(R.id.edtNum1);
10     EditText edtNum2 = (EditText) findViewById(R.id.edtNum2);
11     Intent intent = new Intent(getApplicationContext(), SecondActivity.class);
12     intent.putExtra("Num1", Integer.parseInt(edtNum1.getText().toString()));
13     intent.putExtra("Num2", Integer.parseInt(edtNum2.getText().toString()));
14     startActivityForResult(intent, 0);
15   }
16   });
17 }
18
19 @Override
20 protected void onActivityResult(int requestCode,
21                 int resultCode, Intent data) {
22   if(resultCode == RESULT_OK) {
23   int hap = data.getIntExtra("Hap", 0);
24   Toast.makeText(getApplicationContext(),
25                 "합계 :" + hap, Toast.LENGTH_SHORT).show();
26   }
27 }
```

**11~13** 인텐트를 생성하고 두 값을 넣는다.

**14** 값을 돌려받기 위해 startActivityForResult()를 사용한다. 두 번째 파라미터에는 돌려받을 값이 있는 경우에 0 이상을 쓰면 된다.

**20~27** 세컨드 액티비티에서 setResult()로 값을 돌려주면 오버라이딩한 onActivityResult() 메소드가 실행된다.

**22~26** setResult()에서 보낸 값이 RESULT_OK이면 인텐트(data)에서 돌려받은 값을 토스트 메시지로 화면에 출력한다.

**예제 10-18 세컨드 액티비티의 Java 코드**

```
1  protected void onCreate(Bundle savedInstanceState) {
2      super.onCreate(savedInstanceState);
3      setContentView(R.layout.second);
4      setTitle("Second 액티비티");
5
6      Intent inIntent = getIntent();
7      final int hapValue = inIntent.getIntExtra("Num1", 0)
8                                +inIntent.getIntExtra("Num2", 0 );
9
10     Button btnReturn = (Button) findViewById(R.id.btnReturn);
11     btnReturn.setOnClickListener(new View.OnClickListener() {
12         public void onClick(View v) {
13             Intent outIntent = new Intent(getApplicationContext(),
14                                 MainActivity.class);
15             outIntent.putExtra("Hap", hapValue);
16             setResult(RESULT_OK,outIntent);
17             finish();
18         }
19     });
20 }
```

**6~8** 메인 액티비티로부터 받은 두 값을 더한다.

**13~15** 인텐트를 생성하고 더한 값을 넣는다.

**16** setResult()로 메인 액티비티에 돌려준다. 메인 액티비티의 onActivityResult() 메소드가 실행된다.

**17** 현재 액티비티를 닫는다.

▶ **직접 풀어보기 10-3**

두 수를 입력하고 더하기, 빼기, 곱하기, 나누기 라디오버튼을 선택한 후 〈계산하기〉를 클릭하면 세컨드 액티비티에서 계산하고 값을 돌려받는 앱을 작성하라.

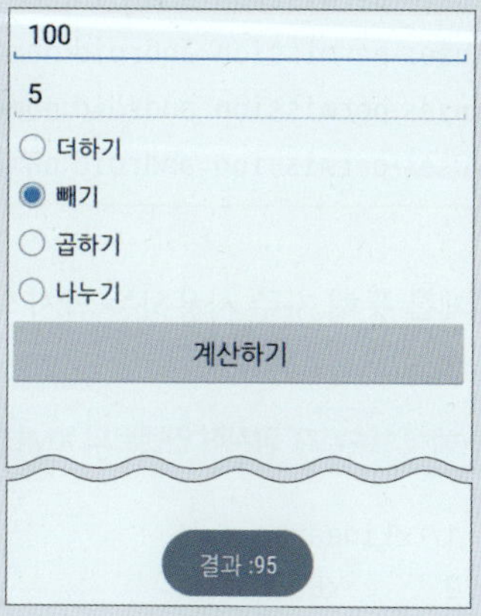


**그림 10-11 세컨드 액티비티를 활용한 계산기 앱**

## 2 암시적 인텐트

명시적 인텐트의 개념이 두 액티비티를 사용자가 직접 생성하고 코딩하는 것이라면, 암시적 인텐트(implicit intent, 묵시적 인텐트)는 약속된 액션을 지정하여 안드로이드에서 제공하는 기존 응용 프로그램을 실행하는 것이다. 전화번호를 인텐트로 넘긴 후에 전화 걸기 응용 프로그램이 실행되는 것을 한 예로 들 수 있다.

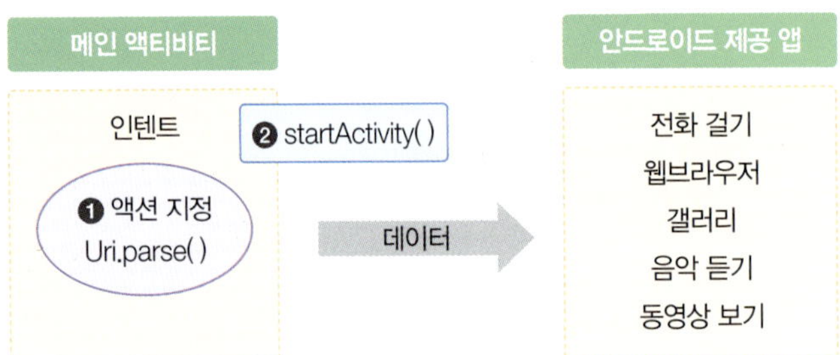


그림 10-12 **암시적 인텐트의 개념**

위 그림을 보면 메인 액티비티에서 인텐트를 생성할 때 실행하고자 하는 액션을 지정하고 액션의 데이터 값을 설정하면 기존의 안드로이드 응용 프로그램이 실행된다. 119에 응급 전화를 거는 형식은 다음과 같다.

```
Intent intent = new Intent(Intent.ACTION_DIAL, Uri.parse("tel:/119"));
startActivity(intent);
```

전화 걸기와 구글 맵을 사용하려면 AndroidManifest.xml의 <application 위에 다음과 같이 권한을 추가해야 한다. 만약 uses-permission에 빨간 줄이 생겨도 무시한다.

```
<uses-permission android:name="android.permission.INTERNET"/>
<uses-permission android:name="android.permission.CALL_PHONE"/>
<uses-permission android:name="android.permission.ACCESS_COARSE_LOCATION"/>
<uses-permission android:name="android.permission.ACCESS_FINE_LOCATION"/>
```

예제를 통해 자주 사용하는 암시적 인텐트를 살펴보자.

**예제 10-19 암시적 인텐트의 XML 파일**

```
<LinearLayout>
    <Button
```

```
        android:id="@+id/btnDial"
        android:text="전화 걸기" />
    <Button
        android:id="@+id/btnWeb"
        android:text="홈 페이지 열기" />
    <Button
        android:id="@+id/btnGoogle"
        android:text="구글 맵 열기" />
    <Button
        android:id="@+id/btnSearch"
        android:text="구글 검색하기" />
    <Button
        android:id="@+id/btnSms"
        android:text="문자 보내기" />
    <Button
        android:id="@+id/btnPhoto"
        android:text="사진 찍기" />
</LinearLayout>
```

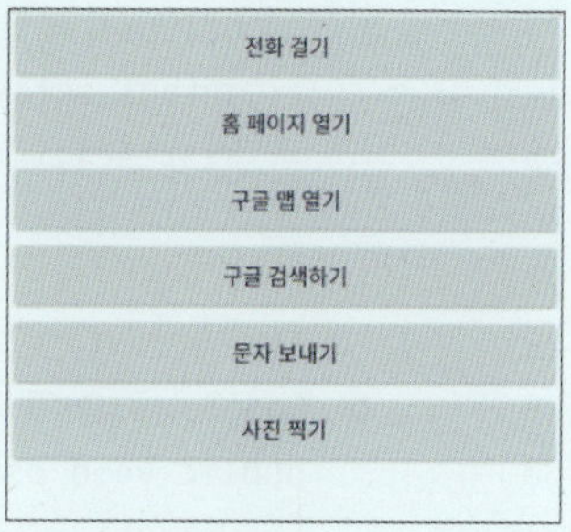


**예제 10-20 암시적 인텐트의 Java 코드**

```
public void onCreate(Bundle savedInstanceState) {
    super.onCreate(savedInstanceState);
    setContentView(R.layout.activity_main);
    setTitle("암시적 인텐트 예제");

    Button btnDial = (Button) findViewById(R.id.btnDial);
    Button btnWeb = (Button) findViewById(R.id.btnWeb);
    Button btnGoogle = (Button) findViewById(R.id.btnGoogle);
    Button btnSearch = (Button) findViewById(R.id.btnSearch);
    Button btnSms = (Button) findViewById(R.id.btnSms);
    Button btnPhoto = (Button) findViewById(R.id.btnPhoto);

    btnDial.setOnClickListener(new View.OnClickListener() {
        public void onClick(View v) {
            Uri uri = Uri.parse("tel:01012345678");
            Intent intent = new Intent(Intent.ACTION_DIAL, uri);
            startActivity(intent);
        }
    });

    btnWeb.setOnClickListener(new View.OnClickListener() {
        public void onClick(View v) {
```

```java
                Uri uri = Uri.parse("http://www.hanbit.co.kr");
                Intent intent = new Intent(Intent.ACTION_VIEW, uri);
                startActivity(intent);
            }
        });

        btnGoogle.setOnClickListener(new View.OnClickListener() {
            public void onClick(View v) {
                Uri uri = Uri.parse("http://maps.google.co.kr/maps?q="+
                        37.559133 + "," + 126.927824);
                Intent intent = new Intent(Intent.ACTION_VIEW, uri);
                startActivity(intent);
            }
        });

        btnSearch.setOnClickListener(new View.OnClickListener() {
            public void onClick(View v) {
                Intent intent = new Intent(Intent.ACTION_WEB_SEARCH);
                intent.putExtra(SearchManager.QUERY, "안드로이드");
                startActivity(intent);
            }
        });

        btnSms.setOnClickListener(new View.OnClickListener() {
            public void onClick(View v) {
                Intent intent = new Intent(Intent.ACTION_SENDTO);
                intent.putExtra("sms_body", "안녕하세요?");
                intent.setData(Uri.parse("smsto:" + Uri.encode("010-1234-4567")));
                startActivity(intent);
            }
        });

        btnPhoto.setOnClickListener(new View.OnClickListener() {
            public void onClick(View v) {
                Intent intent = new Intent(MediaStore.
                        ACTION_IMAGE_CAPTURE);
                startActivity(intent);
            }

        });
    }
```

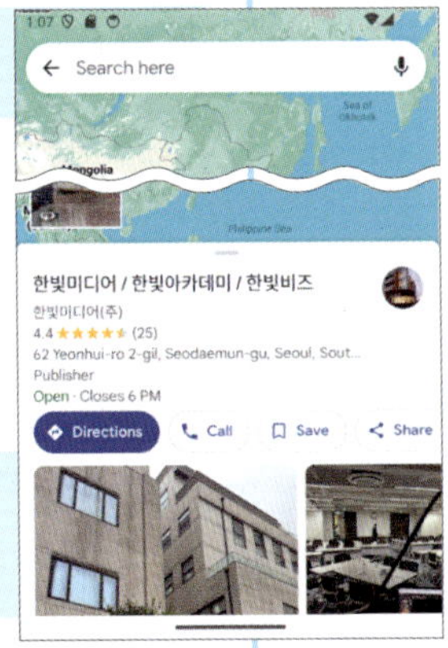


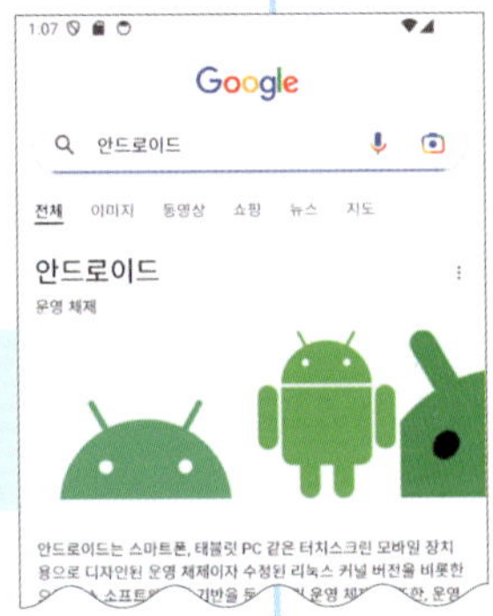


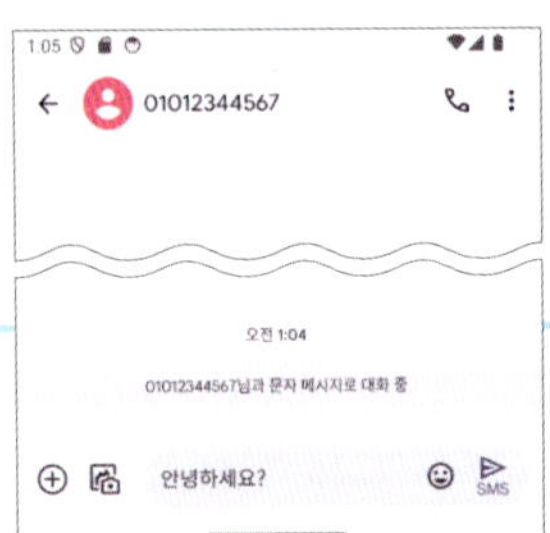

**15~17** 전화를 걸기 위해 URI 문자열을 "tel:전화번호" 형식으로 사용했다. 액션으로 ACTION_DIAL을 사용하면 전화 걸기 창이 열린다.

**23, 24** 웹브라우저를 열기 위해 URI 문자열을 "http://웹 주소" 형식으로 사용했다. 액션은 ACTION_VIEW를 사용했다.

**31, 32** 구글 맵을 열기 위해 URI 문자열을 구글 맵 주소와 경위도 형식으로 사용했다. 액션은 ACTION_VIEW를 사용했다.

**39~41** 구글 검색을 열기 위해 액션은 ACTION_WEB_SEARCH를 사용했다. 검색을 위해 putExtra()로 넘기는데, 첫 번째 파라미터로 SearchManager.QUERY를 사용하고 두 번째 파라미터에는 검색할 단어를 넣었다.

**47~49** 문자 메시지를 보내기 위해 액션은 ACTION_SENDTO를 사용했다. 보낼 문자는 putExtra()로 넘기는데, 첫 번째 파라미터에 "sms_body"를 넣고 두 번째 파라미터에 보낼 문자를 넣었다. 또한 49행과 같이 setData()를 설정해야 한다.

**56** 카메라를 열기 위해 액션은 MediaStore.ACTION_IMAGE_CAPTURE를 사용했다.

## 3 액티비티 생명주기

안드로이드 응용 프로그램은 PC용과 달리 화면이 작으므로 동시에 여러 개의 액티비티(화면)가 나올 수 없다. 즉 응용 프로그램이 여러 개의 액티비티로 작성되어 있다면 앞에 나오는 액티비티 하나만 활성화된 상태이고 나머지는 모두 비활성화된 상태가 된다. 비활성화된 액티비티가 앞으로 나오면 앞에 있던 액티비티가 비활성화된다.

액티비티 생명주기는 액티비티의 생성부터 소멸까지의 주기를 말한다. [그림 10-13]을 보자. 응용 프로그램이 시작되면 onCreate(), onStart(), onResume() 메소드가 수행되고 메인 액티비티 화면이 나온다. 이것이 메인 액티비티의 실행 상태이다. 이 상태에서 메인 액티비티를 끝내면 왼쪽의 onPause(), onStop(), onDestroy() 메소드가 차례로 수행되고 응용 프로그램이 종료된다. 만약 다른 액티비티를 요청하면 오른쪽의 onPause(), onStop() 메소드가 수행되고 메인 액티비티가 중지되며 다른 액티비티 화면이 나온다. 또 다른 액티비티의 사용을 종료하면 onRestart(), onStart(), onResume() 메소드가 수행되고 다시 메인 액티비티 화면이 나온다.

TIP [그림 10-13]에 표현된 액티비티 생명주기는 정상적인 상태인 경우이다. 메모리 부족 등이 발생하면 시스템이 액티비티를 강제로 종료시킬 수도 있는데 이러한 예외 상황은 생략했다.

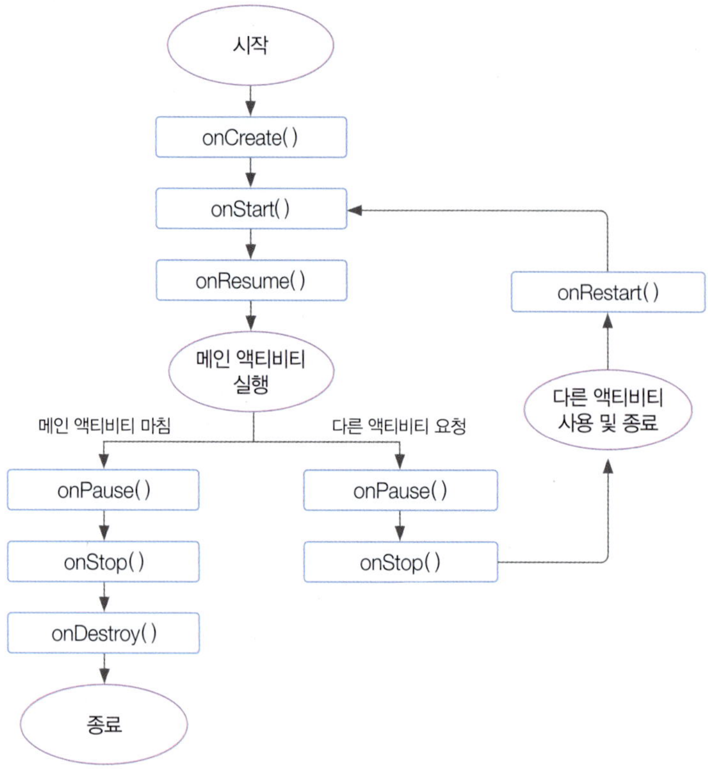


**그림 10-13 액티비티 생명주기**

**여기서 잠깐** **로그캣(LogCat)**

작성 중인 프로그램에 예기치 못한 오류가 발생했을 때 원인을 파악하는 방법 중 하나가 로그(log)를 남기는 것이다. 안드로이드는 android.util.Log 클래스를 제공하여 로그를 남기고, 로그캣(logCat)이라는 화면을 제공하여 로그를 확인한다. 프로그래머가 로그를 남기기 위해 사용하는 메소드는 다음 표와 같다. 하지만 절대적인 기준은 아니며 프로그래머가 적절한 메소드를 골라 사용해야 한다.

| 메소드 | 설명 |
|---|---|
| android.util.Log.d("태그", "메시지") | Debugging: 디버깅 용도로 남기는 로그 |
| android.util.Log.e("태그", "메시지") | Error: 가장 심각한 오류 발생 시 남기는 로그 |
| android.util.Log.i("태그", "메시지") | Information: 정보를 남기기 위한 로그 |
| android.util.Log.v("태그", "메시지") | Verbose: 상세한 기록을 남기기 위한 로그 |
| android.util.Log.w("태그", "메시지") | Warning: 경고 수준을 남기기 위한 로그 |

## 실습 10-3 로그캣을 이용하여 액티비티 생명주기 확인하기

정상적인 상태의 액티비티 생명주기를 알아보자. 로그캣(LogCat)을 활용하여 [그림 10-13]의 메소드가 실행되는 순서를 확인해보자.

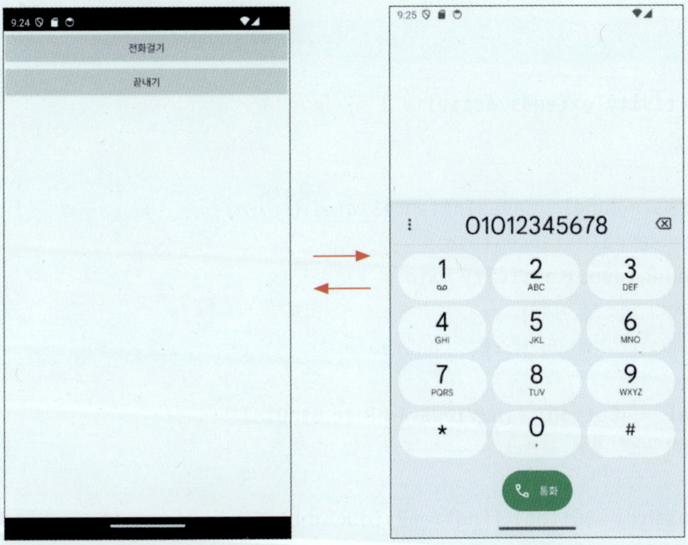


그림 10-14 **액티비티 생명주기 테스트 결과 화면**

### 1 안드로이드 프로젝트 생성

❶ 새 프로젝트를 만든다. 프로젝트 이름은 'Project10_3', 패키지 이름은 'com.cookandroid.project10_3'으로 한다. 그 외 규칙은 [실습 2-4]의 ❶~❹를 따른다.

### 2 화면 디자인 및 편집

❷ 메인 액티비티에서 사용할 activity_main.xml을 다음과 같이 수정한다.

- 버튼 2개를 생성한다. 버튼의 아이디는 btnDial, btnFinish로 한다.

**예제 10-21 activity_main.xml**

```
<LinearLayout>
    <Button
        android:id="@+id/btnDial"
        android:text="전화걸기" />
    <Button
        android:id="@+id/btnFinish"
        android:text="끝내기" />
</LinearLayout>
```

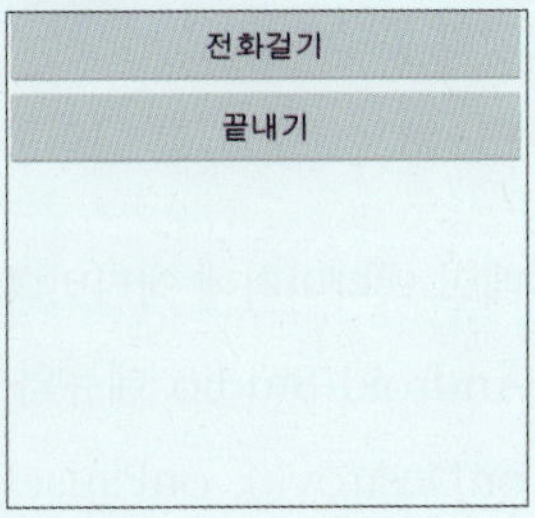

### 3 Java 코드 작성 및 수정

**3** 메인 액티비티인 MainActivity.java를 간단히 코딩한다.

- 〈전화걸기〉를 클릭하면 다른 액티비티인 전화걸기 화면이 나온다.
- 〈끝내기〉를 클릭하면 메인 액티비티를 종료한다.

**예제 10-22 Java 코드 1**

```
1  public class MainActivity extends Activity {
2
3      @Override
4      public void onCreate(Bundle savedInstanceState) {
5          super.onCreate(savedInstanceState);
6          setContentView(R.layout.activity_main);
7          setTitle("액티비티 테스트 예제");
8          android.util.Log.i("액티비티 테스트", "onCreate()");
9
10         Button btnDial = (Button) findViewById(R.id.btnDial);
11         ~~~~ 생략(전화걸기 버튼 클릭 리스너) ~~~~
12
13         Button btnFinish = (Button) findViewById(R.id.btnFinish);
14         btnFinish.setOnClickListener(new View.OnClickListener() {
15             public void onClick(View v) {
16                 finish();
17             }
18         });
19     }
20
21 }
```

**8** onCreate( ) 메소드를 실행했다는 로그를 로그캣에 남긴다. android.util.Log.i( ) 메소드의 첫 번째 파라미터에는 구분하기 위한 태그(tag)를 넣고, 두 번째 파라미터에는 로그에 남길 문자를 넣는다.

**10, 11** 〈전화걸기〉를 클릭하면 전화걸기 화면이 나오게 한다. 11행은 [예제 10-20]의 13~19행과 동일하다.

**13~18** 〈끝내기〉를 클릭하면 메인 액티비티를 종료한다.

**4** 메인 액티비티에 액티비티 관련 메소드를 자동 완성한다. [예제 10-22]의 20행에 커서를 두고 Android Studio 메뉴의 [Code]-[Override Methods]를 선택한다. [그림 10-13]에 나온 onDestroy( ), onPause( ), onRestart( ), onResume( ), onStart( ), onStop( ) 메소드를 선택하고 〈OK〉를 클릭한 후 각 메소드 안에 로그를 남긴다.

**예제 10-23 Java 코드 2**

```
1  @Override
2  protected void onDestroy() {
3
4     super.onDestroy();
5     android.util.Log.i("액티비티 테스트", "onDestroy()");
6  }
7
8  ~~~~~ 생략(메소드 5개) ~~~~~
```

**5** 자동 완성된 코드에 로그를 남긴다. 로그의 문자는 실행 중인 메소드의 이름과 동일하게 한다.
**8** onPause(), onRestart(), onResume(), onStart(), onStop() 메소드에 5행과 동일한 내용을 코딩한다. 단, android.util.Log.i() 메소드의 두 번째 파라미터에는 각 메소드의 이름을 넣는다.

### 4 프로젝트 실행 및 결과 확인

**5** 프로젝트를 실행하기 전에 메뉴의 [View]–[Tool Windows]–[Logcat]을 선택하면 로그캣 화면이 보인다.

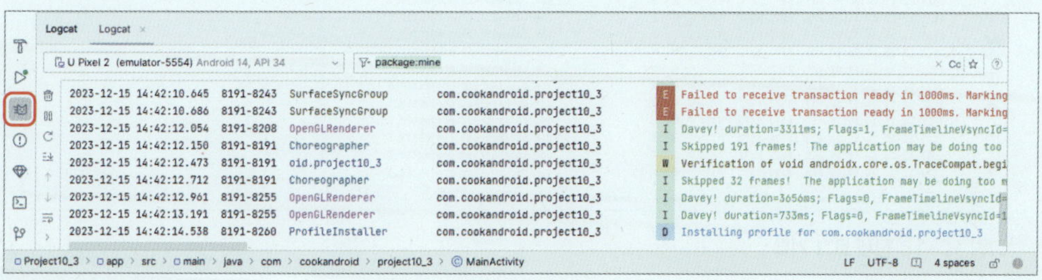


그림 10-15 로그캣

**6** 안드로이드 응용 프로그램을 실행하면 로그가 많이 발생한다. 이 중 필요한 것을 구분하기 위해 [예제 10-23]에서 태그 '액티비티 테스트'를 넣어두었다. 우선 로그 창 화면 중앙에서 마우스 오른쪽 버튼을 클릭하고 [Clear logcat]을 선택하여 로그 창을 깨끗이 한다. 그리고 오른쪽 위 필터 부분에 '액티비티'를 입력한 후 Enter를 누른다.

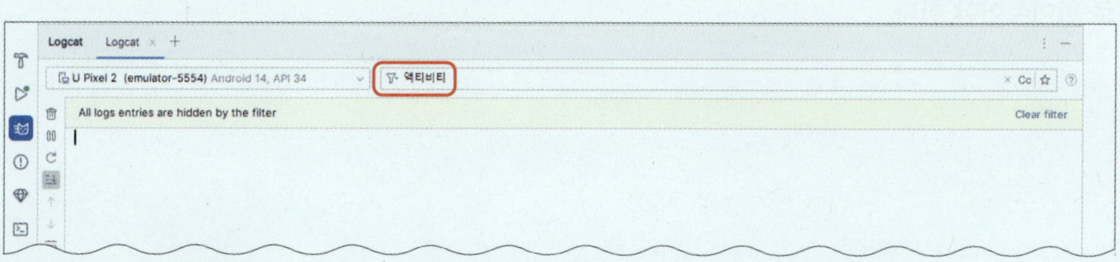


그림 10-16 로그 필터 등록

**7** 이제 프로젝트를 실행하고 AVD가 나오면 왼쪽의 로그캣 아이콘을 클릭하여 로그캣을 확인해본다. [그림 10-13]의 onCreate(), onStart(), onResume()이 실행된 것을 확인할 수 있을 것이다.

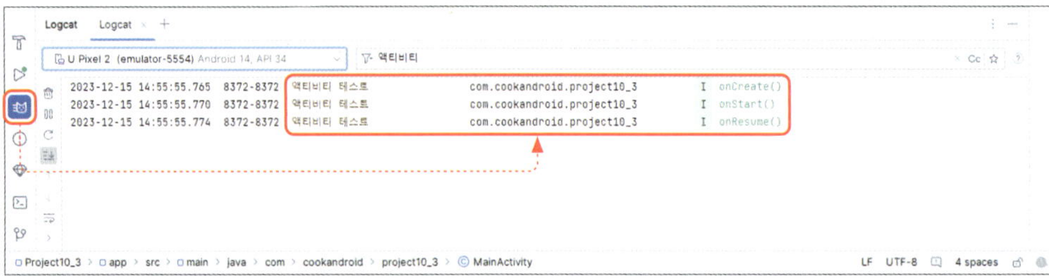


그림 10-17 **앱 실행 직후의 로그**

**8** 다음의 각 단계마다 로그캣을 확인하여 [그림 10-13]과 같이 동작하는지 확인한다.

- 〈전화걸기〉를 클릭하여 다른 액티비티가 나타난 후
- 키패드의 돌아가기 버튼을 클릭하여 메인 액티비티로 돌아간 후
- 〈끝내기〉를 클릭하여 메인 액티비티를 마친 후

그림 10-18 **전체 로그 기록**

### 5 안드로이드 응용 프로그램 개발 완료

**9** 결과를 확인한다.

지금까지 액티비티의 동작을 간단히 살펴보았다. 일반적인 응용 프로그램을 만들 때는 액티비티 생명주기를 몰라도 상관없으나, 시스템을 세밀하게 조절하는 고급 프로그래밍을 하려면 필수적으로 알아두어야 한다.

## 요약

1 안드로이드의 4대 컴포넌트는 액티비티, 서비스, 브로드캐스트 리시버, 콘텐트 프로바이더이다.

2 액티비티는 안드로이드폰에 나타나는 화면 하나하나를 말하는데, 일반적으로 액티비티 하나당 XML 파일 하나를 만든다.

3 새로운 액티비티를 만들때는 android.app.Activity 클래스를 상속받는다. 그리고 추가한 액티비티는 AndroidManifest.xml 파일에 등록해야 한다.

4 명시적 인텐트는 일반적으로 사용자가 새로운 액티비티를 직접 생성하고 호출할 때 사용된다.

5 데이터를 한쪽 방향으로 전달하는 명시적 인텐트와 데이터를 양방향으로 전달하는 명시적 인텐트는 다음과 같이 동작한다.

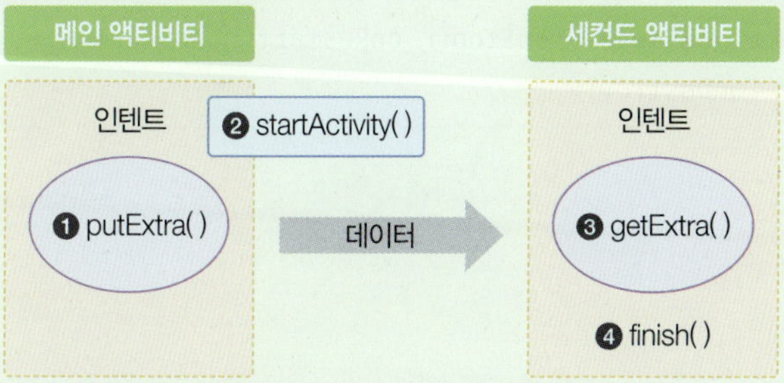


(a) 데이터를 한쪽 방향으로 전달하는 명시적 인텐트

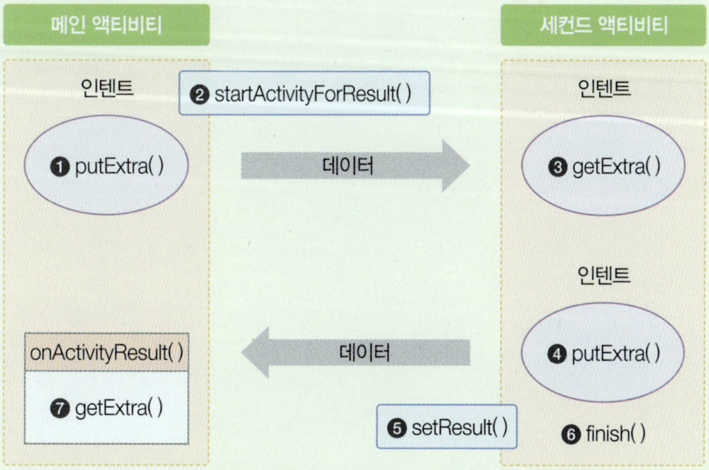


(b) 데이터를 양방향으로 전달하는 명시적 인텐트

## 요약

6 암시적 인텐트는 약속된 액션을 지정하여 안드로이드에서 제공하는 기존 응용 프로그램을 실행하는 것이며, 다음과 같이 동작한다.

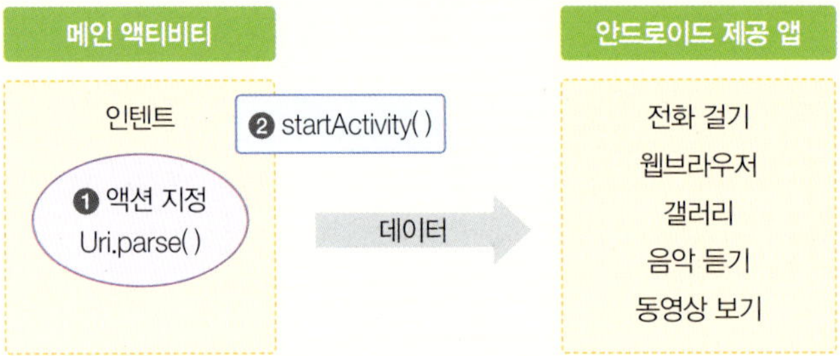


7 액티비티 생명주기는 액티비티의 생성부터 소멸까지의 주기를 말한다. 다른 액티비티가 나오는 경우에는 다음과 같은 순서로 메소드가 수행된다.

```
onCreate(), onStart(), onResume(), onPause(), onStop(), onRestart(), onStart(),
onResume(), onPause(), onStop(), onDestroy()
```

# 연습문제

**1** 액티비티를 매니페스트 파일에 등록하는 코드는?

❶ 〈activity android:type =".MyActivity" /〉

❷ 〈activity android:name =".MyActivity" /〉

❸ 〈activity android:class =".MyActivity" /〉

❹ 〈activity android:apps =".MyActivity" /〉

**2** 한쪽 방향으로 데이터를 전달하기 위한 명시적 인텐트에 사용되는 메소드가 아닌 것은?

❶ putExtra()

❷ getExtra()

❸ startIntent()

❹ finish()

**3** 데이터를 반환받기 위해 액티비티를 호출할 때 사용되는 메소드는?

❶ startActivityForData

❷ startActivityForReturn

❸ startActivityForCall

❹ startActivityForResult

**4** 문자 메시지를 보내기 위한 암시적 인텐트 생성과 관련이 있는 코드는?

❶ Intent(Intent.ACTION_SENDTO)

❷ Intent(Intent.ACTION_MESSAGE)

❸ Intent(Intent.ACTION_VIEW)

❹ Intent(Intent.ACTION_SNS)

## 연습문제

**5** [실습 10-1]을 개선하여 다음 그림과 같이 작동하도록 프로젝트를 작성하시오.

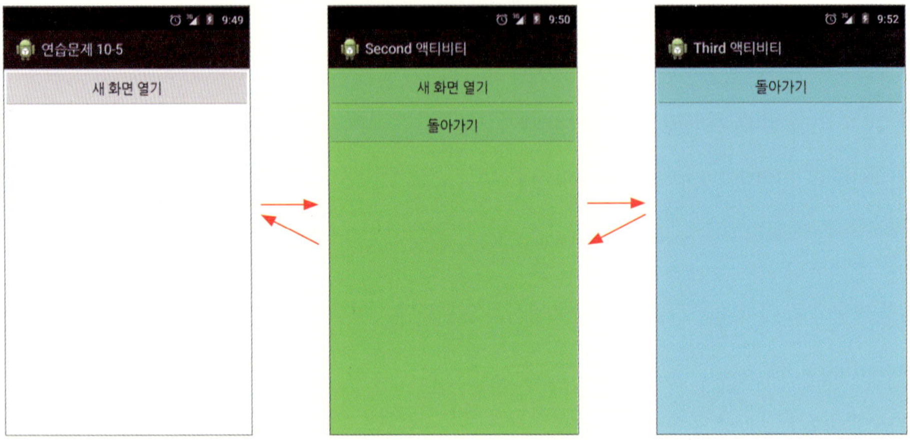


**6** [실습 10-2]를 개선하여 결과 화면이 1등부터 1초마다 뷰플리퍼에 자동으로 나오도록 프로젝트를 작성하시오.

**힌트** 뷰플리퍼는 6장에서 다루었다.

CHAPTER 11

# 어댑터뷰

**학습목표**

- 리스트뷰와 그리드뷰 활용법을 이해한다.
- 갤러리와 스피너 사용법을 익힌다.

# 01 리스트뷰와 그리드뷰

## 1 어댑터뷰

6장에서 뷰그룹의 하위 클래스 중에서 레이아웃을 제외한 것을 뷰 컨테이너라고 했다. 그리고 뷰 컨테이너 중에서 스크롤뷰, 슬라이딩드로어, 뷰플리퍼, 탭호스트, 웹뷰에 대해 배웠다. 다음 계층도를 보면 아직 다루지 않은 뷰 컨테이너로 어댑터뷰 하위의 그리드뷰, 리스트뷰, 익스팬더블리스트뷰, 스피너, 갤러리 등이 있는데 이것들을 묶어서 어댑터뷰라고 한다.

어댑터뷰 계층도

```
java.lang.Object
  └ android.view.View
    └ android.widget.ViewGroup
      └ android.widget.AdapterView
        └ android.widget.AbsListView
          └ android.widget.GridView
          └ android.widget.ListView
            └ android.widget.ExpandableListView
        └ android.widget.AbsSpinner
          └ android.widget.Spinner
          └ android.widget.Gallery
```

어댑터뷰는 그 자체를 사용하기보다는 하위 클래스를 사용한다. 실제로 어댑터뷰를 사용할 때는 어댑터뷰의 모양을 설정하고 데이터를 채워주는 ArrayAdapter〈T〉 클래스를 함께 사용한다. 잠시 후 예제에서 사용법을 살펴볼 것이다.

## 2 리스트뷰

리스트뷰(ListView)는 데이터를 리스트 모양으로 보여주고 그중 하나를 선택하는 용도로 사용된다. 예를 들어 안드로이드의 [설정]을 실행하면 리스트뷰가 나와 각 항목을 선택할 수 있다.

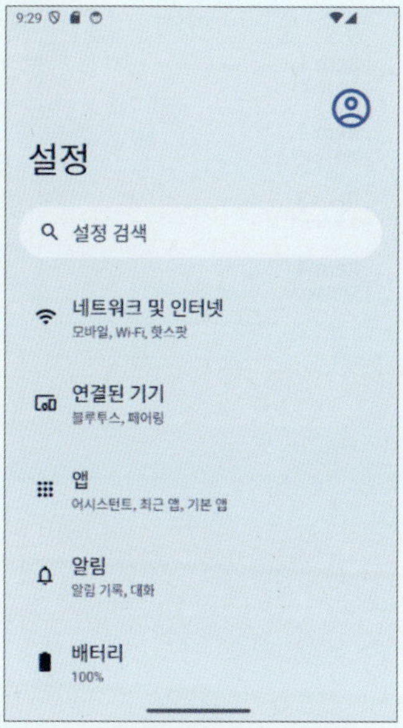


**그림 11-1** 안드로이드의 설정 기능

## XML을 이용한 리스트뷰 만들기

리스트뷰를 만드는 형식은 다음과 같다. XML 파일의 <ListView></ListView> 태그 부분에 리스트뷰를 생성하고, Java 코드에서 리스트뷰에 실제 데이터를 채우면 된다.

❶ 리스트뷰에 나열할 내용을 미리 String 배열로 만들어놓는다.

❷ 리스트뷰 변수를 생성하고 XML의 <ListView>에 대응시킨다.

❸ ArrayAdapter<String> 형 변수를 선언하고, 리스트뷰의 모양과 내용을 ❶번의 배열로 채운다.

❹ ❸번에서 생성한 어레이어댑터를 ❷번의 리스트뷰 변수에 적용한다.

❺ 리스트뷰의 항목을 클릭했을 때 동작하는 리스너를 정의한다.

TIP 위 순서는 리스트뷰뿐 아니라 어댑터뷰 하위의 다른 위젯에도 비슷하게 적용된다.

이러한 순서대로 XML 파일에서 리스트뷰를 기본적으로 구성하고 Java 코드에서 호출하여 사용하는 방식을 다음 예제에서 확인해보자.

**예제 11-1 리스트뷰 기본 예제의 XML 코드**

```
<LinearLayout>
    <ListView
        android:id="@+id/listView1"
        android:layout_width="match_parent"
```

```
        android:layout_height="wrap_content" >
    </ListView>
</LinearLayout>
```

**예제 11-2 리스트뷰 기본 예제의 Java 코드**

```
1  public void onCreate(Bundle savedInstanceState) {
2      super.onCreate(savedInstanceState);
3      setContentView(R.layout.activity_main);
4      setTitle("리스트뷰 테스트");
5
6      final String[] mid = { "히어로즈", "24시", "로스트", "로스트룸", "스몰빌", "탐정몽크",
7              "빅뱅이론", "프렌즈", "덱스터", "글리", "가쉽걸", "테이큰", "슈퍼내추럴", "브이" };
8
9      ListView list = (ListView) findViewById(R.id.listView1);
10
11     ArrayAdapter<String> adapter = new ArrayAdapter<String>(this,
12                 android.R.layout.simple_list_item_1, mid);
13     list.setAdapter(adapter);
14
15     list.setOnItemClickListener(new AdapterView.OnItemClickListener() {
16         public void onItemClick(AdapterView<?> arg0, View arg1, int arg2,
17                 long arg3) {
18             Toast.makeText(getApplicationContext(),
19                 mid[arg2], Toast.LENGTH_SHORT).show();
20         }
21     });
22 }
```

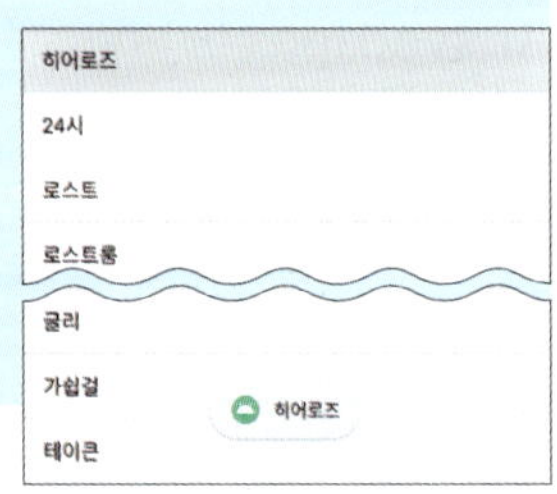


**6, 7** 리스트뷰에 나열할 내용을 String 배열로 미리 만들어놓는다(❶).

**9** 리스트뷰 변수를 생성하고 XML의 <ListView>에 대응시킨다(❷).

**11, 12** ArrayAdapter<String> 형 변수를 선언한다(❸). 생성자의 두 번째 파라미터로 리스트뷰의 형식(simple_list_item_1)을 선택하고, 세 번째 파라미터에는 적용할 배열(mid)을 지정한다.

**13** 생성한 어레이어댑터를 9행에서 접근한 list 변수에 적용한다(❹).

**15~21** 리스트뷰의 항목을 클릭했을 때 동작하는 리스너를 정의한다(❺). 추상 메소드인 onItem

Click()을 오버라이딩해야 하는데 파라미터는 어댑터뷰, 뷰, 클릭한 항목의 순번, 항목의 아이디 순이다.

앞의 예제는 리스트뷰를 코딩할 때마다 전형적으로 나오는 코드이다. 잘 기억해두면 응용된 리스트뷰를 사용할 때 편리하다.

### 리스트뷰의 다양한 모양 설정

리스트뷰의 모양은 [예제 11-2]의 12행에서 android.R.layout.simple_list_item_1을 사용하여 지정했다. 필요하다면 라디오버튼이나 체크박스로도 설정이 가능하다. 12행을 simple_list_item_single_choice로 바꾸면 라디오버튼이 되고, simple_list_item_multiple_choice로 바꾸면 체크박스가 된다. XML 파일은 [예제 11-1]과 동일하지만 Java 코드는 약간 변경해야 한다. [예제 11-2]의 11~13행만 변경해보자.

**예제 11-3 모양을 변경한 리스트뷰의 Java 코드**

```
1  ArrayAdapter<String> adapter = new ArrayAdapter<String>(this,
2              android.R.layout.simple_list_item_multiple_choice, mid);
3  list.setChoiceMode(ListView.CHOICE_MODE_MULTIPLE);
4  list.setAdapter(adapter);
```

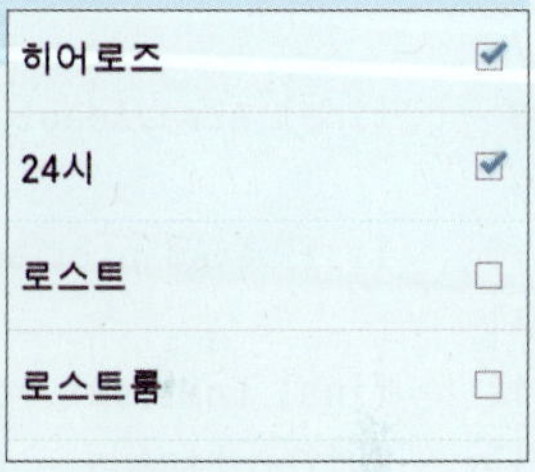


**2** 체크박스로 모양을 바꾸기 위해 simple_list_item_multiple_choice를 사용했다. 라디오버튼은 simple_list_item_single_choice를 사용한다.

**3** 다중 선택이 가능하도록 setChoiceMode()로 설정한다. 라디오버튼은 CHOICE_MODE_SINGLE을 사용한다.

### 리스트뷰의 동적 추가·삭제

앞의 예제는 리스트뷰의 항목을 코드에서 고정해놓았지만 동적으로 추가하거나 삭제할 수도 있다. 리스트뷰의 항목을 동적으로 추가·삭제하려면 [예제 11-2]의 6, 7행에서 배열 대신 ArrayList〈T〉를 정의한 후 add()와 remove() 메소드를 사용해야 한다.

다음 예제를 보자. 에디트텍스트에 추가할 항목을 입력하고 〈항목 추가〉를 클릭하면 리스트뷰에 항목이 추가되고, 추가된 항목을 롱클릭하면 항목이 삭제된다.

### 예제 11-4 리스트뷰 동적 추가·삭제의 XML 코드

```
<LinearLayout>
    <EditText
        android:id="@+id/edtItem" />
    <Button
        android:id="@+id/btnAdd"
        android:text="항목 추가" />
    <ListView
        android:id="@+id/listView1" />
</LinearLayout>
```

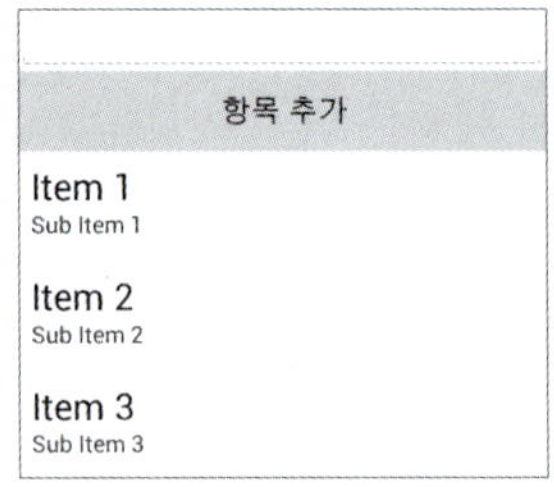


### 예제 11-5 리스트뷰 동적 추가·삭제의 Java 코드

```
public void onCreate(Bundle savedInstanceState) {
   super.onCreate(savedInstanceState);
   setContentView(R.layout.activity_main);

   final ArrayList<String> midList = new ArrayList<String>();
   ListView list = (ListView) findViewById(R.id.listView1);

   final ArrayAdapter<String> adapter = new ArrayAdapter<String>(this,
                     android.R.layout.simple_list_item_1, midList);
   list.setAdapter(adapter);

   final EditText edtItem = (EditText) findViewById(R.id.edtItem);
   Button btnAdd = (Button) findViewById(R.id.btnAdd);

   btnAdd.setOnClickListener(new View.OnClickListener() {
      public void onClick(View v) {
         midList.add(edtItem.getText().toString());
         adapter.notifyDataSetChanged();
      }
   });

   list.setOnItemLongClickListener(new AdapterView.OnItemLongClickListener() {
      public boolean onItemLongClick(AdapterView<?> parent, View view, int
                                    position, long id) {
         midList.remove(position);
         adapter.notifyDataSetChanged();
         return false;
      }
   });
}
```

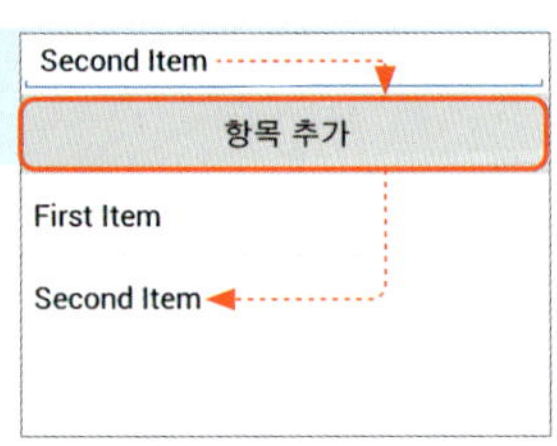

**5** [예제 11-2]에서는 문자열 배열을 정의하고 항목으로 사용했으나 여기서는 문자열 배열 대신 ArrayList〈String〉 형으로 비어 있는 변수를 선언한다.

**8, 9** ArrayList〈String〉 형 변수 midList를 ArrayAdapter( ) 생성자의 맨 마지막 파라미터로 사용했다.

**17, 18** add( ) 메소드로 ArrayList〈String〉 형 변수 midList에 에디트텍스트의 내용을 추가한다. ArrayAdapter〈String〉 형 변수 adapter의 notifyDataSetChanged( ) 메소드를 호출하면 추가된 항목이 보인다.

**22~29** 항목을 롱클릭하면 remove( ) 메소드로 항목이 삭제되도록 리스트뷰의 setOnItemLong ClickListener( ) 메소드를 이용했다.

## 3 그리드뷰

그리드뷰는 사진이나 그림을 격자 모양으로 배치해준다. 버튼, 텍스트 등을 배치할 수도 있지만 주로 사진이나 그림을 배치한다.

XML 파일에는 간단히 〈GridView〉를 넣으면 되지만 Java 코드에는 필요한 내용을 반드시 코딩해야 한다. 특히 〈GridView〉의 속성 중 열 개수를 지정하는 numColumns는 꼭 넣어야 한다. 실습을 통해 그리드뷰 사용법을 알아보자.

### 실습 11-1 영화 포스터 보기 1

그리드뷰를 이용하여 여러 사진(영화 포스터)을 격자 모양으로 배치한 영화 포스터 앱을 만들어보자. 영화 포스터를 클릭하면 확대된 포스터가 대화상자로 나온다.

그림 11-2 그리드뷰 영화 포스터 앱 결과 화면

### 1 안드로이드 프로젝트 생성

❶ 새 프로젝트를 만든다. 프로젝트 이름은 'Project11_1', 패키지 이름은 'com.cookandroid.project11_1'로 한다. 그 외 규칙은 [실습 2-4]의 ❶~❹를 따른다.

### 2 화면 디자인 및 편집

❷ activity_main.xml에 그리드뷰를 1개 추가한다.

**예제 11-6 activity_main.xml**

```
1 <LinearLayout>
2     <GridView
3         android:id="@+id/gridView1"
4         android:layout_width="match_parent"
5         android:layout_height="wrap_content"
6         android:gravity="center"
7         android:numColumns="4" >
8     </GridView>
9 </LinearLayout>
```

**7** 그리드뷰를 4열로 설정한다. 행은 Java 코드에서 지정한 이미지의 개수만큼 된다. 즉 이미지를 10개 지정하면 4, 4, 2개로 배치되므로 3행짜리 그리드뷰가 된다.

❸ 그리드뷰의 작은 사진을 클릭하면 큰 사진을 보여주는 대화상자용 XML 파일을 만들자. Project Tree의 [res]–[layout]에서 마우스 오른쪽 버튼을 클릭하고 [New]–[Layout Resource File]을 선택한다. [New Resource File] 창에서 File name에 'dialog.xml'을, Root element에 'LinearLayout'을 입력하고 〈OK〉를 클릭한다.

❹ dialog.xml에 이미지뷰를 1개만 생성한다.

**예제 11-7 dialog.xml**

```
<LinearLayout
    android:gravity="center" >
    <ImageView
        android:id="@+id/ivPoster" />
</LinearLayout>
```

❺ 영화 포스터 이미지 파일 10개를 [res]–[drawable] 폴더에 복사해놓는다. 필자는 mov01.jpg~mov10.jpg를 복사해놓았다.

### 3 Java 코드 작성 및 수정

❻ 메인 액티비티에서 BaseAdapter를 상속받는 MyGridAdapter를 정의한다. 그리고 activity_main.xml의 그리드뷰에 MyGridAdapter 변수를 적용한다.

**예제 11-8 메인 액티비티의 Java 코드 1**

```
1  public void onCreate(Bundle savedInstanceState) {
2      super.onCreate(savedInstanceState);
3      setContentView(R.layout.activity_main);
4      setTitle("그리드뷰 영화 포스터");
5
6      final GridView gv = (GridView) findViewById(R.id.gridView1);
7      MyGridAdapter gAdapter = new MyGridAdapter(this);
8      gv.setAdapter(gAdapter);
9  }
10
11 public class MyGridAdapter extends BaseAdapter {
12     Context context;
13     public MyGridAdapter(Context c) {
14         context = c;
15     }
16     public int getCount() {
17
18         return 0;
19     }
20     public Object getItem(int arg0) {
21
22         return null;
23     }
24     public long getItemId(int arg0) {
25
26         return 0;
27     }
28
29     public View getView(int arg0, View arg1, ViewGroup arg2) {
30
31         return null;
32     }
33 }
```

**7, 8** 11행에서 정의한 MyGridAdapter 변수를 생성하여 activity_main.xml의 그리드뷰에 적용한다.

**11~33** BaseAdapter를 상속받는 MyGridAdapter를 정의한다.

**12~15** 컨텍스트 변수를 선언하고, 7행에서 넘긴 this 컨텍스트를 생성자로부터 받은 다음 context 변수에 대입한다. 이는 context 변수를 다른 메소드에서 사용하기 위함이다.

**16~32** BaseAdapter의 추상 메소드를 자동 완성한다. MyGridAdapter 클래스 안에 커서를 두고 Ctrl+I(알파벳 I)를 누르면 자동 완성된다.

7 MyGridAdapter를 계속 코딩하자. 우선 영화 포스터 파일의 아이디를 배열로 지정한다. [예제 11-8]의 28행 정도에 코딩하면 된다. 이미지 파일이 10개뿐이므로 그리드뷰에 더 많은 영화 포스트가 보이도록 mov01~mov10을 네 번 반복한다.

**예제 11-9 메인 액티비티의 Java 코드 2**

```
1 Integer[] posterID = {
2     R.drawable.mov01, R.drawable.mov02, R.drawable.mov03,
3     R.drawable.mov04, R.drawable.mov05, R.drawable.mov06,
4     R.drawable.mov07, R.drawable.mov08, R.drawable.mov09,
5     R.drawable.mov10,
6     ~~~~~ 생략(2~5행 세 번 반복) ~~~~~
7 };
```

8 MyGridAdapter의 핵심은 getCount()와 getView() 메소드이다. getCount()는 그리드뷰에 보일 영화 포스터의 개수를 반환하도록 수정하고, getView()는 영화 포스터를 각 그리드뷰의 칸마다 이미지뷰로 생성해서 보여준다. [예제 11-8]의 getCount()와 getView() 메소드를 다음과 같이 수정하여 실행하면 [그림 11-2]의 왼쪽 이미지처럼 영화 포스터가 나타날 것이다.

**예제 11-10 메인 액티비티의 Java 코드 3**

```
public int getCount() {
    return posterID.length;
}

public View getView(int position, View convertView, ViewGroup parent) {
    ImageView imageview = new ImageView(context);
    imageview.setLayoutParams(new GridView.LayoutParams(200, 300));
    imageview.setScaleType(ImageView.ScaleType.FIT_CENTER);
    imageview.setPadding(5, 5, 5, 5);

    imageview.setImageResource(posterID[position]);

    return imageview;
}
```

**2** 영화 포스터의 개수를 반환한다. 이 실습에서는 40개를 반환한다.

**5~14** 이 부분이 영화 포스터의 개수(40개)만큼 반복된다고 생각하면 된다. 영화 포스터를 그리드뷰의 각 칸마다 보여주는 기능을 한다.

**6** 이미지뷰 변수를 생성한다.

**7** 이미지뷰(영화 포스터)의 크기를 200×300 크기로 설정한다. 그림이 너무 크거나 작게 보이면 이 크기를 적절히 조절한다.

**8** 이미지뷰를 각 그리드뷰 칸의 중앙에 배치한다.

**9** 영화 포스트가 너무 빽빽하지 않도록 간격을 적당히 설정한다.

**11** 이미지뷰에 영화 포스터 1개(파라미터로 넘어온 position 위치)를 적용한다.

**9** 이제 각각의 영화 포스터를 클릭하면 대화상자가 나오고 영화 포스터의 원래 크기로 보이게 해보자. [예제 11-10]의 12행에 코딩한다.

TIP XML을 인플레이트하여 대화상자를 만드는 방법은 [예제 7-25]에서 배웠다.

**예제 11-11 메인 액티비티의 Java 코드 4**

```
1  final int pos = position;
2  imageview.setOnClickListener(new View.OnClickListener() {
3    public void onClick(View v) {
4      View dialogView = (View) View.inflate(MainActivity.this,
5                      R.layout.dialog, null);
6      AlertDialog.Builder dlg = new AlertDialog.Builder(MainActivity.this);
7      ImageView ivPoster = (ImageView) dialogView.findViewById(R.id.ivPoster);
8      ivPoster.setImageResource(posterID[pos]);
9      dlg.setTitle("큰 포스터");
10     dlg.setIcon(R.drawable.ic_launcher);
11     dlg.setView(dialogView);
12     dlg.setNegativeButton("닫기", null);
13     dlg.show();
14   }
15 });
```

**1, 8** getView() 메소드의 파라미터인 position을 클릭 리스너 안에서 사용하기 위해 pos 변수에 대입한다.

**4, 5, 11** dialog.xml 파일을 인플레이트하여 diglogView에 대입한다. 그리고 11행에서 setView()를 이용하여 인플레이트한 뷰를 대화상자로 사용함으로써 [그림 11-2]와 같이 dialog.xml의 내용이 대화상자로 나타난다.

**7, 8** dialog.xml의 이미지뷰에 접근하고, 이미지뷰에 클릭한 영화 포스터의 아이디를 설정한다.

**12** 〈닫기〉를 생성한다.

### 4 프로젝트 실행 및 결과 확인

⑩ 프로젝트를 다시 실행해보자. 이제 [그림 11-2]와 같이 클릭한 영화 포스트가 확대되어 대화상자로 보일 것이다.

### 5 안드로이드 응용 프로그램 개발 완료

⑪ 결과를 확인했으면 키패드의 돌아가기 버튼을 클릭하여 AVD의 초기화면으로 돌아간다.

▶ **직접 풀어보기 11-1**

영화 포스터를 클릭하면 나오는 대화상자의 제목 창에 영화 제목이 보이도록 [실습 11-1]을 수정하라. 대화상자의 아이콘도 수정하라.

힌트 posterID와 동일한 개수의 문자열 배열을 정의하고 영화 제목을 넣는다.

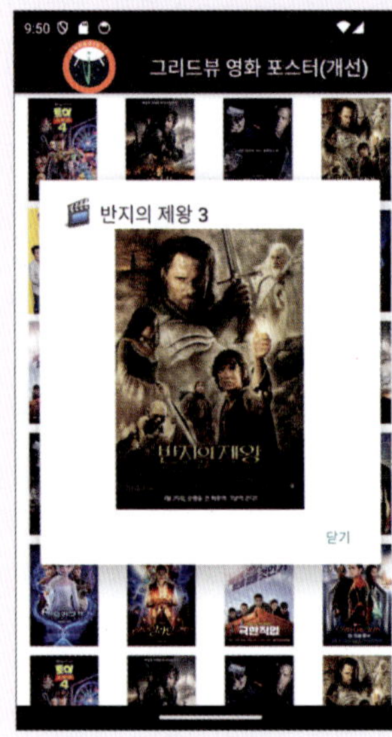


그림 11-3 **수정된 그리드뷰 영화 포스터 앱**

# 02 갤러리와 스피너

이 절에서는 사진첩 효과를 내는 갤러리와 PC의 드롭다운(drop-down) 박스 효과를 내는 스피너에 대해 알아보자.

## 1 갤러리

갤러리(Gallery)는 사진이나 이미지를 배치하고 좌우로 스크롤하여 볼 수 있게 해준다. 단, 이미지 목록을 스크롤하는 기능만 있으므로 이미지를 클릭했을 때 큰 이미지가 나타나게 하려면 Java 코드를 추가해야 한다. 앞에서 배운 그리드뷰와 효과는 비슷하지만 좀 더 부드럽고 고급스러운 느낌이 난다. 실습을 통해 용도를 직접 확인해보자.

TIP 갤러리 사용 시 젤리빈(Android 4.1, API 16) 이후부터는 약한 경고가 나온다. 하지만 많이 사용되었던 기능이므로 알아두는 것이 좋다.

### 실습 11-2 영화 포스터 보기 2

[실습 11-1]에서는 그리드뷰를 이용하여 영화 포스터 보기 앱을 작성했는데 이번에는 갤러리를 이용해보자. 영화 포스터를 클릭하면 대화상자 대신 아래쪽 이미지뷰에 확대된 영화 포스터가 나온다.

그림 11-4 갤러리 영화 포스터 앱 결과 화면

**1 안드로이드 프로젝트 생성**

1 새 프로젝트를 만든다. 프로젝트 이름은 'Project11_2', 패키지 이름은 'com.cookandroid.project11_2'로 한다. 그 외 규칙은 [실습 2-4]의 1~4를 따른다.

### 2 화면 디자인 및 편집

❷ activity_main.xml에 갤러리와 이미지뷰를 추가한다.

**예제 11-12 activity_main.xml**

```
1  <LinearLayout>
2      <Gallery
3          android:id="@+id/gallery1"
4          android:layout_width="match_parent"
5          android:layout_height="wrap_content"
6          android:spacing="5dp" />
7      <ImageView
8          android:id="@+id/ivPoster"
9          android:layout_width="match_parent"
10         android:layout_height="match_parent"
11         android:padding="20dp" />
12 </LinearLayout>
```

**6, 11** 이미지에 적당히 여백을 준다.

❸ 영화 포스터 이미지 파일 10개를 [res]–[drawable] 폴더에 복사해놓는다. 필자는 mov11.jpg ~mov20.jpg를 복사해놓았다.

### 3 Java 코드 작성 및 수정

❹ 메인 액티비티에서 BaseAdapter를 상속받는 MyGalleryAdapter를 정의한다. 그리고 activity_main.xml의 갤러리에 MyGalleryAdapter 변수를 적용한다.

**예제 11-13 메인 액티비티의 Java 코드 1**

```
public void onCreate(Bundle savedInstanceState) {
    super.onCreate(savedInstanceState);
    setContentView(R.layout.main);
    setTitle("갤러리 영화 포스터");

    Gallery gallery = (Gallery) findViewById(R.id.gallery1);
    MyGalleryAdapter galAdapter = new MyGalleryAdapter(this);
    gallery.setAdapter(galAdapter);
}

public class MyGalleryAdapter extends BaseAdapter {
    Context context;
    Integer[] posterID = { R.drawable.mov11, R.drawable.mov12,
```

```
14          R.drawable.mov13, R.drawable.mov14, R.drawable.mov15,
15          R.drawable.mov16, R.drawable.mov17, R.drawable.mov18,
16          R.drawable.mov19, R.drawable.mov20 };
17    public MyGalleryAdapter(Context c) {
18       context = c;
19    }
20
21    ~~~~ 생략(자동 완성된 추상 메소드 4개) ~~~~
22 }
```

**7, 8** 11행에서 정의한 MyGalleryAdapter 변수를 생성하여 activity_main.xml의 갤러리에 적용한다.

**11~22** BaseAdapter를 상속받는 MyGalleryAdapter를 정의한다.

**13~16** 영화 포스터 파일의 아이디를 배열로 지정한다.

**21** 자동 완성된 추상 메소드 4개가 들어간다. [예제 11-8]의 16~32행과 동일하다.

5 MyGalleryAdapter의 핵심인 getCount()와 getView() 메소드를 수정한다. [예제 11-10] 7행의 GridView.LayoutParams()를 Gallery.LayoutParams()로 변경하고 나머지는 그대로 둔다. 실행 화면 상단에 갤러리가 보일 것이다.

**예제 11-14 메인 액티비티의 Java 코드 2**

```
1  public int getCount() {
2     return posterID.length;
3  }
4
5  public View getView(int position, View convertView, ViewGroup parent) {
6     ImageView imageview = new ImageView(context);
7     imageview.setLayoutParams(new Gallery.LayoutParams(200, 300));
8     ~~~~ 생략([예제 11-10]의 8~11행과 동일) ~~~~
9
10    return imageview;
11 }
```

6 갤러리의 영화 포스터를 클릭하면 아래쪽 이미지뷰에 영화 포스터가 원래 크기로 보이게 해보자. [예제 11-14]의 9행에 코딩한다.

**예제 11-15　메인 액티비티의 Java 코드 3**

```java
1 final int pos = position;
2 imageview.setOnTouchListener(new View.OnTouchListener() {
3     public boolean onTouch(View v, MotionEvent event) {
4         ImageView ivPoster = (ImageView) findViewById(R.id.ivPoster);
5         ivPoster.setScaleType(ImageView.ScaleType.FIT_CENTER);
6         ivPoster.setImageResource(posterID[pos]);
7         return false;
8     }
9 });
```

**2~9** 클릭 리스너가 아닌 터치 리스너를 사용한다는 것에 유의한다.

**5, 6** 이미지뷰를 각 그리드뷰 칸의 중앙에 배치하고 이미지뷰에 영화 포스터 1개를 적용한다.

### 4 프로젝트 실행 및 결과 확인

**7** 프로젝트를 실행해보자. [그림 11-4]와 같이 터치한 영화 포스터가 확대되어 아래쪽 이미지뷰에 나타날 것이다.

### 5 안드로이드 응용 프로그램 개발 완료

**8** 결과를 확인했으면 키패드의 돌아가기 버튼을 클릭하여 AVD의 초기화면으로 돌아간다.

### ▶ 직접 풀어보기 11-2

영화 포스터를 클릭하면 영화 제목이 토스트 메시지에 나타나도록 [실습 11-2]를 수정하라. 토스트 메시지가 아이콘과 함께 나타나게 한다.

**힌트** 고급 토스트는 [실습 7-3]을 참조한다.

그림 11-5 수정된 갤러리 영화 포스터 앱

## 2 스피너

스피너(Spinner)는 PC의 드롭다운 박스와 비슷한 기능을 하므로 화면이 작은 스마트폰에서 여러 개 중 하나를 선택할 수 있도록 확장하는 용도로 쓰인다. 간단한 예제를 통해 이를 살펴보자.

**예제 11-16 스피너 기본 예제의 XML 코드**

```
<LinearLayout>
    <Spinner
        android:id="@+id/spinner1"
        android:layout_width="match_parent"
        android:layout_height="wrap_content" />
</LinearLayout>
```

**예제 11-17 스피너 기본 예제의 Java 코드**

```
1  public void onCreate(Bundle savedInstanceState) {
2     super.onCreate(savedInstanceState);
3     setContentView(R.layout.activity_main);
4     setTitle("스피너 테스트");
5
6     final String[] movie = { "쿵푸팬더", "짱구는 못말려", "아저씨",
7                             "아바타", "대부", "국가대표", "토이스토리3",
8                             "마당을 나온 암탉", "죽은 시인의 사회", "서유기" };
9
10    Spinner spinner = (Spinner) findViewById(R.id.spinner1);
11
12    ArrayAdapter<String> adapter;
13    adapter = new ArrayAdapter<String>(this,
14        android.R.layout.simple_spinner_item, movie);
15    spinner.setAdapter(adapter);
16 }
```

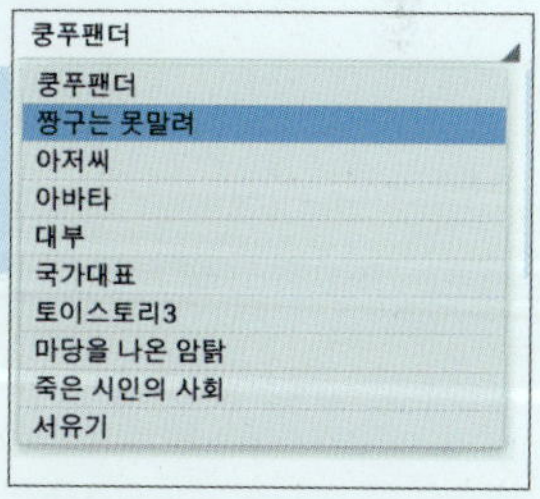


**12~14** ArrayAdapter〈String〉 형 변수를 선언한다. 생성자의 두 번째 파라미터로 스피너의 형식(simple_spinner_item)을 선택하고, 세 번째 파라미터에는 적용할 배열(movie)을 지정한다. 스피너의 형식으로 simple_spinner_dropdown_item을 사용해도 된다.

지금까지 어댑터뷰에 해당하는 리스트뷰, 그리드뷰, 갤러리, 스피너를 살펴보았다. 이 장의 위젯과 6장에서 배운 뷰 컨테이너는 용도에 따라 다양하게 활용할 수 있으니 잘 알아두어야 한다.

▶ **직접 풀어보기 11-3**

스피너에서 영화 제목을 선택하면 해당 영화 포스터가 아래쪽 이미지뷰에 나오도록 [예제 11-17]을 수정하라.

**힌트** Spinner의 setOnItemSelectedListener( )를 사용한다.

그림 11-6 **수정된 스피너 영화 포스터 앱**

# 요약

**1** 어댑터뷰의 계층도는 다음과 같다.

어댑터뷰 계층도

```
java.lang.Object
   └ android.view.View
      └ android.widget.ViewGroup
         └ android.widget.AdapterView
            └ android.widget.AbsListView
               └ android.widget.GridView
               └ android.widget.ListView
                  └ android.widget.ExpandableListView
            └ android.widget.AbsSpinner
               └ android.widget.Spinner
               └ android.widget.Gallery
```

**2** 리스트뷰를 만드는 형식은 다음과 같다.

❶ 리스트뷰에 나열할 내용을 미리 String 배열로 만들어놓는다.

❷ 리스트뷰 변수를 생성하고 XML의 〈ListView〉에 대응시킨다.

❸ ArrayAdapter〈String〉 형 변수를 선언하고, 리스트뷰의 모양과 내용을 ❶번의 배열로 채운다.

❹ ❸번에서 생성한 어레이어댑터를 ❷번의 리스트뷰 변수에 적용한다.

❺ 리스트뷰의 항목을 클릭했을 때 동작하는 리스너를 정의한다.

**3** 리스트뷰의 모양은 기본적으로 simple_list_item_1을 사용한다. simple_list_item_single_choice를 사용하면 라디오버튼이 되고, simple_list_item_multiple_choice를 사용하면 체크박스가 된다.

**4** 리스트뷰의 항목을 동적으로 추가·삭제하려면 ArrayList〈T〉를 정의한 후 add()와 remove() 메소드를 사용한다.

**5** 그리드뷰는 사진이나 그림을 격자 모양으로 배치해준다. 버튼, 텍스트 등을 배치할 수도 있지만 주로 사진이나 그림을 배치한다.

## 요약

6 갤러리는 사진이나 이미지를 배치하고 좌우로 스크롤하여 볼 수 있게 해준다.

7 스피너는 PC의 드롭다운 박스와 비슷한 기능을 하므로 화면이 작은 스마트폰에서 여러 개 중 하나를 선택할 수 있도록 확장하는 용도로 쓰인다.

# 연습문제

**1** 어댑터뷰에서 데이터를 채우기 위해 사용하는 클래스는?

❶ ArrayView〈T〉

❷ ArrayData〈T〉

❸ ArrayAdapter〈T〉

❹ ArrayLis〈T〉

**2** 리스트뷰에 동적으로 추가·삭제하는 것과 관련이 있는 메소드를 바르게 짝지은 것은?

❶ add(), remove()

❷ append(), delete()

❸ add(), delete()

❹ append(), remove()

**3** AdapterView 클래스의 메소드 중에서 이미지의 개수를 반환하는 메소드와 각 칸마다 이미지뷰를 생성하는 클래스를 바르게 짝지은 것은?

❶ getCount(), getImageView()

❷ getNumber(), getView()

❸ getNumber(), getImageView()

❹ getCount(), getView()

**4** 이미지뷰를 중앙에 배치하는 코드는?

❶ ImageView.setScaleType(ImageView.ScaleType.FIT_MIDDLE)

❷ ImageView.setScaleType(ImageView.ScaleType.FIT_CENTER)

❸ ImageView.setScaleType(ImageView.ScaleType.CENTER)

❹ ImageView.setScaleType(ImageView.ScaleType.MIDDLE)

# 연습문제

**5** 10장에서 작성했던 [실습 10-2] 명화 선호도 투표 앱의 첫 화면을 그리드뷰로 변경하여 프로젝트를 작성하시오.

**6** [직접 풀어보기 11-3]을 개선하여 영화 포스트가 이미지뷰가 아닌 9장 [예제 9-6]의 MyGraphic View에 출력되도록 프로젝트를 작성하시오. 그리고 컨텍스트 메뉴로 영화 포스터가 [그림 9-3]처럼 기하학적 변환이 되게 하시오.

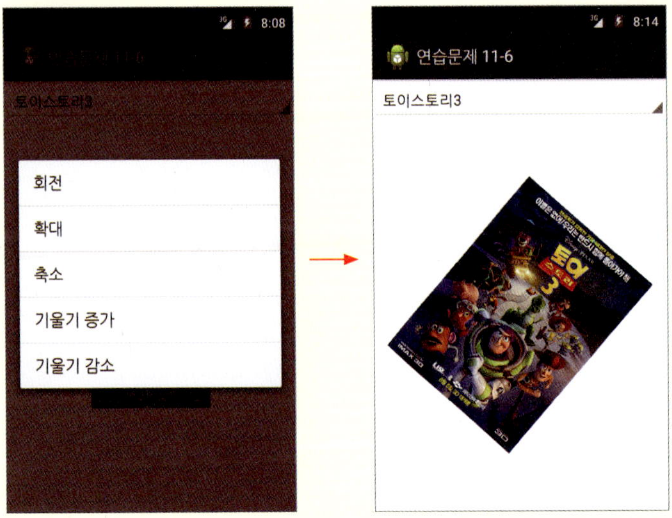

CHAPTER 12

# 데이터 저장과 관리

**학습목표**

- 데이터베이스의 기본 개념을 이해한다.
- SQLite 사용법을 익힌다.
- SQLite를 이용하여 앱을 개발한다.
- SQLite GUI 툴 사용법을 익힌다.

# 01 SQLite의 기본

이제 데이터베이스는 서버, PC, 인터넷 및 모바일 환경에서 없어서는 안 될 요소로 자리 잡았다. 그러나 일반적인 컴퓨터에서 구동되는 데이터베이스 소프트웨어는 모바일 환경에서 사용하기에 너무 무겁다. 이에 모바일 환경에 최적화된 데이터베이스로 SQLite가 개발되었다. SQLite의 기본적인 개념과 동작은 PC용 데이터베이스와 거의 동일하다.

## 1 데이터베이스의 기본 개념

안드로이드에서 운용되는 SQLite를 학습하기에 앞서 데이터베이스(특히 관계형 데이터베이스)의 기본 개념과 용어를 이해해야 한다. 이 책에서 데이터베이스를 자세히 다룰 수는 없지만 SQLite를 운영하기 위한 최소한의 내용을 살펴보자.

### 데이터베이스의 정의

지금은 모든 분야에서 데이터베이스라는 용어를 널리 사용한다. 현대 정보화 사회에서는 대부분의 생활과 업무가 데이터베이스와 직간접적으로 연관되어 있다고 할 수 있을 정도이다. 예를 들어 휴대전화 문자 메시지, 교통카드, 편의점에서 사먹은 바나나맛 우유 등의 정보도 모두 데이터베이스에 저장된다. 지속적이고 대량으로 발생하는 다양한 형태의 정보를 보관하려면 기존의 파일 시스템으로는 한계가 있기 때문에 고안된 것이 바로 데이터를 보관·관리하는 데이터베이스 시스템이다.

데이터베이스는 간단히 '대용량의 데이터 집합을 체계적으로 구성해놓은 것'으로 정의할 수 있다. 데이터베이스는 혼자서 사용하는 것이 아니므로 여러 사용자나 시스템이 서로 공유할 수 있어야 한다. 데이터베이스 관리 시스템(DataBase Management System, DBMS)은 이러한 데이터베이스를 관리하는 시스템 또는 소프트웨어를 일컫는다. PC나 서버 컴퓨터에서 운영되는 유명한 DBMS로는 마이크로소프트의 SQL Server와 Access, 오라클의 Oracle Database와 MySQL, IBM의 DB2 등이 있다.

### 관계형 데이터베이스

DBMS는 크게 계층형(hierarchical), 망형(network), 관계형(relational), 객체지향형(object-oriented), 객체관계형(object-relational) 등의 유형으로 구분된다. 실제로는 관계형 DBMS

(줄여서 RDBMS)를 가장 많이 사용하고 일부 멀티미디어 분야에서 객체지향형이나 객체관계형 DBMS를 활용하는 추세이다.

SQL Server, Access, Oracle Database, DB2 등은 모두 관계형 DBMS에 속하며, 이 책에서 다루는 SQLite도 관계형 DBMS이다. 관계형 DBMS는 업무가 변화하는 경우 다른 DBMS에 비해 변화에 쉽게 순응할 수 있는 구조로 되어 있고, 유지·보수 측면에서도 편리하다는 장점이 있다. 또한 대용량 데이터 관리와 데이터 무결성(integration)이 잘 보장되므로 데이터에 동시에 접근하는 응용 프로그램을 사용한다면 관계형 DBMS를 선택하는 것이 적절하다.

관계형 DBMS의 가장 큰 단점은 시스템 자원을 많이 차지하기 때문에 시스템이 전반적으로 느려질 수밖에 없다는 것이다. 그러나 최근에는 하드웨어가 급속하게 발전하여 이러한 단점이 많이 보완되었다. 모바일 환경에서 동작하는 SQLite는 관계형 DBMS의 단점을 극복하기 위해 동시 접근이나 대용량 데이터 관리에 제한을 두지만 관계형 DBMS의 표준 SQL이나 개념은 동일하게 적용된다.

### 데이터베이스 관련 용어

건물을 지으려면 설계도를 먼저 그려야 하듯이 데이터베이스를 구축하려면 '데이터베이스 모델링'을 먼저 해야 한다. 데이터베이스 모델링은 현실 세계에서 사용되는 데이터를 DBMS 안에 어떻게 옮겨놓을지를 결정하는 과정이다. 네이버나 다음과 같은 포털 사이트의 회원 가입 절차를 생각해 보자. 포털 사이트에 가입하는 회원을 어떻게 DBMS에 넣을 것인가?

회원 자체를 컴퓨터에 넣을 수는 없기 때문에 회원을 나타내는 특성(또는 속성)을 추출하여 DBMS에 데이터로 넣어야 한다. 즉 회원의 신분을 나타내는 정보 중 대표적인 이름, 생년월일, 이메일, 주소, 연락처 등의 정보를 DBMS에 저장한다. 그리고 이러한 정보는 단편적으로 저장하는 것이 아니라 테이블이라는 표 형태의 틀에 맞추어 넣어야 한다. 회원 정보를 테이블로 구현하면 [그림 12-1]과 같다.

[그림 12-1]과 관련된 용어를 몇 가지 살펴보자.

- **데이터:** john, lee@paran.com, 1980과 같은 하나하나의 단편적인 정보를 뜻한다.
- **테이블:** 회원 데이터가 표 형태로 표현된 것을 말한다. [그림 12-1]에서는 네이버 데이터베이스를 구현하기 위해 회원 정보를 보관할 '회원 테이블'을 만들었다.
- **데이터베이스(DB):** 테이블이 저장되는 장소로 주로 원통 모양으로 표현한다. 각 데이터베이스는 고유한 이름을 가져야 한다. [그림 12-1]에서 사용(생성)한 데이터베이스의 이름은 '네이버 데이터베이스'이다.
- **DBMS:** 'DataBase Management System'의 약자로 데이터베이스를 관리하는 시스템 또는 소프트웨어를 말한다. 안드로이드에 포함된 SQLite 소프트웨어가 이에 해당한다.
- **열(column 또는 field):** 각 테이블은 1개 이상의 열로 구성된다. 회원 테이블의 경우 '아이디', '회원 이름', '이메일', '출생 연도'라는 4개의 열로 구성되어 있다.
- **열 이름:** 각 열을 구분하는 이름이다. 열 이름은 각 테이블 안에서 중복되지 않아야 한다.

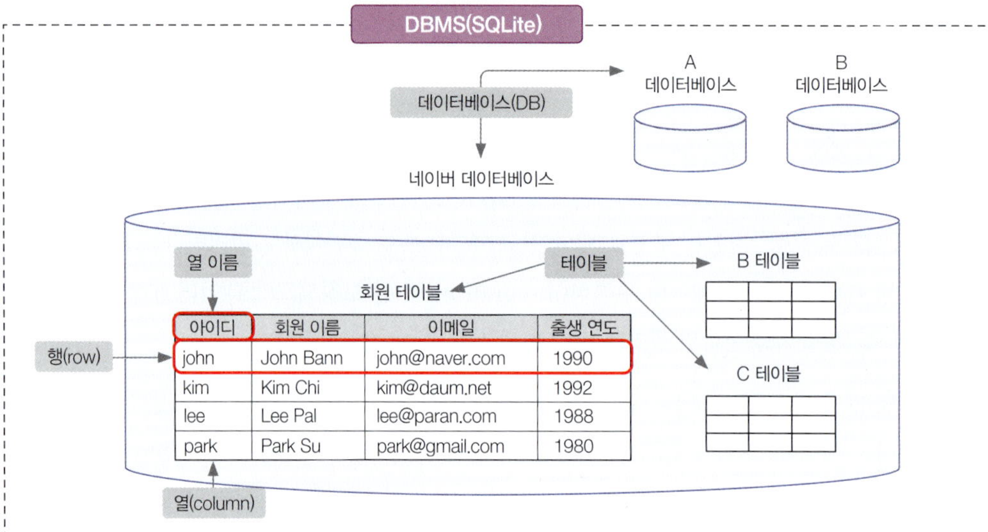


그림 12-1 **DBMS의 구성**

- **데이터 형식**: 열의 데이터 형식을 말한다. 회원 테이블의 회원 이름 열은 '숫자'가 아닌 '문자' 형식이어야 한다. 또한 출생 연도는 '숫자(정수)' 형식이어야 한다. 출생 연도에 '빠른' 같은 글자가 들어가면 안 되기 때문이다. 데이터 형식은 테이블을 생성할 때 열 이름과 함께 지정한다.
- **행(row)**: 실제 데이터를 말한다. 'john/John Bann/john@naver.com/1990'이 한 행의 데이터이다.
- **SQL(Structured Query Language, 구조화된 질의 언어)**: DBMS(SQLite)에 어떤 작업을 하고 싶다면 DBMS가 알아듣는 말로 해야 하는데 이것이 SQL이다. 즉 SQL은 사용자와 DBMS가 소통하기 위한 언어이다.

SQL에 대한 내용은 책 한 권으로도 부족할 정도로 양이 방대하다. 이 책에서는 SQLite를 사용하는 데 필요한 DBMS의 기본적인 개념과 용어, 최소한의 SQL문과 사용법만을 다룰 것이다.

## 2 SQLite에서의 데이터베이스 구축

이제 다음과 같은 절차에 따라 SQLite에서 데이터베이스를 구축해보자.

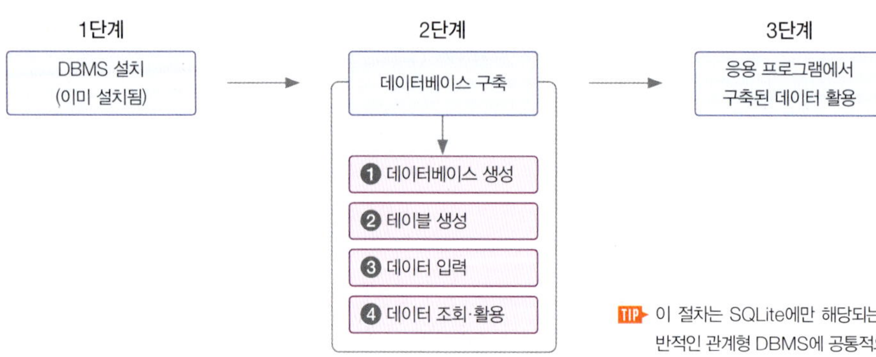


TIP 이 절차는 SQLite에만 해당되는 것은 아니며 일반적인 관계형 DBMS에 공통적으로 적용된다.

그림 12-2 **데이터베이스 구축 및 운영 절차**

안드로이드 시스템에 SQLite가 이미 설치되어 있으므로 1단계는 생략한다. 2단계는 [실습 12-1]에서, 3단계는 [실습 12-2]에서 살펴보겠다.

### 실습 12-1 네이버 데이터베이스 구축하기

안드로이드에 내장된 SQLite를 명령 프롬프트에서 접속한 후 [그림 12-2]의 2단계 절차를 실습해 보자. [그림 12-1]의 네이버 데이터베이스를 구축하면서 기본적인 SQL문을 익힐 것이다.

**1** 새 프로젝트를 만든다. 프로젝트 이름은 'Project12_1', 패키지 이름은 'com.cookandroid.project12_1'로 한다. 그 외 규칙은 [실습 2-4]의 **1**~**4**를 따른다.

**2** 프로젝트를 실행하여 AVD를 가동한다.

TIP 명령 프롬프트에서 SQLite를 실행하려면 한 대의 AVD만 가동되고 있어야 한다.

**3** 명령 프롬프트를 실행하여 adb.exe가 있는 폴더로 이동한다. adb.exe는 안드로이드폴더\sdk\platform-tools\에 있다. 필자는 C:\CookAndroid\sdk\platform-tools\로 이동했다.

TIP Android Studio를 기본값으로 설치했다면 C:\Users\사용자명\AppData\Local\Android\Sdk\platform-tools\ 폴더로 이동한다.

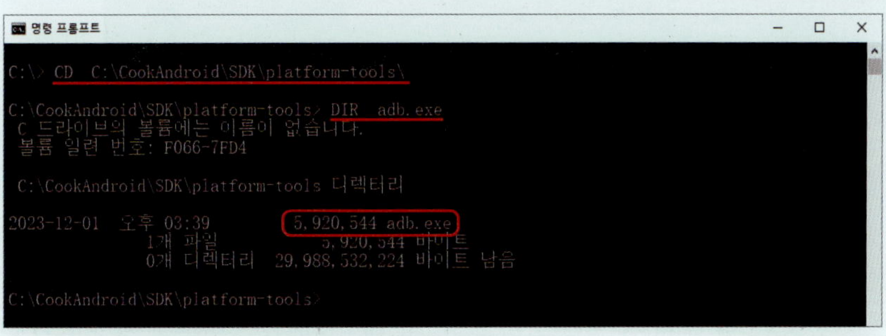


그림 12-3 adb.exe 파일 확인

**4** 명령 프롬프트에서 다음 명령을 차례로 수행하면 SQLite에 접속할 준비가 된 것이다.

**셸을 이용한 데이터베이스 접속**

```
adb  root
adb  shell
cd  /data/data/com.cookandroid.project12_1
ls  -l
mkdir  databases
cd  databases
pwd
```

TIP 앞의 명령은 모두 리눅스의 기본 명령이다.

1 root 권한으로 adb를 재시작한다(시간이 조금 걸린다).

2 셸을 실행한다. AVD 내부로 들어가는 명령이라고 보면 된다.

3, 6 cd는 현재 디렉터리(폴더)를 변경하는 명령어이다.

4 현재 디렉터리의 파일 및 디렉터리 목록을 출력한다.

5 mkdir은 디렉터리를 생성하는 명령어이다.

7 pwd는 현재 디렉터리의 전체 경로를 출력하는 명령어이다.

```
C:\CookAndroid\SDK\platform-tools> adb  root
adbd is already running as root

C:\CookAndroid\SDK\platform-tools> adb  shell
emu64xa:/ #
emu64xa:/ # cd  /data/data/com.cookandroid.project12_1
emu64xa:/data/data/com.cookandroid.project12_1 #
emu64xa:/data/data/com.cookandroid.project12_1 # ls  -l
total 16
drwxrws--x 2 u0_a207 u0_a207_cache 4096 2022-10-09 07:44 cache
drwxrws--x 5 u0_a207 u0_a207_cache 4096 2022-10-09 07:49 code_cache
emu64xa:/data/data/com.cookandroid.project12_1 #
emu64xa:/data/data/com.cookandroid.project12_1 # mkdir  databases
emu64xa:/data/data/com.cookandroid.project12_1 #
emu64xa:/data/data/com.cookandroid.project12_1 # cd  databases
emu64xa:/data/data/com.cookandroid.project12_1/databases #
emu64xa:/data/data/com.cookandroid.project12_1/databases # pwd
/data/data/com.cookandroid.project12_1/databases
emu64xa:/data/data/com.cookandroid.project12_1/databases #
```

그림 12-4 **데이터베이스용 폴더 생성**

이제 [그림 12-2]의 2단계인 데이터베이스 구축을 할 수 있다.

### 1 데이터베이스 생성

5 데이터베이스를 생성하려면 sqlite3 명령을 실행하면서 데이터베이스 이름을 지정한다. 다음 명령을 실행하면 [그림 12-1]의 네이버 데이터베이스(이름: naverDB)가 생성되면서 SQL문을 사용할 수 있다. 물론 naverDB의 내부는 아직 비어 있다.

**SQLite 실행 및 데이터베이스 생성**

```
sqlite3  naverDB
```

TIP naverDB가 이미 존재한다면 'sqlite3  naverDB' 명령을 입력했을 때 naverDB를 사용할 수 있도록 설정된다.

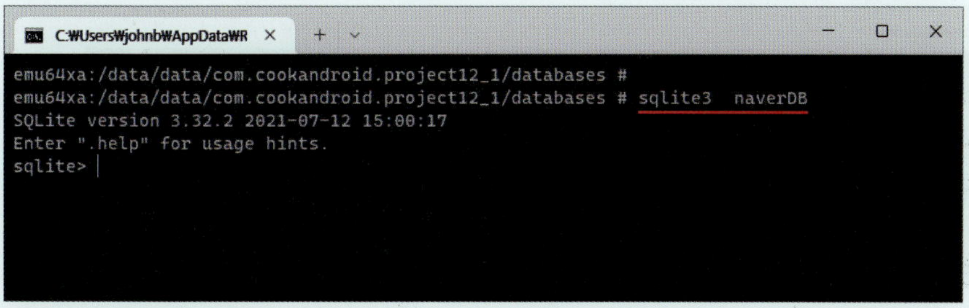


그림 12-5 데이터베이스 생성

### 2 테이블 생성

**6** 테이블을 생성하자. 테이블을 생성하는 SQL문의 형식은 다음과 같다.

```
CREATE TABLE 테이블이름 (열이름1  데이터형식,  열이름2  데이터형식, …);
```

다음은 [그림 12-1]의 회원 테이블을 생성하는 코드이다.

**테이블 생성 및 확인**

```
CREATE  TABLE  userTable (id  char(4),  userName  char(15),
        email  char(15), birthYear  int);
.table
.schema  userTable
```

TIP 생성된 테이블을 삭제하려면 'DROP TABLE 테이블이름;' 형식을 사용한다.

**여기서 잠깐 — SQL문의 규칙**

SQL문은 대·소문자를 구분하지 않는다. 또한 모든 SQL문의 끝에는 세미콜론(;)을 붙여야 한다. 예외적으로 SQLite 자체 명령은 소문자로 써야 하고 시작에 마침표(.)를 붙이며 끝에 세미콜론을 붙이지 않아도 된다. 자주 사용하는 SQLite 명령은 다음과 같다.

- **.table:** 현재 데이터베이스의 테이블 목록을 보여준다.
- **.schema 테이블이름:** 테이블의 열, 데이터 형식 등의 정보를 보여준다.
- **.header on:** SELECT문으로 출력할 때 헤더를 보여준다.
- **.mode column:** SELECT문으로 출력할 때 칼럼 모드로 출력해준다.
- **.exit:** SQLite를 종료한다.

일반적으로 SELECT문을 사용하기 전에 .header on과 .mode column을 설정하면 결과 화면이 보기 좋게 출력된다.

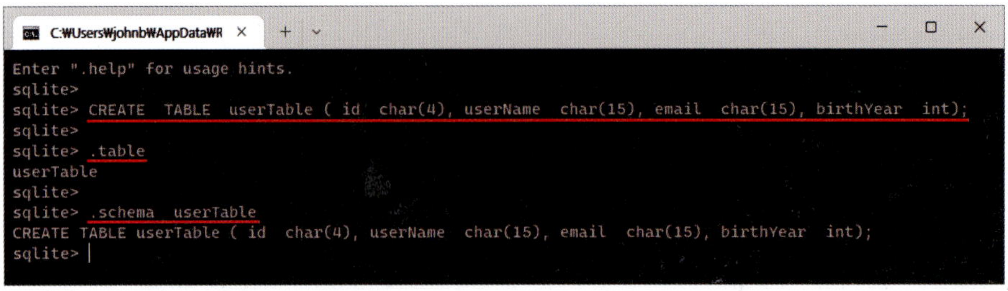


그림 12-6 **테이블 생성 및 확인**

### 3 데이터 입력

**7** 생성한 회원 테이블(userTable)에 행 데이터를 입력할 차례이다. 행 데이터를 입력하는 SQL문의 형식은 다음과 같다.

```
INSERT INTO 테이블이름 VALUES(값1, 값2, …);
```

다음은 [그림 12-1]의 회원 테이블에 4개의 행을 입력하는 SQL문이다.

**데이터 4건 입력**

```
INSERT INTO userTable VALUES('john', 'John Bann', 'john@naver.com', 1990);
INSERT INTO userTable VALUES('kim', 'Kim Chi', 'kim@daum.net', 1992);
INSERT INTO userTable VALUES('lee', 'Lee Pal', 'lee@paran.com', 1988);
INSERT INTO userTable VALUES('park', 'Park Su', 'park@gmail.com', 1980);
```

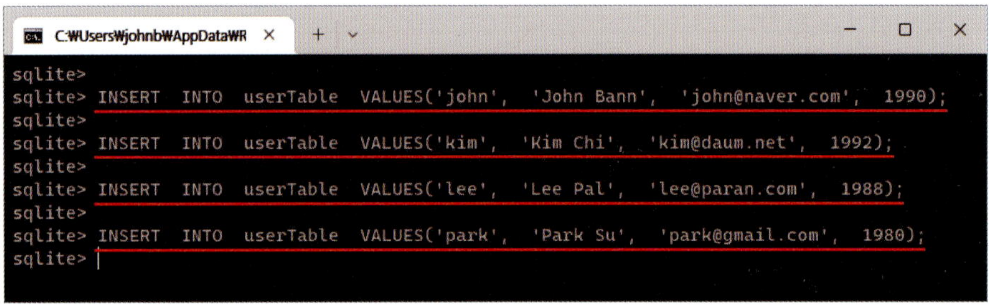


그림 12-7 **데이터 4건 입력**

TIP 행 데이터를 삭제하려면 'DELETE FROM 테이블이름 WHERE 열이름=값' 형식을 사용한다.

### 4 데이터 조회·활용

**8** 데이터를 조회·활용하는 SQL문은 SELECT인데 주로 WHERE절과 함께 사용한다. 일반적인 형식은 다음과 같다.

```
SELECT  열이름1, 열이름2, …  FROM  테이블이름  WHERE  조건;
```

다음은 [그림 12-1]의 데이터를 조회하는 몇 가지 예이다.

**데이터 조회의 예**

```
1  .header  on
2  .mode  column
3  SELECT  *  FROM  userTable;
4  SELECT  id, birthYear  FROM  userTable  WHERE  birthYear <= 1990;
5  SELECT  *  FROM  userTable  WHERE  id = 'park';
```

**1, 2** 보기 좋게 출력한다.

**3** userTable의 모든 데이터를 출력한다.

**4** userTable의 id 열, birthYear 열을 출력하는데, 조건은 1990년 이전 출생자이다.

**5** userTable의 모든 데이터를 출력하는데, 조건은 아이디가 park인 회원이다.

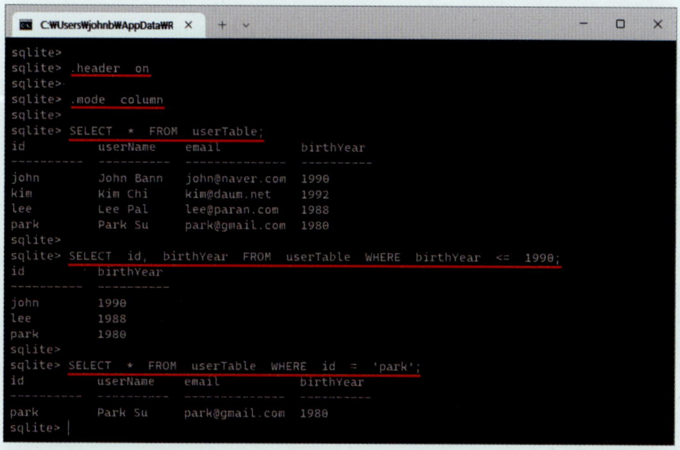


그림 12-8 데이터 조회의 예

**9** 모든 실습을 마쳤으면 .exit와 exit로 SQLite와 셸을 종료한다.

▶ **직접 풀어보기 12-1**

myDB를 생성한 후 그 내부에 다음과 같은 제품 테이블(product)을 생성하라.

| 제품 이름 | 가격 | 제조 일자 | 제조 회사 | 남은 수량 |
|---|---|---|---|---|
| TV | 100 | 2017.7.22 | Samsung | 55 |
| Computer | 150 | 2019.5.5 | LG | 7 |
| Monitor | 50 | 2021.9.9 | Daewoo | 33 |

# 02 SQLite의 활용

앞에서 데이터베이스의 개념을 살펴보고 명령 프롬프트에서 SQLite에 접속하여 사용하는 방법을 익혔다. 이 절에서는 안드로이드 프로그래밍에 SQLite를 활용하는 방법을 알아보자.

## 1 SQLite 프로그래밍

### 안드로이드 앱 개발을 위한 SQLite 동작 방식

안드로이드 앱에서 SQLite를 사용할 때는 일반적으로 SQLiteOpenHelper 클래스, SQLite Database 클래스, Cursor 인터페이스를 이용한다. 이러한 클래스 및 인터페이스와 DB 파일의 관계는 다음과 같다.

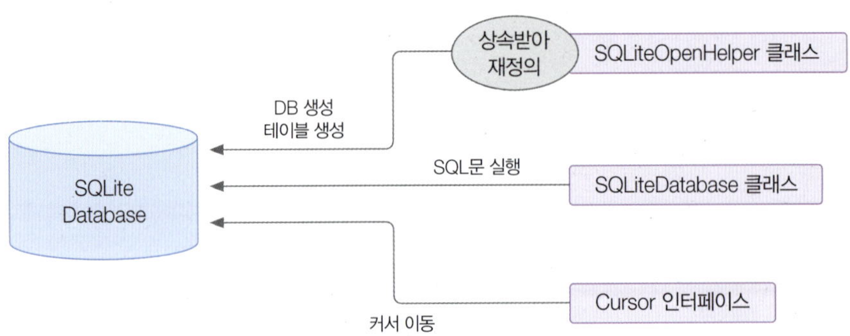


그림 12-9 **SQLite 관련 클래스의 동작**

우선 SQLiteOpenHelper 클래스를 상속받아 새로운 클래스를 생성한다. 생성한 클래스에는 데이터베이스 파일과 테이블을 생성하는 내용을 코딩한다. SQLiteOpenHelper 클래스의 get WritableDatabase()를 사용하면 SQLiteDatabase를 반환받고, execSQL() 또는 rawQuery() 등으로 SQL문을 실행한다. 특히 SELECT문은 Cursor 인터페이스를 반환받은 후에 반복해서 테이블의 행 데이터에 접근하게 된다.

실습을 통해 자세히 알아보기 전에 먼저 각 클래스에서 주로 사용되는 메소드를 정리한 표를 보자.

**표 12-1 SQLite 관련 클래스 및 인터페이스와 메소드**

| 클래스 또는 인터페이스 | 메소드 | 주요 용도 |
|---|---|---|
| SQLiteOpenHelper 클래스 | 생성자 | DB 생성 |
| | onCreate( ) | 테이블 생성 |
| | onUpgrade( ) | 테이블 삭제 후 다시 생성 |
| | getReadableDatabase( ) | 읽기 전용 DB 열기, SQLiteDatabase 반환 |
| | getWritableDatabase( ) | 읽고 쓰기용 DB 열기, SQLiteDatabase 반환 |
| SQLiteDatabase 클래스 | execSQL( ) | SQL문(Insert/Update/Delete) 실행 |
| | close( ) | DB 닫기 |
| | query( ), rawQuery( ) | Select 실행 후 커서 반환 |
| Cursor 인터페이스 | moveToFirst( ) | 커서의 첫 행으로 이동 |
| | moveToLast( ) | 커서의 마지막 행으로 이동 |
| | moveToNext( ) | 현재 커서의 다음 행으로 이동 |

## 실습 12-2 가수 그룹 관리 DB 앱 만들기

가수 그룹의 이름과 인원을 데이터베이스에 입력하고 조회하는 응용 프로그램을 작성해보자.

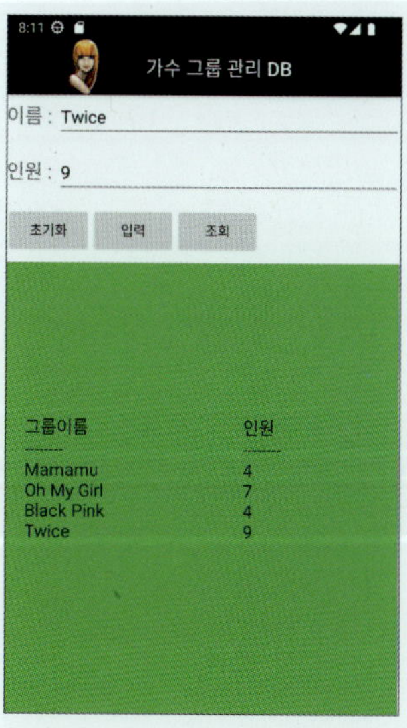


**그림 12-10 가수 그룹 관리 DB 앱 결과 화면**

### 1 안드로이드 프로젝트 생성

❶ 새 프로젝트를 만든다. 프로젝트 이름은 'Project12_2', 패키지 이름은 'com.cookandroid.project12_2'로 한다. 그 외 규칙은 [실습 2-4]의 ❶~❹를 따른다.

### 2 화면 디자인 및 편집

**2** activity_main.xml의 바깥 리니어레이아웃 안에 리니어레이아웃(수평) 4개를 만들고 다음과 같이 화면을 구성한다. 리니어레이아웃1~3은 layout_weight를 1로, 리니어레이아웃4는 8로 설정한다.

- **리니어레이아웃1:** 텍스트뷰 1개, 에디트텍스트 1개(edtName)
- **리니어레이아웃2:** 텍스트뷰 1개, 에디트텍스트 1개(edtNumber)
- **리니어레이아웃3:** 버튼 3개(btnInit, btnInsert, btnSelect)
- **리니어레이아웃4:** 에디트텍스트 2개(edtNameResult, edtNumberResult)

**예제 12-1 activity_main.xml**

```
1  <LinearLayout>
2      <LinearLayout
3          android:layout_width="fill_parent"
4          android:layout_height="0dip"
5          android:layout_weight="1"
6          android:orientation="horizontal" >
7          <TextView
8              android:text="이름 : " />
9          <EditText
10             android:id="@+id/edtName"
11             android:layout_weight="1" />
12     </LinearLayout>
13     <LinearLayout>
14         ~~~~ 생략(텍스트뷰, 에디트텍스트) ~~~~
15     </LinearLayout>
16     <LinearLayout>
17         <Button
18             android:id="@+id/btnInit"
19             android:text="초기화" />
20         ~~~~ 생략(버튼 2개) ~~~~
21     </LinearLayout>
22     <LinearLayout>
23         <EditText
24             android:id="@+id/edtNameResult"
25             android:layout_weight="1" />
26         ~~~~ 생략(에디트텍스트) ~~~~
27     </LinearLayout>
28 </LinearLayout>
```

**4, 5** 리니어레이아웃의 높이에 대한 가중값을 설정한다.

### 3 Java 코드 작성 및 수정

**3** 우선 onCreate() 메소드 밖에 SQLiteOpenHelper 클래스에서 상속받은 클래스를 정의한 후 생성자를 수정한다.

**예제 12-2 Java 코드 1**

```
1  @Override
2  public void onCreate(Bundle savedInstanceState) {
3      super.onCreate(savedInstanceState);
4      setContentView(R.layout.activity_main);
5  }
6
7  public class myDBHelper extends SQLiteOpenHelper {
8      public myDBHelper(Context context) {
9          super(context, "groupDB", null, 1);
10     }
11     @Override
12     public void onCreate(SQLiteDatabase db) {
13
14     }
15     @Override
16     public void onUpgrade(SQLiteDatabase db, int oldVersion,
17             int newVersion) {
18
19     }
20 }
```

**7~20** SQLiteOpenHelper 클래스를 상속받는 myDBHelper를 정의한다.

**8~10** 생성자를 정의한다. 9행 super()의 두 번째 파라미터에는 새로 생성될 데이터베이스의 파일명을 지정한다. 마지막 파라미터는 데이터베이스 버전으로 처음에는 1을 지정한다.

**11~19** 추상 메소드를 오버라이딩한다. 자동 완성된다.

**4** [예제 12-2] myDBHelper 클래스의 onCreate()와 onUpgrade() 메소드를 코딩하자.

- onCreate() 메소드에는 테이블을 생성하는 기능을 코딩한다.
- onUpgrade() 메소드에서는 테이블을 삭제한 후 다시 생성한다.

**예제 12-3 Java 코드 2**

```
@Override
public void onCreate(SQLiteDatabase db) {
    db.execSQL("CREATE TABLE  groupTBL ( gName CHAR(20) PRIMARY KEY,
            gNumber INTEGER);");
```

```
4  }
5  @Override
6  public void onUpgrade(SQLiteDatabase db, int oldVersion, int newVersion) {
7      db.execSQL("DROP TABLE IF EXISTS groupTBL");
8      onCreate(db);
9  }
```

**2~4** 테이블을 생성하는 SQL문은 SQLiteDatabase 클래스의 execSQL() 메소드로 실행한다. 바로 아래의 onUpgrade()에서 호출되거나 데이터를 입력할 때 혹은 테이블이 없을 때 처음 한 번 호출된다.

**6~9** 테이블을 삭제하고 새로 생성한다. 초기화할 때 호출한다.

TIP 3행의 PRIMARY KEY 구문은 gName 열을 기본 키로 지정하겠다는 의미이다. 이렇게 지정하면 그룹 이름을 반드시 입력해야 하며, 같은 그룹 이름을 입력할 수도 없다.

**5** 메인 액티비티 클래스를 코딩하자. 다음과 같은 변수를 선언하고 메인 액티비티 클래스의 onCreate()에서는 위젯 변수에 activity_main.xml의 7개 위젯을 대입한다.

- 새로 생성한 myDBHelper 클래스 변수
- 에디트텍스트에 대응할 변수 4개
- 버튼에 대응할 변수 3개
- SQLiteDatabase 클래스 변수

**예제 12-4 Java 코드 3**

```
public class MainActivity extends AppCompatActivity {

    myDBHelper myHelper;
    EditText edtName, edtNumber, edtNameResult, edtNumberResult;
    Button btnInit, btnInsert, btnSelect;
    SQLiteDatabase sqlDB;
    @Override
    public void onCreate(Bundle savedInstanceState) {
        super.onCreate(savedInstanceState);
        setContentView(R.layout.activity_main);
        setTitle("가수 그룹 관리 DB");

        edtName = (EditText) findViewById(R.id.edtName);
        edtNumber = (EditText) findViewById(R.id.edtNumber);
        edtNameResult = (EditText) findViewById(R.id.edtNameResult);
        edtNumberResult = (EditText) findViewById(R.id.edtNumberResult);
        btnInit = (Button) findViewById(R.id.btnInit);
```

```
18          btnInsert = (Button) findViewById(R.id.btnInsert);
19          btnSelect = (Button) findViewById(R.id.btnSelect);
20
21      }
22      ~~~~ 생략 ~~~~
```

6 <초기화>를 클릭했을 때 동작하는 리스너를 코딩하자. [예제 12-4]의 20행에 코딩한다.

**예제 12-5 Java 코드 4**

```
1 myHelper = new myDBHelper(this);
2 btnInit.setOnClickListener(new View.OnClickListener() {
3     public void onClick(View v) {
4         sqlDB = myHelper.getWritableDatabase();
5         myHelper.onUpgrade(sqlDB, 1, 2);
6         sqlDB.close();
7     }
8 });
```

**1** myDBHelper 인스턴스를 생성한다. 이때 [예제 12-2]의 myDBHelper() 생성자가 실행되어 groupDB 파일이 생성된다.

**4~6** 4행에서는 groupDB를 쓰기용 데이터베이스로 열고, 5행에서는 [예제 12-3]의 onUpgrade() 메소드를 호출한다. groupTBL 테이블이 있으면 삭제한 후 새로 생성한다. 6행에서는 데이터베이스를 닫는다. onUpgrade()의 두 번째 파라미터에는 이전 버전을, 세 번째 파라미터에는 새 버전을 입력하는데, [예제 12-3]에서 파라미터를 받은 다음 사용하지 않았으므로 아무 숫자나 넣어도 된다.

7 <입력>을 클릭하면 에디트텍스트의 값이 입력되는 리스너를 코딩하자. 앞의 예제에 이어서 코딩하며, 코딩 후 실행하여 데이터를 몇 건 입력해본다. 지금까지 코딩에 오류가 없다면 '입력됨'이라는 메시지가 나올 것이다.

**예제 12-6 Java 코드 5**

```
btnInsert.setOnClickListener(new View.OnClickListener() {
    public void onClick(View v) {
        sqlDB = myHelper.getWritableDatabase();
        sqlDB.execSQL("INSERT INTO groupTBL VALUES ( '"
                + edtName.getText().toString() + "' , "
                + edtNumber.getText().toString() + ");");
```

```
7         sqlDB.close();
8         Toast.makeText(getApplicationContext(), "입력됨", 0).show();
9     }
10 });
```

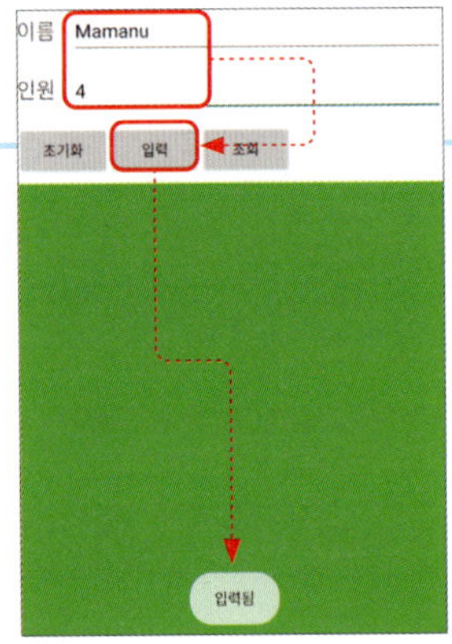


**3** groupDB를 쓰기용으로 연다.

**4~6** 에디트텍스트의 값으로 Insert문을 생성한 다음 execSQL( ) 메소드로 실행한다.

**8** 입력이 성공하면 토스트 메시지를 보여준다.

**8** 마지막으로 〈조회〉를 클릭했을 때 테이블에 입력된 내용이 모두 아래쪽 에디트텍스트에 출력되는 리스너를 코딩하자. 앞의 예제에 이어서 코딩한다.

**예제 12-7 Java 코드 6**

```
1 btnSelect.setOnClickListener(new View.OnClickListener() {
2     public void onClick(View v) {
3         sqlDB = myHelper.getReadableDatabase();
4         Cursor cursor;
5         cursor = sqlDB.rawQuery("SELECT * FROM groupTBL;", null);
6
7         String strNames = "그룹 이름" + "\r\n" + "--------" + "\r\n";
8         String strNumbers = "인원" + "\r\n" + "--------" + "\r\n";
9
10        while (cursor.moveToNext()) {
11            strNames += cursor.getString(0) + "\r\n";
12            strNumbers += cursor.getString(1) + "\r\n";
13        }
14
15        edtNameResult.setText(strNames);
16        edtNumberResult.setText(strNumbers);
17
18        cursor.close();
19        sqlDB.close();
20    }
21 });
```

**4, 5** 커서를 선언하고 모든 테이블을 조회한 후 커서에 대입한다. 즉 테이블에 입력된 모든 행 데이터가 커서 변수에 들어 있는 상태가 되며, 현재는 첫 번째 행을 가리키고 있다.

**7, 8** 에디트텍스트의 헤더에 출력될 내용을 미리 변수에 넣는다. "\r\n"은 행을 넘겨서 다음 행에 출력한다.

**10~13** 행 데이터의 개수만큼 반복한다. moveToNext() 메소드는 커서 변수의 다음 행으로 넘어가게 한다. 만약 다음 행이 없다면 false를 반환하여 while문이 끝난다. 11행의 getString(열 번호)는 현재 커서의 열 번호 데이터 값을 반환하여 문자열 변수에 계속 누적한다. 0은 0번째 열(그룹 이름 열), 1은 1번째 열(인원)이 된다.

**15, 16** 누적한 문자열을 에디트텍스트에 출력한다. 결국 각 열의 데이터가 한 행씩 넘어가면서 보인다.

**18, 19** 커서와 데이터베이스를 닫는다.

### 4 프로젝트 실행 및 결과 확인

9 프로젝트를 실행해보자. [그림 12-10]과 같이 데이터를 입력하고 조회할 수 있을 것이다.

10 [실습 12-1]에서 했던 것처럼 groupDB의 내용을 명령 프롬프트에서 확인해보자. 명령 프롬프트를 열고 다음 명령을 차례로 입력한다.

**명령 프롬프트에서의 데이터베이스 접근**

```
CD  \CookAndroid\sdk\platform-tools\
adb root
adb shell
# cd  /data/data/com.cookandroid.project12_2
# cd databases
# sqlite3  groupDB
sqlite> .header  on
sqlite> .mode  column
sqlite> SELECT  *  FROM  groupTBL;
```

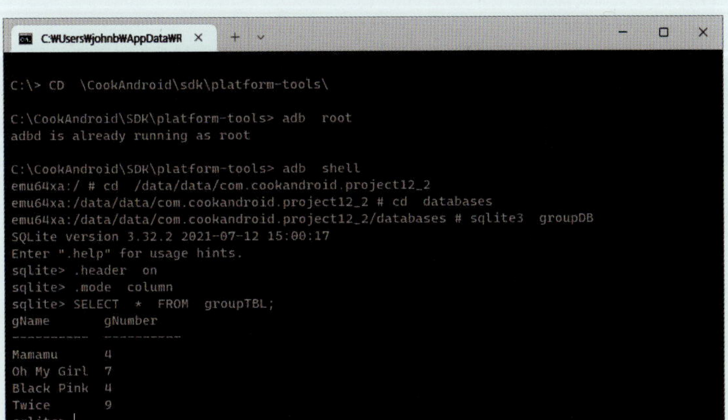


그림 12-11 명령 프롬프트에서의 데이터베이스 조회 화면

### 5 안드로이드 응용 프로그램 개발 완료

**11** 결과를 확인했으면 명령 프롬프트를 닫고 키패드의 돌아가기 버튼을 클릭하여 AVD의 초기화면으로 돌아간다.

▶ **직접 풀어보기 12-2**

[실습 12-2]에 〈수정〉과 〈삭제〉를 추가하라.

- '이름'에 그룹 이름과 변경된 인원을 입력한 후 〈수정〉을 클릭하면 해당 그룹의 인원이 변경된다.
- '이름'에 그룹 이름을 입력하고 〈삭제〉를 클릭하면 해당 그룹의 행이 삭제된다.
- 〈입력〉, 〈수정〉, 〈삭제〉를 클릭하면 그 결과가 즉시 화면에 출력된다.

**힌트**

- **수정 SQL:** UPDATE groupTBL SET gNumber = 변경된_인원 WHERE gName = "변경할_그룹_이름";
- **삭제 SQL:** DELETE FROM groupTBL WHERE gName = "삭제할_그룹_이름";
- 입력/수정/삭제 후 즉시 결과가 보이게 하려면 btnSelect.callOnClick( )을 호출한다.

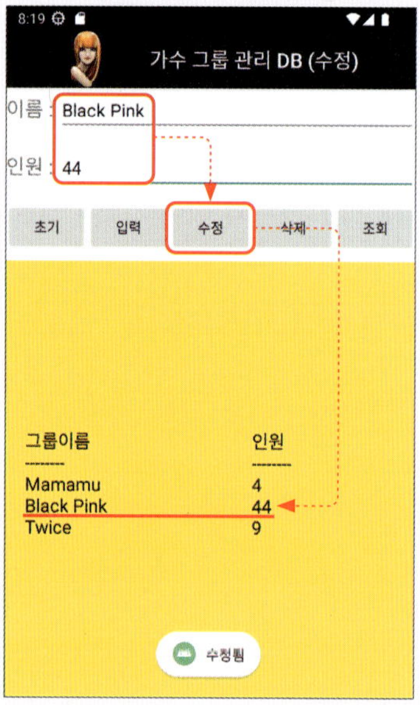


그림 12-12 **수정된 가수 그룹 관리 DB 앱**

## 2 SQLite GUI 툴 활용

### DB Browser for SQLite

지금까지는 SQLite에 접근할 때 명령 프롬프트를 이용했지만 DB Browser for SQLite라는 GUI 툴을 사용하면 좀 더 편리하다.

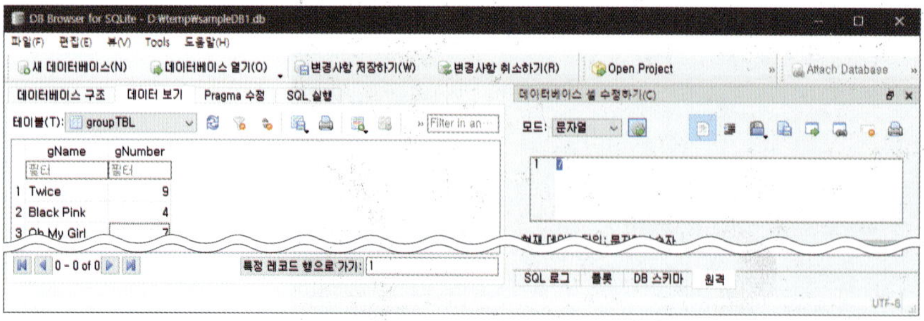


그림 12-13 **DB Browser for SQLite 화면**

TIP DB Browser for SQLite는 https://sqlitebrowser.org/dl/에서 무료로 다운로드할 수 있다.

[실습 12-2]의 groupDB와 동일한 내용의 데이터베이스를 생성하려면 먼저 메뉴의 [파일]-[새 데이터베이스]를 선택한 후 [저장하려는 파일명을 고르세요] 창에서 데이터베이스 파일이 저장될 경로와 파일명을 지정하고 〈저장〉을 클릭한다(필자는 C:\temp\sampleDB1로 파일을 생성했다). 그리고 다음 그림과 같은 순서로 테이블을 생성하고 열을 지정한다. 열을 모두 생성한 후 〈확인〉을 클릭한다.

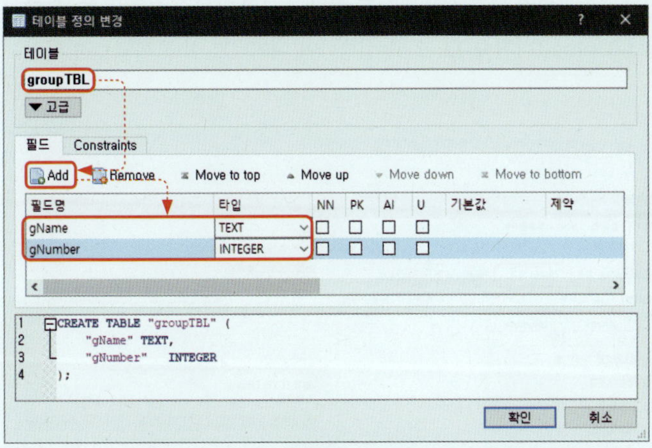

그림 12-14 DB Browser for SQLite에서의 데이터베이스 및 테이블 생성

데이터를 입력하려면 [데이터 보기] 탭을 선택한 후 새 레코드 아이콘을 클릭하고 데이터를 입력한다.

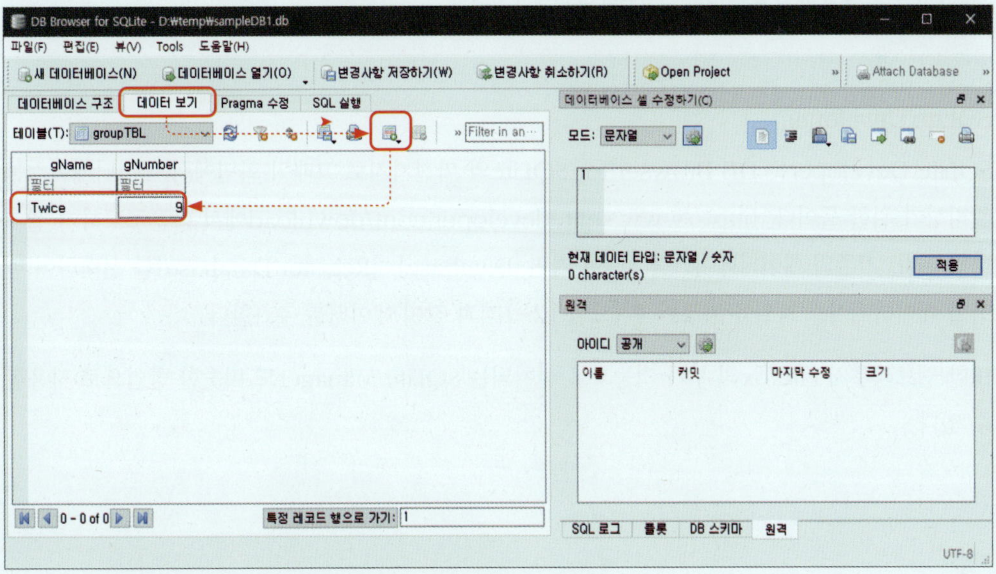

그림 12-15 DB Browser for SQLite에서의 행 데이터 입력

행 데이터를 모두 입력했으면 메뉴의 [파일]-[변경사항 저장하기]를 선택하여 변경 사항을 저장한다. 이제는 생성한 데이터베이스 파일을 Device Explorer를 통해 AVD에 넣어서(Upload) 사용하면 된다.

▶ **직접 풀어보기 12-3**

Device Explorer를 이용하여 [실습 12-2]의 groupDB 데이터베이스 파일을 AVD에서 PC로 가져온(Save As) 후, DB Browser for SQLite에서 가수 그룹 이름을 모두 한글로 고치고 가수 그룹을 몇 개 더 입력하라. 그런 다음 AVD에 다시 넣고(Upload) [실습 12-2]를 실행하여 데이터가 잘 조회되는지 확인하라.

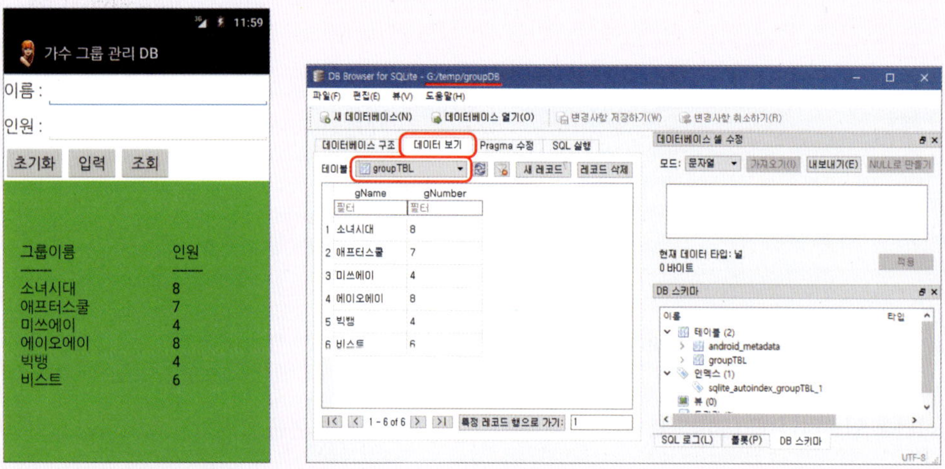

그림 12-16 SQLite를 활용한 가수 그룹 관리 앱

## SQLite Developer

SQLite Developer는 DB Browser for SQLite와 마찬가지로 그래픽 화면에서 데이터베이스를 관리하기 위한 툴이다. http://www.sqlitedeveloper.com/download에서 다운로드하여 설치하면 된다. 기존의 데이터베이스를 사용하려면 [Database]-[Register Database]를 선택하여 편집할 데이터베이스 파일을 지정한 후 [그림 12-17]과 같이 데이터를 추가한다.

또한 웹브라우저 Firefox의 부가 기능으로 설치되는 SQLite Manager도 비슷한 방법으로 사용할 수 있다.

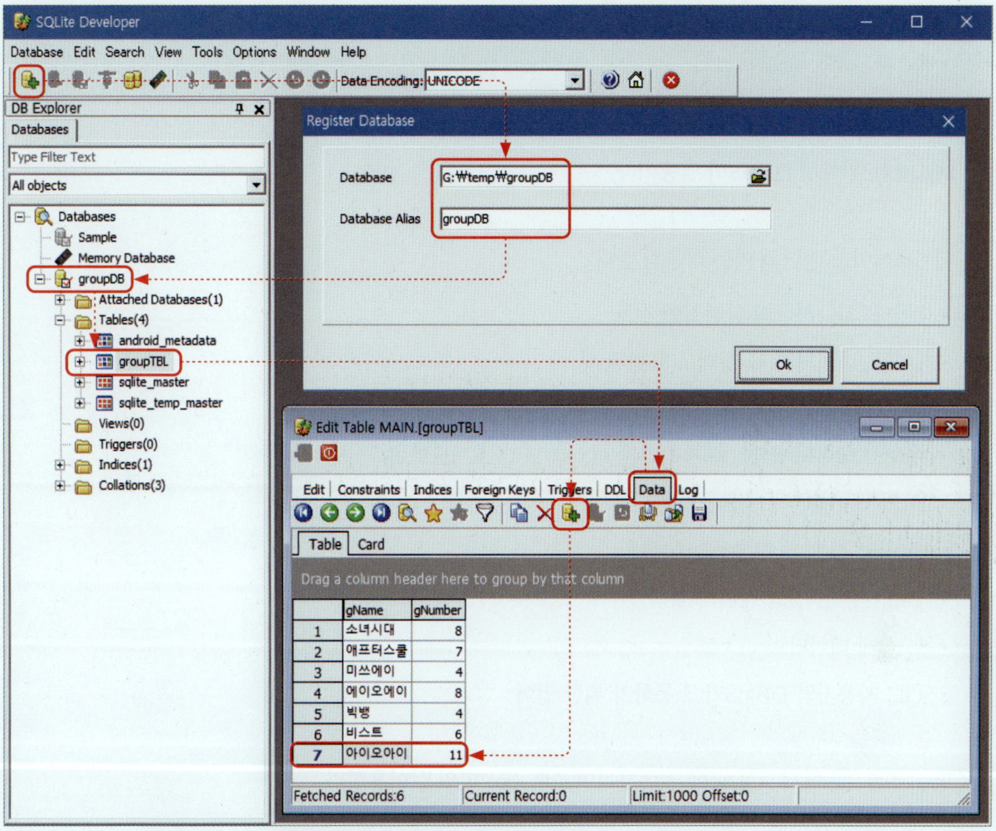


그림 12-17 SQLite Developer에서의 행 데이터 처리

**여기서 잠깐** CSV 파일

대부분의 SQLite GUI 툴에는 CSV 파일 내보내기(Export)/가져오기(Import) 기능이 있다. CSV 파일은 엑셀 등에서 사용할 수 있으며, 대량의 데이터를 입출력할 때 편리하게 이용할 수 있다. 예를 들어 영어 사전 응용 프로그램을 작성한다면 PC에서 엑셀로 대량의 단어와 뜻을 입력한 후 CSV 파일로 저장하고 SQLite GUI 툴의 Import 기능을 이용하여 데이터베이스로 가져오면 된다.

# 요약

1 SQLite는 관계형 DBMS의 일종이다.

2 데이터베이스 관련 용어는 다음과 같다.

- 데이터: 하나하나의 단편적인 정보
- 테이블: 데이터가 표 형태로 표현된 것
- 데이터베이스(DB): 테이블이 저장되는 저장소
- DBMS: 데이터베이스를 관리하는 시스템 또는 소프트웨어
- 열: 각 테이블은 1개 이상의 열로 구성됨
- 열 이름: 각 열을 구분하는 이름
- 데이터 형식: 열의 데이터 형식
- 행: 실제 데이터
- SQL: 사용자와 DBMS가 소통하기 위한 언어

3 명령 프롬프트에서 SQLite에 접속하려면 adb.exe 파일을 이용한다.

4 데이터베이스를 운영하기 위한 SQL문의 형식은 다음과 같다.

- 테이블 생성: CREATE TABLE 테이블이름 (열이름1 데이터형식, 열이름2 데이터형식, …);
- 데이터 입력: INSERT INTO 테이블이름 VALUES(값1, 값2, …);
- 데이터 수정: UPDATE 테이블이름 SET 변경할 열 = 새값 WHERE 조건;
- 데이터 삭제: DELETE FROM 테이블이름 WHERE 조건;
- 데이터 조회: SELECT 열이름1, 열이름2, … FROM 테이블이름 WHERE 조건;

5 SQLite를 프로그래밍하려면 SQLiteOpenHelper 클래스, SQLiteDatabase 클래스, Cursor 인터페이스를 이용해야 한다.

6 SQLite GUI 툴에는 DB Browser for SQLite, SQLite Developer, SQLite Manager 등이 있다. SQLite GUI 툴에서 CSV 파일을 불러올 수 있어 대량의 데이터를 입력할 때 유용하다.

## 연습문제

1 테이블을 만드는 구문으로 올바른 것은?

❶ CREATE TABLE mytable(id int; uname char(20) ) ;

❷ CREATE TABLE mytable(id int, uname char 20 ) ;

❸ CREATE TABLE mytable(id int, uname char(20) ) ;

❹ CREATE TABLE mytable id int, uname char(20) ;

2 안드로이드에서 SQLite의 사용과 관련이 있는 클래스가 아닌 것은?

❶ SQLiteOpenHelper

❷ Database

❸ Cursor

❹ SQLiteDatabase

3 SQL문을 SQLite에 전달할 때 사용하는 메소드는?

❶ rawSQL()

❷ sqlQuery()

❸ sqlRun()

❹ rawQuery()

4 명령 프롬프트에서 데이터베이스에 접근하기 위해 사용하는 명령이 아닌 것은?

❶ adb

❷ sqlite3

❸ .header

❹ .connect

# 연습문제

**5** [실습 12-1]을 참조하여 다음 조건에 맞게 테이블을 생성하시오.

- 데이터베이스 이름은 ex12_5DB로 한다.
- 테이블 이름은 prodTable로, 열 이름은 num, uName, product, count로 한다.
- Primary Key를 순번으로 한다.
- 순번은 Insert문에서 별도로 입력하지 않고 자동으로 1부터 1씩 증가되어 입력되게 한다.

| 순번 | 이름 | 물품명 | 수량 |
|---|---|---|---|
| 1 | 장동건 | 운동화 | 2 |
| 2 | 원빈 | 노트북 | 1 |
| 3 | 소지섭 | 모니터 | 1 |
| 4 | 김제동 | 모니터 | 5 |

**6** 8장에서 작성한 [직접 풀어보기 8-1]의 일기장 앱을 내장 메모리가 아닌 SQLite에 저장되게 수정하시오. 단, 데이터베이스는 myDB로, 테이블은 myDiary로 한다. 테이블의 열은 다음 표와 같다.

| 열 이름 | 데이터 형식 |
|---|---|
| diaryDate | char(10) |
| content | varchar(500) |

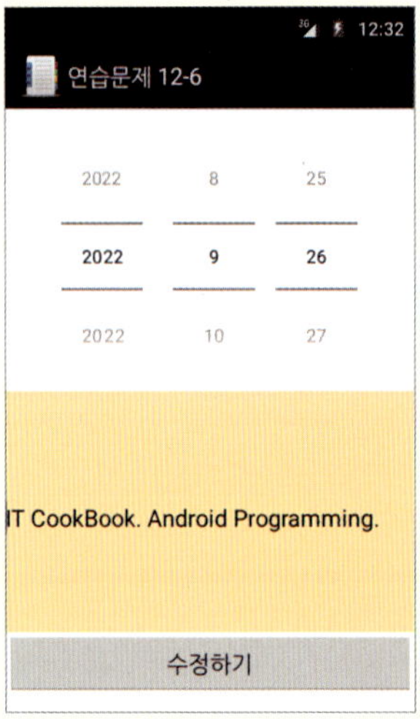

CHAPTER 13

# 멀티미디어와 구글 지도

학습목표

- 오디오를 실행하는 방식을 이해한다.
- 스레드를 이해하고 오디오에 적용한다.
- 구글 지도를 활용하는 앱을 작성한다.

# 01 오디오

스마트폰에서 가장 많이 사용하는 기능 중 하나가 MP3 플레이어일 것이다. 이 절에서는 제대로 동작하는 MP3 플레이어를 만들어보자.

멀티미디어를 동작시키기 위해 제공되는 MediaPlayer 클래스는 음악과 동영상을 재생해준다. 사용법이 간단하여 어렵지 않게 오디오 재생 기능을 구현할 수 있다. MediaPlayer의 play(), pause(), stop() 메소드는 각각 음악을 시작, 일시 정지, 정지하는 기능을 한다. 예제를 통해 이를 확인해보자.

우선 예제를 실행하기 위해 Project Tree의 [app]–[res]에서 마우스 오른쪽 버튼을 클릭하고 [New]–[Android Resource Directory]를 선택한 후 [New Resource Directory] 창에서 Directory name과 Resource type에 'raw'를 입력하여 폴더를 만들고, 적당한 MP3 파일을 복사해놓는다(필자는 song1.mp3 파일을 복사해놓았다).

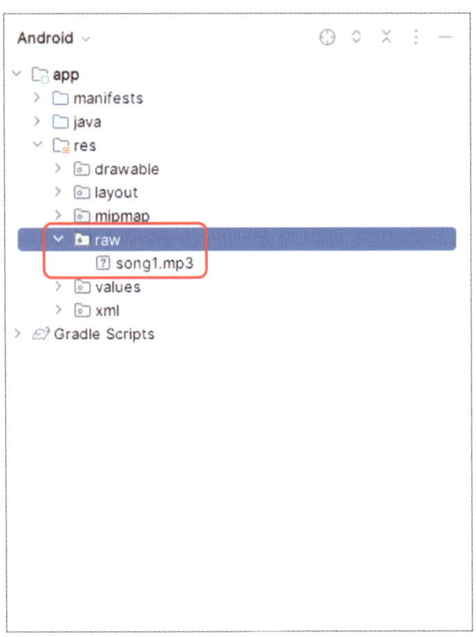


그림 13-1 MP3 파일 복사

**예제 13-1 간단한 음악 재생의 XML 코드**

```
1  <LinearLayout>
2      <Switch
3          android:id="@+id/switch1"
4          android:layout_width="wrap_content"
5          android:layout_height="wrap_content"
6          android:text="음악듣기" />
7  </LinearLayout>
```

**2** 스위치를 켜면 음악이 시작되고 스위치를 끄면 음악이 정지되게 한다.

TIP 스위치는 Android 4.0(API 14)부터 지원한다. 토글버튼을 사용해도 동일한 효과를 낼 수 있다.

**예제 13-2 간단한 음악 재생의 Java 코드**

```
1  public void onCreate(Bundle savedInstanceState) {
2      super.onCreate(savedInstanceState);
3      setContentView(R.layout.activity_main);
4
5      final MediaPlayer mPlayer;
6      mPlayer = MediaPlayer.create(this,R.raw.song1);
7
8      final Switch switch1 = (Switch) findViewById(R.id.switch1);
9      switch1.setOnClickListener(new View.OnClickListener() {
10         public void onClick(View v) {
11             if (switch1.isChecked() == true)
12                 mPlayer.start();
13             else
14                 mPlayer.stop();
15         }
16     });
17 }
```

**5, 6** MediaPlayer를 선언하고 song1.mp3 파일을 대응시킨다.

**8, 9** 스위치를 클릭할 때마다 동작하는 리스너를 생성한다.

**11~14** 스위치가 켜지면 음악 재생을 시작하고, 스위치가 꺼지면 음악 재생을 중지한다.

TIP AVD에서 음량을 조절하려면 AVD 위쪽의 볼륨 버튼을 클릭한다.

### 여기서 잠깐 리소스 파일과 저장 폴더

응용 프로그램을 제작할 때 사용하는 다양한 리소스 파일이 저장되는 위치를 정리하고 넘어가자.

| 리소스 | 폴더 | 저장 파일 |
|---|---|---|
| 그림 파일 | /res/drawable | *.png, *.jpg, *.xml |
| 메뉴 파일 | /res/menu | *.xml |
| 기타 XML 파일 | /res/xml | *.xml |
| raw 파일(음악, 동영상, 텍스트 파일) | /res/raw | *.mp3, *.mp4, *.txt |
| 레이아웃 파일 | /res/layout | *.xml |
| 문자열(String) | /res/values | string.xml |
| 문자 배열(String Array) | /res/values | arrays.xml |
| 색상값 | /res/values | colors.xml |
| 스타일 | /res/values | styles.xml |
| 테마 | /res/values | themes.xml |

음악을 재생하는 기능은 기본적으로 간단하지만 오류 없이 동작시키기 위해 고려해야 할 사항이 있다. 다음 실습에서는 11장에서 배운 리스트뷰를 활용하여 좀 더 그럴듯한 MP3 플레이어를 작성한다.

## 실습 13-1 간단 MP3 플레이어 앱 만들기

SD 카드의 mp3 파일을 목록으로 출력한 후 선택한 곡을 재생하는 MP3 플레이어를 만들어보자.

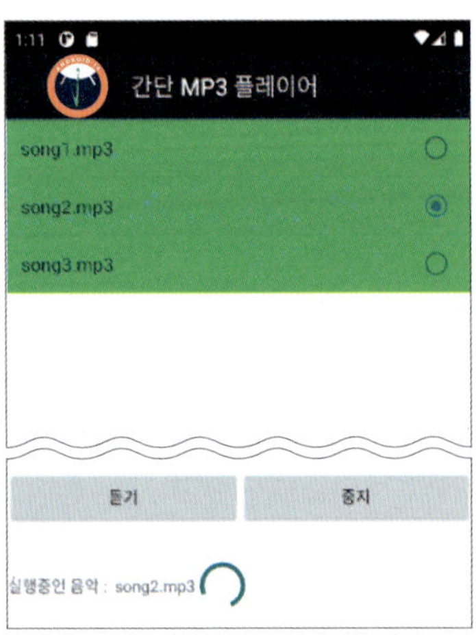


그림 13-2 간단 MP3 플레이어 앱 결과 화면

TIP SD 카드를 사용할 수 있도록 먼저 AndroidManifest.xml 파일에 퍼미션을 지정해야 한다(321쪽 참조). 또한 Target SDK의 버전도 29로 변경해야 한다(320쪽 참조).

### 1 안드로이드 프로젝트 생성

❶ 새 프로젝트를 만든다. 프로젝트 이름은 'Project13_1', 패키지 이름은 'com.cookandroid.project13_1'로 한다. 그 외 규칙은 [실습 2-4]의 ❶~❹를 따른다.

### 2 화면 디자인 및 편집

❷ 프로젝트를 실행한 후 [Device Explorer]에서 /storage/emulated/0 또는 /sdcard 폴더에 적당한 mp3 파일을 몇 개 넣는다(Upload).

TIP Device Explorer 사용법은 [실습 8-1]의 후반부에서 설명했다.

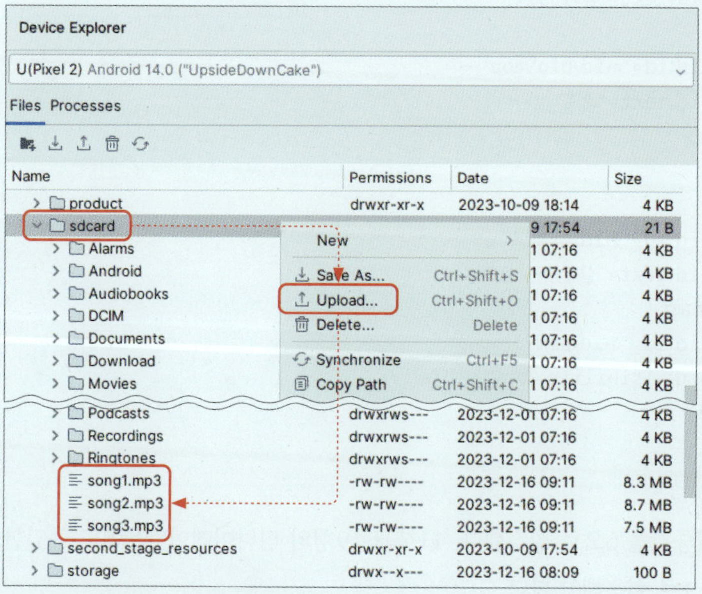


그림 13-3 테스트용 MP3 파일 넣기

❸ activity_main.xml의 바깥 리니어레이아웃 안에 리니어레이아웃(수평) 3개를 만들고 다음과 같이 화면을 구성한다.

- **리니어레이아웃1:** 리스트뷰 1개(lvMP3)
- **리니어레이아웃2:** 버튼 2개(btnPlay, btnStop)
- **리니어레이아웃3:** 텍스트뷰 1개(tvMP3), 프로그레스바 1개(pbMP3)
- layout_weight는 6:1:1 정도로 설정한다.

**예제 13-3 activity_main.xml**

```
<LinearLayout>
    <LinearLayout
        android:layout_width="fill_parent"
```

```
4          android:layout_height="0dp"
5          android:layout_weight="6"
6          android:orientation="horizontal" >
7          <ListView
8              android:id="@+id/listViewMP3" >
9          </ListView>
10     </LinearLayout>
11     <LinearLayout>
12         <Button
13             android:id="@+id/btnPlay"
14             android:text="듣기" />
15         <Button
16             android:id="@+id/btnStop"
17             android:text="중지" />
18     </LinearLayout>
19     <LinearLayout>
20         <TextView
21             android:id="@+id/tvMP3"
22             android:text="실행중인 음악:" />
23         <ProgressBar
24             android:id="@+id/pbMP3"
25             android:visibility="invisible" />
26     </LinearLayout>
27 </LinearLayout>
```

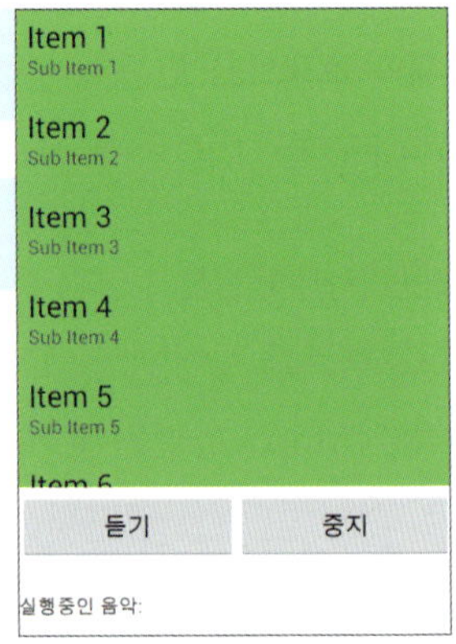


**4, 5** 리니어레이아웃의 가중값을 6으로 설정했다. 11행과 19행의 리니어레이아웃에도 동일한 형식을 적용하여 가중값을 1로 설정해야 한다.

**7, 8** SD 카드의 MP3 파일 목록이 출력될 리스트뷰이다.

**12~17** 리스트뷰에서 선택한 MP3 파일을 시작 또는 중지한다.

**20~22** 〈듣기〉를 클릭하면 선택된 음악 파일 이름이 보이게 한다.

**23~25** 음악이 나오는 동안 원형 프로그레스바가 나타난다. 원형 프로그레스바는 visibility의 visible 속성값이 되면 무조건 회전하기 때문에 일단 invisible 속성값으로 안 보이도록 설정한다. 추후 Java 코드에서 〈듣기〉 클릭 시 visible로 속성값을 바꿀 것이다.

### 3 Java 코드 작성 및 수정

**4** 이제 메인 액티비티 클래스를 코딩하자. 사용할 전역변수를 먼저 선언한다.

- 리스트뷰 변수 1개
- 〈듣기〉, 〈중지〉에 대응할 변수 2개
- 텍스트뷰에 대응할 변수 1개(재생 중인 음악 파일 이름이 보임)

- 프로그레스바 변수 1개
- MP3 파일 목록이 저장될 ArrayList<String> 변수 1개
- 리스트뷰에서 선택된 MP3 파일 이름이 저장될 변수 1개
- MP3 파일이 저장되어 있는 SD 카드의 절대 경로를 저장할 문자열 변수 1개
- MediaPlayer 변수 1개

**예제 13-4 Java 코드 1**

```
1  public class MainActivity extends AppCompatActivity {
2
3      ListView listViewMP3;
4      Button btnPlay, btnStop;
5      TextView tvMP3;
6      ProgressBar pbMP3;
7
8      ArrayList<String> mp3List;
9      String selectedMP3;
10
11     String mp3Path = Environment.getExternalStorageDirectory(). getPath()
                            + "/" ;
12     MediaPlayer mPlayer;
13
14     @Override
15     public void onCreate(Bundle savedInstanceState) {
16         super.onCreate(savedInstanceState);
17         setContentView(R.layout.activity_main);
18         setTitle("간단 MP3 플레이어");
19         ActivityCompat.requestPermissions(this, new String[] {android.
                   Manifest.permission.WRITE_EXTERNAL_STORAGE},MODE_PRIVATE);
20       ~~~~ 생략 ~~~~
```

**5** SD 카드의 MP3 파일을 읽어 리스트뷰에 출력하는 부분을 코딩하자. onCreate() 내부([예제 13-4]의 20행)에 다음 코드를 작성한다. 코드를 실행하면 SD 카드의 MP3 파일이 리스트뷰에 출력된다.

**예제 13-5 Java 코드 2**

```
mp3List = new ArrayList<String>();

File[] listFiles = new File(mp3Path).listFiles();
String fileName, extName;
for (File file : listFiles) {
```

```
6       fileName = file.getName();
7       extName = fileName.substring(fileName.length() - 3);
8       if (extName.equals((String) "mp3"))
9          mp3List.add(fileName);
10  }
11
12  listViewMP3 = (ListView) findViewById(R.id.listViewMP3);
13  ArrayAdapter<String> adapter = new ArrayAdapter<String>(this,
14          android.R.layout.simple_list_item_single_choice, mp3List);
15  listViewMP3.setChoiceMode(ListView.CHOICE_MODE_SINGLE);
16  listViewMP3.setAdapter(adapter);
17  listViewMP3.setItemChecked(0, true);
18
19  listViewMP3.setOnItemClickListener(new
20                  AdapterView.OnItemClickListener() {
21      public void onItemClick(AdapterView<?> arg0, View arg1, int arg2,
22                  long arg3) {
23          selectedMP3 = mp3List.get(arg2);
24      }
25  });
26  selectedMP3 = mp3List.get(0);
```

**1** 리스트뷰에 출력할 ArrayList<String> 형 변수를 생성한다.

**3** SD 카드의 모든 파일을 File 변수 배열에 입력한다. 즉 listFiles 배열에는 SD 카드의 모든 폴더와 파일이 저장된다.

**4** 잠시 후 for문에서 사용할 파일 이름과 확장명 변수를 선언한다.

**5~10** listFiles에 들어 있는 파일 또는 폴더를 하나씩 file 변수에 넣고 for문을 실행한다. 즉 for문이 listFiles의 개수(SD 카드의 파일과 폴더 개수)만큼 반복된다.

**6, 7** file 변수에서 파일 이름과 확장명을 추출한다.

**8, 9** 확장명이 .mp3라면 1행에서 준비한 mp3List에 추가한다. 즉 모든 MP3 파일 이름이 mp3List 배열에 저장된다.

**12~17** 리스트뷰에 mp3List 배열의 내용을 출력한다. 단, 라디오버튼의 리스트뷰를 사용한다. 11장 [예제 11-2], [예제 11-3]의 설명과 거의 비슷하다.

**19~25** MP3 파일 목록이 출력된 리스트뷰의 각 항목을 클릭할 때마다 파일 이름이 23행에서 selectedMP3 변수에 저장된다. onItemClick() 메소드는 자동 완성된다.

**26** 처음 실행하면 선택된 MP3 파일을 리스트뷰의 첫 번째 MP3 파일로 설정한다. 리스트뷰를 클릭하지 않고 바로 <듣기>를 클릭할 때 오류가 발생하지 않게 하기 위한 코드이다.

❻ 〈듣기〉, 〈중지〉를 클릭했을 때 동작하는 리스너를 onCreate( ) 내부에 코딩하자. 앞의 예제에 이어서 코딩한다.

**예제 13-6 Java 코드 3**

```
1  btnPlay = (Button) findViewById(R.id.btnPlay);
2  btnStop = (Button) findViewById(R.id.btnStop);
3  tvMP3 = (TextView) findViewById(R.id.tvMP3);
4  pbMP3 = (ProgressBar) findViewById(R.id.pbMP3);
5
6  btnPlay.setOnClickListener(new View.OnClickListener() {
7     public void onClick(View v) {
8        try {
9           mPlayer = new MediaPlayer();
10          mPlayer.setDataSource(mp3Path + selectedMP3);
11          mPlayer.prepare();
12          mPlayer.start();
13          btnPlay.setClickable(false);
14          btnStop.setClickable(true);
15          tvMP3.setText("실행중인 음악 :  "+selectedMP3);
16          pbMP3.setVisibility(View.VISIBLE);
17       } catch (IOException e) {
18       }
19    }
20 });
21
22 btnStop.setOnClickListener(new View.OnClickListener() {
23    public void onClick(View v) {
24       mPlayer.stop();
25       mPlayer.reset();
26       btnPlay.setClickable(true);
27       btnStop.setClickable(false);
28       tvMP3.setText("실행중인 음악 :  ");
29       pbMP3.setVisibility(View.INVISIBLE);
30    }
31 });
32 btnStop.setClickable(false);
```

**1~4** activity_main.xml의 버튼 2개, 텍스트뷰, 프로그레스바를 변수에 대입한다.

**6~20** 〈듣기〉를 클릭했을 때 동작하는 부분이다. 8행, 17행, 18행의 try~catch는 10행과 11행 때문에 필수로 들어가는 코드이다.

**9, 10** MediaPlayer를 생성하고 시작할 MP3 파일을 지정한다. 파일은 '/sdcard/선택한 파일'이 된다.

**11, 12, 24, 25** MP3 파일을 시작하거나 중지한다.

**13, 14, 26, 27, 32** MP3 파일이 동작 중인지 여부에 따라 〈듣기〉, 〈중지〉를 클릭할 수 있도록 지정한다. 32행은 MediaPlayer가 시작되지 않은 상태에서 〈중지〉를 클릭했을 때 발생하는 오류를 방지하기 위한 것이다.

**15, 16, 28, 29** 실행 중이면 음악 파일 이름과 프로그레스바를 보여주고 중지되면 모두 감춘다.

### 4 프로젝트 실행 및 결과 확인

7 프로젝트를 실행하면 [그림 13-2]와 같이 MP3 파일을 재생하거나 중지할 수 있을 것이다.

### 5 안드로이드 응용 프로그램 개발 완료

8 결과를 확인했으면 키패드의 돌아가기 버튼을 클릭하여 AVD의 초기화면으로 돌아간다.

#### ▶ 직접 풀어보기 13-1

[실습 13-1]의 MP3 플레이어에는 〈일시정지〉 버튼이 없는데 이를 구현하라.

- 〈일시정지〉를 클릭하면 음악이 멈추고 버튼 이름이 〈이어듣기〉로 바뀐다.
- 〈중지〉를 클릭하면 초기화된다.

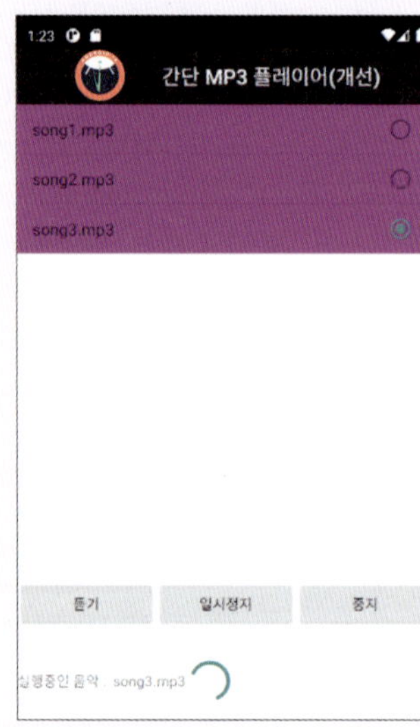


그림 13-4 **수정된 간단 MP3 플레이어 앱**

# 02 스레드

이 절에서는 스레드의 개념을 파악한 후 앞에서 구현한 MP3 플레이어에 적용하는 방법을 알아본다. 스레드를 구현할 때 종종 사용되는 프로그레스바와 시크바를 먼저 살펴보자.

## 1 프로그레스바와 시크바

프로그레스바는 작업의 진행 상태를 확인할 때, 시크바는 음악이나 동영상 재생의 위치를 지정할 때 많이 활용된다. 우선 간단한 예제를 통해 동작 방법을 살펴보자.

**예제 13-7 프로그레스바/시크바의 XML 코드**

```
1  <LinearLayout>
2      <ProgressBar
3          android:id="@+id/progressBar1"
4          style="?android:attr/progressBarStyleHorizontal"
5          android:max="100"
6          android:progress="20" />
7      <Button
8          android:id="@+id/btnInc"
9          android:text="10씩 증가" />
10     <Button
11         android:id="@+id/btnDec"
12         android:text="10씩 감소" />
13
14     <TextView
15         android:id="@+id/tvSeek" />
16     <SeekBar
17         android:id="@+id/seekBar1" />
18 </LinearLayout>
```

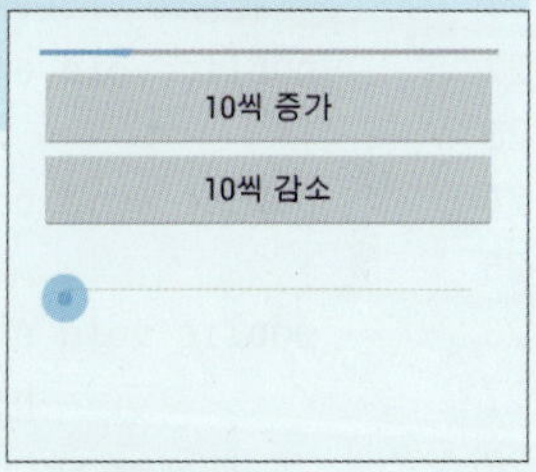


**4** 프로그레스바의 모양을 지정한다. 생략하면 원 모양으로 나타난다.

**5, 6** 프로그레스바의 범위를 최대 100, 초깃값을 20으로 설정한다.

**16, 17** 시크바는 프로그레스바를 상속받으므로 프로그레스바에서 사용한 속성을 지정해도 된다.

버튼을 클릭하면 프로그레스바를 10씩 증가시키거나 감소시키는 Java 코드의 onCreate( ) 함수는 다음과 같다. 시크바의 원을 좌우로 잡아끌면 현재 %가 보이는 코드를 추가한다.

**예제 13-8 프로그레스바/시크바의 Java 코드**

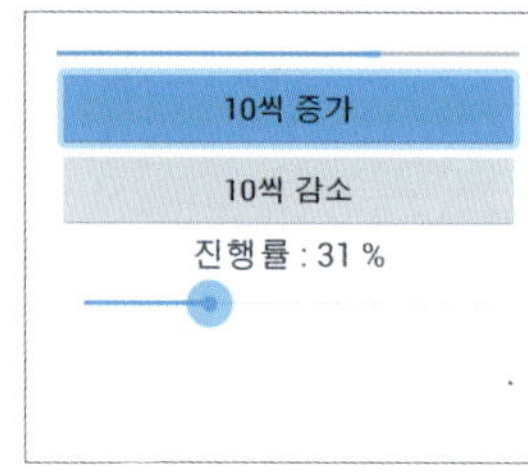


```
1  public void onCreate(Bundle savedInstanceState) {
2      super.onCreate(savedInstanceState);
3      setContentView(R.layout.activity_main);
4
5      final ProgressBar pb1;
6      Button btnInc, btnDec;
7      pb1 = (ProgressBar) findViewById(R.id.progressBar1);
8      btnInc = (Button) findViewById(R.id.btnInc);
9      btnDec = (Button) findViewById(R.id.btnDec);
10
11     btnInc.setOnClickListener(new View.OnClickListener() {
12         public void onClick(View v) {
13             pb1.incrementProgressBy(10);
14         }
15     });
16     ~~~~ 생략(감소 버튼: 값을 -10으로 설정) ~~~~
17
18     final TextView tvSeek = (TextView) findViewById(R.id.tvSeek);
19     SeekBar seekBar1 = (SeekBar) findViewById(R.id.seekBar1);
20
21     seekBar1.setOnSeekBarChangeListener(new SeekBar.OnSeekBarChangeListener() {
22         public void onStopTrackingTouch(SeekBar seekBar) {
23         }
24         public void onStartTrackingTouch(SeekBar seekBar) {
25         }
26         public void onProgressChanged(SeekBar seekBar, int progress,
27                 boolean fromUser) {
28             tvSeek.setText("진행률 : " + progress + " %");
29         }
30     });
31 }
```

**13** incrementProgressBy( ) 메소드는 메인 프로그레스를 증가·감소시킨다. 양숫값을 입력하면 증가되고, 음숫값을 입력하면 감소된다.

**21** 시크바는 SeekBar.OnSeekBarChangeListener를 사용했다. 즉 프로그레스(원 모양)를 터치하여 좌우로 끌면 동작한다.

**22, 24, 26** SeekBar.OnSeekBarChangeListener의 추상 메소드로 자동 완성된다.

**26~29** 시크바를 터치하여 프로그레스의 위치를 변경할 때 동작하는 메소드이다. 일반적으로 이곳에 필요한 내용을 코딩한다. 여기서는 텍스트뷰에 현재 진행률을 표시한다.

이 예제에서는 버튼을 클릭하여 프로그레스바를 강제로 증가·감소시켰다. 하지만 프로그레스바의 일반 용도는 다른 작업(예를 들면 음악이 나오는 작업)을 하면서 프로그레스바가 자연스럽게 진행되도록 하는 것이다. 이렇게 2개의 작업(음악 재생과 프로그레스바)이 동시에 진행되게 하려면 스레드가 필요하다.

## 2 스레드의 기본

스레드(thread)는 여러 작업을 동시에 수행하기 위해 사용하는 개념으로 멀티스레드(multi-thread)라고도 부른다. 또한 경량 프로세스라고도 하는데 이는 스레드가 프로세스(전체 프로그램 동작) 안에서 동작하는 작은 단위이기 때문이다. 다음 그림은 일반적인 함수 처리 방식과 스레드의 차이를 보여준다.

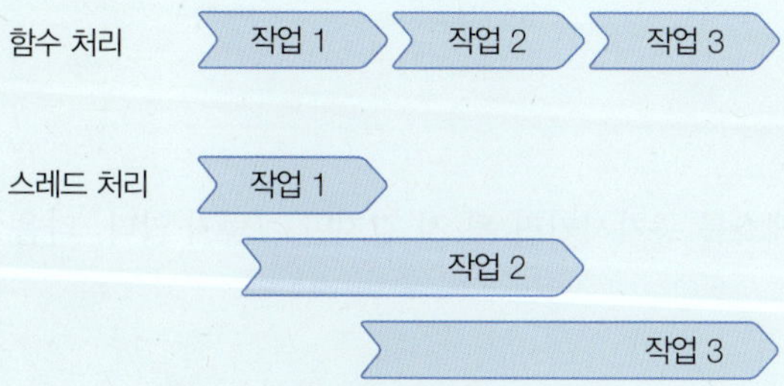


그림 13-5 함수와 스레드의 처리 방식

함수는 하나의 작업이 끝나야 다음 작업이 진행되지만, 스레드는 하나의 작업이 끝나기 전에 다른 작업을 동시에 진행시킬 수 있다. 예를 통해 확인해보자.

[그림 13-6]과 같이 <스레드 시작>을 클릭하면 첫 번째 프로그레스바는 처음에 전체 길이 100 중에서 10 정도에 위치하고, 한 번에 건너뛰는 폭이 2이다. 그리고 두 번째 프로그레스바는 처음에 전체 길이 100 중에서 30 정도에 위치하고, 한 번에 건너뛰는 폭이 1이다. 이 두 프로그레스바를 동시에 진행시킨다고 가정해보자. 시작은 두 번째 프로그레스바가 빠르지만 첫 번째 프로그레스바가 끝에 먼저 도달할 것이다.

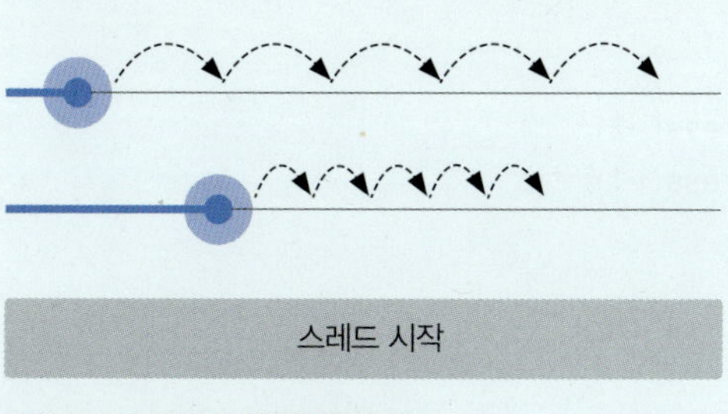


그림 13-6 스레드 기본 동작의 예

TIP 프로그레스바가 눈에 잘 띄지 않아 필자는 프로그레스바 대신 시크바를 사용했다. 시크바는 프로그레스바의 상속을 받으므로 모든 속성을 동일하게 사용할 수 있기 때문이다.

[그림 13-6]의 XML 코드는 다음과 같다.

**예제 13-9 스레드 기본 예제의 XML 코드**

```
<LinearLayout>
    <SeekBar
        android:id="@+id/pb1"
        android:max="100"
        android:progress="10" />
    <SeekBar
        android:id="@+id/pb2"
        android:max="100"
        android:progress="30" />
    <Button
        android:id="@+id/button1"
        android:text="스레드 시작" />
</LinearLayout>
```

동시에 증가시키려면 버튼에서 각각의 프로그레스를 증가시키면 될 것 같지만 그렇지 않다. 다음 예제를 보자.

**예제 13-10 스레드 기본 예제의 Java 코드–동작하지 않음**

```
ProgressBar pb1, pb2;
Button btn;
public void onCreate(Bundle savedInstanceState) {
   super.onCreate(savedInstanceState);
   setContentView(R.layout.activity_main);

   pb1 = (ProgressBar) findViewById(R.id.pb1);
   pb2 = (ProgressBar) findViewById(R.id.pb2);
   btn = (Button) findViewById(R.id.button1);

   btn.setOnClickListener(new View.OnClickListener() {
      public void onClick(View v) {
         for(int i=0; i<100; i++) {
            pb1.setProgress(pb1.getProgress()+2);
            pb2.setProgress(pb1.getProgress()+1);
            SystemClock.sleep(100);
         }
      }
   });
}
```

**13~17** 100번 반복한다.

**14, 15** 첫 번째 프로그레스바는 2씩, 두 번째 프로그레스바는 1씩 증가한다.

**16** 100밀리초(0.1초) 동안 멈춘다. 이 행이 없으면 진행 상황이 보이지 않는다.

앞의 코드를 실행하고 버튼을 클릭하면 버튼이 눌린 상태에서 한동안 동작하지 않다가 한꺼번에 두 프로그레스바가 모두 끝에 도달한다. 즉 두 작업이 동시에 실행되지 않는데 이 문제를 해결하려면 스레드를 사용해야 한다. 기본 스레드를 사용하는 형식은 다음과 같다.

```
new Thread() {
      public void run() {
          // 이곳에 작업 코딩
      }
}.start();
```

TIP 필자가 소개하는 방법 외에도 스레드를 사용하는 다른 방법이 있다.

[예제 13-10]의 13~17행 대신 다음 코드를 입력하고 실행해보자.

**예제 13-11 스레드 기본 예제의 Java 코드-동작함**

```
1  new Thread() {
2     public void run() {
3        for(int i=pb1.getProgress(); i<100; i=i+2) {
4           pb1.setProgress(pb1.getProgress()+2);
5           SystemClock.sleep(100);
6        }
7     }
8  }.start();
9
10 new Thread() {
11    public void run() {
12       for(int i=pb2.getProgress(); i<100; i++) {
13          pb2.setProgress(pb2.getProgress()+1);
14          SystemClock.sleep(100);
15       }
16    }
17 }.start();
```

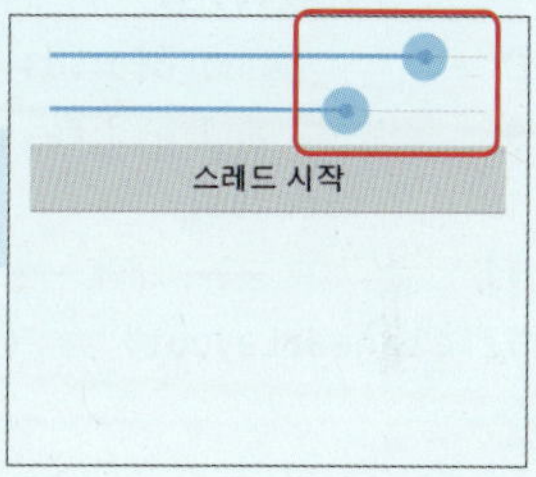


**1~8, 10~17** 첫 번째 프로그레스바와 두 번째 프로그레스바의 스레드를 생성한다.

**3, 4, 12, 13** 각 프로그레스바의 초깃값으로 프로그레스바를 시작하고 첫 번째 프로그레스바는 2씩, 두 번째 프로그레스바는 1씩 증가시킨다.

앞의 예제와 같이 스레드를 생성하면 1~8행이 실행되면서 동시에 10~17행도 실행된다. 그러므로 두 프로그레스바가 동시에 동작한다.

## 3 UI 스레드

UI(User Interface) 스레드는 화면의 위젯을 변경할 때 사용한다. 일반적인 스레드는 스레드 안에서 필요한 내용을 계산하는 것만 가능하며 화면의 다른 위젯을 변경할 수 없다. 예제를 통해 이를 직접 확인해보자. 프로그레스바가 진행될 때마다 텍스트뷰에 진행률을 표시하는 기능을 앞의 예제에 추가한다.

우선 [예제 13-9]의 activity_main.xml에 텍스트뷰를 2개 추가한다.

**예제 13-12 UI 스레드의 XML 코드**

```
<LinearLayout>
    <TextView
        android:id="@+id/tv1"
        android:text="1번 진행률 :" />
    <SeekBar
        ~~~~ 생략 ~~~~
    <TextView
        android:id="@+id/tv2"
        android:text="2번 진행률 :" />
    <SeekBar
        ~~~~ 생략 ~~~~
</LinearLayout>
```

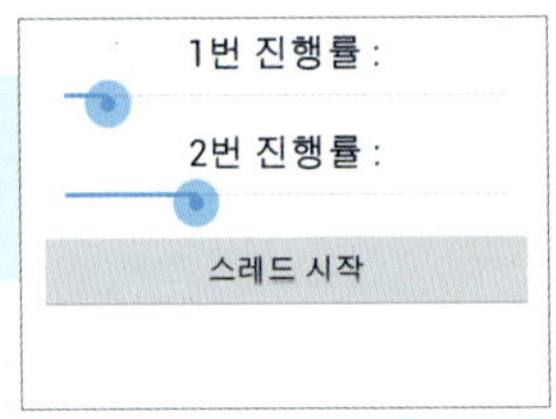


이제 Java 코드를 수정하자. 단순히 생각하면 스레드 안에서 텍스트뷰를 setText( ) 메소드로 수정하면 될 것 같다. [예제 13-11]([예제 13-10]의 2행과 3행 사이)에 텍스트뷰 전역변수를 추가하고, 스레드 안에서 텍스트뷰를 수정하도록 코드도 한 행 추가한다.

**예제 13-13 UI 스레드의 Java 코드–동작하지 않음**

```
~~~~ 생략 ~~~~
TextView tv1, tv2;
@Override
public void onCreate(Bundle savedInstanceState) {
    ~~~~ 생략 ~~~~
    tv1 = (TextView) findViewById(R.id.tv1);
    tv2 = (TextView) findViewById(R.id.tv2);
```

```
8
9     btn.setOnClickListener(new View.OnClickListener() {
10        public void onClick(View v) {
11           new Thread() {
12              public void run() {
13                 for (int i = pb1.getProgress(); i < 100; i = i + 2) {
14                    pb1.setProgress(pb1.getProgress() + 2);
15                    tv1.setText("1번 진행률 : " + pb1.getProgress() + "%");
16                    SystemClock.sleep(100);
17                 }
18              }
19           }.start();
20    ~~~~ 생략[두 번째 스레드 안에도 tv2.setText() 부분 추가] ~~~~
```

**2, 6, 7** activity_main.xml의 텍스트뷰 2개에 접근한다.

**15, 20** 스레드 안에서 각 텍스트뷰의 글자를 프로그레스바의 현재 진행률로 변경한다.

앞의 예제를 실행하면 실행 오류가 발생하거나 응용 프로그램이 즉시 종료된다. 스레드 내부인 15행에서 위젯(텍스트뷰)의 글자를 변경하려고 시도했기 때문이다.

TIP [예제 13-11]도 위젯(시크바)을 변경했는데 문제없이 동작했다. 예외적으로 프로그레스바와 그 자식 위젯은 스레드 안에서 변경할 수 있다. 하지만 프로그레스바를 변경할 때도 UI 스레드를 사용하는 것이 더 안정적이므로, 위젯을 변경할 때는 가능하면 UI 스레드를 사용하자.

이러한 문제를 해결하려면 위젯을 변경하는 부분을 runOnUiThread({}) 안에 넣어야 한다. 형식은 다음과 같다.

```
runOnUiThread(new Runnable() {
    public void run() {
         // 위젯을 변경하는 코드를 이곳에 삽입
    }
});
```

[예제 13-13]의 14행과 15행을 다음 예제와 같이 Activity가 제공하는 runOnUiThread({})에 넣은 후 실행하면 잘 동작한다. 또한 두 번째 스레드의 pb2와 tv2 부분도 같은 방식으로 수정해야 한다. [예제 13-14]는 [예제 13-13]의 첫 번째 스레드인 11~19행만 나타낸 것이다.

**예제 13-14 UI 스레드의 Java 코드 – 동작함**

```java
1  new Thread() {
2      public void run() {
3          for (int i = pb1.getProgress(); i < 100; i = i + 2) {
4              runOnUiThread(new Runnable() {
5                  public void run() {
6                      pb1.setProgress(pb1.getProgress() + 2);
7                      tv1.setText("1번 진행률 : " + pb1.getProgress() + "%");
8                  }
9              });
10             SystemClock.sleep(100);
11         }
12     }
13 }.start();
```

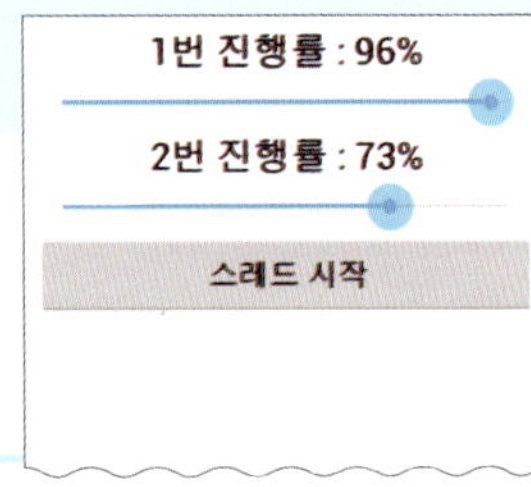


**4~9** 위젯을 변경하는 코드를 모두 runOnUiThread({ })에 넣는다.

TIP 스레드 내에서 위젯을 수정하기 위해 Activity:runOnUiThread({ }) 말고도 View.post({ })를 이용하는 방법이 있다. 이는 [예제 13-14]의 4행만 'pb1.post(new Runnable() {'로 변경하면 된다. Handler 객체를 이용하는 방법도 있지만 결과가 같으니 설명하지 않겠다.

## 4 스레드의 응용

앞에서 배운 스레드 사용법으로 음악 플레이어에서 재생 진행 상태를 확인할 수 있다. [실습 13-1]을 수정해보자. 우선 음악의 진행 상태와 시간을 나타내기 위해 [예제 13-3]을 수정한다. [예제 13-3]의 세 번째 레이아웃인 19~26행을 다음과 같이 변경한다.

**예제 13-15 스레드 응용 예제의 XML 코드**

```xml
<LinearLayout
    android:layout_width="fill_parent"
    android:layout_height="0dp"
    android:layout_weight="2"
    android:gravity="left|center"
    android:orientation="vertical" >
    <TextView
        android:id="@+id/tvMP3"
        android:text="실행중인 음악 : " />
    <TextView
        android:id="@+id/tvTime"
        android:text="진행시간 :" />
    <SeekBar
```

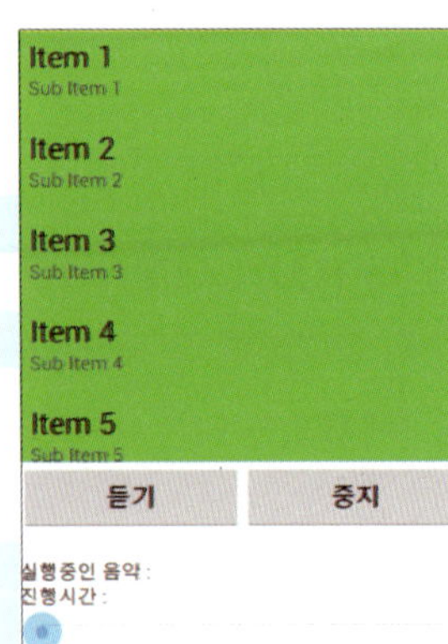

```
14         android:id="@+id/pbMP3" />
15 </LinearLayout>
```

**4, 6** 레이아웃의 높이를 좀 더 키우기 위해 layout_weight를 2로, 레이아웃을 수직 방향으로 변경했다.

이제 [실습 13-1]의 완성된 Java 코드를 수정하자. 추가한 텍스트뷰 tvTime의 위젯 변수를 선언하고 activity_main.xml에 대응시켜야 한다. 다음 두 행을 [실습 13-1]의 완성된 Java 코드에 각각 넣는다.

```
TextView  tvTime;
tvTime = (TextView) findViewById(R.id.tvTime);
```

그리고 [예제 13-6]의 16행 대신 다음 코드를 입력한다. [예제 13-16]은 스레드와 UI 스레드로 음악이 재생되는 동안 프로그레스바와 진행 시간 텍스트뷰를 계속 변경한다.

**예제 13-16 스레드 응용 예제의 Java 코드**

```
1  new Thread() {
2     SimpleDateFormat timeFormat = new SimpleDateFormat("mm:ss");
3     public void run() {
4        if(mPlayer == null) return;
5        pbMP3.setMax(mPlayer.getDuration());
6        while(mPlayer.isPlaying()) {
7           runOnUiThread(new Runnable() {
8              public void run() {
9                 pbMP3.setProgress(mPlayer.getCurrentPosition());
10                tvTime.setText("진행 시간 : "
11                         + timeFormat.format(mPlayer.getCurrentPosition()) );
12             }
13          });
14          SystemClock.sleep(200);
15       }
16    }
17 }.start();
```

**4** mPlayer가 제거되거나 null 값이면 메소드를 빠져나간다.

**2, 10, 11** 진행 시간을 '분:초' 형식으로 표현하기 위해 SimpleDateFormat 객체를 사용했다. 10, 11행에서는 음악의 현재 진행 위치를 getCurrentPosition()으로 가져와서 출력한다.

**7~13** UI 스레드를 이용하여 프로그레스바와 진행 시간을 표시한다.

**14** 0.2초마다 진행 상태가 변경된다.

음악이 중지되어 프로그레스바와 진행 시간을 초기화하려면 [예제 13-6]의 29행을 다음 코드로 수정한다.

```
pbMP3.setProgress(0);
tvTime.setText("진행시간 : ");
```

프로젝트를 실행하면 [실습 13-1]과 결과가 동일하지만 화면 아래쪽에 진행 상태가 나타날 것이다.

▶ **직접 풀어보기 13-2**

[예제 13-1]과 [예제 13-2]에서 작성한 간단한 음악 재생에 시크바를 추가하라. 시크바를 직접 움직이면 음악이 해당 부분부터 재생되게 한다.

**힌트** 시크바의 OnSeekBarChangeListener를 생성하고, onProgressChanged( ) 메소드를 다음과 같이 코딩한다.

```
if (fromUser) {
    mPlayer.seekTo(progress);
}
```

그림 13-7 시크바가 추가된 음악 재생

# 03 구글 지도

구글 지도(구글 맵)는 구글에서 오픈 API로 제공하는 전자 지도이다. 일반적인 웹브라우저로 접속하여 전 세계의 지도와 위치를 확인할 수도 있고, 안드로이드 앱에 포함하여 자신에게 필요한 내용으로 프로그래밍할 수도 있다.

TIP 참고로 이 책을 집필한 2023년 말에 구글 지도는 사용한 만큼 지불하는 가격 정책을 시행하므로 신용카드를 등록한 구글 계정만 실습을 진행할 수 있다. 2023년 12월 기준으로 매월 200달러 크레딧까지 무료로 사용할 수 있어 상업적인 서비스를 하지 않는다면 실제로 과금되지는 않는다.

## 1 구글 지도 사용을 위한 준비

구글 지도를 안드로이드 앱에 포함하려면 먼저 개발에 사용할 PC별로 구글에서 제공하는 API 키를 얻어야 한다. 다음 순서대로 진행해보자.

TIP 구글 지도 API는 2012년 12월에 API v2 버전이 발표되었다. API 2는 API v1의 사용법이 대폭 변경된 것으로, 이 책에서는 API 2를 기준으로 한다.

### 실습 13-2 구글의 API 키 얻기

**1 Google Play services 설치**

1 Android Studio 초기화면에서 오른쪽 위의 [More Actions] 아이콘을 클릭하고 [SDK Manager]를 실행한다. 또는 적당한 이름으로 새 프로젝트를 생성한 후 Android Studio 메뉴의 [Tools]–[SDK Manager]를 실행한다. [SDK Tools] 탭을 클릭하고 'Google Play services'가 설치되어 있는지 확인하자. 이미 1장에서 설치했는데, 체크 또는 하이픈(–) 표시가 있으면 설치된 상태이다. 〈Cancel〉을 클릭하여 창을 닫는다.

TIP 필자가 이 책을 집필한 시점에 Google Play services의 설치된 버전이 문제없이 잘 작동했다. 하지만 향후 책과 같이 잘 작동하지 않는다면 업데이트를 하고 실습을 진행하기 바란다.

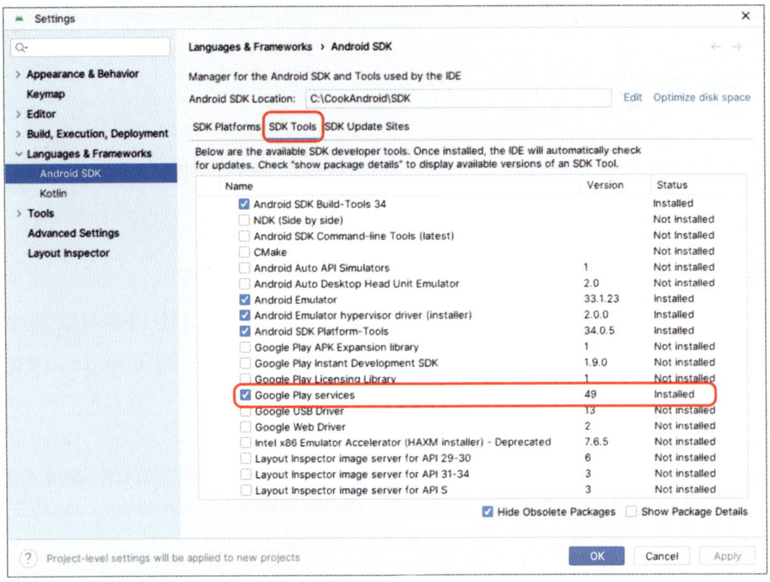

그림 13-8 Google Play services 설치 확인

❷ 업데이트가 가능하면 'Installed' 부분에 'Update Available: 버전'이 표시된다. 그럴 때는 'Google Play services' 앞에 체크를 하고 〈OK〉를 클릭하면 최신 버전으로 업데이트된다(지금은 하지 말자).

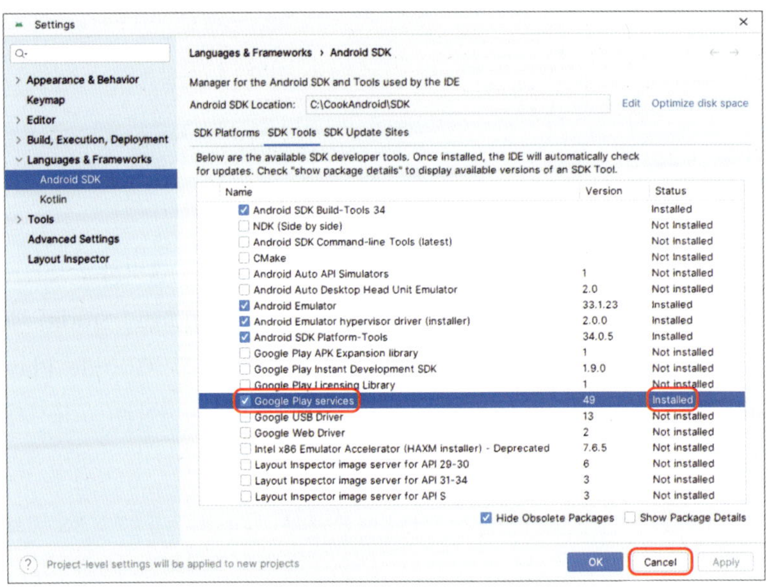

그림 13-9 Google Play services 업데이트

❸ [Default Settings] 창이 열려 있으면 종료한다.

## 2 인증을 위한 SHA1 코드 알아내기

구글 지도 서비스를 사용하려면 별도의 인증을 받아야 한다. 인증 코드를 확인해보자.

**4** 명령 프롬프트에서 SHA1 인증 코드를 알아내어 복사한다. JDK와 마찬가지인 JetBrain Runtime 폴더(필자는 C:\CookAndroid\android-studio\jbr\bin)로 이동하여 'keytool.exe -list -v -keystore C:\CookAndroid\.android\debug.keystore' 명령을 사용한다. 비밀번호를 물어보면 'android'를 입력한다. 결과 중 SHA1 부분의 코드를 복사해놓는다.

> TIP 필자가 배포하는 [부록 B]의 파일로 설치하지 않았다면 JetBrain Runtime은 C:\Program Files\Android\Android Studio\jbr\bin\ 폴더에, debug.keystore 파일은 C:\Users\사용자명\.android\ 폴더에 있을 것이다.

> TIP 명령 프롬프트에서는 코드를 드래그하고 Enter를 누르면 복사된다.

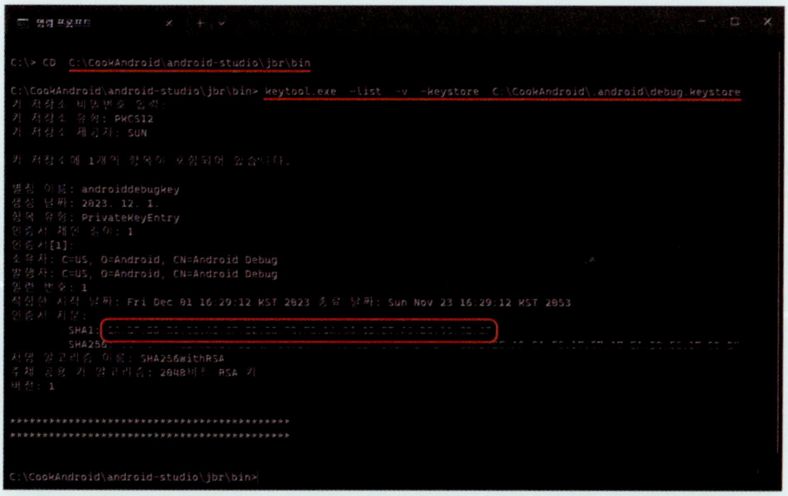


그림 13-10 SHA1 코드 확인

## 3 구글 지도를 사용할 프로젝트 생성

구글 지도 서비스는 응용 프로그램마다 별도로 인증을 받아야 한다는 점을 주의하자. 사용할 프로젝트를 미리 생성한다.

**5** 새 프로젝트를 만든다. 프로젝트 이름은 'CookMap', 패키지 이름은 'com.cookandroid.cookmap'으로 한다. 그 외 규칙은 [실습 2-4]의 **1**~**4**를 따른다.

## 4 Google API 등록

구글에 구글 지도를 사용할 프로젝트를 등록해야 한다. 구글 계정이 필요하므로 없으면 가입한다.

> TIP 크롬(Chrome) 브라우저를 사용해야 설정이 잘 진행된다.

**6** 웹브라우저에서 https://console.cloud.google.com/cloud-resource-manager에 접속하여 로그인한다.

7 [대시보드] 화면의 〈프로젝트 만들기〉를 클릭하여 [새 프로젝트] 창에서 프로젝트 이름에 'CookMap'을 입력하고 〈만들기〉를 클릭한다.

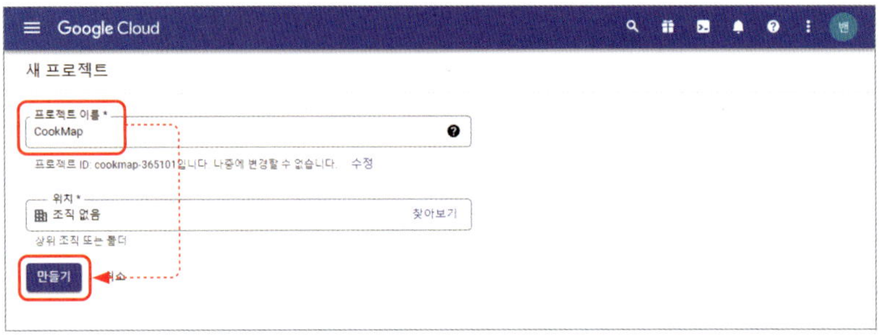

그림 13-11 **프로젝트 생성 시작**

8 주소 창에 https://console.cloud.google.com/apis/dashboard를 입력하고 [+ API 및 서비스 사용 설정]을 클릭한다.

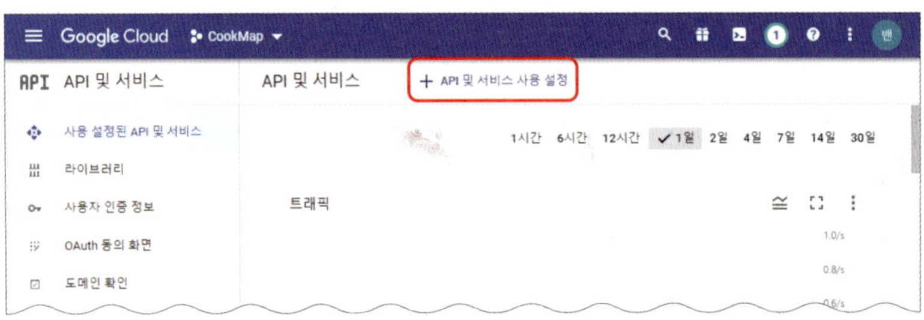

그림 13-12 **API 사용 설정**

9 'Maps SDK for Android'를 클릭한다.

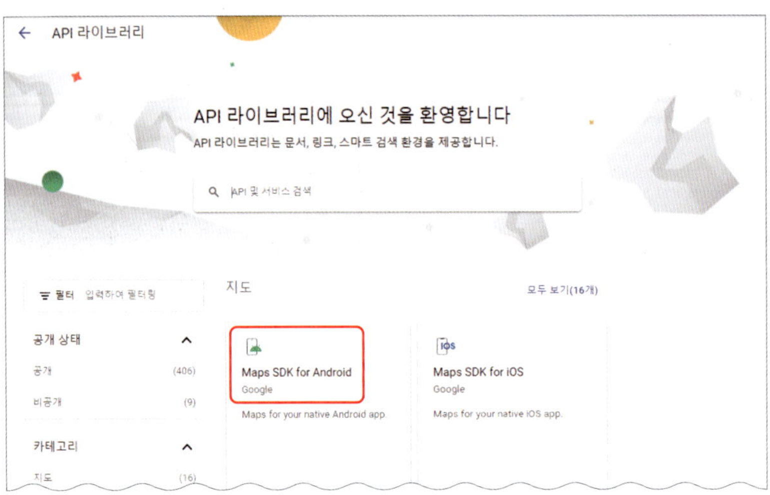

그림 13-13 **Maps SDK for Android 설정**

TIP 만약 'Maps SDK for Android'가 보이지 않으면 [지도] 부분의 〈모두 보기〉를 클릭한다.

10 [Maps SDK for Android] 창이 나오면 왼쪽 위의 메뉴를 클릭하고 [API 및 서비스]-[사용자 인증 정보]를 선택한다.

TIP [API 및 서비스]가 보이지 않으면 [제품 더보기]를 클릭하여 확장한다.

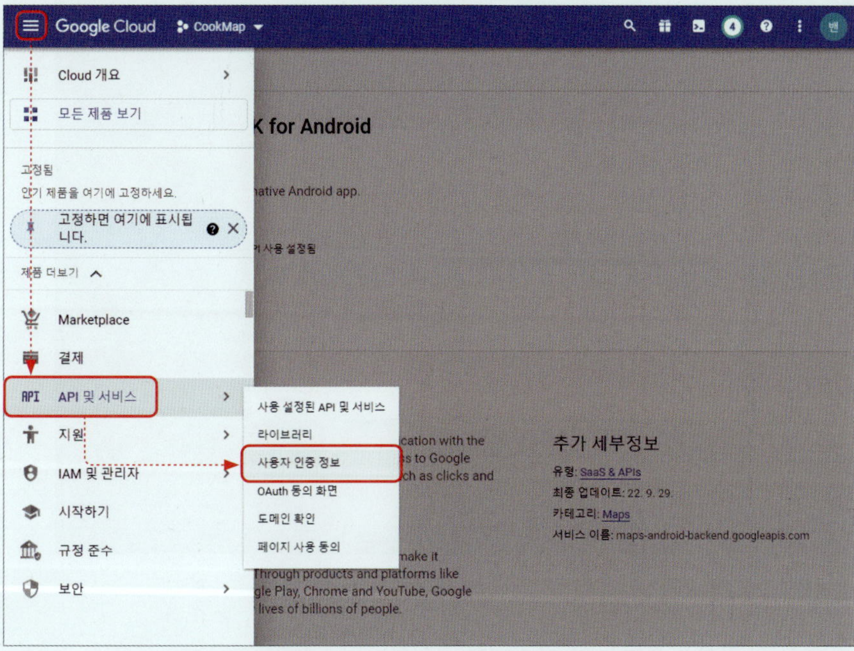


그림 13-14 사용자 인증 정보 추가 1

11 [사용자 인증 정보] 탭을 선택한 후 〈사용자 인증 정보 만들기〉를 클릭하여 'API 키'를 선택한다.

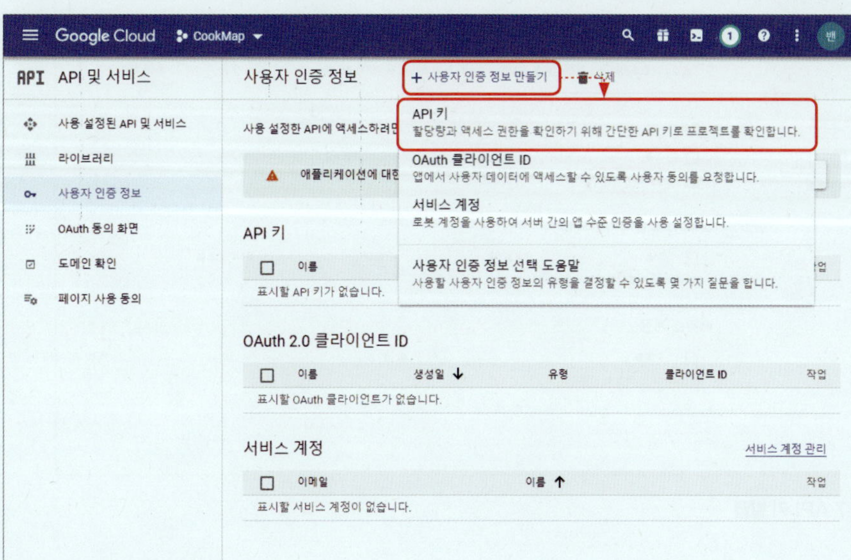


그림 13-15 사용자 인증 정보 추가 2

⓬ API 키가 생성되었다. 복사 아이콘을 클릭한 후 별도의 메모장을 실행하고 API 키를 붙여넣기 해서 보관한다. 〈닫기〉를 클릭한다.

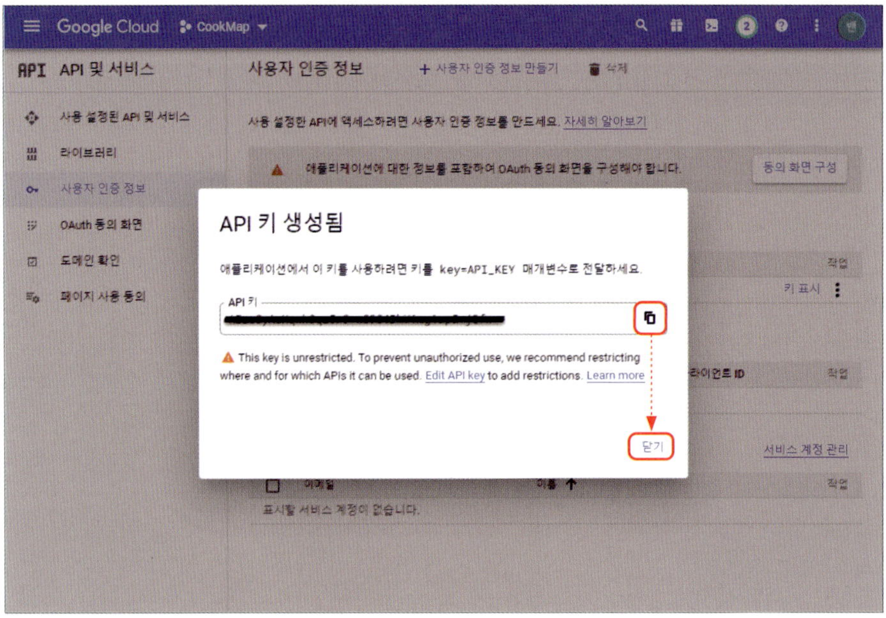


그림 13-16 **사용자 인증 정보 추가 3**

⓭ [사용자 정보 인증] 창이 나오면 'API 키 1개'를 클릭한다.

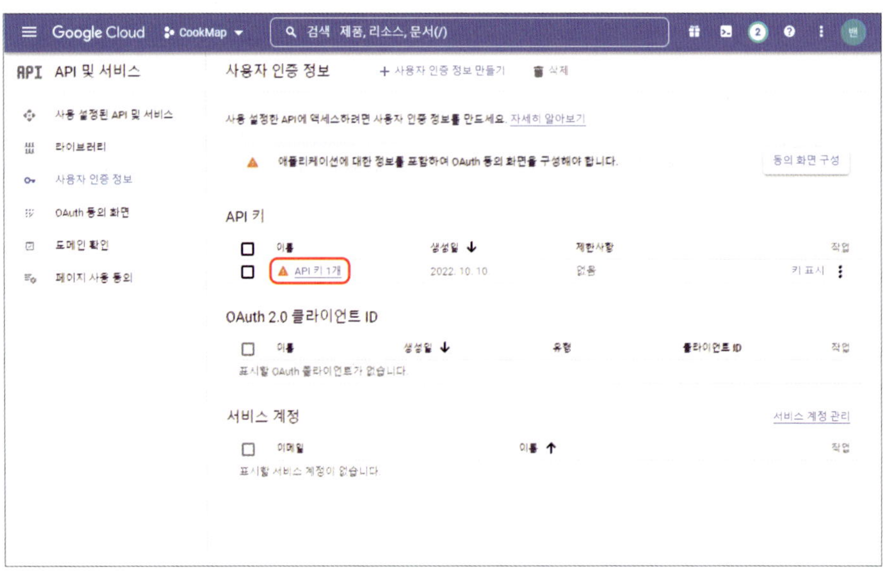


그림 13-17 **API 키 발급**

⓮ 아랫부분의 애플리케이션 제한사항에서 'Android 앱'을 선택하고 <+Add> 또는 <항목 추가>를 클릭한 후 패키지 이름인 'com.cookandroid.cookmap'을 입력하고, ❹에서 복사해놓은 SHA1 코드를 붙여넣기 한다. <완료>와 <저장>을 클릭하여 설정을 마친다.

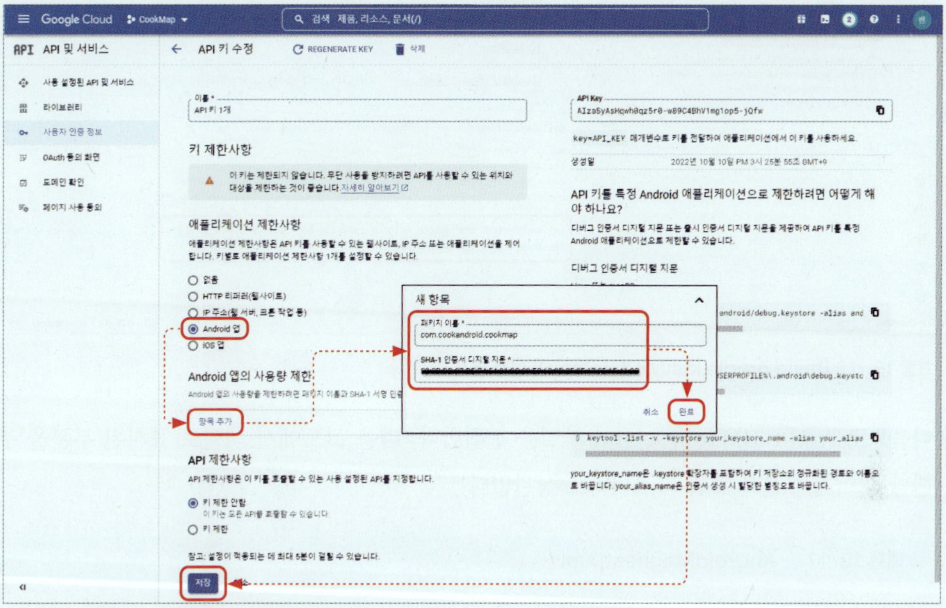

그림 13-18 **패키지 및 인증서 지문 등록**

⓯ 마지막으로 https://console.cloud.google.com/apis/library/maps-android-backend.googleapis.com에 접속하여 [Maps SDK for Android] 창이 나오면 <사용>을 클릭한다. 이로써 설정을 완료했다.

### 5 Google Play services의 라이브러리 사용 설정

구글 서비스 기능을 사용하도록 설정하자.

⓰ Project Tree에서 [Gradle Scripts]-[build.gradle.kts(Module:app)]을 더블클릭해서 열고 아래쪽의 dependencies 부분에 다음 코드를 추가한다. 그리고 위쪽의 [Sync Now]를 클릭하면 한동안 처리가 진행될 것이다.

```
implementation("com.google.android.gms:play-services-location:17.0.0")
implementation("com.google.android.gms:play-services-maps:17.0.0")
```

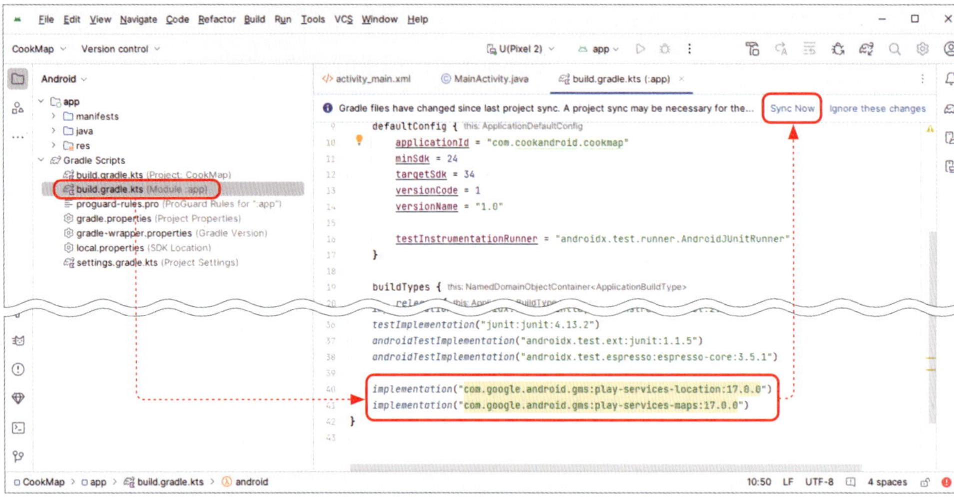

그림 13-19 [build.gradle.kts(Module:app)] 설정 변경

17 다음으로 AndroidManifest.xml 파일을 편집한다. 다음 코드에서 색깔로 표시된 부분을 추가한다(나머지 부분은 조금 다르더라도 상관없다).

**예제 13-17 AndroidManifest.xml**

```
<manifest xmlns:android="http://schemas.android.com/apk/res/android"
    package="com.cookandroid.cookmap" >

    <uses-feature android:required="true" android:glEsVersion="0x00020000"/>
    <permission android:name="com.cookandroid.cookmap.permission.MAPS_RECEIVE"
            android:label="signature"></permission>
    <uses-permission android:name="android.permission.INTERNET"/>
    <uses-permission android:name="android.permission.WRITE_EXTERNAL_STORAGE"/>
    <uses-permission android:name="android.permission.ACCESS_NETWORK_STATE"/>
    <uses-permission android:name="android.permission.ACCESS_FINE_LOCATION"/>
    <uses-permission android:name="android.permission.ACCESS_COARSE_LOCATION"/>
    <uses-permission android:name="com.google.android.providers.gsf.permission.
            READ_GSERVICES"/>
    <meta-data android:name ="com.google.android.gms.version"
            android:value = "@integer/google_play_services_version"/>

    <application
        android:allowBackup="true"
        android:icon="@mipmap/ic_launcher"
        android:label="@string/app_name"
        android:theme="@style/Theme.CookMap" >
        <activity
```

```
20            android:name=".MainActivity"
21            android:label="@string/app_name" >
22            <intent-filter>
23                <action android:name="android.intent.action.MAIN" />
24
25                <category android:name="android.intent.category.LAUNCHER" />
26            </intent-filter>
27        </activity>
28
29    <meta-data android:name="com.google.android.maps.v2.API_KEY"
          android:value="~ 자신의 API키~"/>
30
31    </application>
32 </manifest>
```

**4** Google Map API 버전 2를 의미한다.

**5~11** 구글 지도를 사용하기 위한 인터넷 접속, 외부 저장소 접근 등의 권한을 허가한다.

**12** Google Play services 버전을 지정한다.

**29** ⓬에서 복사해놓은 API 키를 지정한다. 이 부분은 〈/application〉 바로 위에 넣는다.

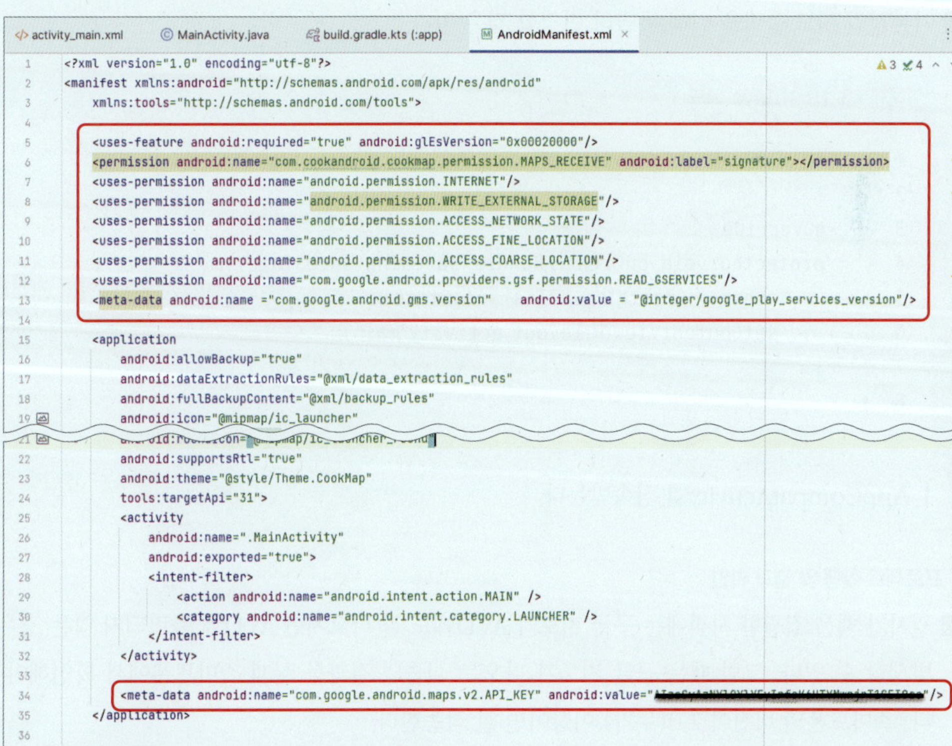


그림 13-20 AndroidManifest.xml 파일 수정 결과

### 6 화면 디자인 및 편집

⑱ activity_main.xml에 프래그먼트를 추가한다.

**예제 13-18 activity_main.xml**

```
1  <fragment xmlns:android="http://schemas.android.com/apk/res/android"
2      xmlns:map="http://schemas.android.com/apk/res-auto"
3      android:id="@+id/map"
4      android:name="com.google.android.gms.maps.MapFragment"
5      android:layout_width="match_parent"
6      android:layout_height="match_parent"
7      map:cameraTargetLat="37.541"
8      map:cameraTargetLng="126.986"
9      map:cameraZoom="13" />
```

**2** 맵을 표현하기 위한 네임 스페이스(고정됨)

**4** 프래그먼트 위젯의 이름(고정됨)

**7, 8** 서울 중심의 위도와 경도

**9** 화면 줌 레벨(0 이상의 값)

⑲ 기본적인 지도 출력을 위해 특별히 변경할 것은 없다.

**예제 13-19 Java 코드**

```
1  public class MainActivity extends AppCompatActivity  {
2
3      @Override
4      protected void onCreate(Bundle savedInstanceState) {
5          super.onCreate(savedInstanceState);
6          setContentView(R.layout.activity_main);
7      }
8  }
```

**1** AppCompatActivity를 상속받는다.

### 7 프로젝트 실행 및 결과 확인

⑳ 필자가 책을 집필한 시점에는 구글 지도가 AVD에도 잘 나오지만 AVD에 출력되지 않는 경우도 발생할 수 있다. 그럴 때는 구글 지도가 나오는 실습의 결과를 실제 스마트폰에서 확인해야 한다. 스마트폰의 버전이 7.0(누가) 이상이면 잘 작동한다.

TIP 스마트폰에서의 실습 방법은 [부록 A]에 담았다.

21 프로젝트를 실행하여 AVD 또는 실제 스마트폰에서 결과를 확인해보자. 화면을 터치하거나 드래그하면 지도 화면이 움직일 것이다.

그림 13-21 지도 실행 결과(AVD)

## 2 구글 지도의 응용

GoogleMap 클래스는 기본적으로 확대, 축소, 이동 기능을 제공한다. 그 외의 기능은 그라운드 오버레이(GroundOverlay)를 활용한다. 그라운드 오버레이는 지도(GoogleMap 클래스) 위에 투명한 유리막을 얹어놓은 개념이라고 생각하면 된다. 즉 유리막(그라운드 오버레이)에 원하는 그림을 그리면 지도 위에 그림이 그려지는 것과 같은 효과이다. 간단한 실습을 통해 이를 확인해보자.

**실습 13-3 구글 지도 활용 앱 만들기**

구글 지도를 활용하는 앱을 만들어보자. 메뉴 버튼을 클릭하여 [위성 지도]와 [일반 지도]를 선택할 수 있게 하고, 월드컵경기장을 바로 찾아가는 메뉴도 추가한다. 그리고 지도 화면을 클릭하면 CCTV 모양의 아이콘이 지도 위에 찍히는 기능도 추가한다.

그림 13-22 구글 지도 활용 앱 결과 화면(AVD)

### 1 안드로이드 프로젝트 생성

**1** 이번 프로젝트는 [실습 13-2]에서 생성한 CookMap 프로젝트에 이어서 진행한다.

### 2 화면 디자인 및 편집

**2** [실습 13-2]의 activity_main.xml을 그대로 사용한다.

### 3 Java 코드 작성 및 수정

**3** Java 코드를 수정하자. GoogleMap 객체를 준비하여 접근한 후 위성 지도가 보이도록 설정하고 실행한다.

**예제 13-20 Java 코드 1**

```
1  public class MainActivity extends AppCompatActivity implements
                                    OnMapReadyCallback {
2      GoogleMap gMap;
3      MapFragment mapFrag;
4
5      @Override
6      protected void onCreate(Bundle savedInstance
               State) {
7          super.onCreate(savedInstanceState);
8          setContentView(R.layout.activity_main);
9          setTitle("구글 지도 활용");
10         mapFrag = (MapFragment) getFragment
               Manager().findFragmentById(R.id.map);
11         mapFrag.getMapAsync(this);
12     }
13
14     @Override
15     public void onMapReady(GoogleMap map) {
16         gMap = map;
17         gMap.setMapType(GoogleMap.MAP_TYPE_SATELLITE);
18         gMap.moveCamera(CameraUpdateFactory.newLatLngZoom(new LatLng
               (37.568256, 126.897240), 13));
19     }
20
21 }
```

**1** 구글 지도를 활용하기 위해 OnMapReadyCallback 인터페이스를 사용했다.

**2, 3** 구글 맵 변수와 맵 프래그먼트 변수를 전역변수로 선언한다.

**10, 11** activity_main.xml의 프래그먼트를 mapFrag 변수에 대입한다. 조금 복잡해 보이지만 거의 고정된 형식이다.

**15~19** OnMapReadyCallback 인터페이스의 추상 메소드인 onMapReady(GoogleMap map)에서 구글 지도의 초기화할 내용을 코딩한다.

**16** 파라미터 변수 map을 전역변수 gMap에 대입한다(다른 메소드에서 gMap을 사용하기 위함이다).

**17** 위성 지도가 보이도록 설정한다. MAP_TYPE_SATELLITE 외에 MAP_TYPE_HYBRID, MAP_TYPE_NONE, MAP_TYPE_NORMAL, MAP_TYPE_TIRRAIN을 설정할 수 있다.

**18** 지도의 중심을 월드컵경기장(위도 37.568256, 경도 126.897240)으로 이동하고 확대 레벨을 13 정도로 한다.

**4** 메뉴 버튼을 클릭하면 나타나는 옵션 메뉴를 생성하자. 옵션 메뉴는 별도의 XML을 만들지 말고 직접 Java 코드에서 생성한다.

- [예제 13-20]의 17행과 18행을 삭제한다.
- 옵션 메뉴에 [위성 지도], [일반 지도], [월드컵경기장 바로가기]를 생성한다.
- [위성 지도]를 선택하면 위성 지도가 켜지고, [일반 지도]를 선택하면 위성 지도가 꺼지게 한다.

TIP Java 코드로 옵션 메뉴를 생성하는 방법은 7장의 [예제 7-6]에서 살펴보았다.

다음 예제에서는 onCreate() 밖([예제 13-20]의 20행)에 커서를 두고 Android Studio 메뉴의 [Code]-[Override Methods]를 선택한다. 아래쪽의 Activity 클래스를 확장하여 자동 완성한 후에 수정하면 편리하다. 코드가 완성되면 실행하고 메뉴 버튼을 클릭하여 선택해보자.

**예제 13-21 Java 코드 2**

```
public boolean onCreateOptionsMenu(Menu menu) {
  super.onCreateOptionsMenu(menu);
  menu.add(0, 1, 0, "위성 지도");
  menu.add(0, 2, 0, "일반 지도");
  menu.add(0, 3, 0, "월드컵경기장 바로가기");
  return true;
}

@Override
public boolean onOptionsItemSelected(MenuItem item) {
  switch (item.getItemId()) {
  case 1:
       gMap.setMapType(GoogleMap.MAP_TYPE_HYBRID);
       return true;
  case 2:
       gMap.setMapType(GoogleMap.MAP_TYPE_NORMAL);
       return true;
```

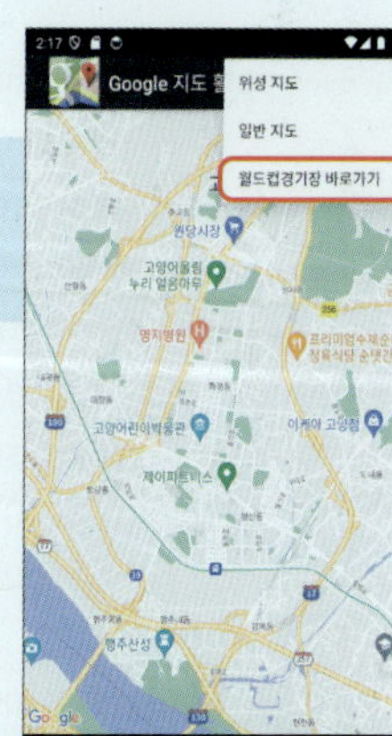

```java
18    case 3:
19         gMap.moveCamera(CameraUpdateFactory.newLatLngZoom(new LatLng(37.568256,
               126.897240), 13));
20         return true;
21     }
22     return false;
23 }
```

**3~5** 옵션 메뉴 항목을 3개 추가한다.

**13, 16** 위성 지도 또는 일반 지도를 출력한다.

**5** 지도를 클릭하면 CCTV 모양의 아이콘이 지도에 생성되도록 onMapReady( ) 메소드에 코드를 추가한다.

- activity_main.xml의 cameraZoom을 13 정도로 변경한다.
- 아이콘으로 사용할 적당한 이미지를 프로젝트의 [res]–[drawable] 폴더에 복사한다.
- GroundOverlayOptions형의 전역변수를 준비한다.
- onCreate( ) 메소드를 수정한다. 지도를 클릭하면 작동할 setOnMapClickListener를 생성하고, 클릭하면 화면에 CCTV 아이콘을 생성한다.

**TIP** 아이콘은 [android-SDK 설치 폴더]\platforms\android-API버전\data\res\drawable-hdpi의 이미지를 사용하면 된다.

**예제 13-22 Java 코드 3**

```java
GroundOverlayOptions videoMark;

 public void onMapReady(GoogleMap map) {
        gMap = map;
        gMap.setMapType(GoogleMap.MAP_TYPE_SATELLITE);
        gMap.moveCamera(CameraUpdateFactory.newLatLngZoom(new LatLng
            (37.568256, 126.897240), 13));
        gMap.getUiSettings().setZoomControlsEnabled(true);
        gMap.setOnMapClickListener(new GoogleMap.OnMapClickListener() {
            @Override
            public void onMapClick(LatLng point) {
                videoMark = new GroundOverlayOptions().image
  (BitmapDescriptorFactory.fromResource(R.drawable.presence_video_busy)).
  position(point, 400f, 400f);
                gMap.addGroundOverlay(videoMark);
            }
        });
 }
```

**1** CCTV 아이콘을 저장할 전역변수를 준비한다.

**7** 확대/축소 버튼을 화면 오른쪽 아래에 보여준다.

**8~14** 지도를 클릭하면 작동할 리스너를 생성한다.

**10** onMapClick()은 지도를 클릭하면 작동하는 메소드인데, 파라미터는 클릭한 위치의 경위도를 LatLng형으로 받는다.

**11** CCTV 마크를 생성한다. [res]–[drawable] 폴더에 복사해놓은 이미지를 사용하고, CCTV 위치에 지도를 클릭한 point 파라미터를 사용한다. 크기는 400×400m 정도로 한다.

**12** 화면에 생성한 CCTV 마크를 그린다.

#### 4 프로젝트 실행 및 결과 확인

6 프로젝트를 실행해보자. 지도를 클릭할 때마다 [그림 13–22]처럼 CCTV 아이콘이 계속 추가되는 것을 확인할 수 있다.

#### 5 안드로이드 애플리케이션 개발 완료

7 결과를 확인했으면 키패드의 돌아가기 버튼을 클릭하여 AVD의 초기화면으로 돌아간다.

▶ **직접 풀어보기 13-3**

[실습 13–3]의 앱에는 바로가기가 월드컵경기장 하나뿐인데 추가로 유명한 장소 세 군데 정도의 바로가기를 생성하라. 화면을 클릭하면 나타나는 아이콘도 변경하라.

**힌트**

- 옵션 메뉴의 [일반 지도] 아래에 [유명장소 바로가기]라는 서브 메뉴를 만든다.
- 지도에서 경위도 좌표를 찾는 쉬운 방법은, 웹브라우저에서 https://www.google.co.kr/maps/에 접속한 후 해당 위치를 검색해서 찾고 마우스 오른쪽 버튼을 클릭하여 [이곳이 궁금한가요?]를 선택하면 경위도 좌표를 확인할 수 있다.

그림 13–23 **수정된 구글 지도 활용 앱**

## 3 맛집 찾기 앱

앞에서 구글 지도를 활용하는 방법을 살펴보았는데, 실전에서 사용할 만한 응용으로 맛집을 찾는 앱을 작성해보자. 진짜 맛집을 표시하려면 데이터 세트가 필요하며, 이는 여러 공공기관에서 무료로 구할 수 있다. 그중 경기데이터드림(https://data.gg.go.kr)에서 제공하는 '경기도 으뜸 맛집 현황'을 사용하겠다.

## 실습 13-4 경기도 맛집 찾기 앱 만들기

맛집을 차례대로 찾아가는 앱을 만들어보자. <다음 맛집> 또는 <이전 맛집>을 클릭하면 경기도의 맛집이 계속 나오게 한다. 지도에는 맛집의 위치가 아이콘으로 표시되고, 맛집의 이름이 토스트로 출력된다.

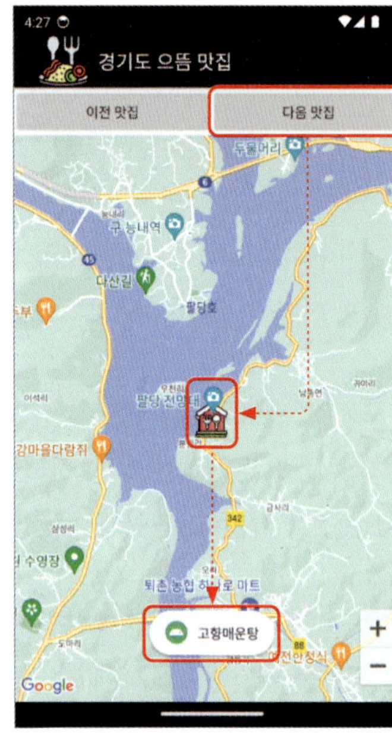


그림 13-24 경기도 으뜸 맛집 앱 (이미지: flaticon.com)

### 1 경위도가 표시된 맛집 목록 준비

1 웹 브라우저에서 경기데이터드림(https://data.gg.go.kr)에 접속하며 '으뜸 맛집'을 검색한다.

그림 13-25 맛집 좌표 파일 다운로드 1

TIP 만약 링크가 변경되어 파일을 찾을 수 없다면 책의 자료실(https://cafe.naver.com/itCookBook)에서 다운로드한다.

❷ 결과에서 [경기도 으뜸 맛집 현황]을 선택하고 [Sheet] 탭의 〈다운로드〉 및 〈CSV〉를 클릭한다. [데이터활용목적] 창이 나오면 〈프로그램 개발(웹, 모바일)〉을 선택하여 다운로드한다.

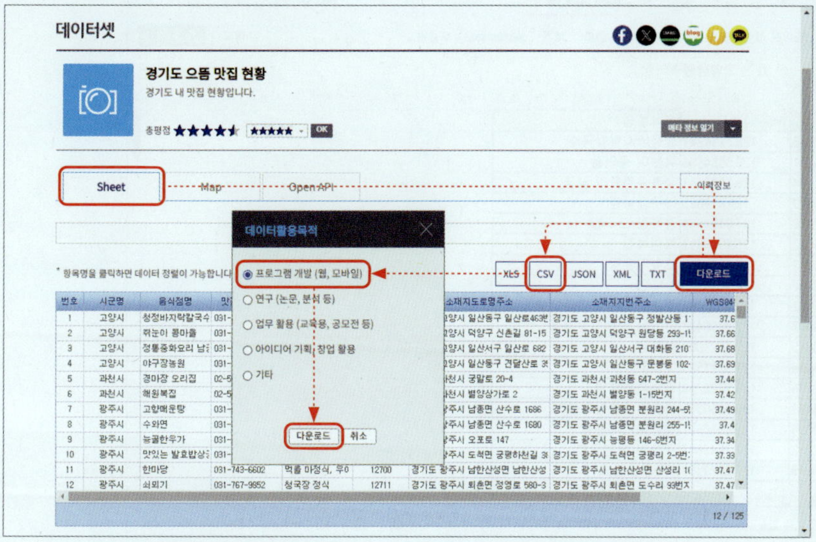

그림 13-26 맛집 좌표 파일 다운로드 2

❸ 다운로드된 파일은 엑셀에서 열 수 있다. 다운로드된 파일에는 9개의 필드 정보가 있는데, 그 중에서 B열의 음식점명, H열의 WGS84위도, I열의 WGS84경도 정보만 사용할 것이다.

TIP 엑셀이 설치되어 있지 않다. 무료 오피스인 리브레 오피스(https://ko.libreoffice.org)를 설치하여 CSV 파일을 열고 편집할 수 있다.

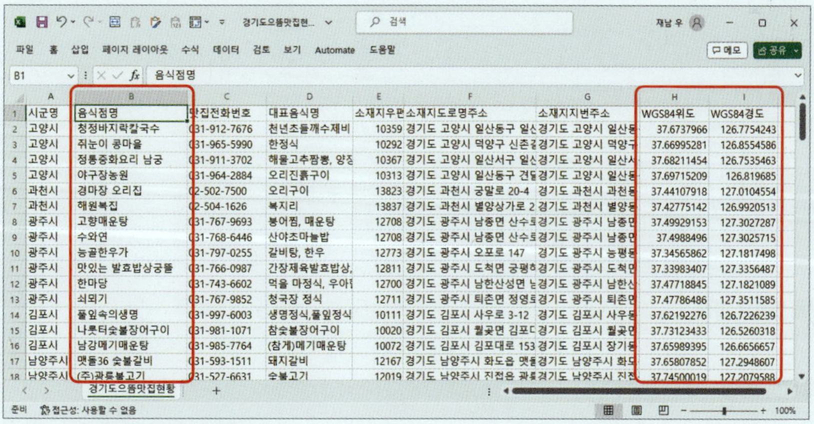

그림 13-27 맛집 좌표 파일 편집 1

❹ 음식점명, WGS84위도, WGS84경도 열을 제외한 나머지 열을 제거하고 열의 차례를 WGS84위도, WGS84경도, 음식점명 순으로 변경한 후 CSV로 저장한다. 파일 이름은 'good_place.csv'로 한다. 저장한 후 엑셀을 닫는다.

TIP 엑셀에서 열을 이동하려면 해당 열을 클릭하고 Ctrl + X 로 잘라낸 후 삽입할 열에서 마우스 오른쪽 버튼을 클릭하고 [잘라낸 열 삽입]을 선택한다.

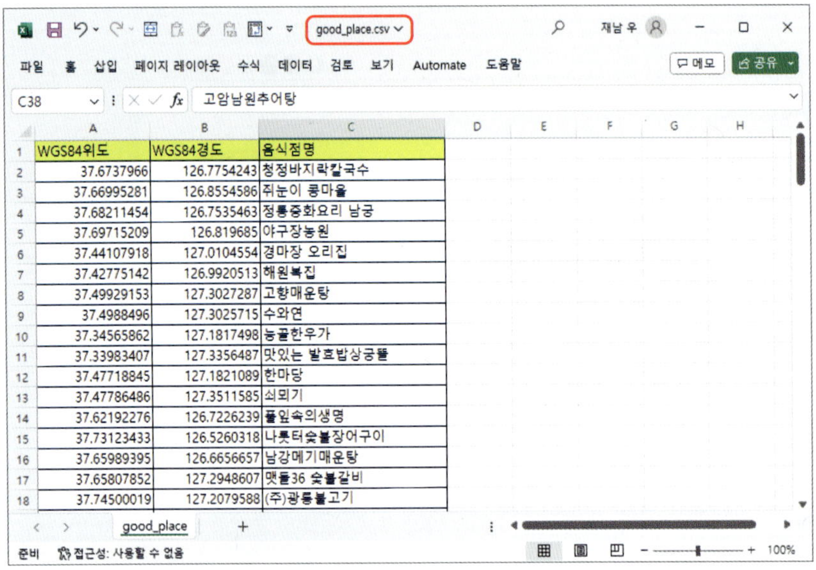

그림 13-28 맛집 좌표 파일 편집 2

5 한글이 깨지는 문제를 방지하기 위해 good_place.csv 파일을 메모장에서 열고, 메뉴의 [파일]-[다른 이름으로 저장]을 선택한 후 인코딩을 'UTF-8'로 변경하여 저장한다.

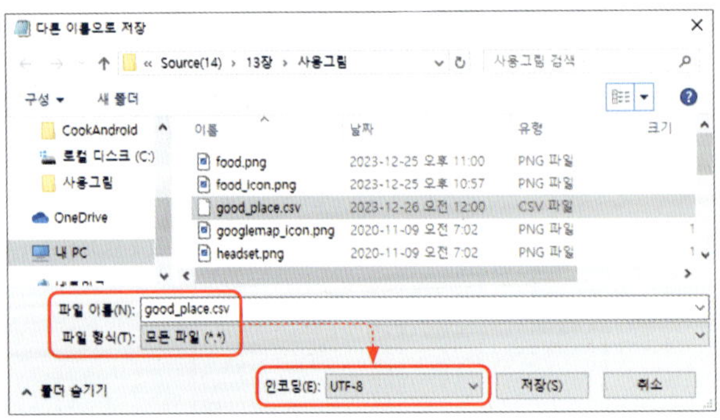

그림 13-29 한글 인코딩 변환

## 2 안드로이드 프로젝트 생성

6 이번 프로젝트는 [실습 13-3]에서 생성한 CookMap 프로젝트를 사용하여 진행한다.

## 3 화면 디자인 및 편집

7 activity_main.xml을 다음과 같이 작성한다. 전체 리니어레이아웃의 위쪽에는 2개의 버튼을, 아래쪽에는 구글 지도를 위한 프래그먼트를 준비한다.

**예제 13-23 activity_main.xml**

```
1  <LinearLayout>
2      <LinearLayout
3          android:orientation="horizontal" >
4          <Button
5              android:id="@+id/btnPrev"
6              android:layout_weight="1"
7              android:text="이전 맛집" />
8          <Button
9              android:id="@+id/btnNext"
10             android:layout_weight="1"
11             android:text="다음 맛집" />
12     </LinearLayout>
13     <fragment xmlns:android="http://schemas.android.com/apk/res/android"
14         xmlns:map="http://schemas.android.com/apk/res-auto"
15         android:id="@+id/map"
16         android:name="com.google.android.gms.maps.MapFragment"
17         android:layout_width="match_parent"
18         android:layout_height="match_parent"
19         map:cameraTargetLat="37.541"
20         map:cameraTargetLng="126.986"
21         map:cameraZoom="13" />
22 </LinearLayout>
```

**2~12** 화면 위쪽에 〈이전 맛집〉, 〈다음 맛집〉 버튼을 배치한다.

**13~21** 구글 지도를 위한 프래그먼트를 준비한다.

8 [app]–[res] 아래에 리소스 디렉터리인 'raw'를 생성하고, 준비한 good_place.csv를 복사해 놓는다.

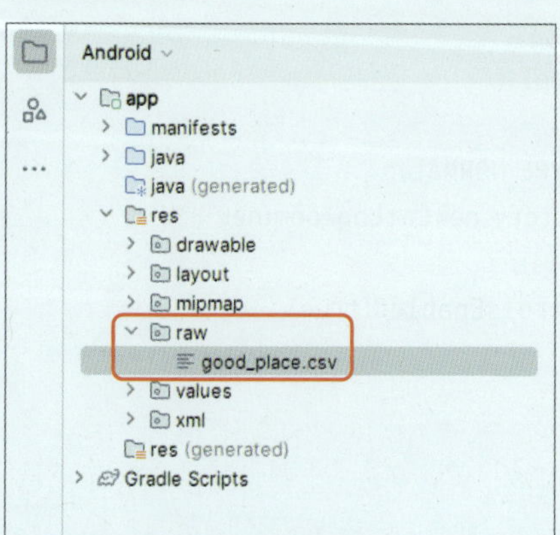


**그림13-30 CSV 파일 복사**

### 4 Java 코드 작성 및 수정

**9** Java 코드를 수정하자. GoogleMap 객체를 준비하여 접근한 후 위성 지도가 보이도록 설정하고 실행한다. 지도는 일반 지도로 한다. 또한 CSV 파일에서 읽어올 리스트 배열을 준비한다.

TIP [실습 13-3]의 프로젝트를 변경하고 있다면 [예제 13-24]의 내용을 제외하고 나머지 코드를 삭제한다.

**예제 13-24 Java 코드 1**

```
public class MainActivity extends AppCompatActivity implements
                                        OnMapReadyCallback {
    GoogleMap gMap;
    MapFragment mapFrag;
    GroundOverlayOptions placeMark;
    Button btnPrev, btnNext;
    List<String> lines = new ArrayList<>();
    int placeCount = 0;

    @Override
    protected void onCreate(Bundle savedInstanceState) {
        super.onCreate(savedInstanceState);
        setContentView(R.layout.activity_main);
        setTitle("경기도 으뜸 맛집");
        mapFrag = (MapFragment) getFragmentManager().findFragmentById(R.id.map);
        mapFrag.getMapAsync(this);

        btnPrev = (Button) findViewById(R.id.btnPrev);
        btnNext = (Button) findViewById(R.id.btnNext);

        readCSV();

    }

    @Override
    public void onMapReady(GoogleMap map) {
        gMap = map;
        gMap.setMapType(GoogleMap.MAP_TYPE_NORMAL);
        gMap.moveCamera(CameraUpdateFactory.newLatLngZoom(new
        LatLng(37.568256, 126.897240), 13));
        gMap.getUiSettings().setZoomControlsEnabled(true);
    }

    public void readCSV() {

    }
}
```

**5, 17, 18** 2개의 버튼을 위한 변수이다.

**6** CSV 파일에서 읽은 내용을 저장할 문자열 배열 리스트를 준비한다.

**7** 현재 맛집의 번호이다. 〈다음 맛집〉을 클릭하면 1씩 증가되고, 〈이전 맛집〉을 클릭하면 1씩 감소된다.

**20, 32~34** raw 폴더의 good_place.csv 파일을 읽기 위한 함수를 준비한다.

**10** CSV파일을 읽는 readCSV() 메소드의 내용을 작성한다.

**예제 13-25 Java 코드 2**

```
1  public void readCSV() {
2      InputStream inputStream = getResources().openRawResource(R.raw.
                                   good_place);
3      BufferedReader reader = new BufferedReader(new InputStreamReader
                                   (inputStream));
4      try {
5          String line;
6          line = reader.readLine();
7          while ((line = reader.readLine()) != null) {
8              lines.add(line);
9          }
10         reader.close();
11     } catch (Exception e) {}
12 }
```

**2, 3** raw 폴더의 good_place.csv 파일을 읽기 위해 준비한다.

**6** 첫 행은 제목 행이므로 읽고 버린다.

**7~9** 마지막 행까지 읽고 앞에서 준비한 lines 배열 리스트에 추가한다.

**11** 〈다음 맛집〉을 클릭했을 때 작동하는 이벤트 리스너를 작성한다. [예제 13-24]의 21행에 작성한다.

**예제 13-26 Java 코드 3**

```
btnNext.setOnClickListener(new View.OnClickListener() {
    @Override
    public void onClick(View view) {
        String line = lines.get(placeCount++);
        if (placeCount > lines.size()-1)
            placeCount = 0;
        String[] tokens = line.split(",");
```

```
8           double lat = Double.parseDouble(tokens[0]);
9           double lon = Double.parseDouble(tokens[1]);
10          String restName = tokens[2];
11
12          LatLng point;
13          point = new LatLng(lat, lon);
14          gMap.moveCamera(CameraUpdateFactory.newLatLngZoom(point, 13));
15          placeMark = new GroundOverlayOptions().image(
16                  BitmapDescriptorFactory.fromResource(R.drawable.food))
17              .position(point, 500f, 500f);
18          gMap.addGroundOverlay(placeMark);
19          Toast.makeText(getApplicationContext(), restName, Toast.
                    LENGTH_LONG).show();
20      }
21 });
```

**4** 배열 리스트의 한 행을 읽어오고 맛집 번호를 1 증가시킨다.

**5, 6** 마지막 맛집 번호라면 다시 0번부터 시작하도록 설정한다.

**7~10** 읽어온 문자열은 '위도, 경도, 맛집 이름' 형식이므로 쉼표로 분리하고 각각의 변수에 저장한다. 그리고 위도(lat)와 경도(log)를 실수로 변환한다.

**13, 14** 읽어온 위도, 경도로 위치를 설정하고 구글 지도 화면을 해당 위치로 이동한다.

**15~18** 맛집을 표시하기 위해 아이콘(food.png)을 해당 위치에 놓는다.

**19** 맛집의 이름을 토스트로 나타낸다.

⓬ 〈이전 맛집〉을 클릭했을 때 작동하는 이벤트 리스너를 작성한다. 역시 [예제 13-24]의 21행에 작성한다.

**예제 13-27 Java 코드 4**

```
1 btnPrev.setOnClickListener(new View.OnClickListener() {
2     @Override
3     public void onClick(View view) {
4         String line = lines.get(placeCount--);
5         if (placeCount < 0)
6             placeCount = lines.size()-1;
7         String[] tokens = line.split(",");
8         ~~ 이후는 [예제 13-26]과 동일 ~~
```

**4** 배열 리스트의 한 행을 읽어오고 맛집 번호를 1 감소시킨다.

**5, 6** 맛집 번호가 0번이면 마지막 맛집 번호부터 시작하도록 설정한다.

**7, 8** 7행 이후는 [예제 13-26]과 동일하다.

### 5 프로젝트 실행 및 결과 확인

⑬ 프로젝트를 실행해보자. 〈다음 맛집〉, 〈이전 맛집〉을 클릭하면 [그림 13-24]와 같이 맛집의 위치가 계속 표시되고 맛집 이름이 토스트로 나온다.

### 6 안드로이드 애플리케이션 개발 완료

⑭ 결과를 확인했으면 키패드의 돌아가기 버튼을 클릭하여 AVD의 초기화면으로 돌아간다.

# 요약

1 MediaPlayer의 play(), pause(), stop() 메소드는 각각 음악을 시작, 일시 정지, 정지하는 기능을 한다.

2 리소스 파일이 저장되는 주요 폴더의 위치는 다음과 같다.

| 리소스 | 폴더 | 저장 파일 |
|---|---|---|
| 그림 파일 | /res/drawable | *.png, *.jpg, *.xml |
| 메뉴 파일 | /res/menu | *.xmll |
| raw 파일(음악, 동영상, 텍스트 파일) | /res/raw | *.mp3, *.mp4, *.txt |
| 레이아웃 파일 | /res/layout | *.xml |
| 문자열(String) | /res/values | string.xml |

3 프로그레스바는 작업의 진행 상태를 확인할 때, 시크바는 음악이나 동영상 재생의 위치를 지정할 때 많이 활용된다.

4 스레드는 여러 작업을 동시에 수행하기 위해 사용하는 개념으로, 멀티스레드라고도 부른다.

5 UI 스레드는 화면의 위젯을 변경할 때 사용한다. 일반적인 스레드는 스레드 안에서 필요한 내용을 계산하는 것만 가능하며 화면의 다른 위젯을 변경할 수 없다.

6 구글 지도(구글 맵)는 구글에서 오픈 API로 제공하는 전자 지도이다.

7 구글 지도를 안드로이드 앱에 포함하려면 개발에 사용할 PC별로 구글에서 제공하는 API 키를 얻어야 한다.

8 맵 프래그먼트는 구글 지도 서비스에서 받은 지도를 화면에 출력하는 기능을 한다. 기본적으로 확대, 축소, 이동 기능도 제공한다.

9 화면을 클릭하여 그림 등의 추가 내용을 지도에 표시하려면 그라운드 오버레이를 활용한다. 그라운드 오버레이는 지도(GoogleMap 클래스) 위에 투명한 유리막을 얹어놓은 개념이라고 생각하면 된다.

## 연습문제

**1** 오디오를 저장하기 위한 리소스 디렉터리의 이름으로 적당한 것은?

❶ audio ❷ raw

❸ values ❹ layout

**2** 음악을 시작·정지하는 MediaPlayer 클래스의 메소드를 바르게 짝지은 것은?

❶ play(), stop() ❷ play(), end()

❸ start(), stop() ❹ start(), end()

**3** 다음 파일 중 저장되는 리소스 폴더가 다른 것은?

❶ 메뉴 ❷ 문자열

❸ 색상값 ❹ 테마

**4** 다음은 무엇에 대한 설명인가?

> 이것은 여러 작업을 동시에 수행하기 위해 사용하는 개념으로 경량 프로세스라고도 한다. 이것은 프로세스(전체 프로그램 동작) 안에서 동작하는 작은 단위이기도 하다.

❶ 프로그레스 ❷ 프로그램

❸ 스레드 ❹ 멀티클래스

**5** 구글 지도에서 위성 사진을 화면에 출력하는 것과 관련이 있는 클래스는?

❶ GooglePhoto ❷ MapFragment

❸ GoogleFragment ❹ MapPhoto

# 연습문제

**6** [직접 풀어보기 13-1]을 프로그레스바와 진행 시간이 보이도록 수정하시오. 단, 핸들러 객체를 사용한다.

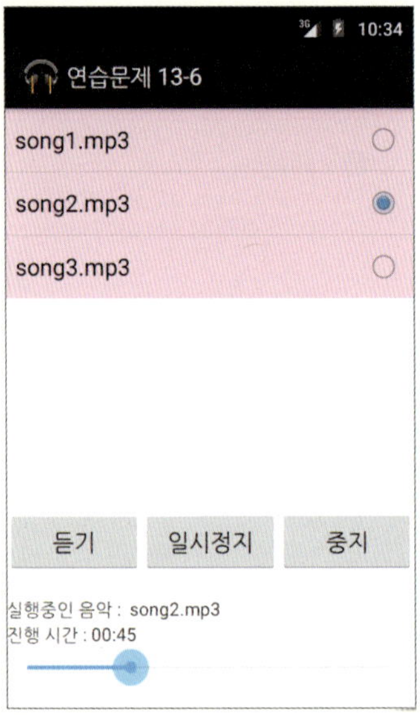


**힌트**

- 핸들러 객체 생성

```
Handler mp3Handler = new Handler() {
    public void handleMessage(Message msg) {
        // 변경할 내용을 이곳에 코딩
        // 핸들러가 0.2초마다 진행하게 함
        mp3Handler.sendEmptyMessageDelayed(0, 200);
    }
};
```

- 핸들러 호출

```
mp3Handler.sendEmptyMessage(0);
```

**7** [실습 13-3]을 수정하여 그림과 같이 옵션 메뉴에 [바로전 CCTV 지우기]와 [모든 CCTV 지우기]를 추가한 프로젝트를 작성하시오. [바로전 CCTV 지우기]를 선택할 때마다 마지막 CCTV부터 추가된 순서의 반대로 제거되게 한다.

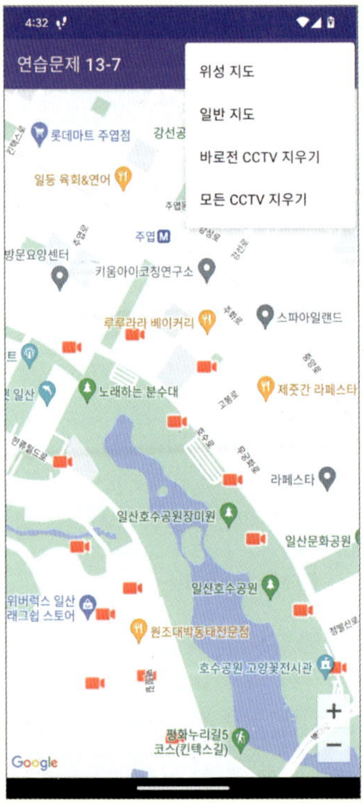


**힌트** ArrayList를 활용하여 CCTV가 생성될 때마다 ArrayList에 CCTV를 추가한다.

CHAPTER 14

# 서비스와 브로드캐스트 리시버

학습목표

- 서비스의 개념을 이해한다.
- 앱을 종료해도 음악이 계속 나오는 서비스를 만든다.
- 브로드캐스트 리시버의 개념을 이해한다.
- 배터리 방전 시 동작하는 앱을 작성한다.

# 01 서비스

서비스(service)는 일반적으로 화면 없이 동작하는 프로그램을 말한다. 다른 말로는 데몬(daemon), 백그라운드 프로세스(background process)라고도 한다. 지금까지 주로 다루었던 액티비티 응용 프로그램은 화면(액티비티)이 종료되면 동작하지 않지만 서비스는 백그라운드에서 실행되므로 화면과 상관없이 계속 동작한다.

TIP 안드로이드 서비스를 PC용 응용 프로그램에 비유하면 V3, 알약 등의 백신 프로그램을 예로 들 수 있다. 백신 프로그램은 화면에 보이지는 않지만 백그라운드에서 계속 동작하면서 바이러스를 감지하는 역할을 한다.

서비스의 생명주기는 [그림 10-13]에 제시한 액티비티의 생명주기보다 단순하다.

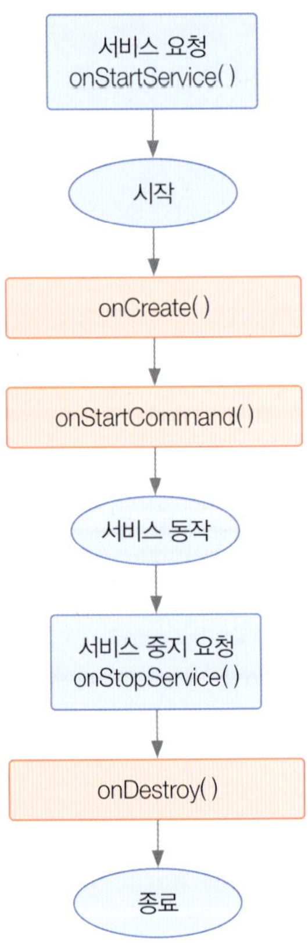


그림 14-1 **서비스 생명주기**

TIP 이 그림은 서비스가 데몬으로 동작할 때를 나타낸 것이다. 원격 인터페이스 호출의 경우에는 onStartCommand( ) 대신 onBind( )가 동작한다. 이 책에서는 데몬 형태의 서비스만 다룬다.

서비스 요청이 시작되면 onCreate(), onStartCommand()가 동작하고 서비스가 계속된다. 그리고 서비스 중지 요청을 받으면 onDestroy()가 동작하여 서비스가 종료된다. 안드로이드 서비스의 가장 일반적인 예는 음악 플레이어처럼 화면에 보이지 않아도 음악이 계속 재생되는 것이다. 그 외 필요한 서비스는 프로그래머가 직접 정의하고 실행할 수 있다.

### 실습 14-1 서비스 테스트 앱 만들기

버튼을 클릭하면 음악이 시작되고, 화면이 종료되어도 음악이 계속 흐르는 서비스 앱을 만들어보자. 또한 로그캣을 활용하여 [그림 14-1]의 메소드가 실행되는 순서를 확인해본다.

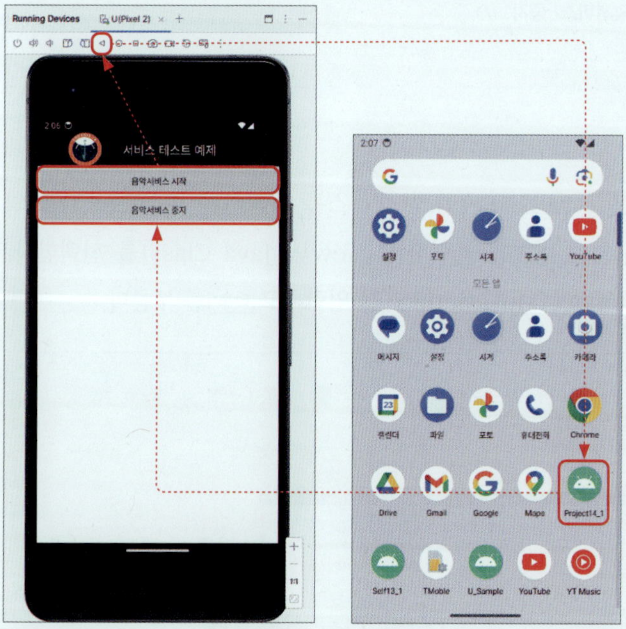


그림 14-2 서비스 테스트 앱 결과 화면

앱을 실행하고 <음악서비스 시작>을 클릭하면 음악이 재생된다. 돌아가기 버튼을 클릭하여 앱을 종료해도 음악이 계속 흐른다. 음악을 멈추려면 응용 프로그램 중에서 'Project14_1'을 클릭하여 다시 실행한 다음 <음악서비스 중지>를 클릭해야 한다.

#### 1 안드로이드 프로젝트 생성

❶ 새 프로젝트를 만든다. 프로젝트 이름은 'Project14_1', 패키지 이름은 'com.cookandroid.project14_1'로 한다. 그 외 규칙은 [실습 2-4]의 ❶~❹를 따른다.

## 2 화면 디자인 및 편집

**2** 메인 액티비티에서 사용할 activity_main.xml을 다음과 같이 수정한다.

- 버튼 2개를 생성한다. 버튼의 아이디는 btnStart, btnStop으로 한다.

**예제 14-1 activity_main.xml**

```
<LinearLayout>
    <Button
        android:id="@+id/btnStart"
        android:text="음악서비스 시작" />
    <Button
        android:id="@+id/btnStop"
        android:text="음악서비스 중지" />
</LinearLayout>
```

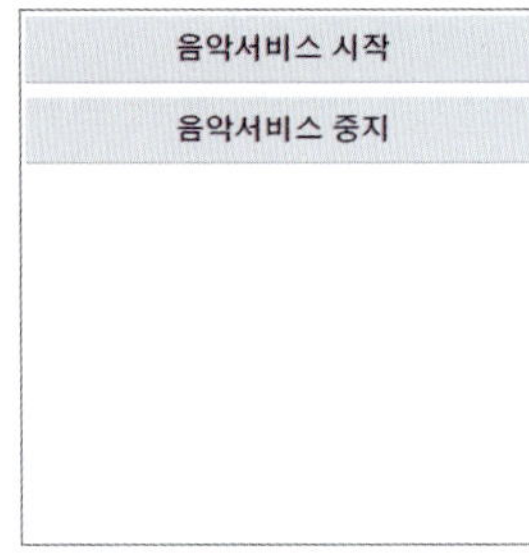


## 3 Java 코드 작성 및 수정

**3** 먼저 Service 클래스의 상속을 받는 MusicService 클래스를 정의하자. Project Tree의 [java]–[패키지명]에서 마우스 오른쪽 버튼을 클릭하고 [New]–[Java Class]를 선택한다. [New Java Class] 창이 나오면 Name에 'MusicService'를 입력하고 Enter를 누른다.

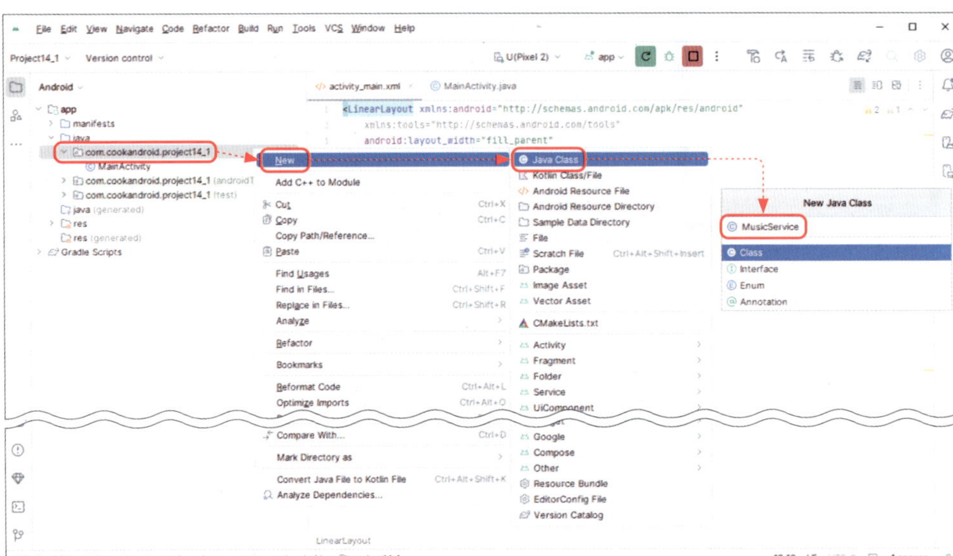

그림 14-3 **MusicService 클래스 생성**

**4** MusicService 뒤에 'extends Service'를 추가한 다음 클래스 안에서 Ctrl+I를 눌러 onBind() 메소드를 완성한다. 코드가 생성되면 클래스 안[onBind() 메소드 밖]에 커서를 두고 Android Studio 메뉴의 [Code]–[Override Methods]를 선택한 후 [그림 14-1]에 나온 onCreate(), onDestroy(), onStartCommand()를 선택하고 〈OK〉를 클릭한다. 그리고 각 onCreate(), onDestroy(), onStartCommand() 메소드 안에 로그를 남기도록 코딩한다.

TIP 만약 @Nullable 문장이 자동 완성되면 삭제한다.

**예제 14-2 MusicService.java 코드 1**

```
1  public class MusicService extends Service {
2      @Override
3      public IBinder onBind(Intent intent) {
4  
5          return null;
6      }
7  
8      @Override
9      public void onCreate() {
10 
11         android.util.Log.i("서비스 테스트", "onCreate()");
12         super.onCreate();
13     }
14 
15     ~~~~ 생략(메소드 2개) ~~~~
```

**11** 자동 완성된 코드에 로그를 남긴다. 로그의 문자는 실행 중인 메소드의 이름과 동일하게 한다.

**15** onDestroy(), onStartCommand() 메소드에 11행과 동일한 내용을 코딩한다. 단, android.util.Log.i() 메소드의 두 번째 파라미터를 각 메소드의 이름으로 한다.

**5** 이제 MusicService 클래스에 음악을 시작하고 정지하는 코드를 추가하자.

- 먼저 Project Tree에서 res 폴더 아래에 raw 폴더를 생성하고 MP3 파일을 하나 복사해놓는다. 필자는 song1.mp3를 복사해놓았다.
- 전역변수로 MediaPlayer 변수 1개를 선언한다.
- onStartCommand() 메소드에 MP3 파일을 시작하는 코드를 추가한다.
- onDestroy() 메소드에 음악을 중지하는 코드를 추가한다.

**예제 14-3 MusicService.java 코드 2**

```
public class MusicService extends Service {
    MediaPlayer mp;
    ~~~~ 중간 생략 ~~~~
    @Override
    public void onDestroy() {
```

```
6
7         android.util.Log.i("서비스 테스트", "onDestroy()");
8         mp.stop();
9         super.onDestroy();
10    }
11    @Override
12    public int onStartCommand(Intent intent, int flags, int startId) {
13
14        android.util.Log.i("서비스 테스트", "onStartCommand()");
15        mp = MediaPlayer.create(this, R.raw.song1);
16        mp.setLooping(true);
17        mp.start();
18        return super.onStartCommand(intent, flags, startId);
19    }
20 }
```

**2** MediaPlayer형 전역변수를 선언한다.

**8** 음악을 중지한다.

**15~17** song1.mp3 파일을 시작한다. 16행에서 계속 반복되도록 설정했다.

TIP 미리 프로젝트에 /res/raw 폴더를 생성하여 song1.mp3 파일을 넣어두어야 한다.

### 6 메인 Java 코드를 완성하자.

- MusicService 클래스를 적용할 인텐트 변수 1개와 버튼 변수 2개를 전역변수로 선언한다.
- 인텐트 변수를 생성하면서 MusicService 클래스를 생성자에 넘긴다.
- activity_main.xml의 버튼 2개를 버튼 변수에 적용한다.
- 〈시작〉을 클릭하면 startService()를 호출하고 로그를 남긴다.
- 〈중지〉를 클릭하면 stopService()를 호출하고 로그를 남긴다.

**예제 14-4 메인 Java 코드**

```
public class MainActivity extends AppCompatActivity {

    Intent intent;
    Button btnStart, btnStop;
     @Override
     public void onCreate(Bundle savedInstanceState) {
         super.onCreate(savedInstanceState);
         setContentView(R.layout.activity_main);
         setTitle("서비스 테스트 예제");
```

```
10
11        intent = new Intent(this, MusicService.class);
12        btnStart = (Button) findViewById(R.id.btnStart);
13        btnStop = (Button) findViewById(R.id.btnStop);
14
15        btnStart.setOnClickListener(new View.OnClickListener() {
16         public void onClick(View v) {
17            startService(intent);
18            android.util.Log.i("서비스 테스트", "startService()");
19         }
20        });
21
22    ~~~~ 생략(btnStop 버튼 클릭 리스너) ~~~~
23    }
24 }
```

**3, 11** MusicService.class 파일을 인텐트로 생성한다.

**17, 18** 〈시작〉을 클릭하면 인텐트(MusicService 클래스)를 시작한다. 즉 MusicService.onCreate()와 MusicService.onStartCommand() 메소드를 실행한다. 18행에서 로그를 남긴다.

**22** 〈시작〉과 동일하게 〈중지〉를 코딩한다. 단, stopService()를 호출하고 로그로 남긴다.

**7** 서비스도 액티비티와 마찬가지로 AndroidManifest.xml에 등록해야만 사용할 수 있다. AndroidManifest.xml을 열고 다음과 같이 〈application〉 안에 서비스를 등록한다.

**예제 14-5 AndroidManifest.xml**

```
<application
    android:icon="@mipmap/ic_launcher"
    android:label="@string/app_name" >
    <activity
         ~~~~ 생략 ~~~~
    </activity>
    <service android:name="MusicService"  android:exported="false">
        <intent-filter>
            <action android:name="com.cookandroid.MusicService" />
        </intent-filter>
    </service>
</application>
```

**7~11** 서비스의 이름을 Java 클래스의 이름으로 지정한다.

**8~10** 이 예제는 프로젝트 안에서만 서비스하므로 이 부분은 생략해도 된다. 하지만 다른 응용 프로그램이 이 음악 서비스를 사용하게 하려면 인텐트 필터를 등록해야 한다.

## 4 프로젝트 실행 및 결과 확인

8 로그 화면을 보기 위한 로그캣 화면이 나타나지 않으면 Android Studio 왼쪽 아래의 [Logcat] 아이콘을 클릭한다. 화면을 깨끗하게 하려면 빈 곳에서 마우스 오른쪽 버튼을 클릭하고 [Clear Logcat]을 선택한다.

TIP 만약 이전에 사용하던 필터가 있으면 로그캣 화면 오른쪽의 [Clear filter]를 클릭한다.

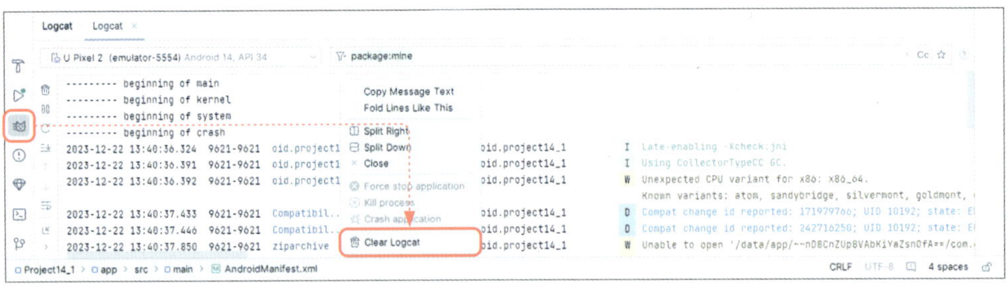

그림 14-4 **로그캣**

9 우선 오른쪽 위 필터 부분에 '서비스'를 입력하고 Enter를 누른다.

그림 14-5 **로그 필터 등록**

10 응용 프로그램을 실행하고 〈음악서비스 시작〉을 클릭하면 음악이 재생되는지 확인하자. 그리고 [그림 14-2]와 같이 돌아가기 버튼을 클릭하여 응용 프로그램을 종료해도 계속 음악이 나오는지 확인하자. 현재의 로그캣에는 [그림 14-1]처럼 onCreate(), onStartCommand()가 나올 것이다.

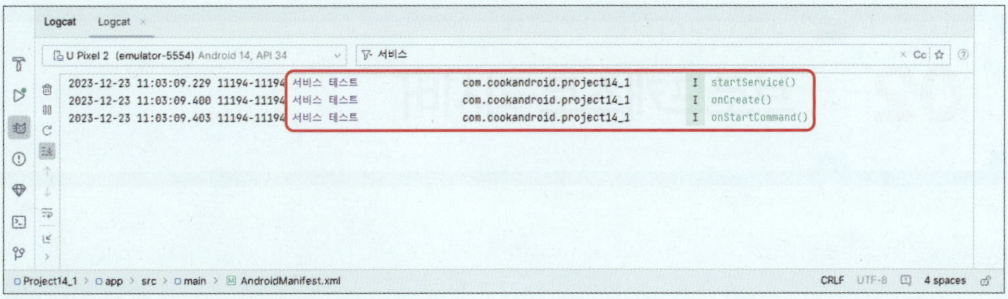

그림 14-6 〈음악서비스 시작〉을 클릭한 후의 로그

⓫ [그림 14-2]와 같이 응용 프로그램 중에서 'Project14_1'을 선택하고 〈음악서비스 중지〉를 클릭하면 음악이 멈출 것이다. 로그캣을 확인하면 onDestroy()가 로그에 남아 있을 것이다.

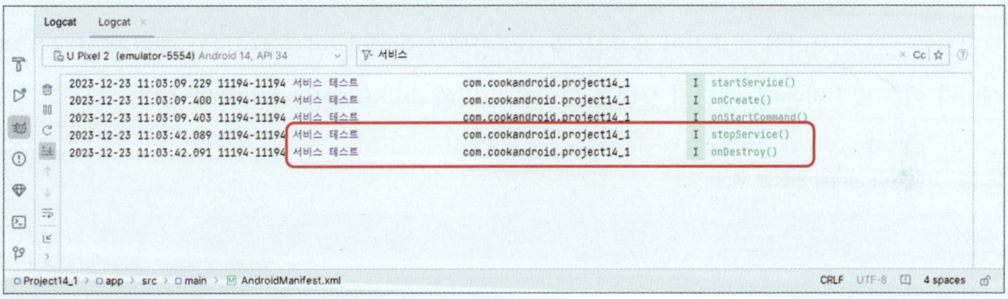

그림 14-7 서비스 종료 후의 로그

### 5 안드로이드 응용 프로그램 개발 완료

⓬ 결과를 확인했으면 키패드의 돌아가기 버튼을 클릭하여 AVD의 초기화면으로 돌아간다.

▶ **직접 풀어보기 14-1**

[실습 14-1]에서 로그캣에 남기는 부분이 토스트 메시지로 나오도록 수정하라. 〈음악서비스 시작〉을 클릭하면 응용 프로그램이 자동으로 종료되고 음악이 계속 나온다.

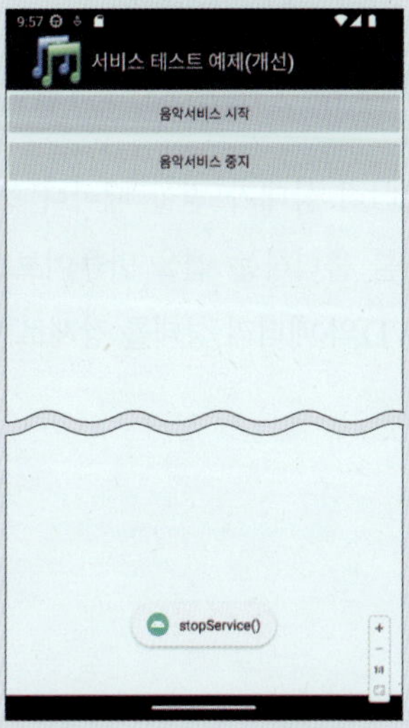


그림 14-8 수정된 서비스 테스트 앱

# 02 브로드캐스트 리시버

브로드캐스트 리시버(Broadcast Receiver, BR)를 활용하면 안드로이드에서 발생하는 많은 이벤트(문자 메시지, 배터리 방전, 날짜 변경 등)를 감지하고 이를 처리하는 앱을 작성할 수 있다. 안드로이드는 문자 메시지 도착, 배터리 방전, SD 카드 탈부착, 네트워크 환경 변화 등이 발생하면 방송 신호를 보내는데, 이러한 방송 신호를 받아서 처리하는 것이 바로 브로드캐스트 리시버이다.

브로드캐스트 리시버의 대표적인 응용은 배터리 상태 확인이다. 안드로이드는 배터리 상태가 변할 때마다 이를 방송하는데, 배터리 상태를 확인하기 위한 관련 액션은 다음 표와 같다.

**표 14-1 배터리 상태와 관련된 액션**

| 액션 | 설명 |
| --- | --- |
| ACTION_BATTERY_CHANGED | 배터리 상태가 변경되었을 때 |
| ACTION_BATTERY_LOW | 배터리가 거의 방전되었을 때 |
| ACTION_BATTERY_OKAY | 배터리가 방전 상태에서 정상 수준으로 돌아왔을 때 |

위의 액션 중에서 ACTION_BATTERY_CHANGED만 잘 확인하면 된다. 상세한 내용은 인텐트의 엑스트라(extra)를 확인하여 알 수 있는데 이는 실습을 통해 살펴보자.

### 실습 14-2 배터리 상태 체크 앱 만들기

배터리 상태가 변할 때마다 충전 상태 이미지와 배터리 상태를 출력하는 앱을 만들어보자. 그리고 명령 프롬프트에서 AVD의 배터리 상태를 강제로 변경한다.

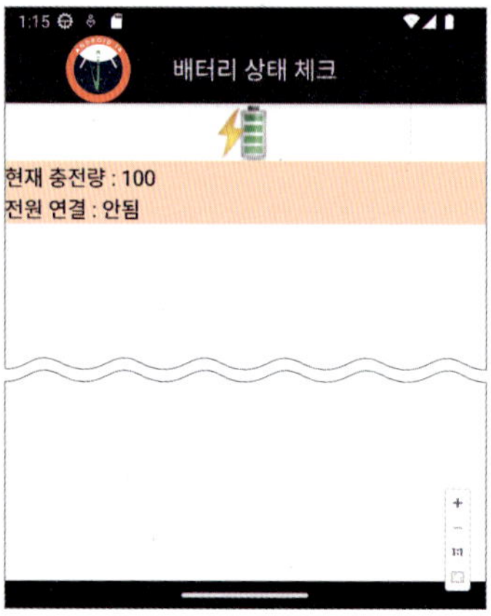


**그림 14-9 배터리 상태 체크 앱 결과 화면**

### 1 안드로이드 프로젝트 생성

**1** 새 프로젝트를 만든다. 프로젝트 이름은 'Project14_2', 패키지 이름은 'com.cookandroid.project14_2'로 한다.

### 2 화면 디자인 및 편집

**2** 배터리 상태에 따라 변하는 이미지 5개를 [res]-[drawable] 폴더에 복사해놓는다. 필자는 파일 이름을 'battery_0.png, battery_20.png, battery_60.png, battery_80.png, battery_100.png'로 지정했다.

TIP 적당한 그림 파일이 없으면 [Android-SDK 설치 폴더]\platforms\android-API버전\data\res\drawable-hdpi\의 'stat_sys_battery_*.png' 그림 파일을 복사하고 이름을 적절히 바꾸어 사용한다.

**3** 메인 액티비티에서 사용할 activity_main.xml을 다음과 같이 수정한다.

- 이미지뷰 1개와 에디트텍스트 1개를 생성한다.
- 각 위젯의 아이디는 ivBattery, edtBattery로 한다.

**예제 14-6 activity_main.xml**

```
<LinearLayout>
    <ImageView
        android:id="@+id/ivBattery"
        android:layout_gravity="center"
        android:src="@drawable/battery_0" />
    <EditText
        android:id="@+id/edtBattery"
        android:enabled="false" />
</LinearLayout>
```

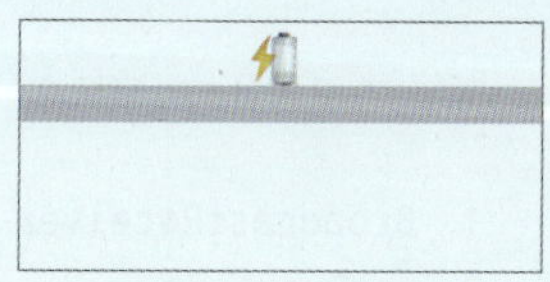

### 3 Java 코드 작성 및 수정

**4** 메인 Java 코드를 완성하자.

- ImageView 변수 1개와 EditText 변수 2개를 전역변수로 선언한다.
- activity_main.xml의 위젯 2개를 변수에 적용한다.

**예제 14-7 Java 코드 1**

```
public class MainActivity extends AppCompatActivity {

    ImageView ivBattery;
    EditText edtBattery;
    @Override
```

```
6     public void onCreate(Bundle savedInstanceState) {
7         super.onCreate(savedInstanceState);
8         setContentView(R.layout.activity_main);
9         setTitle("배터리 상태 체크");
10
11        ivBattery = (ImageView) findViewById(R.id.ivBattery);
12        edtBattery = (EditText) findViewById(R.id.edtBattery);
13
14    }
15
16 }
```

**5** onCreate() 메소드 밖([예제 14-7]의 15행)에 BR 객체를 생성하고, onReceive() 메소드에서 인텐트의 액션이 배터리가 변경된 신호인 ACTION_BATTERY_CHANGED라면 다음 내용을 처리하도록 코딩한다.

- 인텐트의 엑스트라에서 배터리의 잔량을 추출한 후 그에 따라 잔량을 표시하고 배터리 이미지를 변경한다.
- 인텐트의 엑스트라에서 배터리의 전원 연결 상태를 추출하여 표시한다.

**예제 14-8 Java 코드 2**

```
BroadcastReceiver br = new BroadcastReceiver() {
  @Override
  public void onReceive(Context context, Intent intent) {
    String action = intent.getAction();

    if (action.equals(Intent.ACTION_BATTERY_CHANGED)) {
      int remain= intent.getIntExtra(BatteryManager.EXTRA_LEVEL, 0);
      edtBattery.setText("현재 충전량 : " + remain + " %\n");

      if (remain >= 90)  ivBattery.setImageResource(R.drawable.battery_100);
      else if (remain >= 70) ivBattery.setImageResource(R.drawable.battery_80);
      else if (remain >= 50) ivBattery.setImageResource(R.drawable.battery_60);
      else if (remain >= 10) ivBattery.setImageResource(R.drawable.battery_20);
      else               ivBattery.setImageResource(R.drawable.battery_0);

      int plug = intent.getIntExtra(BatteryManager.EXTRA_PLUGGED, 0);
      switch (plug) {
      case 0:
        edtBattery.append("전원 연결 : 안됨");
        break;
      case BatteryManager.BATTERY_PLUGGED_AC:
```

```
22          edtBattery.append("전원 연결 : 어댑터 연결됨");
23          break;
24        case BatteryManager.BATTERY_PLUGGED_USB:
25          edtBattery.append("전원 연결 : USB 연결됨");
26          break;
27        }
28      }
29    }
30 };
```

**3~29** 배터리가 변하면 onReceive() 메소드가 자동으로 호출된다. 잠시 후 [예제 14-9]의 onResume() 메소드 안에 지금 생성한 클래스를 등록할 것이다.

**4** onResume() 메소드를 호출한 액션을 가져온다.

**6~28** 액션이 [예제 14-9]의 13행에서 등록할 ACTION_BATTERY_CHANGED라면 실행한다.

**7, 8** 배터리의 잔량을 가져와 에디트텍스트에 표시한다. 인텐트의 엑스트라는 BatteryManager 클래스에 상수로 정의되어 있는데, 대표적으로 잔량을 표시하는 EXTRA_LEVEL, 배터리 존재 여부를 표시하는 EXTRA_PRESENT, 외부 전원 연결 상태를 표시하는 EXTRA_PLUGGED, 배터리 상태를 표시하는 EXTRA_STATUS 등이 있다.

**10~14** 배터리의 잔량에 따라 준비한 이미지로 변경한다.

**16~27** 16행에서 배터리의 외부 전원 연결 상태를 구한 후 연결이 안 된 상태(0), 어댑터 연결 상태(BATTERY_PLUGGED_AC), USB 연결 상태(BATTERY_PLUGGED_USB)에 따라 에디트텍스트에 내용을 출력한다.

❻ onCreate() 메소드 밖([예제 14-7]의 15행)에 커서를 두고 Android Studio 메뉴의 [Code]-[Override Methods]를 선택한 후, androidx.fragment.app.FragmentActivity 클래스 아랫부분에 있는 onPause(), onResume()을 선택하고 〈OK〉를 클릭한다.

- **onResume() 메소드:** 인텐트 필터를 생성하고 ACTION_BATTERY_CHANGED 액션을 추가한 후 BR에 등록한다.
- **onPause() 메소드:** 등록된 BR을 해제한다.

**예제 14-9 Java 코드 3**

```
1  @Override
2  protected void onPause() {
3
4      super.onPause();
5      unregisterReceiver(br);
6  }
```

```
7
8  @Override
9  protected void onResume() {
10
11     super.onResume();
12     IntentFilter iFilter = new IntentFilter();
13     iFilter.addAction(Intent.ACTION_BATTERY_CHANGED);
14     registerReceiver(br, iFilter);
15 }
```

**5** 등록된 BR을 해제한다.

**12~14** 인텐트 필터 객체를 생성한 후 ACTION_BATTERY_CHANGED 액션을 추가한다. 필요에 따라 배터리와 관련된 다른 액션을 추가해도 된다. 14행에서 인텐트 필터를 [예제 14-8]에서 생성한 BR에 등록한다.

### 4 프로젝트 실행 및 결과 확인

**7** 프로젝트를 실행하면 [그림 14-9]와 같이 배터리의 잔량이 50% 또는 100%이고 전원이 연결되거나 연결되지 않은 상태로 나타날 것이다. AVD에서는 배터리도 가상으로 존재하므로 이 내용이 변하지 않지만, 텔넷 명령으로 배터리의 상태를 강제로 변경할 수 있다.

**8** 텔넷(telnet) 프로그램을 이용해보자. 명령 프롬프트를 열고 'telnet localhost 5554'를 입력한 후 'auth 인증 번호'를 입력한다.

TIP 텔넷 프로그램은 제어판의 [프로그램 및 기능]을 실행한 후 왼쪽의 [Windows 기능 켜기/끄기]를 클릭하고 '텔넷 클라이언트' 또는 'Telnet Client'에 체크해야 설치된다. 또는 PuTTY(푸티)와 같은 프로그램을 다운로드하여 사용해도 된다.

TIP 인증 번호는 C:\Users(또는 사용자)\사용자명\.emulator_console_auth_token 파일에 쓰여 있다. 메모장으로 열어서 확인한다.

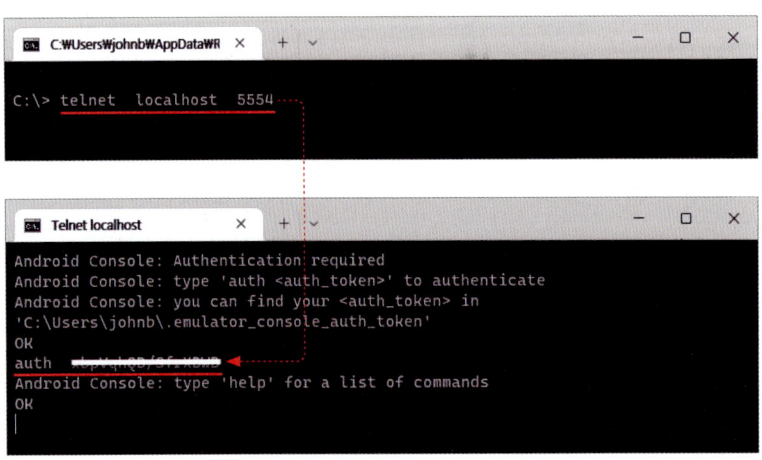


그림 14-10 **텔넷 명령어 사용**

9 배터리의 잔량을 변경해보자. power capacity 5 명령은 배터리의 잔량을 5%로 변경한다. 그러면 배터리 부족 경고가 나오거나 화면이 잠깐 꺼졌다 켜진다. power ac on은 전원을 연결하는 명령어이다.

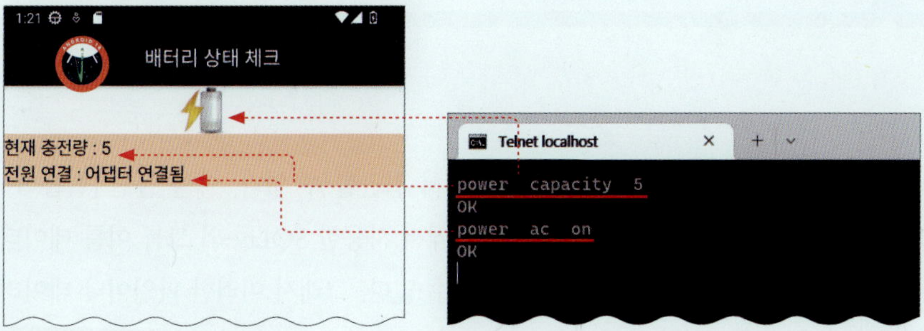


그림 14-11 배터리 상태 변경

10 그 외에 다음과 같은 명령도 사용할 수 있다.

표 14-2 텔넷의 배터리 관련 명령

| 명령 | 설명 |
|---|---|
| power display | 배터리 상태 출력 |
| power ac [on/off] | 전원 연결/해제 설정 |
| power status [charging/discharging/full 등] | 배터리 상태 변경 설정 |
| power present [true/false] | 배터리 장착/탈착 설정 |
| power health [good/overheat/dead 등] | 배터리 성능 상태 설정 |

### 5 안드로이드 응용 프로그램 개발 완료

11 결과를 확인했으면 키패드의 돌아가기 버튼을 클릭하여 AVD의 초기화면으로 돌아간다.

▶ **직접 풀어보기 14-2**

배터리 상태(EXTRA_STATUS)가 변경될 때마다 토스트 메시지가 나오도록 [실습 14-2]를 수정하라.

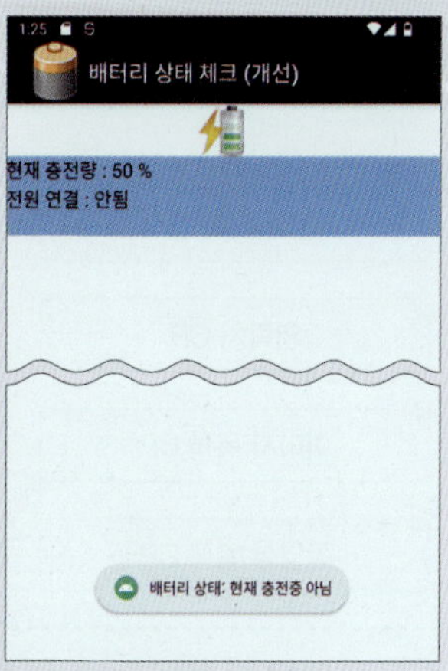


그림 14-12 수정된 배터리 상태 체크 앱

# 03 콘텐트 프로바이더

안드로이드는 보안상 앱에서 사용하는 데이터를 외부에서 접근할 수 없다. 예를 들면 [실습 8-1]의 간단 일기장에서 생성한 일기 파일이나 [실습 12-2]에서 사용한 SQLite의 그룹 이름 데이터는 자신의 앱에서만 사용할 수 있고 다른 앱에서는 사용할 수 없다. 그래서 이러한 파일이나 데이터베이스를 외부 앱에서 사용하게 하려면 콘텐트 프로바이더(Content Provider, CP)를 만들어서 외부에 제공해야 한다.

콘텐트 프로바이더와 관련이 깊은 것은 URI(Uniform Resource Identifier)인데, URI는 콘텐트 프로바이더에서 제공하는 데이터에 접근하기 위한 주소라고 생각하면 된다. URI의 개념은 [그림 10-1]에서 간단히 보여주었다. URI는 'content://패키지명/경로/아이디' 형식으로 지정할 수 있다.

직접 만든 앱에서 콘텐트 프로바이더를 자성하고 제공하는 방법도 있지만, 실제 사용이나 구성이 조금 복잡하므로 안드로이드 자체에서 제공하는 콘텐트 프로바이더를 사용하는 좀 더 간단한 방법을 알아보자.

## 1 안드로이드 제공 콘텐트 프로바이더

안드로이드에서는 자체적으로 몇 가지 콘텐트 프로바이더를 제공하고 있다. 연락처 전화번호, 통화 기록, 주소록, 브라우저의 북마크 등을 예로 들 수 있다.

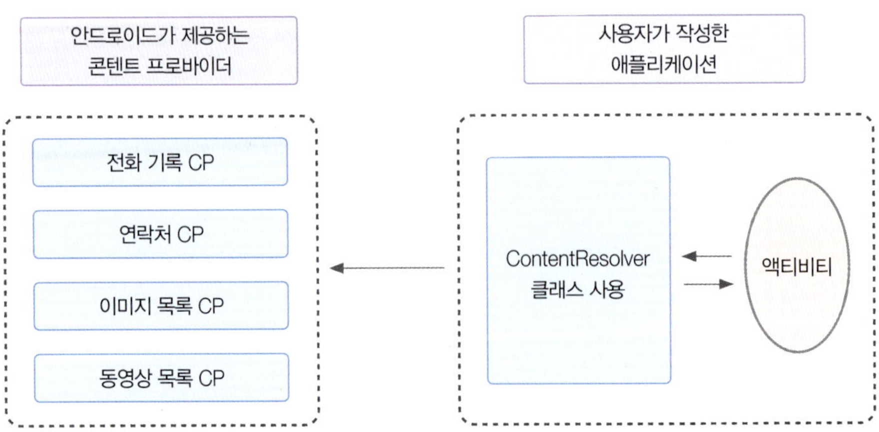


그림 14-13 안드로이드에서 제공하는 콘텐트 프로바이더의 사용

[그림 14-13]은 안드로이드 자체에서 제공하는 콘텐트 프로바이더를 사용하는 방법을 보여준다. 예를 들면 통화 기록은 URI를 Contacts.Phones.CONTENT_URI로 제공한다. 그리고 사용자는 getContentResolver() 메소드를 이용하여 ContentResolver 클래스를 얻은 후 통화 기록에 접근할 수 있다. [예제 14-11]에서 이를 확인해보자.

다음 표에 주요 콘텐트 프로바이더와 URI를 정리했다.

**표 14-3 안드로이드에서 제공하는 주요 콘텐트 프로바이더와 URI**

| 콘텐트 프로바이더 | URI |
|---|---|
| 연락처 전화번호 | android.provider.Contacts.Phones.CONTENT_URI |
| 통화 기록 | android.provider.CallLog.Calls.CONTENT_URI |
| 시스템 설정값 | android.provider.System.CONTENT_URI |
| 내장 미디어의 이미지 | android.provider.MediaStore.Image.Media.INTERNAL_CONTENT_URI |
| 내장 미디어의 동영상 | android.provider.MediaStore.Video.Media.INTERNAL_CONTENT_URI |
| 내장 미디어의 오디오 | android.provider.MediaStore.Audio.Media.INTERNAL_CONTENT_URI |
| 외장 미디어의 이미지 | android.provider.MediaStore.Image.Media.EXTERNAL_CONTENT_URI |
| 외장 미디어의 동영상 | android.provider.MediaStore.Video.Media.EXTERNAL_CONTENT_URI |
| 외장 미디어의 오디오 | android.provider.MediaStore.Audio.Media.EXTERNAL_CONTENT_URI |

안드로이드에서 통화 기록을 가져오는 예제를 살펴보자. 다음 예제를 실행하기 전에 AVD에서 통화 버튼을 눌러 통화 기록을 몇 건 남겨놓는다. 통화 기록에 접근하려면 AndroidManifest.xml의 <application 위에 다음 코드를 추가하여 접근 권한을 주어야 한다.

```
<uses-permission android:name="android.permission.READ_CALL_LOG"/>
```

**예제 14-10 activity_main.xml**

```
<LinearLayout>
    <Button
        android:id="@+id/btnCall"
        android:text="통화 기록 가져오기" />
    <EditText
        android:layout_weight="1"
        android:id="@+id/edtCall" />
</LinearLayout>
```

**예제 14-11　메인 Java 코드**

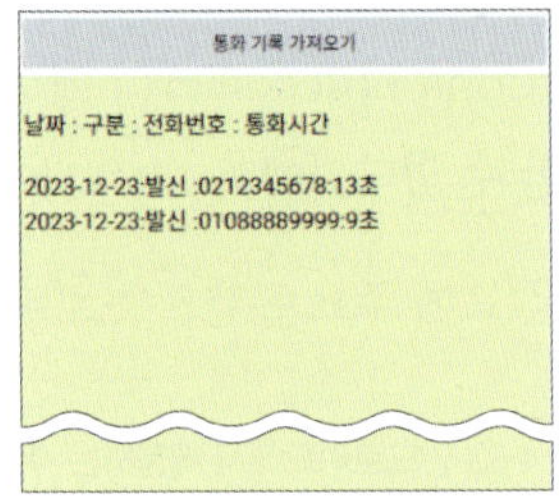


```
public class MainActivity extends AppCompatActivity {
    Button btnCall;
    EditText edtCall;

    protected void onCreate(Bundle savedInstanceState){
        super.onCreate(savedInstanceState);
        setContentView(R.layout.activity_main);
        ActivityCompat.requestPermissions(this,
                new String[] {Manifest.permission.READ_CALL_LOG},MODE_PRIVATE);
        btnCall = (Button) findViewById(R.id.btnCall);
        edtCall = (EditText) findViewById(R.id.edtCall);
        btnCall.setOnClickListener(new View.OnClickListener() {
            public void onClick(View v) {
                edtCall.setText(getCallHistory());
            }
        });
    }
    public String getCallHistory() {
        String[] callSet = new String[] { CallLog.Calls.DATE,
                CallLog.Calls.TYPE, CallLog.Calls.NUMBER,
                CallLog.Calls.DURATION };
        Cursor c = getContentResolver().query(CallLog.Calls.CONTENT_URI,
                callSet, null, null, null);
        if (c == null)
            return "통화기록 없음";

        StringBuffer callBuff = new StringBuffer();
        callBuff.append("\n날짜 : 구분 : 전화번호 : 통화시간\n\n");
        c.moveToFirst();
        do {
            long callDate = c.getLong(0);
            SimpleDateFormat datePattern = new SimpleDateFormat("yyyy-MM-dd");
            String date_str = datePattern.format(new Date(callDate));
            callBuff.append(date_str + ":");
            if (c.getInt(1) == CallLog.Calls.INCOMING_TYPE)
                callBuff.append("착신 :");
            else
                callBuff.append("발신 :");
            callBuff.append(c.getString(2) + ":");
            callBuff.append(c.getString(3) + "초\n");
        } while (c.moveToNext());

        c.close();
```

```
44         return callBuff.toString();
45     }
46 }
```

TIP [예제 14-11]의 21행에 빨간 줄이 생겨도 오류가 아니니 무시한다.

**8, 9** 마시멜로(Android 6.0, API 23)부터는 직접 퍼미션을 허용하는 코드가 필요하다.

**12~17** 버튼을 클릭하면 getCallHistory()를 호출하고 그 결과를 에디트텍스트에 출력한다.

**18~45** 통화 기록의 내용을 검색하고 통화 기록을 문자열로 만들어 반환하는 함수이다.

**19~21** 통화 기록 중에서 통화 날짜, 발신 또는 착신 여부, 전화번호, 통화 시간에 대한 문자열 배열을 준비한다.

**22, 23** 통화 기록에 대해 callSet에서 설정한 내용을 조회한다. getContentResolver() 메소드는 ContentResolver를 반환하며, ContentResolver는 query(), insert(), delete(), update() 메소드를 사용하여 CP의 데이터에 접근하고 변경할 수 있다.

**24, 25** 통화 기록이 한 건도 없다면 종료한다.

**27, 28** 통화 기록의 문자열을 저장할 StringBuffer 변수를 준비한다. 28행에서는 제목을 준비한다.

**29** 통화 기록의 처음 행으로 이동한다.

**30~41** 통화 기록의 마지막까지 반복한다.

**31~34** 첫 필드(인덱스는 0번)를 가져와서 날짜 형식으로 버퍼에 저장한다.

**35~38** 1번 필드의 데이터(발신/착신) 문자열을 버퍼에 저장한다.

**39** 2번 필드의 내용(전화번호)을 버퍼에 저장한다.

**40** 3번 필드의 내용(통화시간)을 버퍼에 저장한다.

**44** 저장한 모든 정보를 반환한다.

# 요약

1 서비스 생명주기의 동작 순서는 onCreate() → onStartCommand() → onDestroy()이다.

2 서비스를 시작하기 위한 메소드는 startService()이고, 중지하기 위한 메소드는 stopService()이다.

3 서비스는 AndroidManifest.xml에 등록해야 사용할 수 있다. 등록 형식은 다음과 같다.

```
<service android:name="MusicService" >
    <intent-filter>
        <action android:name="com.cookandroid.MusicService" />
    </intent-filter>
</service>
```

4 브로드캐스트 리시버를 활용하면 안드로이드에서 발생하는 많은 이벤트(문자 메시지, 배터리 방전, 날짜 변경 등)를 감지하고 이를 처리하는 앱을 작성할 수 있다.

5 브로드캐스트 리시버의 배터리 상태와 관련된 주요 액션은 다음과 같다.

| 액션 | 설명 |
|---|---|
| ACTION_BATTERY_CHANGED | 배터리 상태가 변경되었을 때 |
| ACTION_BATTERY_LOW | 배터리가 거의 방전되었을 때 |
| ACTION_BATTERY_OKAY | 배터리가 방전 상태에서 정상 수준으로 돌아왔을 때 |

6 인텐트의 엑스트라는 BatteryManager 클래스에 상수로 정의되어 있다. 대표적으로 잔량을 표시하는 EXTRA_LEVEL, 배터리 존재 여부를 표시하는 EXTRA_PRESENT, 외부 전원 연결 상태를 표시하는 EXTRA_PLUGGED, 배터리 상태를 표시하는 EXTRA_STATUS 등이 있다.

7 텔넷의 배터리 관련 명령은 다음과 같다.

| 명령 | 설명 |
|---|---|
| power display | 배터리 상태 출력 |
| power ac [on/off] | 전원 연결/해제 설정 |
| power status [charging/discharging/full 등] | 배터리 상태 변경 설정 |
| power present [true/false] | 배터리 장착/탈착 설정 |
| power health [good/overheat/dead 등] | 배터리 성능 상태 설정 |

## 연습문제

1 서비스의 생명주기에서 실행되는 메소드의 순서를 바르게 나열한 것은?

❶ onStartCommand() → onCreate() → onDestroy()

❷ onCreate() → onDestroy() → onStartCommand()

❸ onCreate() → onStartCommand() → onDestroy()

❹ onStartCommand() → onDestroy() → onCreate()

2 로그캣에 로그를 남기기 위한 메소드는?

❶ android.record.Log.i()

❷ android.utility.Log.i()

❸ android.util.Log.i()

❹ android.write.Log.i()

3 배터리와 관련된 액션이 아닌 것은?

❶ ACTION_BATTERY_CHANGED

❷ ACTION_BATTERY_LOW

❸ ACTION_BATTERY_OKAY

❹ ACTION_BATTERY_HIGH

4 AVD에 배터리와 관련된 명령을 입력하는 데 필요한 프로그램은?

❶ web

❷ telnet

❸ ftp

❹ http

# 연습문제

5 시스템 설정값과 관련된 콘텐트 프로바이더의 URI는?

❶ android.provider.Contacts.Phones.CONTENT_URI

❷ android.provider.CallLog.Calls.CONTENT_URI

❸ android.provider.System.CONTENT_URI

❹ android.provider.System.Settings.CONTENT_URI

CHAPTER 15

# 구글 플레이에 앱 배포하기

**학습목표**

- 배포용 앱을 생성하는 방법을 익힌다.
- 구글 플레이에 앱을 등록하는 과정을 이해한다.

# 01 배포용 앱 생성

지금까지 만든 앱을 구글 플레이(Google Play)에 배포할 수 있다. 앱은 유료 혹은 무료로 배포가 가능하며, 배포한 이후에 앱이 업데이트되면 앱을 다운로드한 스마트폰에서 자동으로 업데이트되도록 설정할 수도 있다. 앱을 배포하려면 구글 플레이에 개발자로 등록해야 하는데, 이때 25달러의 비용이 든다(2023년 12월 기준).

### 실습 15-1 배포할 앱의 키 생성하기

배포할 앱을 새로 생성하거나 기존의 앱을 연다. 여기서는 11장의 [실습 11-1]에서 만든 영화 포스터 앱을 배포해보자.

#### 1 배포할 앱의 정보 확인

❶ Android Studio를 실행하고 Project11_1 프로젝트를 연다.

❷ 메뉴의 [File]–[Project Structure]를 선택한 후 왼쪽의 [Modules]를 선택하고 [app]의 [Default Config] 탭을 클릭한다.

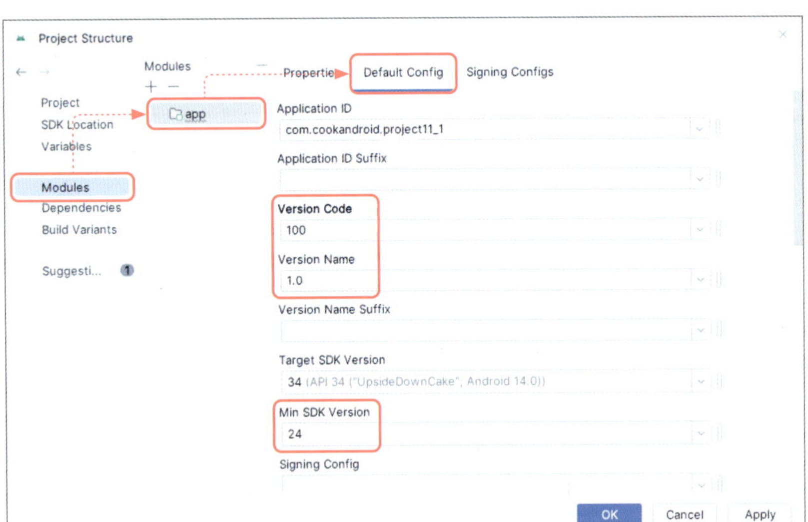


그림 15-1 배포할 앱의 정보 확인 및 설정

- Version Code: 초깃값은 1이며 향후 업데이트를 편하게 하기 위해 100으로 설정했다. 나중에 앱이 수정되었을 때 101, 102, 103, …과 같이 변경하면 관리하기에 편리하다.
- Version Name: 사용자에게 보이는 앱의 버전이다. 1.0부터 시작하도록 설정한다. Version Code가 100이면 1.0, 101이면 1.01, 102이면 1.02와 같이 설정할 것이다.
- Min SDK Version: 앱이 구동되는 최하 버전이다. 처음 프로젝트를 생성할 때 누가(API 24)로 설정했던 것을 그대로 둔다.

〈OK〉를 클릭하여 변경한 내용을 적용한다.

## 2 배포할 앱의 키 생성

**3** 메뉴의 [Build]–[Generate Signed Bundle/APK]를 선택한 후 [Android App Bundle]을 선택하고 〈Next〉를 클릭한다.

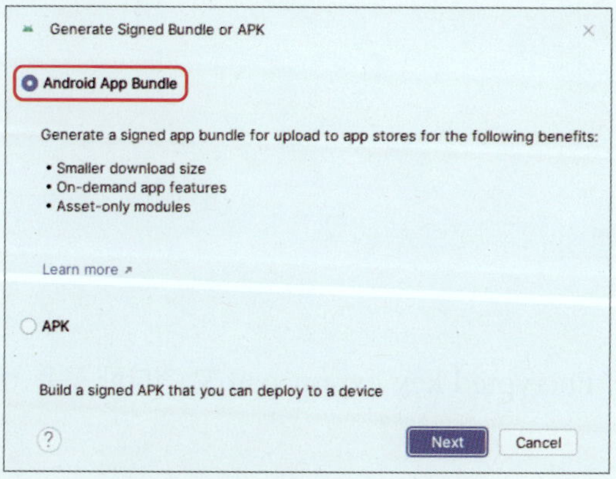


그림 15-2 **배포할 앱의 키 생성 1**

**4** [Generate Signed Bundle or APK] 창에서 〈Create New〉를 클릭한다.

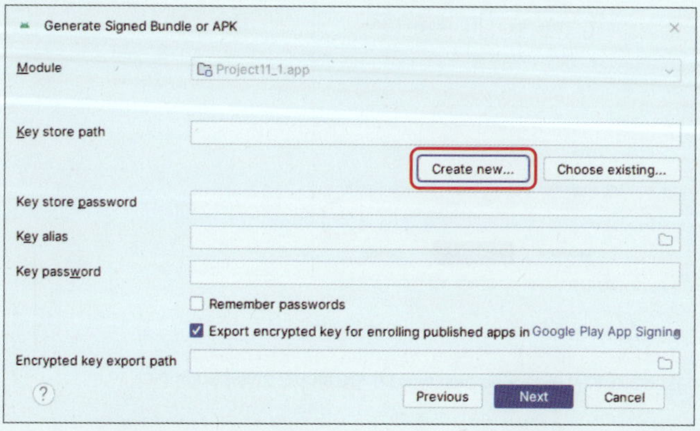


그림 15-3 **배포할 앱의 키 생성 2**

TIP 다음에 앱을 또 배포할 때는 지금 생성한 키를 사용하고 〈Choose existing〉을 클릭하여 진행하면 된다.

5 Key store path에는 적당한 폴더와 파일명을 지정한다. 필자는 C:\CookAndroid\myapp.jks를 지정했다. Password는 여섯 글자 이상으로 해야 하며 네 곳을 모두 똑같이 정하는 것이 편리하다. 그리고 Certificate에서 개발자의 이름과 조직을 영문으로 입력한 후 〈OK〉를 클릭한다. 경고 메시지가 나오면 〈OK〉를 클릭한다.

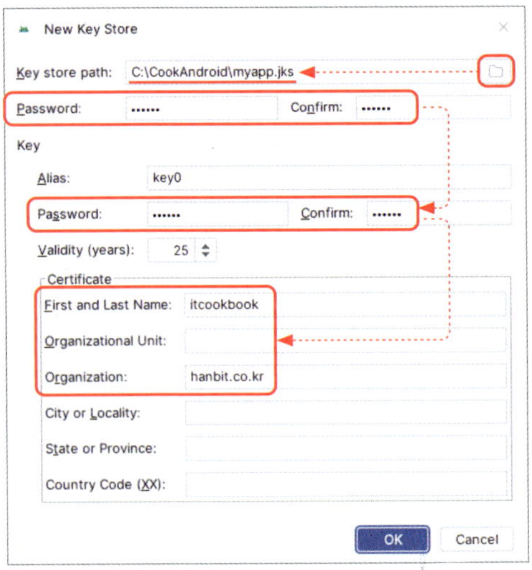


그림 15-4 **배포할 앱의 키 생성 3**

6 입력한 비밀번호와 Key alias를 확인한다. Encrypted key export path로 적당한 곳을 선택하고 〈Next〉를 클릭한다.

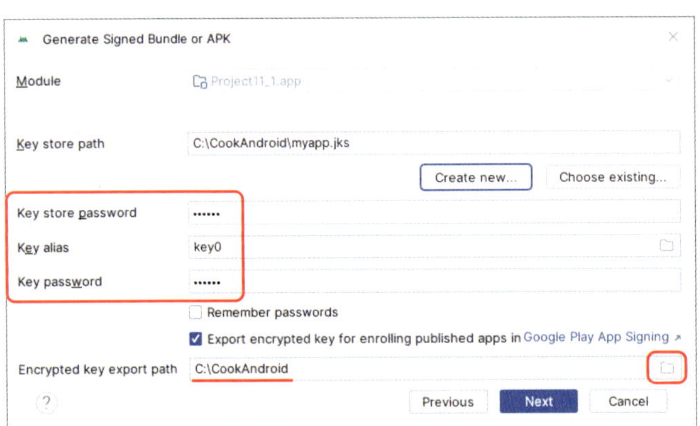


그림 15-5 **배포할 앱의 키 생성 4**

TIP 다음에 앱을 또 배포할 때 Key store password, Key alias, Key password가 필요하니 잘 기억해두어야 한다.

7 Build Variants로는 [release]를 선택하고 〈Create〉를 클릭한다.

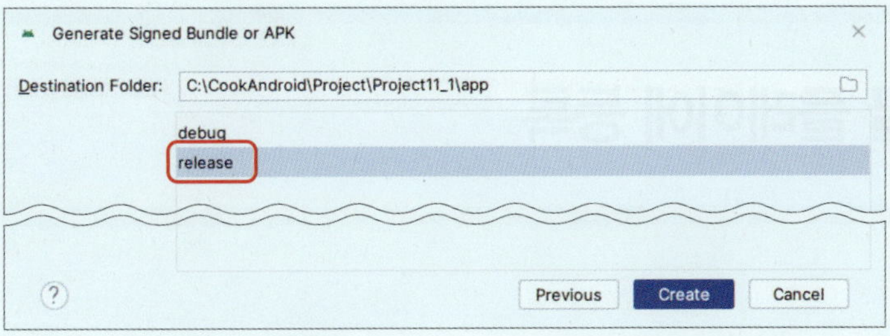


그림 15-6 배포할 앱의 키 생성 5

8 Android Studio 화면 오른쪽 아래 상태 바의 'Gradle Build Running' 메시지가 없어질 때까지 기다린다.

### 3 생성된 파일 확인

9 파일 탐색기로 앞에서 지정했던 myapp.jks 파일을 저장하기 위해 설정한 폴더를 확인한다.

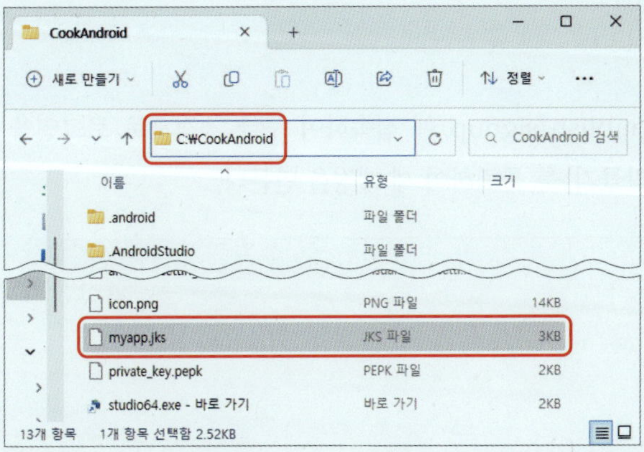


그림 15-7 *.jks 파일 확인

10 파일 탐색기로 프로젝트 폴더의 [app]–[release] 폴더에 생성된 *.aab 파일을 확인한다. 이 파일이 배포할 앱의 실행 파일이다(필자의 경우 Project11_1 폴더).

TIP 예전 구글 플레이에는 앱의 실행 파일인 *.apk를 배포했으나 지금은 *.aab를 배포한다.

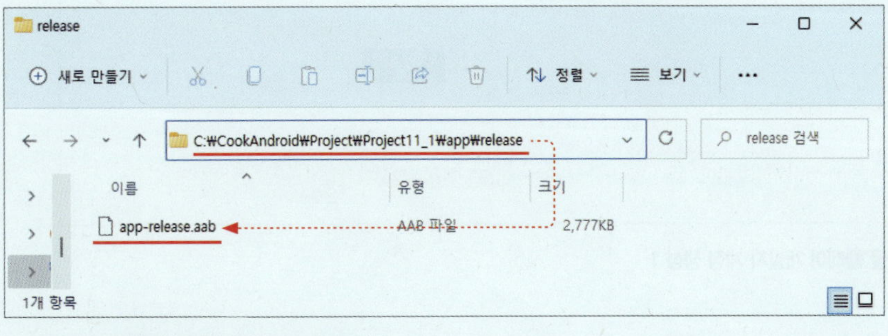


그림 15-8 배포할 앱의 파일(*.aab) 확인

# 02 구글 플레이에 등록

구글 플레이에 배포할 앱을 등록해보자. 우선 구글 플레이의 앱 개발자 계정을 만들기 위해 비자카드나 마스터카드로 25달러를 1회 결제해야 한다. 웹브라우저로 크롬을 사용하는 것이 편리하다.

TIP Google Play Console의 개발자 등록 및 앱 등록 방법은 등록 순서나 화면이 바뀌곤 한다. 이 책을 집필한 시점인 2023년 말에는 책과 동일하겠으나 시간이 지나면 화면이나 순서가 변경될 수도 있다. 하지만 전반적인 절차는 비슷할 것이다.

### 실습 15-2 구글 플레이에 개발자와 앱 등록하기

#### 1 개발자 계정 생성

**1** https://play.google.com/apps/publish/signup/에 접속하여 구글 계정으로 로그인을 한다. 만약 구글 계정이 없다면 〈계정 만들기〉를 클릭하여 새 계정을 만든다.

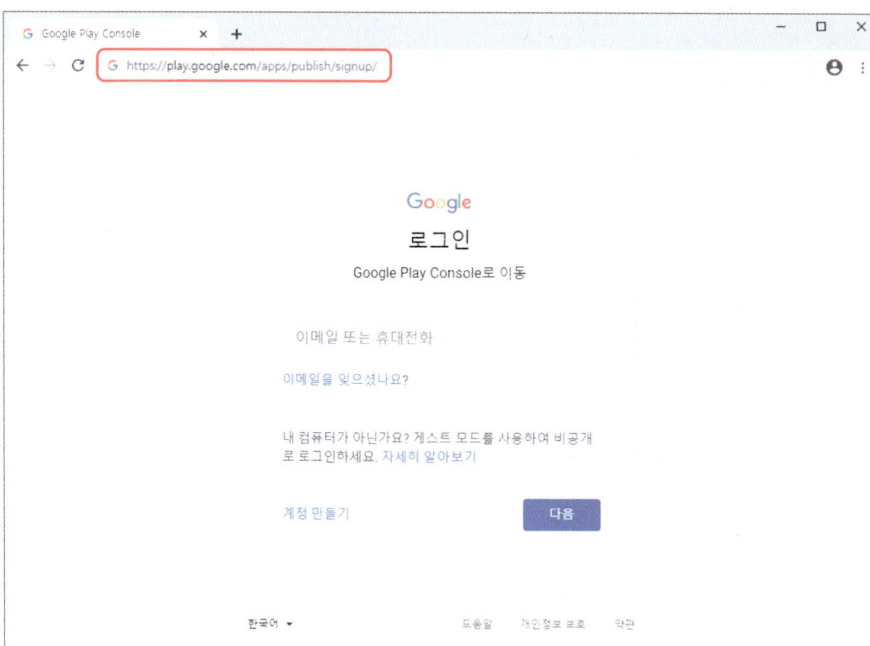


그림 15-9 구글 플레이 개발자 계정 생성 1

❷ '새 개발자 계정 만들기'를 진행하여 25달러를 결제한다. 이 부분은 독자 스스로 해보기 바란다.

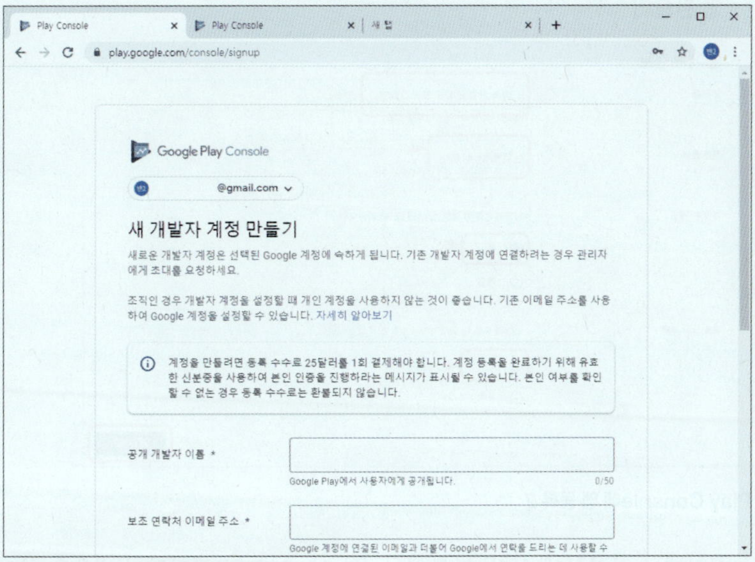


그림 15-10 구글 플레이 개발자 계정 생성 2

## 2 앱 등록

❸ Google Play Console에서 앱을 등록하기 위해 https://play.google.com/console/u/0/developers에 접속하여 오른쪽 위의 〈앱 만들기〉를 클릭한다.

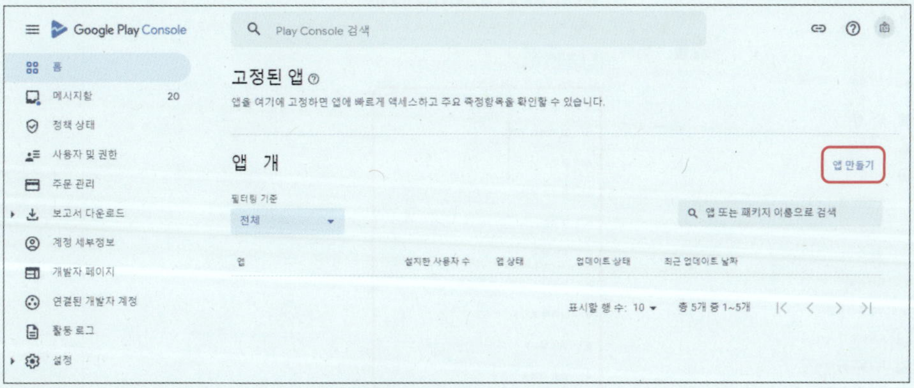


그림 15-11 Google Play Console에 앱 등록 1

❹ 앱의 성격을 나타내는 이름을 '앱 이름'에 입력한다. 필자는 '쿡북 안드로이드 프로그래밍'을 입력했다. 그리고 '한국어-ko-KR', '앱', '무료'를 선택하고 하단의 정책 등에 체크한다. 설정을 마쳤으면 〈앱 만들기〉를 클릭한다.

그림 15-12 Google Play Console에 앱 등록 2

5 등록할 앱의 정보를 설정해야 한다. [앱 설정] 부분에서 〈할 일 보기〉를 클릭하여 내용을 확장하고 각각을 클릭하여 설정한다.

그림 15-13 Google Play Console에 앱 등록 3

6 [개인정보처리방침]에서는 회사 또는 개인 URL을 입력하고 〈저장〉을 클릭한다. 저장이 되면 [대시보드]를 클릭하여 앞 화면으로 이동한다.

TIP '개인정보처리방침'을 작성하는 방법은 다소 복잡하다. 개인정보 포털(https://www.privacy.go.kr/front/per/inf/perInfStep01.do)에서 생성할 수 있는데, 스스로 작성하기 어렵다면 유튜브(https://youtu.be/jZDpz3b7Zp4)를 참조하기 바란다.

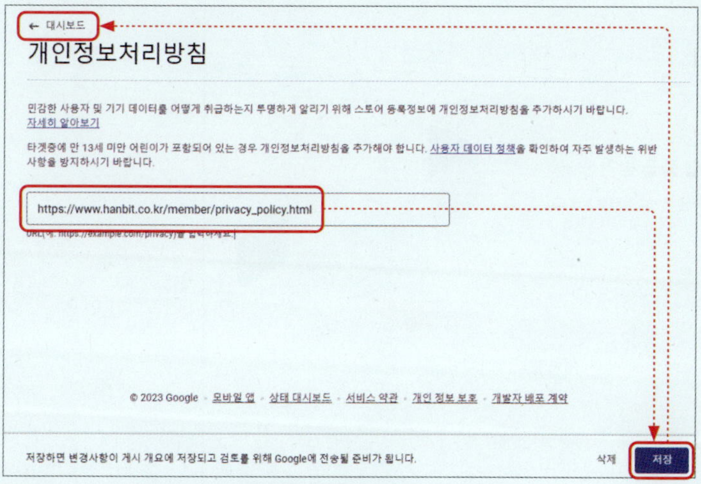

그림 15-14 Google Play Console에 앱 등록 4

7 [앱 액세스 권한]에서는 '액세스 제한 없이 앱의 모든 기능을 사용할 수 있음'을 선택하고 〈저장〉을 클릭한다. 저장이 되면 [대시보드]를 클릭하여 앞 화면으로 이동한다.

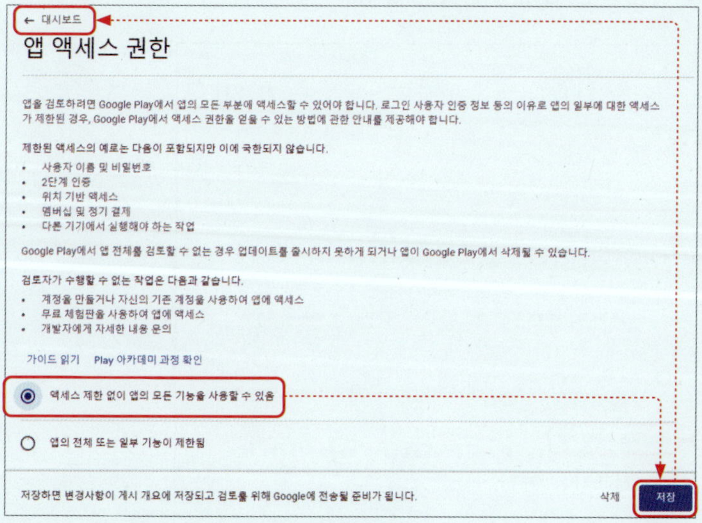

그림 15-15 Google Play Console에 앱 등록 5

❽ [광고]에서는 '아니요, 앱에 광고가 없습니다.'를 선택하고 〈저장〉을 클릭한다. 저장이 되면 [대시보드]를 클릭하여 앞 화면으로 이동한다.

❾ [콘텐츠 등급]에서는 〈설문지 시작〉을 클릭한다.

그림 15-16 Google Play Console에 앱 등록 6

❶ [카테고리]에 문의를 받을 이메일 주소를 입력하고 카테고리를 선택한 후 〈다음〉을 클릭한다. 필자는 카테고리로 '다른 모든 앱 유형'을 선택했다.

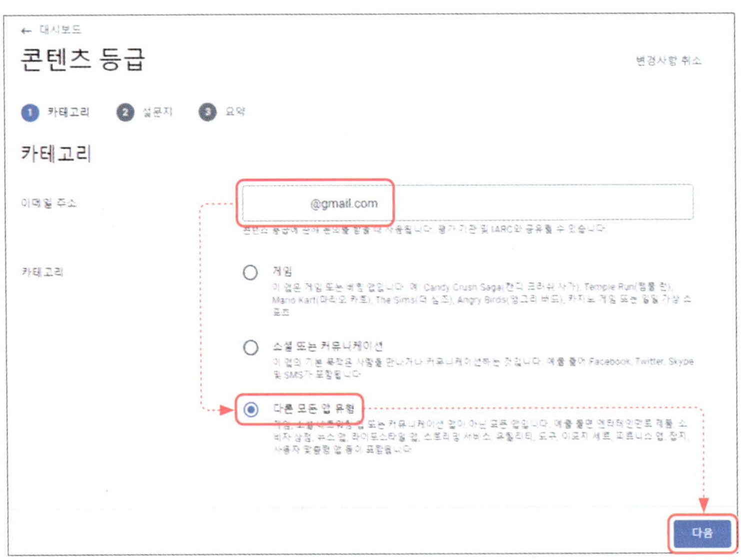


그림 15-17 Google Play Console에 앱 등록 7

❷ [콘텐츠 등급]에서는 모두 '아니요'를 선택하고 〈저장〉과 〈다음〉을 클릭한다(필요할 경우 일부 '예'를 선택해도 된다).

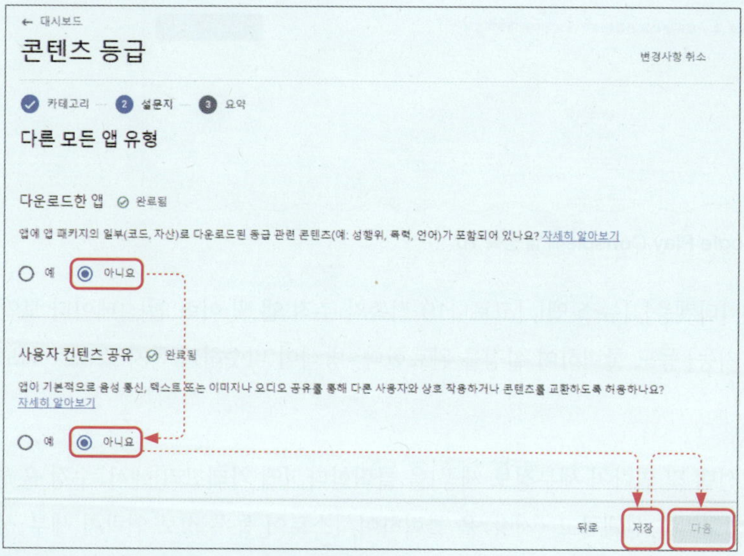


그림 15-18 Google Play Console에 앱 등록 8

❸ [요약]에서는 〈저장〉을 클릭한다.

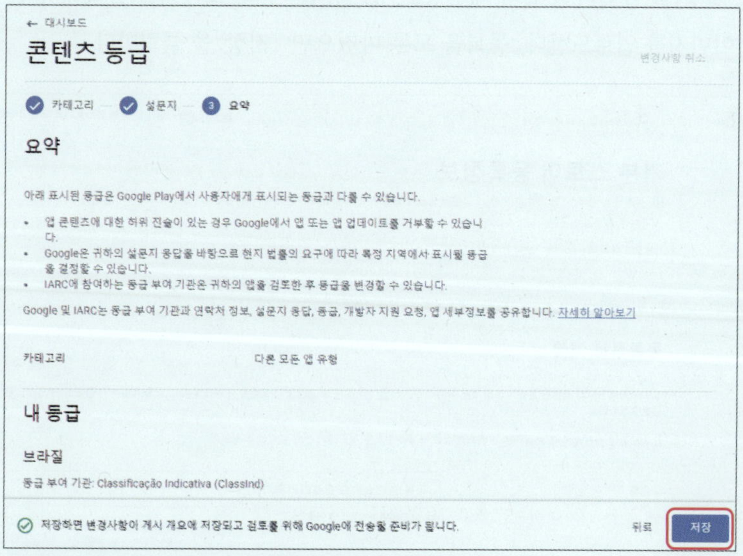


그림 15-19 Google Play Console에 앱 등록 9

❹ 콘텐츠 등급이 부여되었다. [대시보드] 또는 [앱 콘텐츠]를 클릭하여 앞 화면으로 돌아간다.

그림 15-20 Google Play Console에 앱 등록 10

❺ 나머지 항목인 [타겟층], [뉴스 앱], [코로나19 접촉자 추적 앱 및 이력 앱], [데이터 보안], [정부 앱], [금융 기능] 등도 클릭하여 설정을 완료한다. 방식이 비슷하니 독자 스스로 해보기 바란다.

❻ [앱 카테고리 선택 및 연락처 세부정보 제공]을 클릭한다. [앱 카테고리]에서 '수정'을 클릭하여 적당한 카테고리를 선택하고 〈저장〉을 클릭하여, [스토어 등록 정보 연락처 세부 정보]에서 '수정'을 클릭하여 이메일 주소를 입력하고 〈저장〉을 클릭한다. 설정을 마쳤으면 웹 브라우저의 뒤로가기를 클릭한다.

10 [스토어 등록정보 설정]을 클릭하면 앱의 세부정보, 앱 아이콘 등의 그래픽을 등록해야 한다. 요청하는 해상도의 이미지를 업로드한다. 등록을 모두 마쳤으면 〈저장〉을 클릭한다.

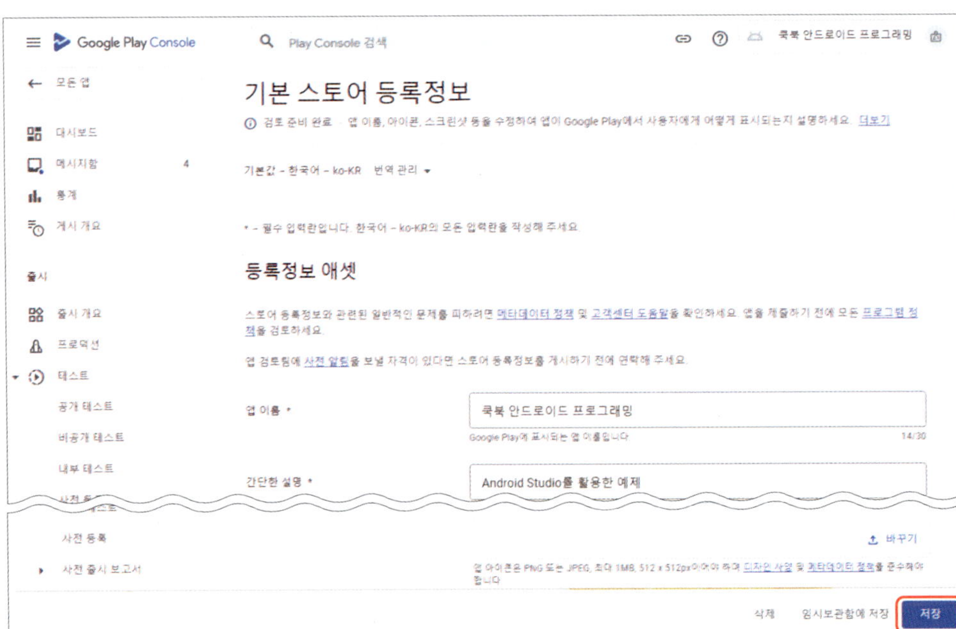


그림 15-21 Google Play Console에 앱 등록 11

3 앱 게시

⓫ 왼쪽의 [대시보드]를 다시 클릭한 후 [버전 생성 및 게시]의 〈할 일 보기〉를 클릭한다.

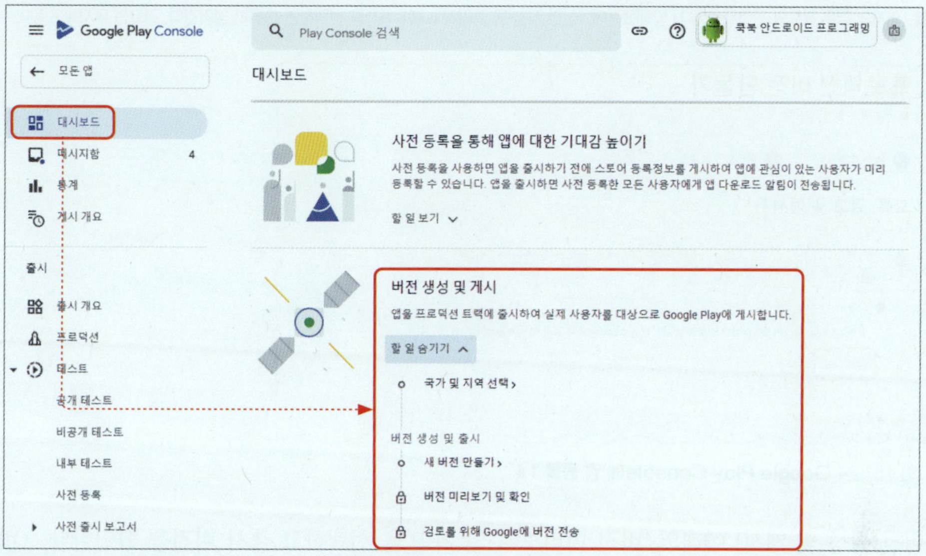


그림 15-22 Google Play Console에 앱 등록 12

⓬ '국가 및 지역 선택'을 선택하여 '대한민국'을 추가한 후 웹브라우저의 뒤로 가기를 클릭한다.

⓭ [버전 생성 및 게시] 아래의 '새 버전 만들기'를 선택하고 [출시]에서 다시 '새 버전 만들기'를 클릭한다. [프로덕션 버전 만들기]에서 [앱 무결성]의 '서명 키 선택'을 클릭한 후 〈Google에서 생성한 키 사용〉을 클릭한다.

⓮ 다시 [프로덕션 버전 만들기] 창에서 [실습 15-1]에서 확인한 *.aab 파일을 업로드하고 〈다음〉을 클릭한다.

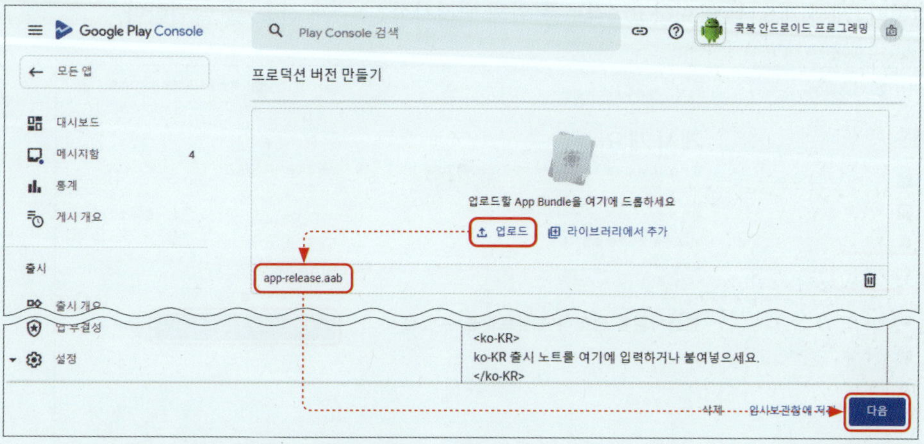


그림 15-23 Google Play Console에 앱 등록 13

⑮ [프로덕션 버전 만들기]에서 오류가 발생하면 메시지를 확인하여 오류를 해결하고 넘어간다. 왼쪽 위의 [대시보드]를 클릭한다.

TIP 필자의 경우 광고와 관련된 오류가 발생했는데, '선언 작성'을 클릭하고 〈아니오〉를 선택하면 오류가 넘어간다. 경고는 무시해도 된다.

그림 15-24 Google Play Console에 앱 등록 14

⑯ [버전 생성 및 게시] 아래의 '버전 미리보기 및 확인'을 선택하고 출시 버전을 확인한다. 〈버전 수정〉을 클릭한 뒤 〈저장〉이나 〈다음〉을 클릭하면 검토가 완료된다.

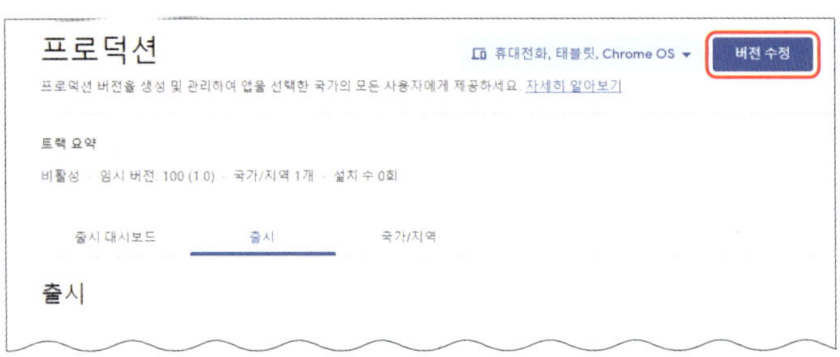


그림 15-25 Google Play Console에 앱 등록 15

⑰ 왼쪽의 [게시 개요]를 클릭하고 〈검토를 위해 변경사항 ○○개 전송〉을 클릭한다.

그림 15-26 Google Play Console에 앱 등록 16

⑱ 왼쪽의 [대시보드]를 클릭하면 업로드한 앱의 상태를 확인할 수 있다. 구글의 정책에 따라서 검토 시간이 최대 7일 이상 걸릴 수 있다. 이로써 앱의 등록이 완료되었다.

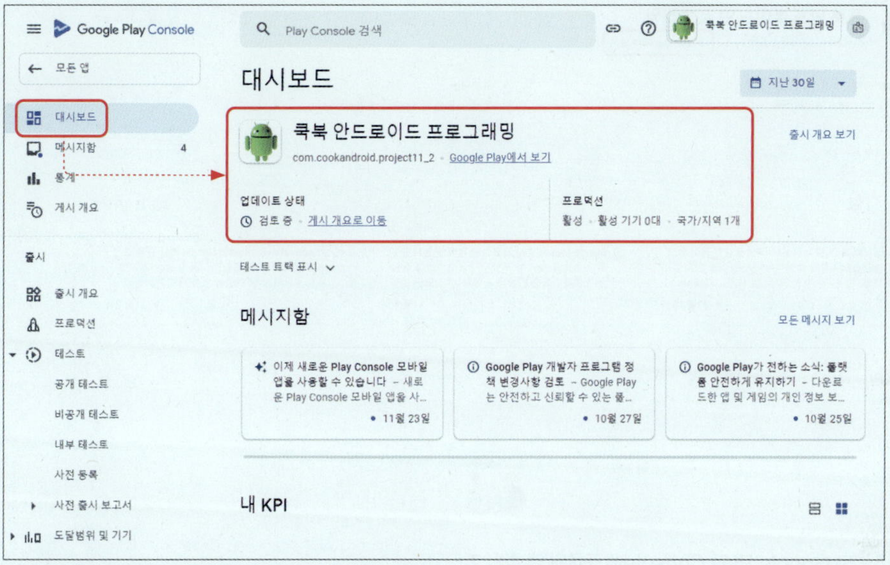

그림 15-27 Google Play Console에 앱 등록 17

### 4 앱 등록 결과 확인

⑲ 다시 Google Play Console(https://play.google.com/console/u/0/developers)에 접속하면 등록된 앱을 확인할 수 있다.

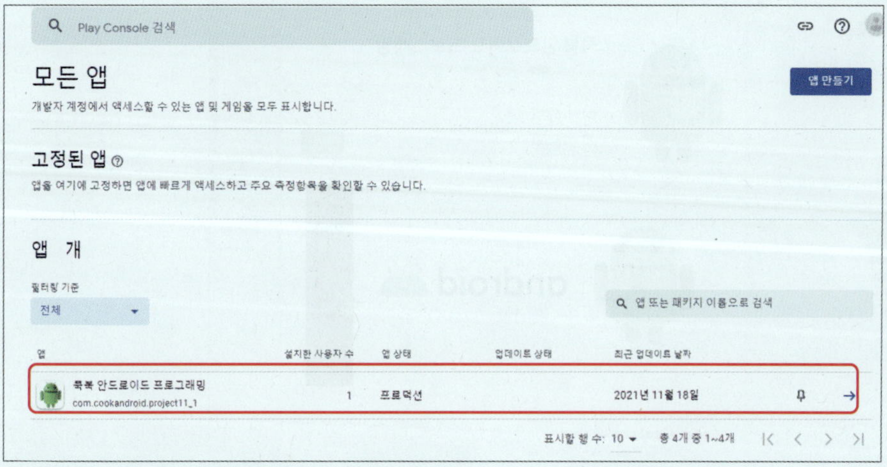

그림 15-28 Google Play Console에 등록된 앱 확인 1

⑳ 관리할 앱을 선택하고 [Google Paly에서 보기]를 클릭하면 구글 플레이에서 배포되는 상태를 확인할 수 있다.

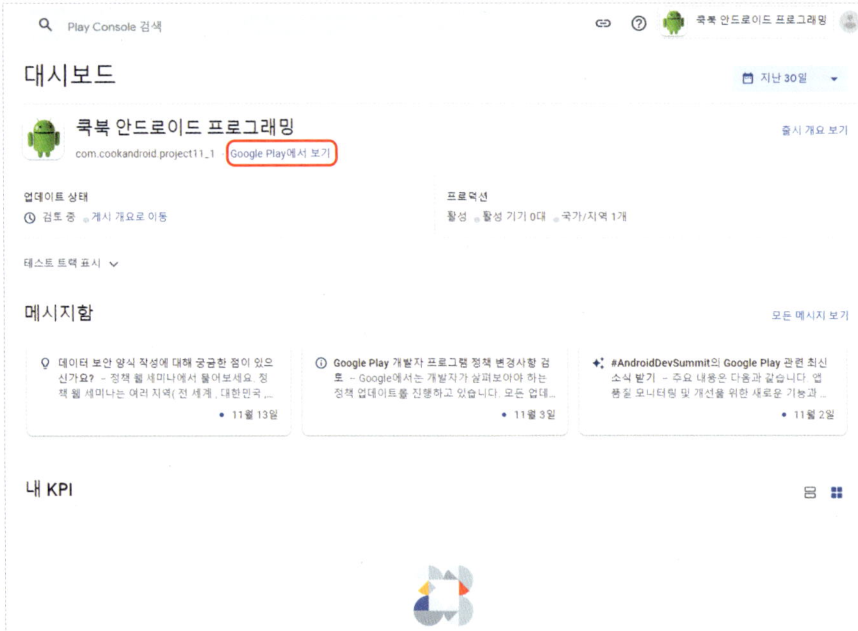


그림 15-29 Google Play Console에 등록된 앱 확인 2

21 이제 실제 스마트폰의 구글 플레이에서 검색하여 설치할 수 있다. 앱 이름으로 검색되지 않으면 개발자 아이디로 검색해도 된다.

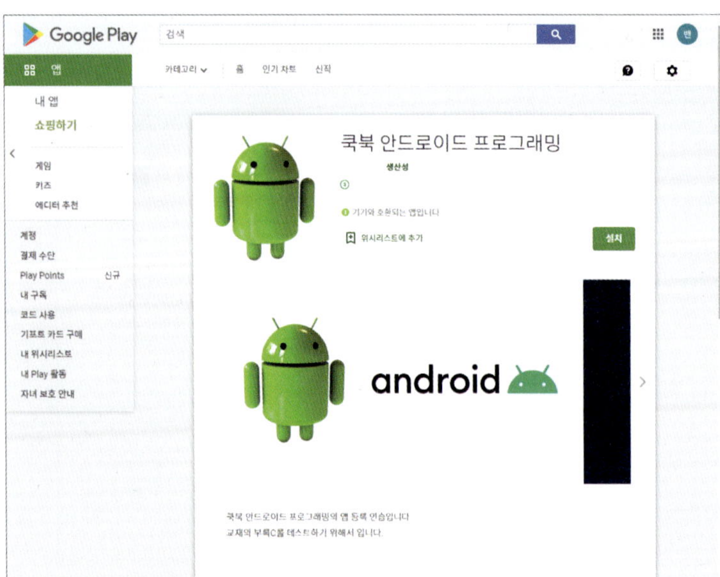


그림 15-30 Google Play Console에 등록된 앱 확인 3

# 부록

## APPENDIX

A 안드로이드 기기에서 실습하기

B Android Studio 개발 환경을 원클릭으로 설치하기

# A 안드로이드 기기에서 실습하기

안드로이드 프로그래밍 결과를 AVD에서 확인해도 대부분 잘 작동하지만 실제 안드로이드 기기(안드로이드 스마트폰, 안드로이드 태블릿, 안드로이드 MP3 플레이어 등)에서 직접 확인하면 결과를 확실히 알 수 있고, 무거운 AVD를 가동하지 않아도 되므로 실행 속도도 상당히 빠르다.

TIP 안드로이드 스마트폰은 다양하지만 많이 사용되는 것은 갤럭시 S/노트 시리즈, LG G/G Pro 시리즈, 넥서스 시리즈, 픽셀 시리즈 등이다. 필자는 그중 하나인 픽셀 6 Pro를 사용했으며 안드로이드 버전은 U(14.0)가 설치되어 있다. 참고로 픽셀 시리즈는 구글 레퍼런스폰으로 가장 표준적인 안드로이드의 형태로 설치된다.

### 실습 A-1 안드로이드 기기에서 결과 확인하기

**0** 우선 기기를 연결하지 말고 해당 기기의 USB 드라이버를 각 제조사에서 다운로드하여 설치한다. 이는 독자 스스로 한다. 드라이버를 설치한 후에는 컴퓨터를 재부팅하는 것이 좋다. (일부 스마트폰의 경우에는 별도의 드라이버를 설치하지 않아도 된다.)

TIP 스마트폰 제조사 홈페이지에서 관련 USB 드라이버를 다운로드할 수 있다. 또는 검색 엔진에서 해당 스마트폰 USB 드라이버(예 갤럭시 USB 드라이버)를 검색하면 쉽게 찾을 수 있다.

**1** 안드로이드 기기에서 USB 디버깅이 가능하도록 설정한다.

TIP 스마트폰 제조사 또는 안드로이드 버전마다 USB 디버깅을 켜는 방법이 조금씩 다를 수 있다. 필자처럼 진행되지 않는 경우에는 검색 엔진에서 해당 스마트폰 USB 디버깅(예 갤럭시 S8 USB 디버깅)을 검색하면 해당 스마트폰에서 설정하는 방법을 찾을 수 있을 것이다.

❶ 안드로이드 기기의 [설정]을 열고 [휴대전화 정보]를 터치한다.

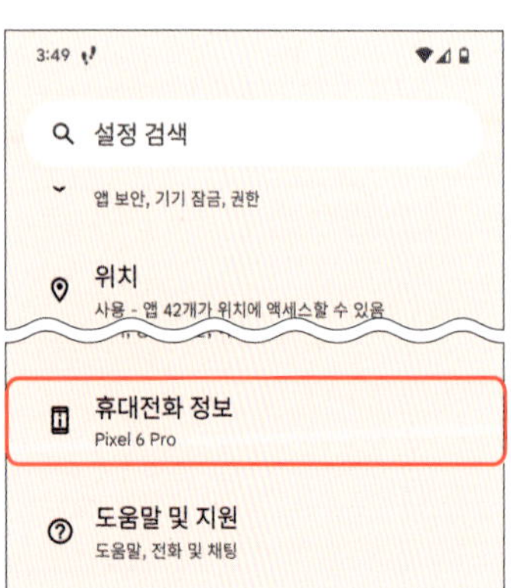


그림 A-1 안드로이드 기기 설정 1(픽셀 6 Pro의 예)

❷ [휴대전화 정보] 창에서 [빌드 번호]를 10회 정도 연속 터치하면 '개발자가 되셨습니다.'라는 메시지가 나온다. 이미 설정했다면 '이미 개발자입니다.'라는 메시지가 나온다. Android 버전도 확인하자. 필자는 14 버전이다.

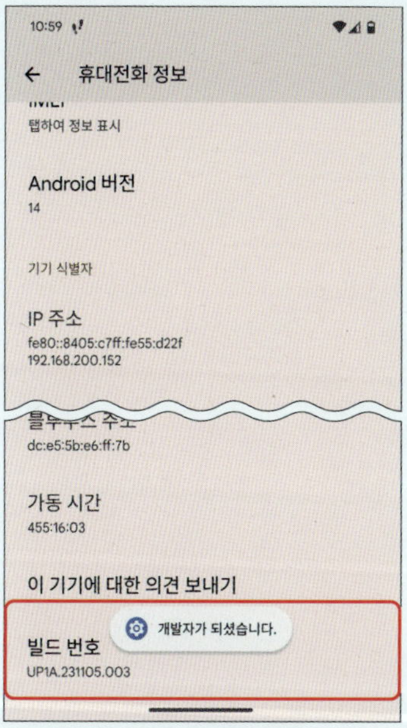


그림 A-2 안드로이드 기기 설정 2(픽셀 6 Pro의 예)

❸ 초기화면에서 [설정]-[시스템]-[개발자 옵션]을 터치한다.

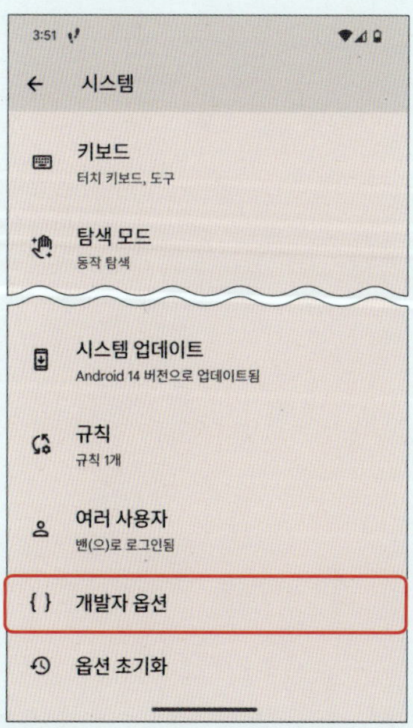


그림 A-3 안드로이드 기기 설정 3(픽셀 6 Pro의 예)

❹ [개발자 옵션] 창에서 [USB 디버깅]을 켠다.

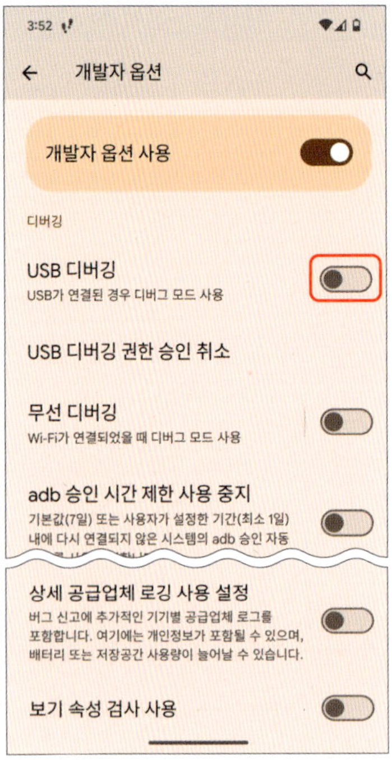


그림 A-4 안드로이드 기기 설정 4(픽셀 6 Pro의 예)

❺ 경고 메시지가 나오면 〈확인〉을 터치한다.

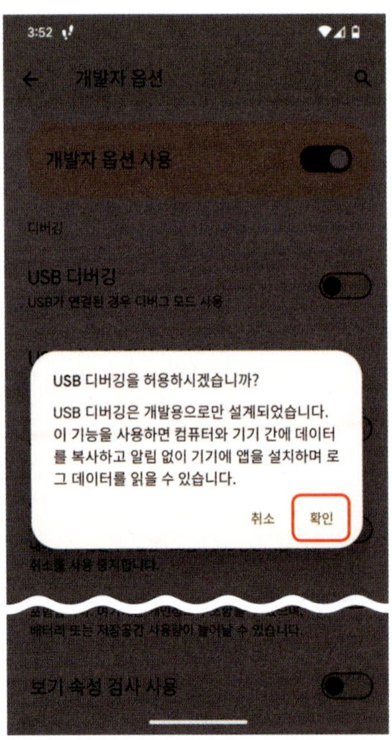


그림 A-5 안드로이드 기기 설정 5(픽셀 6 Pro의 예)

❻ USB 디버깅 버튼이 켜지면 안드로이드 기기의 설정을 완료한 것이다. 홈 화면으로 돌아간다.

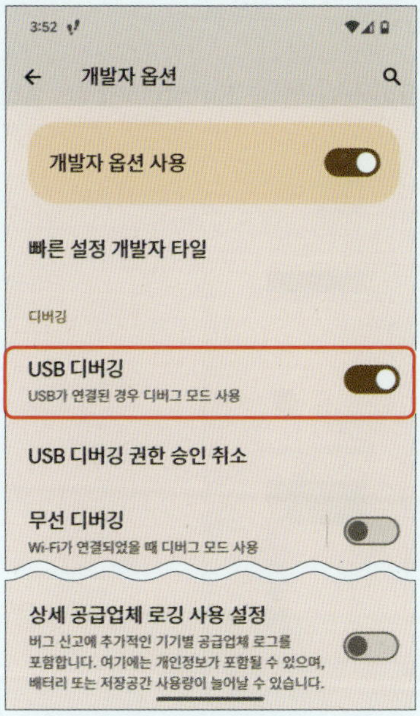


그림 A-6 안드로이드 기기 설정 6(픽셀 6 Pro의 예)

❷ 안드로이드 기기의 USB를 컴퓨터에 연결한다. 만약 안드로이드 기기에 'USB 디버깅을 허용하시겠습니까?'와 같은 메시지가 나오면 〈허용〉을 터치한다.

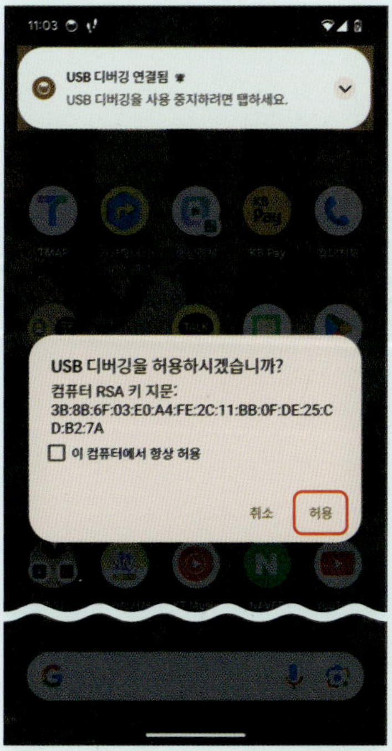


그림 A-7 안드로이드 기기 설정 7(픽셀 6 Pro의 예)

❸ Android Studio에서 새로운 프로젝트를 생성하자.

❶ Android Studio 초기화면에서 [New Project]를 선택한다.

❷ 생성할 프로젝트의 종류를 선택한다. [Phone and Tablet] 탭의 'Empty Views Activity'를 선택한 상태에서 〈Next〉를 클릭한다.

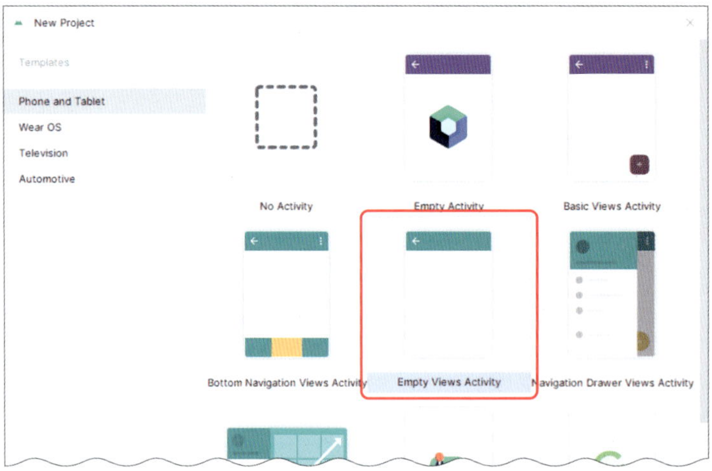


그림 A-8 **프로젝트 생성 1**

❸ [Empty Activity]에서는 프로젝트에 대한 정보를 입력 또는 선택한다.

- Name: PhoneApp
- Package name: com.cookandroid.phoneapp
- Save location: C:\CookAndroid\Project\PhoneApp
- Language: Java
- Minimum SDK: API 24("Nougat"; Android 7.0) → 앱이 작동하는 최하 안드로이드 버전

입력 및 선택이 완료되었으면 〈Finish〉를 클릭하여 프로젝트를 생성한다.

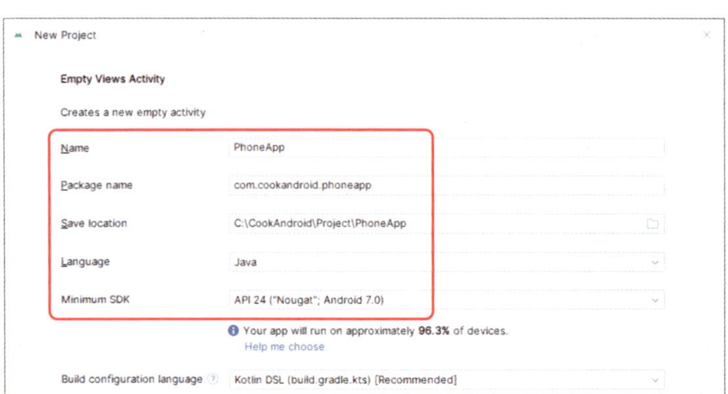


그림 A-9 **프로젝트 생성 2**

4 안드로이드 기기에 결과를 내보내자.

❶ 실행할 장치로 스마트폰을 선택한다. 필자의 스마트폰은 'Google Pixel 6 Pro'이다.

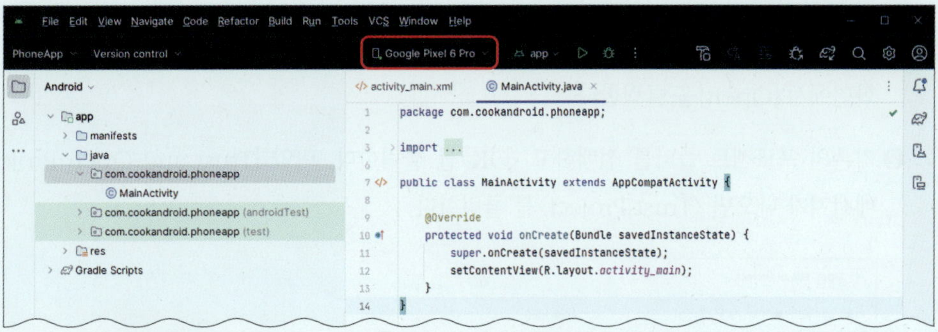

그림 A-10 스마트폰 선택

❷ Android Studio 메뉴의 [Run]–[Run 'app']을 선택하여 실행한다.

❸ 잠시 기다리면 프로젝트 결과가 안드로이드 기기에 나타날 것이다.

TIP 스마트폰 버전의 SDK가 설치되어 있지 않으면 추가 설치 창이 나온다. 〈Install and Continue〉를 클릭하여 SDK를 설치한 다음 진행하면 된다.

그림 A-11 안드로이드 기기에 실행된 결과

5 이번에는 이미 다른 버전으로 만들어놓은 프로젝트를 안드로이드 기기에서 실행해보자. 누가(7.0) 이상에서 작동하도록 만들어놓은 앱이 롤리팝(5.0) 안드로이드 스마트폰에서도 작동하게 해보자.

❶ Android Studio 메뉴의 [File]−[Close Project]를 선택하여 열린 프로젝트를 닫은 후 초기 화면에서 [Open]을 클릭한다.

❷ 기존의 프로젝트 폴더를 선택하고 〈OK〉를 클릭한다. 만약 [Trust and Open Project…] 메시지가 나오면 〈Trust Project〉를 클릭한다.

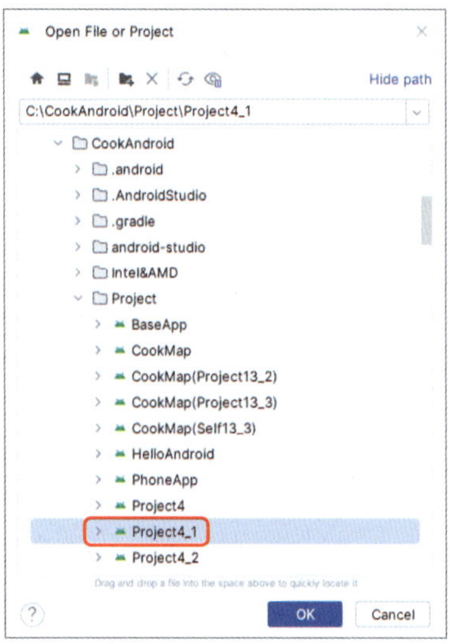


그림 A-12 기존 프로젝트를 안드로이드 기기에서 실행 1

❸ 프로젝트의 [Gradle Scripts]−[build.gradle.kts(Module:app)]을 더블클릭해서 열고 최하 SDK 버전(minSdkVersion) 부분을 자신의 안드로이드 기기 API 레벨 이하로 수정한 후 [Sync Now]를 클릭한다(필자는 누가의 API인 24에서 롤리팝의 API인 21로 수정했다).

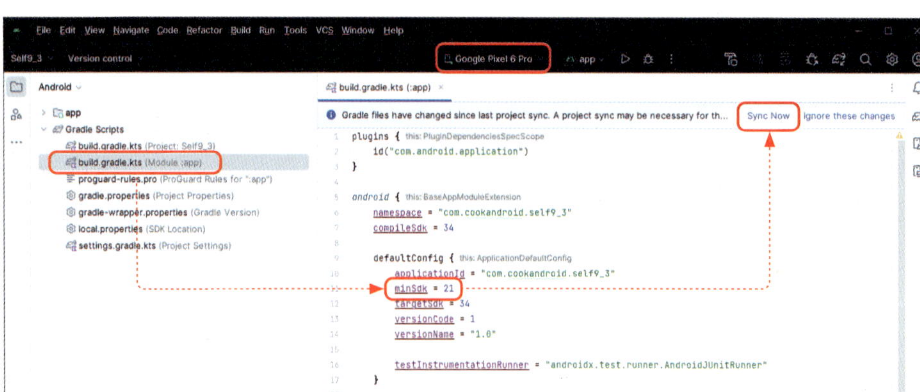


그림 A-13 기존 프로젝트를 안드로이드 기기에서 실행 2

❹ 실행 타깃을 스마트폰으로 선택하고 프로젝트를 실행한다.

그림 A-14 기존 프로젝트를 안드로이드 기기에서 실행 3

# B Android Studio 개발 환경을 원클릭으로 설치하기

Android Studio는 대부분의 컴퓨터에서 무난하게 설치된다. 하지만 원클릭으로 Android Studio 개발 환경을 구축하고 싶다면 한빛아카데미에서 제공하는 파일을 사용하기 바란다. 다음 실습의 파일을 설치하면 1장 [그림 1-5]의 환경이 모두 완성된 것이므로 2장부터 학습을 진행하면 된다.

### 실습 B-1 Android Studio 개발 환경을 원클릭으로 설치하기

**1** 웹브라우저에서 이 책의 자료실(http://hanbit.co.kr/src/40021)에 들어가 예제 소스의 〈다운로드〉를 클릭한 후 구글 드라이브에서 CookAndroid(U_14.0).part1.exe(약 3.5GB)와 CookAndroid(U_14.0).part2.rar(약 2.55GB)를 다운로드한다(두 파일을 같은 폴더에 다운로드해야 한다). 참고로 이 파일은 Android Studio Hedgehog(2023.1.1) 정식 버전으로 제작되었으며 책의 모든 코드가 잘 작동한다.

TIP 제공되는 통합 설치 파일은 64bit Windows 8/10/11 환경의 최소 8GB RAM에서 작동한다.

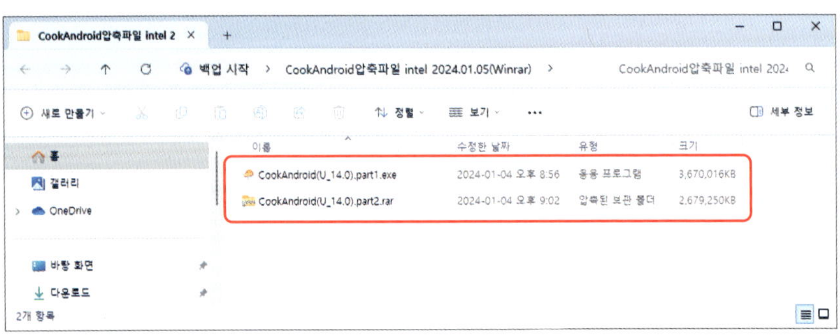

그림 B-1 배포 파일 다운로드

**2** 다운로드한 파일 중 CookAndroid(U_14.0).part1.exe를 실행하면 C:\CookAndroid\ 폴더에 관련된 모든 파일의 압축이 자동으로 풀린다. 시간이 조금 걸릴 수 있다. 압축이 모두 풀리면 자동으로 컴퓨터가 재부팅되므로 작업 중인 다른 파일을 저장하고 종료한다.

TIP 설치되는 C:\CookAndroid\ 폴더의 경로를 변경하면 안 된다. 또한 이 폴더의 이름을 변경하거나 다른 드라이브로 옮겨서도 안 된다. 배포 파일에서 작동하는 모든 설정이 C:\CookAndroid\ 폴더로 설정되어 있기 때문이다.

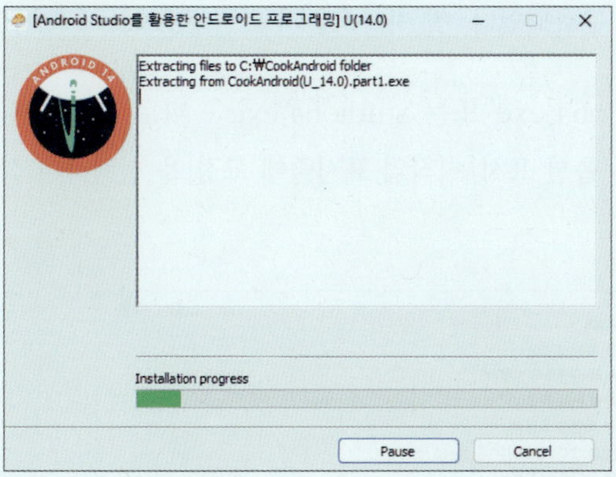


그림 B-2 **배포 파일 설치**

❸ 재부팅된 후 CPU가 인텔이라면 C:\CookAndroid\Intel&AMD\Intel\haxm-x.x.x-setup.exe를 실행하여 기본값으로 설치한다. CPU가 AMD라면 C:\CookAndroid\Intel&AMD\AMD\silent_install.bat 파일을 실행한다. 명령 프롬프트 창이 잠깐 나오고, [Windows 명령 처리기]에서 〈예〉를 클릭하면 설치가 완료된다.

TIP CPU의 종류는 ⊞+R을 누르고 msinfo32를 실행하여 [프로세서] 부분에서 확인할 수 있다.

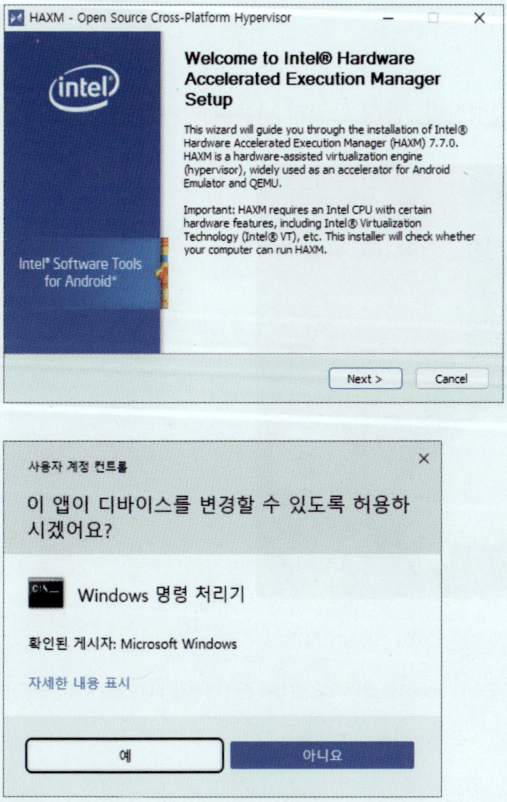


그림 B-3 **인텔 HAXM 및 가속기 설치**

이로써 Android Studio 개발 환경이 모두 구축되었다. 잘 작동하는지 확인해보자.

4 파일 탐색기에서 'C:\CookAndroid\studio64.exe' 또는 'studio64.exe – 바로 가기' 파일을 마우스 오른쪽 버튼으로 클릭하고 [더 많은 옵션 표시]–[작업 표시줄에 고정]을 선택하여 작업 표시줄에 고정한다.

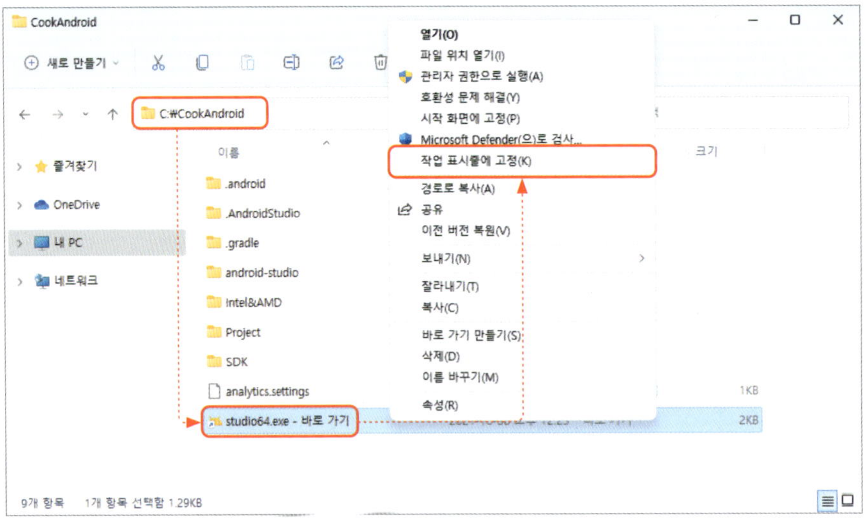


그림 B-4 실행 파일을 작업 표시줄에 고정

5 작업 표시줄의 studio64.exe를 클릭하여 실행한다. 잠시 로고가 나온다.

그림 B-5 Android Studio 로고

TIP 만약 [Help improve Android Studio] 메시지가 나오면 <Don't send>를 클릭하고, 방화벽 관련 메시지가 나오면 <액세스 허용>을 클릭한다.

6 Android Studio 초기화면에서 [Projects]-[Open]을 클릭한다.

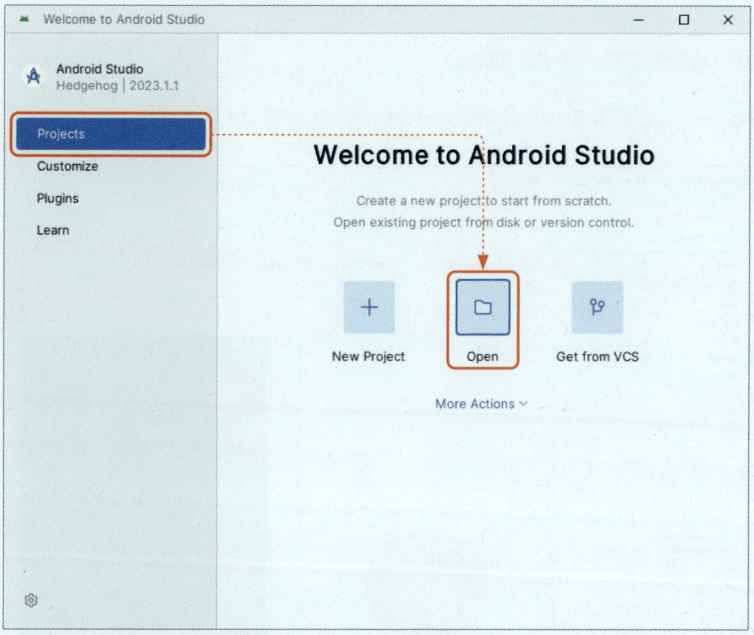


그림 B-6 기존 파일 열기 1

7 [Open File or Project] 창에서 C:\CookAndroid\Project\ 폴더 아래의 U_Sample 프로젝트를 선택하고 〈OK〉를 클릭한다.

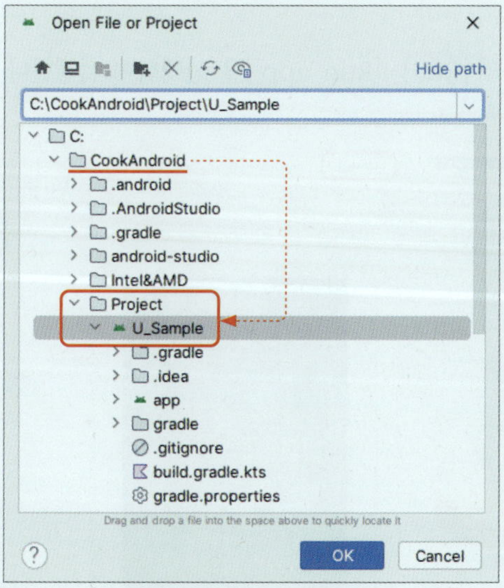


그림 B-7 기존 파일 열기 2

❽ 잠시 기다리면 프로젝트가 열린다(프로젝트가 열리고 아래쪽의 상태 바가 완전히 멈출 때까지 기다린다).

TIP 앞으로 보안 관련 메시지가 나오면 <허용> 또는 <예> 등을 클릭한다.

TIP 화면 오른쪽의 [Running Devices] 아이콘을 클릭하거나 [Attributes] 창을 작게 하면 화면을 넓게 쓸 수 있다.

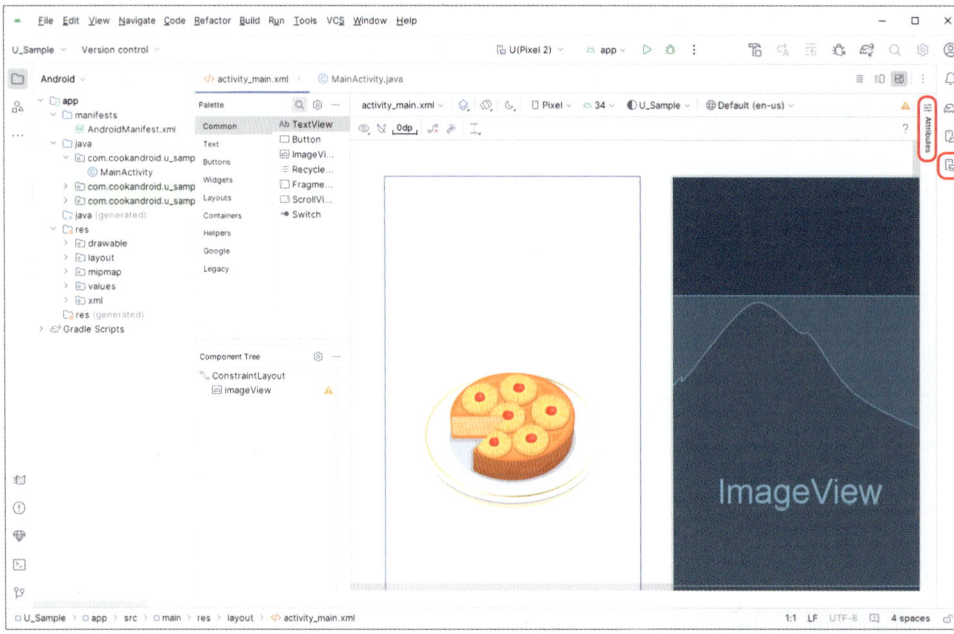


그림 B-8 **기존 파일 열기 3**

❾ 실행할 장치가 'U(Pixel 2)'인지 확인한 후 메뉴의 [Run]–[Run 'app']을 선택하여 실행한다.

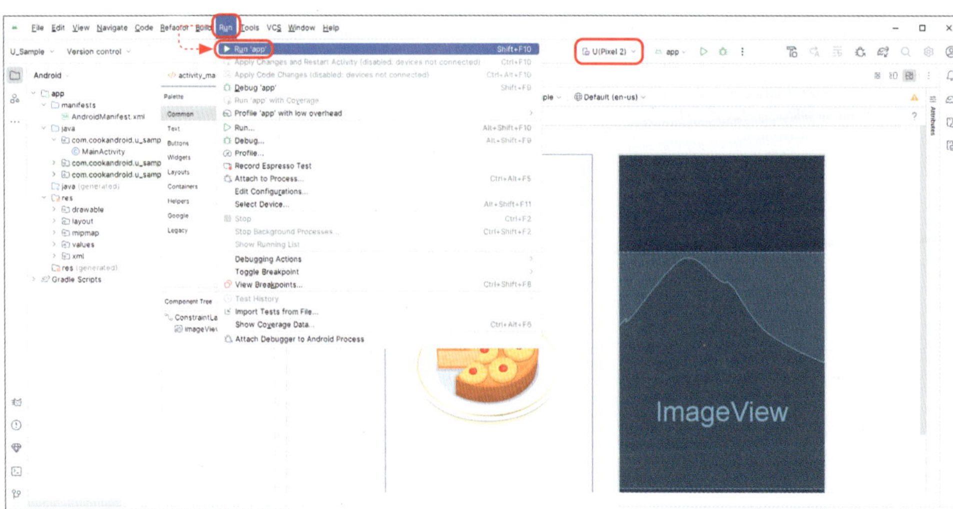


그림 B-9 **프로젝트 실행 1**

⑩ 잠시 기다리면 AVD가 실행되고 결과 화면이 나온다. 컴퓨터의 성능에 따라서 몇 분이 걸릴 수도 있다. AVD가 작게 보이면 아래쪽의 [app] 창을 닫고, 또 [○○○(이)가 응답하지 않음] 메시지가 나오면 〈대기〉를 클릭한다.

TIP 만약 [Install Android Emulator hypervisor driver] 메시지가 나오면 〈OK〉를 클릭한다. 이어지는 설치 창에서 〈Next〉와 〈Finish〉를 클릭하여 설치를 진행한다.

**그림 B-10 프로젝트 실행 2**

TIP AVD 화면의 크기는 오른쪽 아래의 〈+〉 및 〈-〉 버튼을 눌러 조정할 수 있다.

이로써 1장의 [그림 1-5]를 완전히 완료한 것과 동일한 환경이 되었다. 이제 2장부터 학습을 진행하면 된다.

⑪ Android Studio 메뉴의 [File]-[Close Project]를 선택하여 프로젝트를 닫는다. [Process 'app' Is Running] 메시지가 나오면 〈Terminate〉를 클릭한다.

## 찾아보기

## 찾아보기

# 찾아보기